本书由上海林适舒适家和上海适达公益基金会赞助出版。

特奥口述史
Special Olympics Oral History

总主编 廖 梅

这一次 请听我说

特奥运动卷

本卷主编 廖 梅

上海人民出版社

谨以此书向致力于
促进智力障碍人士的尊严和社会包容、创造更美好世界的
个人和机构致敬

To people and organizations dedicated to promoting dignity and
social inclusion of persons with intellectual disabilities and a better
world for all

总 序 一

国际特奥会主席　蒂姆·施莱佛博士

50 年前，一项运动诞生了。

1968 年 7 月 20 日，第一届国际特殊奥林匹克运动会在美国伊利诺伊州芝加哥市战士体育场举行，来自美国和加拿大的 1 000 位运动员参加了比赛。如今，在世界各地，每天都有 108 000 余项运动和比赛正在上演，吸引了超过 500 万运动员。

特奥的历史广阔而深邃，由数百万个人的故事构筑而成，讲述了我们在 172 个国家的成长历程。这是变革的故事：家庭如何从自卑到自豪，运动员如何从面对不公到通过快乐找到公正。这是被告知"你不行"到向世界展示"我可以"的故事。

我们集体的故事编织在一起，创造出一幅美丽的包容之锦。

特奥中国是我们第一个到达 100 万名运动员的成员组织，并继续成为我们在全球的最大家庭成员。这个国度各地人民的故事，印证了为智障人士打开机会之门，是一件多么惊人的工作。愿这些规则改变者激励新一代——融合一代——在这一基础上再接再厉。

总 序 二

国际特奥会东亚区前总裁　顾抒航

我首次接触特殊奥林匹克运动是在 1999 年，当时国际特奥会、民政部和上海市民政局一起筹划做一个大型宣传活动，呼吁领导人和社会各界支持特奥运动和智障人士，将中国的特奥运动员人数从 5 万名发展到 50 万名。我非常荣幸受到时任上海市民政局局长施德容先生的邀请，作为志愿者帮助策划上海站的筹款活动。转眼之间我与特奥结下渊源已经 19 年了。从一名志愿者，到参与 2007 年上海世界夏季特殊奥运会，在组委会里负责开幕式、筹款、火炬跑，再到 2011 年正式加入国际特奥会组织，担任东亚区总裁，我从各个角度体会到了这项工作的意义与艰辛，同时也从各个维度看到了智障人士在学习、生活和工作中所面临的挑战。

无论是作为社会参与者还是专职工作者，我必须说，中国各级政府和社会中坚力量对特奥运动非常支持，也十分理解智障人士亟需解决的问题是融入社会。

基于这一认知，在过去 20 年里，中国的特奥运动员从 5 万发展到了近 120 万。其中相当一部分参与基层特奥运动，少部分参加全国运动会乃至世界运动会。

在我担任国际特奥会东亚区总裁时，承蒙教育界专家和中国残疾人联合会的支持，特奥的课程进入了全国近 2 000 所特教学校，让社会通过体育运动看到智障人士的能力，并愿意接纳他们。

鉴于亚洲教育的特殊现象，融合教育难以真正在主流学校发展，我们在整个东亚区推出了融合学校的项目，让普通学校和精英学校的同学们与特教学校的特奥运动员一起开展体育运动，增进友谊，同时也让未来的社会引领者更早了解到特殊人群的需求。

虽然因 2007 年世界夏季特奥运动会在中国举办，特奥的知晓度得到了前所未有的提高，但是我们与特奥家庭成员或者特教学校老师交流，依然发现他

们充满各种无奈，生活中满是困惑。当历史学者廖梅博士提出要做一套特奥口述史来纪念特奥50周年时，我特别赞同。智障人士因自身特点，无法表达自己的心声；监护人、家长、老师或者朋友、同事也没有更多渠道去分享大家的感受和经历。关于特奥运动的记录，在本书之前大多来自官方记录和新闻报道。因为口述史和特奥口述史项目，首次有了智障人自己记录下来的历史。50年前尤妮斯·肯尼迪·施莱佛夫人成立特奥会，便是希望通过这项运动向世界证明，所有像妹妹罗斯玛丽·肯尼迪这样的智障人士都应该得到社会的基本尊重和接纳。50年后的今天，这套特奥口述史除了记载中国特奥发展中的点滴故事，更向社会发表了一项重要的声明——智障人士同样应该成为历史的一部分。

在本书的筹备过程中，我有幸参加了一些访谈活动，再次遇到了让我灵魂为之震撼的特奥运动员家长，也被一直致力于为智障人士提供平等机遇的普通人感动着。我相信这套口述史不仅仅是对过去的回顾和总结，更是翻开了特奥发展史的新篇章。

祝愿特奥事业蒸蒸日上，也感谢每一位为之付出辛勤劳动的参与者。

总 序 三

廖 梅

一

1941 年，23 岁的年轻姑娘罗斯玛丽突然从家中消失了。

兄弟姐妹们不知道她的去向。此后二十多年里，她似乎是一个不存在的人。

罗斯玛丽是约瑟夫·肯尼迪和罗斯·肯尼迪的第三个孩子，第 35 任美国总统约翰·肯尼迪的妹妹，出生时因为缺氧而导致智力障碍。此时，她被送往威斯康星州的一家天主教修道院，由专人照顾。她的父亲再也没有去看望过她。

1960 年代，罗斯玛丽的妹妹尤尼斯·施莱佛夫人在自家后院发起"施莱佛训练营"，带领智障孩子们进行各种体育活动。她立志帮助罗斯玛丽回归肯尼迪家庭，帮助无数像罗斯玛丽一样的人们回归美国社会，结束另一种意义上的"种族隔离"。

这是国际特奥会主席蒂姆·施莱佛在《让生命闪耀》（*Fully Alive*）中讲述的家族故事。蒂姆出生时，罗斯玛丽已成为施莱佛家的常客，一起打牌、游泳、散步，"家人们终于见到她了，美国人民也见到她了"。

邀请那些似乎在公共场所不存在的人，那些总是躲在帘幕后面的人，走到前台，和公众分享自己的人生故事与生命体验，让社会听见智障人士的声音，这就是"特奥口述史"的初衷。

二

现代口述史学发轫于 1948 年的美国。目前，全球范围内的人物口述史在两个领域非常发达，一是精英阶层，一是弱势群体。

口述史的最大特征是主观性，即口述史描述的世界是透过讲述者的眼睛看到的世界。

　　精英人物往往参与重大历史事件，其口述回忆除了展现个人生平和思想外，还为重大事件和相关知名人物的活动提供细节补充。在研究精英人物个人思想时，其口述史是重要的一手资料。在研究历史事件时，由于记忆误差等主客观原因，精英人物所讲述的史实，必须与现有文字材料或他人口述互证，才值得采信。因此，作为补充性的二手史料，口述史具有天然缺陷。

　　以往，普通人物很少为官方文档所记载。19世纪以前的历史，可以说是英雄的历史。二战以后，英美学者受到社会史思潮和平权运动影响，开始研究农民、工人、妇女、少数族裔等普通人物和弱势群体，兴起了普通人物和弱势群体的口述史。这些口述史的主要目的，不是为重大事件补充现有文献记录，即不是作为二手史料存在，而是作为理解弱势群体本身的一手材料而诞生，通过口头讲述，让文档未曾记录的社群进入人类记忆，多角度、多层次构建全民历史。因而，口述史又被称为"人民的史学"，被视为是一场追求社会平等的运动。口述史所具有的主观性，恰恰契合了弱势群体研究的需求——真实反映弱势群体的生命体验及其对外部世界的主体认知。一言以蔽之，将口述史用于弱势群体，能够最大限度发挥口述史的特点。

　　在国内，近年来，知青、抗战老兵、农民、手艺人、少数民族妇女等普通人物和弱势群体的口述史陆续出版，学界、文化界、新闻界、机构厂矿纷纷开展口述访谈。作为蓬勃发展的新兴学科，或者说工具，口述史正在轰轰烈烈开疆拓土。目前，国内尚无残疾群体口述史问世，国外亦无智障人士口述史问世。"特奥口述史"的出版，填补了这一空白，开山劈路，抛砖引玉，希望引起全社会对残疾群体的关注。特奥口述史，不仅记录了特奥运动的璀璨瞬间，也记录了智障人士漫长的人生跋涉和独特感受，呈现智障家庭的生活全景。同时，通过智障家庭的反馈，帮助人们更好地审视特奥运动以及公共政策对于社会发展的影响与作用。

三

　　智障人士的亲朋好友，特奥运动的参与者，从边城到北京的残疾事业从业者，或多或少都比较了解智障人士的生活状态和面临的挑战。各大学各机构从事相关研究的专家学者，对于智障群体的困境和未来，也有着十分深刻的解读与展望。

　　然而，大多数普通民众，没有机会了解智障群体。这一隔膜可能造成恶性循环：父母害怕智障孩子受到伤害，将孩子关在家中。普通民众少见智障人士，在公共场合偶遇一位，便投以猎奇、害怕或厌恶的眼光。不友好的目光刺伤父母，更不愿带领智障孩子出门。

　　事实上，很多民众只要大致了解智障家庭的状况，都会伸出鼓励之手。家长为了锻炼孩子的协调性，为孩子报名游泳班遭到婉拒，站在一旁的游泳教练主动提出无偿教授孩子学习游泳。不知名的公交司机和售票员，看到母亲常年抱着孩子求医问药，或是细心为母子留座，或是特意不收车费……这样的故事大约每个智障家庭都能讲出一二。

　　无知导致恐惧和歧视，沟通带来理解与融合。

　　当智障人士的家庭以朴实无华的方式，向社会讲述自己的挣扎与奋斗、悲伤与欢笑，必将让更多民众对智障人士的生活感同身受，推动社会和智障人群的交流与互助。

　　智障家庭能够为社会带来什么？带来坚韧、担当和爱。体育项目有世界纪录，若人类的感情世界亦有世界纪录，这个纪录的保持者就应是智障人士的家人，残疾人士的家人。许多家庭所经历的长期的痛苦和折磨可以说触及人类的极限。他们的故事让普通人领悟，人类有着强大的精神世界，有着无限延伸的忍耐力，有着钢铁一样坚强的意志，有着不求回报、源源不断的爱。他们如同榜样，鼓励人们"勇敢尝试，争取胜利"。他们的情感经历是人类重要的精神财富。

　　智障家庭促使人们发掘自身美德，完善自我建设。孟子认为，人天生携带四种善良美好的种子：恻隐之心、羞恶之心、恭敬之心和是非之心。后世儒家追求的修身和教化，便是将内心深处这四棵小苗培育成参天大树。智障人士、弱势群体，以及所有需要包容、帮助、奉献乃至牺牲的人与事，为人们提供了成长的契机，在不断的拷问、内省和磨砺中，人们发掘并涵养同情心等美德，成为具有人道主义精神的现代公民。

　　智障家庭帮助人们培养平等、宽容的理念。一位中学教师从自己智障孩子身上懂得，并非每个学生智商皆高，她从不歧视能力差的学生，最终把一个乱班带成了地区先进集体。智障人士有智力障碍，普通人也不是十全十美，有人学不好数学，有人害怕交际，有人动作慢……每个人都有某些"障碍"，难以弥补。换一个角度考虑，这些障碍，也许并非弱点，而是另一种存在形式。面

对障碍，是隐藏还是接受？是歧视还是宽容？物理学告诉我们，能量是守恒的，不会消失，只会从一个物体转移到另一个物体，或者从一种形式转化为另一种形式。我们对待智障人士的方式，很可能形成某种社会风气，最终成为别人对待我们自身障碍的方式。设身处地，推己及人，由人及己，智障家庭让我们学会平等和包容。

智障家庭、残疾群体促使社会更加关注个人福祉，引领人类的福祉事业不断前行。与普通人相比，残疾人士在生理和心理上需要更多关怀，残疾人事业的唯一服务对象就是人，积累了大量对人本身的探讨。随着科技进步，简单劳动逐渐被人工智能取代，很多传统岗位销声匿迹。一方面，机器解放了人力，让人类有时间发展自我；另一方面，机器也夺走了人类的工作，迫使人类开发新工作。这些新工作的目的，极大可能在于满足日益多元的个体发展的需求。因而，在未来，福祉事业会成为人类的主流事业，而始终埋首于个人福祉的残疾人事业将成为当之无愧的开拓者和领路人。

在受惠于智障家庭的同时，社会又能为智障家庭带来什么呢？毫无疑问，带来鼓励、支持与发展。普通民众了解智障家庭的人生故事和独特需求后，将学会如何与智障人士交流，如何有的放矢帮助他们。所谓有的放矢指的是，过度的关爱和包办会阻碍智障人士的自我成长，最好的帮助是既能提升智障人士的生存质量又能促进个人能力的发展。比如，智障人士经过训练，可以提高认知和动手能力，志愿者和公益组织可围绕这一目的开展活动；智障人士需要鼓励，需要与社会交往，机构学校举办年会和庆祝活动时，可邀请同社区的智障人士前去表演；智障人士能够从事简单劳动，希望越来越多的企业分割出这部分工作，雇用更多的智障员工，等等。

我们生活在同一个地球，相濡以沫，共建家园。促进人们相互理解，成为彼此成长的养分和前进的动力，这是"特奥口述史"的第二个目的。

四

"特奥口述史"于 2016 年 6 月启动。计划在 3 至 4 年时间内，出版 9 卷口述史作品，包括就业卷、特奥运动卷、世界特奥会运动员卷、特奥运动员领袖卷、特奥家长领袖卷、特奥体育教练卷、特教校长卷、特奥志愿者卷和安养卷。其中特奥运动、世界特奥会运动员、特奥运动员领袖、特奥家长领袖等 4 卷，主人公都是积极参与特奥活动的家庭。就业卷和安养卷虽然与特奥联系较弱，有些受访者可能从未涉足特奥活动，但是他们代表着智障群体的两个极端：前者基本融入普通人的社会生活，属于智障群体中发展最好的人士；后者独自在家，与社会隔绝，是融合程度最低的群体。因而，我们也将这两个群体纳入口述史，希望尽可能广幅地展现智障人士的整体面貌。体育教练和特教校长卷，收录的是参加特奥运动的普通专业人士。教练和校长长期与智障孩子们一起学习、活动，熟谙智障学生和特奥运动员的成长经历，他们将帮助读者从相对宏观的基层教育者、管理者角度，来审视特奥运动在中国的发展壮大和国家各项政策的变迁进步。志愿者卷收录的志愿者，既不是智障人士的家属，也不是残疾事业从业者，他们各有本职工作，满怀理想与爱心，利用业余时间参与特奥活动，反映了现实社会的文明进程。

每一个案的口述史由访谈和观察两部分组成，并附有照片。智障人士家庭口述史的访谈，包括对智障人士家长、本人及其老师、同事的访谈，观察为对智障人士一天活动的客观记录。残疾事业从业者的访谈，包括对从业者及其家人、同事、学生的访谈，观察为对从业者某一时间段内活动的客观记录。

口述史文本采用问答体，不采用第一人称叙述，以便最大可能还原访谈现场。

小括号（ ）内的文字记录受访者的表情和举止动作。中括号〔 〕内的文字为记录者添加的内容。

根据受访者和家长意愿，人物或使用真名，或以姓名的拼音代替。

每卷口述史文本按照受访者年龄，由长至幼排列，由此也可看出，随着时间推移，智障人士社会地位的变化以及国家政策的改善。

所有主访谈都经过受访者审阅。有些内容在访谈者看来，真实反映了智障群体的现状处境，但由于受访家长不愿公开，我们尊重家长意愿，做了删节处理。

感谢所有参与特奥口述史项目的家庭和访谈员，感谢提供支持的学校、企业和机构，众人拾柴火焰高，是大家的共同努力，促成了口述史的顺利问世。

感谢特奥口述史团队的成员：国际特奥会东亚区前总裁顾抒航女士、曹忆菊女士、刘卫萍女士、沈澄女士，她们为口述史的动员、组织付出了辛勤劳动。特别是曹忆菊女士，全程协调各方关系，随时提供中英文咨询，效率惊人。

感谢哈佛大学法学院残疾人项目中国项目主任崔凤鸣博士给予中英文方面的专业指教。

　　感谢上海人民出版社总编辑王为松先生，当我们提出出版智障家庭口述史的愿望时，他没有询问任何细节，立刻表示接受。他的果决、信任和支持，鼓励我们将特奥口述史做成一套高质量的作品。感谢责编邵冲、张钰翰踏实细致的工作。

　　我们热切期盼更多机构团体加入弱势群体的口述史事业。当拥有足够多的口述样本时，可以建立中国智障群体生活数据库。如果将口述史推广到其他残障群体，发起视障、肢障、听障、言语障碍和精神障碍家庭口述史，就可以设立分类口述史数据库，最终形成中国残障人士生活数据库，这对政府建设的残疾人数字数据库将是一个很好的感性补充，也必定会加快社会和残障群体的融合。如果其他国家和地区亦建立残疾人生活数据库，未来，人们就可以在全球合作的平台上，切磋琢磨，取长补短，加强人与人之间的相互了解，推动人类的全面发展。这个前景激动人心。

目　录

本卷主编的话

廖 梅

本卷收录了 18 位曾经参与特奥运动的上海智障人士的家庭访谈。

国际特奥会东亚区联系了数个家庭，4 个家庭自愿接受访谈，其中特奥家庭领袖周美珍家长又动员了以上海市虹口区残联腰鼓队队员为主的 13 个家庭加入访谈。还有 1 个是来自上海棒约翰餐厅的智障员工家庭，因参与特奥运动，收入本卷。

18 位智障人士参加的特奥运动包括世界特奥会、全国特奥会和街道社区的特奥活动，他们的经历反映了各级特奥运动的开展状况及其给智障人士带来的深远影响。

在介绍口述史项目的家长会上，上海市虹口区残联腰鼓队的家庭给我留下深刻印象：彼此之间亲如家人，精神状态乐观开朗。这些家庭的孩子障碍程度各异，经历亦不相同，有些从未上过学，有些进的是特教学校，有些上过普通学校，还有的是大专毕业。在人生的前半段，家长们都曾苦苦挣扎，以泪洗面。运动让他们汇聚一起，互相鼓励，彼此开解，形成一个小型命运共同体。如今，家长们勇敢、豁达、直面现实，不少家庭愿意以真实姓名接受访谈。

如果没有朋友、群体的支持，单个智障家庭犹如茫茫大海中的一叶扁舟，全凭个人力量，在惊涛骇浪中颠簸沉浮，孤独、无力，看不到明天。如果能够结成社团或群体，交流分享，开展特奥等各种活动，提升智障人士的运动和生活能力，客观上将大大减轻单个家庭的精神痛苦，提高生活质量。

官方或半官方性质的机构如同框架，智障家庭自我组织的民间团体犹如血肉。没有框架，血肉缺少支撑；没有血肉，框架可能少些温度。这是腰鼓队给我的启示。

本卷另外 4 位曾经参与世界特奥活动的智障人士，如今或已结婚生子，或找到固定工作，或升读大专院校。他们有两个明显的共同点，一是不怕苦。在特奥开幕式上登上"长城"的男生，曾经练得中暑摔倒；夺得多枚特奥金牌的

姑娘们，每天早上七点就开始训练；做了特奥形象大使的孩子，步行四十分钟去上学，练就了跑步运动员的体质。他们用实际经历证明了一句老话：天道酬勤。但凡遇到困难后退一步，都不可能取得今天的成绩。二是有着强烈的自立愿望和融入社会的决心。父母家人和他们本人，都不愿意坐在家中伸手领取政府补贴，而是渴望通过自身劳动获得报酬，过上普通人上班下班的生活。今天，他们的愿望基本实现了。希望他们的故事，能够激励智障人士走出家庭，融入社会。

更多的启示和人生感悟，留待各行各业的读者们来发现。

本卷访谈员是来自华东师范大学特教系和复旦大学的研究生与本科生。谢谢同学们的努力，让智障人士能够以文字的方式，与时代相遇。

爱背成语听故事

——林母及林莉口述

林莉，女，1976 年出生。独生子女。智力障碍三级。失学。2005 年进入上海某街道阳光之家①。

口述者：林母王成智女士、林莉

访谈者、撰稿者：张云翔

访谈时间：2016 年 10 月 27 日、2016 年 12 月 14 日

访谈地点：上海市徐汇区某麦当劳餐厅

插队回沪结婚晚

问：您和孩子的爸爸是怎么认识的？

林母：有一半是父母决定的。

问：父母介绍的？

林母：不是父母介绍。是我厂里同事介绍，但是我看不中。为什么呢？我是 68 届高中的，"上山下乡"再回来，已经很晚了，我本来念书就晚，小时候先天不足，后天不良，到十岁才念书。我二十八岁回来，人家看见我就问：哎你现在谈朋友了吗？结婚了吗？你岁数不小了，应该结婚了。我母亲是教师嘛，在"文化大革命"受了一点刺激，好了，那个脑子彻底崩溃了，变成老年痴呆。我俩反正在社会的压力之下〔结婚了〕。

问：您是在哪年结的婚？

---

① 阳光之家：针对 16—35 岁的智障人士，在各街道（乡镇）开办的社区助残培训机构，上海市政府 2005 年实事项目之一。机构的主要功能是对智障人士开展教育培训、康复训练、特奥运动和简单劳动等活动，帮助智障人士提高生活自理、社会交往和劳动能力，促进其融入社区生活。全国各地都建立类似机构，称呼略有不同。

林母：在76年3月份，整三十岁。

问：您和她爸爸是从事什么工作呢？

林母：她爸爸在厂里是排工艺的工艺师。我呢，因为回来心情不好，身体各方面指标都没达标，照顾我，分配到印花布的印染厂搞后勤，分在食堂。

问：在同一个单位？

林母：不在一个单位。他是彩印机厂，我是第二印染厂。我们是父母决定再结婚。就生了这么一个孩子。

吸盘吸出新生儿

林母：76年结婚，12月份就〔有了孩子〕。

问：就有了孩子？

林母：嗯，十月怀胎嘛。12月17号，给她生下来了。十八个月她到儿童医院去看病，人家说你这个孩子啊，脑子不好。才发觉她就是……那时候不叫智障孩子，就叫白痴。

问：有说病因吗？

林母：归根结底是我造成的。我"上山下乡"，在农场，有个晚上摔了一跤，四脚朝天。你知道"文化大革命"吗？电视剧你看过吗？那个时候早请示晚汇报，晚上要开会。乡下的地不是柏油马路，是泥地，七高八低。不小心一摔，四脚朝天，把后面尾骨摔歪了，那时候谁给我们看啊？不当病的，没医疗，等它好了，尾骨就弯掉了。

我羊水破了很长时间，一般十几个小时就要把小孩生下，我破了五十四个小时，等于干了，小孩没出来，已经造成大脑缺氧，引起脑子不好。再呢，催生素打了，还出不来，最后检查出，我尾骨弯的，没办法出来，只好拿吸盘器，硬给她吸出来。本来就已经大脑缺氧，再给她吸出来，又是个双重损伤，造成我女儿这么〔个〕智力。等于是两个原因：一个是，羊水破了时间过长；还有一个，就是尾骨弯了，要拿吸盘把小孩硬吸出来，那时候头上有一个大软包。我的小孩属于后天造成。

问：您当时心情是怎样的？

林母：伤心，我整整哭到小孩十多岁二十岁左右啊。你看，人家都说我是家里又不好，小孩又不好，内外交困。我就在这个情况〔下〕，硬挺过来的。他们都说我是女强人，我女强人就这么出来的！

厂里有一个阿姨劝我：小王啊，你们家里这个情况你不能倒下，你倒下你们家就完蛋了。你呢，应该这样，学学鲁迅〔小说〕里边那个阿Q。你想不通的时候，刹车，不要再想下去了。人要像阿Q一样，神经病一样，想开一点，要笑嘻嘻的。

她这句话真的给了我很大的启发，要不然我们家就完蛋了。唉，小的小的这样，老的老的那样，爱人爱人又这样，我还有什么活头，我没奔头了。我整天就是眼泪洗面。小时候打她，打好了自己哭。

唉，把她送到人家家里也不方便，因为我们厂在这儿，我家在那儿，我照理坐车就这样坐〔，从厂里坐到家里〕。但是我没办法，因为领小孩的人家在另一个地方，我要绕到她家，坐车，再坐到这儿。你看，我要遛个大圈子，本来小圈子就到厂里了，多辛苦啊。上车下车，抱不动，我又矮小，她呢，又这么样，两个人从车上一起滚下来，我的腿摔破，她的脑袋摔破，两个人就都哭啊，她哭了我更哭。我自己腿也摔破，我也抱不动，谁来可怜你啊，没人可怜你。

领导把你的工作从上面，一直调到最底下。我本来不是食堂的，我是属于后勤组织。调到食堂里拣菜、洗菜，邓小平几上几下，最后邓小平上去了，我也上去了。

问：刚出生的时候没有看出她有问题？

林母：她是小孩，根本就不懂什么东西，吱吱吱吱的，啊啊啊啊的，高兴地跳啊，蹬脚啊，什么都不懂。我自己先天不足后天不良，到八岁才会走路，那可能她像我吧，也是说话晚，走路晚，开发智力晚。我没朝〔智力障碍〕这方面想。

问：她什么时候会走路说话的？

林母：四岁。说话就是说不全，口齿很清楚，但是话不全，语言不丰富。哎，以前冤枉她啦，她讲不出来；现在你冤枉她，她都"笃笃笃"，有的跟你讲理了。现在你不能冤枉她，现在她会讲了。

问：您只是走路晚，但是没有什么问题？

林母：我没问题。我七岁会走路了，八岁你去报名〔读书〕人家会要你吗？不可能要我的，对吧。九岁也不要，到十岁了，学校还不要我，因为太矮小了，都不要。我母亲着急了：你问她，她什么都懂！我在学校里念书是有名气的，什么一年级二年级的书，不在话下，我脑子已经四年级的智力了。所以说念书太好也不行，把她的智力都带走了。人家讲迷信就是这样，我太要

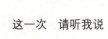

强了。

问：她是十八个月的时候检查出来的？

林母：嗯，查出来智力不好。她在十个月〔的时候〕住了一次院，什么症状都看不出来，就是满头虚汗，下颚冰凉，都是冷汗。你给她拿个手绢，没半个小时就给她擦湿了，她也不懂，冻得呜呜发抖。住院住了四天，医生给她从里检查到外，也检查不出来。但是，我隐隐约约听到一句，怀疑她脑子是不是病变了。

问：她在之前没有生过病？

林母：没有，她没病。

问：感冒什么的病，都没有？

林母：嗯，小的时候还没有。后来大了一点有的，有这个，有那个。我把她养成这样，真是对得起她了。她生下来两个眼是对眼，眼〔乌珠〕只有一点点，前面全是白的，什么也看不见。头又是斜的，眼睛又是对的，她走路是这么走路。反正人家都说，你这个孩子就可以扔掉了。自己生下的啊，我没有办法，我扔不下的。

求医问药十年整

林母：从我知道她脑子有病，我就走访医院，通过人家开后门。我有个同学，他的同学的亲戚，马上就要到香港去了，还给我开后门，在南京路石门二路这边有个专门的中医，对这些婴儿有新药的。我就把所有的新药品种，都给她用，我自己那个时候工资又不高，省吃俭用省下来钱给她看。

问：那个时候她几岁？

林母：一直给她看到十岁。

问：就从刚检查出来一直到十岁？

林母：嗯，这个药没停过。还给她用金针①，头上戳好几针，二十几针都戳，一直用到十岁。我还通过人家〔开后门〕，找到在儿童医院专门看儿科的医生，他跟我说，你这个孩子不用看，你们不用浪费钱，现在外面所有的药物，都是针对你们家长的心理，来写药物的作用，骗你的，你们千万不要再上当，这个冤枉钱不要再浪费了。长到十岁才停止给她用药。

———————

① 金针：泛指用金属制成的医用针具，可以用来进行针灸治疗。

问：她到十岁，用了这些药，情况没有改善？

林母：没什么改善。但是〔她〕六岁〔时〕，我就把她眼睛开刀开好了，就是死猫当活猫医啊。

问：开刀？

林母：嗯，眼睛开刀。对眼嘛，人家说不要看对眼，要戴眼镜的。我还就到淮海路汾阳路〔五官科〕医院给她去看，正好碰到主任医生，他说，你这个孩子戴眼镜戴不好，一定要开刀。我说为什么要开刀，他说视神经是麻痹的，根本不能动，你戴眼镜怎么戴得过来呢，只有开刀把它纠正过来。那我也就〔同意了〕，你说开刀就开吧，就这么给她开的。开完了再〔治疗〕头斜，我一看她头一斜，就打她，不让她斜着。

问：她什么时候就不斜了？

林母：六岁开好刀就好了。

问：嗯，这期间花的费用不少吧？

林母：那就不用说了。

妈妈好强求上进

林母：我自从养了她以后，整天地以泪洗面，心里想，我怎么生出这么一个孩子？我那么要强的一个人，生了这么一个笨笨的孩子啊（笑）。我心里想不通，真的想不通。我死了以后她怎么办？交给谁？因为社会各种现象我都看过了，交给谁我都不放心。脑子里就有了一个〔想法〕：等我要死了，就把她掐死，一起走吧，要不然我不放心。我整天在想。有时有火也对她发，也打她。打完了，也心疼，又是大哭一场。家里还有一个老母亲又是老年痴呆症，〔我〕跟她父亲的关系又不好。我简直不能回忆这一段历史，回忆起来就是〔掉〕眼泪，你说我这个孩子怎么带大？

你生了这么一个苦孩子，在单位谁都看不起你，你再要强，没一个人看得起你。厂里的阿姨，都是很坏的，素质很差。你有钱你好，人家要妒忌你；你不好，人家就瞧不起你。我当时就是这个处境。

唉，有一个阿姨，她嘴太碎了，专门讲我坏话，因为我手脚快，不管你分配我多少工作，我两个小时就把八小时的活都干完了。剩下的时间我就帮另外一个人，她〔职位〕比我高，她做过的工作我接着做。等于她上去了，我再接她的班。

那时候我正好在念书。我是高中毕业，"上山下乡""文化大革命"，没有拿文凭。我也不喜欢干私活，别人没事了就做私活，我怕人家看见，我这个人就是要面子，我说我不能干私活，万一给人家逮着我，这个脸都没地方放了。我剩下的时间干嘛呢？我要么帮这个人干活，要么就去念书。我很要强很要强。

问：是自己找地方读书吗？

林母：嗯。后来要全市统考，我〔参加了〕高中考试。我高中毕业没文凭，自己又去念了个高中文科。其实我文科不好，我是理科好。我念书的时候，就是语文要开红灯，要写作文我不会写，实事求是我写不来，吹牛我又不会吹，所以我语文就是五十几分，开红灯。〔还有〕我体育课不好。两样。其他的都是 95 分以上。我又去考了一个会计中专。

问（笑）：您参加了好多考试呢！

林母（笑）：我每张及格的单子都在，成绩单一摞，很多很多的（笑）。

问：很厉害啊。

林母：就是输在她身上。人家说，不要输在起跑线上，我就输在她身上了（笑）。

托班小学中途退

林母：我都说我是要脸面的人，自从她出生了以后，内外交困，没人带孩子，母亲又不行，婆婆又矮小，谁给我带孩子啊？

问：没有人带孩子？

林母：没办法，托儿所你知道吗？托儿所有一个阿姨，挺坏的，她自己念〔过〕大学，会打针。我把那些针给她，摆冰箱里。我去了她就放在凉水里，说你放心，我一会儿就给她打。我想这个针过一会儿打也不会影响太大。那时候我管粮票，她在托儿所，我厂在这儿，托儿所在隔壁。

问：很近？

林母：她们都属于我的部门，我是后勤部门。我去上厕所，在厕所后面捡到一个针，一看，是给我女儿打的针。那我着急了，我就去找她们，我问我女儿的针你们给她打了，〔她说〕打了！你不相信你问这个问那个。她的理由很足啊。那时候我就是找谁都不相信我，为什么？我被领导踩在脚底下，都看不起我。谁相信我的话？只有一个临时工，他找我说，王阿姨，你算了，你不要找他们，你有理也讲不通。反正我知道，这个事情是事实。临时工他也没说话的〔权利〕，你以后就带到厂里去打，不要到她〔那儿〕打。从此以后我只好把她带到厂里去，厂里不给进去，我就扔在警卫室，我不管，反正脸面已经〔没有了〕。自从有了她以后我就不要脸了，也不要家了。反正你们让我进去我就把她带进去，不给进去我扔在警卫室。我上班八个小时，她就坐在一个当中开个洞、像马桶一样的板凳上，就坐八个小时。

问：也不干别的吗？

林母：不干。

问：很乖吗，就这么坐着？

林母：傻了吧唧的人，她会不乖吗？

问：那她是多大的时候跟着您到单位？

林母：十几个月都在托儿所。后来到二十几个月的时候，79年，我们厂里有大批的人退下来，托儿所阿姨的妈妈退休，她说小王你不要哭了，我退休，我给你带女儿。

问：到二十几个月的时候？

林母：嗯。就在她家呆了两三年。她们家里正好有一个儿子，性格非常内向，有点像自闭。她说，这孩子我来带，我就不相信她不行。我说她笨笨的不懂的。她就很有耐心地教她，那时候没有拼板只有积木，居然把她教会了搭积木，能把很复杂的积木拼起来。这是叫孺子可教，对吧，能学会嘛。

问：您看到她学会搭积木之后心情怎么样？

林母：还挺高兴的，她居然能会。人家都她叫白痴啊，白痴等于什么都没用的。后来我买玩具都是买带动脑子的，不动脑子的玩具我不给她玩。那个时候她念书不行，坐不住，没有学校要。她出生得早，在七几年到八几年的时候，还没有这种低能学校，就算送她去〔低能学校〕吧，就等于去收容所了一样。我说这样不行，对我的孩子没有教育。如果她已经有一点〔开窍〕了，你再把她扔进去，等于给她走下坡路，我还不如把她扔在社会上。

问：社会上？

林母：就放在家里。

问：没有进小学？

林母：正常小学去了一个月，天天老师找家长，我躲不过去了，退就退吧，他们硬把我们退回来的。

问：她在学校这一个月什么表现？

林母：她坐不住啊，要管闲事。她到保定路小学报名的时候，正好生病，就这么抱在身上，人家看不出她有问题。老师说同学们，把什么书拿出来，铅笔盒拿出来。她自己拿出来不算，还看谁不拿出来，她就跑到谁面前，"拿出来，拿出来，这个拿出来……"这不是影响人家了嘛。她上一个月的学，就这么混了一个月，我天天躲老师。我那时候什么心情啊，里外交加，整天就想，我死了以后怎么办？

问：您就一直带着她，就是放在家里？

林母：嗯，放在家里。

百家饭里长成人

问：您上班谁来照顾呢？

林母：到七岁八岁了没人带，我母亲带的。母亲老年痴呆症，带得她也不正常。她本来就不正常，再给不正常的人带，你说能带好吗？外婆整天怀疑这个怀疑那个，这个有毒那个有毒，吃东西都是躲在大橱里边吃，门缝都塞住了，还戴口罩什么的。人家说你这个女儿不能再给她带。

她十岁的时候，外婆去世了。没办法，只能奶奶带了，奶奶带不动也得带。她大了，奶奶带她轻松很多了，但是她也是闯祸。我上班，整天提心吊胆，不是脸盆砸在奶奶头上了，就是玩火。

我们海宁路房子都是木板房子，日本人造的房子都很低。在家里玩火，一家着火就牵连很多家了。还好我们底下是商店，没有煤气就借我们煤气用，我做菜做好吃的都给楼下送点，他们到吃晚饭的时候还没下班呢，〔发现了〕，也挺照顾她的。

我的孩子就这么扔在社会上，就扔大了。外婆死了，我娘家隔壁〔邻居〕带了她几个月，婆家邻居也带过。反正她是吃百家饭的，不知道多少家带过她了。

我上班也不安心。家里千万不能打电话来，打电话来万一奶奶有事，他们一家姊妹四个都要把我吃了。

问：丈夫那边的？

林母：啊。我们跟她奶奶在一起，养她奶奶，但是她的孃孃——婆婆的女儿，一家两个小孩，再夫妻两个人，一来就是四个人，我们等于变相地养她奶奶一个大家庭。

问：孃孃也住在你们家吗？

林母：不是，就经常过来玩，吃饭。也有点瞧不起我们，我女儿回来跟我说，他们吃什么东西不给我吃，他们吃得多，我吃得少。

问：她还有多少的概念？

林母：对，我就跟她说，妈妈现在挣钱，不是没钱，我有钱给你买，你吃亏了不要说，你要吃什么跟妈妈说。我不理家，那么多人我能理家嘛？理家不是经常要为吃的东西吵架吗？我们两个人工资能养你那么大一个家庭吗？不可能的。我就装糊涂，让她爸爸当家，我管住自己袋子里的零用钱，其他的我就不管了。你够用，你养他们；你不够用，你问他们要，他们不给你，就跟他们划清界限了。

林母：外甥、外甥女很懂的，暗地里塞给林莉爸爸钱，我婆婆虽然没文化，也暗地里给他塞钱，我就装糊涂，我就装没看见，我就装好人啊。林莉跟我讲了那些事，我下班就把她带出去。

我是一线的干部，在食堂的总务处，管食堂的，食堂早晨六点钟上班，下午两点钟就下班了。我回家回得早，就带她去外面溜。我住在海宁路四川路，很热闹，一路上给她玩，一路上给她吃，教她东西。

问：就是您和她两个人出来了，姑姑在家里？

林母：对，就不管他们。在路上给她买这个东西那个东西。她的文化知识都是我在路上给她讲的。她如果在家做得不对了，我也不在家里批评她。出来了，我说，今天你跟爸爸这个事是你不对啊，你口气太重，我就跟她说。

问：不会当着爸爸的面批评她？

林母：嗯，我经常出来跟她讲。她如果回来又犯了，我就要骂她：我在路上怎么跟你讲的，你怎么又犯了？回来我就打她。今天闯什么祸，揍；明天闯什么祸，不许这样。又打又骂又打又骂，小孩小时候被我打了不少，骂也骂了不少。

问：这样管用吗？

林母：不管用，还是教不好，她就是皮。

问：父亲呢？父亲没有管吗？

林母：管，也管不了多少，给他管也是骂。她父亲也上班，脾气又不好。林莉现在家务很能干，但是她父亲还是在骂。

问：还是？

林母：还是不满足，总认为她是笨笨的。

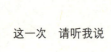

问：就是内心有偏见，是吗？

林母：唉。我是不要脸，养了她以后，脸啊、面子啊都不要了。她父亲到退休，厂里领导都不知道他有这么一个孩子。你孩子毕业啦？嗯。你孩子结婚啦？嗯。大学啦？嗯。他就跟人家支支吾吾的。厂里没有一个人知道他有这么一个女儿。到退休了，几个人联系了才知道他有这么一个孩子，其他人都不知道，太少人知道。

问：他比较好面子？

林母：啊，就是要面子。像我们有这么个孩子，单位里还有补助，有的临时性补助，他这么一弄，他都不要，从来不要。

问：您同事也有偏见吗？

林母：有偏见，怎么没有偏见。我干活挺能干的，领导很重用我，但是我管人家，那个人就骂我，说我的女儿是这样的。

问：她在家里待到了十几岁？

林母：待到有二十岁左右。

问：一直待到二十岁，都没有上过学？

林母：没，什么都没有。

反锁在家历三年

问：都是您一个人照顾她？

林莉：你知道吗，刚开始很可怜的。

林母：我就是把她一个人反锁在家里。

林莉：你知道，阿姨可怜到，你知道可怜到什么程度……

林母：妈妈怎么教你的？出去不插嘴的，不要插嘴！

林莉：等会，等会。为什么很可怜到阳光之家呢，前面在家的时候，出去玩，打我，欺负我。

林母：她走过去，小孩就拿石头扔她。

问：她出去玩，您都在旁边跟着吗？

林母：我不知道的。

问：您不知道，她自己出去玩？

林母：嗯……到她二十岁的时候，我退休了。我退休了还在居委会干工作，做了三年居委干部。我上班怎么办呢？奶奶死了以后，这三年里我就把她反锁在家里。

问：您不担心她在家里出事吗？

林母：我家里那个电线插头啊，都得板凳站上去〔才能够着〕。她够不着，她比我矮，我们都挂那么长的。煤气我们也不给她用，她爸爸还会点木匠，煤气的上面有个木箱子，把它给罩起来，有人用的时候再开。我们把房子锁起来，把煤气灶锁起来，我中午回来吃饭，再给她烧饭。

问：她一个人在家里干什么？

林母：电视。

问：她一个人在家看电视？

林母：嗯，除了看电视，其他的我都不给她，她会闯祸。

问：您下班之后怎么带她的？

林母：居委干部中午可以回来吃饭，就给她吃饭，上午三个小时，下午三个小时，完了带她出去买菜。我上班的时候有会计证、会计职称啊，高中文凭、中专文凭啊，我多得很，都压箱子没用，因为她，我不能到外面去干活，只能到居委干。

问：只能找离家近的，一边干着一遍照顾她。

林母：对，后来我就不做了，我就全心全意带她了。

问：这个时候她多大？

林母：二十几岁了。

母女相伴社区行

林母：我96年退休，做了三年里弄干部，到2000年我就不做了，就带她了。我早晨去公园锻炼身体。

问：也带着她？

林母：嗯，去社区服务，我那时候是业余老师，种花、串珠珠、勾鞋，反正我们社区很多人都跟我学，我都是他们的老师，我带了一批学生。他们就带我锻炼，锻炼就把她也带去，那时候组织性纪律性什么都没有，在社区活动了五年。她进了阳光之家，我就不活动了，就早锻炼晚不锻炼了。

问：在社区活动的时候，您也带着她，教她吗？

林母：不带她。

问：就让她在旁边看着？

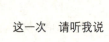

林母：不，在家里。

问：在家里？

林母：嗯。社区办活动才办没多长时间，他们主要到我家来学。我们就等于一个活动小组，都到我家里来，我人挺好的，人家都知道我这个人不收人家的钱，还倒贴他们。在我家里都招待他们，我会做醉虾、做锅贴啊，什么都会，包馄饨啊。

问：阿姨，您一看就是比较能干的人，手巧。

林母：嗯，我都给他们吃，没有什么我教你们、你们要"烧香"给我，从来不带的。人家给我我都不要，只有我付出。

问：你们活动就是两个地方，一个是公园，一个是在家里，在公园的时候就把她放家里？

林母：对，一般不上公园，在社区花园。

问：在社区花园的时候，林莉就在家里？

林母：对，早锻炼带她去。她不知道，她瞎鼓捣，我们站起来了，她蹲下去，乱七八糟。哎，什么都不懂。

学习成语兴趣大

林母：哎，我不做〔居委干部〕了，走到哪带到那，谁都知道我有这么〔一个女儿〕。我家就在东余杭路，这条街到菜场，反正谁都认识，就是人家认识她，不认识我。

她这么一个傻孩子，走到哪谁能不认识嘛，都认识。我反正没事了就把她拽出去买东西，路上就给她讲故事，讲道理，讲文化。她要问我事，反正我念书好，语文虽然不好，〔但〕就是作文不好，文言文、古代语言、汉语拼音，我都很在行，都是我给她讲的。

问：语文、数学这样的课，您在家里教她吗？

林母：数学教不会，她就是没有数学细胞，语文教她。现在考她，她还能给你讲点。我不是就光教她成语，还有成语的来龙去脉，成语怎么来的。像卧薪尝胆，她讲述不能讲全，但是大概意思能讲出来。

问：您教起来困难吗？

林母：她就对这方面感兴趣，一教就会。但是你教她数字，她脸就傻了吧唧的了，不睬你了。

问：就教1234567什么的，数数呢？

林母：数数，她都数不清，就戆度①。经常丢三落四，跳掉一个，就是这点不行。

问：但是语文好，听故事都能复述。您从什么时候开始教的？

林母：十几岁就开始教她了。十四五岁，就开始感兴趣了。

问：是她先对成语感兴趣？

林母：要不然我不会教她，她有点感兴趣，就是模仿，看电视有什么成语，说不全，但是她想说，那我就慢慢跟她讲了，讲了不多，等她自己求知欲强了，我就开始一点一点跟她讲。而且我发觉，这方面她能听懂，就讲一次，她就能记住。数字讲给她听，就是记不住。

问：她先看电视，电视上有人说成语，她就跟着模仿？

林母：对，她也会说，会背成语，〔但〕不会用。她有这方面的爱好，那么我就顺着这个方面给她讲。

问：她刚开始时知不知道成语的意思？是您给她讲了之后她才懂了吗？

林母：那是我给她讲了以后。

问：她开始只会模仿着说，然后你告诉她。

林母：对。

问（笑）：我看现在她成语学得挺多的。

林母：她还小的时候，十几岁吧，学"风烛残年"，她也不知道可不可以讲。我爸爸在南京，我在上海，她到我爸爸那边，说"外公就是风烛残年"。哎呀，外公听得可气了，外公是语文教师，又是英文教师，你说她把他比作风烛残年，你看气不气啊。

问（笑）：说外公年龄大了。

林母：就是啊。年纪大的不愿意你讲这些话的，他气得要死，然后跟她讲，这句话不能讲，不能把自己家里的人套上，你说了外公不生气嘛。

问：她会用错成语，您会给她纠正，那她之后用的都对了吗？

林母：也……

问：也会犯错？

林母：对，就是百分之七十〔对〕，可以了。

问：这样挺好的，像我们有的时候用成语都用错。

---

① 戆度：沪语，笨蛋、傻瓜。

林母：对。我跟她说卧薪尝胆，也讲好几遍，那个时候她就知道，卧薪尝胆是这个意思，〔以前〕她的表达能力不强，现在能说会道。〔以前〕她就讲半句，不会把整个内容都讲完，现在对整个成语有进一步的认识了。我现在点到这（做点击动作）……

林莉：眉目传情。

林母：我画一条龙……点到什么地方……

林莉：画龙，画龙点睛。

问：现在都懂了，都会了。

林母：我画一个饼。

林莉：画饼充饥。

林母：对吧。她〔学的〕成语很多很多，几百个可以算的。

问：您在家都怎么教她的？

林母：我知道这个成语的来历，就把整个故事讲给她听。还有古代的寓言，我也把一个一个故事讲给她听。我那时候看的书很多，现在像我这样大的人，像我这样有文化的人，有百分之七十都是学了以后就忘了，对吧。我是过目不忘。以前考试我都是临时抱佛脚，但是考出来的成绩还是挺好的。〔我〕看书很多，所以我给她讲的东西很多。

问：她学会一个成语大约要多长时间？

林母：成语还可以，反正你讲给她听她都会记住，你讲给她听她都能听懂。不像教她数字，前脚教，后脚忘。

问：她就能记住了？

林母：啊。古代寓言，像歇后语，你说给她听，她听得懂她笑。我给她讲古代寓言，我那么讲，不是说她笨，我说，有个孩子很笨，竹竿从门口进去，她都不知道怎么进去，她要么竖的，要么就横的。我说这样怎么进去，怎么都进不去，最后没办法。我说应该直着进去对吧，这我教她。还有为什么一根扁担可以睡四个人，这个故事什么来历，我就讲给她听。她听了很高兴，她能听懂。

问：您发现她在语文方面有天赋？

林母：〔她〕就是语文方面通。从来不带错也是假话，总有错的地方，用错了我就给她纠正。

问：您第一次觉得她语文很好的时候，您是什么心情？什么感觉？

林母：好笑。觉得她怎么就数理方面不通，文理通。她最大的缺点就是，

〔不知道〕这个词该用还是不该用。

问：嗯（笑）。她这方面，让您觉得骄傲吗？

林母：谈不上骄傲，为什么呢？毕竟她没有数字概念，因为数字在各方面都用得着，你没有数字，钱不会花。我这个钱是辛辛苦苦省下来的，积蓄下来的，交给谁啊？她不会用不是交给人家吗，白瞎了嘛。因为我生她早，没有智障人士补助费、最低生活费，什么政策都没有的。我就有九块钱，凑到十块钱；有九十九块我要凑一百块。我就这么节省把钱省下来的。我就是再有钱给她看病，再没钱给她看病，我还得省下。那时候工资才四十几块，三十几块，我照样十五块十五块的，一个月把它收藏起来。

问：不容易。

林母：我的家底就这么省下来的。我不偷又不抢，靠自己的脑子发财，靠着牙齿缝省钱，她自己都知道，家里有点好吃的，都是她爸爸跟她吃，我不吃的，我吃得少。我再馋，就是尝一两口。现在，我们条件好了，但是还是主要以他们为主，我不吃什么的，他们吃的多我吃的少。

问：还是把自己所有精力都放在了孩子上。

林母：我跟她说，我吃的是草，挤的是牛奶，给你们。

生活自理亲情深

问：她生活自理怎么样呢？

林母：她会做家务。

问：她一般在家里做什么家务？

林母：她很早做事了，她下去倒垃圾吧，我总不见得跟她下去吧，倒垃圾她也不是马上就上来的，她要看看溜溜的，溜溜就给人家欺负了。一般，她倒的时间长，我也得找她。

家务可会做啊，洗碗、洗菜、择菜。〔给〕她一把钝的刀，不是快的刀，省得把手扎了。菜、米淘好，微波炉一转，电饭煲一开，她都会。

我们买微波炉，买电饭煲，都是买一般的，不买电脑型的，电脑型她掌握不了，她不识字，没有这个概念。我这次买微波炉，是智能型的，说是智能型，但是最简单的智能型。我们只教她一种，两分钟的牛奶，给我开开来，两分钟；不热，你再开两分钟。我那电饭煲也是，一按就好了。有电脑的东西我们不能买。人家不知道，你省钱啊？她不识字，连在一起的字她不懂啊，也不

会用，我怎么教她？不是我们为了省钱买简单的，只能买简单的东西，只能教她简单的。

问：她现在生活上刷牙、穿衣服都可以自理吗？

林母：这都是自理的，就是浪费时间。那天说，莉莉啊，你给我洗两个苹果。待会苹果洗好了，一脸盆的都是清水，她两个苹果就给我洗一脸盆的清水。

浪费啊，我们家里水浪费、煤气浪费、电浪费，都在她身上。我现在还管她，水不算浪费。为什么呢？我们不乱倒，我专门有一个桶，用过的清水倒在这桶里，用马桶的时候叫她冲马桶，要不然这个水更浪费了。

问：是。

林母：洗两个苹果一脸盆水哦。

问：她现在自己知道，比如说，洗完了的水要留着，然后冲马桶的时候再用？

林母：啊，我就教她。现在她父亲年纪有点大了，有点向痴呆方面走了，上厕所不卫生，经常拉在地下。我专门有一块布，教她，我们在上厕所的时候，一定要用布把周围擦一下。这块布，每天晚上洗澡的时候用肥皂搓掉。她出去夏令营四天回家，还要检查我饭碗洗干净没有，她嫌我洗不干净。

一般她在家里都是有人的，她爸爸现在不是退休在家嘛，偶尔有一次，我们厂里组织活动，我到常州去，她爸爸又组织活动要吃午饭，中间有四五个小时不在家。她说你们去，放心点，我就看看 Apple①，写写字，这几个小时一会儿就过了。

问：一个人在家没有问题。

林母：午饭我给她蒸好了，她到时候，微波炉两分钟一摁，不热，再摁两分钟。我们就这样，你不热再两分钟，不热再加两分钟，就是慢慢地加。

问：只要您跟她说，要做什么，她都能完成。

林母：嗯，这是我们的心血啊。我们就根据她的特点，给她设计。

问：她做过什么让您觉得感动的、高兴的事情？

林母：能有啥事情……

林莉：有的。

林母：你说说看，你举出例子，妈妈挺高兴的。

---

① Apple：指苹果 iPad。

林莉：嗯，有一次呢，妈妈不是不小心……有点，妈妈不是诚心要那样的，就是那样不小心，有一次，我怎么办呢？我，妈妈去教了我那么多的东西，吃的东西，我总得给妈烧吧，我烧个汤啊，烧个什么啊。

林母：（笑）。

林莉：总是挺照顾妈妈的，那天正好妈妈肚子不舒服，爸爸也不会烧，都是我自己烧，这个烧个蛋啊，烧个这个啊，烧个汤啊，都我自己。

林母：她不会开油锅的东西，油炸的东西不会。像鸭子、白斩鸡啊，要水煮的，她都会。炖蛋啊，拌黄瓜啊，还有炖排骨啊，她自己都行。

问：（笑）。

林母：我那一次病了一个月，发了一个月的高烧，没办法给他们烧菜。他们就马马虎虎，都是吃白煮的东西，没味，后来我没办法，撑着几天再给他们做饭、做菜。

问：她照顾您？

林母：嗯。

问：她自己？

林母：对，这一个月，是她辛苦啦。饭今天烧干了，明天烧稀了，也有（笑），对吧。今天盐加少了，明天盐加多了，也有。反正他们做什么，我就吃什么（笑）。

林莉：有一次，昨天做饭呢，妈妈，昨天我犯了一个直接的错误，鸡蛋呢，没有烧熟。

林母：没煮熟。

林莉：妈妈拿微波炉爆一下，后来微波炉里面东西是，鸡蛋可以啊，飞来飞去。

问：但是她会知道我要照顾妈妈。

林母：啊，这点她都知道。不像她爸爸，她爸爸有病装病，没病也装病。她不是的，她这病了就是病了，稍微有点好，哪怕就是病没全好，她照样起来帮你干事，不偷懒，她手割破了包包又做事了。不像她爸爸手破了，根本不站起来。哎，她照样做。就这点好。

问：这孩子还是挺懂事的。

林母：啊，她这点真是挺好的。她照样干，我都没叫她干啊。她自己不放心，硬撑着给我们干活。手破了，只要有点好，她就不管，她皮肤也好，恢复得快。她马上就给你干活，不像人家装病，她不装病，很好。

生日礼物送父母

林莉：有一次，买了一个裙子给妈妈穿。

问：哇，你还买裙子。

林母：啥裙子？

林莉：紫颜色的裙子，咖啡色的，就是你没穿。

问：林莉给妈妈买的裙子吗？

林莉：买过一次。

林母：你给我买的？

林莉：嗯。

林母：对，连衫裙，她把她的零花钱给我买了连衫裙。过生日了，"妈妈，我送你一条裙子"。

问：过生日啊，好懂事。

林母：她知道。

问：这也是二十来岁的时候吗？

林母：嗯，二十几岁了。那时候她知道，因为过生日，我们要提醒的嘛。现在她能把我的生日说给阳光之家小孩听，他们也拍我马屁，到这个日子，他们也在手机微信上祝我生日快乐。有一次，他们要到我家里来，那给我压力太大了，我只好赶到阳光之家，我说我领情了，请你们不要来，我不让你们花费钱，我们只有付出，不要报答。我如果收了这些小孩的东西，我说不清楚，我一生就是要清清白白做人，我干嘛就输在这上面啊。

问：林莉每年都能记住您生日？

林母：能记住。我的生日好记，为什么呢，吃粽子的第二天。她爸爸的生日呢，是大年三十前面一天。

问：啊，都这么好记啊。

林莉：妈妈生日是过年①，爸爸生日是 2 月 1 日。

林母：你看，她记住了。

问：您和她爸爸生日的时候，她都会怎么表示？

林母：她现在没什么表示。她对她爸爸的表示——她给她爸爸买了一件什

---

① 按：原话如此。

么东西，大概买了条裤子。我的生日她记得多，一般的小孩跟妈妈亲啊，我的生日她记得多。

问：也会买礼物吗？

林母：我现在不要她买。你这点钱能够花吗？她的大钱都是我存放的，小钱都是人家给她的压岁钱，我这就不用她的，但是她用她的压岁钱买家里DVD啊，电视机……

林莉：妈妈，妈妈，妈妈妈妈……对不起，我上次……

林母：她给我买了一个电视机的显示屏，还有电脑，平板电脑，叫苹果iPad，九寸的，要三千来块，她出了一千五吧。

问：用她的压岁钱？

林母：嗯，我一千五再给她添上去，买了一个大Apple。

问：平时您会给她零花钱吗？

林母：嗯，平时她不用钱，最大的缺点就是不会用，我身边总给她五块左右，万一阳光之家有什么活动，她没车钱怎么办？万一你肚子饿了，在外面怎么办？你买一个馒头总够了。

林莉：我不是，也不是不买。

林母：她现在，也会花点小钱了，看见人家，哎哟，你这个本子好啊，很好看，给我买一本，两块钱。用了两块钱回来就跟我说了，我五块钱花掉两块钱了，我买了一个本子，我就再给她两块钱，把五块凑上。

问：让她每天身上都有五块钱？

林母：哎。

林莉：我一直摆在包里，不大用的。

林母：她不用，也不会用。就是买买本子，买买笔啊，小玩意，就五块之内的。

问：有她看好的东西超过五块钱的时候吗？

林母：她会跟我说，我会给她买。

教育游戏两不误

林母：电脑给她玩，不动脑子的玩具、不动脑子的游戏不给她玩。我们给她上电脑，也是根据她的特点上的。电脑能够跟你会话吗？不可能。以前电脑

会话的东西都是图，"你好""拜拜"……对吧，表情图片很多，我们都把图片添加到会话上面来。她如果跟人家聊天，"嗨，我来了"，她就点一个"我来了"的图画，就这么跟人家聊天。我们管不住她，我们累了，早晨还没醒，她半夜里起夜了，一看你们没醒，就打电脑，Apple，玩一会儿。一听到我有声音，她马上把 Apple 一关，自己又睡觉去了。

就这么不自觉。你管她，怎么管啊？〔她〕把声音降到最低。你说她聪明吧，她又不聪明；说她不聪明吧，她又有点懂。汉语拼音她不会，没办法教她，但她又会说点〔拼音〕，成语也会背。她汉语拼音，别的人名字她不会点，我的名字〔会〕。我姓王，成，智慧的智。现在那个汉语拼音，搜狗，是简单了，只要点一个就等于把那个……

问：啊，后面的字词也出来了。

林母：我的名字，我就叫她点 WCZ，WC 不是厕所吗，再加个 Z，就是王成智。我的〔名〕字就点出来了。你说她字不识吧，她还认两个字，但就是不全面。

问：她会开机吗？

林母：哎哟，这个比你还厉害。她上网，网嘟嘟嘟连好，灯亮了，她马上就开电脑。

问（笑）：上网也会，她在电脑上玩什么？

林母：游戏！

问：打游戏？

林母：打游戏，现在大家不是玩农场牧场嘛，她去偷菜偷东西，好玩，玩错了我要讲她的。种菜的东西有一级两级三级四级的，你用错了，我玩啥？你现在这个级别怎么能用那个级别的，不对，就要跟她讲道理。听听也好笑。我教她，我们出去要旅游了，这个菜你种几个小时就熟了，不是很可惜吗？你要种三天才能成熟的菜，那我们回来，不耽误多少时间。现在我不玩了，都是她玩。

问：她周末的时候，除了打游戏，还有什么？

林母：打腰鼓，星期六、星期天。

问：都打腰鼓？

林母：他们没有休息日的，星期一到星期五阳光之家，星期六、星期天是区残联。

（笑）现在什么都懂，就是不认字，不识数。我说你这可惜了，小时候要是听话，至少能够小学毕业，对吧。

问：她平时听话吗？

林母：听，不听我不带她了。她道理懂啊，我给她翻过来翻过去讲道理，她这点都懂的。她自己跟人家说：她也知道，没人管她就……

问（笑）：您说不要做，然后她就不做了？

林母：我讲她，批评她，她也知道。

问：批评她，她知道是为她好吗？

林母：哎，她知道为她好。她小时候走路，哎，这么走路。好看吗？不好看，对吧。这么走路像什么东西？绷着腰摔跤不啦？要头撞地的。我教她走路，要两个脚，并起来，慢慢地走。又跟她说，要挺胸，要收腹。现在看，不管多胖，反正她那个肚子没像人家肚子那么鼓着。他们那一些小孩，胖啊，两百斤都有，她没有那么胖。（笑）她现在走得很好了啊，她看人家走路不好看，"哎哟，妈妈，他走路不好啊"。你现在看人家走路不好看，以前小时候我骂你，你还认为妈妈太凶，好像不是我生的。

问：她小时候有说您太凶吗？

林母：她说我凶！反正我看她每个动作我都要骂。骂好了，现在人走路像个人样了，对吧。挺胸，不驼背，多好啊。现在骂的也少了，小时候不管教，你能像个人吗？

问：我觉得她有这样的妈妈是好幸福的事情。

林母：真的！她真很幸福。

问：她有手机吗？

林母：有手机。

问：会跟同学发发微信什么的吗？

林母：不会，我微信不给她用。我是五楼，我楼下有一个轻度〔智障〕的，她用手机第一个月就用掉八千多块，第二个月六千多，等于两个月一万四，我说如果你到了这个数字，你永远不用……

问：不用拿手机了。

林母：我说你就永远不要〔用手机了〕，我给你手机主要是控制你。

问：她现在也能自己独立走吗？就是从家里到……

林母：没走过，基本上没走过，因为基本上都跟我一起。

问：都是您陪着？

林母：回来的时候，我们马路对面有一个小孩跟她一起回来，他们都一起

的，都是他带她。实在没人了，我就让她等我，等我什么时候开完会了，你跟我一起。因为我们老师①要留下来。

问：一块走？

林母：只有这样了。

现在从阳光之家出来了，就跟我说出来了，我算下多长时间到家，如果超过就要问她干嘛了。我已经给她很宽了，其实阳光之家到我们家只要十五分钟，她半个小时才到家，我就给她半个小时的时间。

她现在拿手机很洋洋得意的，拿起手机，往家打电话。她到阳光之家还有几条马路，我还得担心啊。我说给你手机就是抓住你，你到了那边，给家回一个电，到阳光之家了。你下午三点钟回来的时候，打个电话，妈妈我出来了。如果路程耽搁时间长，半个小时我不找她，超过半个小时我就要打电话找她啦。

问：您之前不是说都接她嘛，现在不用接她？

林母：嗯，现在不接了，两年多了。

问：就是这两年都不接了？

林母：有三年了吧，没接她。

问：下课之后先给您发个短信或打个电话，说她下课了？

林母：就打电话，说"我出来了"。如果早晨去，说"妈妈我到了"。

问：早晨也是她一个人去？

林母：嗯。现在还好了，去残联也能一个人回家了。

问：去残联也可以了？

林母：嗯，我已经放了四五次了，她一个人会回来了。

问：她一个人，您放心？

林莉：现在呢，有一个东西可以抓住的，就是手机连线。"你到哪里去了？""我在这里，我马上就回来了。你放心，我在阳光之家，马上要到家了。我在东余杭路，舟山路，保定路，马上到家了。"

林母：他们小朋友人多，我还是不放心的，在路上我已经考查了很多次。

她坐车子，从来不看马路，不看哪一站到，坐了十年车子还不认识，我不要说她嘛。我说你要记住，哪一站到了，你虽然不认字，但是你耳朵要听，它到什么站，要叫，听不住了，你眼睛要看，这个房子是什么地方，到了；那个

_____

① 此处老师指家长志愿者。家长们参与孩子们的各种活动，提供帮助和指导，被孩子们称为老师。本书家长和孩子口中的老师，或指阳光之家等机构学校的老师，或指家长志愿者。

房子什么特点，是什么地方，到了。你这个一定要会，所以我经常是给她提个要求，我说如果到站了，你还不下去，要我提醒，下来就两个嘴巴。

问：这也是打出来的？

林母（笑）：基本上是啦。有时我忘了她会提醒我。

问：您在旁边跟着她，但是全让她自己做主。

林母：嗯，全让她自己注意。她还有一个缺点，如果跟人家聊天了，她就忘记车站了，我跟她提了这个要求：如果你过站了，到站了不下来，要我们提醒，下去揍。

林莉：打得不重，就轻轻打两下。

林母：嗯。

问：她之前有这样的时候吗？

林母：有。我考察的时候，我不跟她说话，她就不会过站，我一跟她说话，她就忘了。懂了吧？

问：就得一心一用，不能三心二意。

林母：哎，对对对。

问：她回家会自己开门吗？

林母：刚开始开门，手抖抖的，原先那个门好开，现在是保险的，她不会转，翻过来转，翻过去转，培训好多次，现在会了。

问：教了多久？

林母：一个多星期，两个星期吧。

问：哎，这还挺好，挺快的。

林母：哎，还是经常有翻转不过来的，我不会骂她，让她爸爸来使劲骂她。我的教育方法跟她爸爸两样的，我对她的智力还有耐心，她爸爸没有耐心。

问：爸爸在她成长中都教她什么？

林母：她不用动手机的，直接看〔就行〕。我打过电话，名字都留在手机上，她只要一点"妈妈""爸爸"，还有同学的名字。而且我们给她短信都编好了，短信五分钱一个，电话打一个一毛钱啦，我们就教她发短信，"我到了""我出来了"这几个字，她按几下就好了。

问：她爸爸教她如何用手机？

林母：嗯。

林莉：爸爸没妈妈细心，有时会骂我的。

问：从小到大，她和爸爸有什么互动吗？在她成长过程中爸爸做过什么？

林母：成长的过程中，在我的带动下……她那时候拿扁鼓，就怕这个棍掉了，跟她说捏得紧不能敲，就得轻轻地捏，她爸爸教她，这个鼓棒〔握法〕不对。

问：您教她打鼓的时候，爸爸也会教她怎么打鼓？

林母：嗯，打鼓棒该怎么拿，捏轻一点，不要捏那么重，一定要轻轻地，敲出来声音好听。

问：她小时候您会教她成语，爸爸也会教她吗？

林母：有时，偶尔，她说的不对了，爸爸会给她纠正。就是看心情。

问：爸爸也会带她到公园玩，比如说晨练什么的？

林母：也会。有一次他到南京出差，我爸爸在南京嘛，我就逼他把我女儿带去，我说你把她带去，只要把她带到南京，你管你的公事，外公会管她。他们厂里人都不知道他有这样的〔女儿〕，出差嘛，偶尔带一次。那时候她还小，十几岁。南京我已经带她去过几次了，地方应该已经熟了，他们的记性就是〔能〕记马路，到这条路就知道外公住的地方。总算把她带到南京，看到熟悉的马路，马上把爸爸带到外公那了。

问：就知道怎么走了？

林母：南京的胡同，不像上海的里弄，两样的。她爸爸回来都笑了："我自己都不知道，都是她带的。"

会识会写简单字

问：她能写自己的名字吗？

林母：现在就能写自己的名字。她的字写得不好，她姓林，双木林，她把那个林啊，分得很开，不知道的想两个木木，对吧（笑）。叫她靠近吧，她不。她上下又分不开，左右又分太开。区残联不是有时候要发点钱嘛，补他们的饭钱啦，活动补贴啦，叫她签字，我不管，就让她自己写。

问：其他字会写吗？

林母：其他的字呢，现在就是阳光之家小朋友的名字，她基本上已经全部会了。本来我不知道她会不会，她走个马路指着字读。我知道了，她现在懂点了，外面广告的字能认一点简单的；复杂的字，她要问我。

拼音不会，但是这个字什么旁加什么，能够拼起来了。这一个什么字，这一个去掉，是什么字。

问：识字是这几年才开始学的吗？

林母：嗯，这几年，以前她不识钟的，现在还有点不认识。〔以前〕你跟她讲十三点、十四点她都不懂，现在知道了，十四点就是下午两点钟。

问：具体是什么时候开始知道的？

林母：就这两年。

问：这些是阳光之家教的吗？您也教？

林母：阳光之家有教，区残联小朋友也教她。他们不是有时要写文章嘛，她不会写，她不能写一段的，有个小朋友，因为我是老师，就会拍我点马屁，就教她。

问：小朋友是指？

林母：轻度的〔智障者〕，都念过书，都懂。要写字了，她就叫人家写。她说，我现在有秘书！

问（笑）：就找人来帮她写？

林母：啊。那些人也得教，我也教他们的，对吧。

外出旅游开眼界

问：她是喜欢待在家里还是出去啊？

林母：她要出去。

问：在家里待不住？能待住？

林母：待得住。也要出去，带她出去。哎哟喂，要旅游！

问（笑）：她会主动说想要出去？

林母：她要出去，北京没去过，"我们国家的首都我没去过，我要去"，这我欠她的，还没还给她啦。

问：平时带着她出去旅游吗？

林母：旅游，经常旅游！现在钱我不花了，将来还不是人家的吗？我辛辛苦苦省下那么多钱干嘛？

问：带她上哪儿玩过呢？

林母：她去玩的地方多，泰国、韩国、海南岛、张家界，这些地方都去过了，根据她特点，给她开发智力。

再过两年我不干了，我的岁数也到了，他们〔区残联〕也不用我了。如果

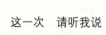

放心不下，就让她也不参加算了，那时候就想着要出去旅游。现在旅游，她父亲身体不好，没办法带他去。

阳光之家收获多

问：她小时候不是很皮嘛，什么时候开始比较懂事了？

林母：也就到进了阳光之家以后。三十几岁的时候，来阳光之家了。之前什么也不懂的，什么都不会。

问：阳光之家对她影响还挺大的。

林母：进步很大，阳光之家的进步她可以数一数二了。为什么？进去的时候她成语虽然会用，但是数字概念不行。问她，你家里住在什么地方？她要么说门牌号，门牌说了，几楼就不说了；几楼说了，门牌号就不说了。

问：说不完整。

林母：说不完整，在什么路什么地方都说不完整，连个电话号码都记不住，叫她听个电话浑身都是汗，吓得。

问：不敢听吗？

林母：就是说不来，反正就不会用。

问：进阳光之家多少年了？

林母：十年了。

林莉：什么时候进去的呢，十二月份？六月份？

林母：2006年2月9日到区残联，2005年7月份进阳光之家。

问：阿姨记得这么熟。

林母：你要跟她讲的，其实我没这个概念，是她逼迫我（笑）。

问（笑）：她会问您？

林母：那〔不问〕我也要讲嘛。

林莉：你知道怎么进去的？那天阳光之家来，刚开始我还不喜欢去呢，后来……

问：在阳光之家里面学什么呢？

林母：……其实阳光之家存在很多问题，就怕这些小孩子闯祸，现在有点返祖归宗，来了就把他们放在里边，也不出去，到三点钟准时放他们回家。

问：不做什么活动吗？

林母：活动呢，偶尔有。要做广播操，但再有什么激烈活动，就不行了。

为什么？楼上是人家居民家，年纪大了都生病的，你们要吵了，人家要提意见。

还有街道，现在都怕负责任，怕他们闯祸。当然也有不讲理的家长，对吧。比如今天区残联要他们去参加体操比赛啊，要叫五个人十个人的，他们不是老师带这十个人，而是分成几个人〔一组〕坐一辆出租车，宁愿花出租费，不愿他们乘车，就怕他们出去摔跤。有时老师不够了，就叫我们家长带几个，我带三个就走了。街道怕出问题，老师更加不敢背〔责任〕。每天去了之后也没什么事，到晚上就回去。

老师做坏事吧，讲话讲的不好吧，她回来告诉我，我就去找老师。老师马上不承认了，没这个事。〔孩子〕太会讲了就惹祸，所以我很生气，对林莉也没办法，弄得我脸面也没地方放。

哎，你看，这样我还能跟老师沟通吗？不能沟通了。还有，这些小朋友也挺坏的，能证明他也不替你证明。所以我现在觉得没意思，对吧，再给他们献那么多爱心也没意思，他们到紧要的关头也不帮你说话，我干嘛？吃饱了没事撑的。

关心同学交朋友

问：林莉喜欢交朋友？

林母：嗯。

林莉：好喜欢交朋友。

问（笑）：在进阳光之家之前，她有认识的小伙伴吗？

林莉：NO.

问：没有？

林莉：没有，很少。

问：在进阳光之家之前，林莉都是一个人，进入之后认识了很多同学，成为集体一员，有没有感到什么不适应啊？

林母：她没有不适应。

问：没有，直接就融进去了？

林母：嗯，那时候她在阳光之家，街道有人来，一看到她，听说她从来没念过书，再说她又属于笨笨的，就担心她不能在阳光之家生存下来，没想到她在里面很适应，而且老师讲的反话她差不多都能听懂，老师说她挺有正义感的。

问：我看她在阳光之家有一个同桌，关系挺好，下课的时候还在一块聊天。

林母：嗯，有一个，小时候气管炎，经常住院，就把学习落下来了，智力跟不上，眼睛有一点坏，脚有一点坏，就变成残疾人，其实她的脑子不残疾的。

问：她和阳光之家的这些同学下课之后还有交流吗？

林母：有交流，说话什么的都听得懂。

问：会一块出去玩吗？

林母：我不给她去。

问：不给她去？

林母：嗯，他们的思想比她复杂，我要管她，我不允许她去。

问：她和同学的相处怎么样？

林母：她还挺关心人家。现在，我这钱也用不掉，多买一点东西给她吃，有时她自己还舍不得吃，包起来，带到阳光之家或者区残联去给人家。老好吃了，挺高级的巧克力，她自己少吃两口，都省下来给人家。只要妈妈给我的她就拿去跟人家分享，那些小孩还会问她要。

到冬天了，她喝菊花茶啊，枸杞子啊，橘子皮啊，她这么一泡，很好喝，人家小孩就要喝她的。到了那边，说你今天茶泡了没有，我想喝点。她就倒给人家。什么好吃的东西，我咬不动，或者我不爱吃的，他们要，她就带去。你今天什么东西再拿点来，她就拿去给人家了。人家问她要，她就回来跟我商量，妈妈，啥人要吃啥东西。这点她可以的。

她也同情人家没有爹娘的。有一个小孩，他爸爸不讲理，过年的时候突然死亡。他妈妈跟他爸爸离婚，小孩归他爸爸的，现在爸爸死了，他摘了一个腰子要透析，妈妈没办法，再过来照顾这个儿子。照顾不全，因为这个妈妈本身素质不是很好。

现在我们的思想境界也进步提升了，不是光为了自己女儿了，就为了这些孩子。我们家里有什么好吃的，她一个人吃不了的东西，我经常叫她带着，分给大家吃。所以说，我就把这些孩子都当我自己的孩子。

问：刚去的时候，比如老师说"坐好了"，她都能懂吗？

林母：能懂。

问：守纪律吗？您不是说她以前小时候很皮嘛？

林母：啊，坐不住。

问：坐不住，那到阳光之家之后能坐住吗？

林母：也坐不住，但她这个时候有一个爱好，喜欢写字。写字就不会有乱七八糟的动作了，就能坐下了。

问：有您这样的妈妈，孩子在阳光之家过得也肯定很好吧？

林母：好什么，一点都不好。现在老师都有一点自私，因为他们家里没有智障人士，他们没有体会。爱心比我们差得太远了。我们比他们好，我们一看到这个孩子没有妈妈，或者爸爸死了，我看见他们都得哭。

问：难受？

林母：啊，所以我们也希望社会能更加关心我们。

林莉：还有个小姑娘很可怜，家里有两个小孩。妈妈在的时候都挺好，妈妈不在了，小的就欺负大的。

林母：小的就欺负她，所以我们没生第二个，也就是这个道理。

问：会担心第二个孩子欺负她吗？

林母：谁啊？

问：您刚说您没生第二个。

林母：是担心我们不由自主地目标就转移到第二个身上了，第二个肯定正常的！如果是正常的，在他高考的时候，我要注意他营养，一定要让他考上，这个势必就不能全心全意〔对林莉〕了。

真的移到第二个身上了，她也不允许啊，你看她挺坏的啊。

问（笑）：她不允许？

林母：她不允许。你们不能生第二个，这一生第二个好的，你们把我扔在什么地方啊？就不管我了。我们的行动也受林莉限制的，不许搓麻将，不许跳舞，这两个不能干。麻将输了，把我输掉了，没人管我了；跳舞，找了新欢，家庭就散了。

我说看黄某玲很可怜，〔想〕过年把她带到我家过两天。〔问林莉〕要不给她到我们家过两天。不要。我说干嘛不要？"我妈妈的爱，不能分给别人"。她挺自私的。汶川地震，孤儿那么多，她在旁边哭。我说你哭啥嘛，我们去申请领一个回来，不是帮助国家解决了一个问题嘛，这小孩也幸福。不要，坚决不要，不容许有第二个小孩。宁可你给她点钱，林莉可以同意的，但是不能领回家。挺自私，从小就挺自私。

这点不算，还注意你的经济。虽然她没有经济能力，但是你银行的钱不能轻易去动。你看她那么馋吧，出去了我不给她买东西，她要盯着我买。有时身

边没零钱，有时我认为这个买了不合算，不愿意买，太贵了。我一看那边有个银行，就到银行里去了（笑）。她就着急了，算了算了，不要买了，不要买了，把我从银行里拽出来。"妈，待会我问爸爸要。"不容许我动银行的钱。你看她现在知道我不会轻易花钱，到银行就不紧张了，小时候特紧张。

问：小时候没有安全感，长大了之后就懂了？

林母：啊。现在对我了解了，看到人家，想到自己，她是幸福啊，对不对？

区残联里进步大

林母：现在阳光之家的收获不大，区残联的收获比较大。

区残联作用非常大。以前到区残联去，她不管自己的包，不管自己的东西，什么都要我整理。现在，因为我在那边搞后勤仓库，东西都是我管理，我没时间管她了，我就跟她说，现在我不能管你，但是你一定要自己管理自己的东西。她现在就可以啊。

问：她现在怎么做？

林母：到了区残联了，我办公室的杯子没洗，她就给它洗完；我吃完了东西，都给我收藏好。如果谁忘了我们的水壶，她会把它带到办公室里来。自己的包什么的会管理好，不用我管理。

在区残联腰鼓队，她属于笨的，〔智障〕中度偏重。没办法，我很〔有〕自卑感，所以他们有活动，只要老师去，我都去。我们区残联负责的老头说，我看你教会了那么多小孩，为什么不把自己的女儿教会？我说我女儿很笨，要不然我早就教她了。"我就不相信，我这次就给你下达一个任务，要把她教会。"明天我们去区残联借一个腰鼓，让我拿回来，15 号叫她自己再拿一个腰鼓回来，我背一个她背一个，我要教会她中国功夫，花式腰鼓。

问：就是今年吗？

林母：就放假，一个月。

林莉：过年还有一个成语，还有不是口语什么的，我背背听听好吗？

林母：待会背。

林莉：我背给她听听。

林母：待会背，你这么想表演了？

林莉（急）：背一会。

林母：背背背。

林莉：二月里来到扎西，部队改编好整齐，发展川南游击队，扩大红军三千几，七月进入川西北，艰苦奋斗为哪个，为了抗日救中国。

林母：区残联的周老师，就是负责我们这些人的，一个月前给她安排了这几句，整整背了……这一个星期进步很大。

问：背了一个星期就背过了吗？

林母：一个多月了。

问：一个多月背出来了？

林母：这一个星期背熟了。那天周老师也听她背了，她说，嗯，林莉这次背得好。我就跟周老师说，要提早很多天，要不然她不行的。

问：要比其他人多背几天。

林莉：同学还教她呢，不是妈妈一个人教，还有两个男孩子教。

问：就是您也教她，同学也教她？

林母：嗯，因为都是我带他们的，我没事了，我就今天带一包瓜子，明天带什么东西〔过去〕，他们也对我说他们的〔事〕。〔出门〕基本上都跟我走，我负责他们的交通安全。所以他们也挺听话的，也都愿意听我的话了，拍我马屁嘛，教她。

问：她是只能背出来，但写不出来，是吧？

林母：如果我们写出来她会仿写，但是不一定认啊。

苦练腰鼓盼演出

林母：我们虹口区有个区残联腰鼓大队，你们看电视可能看到。我们有个老头，本来在虹口区里面做保安，是属于安全局的，很有地位，现在退休了。他自己有个孩子，是羊癫疯，所以他深深知道这些家庭的障碍。在他的发动下，组织了一个虹口区腰鼓大队，把这些孩子都从反锁的家里叫出来了，人家说这些傻孩子敲不了腰鼓，这老头照样给他们敲，现在都会敲。我们每个星期六、星期天，就到区残联，学习打腰鼓、打扁鼓，跳舞，唱歌，英文。星期一到星期五在阳光之家。

她看人家去打腰鼓，她就知道好玩，她不知道这个艰苦性，不知道很难学，她硬要报名。

问：腰鼓队是报名的吗？

林母：嗯。我一〔开始〕不给她去，坚决不给她去，我说她那么笨，很难

学会。后来学不会，给我又骂又打。

林莉：打不知道多少次哦。

林母：谁叫你报名，我不让你报名，你偏要。

问：是谁，是您给她报的吗？

林母：她自己报的。

问：她自己报的？

林母：她一边哭一边说，"我也不知道这个腰鼓队这么难，早知道我就不报了"（笑）。

问：她是怎么找到区残联？

林母：区残联一个一个街道招人，这些小孩子们相互之间传的。

问：然后她就知道了。

林母：她就被他们鼓动了。腰鼓队的人不多，就希望孩子多来，它也到这个街道那个街道，这个阳光之家那个阳光之家，鼓动人家去参加。那个老头真的对我们要求很严格，为什么？他好像原来在单位就对底下的人严格。

问：现在腰鼓学的怎么样了？

林母：还没带回家来，明天带回家。我这个月就跟她要狠下功夫了，〔负责人〕在一个星期前跟我讲了，我这一个星期怎么办呢？这上面每一个动作、发声，我都教她，而且腰鼓它前面、后面，从头到尾是互动的。

问：有没有细节？

林母：东南西北四个方向转，老师教他们90度、180度转，她根本就不懂，我就在这方面狠下功夫。

问：您手把手教她？

林母：我就跟她说，你一个向左转，再向后转，四个向左转，四个向后转，就转到了原地了。我这个星期就〔教〕她原地转。

问：这星期光讲怎么转？

林母：这个星期给我转明白了，下个星期带腰鼓来，我就慢慢地可以教她了。主要中间的一段，她开头和结尾都会，中间比较重要的东西要教她。四个方向不会，那我就没办法教了。我等于提早一个星期在教她，我还画图给她示意。

林莉：妈妈说，妈妈说这个，走过去，再走过去，再走过去，一个左手，一个右手，一个向后转，一个向前转。

问（笑）：阿姨讲的好详细。

林母：一个90度，一转，我说这个就叫90度。什么叫180度呢？180度就是向后转，一条直线，从这儿转到那边。如果朝这转（比划）是向右转，朝那边转，是向左转，我就给她这个概念，又是画图，又是给她讲。

问：她现在能接受了？

林母：今天有点灵感了。

问（笑）：有点灵感了啊，这教了几天了？

林母：教了一个星期啊。一个星期前面就跟她讲，她根本就没概念，我现在也有压力，上面一定要我把她教会，没办法我先提早一个星期，让她把方向给我转会了。

林莉：你知道吗，你知道吗，压力大到什么程度？他说你这个花式要是再不会，我就拿你开掉，都这么厉害啊。

林母：负责人就说把她开掉，让她不要来了。

问（笑）：您每天都教她多久？

林母：没多久，不敢多教。前面我就想教，但我上个月生了一个月的病。

问：每天都练？

林母：每天练，两个小时差不多。要出去表演了，提前一个星期，天天晚上练。

问：天天晚上？

林母：嗯。打腰鼓会影响邻居，人家听得清。我就掌握在〔下午〕四点到五点的时候〔打〕，你上中班还没回来，夜班要吃晚饭了，早班下来做饭，不影响你们睡觉。反正就是四点到五点，教她练。现在也有人腰鼓打得不好，在里面滥竽充数，我也指了几个跟他们说，你们回家要好好练，下次我要看你们怎么练。你们就在人家做晚饭的时候练，这时候没有人讲你们。如果讲你，你可以理直气壮的，"那我什么时候练？只有这个时间，没有别的时间，我不影响你们吃晚饭，也不影响你们睡觉"。你们千万记住，就这个时间段可以练。

问：她参加过表演吗？

林母：参加了。到了区残联，有老师教他们怎么排队，怎么有组织性纪律性，怎么立正稍息，向后转。开始学不会，慢慢地我就教她，怎么向左转，人

家向左你总不能向右吧，不然她上不了台，她也要表演。

问：比如老师说向左，她不知道怎么转，您在旁边看着，回来就教她？

林母：嗯，她到现在都不是最能转的，她呢，向旁边瞄。

问：看别人。

林母：她比别人慢半拍，你转过去，她跟着转。

问：她是怎么知道看别人的？

林母：这是我教的。

问（笑）：阿姨您教的。

林母：哈哈哈哈哈，要不她怎么学得会啊。我偷偷地教她，那时候她不懂，我不给她排在最前面，我就让她躲在里面。现在有点懂了，要学新的广场舞，我说你就站在前面，但是要站在会的人后面，你在他后面比划，不能站在最后面，人家的动作你都不知道，乱动。

问：要看一个会的人做。

林母：嗯，要是老师来检查了，你排队排在后面，（笑）要看谁做得好做得不好。现在我也不是像以前那样教她动作了，我看她这个动作这个舞学的差不多了，百分之七十可以对了，她自己要学了，想学了，那百分之三十我就教她，不对的我再给她纠正。刚开始一个新的动作，她根本就不知道方向，根本不知道什么意义，我教也教不会。

有一次，欢乐运动会上打扁鼓。他们聪明的小孩，就是轻度的小孩，扁鼓都是区残联供应的。她轮不到的，我们都是私人买的，二百块钱，我等于买一个高级玩具给她玩。他们打扁鼓没概念，我们敲的是"没有共产党就没有新中国"，她根本就不会打。人家敲她也瞎敲，要去表演了怎么办？扁鼓又不能带回来，我就把家里的棉被弄上几床，跟扁鼓差不多高，拿着木棍在家里"咚哒咚哒"教她，完了再去广场上敲。敲得遛狗的人说，"阿姨，她学的已经跟你动作差不多了，不要再那样"。这时候我觉得她跟我差不多了，可以去表演了，我才放下。

问：她练得也挺辛苦的，付出的也很多。

林母：也挺苦的。阳光之家的老师有点墨守成规，我们说广播体操现在教第九套了，老师说第八套都没学会，学什么第九套，就是不给他们学。第九套广播操她只有在区残联学，或者在家里我教给她。我在家给她慢慢训练，她现在也知道了，一二三四，以前没有什么一二三四〔概念〕，她动作快得很。

问（笑）：她喜欢参加这样的活动？

林母：啊，她要去，要不去我就不去了。她偏重度，老师也看不起我们，你懂了吗？就是明明她可以待在里面滥竽充数的活动，也不让她参加。我这点就很生气。为什么？我要求不高，你只要有这样的活动，你就让她滥竽充数进去。何况我又是老师，老师的孩子，九个孩子都参加，就我一个不参加，你不是要我好看吗？我脸朝哪放？就这上面，我很生气。所以她要去，我没办法，只好硬着头皮陪她去。其实以我的心相，我也不想去。干嘛受气啊？我现在经济也不困难，在你们这干活也不拿一分钱，我受那个气干嘛？

她喜欢，没办法。我为她忍声吞气，为了她开心呀。所以我跟她说，我现在参加的一切社会工作，都是为你打下良好的基础。

她是属于中度偏重的，很多比赛参加不了。不过区残联有时候的表演，腰鼓比赛，扁鼓比赛啊，哪怕就是广播操比赛啊，她可以参加，捣捣糨糊。捣糨糊就是说，人在里边滥竽充数。我对她的要求不高，我说你大方向不要错，人家朝左转，你不要朝右拐；人家站起来，你不要蹲下去，一起站起来；喊口号不要太做作，人家结束了，你还喊一个口号。我就对她说，要低调做人。

林莉：有一次我不小心……

林母：给我臭骂一顿。

林莉：拍照片你刚说了"耶"，我啪就喊"耶"。

林母：好了，回来我使劲骂她，臭骂一顿。我说我怎么教育你的，声音不要出错，你今天怎么出错了？后来我们区残联的负责人，那个老头说，你干嘛骂她？我说，我让她不要出错，要低调做人，不要声音响过人家，今天人家都不说话了，她一个声音过去。

林莉：有一次妈妈说我打腰鼓打得不好，那天打到……那天在……说了我很多次的时候，我很难受，感觉就是给人家看不起，为什么妈妈都说我那样子？说得我……真想退出了。很难受。

问：这种情况，她平时会跟您说她很难受吗？

林母：也说，偶尔说，但不是经常。她以前说话说不全。

问：说了之后您什么感受？

林母：我就是有点哭笑不得（笑），因为恨铁不成钢。我心里很气，你知道吗？满肚子牢骚没地方发，我能不发在她身上吗？我跟外面的人没共同语言，人家都生孩子了，结婚了，你说我跟人家说什么？没话说。

林莉：还有有的时候跟妈妈说，对不起，我要是正常人，妈妈老早抱〔外孙〕了。

林母：我那时在居委，他们说什么什么，她忽然冒出一句，妈妈我对不起你，你做不成外婆了。人家一听，（笑）怎么她这种话都会说？

问：您听这种话，什么感受？

林母（笑）：她懂事了，认为她比以前懂了，对吧。她小的时候我为她流了多少泪啊，受了多少苦啊。后来有一次，她二十来岁，她听到人家跟我说，她自己也说，妈妈，你带我辛苦了。

努力奉献修来生

林母：我们都是奉献。她腰鼓打不好，我要教她，腰鼓的那个"哐哐叽"的声音，不是一般人都会的，我家里也没东西，我就用锅盖或者脸盆，敲这个音给她，教她打腰鼓。后来那个腰鼓队发起人，那个老头一听，哎哟，你还挺行的。他还去调查，一调查我在厂里的表现非常好。

现在我跟你坦率讲，我总认为我生了这个孩子，是前世没修好，没做好事，干了坏事所以……（笑）就带了这么个孩子。现在我要修下世，我这世一定要做好事，不做坏事。我脑子里就是我要修，前世没修好我要修后世，所以我是响当当的，做里弄干部也是好的，我从来不得罪人。就是人家有错，我还得拐弯抹角地批评，不是直截了当地批评，所以人家对我印象很好。后来腰鼓大队的老头就邀请我做老师，他说你要做吧。那时候思想还不是最纯，为什么呢？心想做就做吧，这样对我女儿有好处。

问：对，孩子在这。

林母：路上我把她托给别人也不放心，反正我来上班，我就把她带来，回家我把她带回家。这样对她没有后顾之忧了，主要是安全了，考虑到安全，我就做。开始的时候，我的思想就是〔为了〕自己的女儿做。慢慢地慢慢地，我也干了十几年了。

他们穿珠珠都是我教会的。我穿珠珠不但教老人，也教智障人士，我还教家长。家长在阳光之家发光发热，我不但教他们还自己奉献，这个没有珠珠，那个没什么，我都奉献。我们夏天暑假了，要组织小朋友活动，"你给我们上节课"，我就给他们上节课，把珠珠带去，教会他们。

问：您平时就是带这些孩子，教他们课？

林母：平时以他们为主。星期六、星期天、星期二是我们家长的亲友会，等于一个星期去三次。多下来时间，我也不落下。我星期三，上午摇铃，下午摇铃〔锻炼〕，我还带他们上电脑课。我很忙很忙，省下来时间还要理财（笑）。

问（笑）：安排得很充实。

林母：剩下的时间就是织毛线，穿珠珠。我勾出来的台布，很好看的！

问：您会教她吗？

林母：她教不会，她只会穿一个球，其他都不会。其他的小朋友就教会了。

有一个同学，叫肖某鸣，现在在外面工作，他的电脑都是我们家给他教会的。我把他教会了，他再去外面学电脑，后来在外面念大学，管理学。毕业了，在外面工作，敬老院管理仓库。可以了，对吧。这同学是比较记住我们的，逢年过节上门买点东西给我们。我们不要，他要买你看怎么办，对吧。

问：要感恩一下。

林母：那些小孩也懂啊，你说他们不懂啊，他们也懂啊。他说，老师管我们我们不喜欢，莉莉妈妈管我们我们不生气，她是为我们好。你看，这些孩子，虽然流里流气，一身坏脾气，但是他们就知道我们是真正关心他们，他们不是不知道，就是反应慢点，完全懂。我挺感动的，我说，我没白付出，他们能知道我是为他好。有时候我管得挺紧的，因为他们乱七八糟，我要批评他们，使劲骂他们。他们就说，林莉妈妈骂我，我不生气，是为我好。我骂他们挺严厉的，恨铁不成钢也得骂，对吧，没人管，你不说、你不管他们还有谁管他们。

人生七十体欠佳

林母：我 11 月份有点脑梗，轻度脑梗，〔身体〕不能转快，我一转快，头晕眼花。每一年都是……有一年头疼，还有一年舌头麻，今年就是头晕，一坐车我就感觉头晕，还有脚活动不灵。那天我没事，在人民公园门口，教她转了一下，我马上觉得自己站不住了，我就不教她了。但是那时候我还没压力，我头晕就不教她了，等我不头晕了，天冷过了，我再教她。

后来，就上个星期，负责人跟我讲了，他说我实在是想不通，为什么自己的女儿不〔会〕，我必须给你压力，如果她不行，那么你以后不要怪我了。那我说，这不能怪她，是怪我，我的身体不好，我自己头晕，没办法教她。一会左转一会右转，我自己本来就头晕，再来转这四个方向，我不是转不过来嘛。不是教她一遍，她要教数遍的。后来，我说我身体不佳，我这又肿了（指着

脸），肿瘤医院都去过了，穿刺都搞过了。

问：阿姨，您得注意身体。

林母：我心里压力很大，他们都说这个〔肿块〕不是好东西。我真的吓得魂都没了。我自己不怕死，主要是放不下她，我能怎么办呢？后来我没办法，只好上医院看，给我压力太大了，我脸肿得像什么样。

问：现在好了吗？

林母：现在好了，但还是有点感觉。这个好不透，淋巴结大了以后就消不掉了，我天天敷药。

问：您平时操心事比较多。

林母：主要是太累了，穿刺，前面几个〔病人〕不好的，给我心理压力大，我自己五点钟就上头班车，坐 17 路再换 49 路，再到肿瘤医院门口排队，天不亮，心里很凄惨的。想想，不敢想下去。完了，总算化验好了，没事了。我妇科还有点输卵管囊肿，本来一边，后来两边。我说，如果身上有不舒服的地方，要么就是这里〔造成的〕。医生跟我说，妇科影响不到这里（指脸，笑）。我这次都检查过了，没事了，我等这些地方消肿了，马上到妇科医院再检查一下。检查的医生说，〔输卵管囊肿〕没有了。不可能没有了，但是我说至少有一点，这个没变严重就可以了，今年春节我就可以放心地过年，要不然我心里很着急，我说难道七十岁就不给我过了嘛，我今年整七十啊。

你再不给我争气，我真的伤心极了。我虚岁七十了，明年 6 月份是正式七十岁了。谁活到七十岁了，还跟你跳、唱、蹦、玩。你想一想，我累不累啊？家里还有那么重的负担。

未来仍旧有顾虑

林母：我们唯一的担心就是我们死去了，这些孩子怎么办。交给养老院吧，你也听说了，现在的养老院……我们街道，一个孩子，他父亲母亲有一笔钱，准备住到养老院，就提了一个要求，带自己的儿子进去。但是人家养老院一听，说你们夫妻两个人我们收的，如果带这个儿子我们不收。你说说看，我们眼睛闭了孩子怎么办。你们不要当面一套，背后一套，家长在的时候对孩子很好很好。等我们过世了，有人检查了，孩子也是好的；等你们检查的人一过，那个后果就不敢想了。所以我们都希望他们死在我们前面，不要死在我们后面。

问：她现在有考虑过成家吗？

林母：我不主张。现在社会上这种人很多，你父母在的时候，他对你很好很好，百般依顺，你父母前脚走，他后脚就把她踹走啦，把钱都骗走，把她踹到社会上，她不是等于零啊。太多了，有许多残疾人结婚以后，都没有好结果。好多人结婚以后，婆婆都看不起你的，后果不堪设想。

现在我们家里就有这个矛盾。为什么矛盾？我认为呢，我在的时候，对她好点，我死了也顾不上，但是交给国家，总比交给自己亲戚家〔要好〕。我在南京有个姐姐，她跟我说，你来不要紧，千万不要带她来。而且就在她面前这么说，亲戚就这么说。我父母的墓地都在南京，我们要到南京去扫墓，扫墓从来不住她家的。三室两厅，我们都不住她家的。我们自己借宾馆借旅馆住，吃也不吃在她家。

问：那她以后如果真一个人的话……

林母：呐，现在就是矛盾啊，我准备把她交给国家。

问：交给国家？

林母：以房养老。我不是有个房子是遗产吗，她哪怕一分钱没有了，国家也要养她的，他们现在有最低生活费的，对吧。但是她爸爸不肯，"反正我有外甥、外甥女，都有小孩的，都能养她"。这些小孩到现在都没好好地理她，能对她好吗？我不相信。

问：父亲想把她交给亲戚朋友？

林母：现在我们两个人就憋着气。如果他先死呢，我就交给国家；如果我先死呢，他就给他外甥。就处在矛盾之中。我们希望专门收留他们的单位，里边的服务人员，素质要好好地提高。因为他们不提高，我们不放心。为什么呢？我们不说他们的单位，就说养老院。你应该听到过，也看到过，很多老人进了养老院就没几天好活，最多一年就死了，对吧。早的，三个月，几个月就死在里边。是，这里面当然也有自身的健康问题，〔但〕有许多是服务不好、不到位〔造成的〕。当然，国家政府是非常关心这一点，但是具体落实，就不行了。他们不是父母，总是隔着……哎，就差点。轻度〔智障〕的〔孩子〕，有劳动所得，有挂靠单位①，哪怕今后老了，他们也有个养老保险金。重度的

---

① 用人单位雇用残疾员工，签订用工合同，并按国家规定为员工足额缴纳社会保险，支付不低于上海市最低工资标准的工资，而残疾员工实际并不到岗上班，民间将这种现象称为"挂靠"。早期，地方残联等机构曾经帮助残疾人员牵线挂靠单位。近年来，为了促进残疾人的真实就业，融入社会，各级残联已不主张挂靠行为。

呢，没有，只有最低生活费，没有养老金。就是在这一点上看不到希望，重度和轻度的就是有这个差别。

问：轻度好一点？

林母：轻度，挂靠单位，你到退休了每个月都有养老金，你哪怕这个月养老金给人家骗走，下个月也有一定的生活费。他们不行，生活费谁来管啊？他们大多数都没有数学概念。就是比她聪明的，也没有数学概念，一百块钱给他找，就找不出来了，找了少他也照样收回去，人家骗他他没办法辨别对错的。

问：比如说买杯饮料，都没法完成，是这样？

林母：稍微比她好一点的能够完成，她完不成。

问：完不成？

林母：她不行，她十以内的都算不出来。

问：她是几级的？

林母：三级。她是偏重度。她唯一的优点就是能说会道，其他都不会。

问：他们有生活费补贴？

林母：不是，轻度的呢，是最低的工资。中度的和重度的呢，是最低生活费补贴。今年很好，又增加了两项，这是我们意想不到的。她最低生活费本来是九百多块，现在，最低生活费增加到一千一百五十块。还有两样：补助费，三百五十；残疾人康复补助，一百五十，等于增加了五百块。这次增加了不少，我们都想不到。

问：现在政府的投入还蛮大的。

林母：哎，很大的。跟轻度的比还有一定的差别。我们担心我们过世以后，这个孩子怎么弄，怎么保障。现在我们在，我们养得起，哪怕没生活费，我们也养得起。就是眼睛闭了，孩子的善后处理怎么办？政策还没下来，我们很焦急。两点希望，第一点就是我死后，〔做好〕她的善后处理。第二，我希望她死在我前面，她能够安安稳稳地，快快乐乐地过这辈子。

林莉：不要麻烦妈妈。要是我死的……死的比你早，我就骨灰撒大海算了。

林母：那肯定的。我也是撒大海，你不撒大海，谁给你们烧香？

问：我们的访谈到这里就结束了，谢谢阿姨让我们了解到林莉的故事，非常感谢！

林莉老师口述

口述者：王老师

访谈者、撰稿者：张云翔

访谈时间：2017 年 6 月 26 日

访谈地点：上海某街道阳光之家

问：老师，您姓王是吧？

师：哎，对。

问：您带了林莉有多长时间？

师：我们是 2010 年合并的，到现在有六年多了吧。

问：她平时表现怎么样？出勤率怎么样？

师：出勤率还可以，基本上都会来。

问：您教她珠算课，您觉得她上课的时候表现如何？

师：不是很好。她动手和动脑，数字方面，很欠缺，不知道什么。前面跟她说了，"我知道我知道"，后面再跟她说，就不行了（笑）。

问：学习态度呢？

师：学习态度还可以，属于比较要学的一类，我们布置作业，她自己会写写弄弄。

问：如果老师提的问题她不会，怎么办呢？

师：她会问我。

问：答不上来，有没有表露出挫折感？

师：答不上来是多的。她怎么说呢……问的问题是蛮多的，但是实际问题不是跟老师问的问题一样（笑）。有的时候我们说这个问题，她说了一会儿，又把话题岔开来了。

问：她在课上会积极和老师互动吗？

师：可以，那有的。

问：参加课下活动的情况怎么样？

师：还可以，属于积极的。

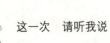

问：和同学的相处呢？

师：还可以。人家有弱视的，她可以帮忙。小朋友之间一般没什么矛盾，她能尽量避免的。

林母：她有时候回来，我就说，你这样不对的，应该那样，你该怎么讲，不要管他们的事。

问：她和同学之间有没有过矛盾？

林母：没什么矛盾。

师：矛盾没什么。比如说，很小的一件事情，她要据理力争，她觉得她的理是对的，理在自己这方，属于强词夺理。认错她不会的，她〔是〕"肯定是我对的"（笑），是这样的人。

问：可能她错，但她觉得我对的，然后要据理力争。

师：对对对，理必须要在我这边，必须要把理搞出来（笑）。以前我们新某和提某是两个街道，后来合并了，新某并进提某了。我是提某的，一般我们班小朋友跟小朋友之间没什么矛盾，不可能跟你吵啊、跟你争的，新某那一班属于爱争的。我们洗碗是分开来洗的，那天两个小朋友，我们班长和孙某伟两个人洗碗。实际上呢，他们没争，林莉就说他们吵了，就为了碗洗干净没洗干净这个事情。她不是把这件事情跟我说了嘛，我就问两个当事人，梁某勤你和孙某伟吵了？你叫他洗碗？"没吵，我就跟他说洗碗洗干净，就两个人洗碗了，没吵啊。""那林莉说你们吵了。"我说，"林莉你过来，你说说看。"她说："你们不是吵了吗？你们声音说得很响的！吵着要洗碗还是不洗碗。"（笑）他们说我们没吵，林莉就说哦我知道，当时就说，"不好意思，对不起。"直接道歉了。回来又跟你（面向林母）说他们吵了……反正回去又是她的版本，她认为他们肯定是吵了，我没看错，这是她的理由。

问：她可能是当下认错了，后来还是坚持自己的观点。

师：对对对。

林母：说人家当面一套背后一套。

师：她坚持自己的理由（笑）。

林母：她起先跟同学争，争到最后争不过，就揍上去了。〔回来〕我使劲骂她。过上一段时间，〔她会说〕我错了。当时她肯定不认错的，事后再认。

问：老师您觉得带林莉这些年，她有什么进步？

师：进步很多。自理能力好像很好，对吧。她现在很好，自己都会弄，洗碗能洗得蛮干净的。

林母：她现在洗碗是免检的。

问：我上次观察的时候，中午吃完饭，他们都会自己去洗碗。

师：对对对，都自己洗碗。〔培养〕动手能力，简单劳动。

林母：在家里，基本上她都能干。

师：她现在能力很好，不像以前刚来的时候，她都不会弄，她妈妈逼她弄。她现在都自己可以干。

林母：电话号码都记不住，数字概念都〔不清楚〕。

师：现在真的好很多了，进步是非常大。以前都不会写字，现在给她一个字，她描描描，可以把一个字给写下来，就是写的动作慢一点。我们每次搞个活动啊，必须让他们写一段感想。她是不会写的，但是前面有几个班的会写，写好了给她抄一下，慢慢地慢慢地，一笔一画抄下来，这个能力提高很多了。

问：她会抄写，但是不会自己表达。

师：对对对。让她说，她肯定会说，说的〔很好的〕。

林母：不打草稿。

师：她口语很好的。上次我们夏令营感恩父母，她说得在场的老师都流泪了。真的！我们营地老师说，这个小朋友不容易啊。（笑）真不容易。她说妈妈从小天很冷〔给她〕洗尿布什么的，说得营地老师都哭了。（笑）她很会说。

林母：她天冷生下来的，尿布直接放在她屁股上怕她冷嘛……焐热了。

师：焐在肚子上焐热了再给她用。不像现在有空调，有取暖工具，以前没有，她说焐在肚子上，说的，哎哟，真的……（笑）

林母〔笑〕：感动流泪，她就是能说会道。

问：这样的事情她还都能记住？

林母：嗯。她主意很大的。

问：就是她小时候的事她都记得很清楚？

林母：我讲给她听她都记得住。

问：她能说多长时间？像感恩父母的讲话？

师：感恩的要说很多的，那天好像给了她二十分钟，她说了将近三刻钟的时间。她"嘚嘚嘚嘚"〔地说〕，把一点点很小的事情、微妙的事情都记在脑子里，都跟你说出来了。

问：她这个会提前准备吗，还是就现场说？

师：不准备，那天我们都不知道。我们去的时候，老师说我们今天来个突击，就是感恩，小朋友怎么感恩父母、感恩老师，每个街道出两个小朋友，我

们出了一个阔某一个林莉。阔某说了没多长时间，林莉说的长。

问：当时您为什么选择林莉？

师：不是我选的，是徐老师选的。我们是看谁会说，她比较会说。一般我们上课的时候，老师说一句，她能说两句（笑）。她属于能说一类，动笔是动不了。她能说，她一个问题可以说好多（笑）。

林母：可以一直说下去（笑）。

问：她口语表达能力在班里应该是强的。

师（笑）：还可以，蛮好的。

林母：反正街道认为她的能力不能胜任阳光之家的。

师：进阳光之家必须是有自理能力的，轻度和中度可以进来的，重度〔一般不行〕。因为这里就是来给你们锻炼的，不是让你们坐着，不会吃饭我们喂你吃饭，那不可能的，又不是幼儿园。自己要会简单劳动，我们每天都有课程给他们上。

问：老师您教她珠算课，她珠算课有没有提高？

师：她是这样的：假如我全盘拨，她能拨，但是旁边假如没人，她不会拨。她是可以看人的。我说全盘拨入二，〔算盘里的珠子拨到二〕，她就全都给你拨好了；假如是拨拨几加几，那就有点困难了，我们都是直拨直减的嘛，假如我说二加二减一等于多少，她就有点〔不会了〕，看看人家。问她她不知道，她就是数字概念比较差（笑）。

问：我上次观察的时候也发现她拨珠算不是很好。

师：对对对。

问（笑）：上课提问的时候，老师您好像也没怎么叫她。

师：他们层次不齐，有高的有低的。我们区里现在规定，准备上第二册了。假如他们不会，我们也不可能一直停留在这里，我们每天要写教学记录。能提高的学生就提高一点，课间休息或者中午的时候，叫他们拿出算盘来自己拨拨，不懂的自己记记，就这样子的。

问：中午还会给他们开小灶吗？

师：假如她想学，假如小朋友能力强，像小林啊或者小陈啊，一般我们能教都教他们。

林母：她现在对文学方面〔感兴趣〕，以前写字笔画什么的都不会，现在你不用教她了，她可以描出来了；还把汉语拼音给学会了，现在每写一个字，能把汉语拼音给描出来；现在又进步了，能把英语的字母描出来了。

问：她会描写，但是她认识那个字吗？

师：不认识。她就是抄，这个是什么字〔不知道〕。稍微简单一点的，有几个字认识，但稍微复杂一点的她就不认识。

问：阳光之家除了珠算课，还有什么课？

师：我们教育培训有英语、数学，还有简单劳动、特奥、康复、个人卫生，科目很多的（笑）。我们一般上两节，上午一节下午一节。

问：林莉在课上的注意力怎么样，能从上午坚持到下午？

师：还可以，刚上课稍微好点，要下课以前稍微分心，但是假如人家没有说话什么的，她还可以认真〔听讲〕，假如有人说话有小动作，她就要多管闲事，要管人家事情（笑）。

林母：林莉有个特点，她写字，就静得多了；如果不写字，她就净管人家闲事。

问：别人让她分心了，她才有小动作，那平时呢？

师：还可以。还比较认真，属于认真的。

问：您觉得这些课哪一门对她的帮助最大？

师：康复吧，因为康复动手动脚，就像做操一样，跳舞也属于康复，她喜欢这样的。还有一类，唱歌也喜欢的。

问（笑）：我上次看了，她唱歌好积极。

师：上个礼拜我们上卡拉OK去了。她不会唱，我们几个小朋友跟她一块唱，卡拉OK大屏幕，她不认识字，大家一块唱，她就哼哼（笑）。

问：不认识字的话，要学会这首歌还挺困难的。

师：对，有点困难的，她必须要记住这个词。

问：老师您教她音乐课是吧？

师：音乐我们也教，反正多方面的。我们每个月教歌，但是一首歌要教好长时间，他们不一定能记得住的。我们过年到现在教了一首，教到现在，他们有的会唱，有的还不会唱。

林母：还有不用教的呢，有个同学行，以前跟奶奶学过越剧，你哼上句他下句就接上了。

问：林莉在班里的水平怎么样？

师：接受能力属于一般的。

问：也有比她不好的。

师：对对对，也有。

林母：比她不好的还多了，就是什么都不懂的。她似懂非懂（笑）。

师：犯了错误跟她说，她知道的。我们里面有几个，犯了错误跟他说，他不知道，还要发脾气。

问：那老师很辛苦。

师：还可以吧，反正我就这样（笑），他们在这里都很听我们老师的话的。

问：我觉得阳光之家老师性格都特别好。

师：还可以吧（笑）。街道给我们补贴，05年到现在我们一分钱都不付，别的街道小朋友吃中饭都要付饭钱，一个小朋友一百五十块钱，我们都是街道跟区里面承担了。有一部分学生不是我们街道的，是挂靠在别的街道，但是人在我们这里，他们的饭钱不划到我们街道，所以我们就稍微收一点。本身就是我们街道的学生，我们都不收钱的。有人说你们老师也收一点，每个月收三十啊，或者五十啊。我跟她说，我不好自说自话收钱，街道没跟我说收钱，我怎么自说自话收钱？我收了钱给谁啊？

问：王老师，您能谈一下林莉给您印象深刻的一件事情吗？

师：她蛮好心的。第一是好心；第二呢，她有时候乱编的、瞎说的蛮多的。有一件事，我们去夏令营，她自己的意愿是到孙老师的房间去睡觉……

问：就是感恩的那个夏令营？

师：不是，是另一个。当时我们一个宿舍睡四个，我，带三个小朋友，林莉、盛某云、张某。我要看着他们，在松江住三天。那天，他们洗澡都洗完了，轮到我最后洗。我洗澡的时候，林莉就跟盛某云说，我要到孙老师房间去睡觉。盛某云问她你为什么要去，林莉说那里面的小朋友龙某偏要让她去，不去她要生气的。林莉就在门口叫我，王老师，我要到隔壁房间去睡，你同不同意？我说你要先问一下隔壁老师，孙老师同意你就去，他们能不能睡下？不好睡你就过来。她说可以睡的，龙某偏要让她去。我说好好好，那你就去吧。回来她跟她妈妈说的版本就不一样了。她说，盛某云嫌她打呼噜；还说我呢，说我赶她走。事实上是我们都没有说她，她自己要去的。编着故事跟她妈说（笑）。

问：她跟老师说的和跟家长说的不一样。

师：永某、郭某琳跟林莉，三个小朋友比较要好，我排住宿名单的时候，我也不知道盛某云跟林莉有点过节，两个小朋友不好在一块的，盛某云比较凶，很厉害的一类，谁欺负她，她不给人面子，直接上的。我当时不知道，住进里面的时候，孙老师说，下次不要放在一块。我说没事，我在这里，我尽量看着她们。后面发生的事，打呼不打呼，她到龙某那个房间去睡……跟妈妈说的，跟我说的，跟我们老师说的，又是一个版本。她会编。

问：为什么呢？

师：不知道。如果你喜欢这类，她就顺着你的话说，有点像顺着你的意思来；假如你不喜欢，我尽量不说。她属于聪明的（笑）。

问：她经常参加夏令营活动？

师：每年假如有夏令营，都会让她去，一般我们去的自理能力必须好，会洗澡，会吃饭。

问：他们自己洗澡吃饭？

师：对对对，也是一种锻炼啊。住在那边，营地老师布置任务，他们单独可以完成。家长都不跟，只有老师带着。四天，三个晚上。

问：活动还是很丰富的，一年一般一到两次？

师：一次，一年有两期。我们虹口区有八个街道，每次去三个街道，有一个街道本身就不去，还有七个街道轮流去，专门有一个基地给他们搞活动什么的。

问：老师，您最后一句话评价一下林莉吧。

师（笑）：一句话怎么评？

问：多说点也可以。

师：怎么说，她还可以，对我来说她属于能帮助人的。

问：乐于助人。

师：还有就是，劳动能抢着做，她是能冲在前面的，有什么事，我做我来（笑）！

问：很热情。

师：对，属于热情一类。还有……没什么了，说不来（笑）。

林莉阳光之家观察日记

观察时间：2016 年 12 月 14 日 9：00—15：00

观察地点：上海某街道阳光之家

观察者、撰稿者：张云翔

时间	活动内容	备　注
9：00	先到的同学观看电视新闻，等待其他同学到来。	
9：10	林莉到达阳光之家，自己打开阳光之家大门。进入教室，找到座位坐好。从书包中拿出纸笔，又拿出手机给妈妈打电话。打完电话后发现观察者，跟观察者打招呼并握手。	每个到达的同学都在老师协助下自己开门。林莉刚到时仿佛没睡醒，在座位上经常回头看观察者们并冲观察者们微笑。
9：19	做体操，林莉站在第二排。	林莉做操前先整理了衣服和裤子，并帮助前面的同学整理衣服帽子。做操时虽然没有节奏，但每个动作都能完整做好。很认真，看上去很开心。
9：32	做完体操，回到座位上坐好，并跟同桌说话，同时把拿出来的本子再放进包里，自己拉上包的拉链。然后坐在座位上写着什么东西。	林莉写东西时很安静。
9：36	从座位上站起来去厕所。	
9：40	从厕所回来，把之前写的东西放回桌洞，从包里拿出本子和算盘，与同学说了会话，随后自己打算盘。	林莉告诉同桌"〔算盘〕不能拿铅笔写，擦不上去"。
10：00	开始上课，老师要求拨算盘。	拨算盘时林母对林莉进行指导。同学回答正确时，林莉跟大家一起鼓掌，并说："棒，棒，你真棒！"
10：06	老师提问"拨入去 8"，林莉站起来想回答问题，在老师点了其他同学后坐下。	同学回答问题时，林莉看得很认真。
10：25	跟着老师做手指加减法。	林莉很多都做错了。

时间	活动内容	备　注
10:30	课间休息，林莉拿笔写字，其后擦掉。拿起杯子喝水，将杯子放回袋中。	林莉喝水动作很慢。
10:40	课间结束，林莉在座位上坐好，和同学们一起唱"坐直歌"，后按老师要求翻开本子用算盘做题。	林莉不太跟得上，做题时妈妈在旁边指导。
11:05	老师要求打扫卫生，林莉不在教室。	
11:15	林莉从外面回来，和同学聊天。	
11:25	吃午饭，和同学一起排队打饭。	林莉自己端碗，打饭时跟老师说谢谢，午饭为米饭、鸡蛋和牛排。
12:00	一个同学拿观察者的手机看，林莉大声制止，并告诉老师。	
12:25	练习写字。	
13:25	去厕所。	
13:30	准备上娱乐课。	林莉先擦了擦桌子，然后站起来把椅子推进去，一边拍手一边踮脚。态度积极。
13:45	林莉和同学玩拍手游戏，一边拍一边数到37，自己原地踏步。	林莉很开心。
13:50	过来告诉观察者应该如何跳，继续跟着跳。	
13:55	有同学上去唱歌，林莉听得很认真，一边拍手打着节奏，一边晃身子，最后双手张开，使劲拍手。	林莉晃身子时幅度很大。
14:00	另一个同学上去唱歌，林莉拍着桌子和同学聊天。	其他同学唱歌时，林莉很陶醉，高兴地鼓掌。
14:05	转过头冲观察者笑，然后扭身子。	林莉看上去很开心。
14:10	一起唱"感恩的心"，林莉跟唱，并做手语。	林莉很开心，跟着拍手摇身子。
14:15	同学上去唱"我的快乐就是想你"，林莉在跟其他人说话。	
14:20	林莉和其他两个同学一起到教室前面唱"我的快乐就是想你"。	林莉唱歌很积极，老师还没让她上去时，她就上去唱了。
14:25	同学唱"奔跑"，林莉跟着摇手臂。	
15:00	下课，观察结束。	

文教公司老员工

——张国俊母亲口述

张国俊，男，1979 年出生。独生子女。智力障碍四级。辅读学校①毕业。曾在各书店做临时工。2008 年入职上海市虹口区某公司。

口述者：张母孔翠祥女士
访谈者、撰稿者：卢小龙
访谈时间：2016 年 10 月 23 日、2016 年 12 月 12 日
访谈地点：上海市广中支路 22 号上海市虹口区残疾人联合会

娇娇女变女强人

问：孔阿姨，您好。可以介绍一下家里的基本情况吗？

张母：我们家就是四口人，他（指向儿子）、我、他爸爸，还有他奶奶。我是 1953 年出生的，他爸爸是 1954 年出生的。我退休之前是在新华书店啊（十分自豪），我做过主管，还做过店长呢。但是，差不多是他十几岁的时候吧，我主动跟领导申请退居二线做业务主管，这样有更多的时间可以照顾他。他爸爸以前是在工厂上班的，因为小时候得了小儿麻痹症，腿瘸了，后来他爸爸退休也早，就是我一个人赚钱养他们两个。

问：您和叔叔年轻时是怎样认识的？

张母：我的好朋友跟他一个单位，她邀请我去参加他们单位的团组织生活，就这样认识了。差不多谈了一年时间恋爱吧，就结婚了，但是我爸妈和妹妹们都不同意。主要是因为他的腿有残疾嘛，走路不方便；再加上他家的条件

---

① 辅读学校：又称"培智学校""启智学校"等，是为智力障碍儿童开办的九年制义务教育特殊学校，从智障儿童身心特点出发，实施文化教育、康复训练和技术培训。

没我家好嘛。人家都说要门当户对，我们对不起来嘛，所以当时家里人都不同意的。恋爱期间见面都很困难，还要靠妹妹们帮忙才能跟他出去吃个饭，看个电影什么的。跟妹妹一起出去，爸妈是不反对的，我妹妹总说自己是个灯泡，陪我去约会（表情害羞）。

结婚差不多一年时间就生孩子了，应该是在1979年。怀孕期间很顺利，没有发生什么事情。在孩子没出生之前，知道要养小孩，肯定很高兴的啦，就想养个正常的好宝宝嘛。但是孩子出生时包浆水①破了，呛到肺部导致发烧，伤到脑子。六点钟不到孩子出生，一直到十点钟才抢救过来。生完孩子在医院住了差不多两个星期吧。

出院之后，自己带孩子，自己照顾自己。我们结婚的时候没有房子，一直住在租的小房子里。后来生了孩子，房子太小三个人住不了，他爸爸就没跟我们住在一起，只是每天过来看看。

问：孩子出生之后身体一直不好吗？

张母：几乎是每周都会去医院，肺部总是出毛病，一发烧就40度。没办法，跟它争啊！今天好了，明天又来了。肺炎一个月一次，三天两头住医院，就是我一个人负担他。哎哟，养出来，从肚子里出来生毛病，一直生到十四岁。高烧、肺炎、气管炎，都是当时包浆水呛了留下的后遗症。看毛病看了多少！反正是上海大的医院，能给他看病的都去过，打针、吃药，不知道吃了多少，那时候都是打青霉素啊，都是一些消炎的药。

他十四岁那年生毛病，也是发高烧嘛，我到地段医院去看，地段医院说你这个毛病我不敢看，人要差不多啦！把我吓得要死啊，他十四岁人蛮高的，我就背着他，跑得自己都摔了几跤。跑到医院，医院说这个小孩蛮严重的，你说怎么办？那个时候医生好（感激的语气）："不要急，我们给你看。"说是肺炎，"你不急啊！"真的，哎哟（热泪盈眶）！几次都是抢救过来，不抢救他老早就没了，不在人世上了。去一次，病危通知就给你一次。他反正每年要住两次医院，基本每年都有一次病危通知。我一个人傻掉了，就知道哭，又不知道怎么解决。

当时也没有办法彻底治愈，十四岁以后，人家跟我说，他长身体了，你给他补身体。说肺不好，要给他吃什么东西，反正都是补品，没有什么针对性。一吃，不长高，就长胖。他身体强壮了以后，免疫力自然就提高了。我说不生

---

① 包浆水：羊水。

病就可以了，这对我来说很开心了。他生毛病，我人瘦的你知道吧，多少斤啊，只有八十斤啊。为了他啊，我从结婚到现在瘦了不得了。

那段时间，他生病去医院都是我送的，有时候他住院就是我妹妹陪，因为我要上班嘛，他不肯让我走，我就把他哄睡着了再走。遇到紧急情况，那时没电话，晚上公用电话是没有的，只有自己抱着孩子去医院。

后来，我也没跟他爸爸讲过这些事情，反正也找不到他。我照顾小孩，无所谓，只要小孩好就行了，不去想那么多。他知道了也会来看的，不知道就算了，因为我们分开住已经有很长时间了，他晚上吃好饭，来看一下就走了。孩子的养护，他参与得也少，有一次孩子需要输血，我叫他去，医生说男同志先来。他去验血，跟孩子血型一样，最后就是他给孩子输的血。反正他很少关心，都是我在管。我走到什么地方，就把孩子带到什么地方，到现在也是这样的。

现在孩子大了，他对孩子稍微好一点。小孩长大后懂事了，有时候出去玩，给他爸爸买个东西，父亲节给他爸爸买个 T 恤衫，就这样来感化他的啊。我跟他说，人家健全的孩子还要爸爸妈妈操心，我们不健全的小孩可以养活自己。孩子是他养的，有什么问题要自己扛着，你老是看不起自己的儿子，有什么用呢？他脸上就摆出来了啊，他理想中的孩子是健健康康，没想到生出来是这样的，他心里不舒服。他单位里，有时候大家一起聊天，人家说自己女儿读大学了，他不敢跟人家提，提了他心里就难受。他难受了就记恨小孩，我难受我没办法，只能更加爱护孩子。后来他领导找他谈话，他才开始对儿子的态度有点转变。

问：当时家庭经济压力应该比较大吧？

张母：1980 年左右，我和他爸爸的工资都是四十五块，一般都是三十六块，我们是业务骨干，所以工资会高点。我们新华书店过年过节的福利还比较多，正好贴补家里。

虽然经济压力比较大，但是我从来没有想过换一个工资稍微高点的工作，因为我这个人是做一行爱一行，我喜欢这个工作，很专一的。为了省钱，我自己不吃饭啊，那个时候单位效益好，发了工资都舍不得用一分钱，女同志都爱吃的，我从来不吃零食，从有了这个小孩，我从来不乱花钱，人家说吃水果，我从来没要吃水果这个感觉，现在也蛮好。

那个时候车费才四分钱，我也不乘车子，就花几块钱买个雨衣。下雨天，就把孩子抱在怀里，从家里抱到单位。后来遇到一个卖票员蛮好的，经常不收我们钱，很照顾我们。我现在找不到他，如果找到了，我很想谢谢他，我儿子到现在还记得他。当时我不想乘车，他会让我记住他是哪个班次，什么时间到哪里，让我去那里等着。真的很感谢他的，我在困难的时候，他这么帮助我，单位知道的话是要罚钱的。

给孩子看病钱不够，但是我从来不要亲戚帮忙，我不跟他们说。我是这样想的，我爸爸妈妈本来就不同意这场婚事，我非要结婚，我的困难我自己扛，所以我就一个人扛下来了，我不要人家支援我。孩子小的时候，我就一直跟他说，你要给我争口气，为我争点光。我样样教他，学会做人的样子，出人头地。我跟他说，人家越是看不起你，你越是要出人头地，一定要把自己当成一回事。

大约是1989年吧，他爸爸就退休了，一直在家，后来单位朋友让他去帮忙，会给一定的补贴，但是他还不要。他这个人啊，就是太爱面子，他知道别人同情他，所以就不愿意接受，只拿退休工资，比上班的时候钱要多一些，因为他上班的时候拿的是病假工资，比最低工资还要低。所以他退休之后，家里的经济压力就稍微缓解了一下。

问：整个家庭的重担几乎都压在您一个人身上？

张母：啊！就是我一个人搂着，所以人家都说我是一个女强人，我说我不是女强人，我是没办法才这样做的（苦涩地笑）。我跟你说，我做小姑娘时候，我们家条件是很好的，他爸爸家（情绪有些激动）没有我们家好。在"文化大革命"前，我们家是用保姆干活的，我在家里真的不会做家务。到"文化大革命"，保姆不好用了，我爸妈怎么办？这七个小孩都不会干活，都是饭来张口，衣来伸手。爸妈就给隔壁邻居这个五块，那个五块，那个时候五块钱很值钱的唉，他们都帮你干活。

我结婚时候，什么事情都不会干，连个衣服都洗不来。结好婚，养好小孩，再慢慢学会做的。在家里，靠我一个人忙里忙外。邻居都说我为人好，我在家里待公公婆婆好得不得了，比我自己爸妈还要好，每年父亲节母亲节都会买东西给他们，尽管他们看不起我。隔壁邻居跟我儿子说，你妈妈真的好辛苦，那么好的人嫁到这家来吃苦，一直吃到现在。邻居有什么困难找到我，我都会去帮忙，邻居之间关系很好。大家说我是女强人就在这里，样样干起来了，把这个家撑得很好。在单位里干活，样样都干，不管是男的活女的活我都干，脏活累活我通通都做。

两方亲戚两重天

问：孩子有智力障碍，具体是什么时候确诊的？

张母：幼儿园大班，学的东西学不进去，当时有些怀疑，但是觉得他可能只是学得比较慢而已，没有去做智力测验。在辅读学校做了智力测验，才知道是这个情况。

问：您发现孩子有智力障碍的时候，有没有想过抛弃他？

张母：不会（语气坚定）。只要他身体健康，其他的都没想过，也不懂去找民政机构，现在我如果再养这样一个小孩，民政机构、福利院我肯定都会找的。

我当时没想过再生一个，如果第二胎生出来是好的，这个孩子怎么办？手指头有长短，总喜欢长的，短的就不太受喜欢，我还不如就养他一个人，所有精力就在他一个人身上，这样他就得到安慰了嘛。如果有个妹妹，还能照顾点哥哥；你有个弟弟，娶个弟媳妇，她会照顾你吗？会看得起你这个哥哥吗？看不起的。自己弟弟看得起，弟媳妇不一定会看得起你。

问：确诊之后，您有没有告诉亲戚？

张母：家里人都知道，其他事情我也不说。怎么把他养大的过程，我从来不说，都是自己一个人扛。小孩确诊有智力障碍后，我就想不通，人家生个小孩都正常，我生个小孩不正常，怎么想的通呢！出门都不敢，就怕人家指指点点骂我。在单位里跟同事说话都不敢多说，怕人家在背后说我们。当时单位里的领导和同事也不知道，等他大一点了，我需要让单位里照顾，让他去单位里干活嘛，这才跟他们说，否则他们都不知道。我不想让别人同情我们，瞧不起我们。虽然生了这样一个孩子，但是我可以靠自己的能力把他养大，不需要别人的同情和帮助。

我爸爸妈妈家里唉，他们看到我养这种小孩，最宠的就是我。我哥哥说，就是因为你养了这个小孩我们宠你，其他人都是好的，我宠她们干嘛！我下面三个妹妹，上面两个哥哥一个姐姐，都宠我，我说什么他们都依着我，他们知道我养这个小孩心里肯定很苦。我父母养了七个小孩，年纪大了，几个妹妹帮我嘛。他住院，我要上班没空，都是我妹妹陪着他。我们姊妹关系到现在好得不得了，谁有困难就帮谁。你问他（指向旁边的儿子），我有什么事了，他阿姨就抢着说，让孩子到我家里来吃饭，住到我家，等妈妈回来了，你再回去。

到现在都是这样的（眼睛泛红）。

他爸爸家里，总是说我养戆度，好像养这种小孩是我的问题。家里天天吵，跟他爸爸说，房子统统给你，你给他了，他是戆度，他要房子干嘛？就这样的人啊！（愤怒）他们家里人歧视很厉害的。其实，他爸爸没有房子给我们，我给儿子买了一间房子，我们现在住在他爷爷留下的房子里，他爸爸住的是我买给儿子的房子。他爸爸的家里人，让他爸爸不要把我们现在住的房子留给孩子。他们觉得孩子是个戆度，把房子留给他，房子就变成了我的，我会把房子留给我家里人。

问：叔叔家里人从什么时候开始说孩子戆度？

张母：孩子上一年级发现学习跟不上之后，就认为小孩没养好是我的责任，开始说孩子是戆度。一直到现在还在说，只是说得比较少了。主要就是他奶奶喜欢说，我非常生气啊！尽管她对我不好，我这样想，她是我长辈，我还是要照顾她，还是要对她好。人家都说，你对她好有用吗？没用，白白地浪费掉了。

但是爷爷会反对他奶奶的。爷爷从来不说，对他是好得不得了，喜欢得不得了，真的是无微不至地关怀。厂里有什么事情，爷爷都带他去，爷爷不嫌他。他放假的时候，爷爷工厂里有暑托班，我要上班，他爸爸老早就下岗了，就摆在爷爷厂里的暑托班。暑托班专门照顾职工子女，小孩放假了没人领嘛，职工做老师带孩子们。我们的孩子又不是职工子女，我们的孩子是爷爷的孙子，是爷爷领的，爷爷带过去，就把他放进去。寒假班、暑托班都放在厂里，老师带他们玩，给他们看书、下棋，样样都有的，跟其他职工子女在一起。他跟爷爷好，样样都跟爷爷说。

社会上嘛，那个时候他小，歧视的人也有。人家歧视我，我也不开心，我不要跟人家吵嘛，所以我就不敢带他出去，一出门人家就指指点点的，自己的头抬不起来。有一次，我带孩子乘车，他这个人皮得不得了，脑子不好呢，他就闷着皮，人家手上带个手表，他觉得链子好玩，就去碰了一下，这个人就开始大骂。我说他是小孩又不懂事，你骂他有用吗？他是出于好奇看一下。对方就指着我说，你看你这个儿子是戆度。我说我是养戆度，我喜欢，是我自己养的。你现在还是个小姑娘呢，到时候你连个孩子都养不出来。我就这样骂她的。哎，乘车的时候最容易被人家歧视，我不愿意乘车，我愿意走路。

他小时候，我怕别人笑话就没带他出去。后来，我有时间了就带他出去了，他自己也想跟我出去玩。就是五六年前吧，他肯出去了，以前叫他出去，他自己也不肯出去，一开始是说话有障碍，不愿与人沟通，后来在家待着，没事就想要出去了，一般都会去公园。我问他，他肯去什么地方，我就带他去什么地方，去外地住一个晚上都无所谓。前几天，10月1日，我们放了几天假，我跟他说，我跟你到松江广富林，出去拍照片。

读书不行做事棒

问：能聊聊幼儿园的事吗？

张母：他上的是普通幼儿园，幼儿园老师都喜欢他，经常口头表扬他。有时候他做的动作比较搞笑，就觉得他很可爱，给他鼓掌，发小红花啊。他就是喜欢跟别人打招呼嘛，其他话是不多说的，最多跟老师抱一下，亲一下。

上幼儿园还说说话，上一年级，被老师打了以后，他就怕得不敢说话了，谁跟他说话，他都不理。从幼儿园出来到正常小学，七八岁的时候吧，读了一学期嘛，学校就不让我们读了。像这种小孩，老师根本就看不起，因为要拖老师后腿，当时不是要升学率嘛！班上成绩好，老师是有奖励的，我儿子总拖他后腿，老师恨死我儿子了。当时就是用书打啊，都打得流鼻血了。他不聪明，落在后面，什么都读不来，字也不识嘛，算术也做不出，非要叫我们退学，我们都要急死了。到了辅读学校做了智力测验，才知道孩子的智力落后。一直以为他只是反应慢，做事不利索，因为从表面上看不出来什么的，智力测验做出来，他只比正常人稍微差一点点，医生说已经快要接近正常人了。

问：您当时有没有寻求法律支持？

张母：当时我们不懂法。懂法的话，他生下来，我就好去告他们，他是呛了包浆水，属于医疗事故嘛！现在人都懂法了，我们当时不懂唉！幸好我认识一个虹口区政协委员，她是老师，人很好，当时八十多岁，现在人已经不在了（神情不舍），她劝我们不要急，给我想办法。她有个学生是虹口区教育局局长，她就通知学生到我家来，我把所有情况向他说，然后就把我们送到辅读学校去了。

辅读学校在哪里，当时我们都不知道，也没想过要把孩子送进去。我只知道孩子学得慢一点，早晓得是这样，我就不让他去普通学校了。因为是托人找的关系，我们还多读了两年呢，辅读学校正常都是九年，我要上班，没时间照顾他，我就跟校长商量，看能不能多读几年，钱我照样出啊！校长说今年位置有空，就让他再多读两年吧。

问：他上学是一个人去还是您送他去？

张母：我天天送，一直到他没有读书为止。早上八点钟之前，我把他送到学校，等他上课了我才走。下午四点钟放学，我三点半就去，等他弄好了，我就带他到单位，等我下班了一起回家。他放学后在书店做功课，没事就让他写数字。

问：在辅读学校都学哪些课程？

张母：语文、数学、劳动课都有。在辅读学校呢，文化知识是学的不够多的，他们本来就跟不上，读不进，所以主要教他们动手能力。学校除了上课，平时会有其他活动，比如说春游、秋游、广播操比赛。我觉得与普通学校比较，辅读学校的课程和活动更适合他们，学习的课本跟正常人的两样，同样的一年级，浅了很多，就找简单的教你。

在辅读学校，老师个个对他好，都很喜欢他。出去春游、秋游，他不跟其他小孩住在一起，就跟老师住在一起，老师说他蛮可爱的。他小时候嘴甜，不停地叫你，比如老师到我们家里来，他叫老师坐，他自己不声不响地会倒茶，做好接待工作。他就这样，话不多。

问：他在学校有没有交到好朋友？

张母：好像没有。他小时候不敢说话，内向，怕说话露了馅，很封闭，有点像自闭症①一样。从一年级被老师打了以后，一直到2007年，来到区残联下属的智亲会②才有所转变，这里都是这种小孩嘛，大家都很讲得来，他就放开了，敢说话了，他以前看到正常人不敢说话。

他在学校上完课之后，回来啥事都不跟我说。你问他，他也不说。自闭症的小孩就是这样，你跟他说一百遍他都不睬你。但是一年比一年懂事，慢慢地学会体谅我的不容易了，经常帮忙做家务啊。

我从来不把他当成有智力障碍的，学的东西要像正常人一样。从小他在家什么事都能干（语气自豪），为啥？幼儿园大班的时候，我就知道他跟不上了，

① 自闭症：又称孤独症，一种广泛性发育障碍的亚型。主要表现为不同程度的言语发育障碍、人际交往障碍以及行为兴趣和活动方式的刻板和重复性。据中华医学会精神科分会编《中国精神障碍分类与诊断标准（第3版）》（山东科学技术出版社2001年），约四分之三的孤独症患儿伴有明显的精神发育迟滞，部分患儿在一般性智力落后的背景下具有某方面较好的能力。

② 智亲会：即中国智力残疾人及亲友协会（China Association of Persons with Intellectual Disability and Their Relatives），是中国残疾人联合会的专门协会，具有法人资格的社团组织，代表着全国五百多万智力残疾人及其亲友。智亲会在全国建有各级基层组织，本书口述者亦称其为亲友会、智协或协会。

老师跟我说，跟不上就不要他学了，就坐着听听、玩玩，不要动，不要皮就可以了。我说你脑子不聪明，书又读不进，就跟我学做家务。你自己会做家务了，我不能一辈子跟着你，我死了，你还要自己过生活（哽咽）。

幼儿园时候就不管他，让他自己一个人。学吃饭的时候，勺子不给他的，用勺子不动筷子怎么行呢，所以他很早就会用筷子，勺子还用不来呢。我们跟其他家长不一样，很多父母都会让孩子先拿勺子——勺子比较容易——然后再学筷子。我叫他跟我一样要拿筷子，筷子用不来，后来再教他就会很难，他们这种小孩到以后再教，就会很难很难了。像我们有的人，拿筷子就拿不像样。我跟他说，没一样学不会的，妈妈这么大年纪还学会了，你学不会啊！我说我在娘家从来不干事的，现在结婚了，样样事都会干，你这么小，应该脑子比我好，学得比我快。

洗澡都是自己洗，只要把冷水、热水给他放好就可以了。系鞋带，都是他自己一个人完成，这是规定，我不会帮他的，系成什么样就是什么样。

他还没洗水斗高呢，特地给他弄了个小板凳，站在上面洗碗。"妈妈碗打坏了"，打坏不稀奇，只要你会做，打坏了明天再买。再教他学拖地板，拖把不是很高嘛，他人矮，我特地给他扎了个小拖把，天天教他拖地。你教他，他不说话，但是乐意去学。洗澡、洗袜子、洗衣服，都是自己慢慢地洗。我手把手教他干活，他现在独立得很好。

小时候他很会摔跟头，摔了，我从来不拉他起来，都是他自己起来。这样的行为对很多普通家长来说，是无法理解的，一个普通孩子摔倒之后，就要马上拉起来，更何况一个有障碍的孩子。上次，他脚一滑摔了，跪在地上，爬不起来，我就上去拍头（做出轻轻拍头的动作）：自己爬。我隔壁邻居看到了，哎哟，你真是的，小孩摔一跤，你把他扶起来不就好了。没想到晚上回家了，痛得不行，带他去看，骨折。这个时候我眼泪水一下掉出来，我后悔当时"噗"打了他一下。可能这是比较特殊的情况，平时摔倒，让他自己爬起来也没事，其实我内心也是痛苦的（哽咽），他摔跤了，我去扶他，但是一直扶对他没什么好处，一定要让他自己爬，我就硬忍着眼泪，叫他自己起来。这次摔跤，骨折以后，晚上我自己哭得没办法，眼泪水汪汪地往下掉（热泪盈眶）。

有时候他不听话，我也会打他，打好了，自己也会流泪。我一般情况下不会打他，但是他不听话，犟得不得了。比如我叫他去洗，他犟着就不肯洗，我气得不得了，就要打他，打好了自己就要哭。小的时候不是很犟，也很少挨打。大了以后，他有自己的想法，跟你对抗，故意气你。现在我再打他，他会拉着我的手，不准我打，他会觉得我在教育他。我经常说，要打总是你有问题，平白无故我打你干嘛。每次打完，我就要马上去看打的地方红不红，肿不肿啊！（掩面而泣）到了家里以后，晚上没人了，就我跟他两个人住在一起，我就问他，你自己白天做了什么事，你自己做得对不对，对了就说对的地方，错了就说错的地方，让他自己分析一下，"错了，妈妈对不起"。有时候，他跟我讲道理，是我错了，我就会跟他说"儿子对不起，是我错了"。我也主动给他道歉，所以他知道是教育他。

从小我就给他培养规则意识。乘车到外婆家都是他一个人去，我一直跟他说，在车上碰到熟人不能大声叫，不能大声喊，叫人要下车以后，慢慢地叫轻轻地叫。所以他看到任何人在车上，不会大叫，下车了他会叫人家。现在他独自去乘车，我不担心。在马路上，交通规则学的好得不得了，有时候我们大人还要闯红灯，他跟我骑自行车，我已经超过了斑马线，想过去，他不过去，再退后。我们单位人都说，你这儿子交通规则学得很好。红灯停，绿灯行，从来不闯红灯。我是没办法，为了他好，我跟他说了，我不能一辈子陪你的，你一定要自己会生存。你自己行了，能照顾自己，能打理自己。从小我就这样教他，我对他要求很高的。

问：听说他对烧菜特别感兴趣，在家里会做饭吗？

张母：做饭嘛，我不要他做的。只要他会做，自己饿不死就可以了。我一直问他，爸爸妈妈在，你有的吃，爸爸妈妈不在你怎么办？买面条，自己下面。菜呢？荷包蛋、炒蛋，简单他都会的。在家里现在让他烧菜，他会说烧出来，你们不要吃，我自己烧菜自己吃就可以了。

工作利索能力强

问：在辅读学校毕业之后，您是怎么打算的？

张母：毕业之后，他在家里待了一段时间。我要去上班，没人带他怎么办？我把他反锁在家里。面包准备好，麦乳精冲好，都是冷的，不给他吃热的，热的怕他烫坏了。等我下班回家，他吃得一塌糊涂，地上、衣服上都是脏的，没有一处干净。

他当时还小，不能很好地控制自己的脑子，经常会做一些过激的事。我几个妹妹看到我这么苦，买点衣服送给我，我还不舍得穿，挂在那里，他就给我

剪掉了；买了一双新的皮鞋，他给你这里剪一刀，那里剪一刀。我下班回家一看，真的眼泪水都要掉下来了。我这个人很节约的，不舍得买衣服。后来，他在家里，我剪刀什么的都不敢放在显眼的位置。等我回家了，慢慢地叫他和我一起收拾房间。你弄的就跟我一起收拾，一起打扫。

大概两年以后，我的朋友私人开了个书店，我在新华书店认识了很多卖书个体户。她说你要不把儿子交到我这里来，我教他干活。我说好的。他从小就在我们新华书店里长大，早上把他送到学校，到三四点钟去接他，把他关在书店里，一直到我五点半下班。书店的工作，他样样会，因为学会了嘛。所以那个个体户就说，让他再到我这里学。他们教他什么书怎么摆，学了之后，就在书店干了五六年左右，就在我们家对面，只不过是临时工，每月给他四百块钱，你说能有什么用，就只够吃点饭呀。私人书店里有两个老阿姨，蛮喜欢他的。

我工作的新华书店，让他去做保洁工，我说可以啊。就在普陀区新华书店做了三家店的保洁工，每个店每个月给他两百元，三个店就六百块。八点半开始上班，每家店差不多一个多小时，有一家店还比较远，骑自行车往返，一上午做三个店，要求也不高，只要做到干净就可以了，人家知道他，都是看在我面子上。他把卫生搞好之后，经常去给别人帮忙，做了二三年。

后来，我跟经理说，我家有这个小孩，现在在家怎么办，我每天上班还要管住他。我们总经理对我很好，她说你把你儿子叫过来看一下。我就把儿子叫过去，看了，她说你儿子不是蛮好嘛，到我们仓库里去做，试做一个月临时工。一个月做了，人家都看他做得很好，就把他收在里面做临时工，做到现在。

我们是新华书店商场，管文教，他主要管读书的本子，本子品种很多的，他都管得过来，就管这个本子（从包里拿出提前准备好的作业本）。每个型号不一样，有不同的颜色，适用不同的年级，不同的科目，本子里面的格子也不一样，有竖的，有横的，有小格的，有大格的。他都可以分得很清楚，都是我一手教的，不教他，他会懂吗（语气自豪）！反正他样样学，我就样样耐心地教。人家学一遍，我们要学十几遍二十几遍。

他现在的工作是周一到周五上班，当中有什么事情〔可以请假的〕，我跟老板打过招呼了，我跟老板的关系很好，老板的老公很喜欢他。他工作很卖力，不会偷懒，做事情干干净净，利利索索，不像人家拖三拉四。

刚开始干活的时候，他不说话，人家都说你儿子只会干活不说话，他顶多叫一声，阿姨好或者叔叔好，叫完就没声音了。人家和他说话，他不睬别人，不论谁跟他说什么话都不理，低着头干自己的活。后来我就开导他，他现在能说话，会跟同事交流，和驾驶员关系都蛮好的。同事聚餐啊出去旅游啊，都带他去，不会歧视他。我们家里地方小，他不叫同事朋友来，一般都是在外面玩。

问：他工作了，发工资是自己留着还是给您？

张母：他给我，我再给他。他要多少钱，我给他多少钱，他说要五百，我就给五百。平时呢，一百块摆在口袋里，他不容易去花开。五十块，二十块，他平时都这样用的。

他很节俭，在外面买瓶水都舍不得，出去的时候，自己瓶子灌点水。你让他买点吃的，他不买。有时候，早饭来不及了，你让他在外面自己去买着吃，他情愿不吃，都不舍得买。你给他买，他就吃了。他自己口袋里的钱是他的钱，不是他口袋里的钱就不是他的钱。他是尽量能节省的就节省，然后去满足自己的兴趣爱好。

问：您记得他第一次拿工资是什么时候吗？

张母：就是在个体户那里做，四百五十块是他拿的第一个月的工资。虽然他奶奶对他不是很好，他第一个月拿了钱，就买东西给奶奶。所以，我就气他在这里，外婆对你这么好，没有享受到你一分钱。因为奶奶跟他有血脉关系，他是这样想的，他姓张嘛，是奶奶家的人，奶奶就住在我们隔壁嘛，说话都不多，对他也没有太多的疼爱，他还是喜欢奶奶。其实，他爷爷对他最好，就是走得太早。

狂热球迷爱运动

问：听说他前几年参加了上海市举办的特奥会。

张母：参加了，二十六岁的时候吧，他跑步得了第二名。我们奖牌很多的（拿出六块奖牌），这个是金牌，这也是他第一次参加大型的体育运动。这是特奥会的银牌……（介绍桌上摆放的奖牌），我们家里还有很多，还有第三名。特奥会的足球、保龄球……他样样参加，这些奖牌就是那年特奥会在上海举行，一起拿的。跑步，还有一个就是打滚球。他在学校也参加体育活动，其他课可以不上，但是体育课一定要上的。学校每年的运动会，他都要参加，足球、篮球、跑步、跳远等，他都会参加的。

这周的星期五，我们去参加特奥融合跑①，得了第二名。我们十二个人一组，一半正常人，一半障碍人士，参赛选手脚和脚扎在一起跑步，一定要齐，不齐就得不到分，我出左脚你就要出右脚，很难跑的。我们志愿者陪他们一起跑，他从第一届开始跑，都跑了三四届，明年的融合跑我们还要去参加。

这次特奥融合跑，他看到了他的一个好朋友，亲密得不得了。上次我们到崇明去参加市里做的亲子活动，每个区去两名，我带他去，我和闸北区的一个小孩的妈妈认识了，我说我小孩喜欢踢足球，她说他儿子也喜欢。我们就给他们介绍了一下，到现在一直在联系，有时候还发微信，碰到了就像亲兄弟一样，对方小孩也是一个智力障碍人士。我们这个团队有七八个大人，都很讲得来的，关系特别好，七个小孩也是心连心，经常聚会出去玩。他在这里很能干的，有事情都叫他做。

问：参加特奥会有赛前训练吗？

张母：没有训练。那时候特奥会没有前期宣传，通知我们的时候已经晚了，训练已经来不及了，报名之后入选就直接参加比赛了。他当时年纪还小嘛，跑得很快。如果提前接到通知，参赛之前是会有训练的。像我们这个融合跑，说得晚了，我们就在这个大厅里练了两次，就去参赛了。带队老师带他们去的，参赛队员的家长不允许去。当时他参加比赛获得奖牌很高兴的，当场就跳起来了，叫起来了，颁奖的时候跳得很高，但回来后不说。有时候他没得金牌，我就不跟他说话，因为没给我做好，没拿到第一名。

我们也希望下次特奥会的时候，最好给我们提供学校或者有空地的地方，支持我们一把，让我们能训练一下，他们到比赛的时候就行了嘛。通知要早一

① 特奥阳光融合跑：全称为"上海市特奥阳光融合跑城际邀请赛"，由上海市特奥委员会、上海市残联和上海特殊关爱基金会于2009年倡议发起。在融合跑的队伍里，特奥运动员不得少于50%，其余队员为非智障人士。比赛中，队员们腿部相互捆绑，共同完成一定距离的跑步运动。

点，要找个场地给他们训练。不然的话，没办法训练，因为没有地方。像融合跑，一定要在大场地上。这种地摔一跤，就让人摔得不成样子了。

问：您对于他参加特奥会有什么看法吗？

张母：没看法，我很支持的。因为他们没有其他爱好了，只有这些爱好，你再剥夺他的这个爱好，那他人生等于没有意义。

问：听说他很喜欢踢足球？

张母：是的，会跑到大学去踢球，外语学院、同济大学、上海大学。他骑着电瓶车去，跟大学生一起踢球。他们大学生又看不出他是障碍人士，只要你会踢，他就叫你。人家一叫他，他就不管了，直接去跟人家踢，就融合在一起了。我说人家看不出来你是障碍人士啊，我怕他会踢到人家身上，人家受伤了，所以我不敢让他踢。因为人家踢伤了他，我不会找人家的。如果他踢到人家了，人家又不知道他是障碍人士，找上门来就麻烦了。所以我就不愿意让他去踢，他就偷偷摸摸去踢，管也管不好，骂也骂不好。以前去的很多，一个星期要去几次，外国语大学、火车头体育场、同济大学，他都会去，给他买了个电瓶车，他就骑着到处逛。最近四五年不大去了，有可能是他岁数大了，身体跟不上了，毕竟都三十八岁了。他看到人家踢足球的年龄大了就要退役了，也觉得自己该退役了。像这书上的球员名字，他都叫得出。

问：您是什么时候发现他对足球比较感兴趣的？

张母：1995年，那个时候去看申花在虹口的足球比赛，电视台都采访他，觉得他看足球很起劲的，看他很热情，他会喊口号。当时记者问了他什么地方人，为什么喜欢申花足球队，他说他是申花球迷，他支持申花，所以要来看。我也不知道〔他〕上电视台，还是我家的姐妹和朋友，看到他，"哎哟，俊俊上电视了"（表情兴奋）！我到现在都还没看到过。

现在天天电视上看足球，他买的足球杂志，你看啊（从包里拿出足球杂志），几百块都舍得买，还是世界杯的，四年一套，一定要买，不买他命就没了。还有很多精装本的，家里都是珍藏版。他不管多少钱，都要买，你让他讲里面的人物，他都可以讲出来。这本书八十多块（指着桌上的足球杂志），这是他后来买的，我都不知情。他买回来之后，带到单位去看，他现在买的不是精装本。只要他喜欢，我不管他。

他其他地方不舍得花钱，我知道他会压缩资金，不会花钱的，所以我对他蛮放心。我们这里有的小孩花钱很厉害，他不是的，他自己知道这个钱来之不易，他算好了用。他买大的东西一定要通过我，像笔记本电脑、iPad、iPhone，

什么东西都要跟我说，我同意他买了，他才会买。像这样的东西（指杂志）就自己作主买了。

家里他的足球很多，我外甥女一家三口到皇马①那里去，特地给他买了个足球，几千块哟！我不准他们买，我叫带个小的，他们说给他带个大的，大的钱还要多，这么贵的钱买个足球不值，他们说他喜欢呀！

讲求生活好质量

问：他在人民币面额的识别上有问题吗？

张母：人民币面额识别没问题，就是大的钱让他去找，还是有困难的，像一百块，叫他买个十块二十块，找多少他不知道。

问：他现在玩手机，网上诈骗也很多，您担心这方面的安全吗？

张母：不担心的，他一般不上网，就在网上打游戏。他一直在看电视，上当受骗的事他真不会干。《东方110》②每集都看，法律道德这样的节目，他每天都要看。我平时也跟他说，陌生人跟你说不三不四的话，你马上就走，不认识的尽量不要跟他多说话，不认识的人他也不会搭理。他去学校踢足球的时候，他知道旁边的都是大学生，叫他踢球不会有坏意。外面其他人叫他到什么地方踢球，他不去的。

我们互相不看手机，他不看我，我也不看他，我们要互相信任嘛。有时候，我们这里老师要过事③了，我就给他说，"快点，今天啊，哪个老师过事啊，你快点发一个短信过去"，教他怎么发，他马上就知道，"哦，你不要说了，我知道了"。有时候，好友发的图片，我发给他，他存储在那里，什么时候派得上用场，他就拿出来。姐姐、哥哥和好朋友发的东西，他去赞一个。

平时他还打游戏呢，还有枪的模型，家里有一百多种左右。有时候，我跟他一起出去，看到枪一定要买，不管价钱的。扑克牌他不会打，但看到好看的扑克牌，他也要买。上次到城隍庙，一看到说这个扑克牌我没有，就又买了，买回来就摆在抽屉里。他只要看到家里没有的，都要买。

他跟其他小孩两样，要穿名牌，人家智障小孩都不知道要穿名牌，他就是

---

① 皇家马德里足球俱乐部：中文简称为皇马，是一家位于西班牙首都马德里的足球俱乐部。

② 《东方110》：原上海东方电视台、现上海电视台新闻综合频道的公安专题节目，通过报道各种案件的侦破、审判，宣传和普及法律知识。

③ 过事：方言，泛指婚丧嫁娶时举办仪式，设酒席招待亲朋好友等来宾。

要名牌。像他现在穿的衣服（扯着儿子的上衣）就是三叶草，一件三叶草什么价钱！上次我到西藏旅游回来，他叫我到三叶草去兜一圈，买了一套衣服就一千多块。

其实很多事，他有自己的想法，要穿好的，吃的也要可以。我要好的朋友从美国回来，从日本回来，我就跟他们说，给他带了鞋了或者其他东西，不用给我带了。从美国回来的朋友，给他带了一双旅游鞋叫纽百伦，我朋友从来不跟我带东西，都是想到他，因为知道他在这方面有爱好，爱穿好的嘛！昨天，在日本旅游的朋友还打电话过来问他要什么东西，他们回家之前都要问。他跟着我是肯定很幸福的，因为我朋友多嘛（满意地笑）！我们玩的要好的小姐妹都喜欢他，样样会给他买。

我们从小在幼儿园还是其他地方，都是跟正常人在一起。他十三个月大时，我就把他带到新华书店，我在新华书店待了十八年，就带了他十八年。后来出来到其他店里去做，我又把他带过去。一直是跟正常人在一起，所以他的思维跟协会的障碍人士是两样的。哎，他不愿意到这里来，他到这里来了，也是跟普通人交流。那个时候，家里阿姨们都说，你以后不要去了，协会这里都是比你还要差的，你去干嘛。他不想来，"我没办法，我妈妈要我去"。我说，"不行，你一定要来，除非你不拿这个证，不拿这个证你就不来"。后来没办法只好来，一直跟正常人在一起，反而不适应跟其他障碍人士在一起了。我们这里也有程度较轻的障碍人士，他就要跟这些人交流。反正三四个人，每到过年过节放假七天，他们都要聚一天。聚会的时候都会聊些玩的东西，到西郊公园去，什么动物；到七宝嘛，哎哟老镇，这个好玩，那个好吃。

要说平时主动去跟同辈沟通，〔表现得〕一般。主要是他们说的话，有时候他不懂，他就不跟他们说话了。他们说的是正常人的话，他跟不上。他们要跟他说话，就说简单的话。我妈妈家没有一个歧视他，我们姊妹七个的小孩，出去唱歌什么的都带他。尽管他不会唱歌，带他去看，让他熟悉这个环境。这次我外甥组织自己一辈的小孩出去玩，特地到我们家来接他。他现在很爱说话，就是有时候说不清楚，表达能力太差，像我跟你这样说，他就没办法说下去。还是跟身边熟悉的人说，不熟悉的人都不说的。

多点阳光照我家

问：您觉得现在社会对于障碍群体的接纳程度如何？

张母：我们残联有五大协会，一个是肢体残疾，一个精神病，一个哑巴，一个是盲人，还有一个是智力障碍，这五大协会里面，最苦的就是智力障碍，最不会说话的也是他们，外面随便什么人都能欺负他们。比方，人家拨款啊，因为他们不会说话，什么东西挨不到。所以我们就要呼吁社会，对他们多加关怀，多加爱护，多加照顾。他们又不会说话，又不会去闹，会闹的人有奶吃，不会闹的人没奶吃的，社会上就是这样的。

当然，残联会提供一定的经费支持，一年给你两万块作为活动经费。其他我们自己组织的活动，都是我们自己出，比如我们七八个家长带自己的小孩出去旅游。像上次，我们带他们到南京两天游，我们每年都要带他们出去一两次。在我们这个组织里面，他们要求很高的，去年带他们到海南去玩，他们今年要到张家界，就陪他们到张家界。钱都是爸爸妈妈出，就是我们带个队。我们每年7月底开始放假，放到9月份嘛。当中就带他们出去旅游一次，大的旅游。我们不带他们出去玩，谁带他们出去玩？在残联，有的小孩没人带他们出去玩，只有我们志愿者带他们出去。爸爸妈妈肯带他们出去玩吗？不肯！有的家长还没放下这个包袱呢，不肯带他们出去的，小孩放在这里，我们定期会带他们出去玩。我们现在报告打上去，带他们去崇明一日游。带他们出去玩他们很高兴的。障碍人士去景区有时会有特别照顾，外地的景区照顾，上海的景区照顾的很少。我们去外地，基本上有残疾证，不要你钱，上海有些地方，你有残疾证打半折。我出去经历过，知道这些情况。

问：您对家庭的未来有什么期待吗？

张母：我对未来家庭的期待啊，我们家庭越来越幸福，国家最好对我们这种多残家庭多照顾一点。我们都是轻度智障的，福利待遇是照顾重度障碍和中度障碍的，对轻度障碍的福利是很少的，有什么政策挨不到我们的，我也从来没去想过。

今年最好，我们残联算换了一个方式，家里两个残疾以上的，是多残的，补贴就是五百块，三个人是六百块，四个人及以上就是七百块。所以，我感谢我们的理事长，我说从来没有阳光照到我身上，今年照到我身上，我非常感谢你。对我们好的政策，我就非常开心了（欣慰地笑），我们多残的家庭真的第一次得到阳光。我们要呼吁一下，民政和其他部门，不管是残疾的程度〔怎样〕，都应该关心。重度障碍的人可以给多一点，给我们轻度的可以少一点，有个安慰嘛。轻度的没有，人家是要想的啊！噢，我们轻度的不是一样拿残疾证嘛！对吧，都是残疾人家嘛。我们家两个都是轻度，他们说国家已经照顾你们了，给你们安排了挂靠单位。残联通过与企业协商，把障碍人士挂靠到这个单位里面，给单位补助，再拿最低生活费。

问：关于孩子的婚姻问题，您是怎么考虑的？

张母：他的婚姻问题，自己作主。只要他看中了，喜欢了，我支持他，反正我房子给他买好了。我们这里好几个老师都给他介绍过，他在这个方面不想考虑。自己玩比较方便，多一个就会感到烦人。他自己掂量自己的分量，不能找就是不能找。

问：您老了以后，关于孩子是怎么打算的？

张母：我是这样想的，反正他现在大了，我能带他出去玩就带他出去玩，到什么地方玩我都带他去，等我走不动的那一天，我就去把房子兑了，到敬老院去，两个人在敬老院住。我走掉了，敬老院的人会照顾他，让他流浪在社会是不行的。因为我碰到过，我家门口也有一个像他这样的，爸爸妈妈在的时候，这个小孩很乖的，也是智障小孩嘛。后来，爸爸妈妈不知道是怎么病死了，就交给奶奶带，奶奶带到八十几岁死掉了，这个小孩没人管，在社会上弄的真的不像样，我看到心里都难过。所以我就想到我自己，我肯定不会让他流浪在社会上。

问：您有没有考虑让亲戚来照顾孩子？

张母：现在哪个亲戚小孩能照顾啊！他表面上是很关心，总是问你怎么样了。自己有自己的小家庭，现在的人都看得懂，自己的小家庭还顾不过来呢，他会顾你吗？我有个外甥女说的，你别急，到下次我管这个弟弟。不能靠人家的，都是要自己想办法。

问：关于孩子未来生活的计划，你们一家人都同意吗？

张母：都同意，他自己也同意的。我看那些流浪在社会上很脏的人，还没人管，吃了上顿没下顿啊！我就叫他看，你妈妈走了，你没有人管，自己管不住自己，就落成这样，所以他也怕。我肯定把他一起放在敬老院，有个归宿，我走掉了，敬老院能够管，反正房子抵押了，以房养老嘛，就可以了嘛！

问：孔阿姨，非常感谢您对于我们特奥口述史工作的大力支持，很高兴能够分享您的人生。祝您全家身体健康，生活如意！

张国俊同事口述（一）

口述者：同事刘先生
访谈者、撰稿者：卢小龙
访谈时间：2016 年 11 月 11 日
访谈地点：上海市虹口区某公司

踏实肯干好搭档

问：刘大哥，您和张国俊关系如何？

刘：我们一起搭档好多年了，我作为司机跟他一起搭档，估计有一年多的时间。不过，我们已经认识十几年了。我是外地的嘛，老家是东北的，到上海新华书店，第一天就认识他，一起工作，一直到现在。那时候做仓库配送，他也在仓库工作。从去年开始做司机，到现在一直跟他搭档。

问：第一天见到他，您有没有发现他是障碍人士？

刘：这个还真没有，这是说实在话。我第一天上班，也是第一次来上海，路都不熟，骑自行车过去。那个时候住在黄浦区，到公司很远的。完了，早饭没吃，仓库门还没有开，他就主动先跟我说话了，你是新来的吧？我说对的。我问他买早饭的地方在哪，他领我下楼买的早饭，就这么认识了，一点都没看出来。最开始还是他主动跟我沟通的，我人生地不熟的，谁也不认识。公司就告诉我在门口等，开门之后要找人报到。

问：后来您是怎么发现他是智障人士的？

刘：这个好像是通过他母亲，我才知道他是智障。因为平时在仓库都是各管各的，都比较忙。一般接触嘛，话也说，中午吃饭的时候也会聊天，但是我没朝那方面想，也没发觉，他做事情非常利落的。以前也没接触过障碍人士，觉得他挺聪明的，因为他管本子和纸，架子理得很整齐。

问：您看待障碍人士会有不一样的眼光吗？

刘：说实在话，这个没有。因为我跟他母亲是同事，我们单位当时人很多，大家都没有这样做。这个小孩非常聪明，很会干活的。在仓库，我们货配完了，就坐那抽会烟，他就拿扫把扫扫地。工作中大家也会互相帮助，比如说本子运过来，一箱本子得有四十几斤，来一卡车的货物，靠一个人是不可能的，大家都是互相帮忙，完了上架子，就是各上各的。所以本子这块，你一个人是无法挪的，一个人没那么大力气，都会互相帮忙的。我们有时候在仓库搬货，俊俊这孩子就是这点好，他看谁的活多，会帮别人干活。你不用去叫他，俊俊你过来帮忙，他主动就过来帮你搬。

问：他平时会主动跟您交流一些工作上或者生活上的事情吗？

刘：工作上是每天都有交流，比如送货送到哪，他都要提前跟我交流，我就给他开到那里，我是司机，路我知道，但是到里面送货的操作流程我不清楚。车停在哪，他会提前说的，一般厂子里有几号口，这个我不知道。基本上是我只负责驾驶，他负责具体的配送。送到人家客户手里，要给人家点货，有时候是电子白板什么的，还要给人家装上去，基本都是他在负责。因为有时候车到人家厂子，是〔没〕有固定车位的，可能随时需要挪车，司机是不能离开的，我必须在那守着，都是他在跑着送货。

问：你们在闲暇时间或者工作之外的时间会有交流吗？

刘：有的，没事的时候，会说一些家长里短的呗！他喜欢足球嘛，有时候我们会问他头几天踢的足球赛，哪个队赢了，谈些足球的事情。单位几个同事也喜欢足球，跟他们谈这些东西。

问：您觉得你们合作愉快吗？

刘：可以，我俩合作挺好，因为他办事很靠谱的。比如说我们那面包车装货，什么样的箱子都会有，他会看好之后，怎么装把车装满，还能装下，不会出现剩货、拉不走的情况。他没事会研究这个的，装车的时候他也会看的。

问：你们在合作的过程中有没有发生一些矛盾或不愉快的事情？

刘：这倒没有。就是有点什么呢，有时候我停车稍稍远点，或近点我说停那停不了，他可能会有点生气，这个倒是正常的，矛盾我们是没有的。

问：他现在也在用微信，你们有没有互加微信？

刘：有的，一般有时候转一些健康的东西，要不就是他足球的方面，他喜欢用平板玩踢足球游戏，赢了发到朋友圈，别的倒没有什么，还有就是过年过节，发一些拜年，还有其他什么节日，他都会发的。

问：一起工作了这么长时间，您对于他的评价如何？

刘：这个孩子为人处事，各个方面都比较好，比较牢靠，干事非常认真。跟他认识这么多年，我们一直相处得很好，跟兄弟一样，现在天天一起搭档，我们的关系也就越来越好了。

张国俊同事口述（二）

口述者：经理胡女士

访谈者、撰稿者：卢小龙

访谈时间：2016 年 11 月 11 日

访谈地点：上海市虹口区某公司

善良勤劳好员工

问：您还记得张国俊是什么时候开始在您公司上班的吗？

胡：他是 2008 年上我这里的，已经快十个年头了。原来新华传媒旗下有一个心心连文教用品有限公司，他在仓库里面做兼职，新华传媒后来要上市，就改制了。改制以后，旗下的文教用品公司就不存在了。当时新华传媒采用竞标的方式，心心连这一块分成 A、B、C、D 四个标，大家可以做专业文教的，有这个资质的都可以竞标。我也是参与竞标的一家，当时中标的有三家，其中一家就有我。俊俊和他妈妈以及心心连的一部分员工就调到我这边工作了，一直工作到现在。

问：您以前公司的员工有障碍人士吗？

胡：就是特殊的？以前没有的。

问：那他来这边上班，您会介意招收这样的员工吗？

胡：我不会，我觉得企业应该去担当这些社会责任，我们本来就是依托社会的环境、平台。2008 年汶川地震的时候，我们企业也把很多书包、文具，很多的赈灾物资通过上海市总工会运到灾区，所以我觉得我们都应该这样去做。当然我们也是根据自己的现状、实际的能力，做力所能及的事情。

问：张国俊第一天来上班的情景，您现在还记得吗？

胡：记得。张国俊呢，来上班之前，我已经认识他，因为他原来的单位跟我们也有合作关系，但是没有这么全方位地了解，包括生活、工作方面。我跟他妈妈认识，她以前也在仓库里做过。我到现在为止还没有这个概念，他已经三十八岁快要四十岁了，在我眼里，一直把他当做小孩子一样的。但是这个小孩子是比较懂事的，你别看他有点弱智，你跟他说什么，他都能听懂。他差是差在表达能力上，他的思维能力和智障孩子比是超前的。

第一天来工作的情景，小胖墩嘛，穿了一件 T 恤啊，很开心的。他从来不叫我老板，也不叫我经理，从第一天开始到现在就叫我阿姨，到现在还是叫阿姨（开心地笑），就这么一个情景，一直工作到现在。他来了以后，一直在仓库工作，基本上就是跟车送货，我们有很多连锁店，包括单位的团购。现在网络销售、电商的发展，对我们实体店带来很大冲击，所以在 2015 年的时候，我就逐步把实体店转给了晨光文具，它不是要上市嘛，我就一步一步转给了它。他还是在我公司的仓库上班，当然我人员也削减了不少，原来我有一百号人呢，现在没有实体店，我们整个配送中心还存在，主要负责上海地区，俊俊主要在仓库负责配送。

从去年 5 月份开始，除了跟车配送，我还给他安排了另外一个很艰巨的工作，他做得非常好。可能也是我个人比较喜爱这一块，不说很有爱心吧，我也是很珍爱小动物的。我公司这里有八只流浪猫，全是张国俊一个人负责，不管是刮风下雨还是节假日，他每天坚持，上班的时候一天两次，上午给猫喂食打扫卫生，晚上出车回来也要做，现在我就不叫他俊俊了，叫他猫司令。他从一开始没有干过这个活，到现在已经和这些猫猫有互动了。只要电梯上来了，它们就知道是张国俊回来了，会给它们打扫卫生，喂食。除了他有特殊活动，或者要出去旅游，我们这里有人替代他，平时都是他在负责，双休日、节假日也都是他在做。所以说他很有爱心，这个小孩子。

问：当时是他主动要求去负责这件事吗？

胡：这个是没有主动的。因为我们每个人都有两个岗位，他除了配送之外，就是负责这件事。从这件事也可以看出，他是非常有爱心的孩子。实际上他已经不是孩子了，已经快四十岁了，但是我们都把他当小孩子一样。他想问题比较简单嘛，这是他的一个特殊情况，他的爱心和善良是他骨子里的东西。他在我这里就职，心情也很舒畅，他妈妈是非常放心的，我们这边都是很关爱他的，从来没有人用歧视的眼光或者对他有另类的态度。

问：他刚上班的时候，需要一定的培训吗？

胡：刚开始来做这个工作，也没有培训，就是有两个老员工会带着他，估计就在两个礼拜以后，他就跟着驾驶员去配送了。中间我们面包车师傅退休已经有两轮了，他始终在这上班。我们的司机对他的评价也是不错的，客户对他的评价也是很高的。比如他上次出去旅游几天，有的客户会打电话，"这两天

你们送货的不是那个小胖子了啊!"夏天的时候，客户对他很好，会给他准备好汽水，中午的时候会给他买好馒头、肉包子，如果他不在，其他师傅去顶替，那是没有这样的待遇的。所以这个社会大家还是挺有爱心的，正能量的东西比较多。

问：他现在的工作跟以前相比有什么进步吗？

胡：进步嘛，以前就是很多事情要手把手地教，这个客户你要怎么跟他去交接，怎么把单子给他，找谁交接。现在，尤其是今年以来，如果有人来不了，让他去顶替，还要反过来问他一些事情，他是很清楚，这个事情应该找谁，那个事情应该找谁。因为人家企业很大嘛，需要与各个部门的人接触，哎，他就分得很清楚。所以你说他弱智，很多方面跟真正的弱智还是有区别，而且区别蛮大。

问：如果再有一个障碍人士来公司应聘，您会录用吗？

胡：那要看具体的情况了，如果是兼职，智商的程度能达到他的标准，那就是可以的。

问：您对他在工作上的要求高吗？

胡：工作应该说有点要求，他这个工作看起来很轻松，比较简单，只要交给人家签字，实际上没有我们想象的这么简单，因为涉及到钱款的问题，货给对方，单子给对方，要签名，要把发票交给相应的部门。碰到困难的时候，他会及时回来说，应该说他进步蛮大的。

问：您会像要求普通员工那样去要求他吗？

胡：不会的，这办不到。我们是有考勤的，我从来没有要求他考勤，但是他总是很自觉地按时考勤，有谁没考勤的，他还会提醒人家。我们知道他是有点弱智的，虽然我们很多事情上没有把他当作特殊人群来看待，我们要求员工电脑的操作，那他这方面可能就不行了，所以把他的岗位定位在跟车配送，还是蛮合理的。

问：他在工作期间有没有出现过什么失误？

胡：有过，有一回，我们财务要求他去的时候，把货送到了，把钱拿回来。他去了以后，可能是疏忽了，没有把钱拿回来，我就叮嘱他了，下不为例。他还是有点心眼的，你跟他关照的事情，他是一定会去做的。

有时候也可能是我们疏忽了，比如说猫，我把给猫喂食、打扫卫生的流程教他一遍，过段时间他忘了，就是前后流程反了，那我会去检查一下，"俊俊这个事情不对啊，你怎么做的，你给我说一遍"，然后告诉他，你这个事情做错了，应该是这样的，把具体流程再给他说一遍，他就知道了。

但他从来没有丢失过发票，这个我很佩服。发票丢失就是给企业带来损失，他是从来没有的。

问：在他工作期间，有没有得到公司的奖励？

胡：有啊！有时候，我们忙嘛，大家都包干自己的卫生区域，可能一忙就忘了打扫卫生，他会很主动地把地扫干净，东西整理一下，这个倒不用刻意跟他关照。我就说过一次，"俊俊我们忙的时候，看到我们忙不过来，你把这些工作做好"，他会不间断地过来帮忙。基本上我们早上来上班之前，他都会把卫生打扫完，这点他做得真的很好，而且无怨无悔，从来没有抱怨，这可能和我们这个团体一直对他的关爱有关系。

问：公司有考勤制度，他会不会出现迟到或者早退的情况？

胡：没有，他很早就来了，我们九点上班，只要他是来上班的，基本上八点之前肯定到了。如果说他明天有什么事情，肯定提前跟我讲。偶尔有一次，他没有来，我就问他为什么没来，他说因为什么事情。我说有事没问题的，以后有什么事情提前说，我们安排其他员工过来替代。我跟他讲道理，猫猫也是需要搞卫生的，也需要吃的，如果像人一样，一天一夜没吃没喝，肯定会受不了，我们既然养了它们，就要对它们负责任。他就说好的，知道了，下不为例。这就是我对他比较放心的地方。

问：您觉得他跟您以及同事之间的互动如何？

胡：互动这一块……我有时候总在想，环境会改变一个人，也会造就一个人。他刚来的时候，跟大家不熟，最主要跟我不熟，他会一直回避跟别人进行交流。这么多年下来，快近十年了，大家一直在这个团体里，我们有时候也有的放矢地跟他聊聊，开开玩笑啊，现在我们休息吃饭的时候，聊天放松一下，他会主动介入。

问：您会不会出于对他自身障碍的考虑，在与同事进行交流时调整交流的话题或者方式？

胡：这么多年来，我开会也说，只要在我们这个团体，不管是什么情况，我们都要爱护他。公司对"戆度""傻瓜"这些词，基本上都是回避的，我们不谈这个话题。我也没有特意要求公司员工去这样做，他们自觉地形成了习惯。最起码张国俊在的时候，我们是回避的。因为张国俊和一般的弱智小孩还是有区别的，他还是有比较好的思维，我们怕伤害到他的自尊心，所以我们会回避这些东西。

问：他现在也在玩微信，您跟他有互加微信吗？

胡：我有的，朋友圈我发什么东西，他们都会点个赞什么的，我们公司这些员工，我也组了一个群，有什么通知都会在微信群里发。我们每年都会出去旅游一次，我就会通过微信通知他们几点集合，我们每个时间节点怎么安排。

问：对于张国俊，您的总体评价是怎样的？

胡：应该说人无完人，总有缺点的。对他的缺点或者说不足之处，我们没有特意要求他去做什么，在工作中我们根本没有权利去要求他开拓创新，他这个情况，你不能要求他有新的思路，怎么创新啊，不可能的，他能按照我们的要求，按部就班做好本职工作，我们就觉得他已经是很 OK 了。我觉得这个小孩子善良，有爱心。

管理上对他是另类的，对其他人是另一样的，制度对每一个人都是公平的。这么多年观察下来，他对公司的制度也没有什么大的违背。无非就是有一块，我们有年休假，他不是跟我签约的，所以他是没有年休假的。但是，他提出来今天残联要活动或者要去旅游啊，我都同意他，从来没有不同意的。对于这个问题，我也跟他谈过，很多社会公益活动，该参加的你必须去参加，有些可去可不去的，你就放弃。因为毕竟你在这里有一个岗位，你不做就是要人家挤出时间来帮你做这些工作，他也很明白的。有一次，他要跟妈妈去旅游，需要九天的时间，我说没问题，一年一次旅游，我这边肯定会同意你的，我就安排其他人，甚至他们忙的时候，我也会自己去顶替他们的，所有人顶替他的工作都是义务的。

问：非常感谢胡总对于我们工作的支持，耽误了您宝贵的时间，恭祝您工作如意，事业顺利。

张国俊本人口述

口述者：张国俊
访谈者、撰稿者：卢小龙
访谈时间：2016 年 12 月 12 日
访谈地点：上海市广中支路 22 号上海市虹口区残疾人联合会

努力做好自己

问：上学的过程中，你有没有什么印象比较深刻的事情？

张：就是在辅读学校上课的时候，家离学校太远了，都是妈妈送我上下学的。

问：你有在上学时交的好朋友，现在还一直保持联系的吗？

张：没有，没有。

问：是因为你的性格内向还是你不想交朋友？

张：没有的。因为人家搬到哪里去了我都不知道，所以联系不上了。

问：刚才谈到在辅读学校也会有一些朋友，你平时会主动跟他们聊天吗？

张：会主动聊天的。

问：那他们会跟你聊聊自己的心事吗？

张：没有的，都是一些关于学校的事。

问：当时你有没有邀请你的朋友去家里玩？

张：没有。

问：为什么呢？

张：因为家里地方比较小。

问：辅读学校会举办什么活动吗？

张：有啊，春游。

问：你妈妈会跟着去吗？

张：不去的，都是自己去，不准带家长。

问：在辅读学校的时候，你喜欢上哪些课？

张：有烧菜。

问：那你现在会做菜吗？

张：做的嘛，不好吃。

问：还有什么课？

张：体育课。

问：在辅读学校有没有你比较喜欢的老师？

张：有的，数学老师和劳动老师。

问：你觉得他们比较好的原因是什么？

张：对我比较关心。他跟我住得比较近，放学后经常送我回家。

问：你现在已经在上班了，跟上学比较，你更喜欢哪一个？

张：上班。

问：为什么呢？

张：上班有人可以聊聊天。

问：你觉得上学不好的原因是什么呢？

张：因为读不进去。

问：你第一天去公司上班，是你爸妈送你去的还是你自己去的？

张：就是妈妈送我去的。

问：第一天去上班的时候，是一个什么样的心情？

张：习惯了，我以前在外面做过一些零工。

问：你第一天上班的时候做了哪些事情，你还记得吗？

张：在仓库帮忙理货的。

问：最开始会有人教你做这些工作吗？

张：没有，我以前在其他地方做过了。

问：你觉得在现在的公司上班累吗？

张：还可以。

问：你上班以来，有没有在工作上出现失误？

张：没有。

问：胡总说有一次你忘记收客户的钱了，回公司后她说了你几句。当时有没有很生气？

张：没有的，的确是自己忘记了。

问：在工作过程中，你觉得哪些事情对你来说特别难？

张：我送货嘛，也没什么事的，都习惯了。

问：胡阿姨把照顾流浪猫的任务交给了你，你喜欢猫吗？

张：有跳蚤的，不喜欢。

问：不喜欢的话，那她当时把这个任务交给你，你有没有拒绝？

张：没有，先试试呗。

问：到现在你已经做了有一年多快两年的时间了，你每天都会坚持喂猫，现在还不喜欢猫吗？

张（有些无奈地笑）：习惯了。

问：是习惯了还是慢慢开始喜欢猫了？

张：习惯了吧。

问：你提到过跟你关系比较好的就是你的搭档司机，除了他还有其他同事关系比较好吗？

张：都还好的，就是跟司机关系最好。

问：平时你跟司机除了工作上的交流，还聊生活方面的事情吗？

张：我喜欢足球，可能会聊一些足球方面的东西。

问：上班的时候，早上几点起床？

张：早上六点。

问：早饭在家里吃还是在外面吃？

张：自己在外面买了吃。

问：那六点钟起床，一般几点钟出门？

张：六点半左右。

问：上班都是怎么去的啊？

张：骑电动车。

问：公司是几点开始正式上班的？

张：八点。

问：需要指纹打卡之类的吗？

张：打卡器的。

问：上班这么长时间了，你迟到过吗？

张：没有的，从来没有。

问：下午一般几点下班？

张：五点钟吧。

问：下班之后就直接回家吗？

张：回家啊。

问：下班回家之后都做些什么事情呢？

张：就吃饭啊，吃完饭就洗碗。然后再去洗澡，电视好看的话，就看会儿电视。

问：一般晚上几点睡觉啊？

张：看到好看的电视嘛，就会晚点，不好看嘛，早点睡，所以十点吧。

问：你星期一到星期五在公司上班，星期六、星期天都在残联参加活动吗？

张：全在〔残联〕这里。

问：你特别喜欢足球，现在一般都去哪踢足球啊？

张：就那个外国语大学。

问：你是怎么想到去外国语大学踢球的？

张：自己找过去的。

问：你大约是从什么时候开始喜欢足球的？

张：95 年。

问：当时是什么让你喜欢上足球的？

张：在电视上看了一场足球比赛。

问：除了足球，你还喜欢其他的运动吗？

张：篮球，不会打。

问：现在除了父母和同事，你还会跟其他人有比较多的接触吗？

张：在慢慢尝试着。

问：比如，你去外国语大学踢球，有没有认识一些朋友？

张：没有，踢完球就走了。

问：如果踢球的时候，有人主动跟你交朋友，你会同意吗？

张：这个可以啊。

问：那你是更喜欢待在家里还是出去玩呢？

张：出去玩吧。家里没什么意思嘛，出去玩玩看看外面。

问：毕业之后你有段时间是待在家里，后来才出去上班的，上班和在家，你更喜欢哪个呢？

张：在家里嘛，一个人也蛮烦，出去干干活也可以的，多接触社会。

问：你平时在家里会做什么家务？

张：洗洗碗，修修东西。

问：修东西？比如说修什么东西？

张：拧个螺丝，换个灯泡，别的我修不来的。

问：上次看到你的中午饭都是爸爸提前准备好了，你早上直接带过来的，你现在是跟妈妈住在一起，早饭是爸爸准备好，给你送过去吗？

张：他晚上到这边把饭做好，再回去的。

问：那他是从什么时候开始给你准备早饭的？

张：以前的公司是有食堂的，现在换了公司了，就不提供午饭了，他就开始给我准备午饭了。

问：你爸妈现在关系不是很好，你觉得对你有什么影响吗？

张：也没有吧。

问：你希望他们之间的关系变得好一点，还是就像现在这样？

张：两个人吧，分开好一些。

问：你现在是跟妈妈住在一起，你跟爸爸的关系怎么样？有没有恨过他？

张：有的。

问：你觉得自己是一个怎样的人？

张：这个我不知道啊，一般吧。

问：你觉得现在的生活幸福吗？

张：不幸福。

问：为什么呢？

张：家里现在的状况，父母分开了。（有些哽咽）

张国俊工作观察日记

观察时间：2016 年 11 月 11 日 6：00—17：10

观察地点：上海市虹口区某公司

观察者、撰稿者：卢小龙

时间	工作内容	备　　注
6：00	上班打卡。	打卡无固定时间
6：05	将猫粮从包装袋中倒出喂猫。	经理收留流浪猫，专门腾出一个房间做猫舍，从去年开始交给张国俊负责喂养并打扫猫舍。
7：00	下楼去路边的早餐店吃早饭。	两个包子、一碗粥。
8：00	与同事闲聊，等待上班。	很少主动发起对话，大多数时间在听别人说。
8：30	向观察者介绍自己收藏的手枪模型、扑克牌、足球杂志和从小到大的照片。	听说观察者要来采访，就把收藏的手枪模型、扑克牌、足球杂志和相册都带到公司了，并将手枪模型和扑克牌整齐地摆放在一个小货架上。
9：00	打扫猫舍。	上班期间每天都会打扫两次，放假期间每天过来打扫一次。
9：15	从仓库搬出一捆泡沫胶。	上班前的准备工作，用来打包快递。
9：20	办公区徘徊，跟快递小哥开了个玩笑。	
9：40	跟车送货。	日常工作，送货地点为公司下属的门店或者工厂企业等。
11：26	给同事帮忙装文具用品。	主动发起，非本职工作。
11：30	与同事闲聊，抽烟。	
11：40	吃午饭。	上班期间的午餐都由父亲提早做好，自己带到公司，用微波炉加热。
12：00	玩 iPad。	
12：10	抽烟、闲坐。	

时间	工作内容	备注
12:15	用 iPad 看电影。	
12:30	玩手机。	
12:40	装货准备出发。	
12:50	送货途中。	坐在后座，清点货物。
13:40	将货物从车上搬运到指定地点，找相关部门核对货物清单。	将货物送达下属门店，在门店负责人面前拆开包装，核对数目及类型。
14:50	返回公司。	
15:00	抽烟、休息，与同事闲聊。	
15:10	装货，送货途中。	
15:30	卸货、拆箱，让客户验货。	送货地点为一家大型企业的办公室。
15:46	客户要求退回上次购买的货物。拿回货物，返回公司。	退货店铺是公司的下属零售店，可以随时退货。
16:00	将退回的货物放回仓库。	
16:05	协助同事打扫卫生，整理公司休闲区的物品。	
16:27	在墙上钉钉子，固定插线板。	
16:30	从包装袋中倒出猫粮，端到猫舍中去，用手指与猫嬉戏。	
16:36	坐在桌上与母亲闲聊。	
16:40	收拾提前摆放在货架上的扑克牌、手枪模型。	
16:45	应同事请求，打开办公室的灯。	
16:48	与前来取货的快递员交谈。	
16:50	坐下，从包中拿出 iPad 玩。	
16:55	应老板要求，打扫两个猫舍的卫生，倒掉垃圾。	每日的常规工作，应是一时疏忽忘了。
17:05	搬着一捆衣服出去。	
17:10	正式下班。	下班时间固定，必须是 17:10 以后，偶尔也会加班。

社会进步亲历记

——L先生父母口述①

L，男，1982年出生。独生子女。智力障碍四级。普通小学、普通中学肄业。2005年进入上海市某街道阳光之家，为阳光之家第一批学员。

口述者：L先生父母
访谈者、撰稿者：夏雅梦
访谈时间：2016年10月28日、2016年12月17日
访谈地点：L家

出生缺氧，有些事不可不信

问：叔叔阿姨是哪一年结婚的？

L父：78年。三十五岁结婚。

L母：我们那个时候是晚婚。

问：结婚晚，因为是知青吗？

L母：不，结婚晚是因为没有房子，要等房管局分配房子。结婚开头几年也没有生，因为不孕不育，后来去看了医生才生了这个孩子。

L父：小夏呀，我们父母16平米一间房子，有四个孩子，我老大到哪里结婚啊？当初没有买房也没有租房。

L母：我们两个人都是知识分子，脑筋有点木，有些人讲，你们新结婚，结婚的时候父母让一让。我不同意，他有四个兄弟姐妹，总不见得为了我们结婚，把家里人都赶出去吧，我不愿意被人家讲。

---

① L先生家长对本文纸质初稿进行了审阅修改，本卷另一位受访人余晓栋先生主动提供帮助，将修改录入电脑WORD文档。在此，编者向余晓栋先生表示感谢。

L父：说说很容易，叫你们父母让一让，兄弟姐妹让一让，你们结个婚，那我有了孩子怎么办？我们当时的想法是有条件就结婚，没条件就不结婚。结婚首先也需要个家，要一个房，没有房就免谈这个问题。

L母：等房子分下来了，我们马上就结婚了。

问：阿姨是三十八岁生的孩子？

L母：对的，有的时候，有些事情不可不信。82年1月1号早上我四五点钟醒了，肚子痛，要起来上厕所，一看呀床上见红了，我就知道不行了，赶紧到医院里面。一大清早也打不到车子，我们是走着去的。那个时候是生育高峰期，〔医生〕就问预产期什么时候呀，我说预产期还没到，医生问怎么现在就来了。那么我讲，我见红了。哦，一看不行了，就让你留下来检查。医院里面挤满了人欸，元月1号正好也是放假休息时间。

因为〔节日〕休息，医院里面医生护士又少，等到2号〔住进病房〕。那一天我在病房里面，有人来看病人，讲是来看十号床的，我想我就是十号床呀，这个人我不认识呀。他看看我，也不认识我，他就讲我要看的不是这个人。他接下来讲了一句：就是一个小孩死在肚子里面的人。后来人家讲，前面的十号床就是孩子死在肚子里的。我当时一听，心里就有了不好的预感，赶紧找医生，我说我年龄大了，一点力气都没有了，你们赶紧给我剖腹产。医护人员马上给手术室打电话，让他们手术做完不要离开，还有一台手术。接下来护士就送我上去，那个时候其实〔胎儿〕已经缺氧了。

后来我们才知道，生下来的时候，医院里面大概是知道这个孩子智力有问题的，但是我们心里没数。因为前面那个小孩死在肚子里面了，所以剖腹产的时候，我耳朵竖起来听，听到哭声我就放心了，我没从智力这方面想呀！

这个病房里面，正好有两个护士是我们的毕业生，一个是我的学生，一个是我爱人的学生，来看我们。我出院的时候，这两个学生又来了，一个主治医生也来了。医生讲话，我当时就听出来有些不对头，他说，你是剖腹产，剖腹产伤身体，你要当心你的身体呀。我想，我现在还可以。后来回想过来，都是有道理的，医生肯定知道了，还让一个学生在我出院以后到我家看看我。看看什么呀，我想蛮好。其实小孩生下来是要打分数的，那个时候也没有产前检查，现在有产前检查，做B超。

L父：她坐月子就是我来照顾的，她躺在床上，孩子睡在旁边。我还得上班，早上出去，中午课上完了以后马上回来，如果中间有什么问题，她只能忍一忍，等我回来再说。下午出去上班，傍晚再回来，还好没几天就放寒假了。

东奔西走，各家医院查智商

问：L君小时候托给别人带过吗？

L母：幼儿园之前有的。

L父：产假结束，就托人家阿姨帮忙带，到二十个月的时候送托儿所。

L母：因为我们要上班嘛，我们的爸爸妈妈年龄也大了，没人能帮我们带，我们就托给私人带。

问：就是托给阿姨，让阿姨带到家里去带？

L父：对的对的，比如讲我们要上班了，就抱过去交给阿姨，阿姨就负责他一天，我们到四点多下班。我总归是没心思在学校里多待的，总归是早点回来，把他抱回家。如果能够一边把他放着，一边干点活就最好；如果不能的话，我就看着他，等他妈妈回来烧晚饭。因为也要给人家阿姨一些休息时间，尽量能抱回来就抱回来，没有这个想法说，我出了钱你要为我服务。

问：每天晚上都是在自己家里？

L父：对的，每天晚上在家里，四五点钟就回来。

问：早上大概几点送他去呢？

L父：七点半以前。

问：叔叔阿姨做老师，有早自习是吗？

L母：对，我做班主任的嘛，一直做到退休。

问：叔叔阿姨是什么时候发现他智力有问题的？

L父：他不是不会说话嘛，到三岁多还不会说话，医生说他的舌头没什么问题，到时间就可以讲话。到了三岁半、四岁暑假的时候，我们就教他说话。比如说一张图片上面是个太阳，我们就教他说"太阳，太阳"。别的小孩是一边说着太阳一边认字的，我们是指着图片教他。

到了幼儿园以后嘛，老师说他反应总比人家慢，最起码的就是这两个：剪刀不会拿，鞋带不会系。那我们想，这总归有个过程的，以后肯定会学会的，对吧？现在他手指甲脚趾甲都是自己剪的。

问：幼儿园的小孩本来就比较小，学不会也很正常吧。

L父：对，但是别的小孩就会呀，就是你不会呀，跟同龄人相比就是慢一点。

问：当时考虑带他去检查、确诊一下吗？

L母：有的，最初幼儿园讲他反应慢的时候，我们就带他去医院里面看过了。医生讲了一句话，问我们几岁。我听出意思来了，有两重：一重我是高龄产妇；第二个是我现在这个年龄是否考虑再生第二胎，如果我想生第二胎，可以给我开证明。但是我也不敢生，我当时想，万一再生一个孩子，智力也有问题，我死了眼睛都不要闭了。

L父：好多人问我们为什么不再要一个孩子，因素很多：第一，如果第二个还是智障怎么办？第二，我们当初住的房子只有12平米，如果我们再要一个孩子，也住不下。而且孩子出生以后还要照顾，谁来照顾这个孩子？从小L出生的第一天起一直到现在，都是我们两个照顾的。我们双方父母已经老了，也不可能帮我们照顾孩子。综合这些情况当时就没要第二胎。如果养第二个，第二个智力正常，又能真心对待这个哥哥，那也好；如果老二不喜欢老大，对老大不好的话，那还讨厌。

L母：我检查的时候没考虑二胎，就是要检查这个小孩的情况，医生大概认为我是想要二胎的。

我之前在杂志上看了一篇文章，名字记不住了，男的是复旦大学毕业的，跟一个荷兰驻中国航空公司的首席代表结婚了。都是人才，都是上层人士，生的孩子是自闭症，连续生了两个小孩都是这样。后来这个荷兰人也没有回荷兰，也没有带孩子回去看她父母，她去香港创办了一个关爱自闭症的协会。香港的活动在世界出名以后，她荷兰的父母才知道为什么不回去看他们。我当时心里就想，如果两个孩子都是这样，那怎么办呀？再有人讲了是不是基因问题，人家一个荷兰的，一个上海复旦的，隔了这么远，还都是高智商的人呀，孩子还不是会有这种情况，碰的不巧就是不巧，所以当时也不敢要第二个孩子。

问：他的问题可能是先天的？

L母：也可能是出生的时候缺氧影响。书上面讲肯尼迪的小女儿也是缺氧的呀，所以他其他孩子就没有这个问题，肯尼迪不是有九个孩子吗，其他孩子都好呀。我们两家的亲戚中没有智力有问题的。

（L父拿出医院的检查报告）

L父：前前后后带他去过不同的医院，幼儿园、小学的时候都有检查。

这个是我们原始的检查报告："L，小学，咨询的问题是：是否能在校正常学习。"情况是："目前读一年级，曾留级一年，上课小动作较多，注意力不集中，理解力差，常有答非所问的现象，喜欢玩自行车和看路上的景色，过去无重大病史。"医生检查："意识清楚，动作较多，不能正面回答问题，十以内

的计算还可以，常识问题回答很差。"医生的印象是："智能发育不全。"

这个我原来是准备撕掉的，这个是到哪里去的呢？瑞金医院。我们跟医生反映他学习差，接下来问了一些"剖腹产，38岁生的，3岁才开始开口说话"，他开口是比较晚的，"智商测试只有39，现在是小学三年级，一级留了三年"。这个我也看不清了，"能完成简单的数学运算，不能回答简单的生活常识问题"，接下来呢，医生的印象呢就是"痴呆"。

还有1996年9月8日，第一人民医院的检查结果："剖腹产有缺氧，智能低于正常人。"医生检查下来嘛就是："神志清（楚），四肢还可以。"

问：有过什么治疗吗？

L父：没有。

L母：那个时候已经这样了，没有什么可以治疗的了。

问：在幼儿园老师跟家长说孩子的智力有问题时，叔叔阿姨是什么心情？

L父：很烦恼啊，三十八岁有了他，是高高兴兴的事情，结果好了，一路走过来不顺利。当时的心情怎么样？也只能承受啊。

L母：生也已经生了，只能认了啊。

问：肯定不会说有抛弃他的想法？

L父：这个绝对没有的，而且是把所有的爱都放在他身上。

L母：我们随便有什么事情先想到他，比如别人邀请我们去吃大闸蟹，我们早上去他还没走，他回来我们还没回来，就让他爸爸去，我就在家里。

L父：我们要出门的话，首先考虑这个孩子，如不能妥善安排就不出门。

问：这个活动就放弃？

L父：要么全部放弃，要么放弃一部分。

L母：我认识的人给我讲了这么一句话：你们这个孩子，生在你们家里是他的运气。因为我们没有一点地方歧视他，就算他笨，也是我们生出来的，不能怪他，只能怪我们。所以讲，生在我家是他的运气。

L父：不是说抛弃，是绝对的不抛弃，要讲错是我们的错，是我们给他的，他是无忧无虑的，他永远开开心心，他不懂。

融入社会，家长坚持进普校

问：他上小学是什么情况？

L父：小学开始不让我们报名，那时候都是对口招生欸，公办学校，就近入学。孩子还没去报名，学校已经到幼儿园去了解过情况了，幼儿园也把孩子的情况如实讲了，所以人没来，他们心里已经有数了，我们一去，学校就不让我们报名呀。

问：还没见到孩子就不让报名？

L父：对。

L母：幼儿园老师就讲，你这个小孩可能上小学有点困难。小学一开始不想收他，其实是想让我们把孩子送到辅读学校。说直白点，就是弱智们的学校。

问：就是特殊学校？

L母：对，但是我不想送他去，我到辅读学校去看过，那里出来的小孩走路好像都走不好。我们小孩情况总归比他好，如果到了那里去，他只会样样更迟钝了。我好说歹说，要到正常的学校里去，他们后来也答应了。

L父：是我们去找教育局的，教育局有中教科、小教科，小教科科长是我原来同事，他也知道我们家的情况，所以呢，小学也只好在极其不情愿的情况下收了我儿子。

L母：考试成绩总归不行呀，一年级读了两年，二年级读了两年，他们其实一直想让我们转到辅读学校，我就是坚持不让他去，我宁可让他在一般的学校，宁可被人家看不起，至少他和正常人生活在一起。

问：是老师要求他一年级必须再读一年还是什么原因？

L父：这个倒不是人为的，考的不及格没办法，确实不及格。

问：第二次考及格了，才上的二年级吗？

L父：两个一年级读好了以后呢，老师也不大好意思了，就让他上二年级了，其实呢，虽然分数稍微好一点了，但还是不及格。

L母：后来我们去找上级，要求他的成绩不算老师的考核，这样对老师的影响要小一些。

L父：这个你可能懂的，就是这个学生不算总分数，老师压力也就小一点了，这是一个；第二个呢，老师呢还要为其他学生考虑，人家家长来反映了，你们班级怎么有这个学生呀，老师也有压力。我们自己是做老师的，也知道的，总希望学生们成绩好。

L母：希望我的小孩坐在一个环境比较好的教室里，让他多看多听。

问：小学的老师其实不是很愿意让他在自己的班上？

L父：对。

L母：我们也理解，最好班级里面不要有这样一个人。

问：同班同学对他是什么态度？

L父：同班同学肯定是不愿意和他坐呀，每个学生都希望和好同学坐在一起。

L母：他上课捣蛋还好呀，他主要是考试考不出来，题目做不出来。同班同学，在那个时代，我们做家长的也不能去怪旁边的学生，人家会歧视他完全是正常的，我们也都理解，没有人指着他骂已经算好的了。中国人的习惯，特别是农村里面的残疾人，受歧视更不得了了。他读书时候不像现在，现在嘛可能社会条件普遍好了，大家也更包容一些。

问：一年级功课遇到难处，听不懂，爸爸妈妈教他吗？

L父：教的，反反复复教。

L母：他做不来，到学校里面去，老师肯定要批评他的，和其他同学总归不一样的。

问：叔叔阿姨是数学老师，回来以后怎么帮他补数学呢？

L母：他小学的数学好像还好，一般的加减乘除可以的。

L父：但是应用题就不行了，应用题要理解力，他就做不来了。

问：就是单纯的式子可以的，像 12 除以 6 这种式子是可以的？

L父：对，但是像十只鸡分为三组这种就不行了。

问：这些题回来教他也不行吗？

L母：他们这些人呢，教是可以教，但是教到一定程度就教不上去了，因为他理解能力到此为止。

问：他在小学，也是正常学习语文、数学这些课程，跟其他同学一样吗？

L母：他就是坐在教室里面嘛，他又不受特殊教育，和正常人家一样，你听不懂嘛你白坐，就是这样。

L父：我们只是想找个地方让他能够坐下来就好，目的也就是保证我们能够上班。

环境友善，母亲学校坐四年

L母：后来我们搬家了，原来读的小学知道了，马上提出来让我们转到新学校去。新学校的老师一看我儿子就知道，你这个年龄很尴尬，读几年级呢？终归成问题呀，所以新学校也不肯收。

怎么办呢？我就去求我们学校领导帮忙，我觉得我们领导也做得很好，他就让我把孩子放在我的学校里，不算学籍，考试不算分数，他不会捣蛋，就让他坐在教室里面，因为我要上班呀，我还做班主任。

这样一来呢，比他原来单独在小学里要好得多，他的同学知道他是某某老师的孩子，总归会对他客气一点，至少不会欺负他，歧视情况总归也要少好多，否则在别的地方人家骂他的喔。

老师们呢，也知道他是我儿子，会特别照顾他一下。有人专门来和他讲讲话也好呀，否则没人跟他讲话，他到这里发一天呆呀。在我学校里，他吃中饭的时候到我办公室，办公室其他老师跟他讲讲话，他耳朵里至少也听到一点，眼睛里也见识到一点，所以他的见识呢应该来讲，比一般的，至少比辅读学校出来的学生广一点。

再一个在我们学校里面，平时有什么活动，比如出游，我做班主任，有时也会带他到我的班级里面。我就想我的孩子是这样，我要让我的学生知道，那我的学生也不会欺负他。后来好多年，我的学生们碰到我都会亲切地问："冯老师，你儿子现在怎么样了？"我觉得，他还算是比其他小孩幸运，因为人家对他的歧视，相比之下要少一点。对他的歧视少了，对他的关心多了，对他的鼓励多了。

问：对他的成长会很好。

L母：对，所以他的性格呢还比较开朗，有些人不声不响，跟他所处的环境有关系。人家都看不起你，没人来跟你讲话，你一讲话就被别人笑话，那么他以后就不敢讲话，最后连话也讲不来。至少这一点对我儿子是有利的。

再有，像我们家里平时有学生来，跟他一起讲讲话聊聊天，他也听到看到的。后来到我退休了就不行了，我退休的前一年他就没有上学了，一个人在家里面。他原来待的班级是从预备班进去到初三，待了四年，这个班级毕业了，那他也回来了，再过一年我也退休了。我退休以后还延长了半年，把学生带到毕业，送他们进中学，因为我还是班主任。

L父：他这个九年是怎么学下来的啊：一年级读两年，二年级读两年，三年级我们已经搬家，学校知道我们搬家了，就催我们转学。我心想，别的学校又不肯收，你不要催呀对不啦，催了也没有用。这时候他妈妈工作的学校挺好的，领导就说你不要再找小学了，我们三年级嘛，要是找肯定还是继续找小学，他说你直接到我们中学来吧。我这孩子四年级没有念，五年级没有念，直接就到中学，坐在预备班的教室里面了。由学校做工作，到一个班级，所有老

师确实都蛮配合的，我这孩子呢四年就这么下来了，所有的活动只要不影响集体的，就坐在里面，影响集体的就出来。比如讲人家要讲公开课了，我这孩子呢就出来。体育课，刚才他妈妈讲了，有些项目能一起搞的就一起搞，不能一起搞的，老师就让他坐在旁边。四年就过来了，用他妈妈的劳动去换儿子的四年，妈妈做班主任一直做到退休。

问：是在妈妈班上吗？

L父：不是他妈妈班上，年级不一样的，这个反正学校去做工作，但是要求就是他妈妈要做班主任。

问：妈妈蛮辛苦的。

L父：那没办法。尽管孩子是在班级里面，但是好多活动都不是和同班同学在一起的。

L母：但是他看——看到了，见——见识到了。

问：他在中学和小学过的开心吗？喜欢上学吗？

L母：我跟你讲，他后来到广中路，在路上看到我们学校老师，包括以前教过他的体育老师，都会叫的，回家都会讲的，就说明他对这个老师蛮好的，他还讲这个老师不骂我的。

L父：我们这孩子，看到所有他认识的老师，都是客客气气的。因为在他妈妈学校待了好长时间，有感情。

问：中学的同学对他怎么样？

L父：其他学生不会和他一起玩的。

L母：人家怕呀。

L父：正常的孩子和他不能交流的，所以在他妈妈学校里，讲得通俗点，就是找个地方坐一坐。

问：不会和他一起打球什么的？

L母：上体育课，他都是去看。跑步是可以让他去的，做广播操一起做，不要紧的。个别活动呢老师都怕他出事情，平时单独打球什么的不会叫他去的，万一撞了一下，摔了一下，出了事情老师也怕的。

问：L君在学校都会哪些东西，比如说认字写字到什么程度了？

L母：首先讲一点，中学的课程根本听不懂。认字，你让他读一般的报纸他会的，复杂的字不认识。然后，十以内的加减乘除也会算的。

问：是在家里教他认字吗？

L母：这是几方面的，学校里面也教，我们到外面去，比如马路上面，什么路叫他看看，展览会什么的也让他看看，有些字不认识的我们就教他，电视里面什么字不认识的他也会主动问。

L父：他妈妈退休前一年，他所在班级的学生已经毕业了，他也就离开学校了，这一年在家里。我们出去上班了，就给他一张纸，一本书，让他在家里写字，在写的过程中，他有没有自己念我们就不知道了。

问：他会拼音吗？

L父：拼音他学过一年。

L母：但是他现在不会。

问：那就是直接学的认字？

L母：或者你拿张报纸来，他会读的。

问：教过他一些其他的学科吗？比如说小学生学的自然科学啊？

L母：这些没有，这些不会的。我们一般讲些小故事，教他些小道理。

（L父在一张名片上写上几个拼音让L君认）

L父：来，试试看，这个怎么拼呀？

（纸上写了mao）

L：猫（mao）呀，第一个是猫（mao）。

（L父拿来一张报纸，让他尝试读报认字）

L父：再第二个。

L：国，国家的国。

L母：好，来，把这个报纸标题读一遍。今天早上的报纸刚刚拿回来，他事先没看过。

L（一字一顿念报纸标题）：老人个性化服务咨询师不应缺位。

L父：常用字还可以，这就是他一两年级学的。

L母：还有一些字呢，他外面看到啊，报纸上看到啊，包括在电视里面看到，无论什么〔字，也会学〕。

L父：经常念白字的，念半边字，或者偏旁没看清楚念错的都有。比如说有一次我带他到南京路那边，去镇坪路地铁站，看的快了一点，他就说"填"坪路。

L母：涉嫌造假那个"涉"，三点水一个步，他就念"步"。

现在阳光之家还会玩一些游戏，比如说哪一首歌有哪个字，下面你讲，还有哪些歌也有这个字，他知道的。比如哪一首歌有"祖国"，或者"春天"，让他们讲。还有你问他哪一首歌是谁唱的，他马上跟你讲出来。所以他在这些智障人中比较灵活，也不一定是什么地方专门学的，他就是耳朵里面听了，外面看了。

问：就是在生活中自然学到的，只有拼音是一两年级专门学的。

L母：我再跟你讲，我儿子有一样突出，算24点。

问：数学很好？

L母：数学其他不会做，算24点〔行〕。

L父：以后你碰到他，我会搞一个项目，你和他来比24点，你可能比不过他，真的。他算24点很棒的，好多跟他们一起搞活动的乐善会的志愿者，包括中学生都玩不过他。他算24点为什么这么好呢？上学后，我有时候带他出去坐公交车，坐在公交车前面，看到前面一辆车子的车牌号码，不是有四个数字嘛，马上就叫他算。换一辆车子又是四个数字，就又让他算。所以他很熟练。

问：那我还要先去学一下。

L母：人家也开玩笑说，你们父母两个都是数学老师，可能是因为基因遗传吧。

（L父拿出L君的初中肄业证明）

L父：因为是他妈妈的学校，蛮客气的，还有这两样东西留给我们，一个是小学毕业证书，填好了以后应该回到小学去敲章，因为这种情况我们也回不去，这个毕业证书没公章的，所以没用。这张，中学给了一个肄业证书，也就是在那边坐了几年，他学生成绩都没有的。

问：中学四年，家长也不是一定要让他学到东西，是吗？

L母：我们就是想找个地方让他坐坐呀，否则大人没办法工作呀。要是换做现在，我们两个人就有一个可以在家管他了。

问：叔叔阿姨不是在一个中学？

L父：不是一个中学，他妈妈的学校比较好嘛。

推己及人，母亲带出先进班

L母：我工作上确实做得很出色，我这个班级是区里面的先进队集体，一个学校只有一个班级获得这个荣誉。我是93年到97年带的班，四年初中毕业了，我99年2月份退休，还有一年半，我就跟领导讲，我不做班主任了，随便到哪个班级都行，他说就要让你做班主任。

　　在我接手前，这个班的数学成绩一直上不去，我接手后语数外老师全部换成我们初三下来的老师，结果好了，我接下这个班，到毕业时全校数学第一名。这个班级也是区先进队集体，所以学校里面也看重我的（笑）。

　　问：很希望您去当班主任。

　　L父：儿子反正在她身边了，对吧。放学了，儿子就坐在她办公室，她就在教室抓她那个班级。五点钟下班了，她还没下班。

　　问：因为当班主任？

　　L父：就在抓班级，抓到五点半，人家家长来找孩子了，怎么还没放学？一看孩子还在她管理下，人家家长也佩服她。她反正有的是精力，家里的事情晚上由我来搞。这样呢，她这个班级被评为区先进集体，她本人也评为上海市"全爱心"的三等奖老师，学校也给她了一个先进的荣誉。

　　L母：最后我们班考试考下来全校数学最好。还有一个同学直升复旦附中理科班，全校七个班级只有一个名额。

　　L父：一切也是为了孩子。

　　L母：因为我想我们学校领导也对我好，如果他不让我把儿子放在学校里面，我怎么办？他允许我把孩子放在学校里面，我才安心做工作。再有，我觉得我儿子在中学里面坐着，总归也比在小学里坐着要好。

　　我这个孩子的接受能力比人家差，要多给他讲一些才能够学得会，所以我在工作的时候也能想到，不是每个学生都是高智商的，也有些学生接受能力差一些，我对我的学生从来没有歧视，接受能力差的我也会耐心跟他多讲几遍。

　　L父：不仅不歧视，而且多花点力气在上面。

　　L母：对，有些家长怎么讲呢，说他们的孩子能留级留到我的班里，是孩子的福气，这就是对我工作很大的肯定，我也很受鼓舞。我因为自己的孩子是这样，所以对这样的学生呢，更是多一份爱心。我觉得，像这样天资不聪明，你再去多骂他，他自卑自弃那就更不好了。

　　L父：她班上的留级生进步也很大，还有借读生也喜欢到她的班级。

　　L母：后来我班上的人数最多，借读生、留级生主动要求到我班级来。到最后几个留级的学生考试分数很好，人家根本看不出他是留过级的学生。

　　L父：家里的孩子养过了就知道，首先就是不歧视人家。

　　L母：我对这些学生好，他们也对我很好。他爸爸是知道的，我五十五岁退休，我退休十五年不等于七十岁嘛，这些学生讲大家聚一聚，他们毕业也十五年，来了三桌的学生。原来比较捣蛋的留过级的学生也单独过来和我合影，他们心里就知道呀，没有我这个老师他们后来不会有这么好呀。

（看相册）就是这个班呀，这是上海市的"全爱心"奖，三等奖，我们学校，我的名字，教数学，年龄，对吧。我是 99 年退休的，这是 98 年年底评的，就是这个乱班到最后被评为"区先进队集体"，而且这个班的数学成绩呢，是我校七个班排名最高的，数学成绩高出区平均分 6.69 分。

L 父：孩子安定了，父母也就安心了。

L 母：他们家长心里都知道冯老师的孩子是什么情况，像他们这些成绩差、接受慢的孩子，在我班级里有人关心和鼓励他们。

在家一年，闲逛遇到好心人

问：他在学校待到 98 年是吗？05 年去了阳光之家，那中间这几年是在做什么？

L 父：其中有一年他一个人待在家里，是蛮辛苦的。

问：是哪一年在家的？

L 父：是 98 到 99 年，98 年他离开了学校，义务教育期限到了，我们两个还在上班，这一年他没人管。

问：他一个人在家做些什么？

L 父：我们两个人上午上班去，把他反锁在家里的，怕出事情，叫他在家里写字。

问：练字？

L 父：也随便他去看看电视，我们两个中午第四节谁没课的话，就回来管他吃饭。吃好饭以后我们又走了，下午天好的话，他也出去活动。

问：他可以自己出去活动吗？

L 父：自己会出去活动，我们会关照他，四点到四点半自己回来，我们这时候呢也要争取回来。天下雨他蛮自觉的，也不出去了，继续在家里活动一下。

出去活动也就是闲逛。我曾经接到过一个电话，那个人问我，这个是不是你儿子。我说是，她问他人怎么样，我说有些智障，她就噢知道了。她说因为我们感觉他经常到这里来，这样的年龄是读书的年龄，怕他辍学在外面闲荡不上学，家长不知道。我就跟她解释了，他是智障，没有地方可以去。

接下来我就谢谢这个阿姨，说谢谢你的关心。人家是怎么知道电话号码的呢？是他把电话号码告诉人家的，因为他经常去那边。比如讲，这个阿姨经常在一个地方晒太阳，他又经常去那个地方，攀谈攀谈就知道了电话号码，人家是好心。

问：当时不担心他迷路什么的吗？

L父：不担心，因为他认得回来的，这个从来没有担心过的。

问：98、99年他一个人待在家里，除了练字、看电视和闲逛以外，还有没有其他活动？

L父：没有没有，绝对没有其他事情了。因为我们两个不在家，他只要能够在家里写写字，不闯祸已经不错了。

L母：到99年我退休了，就可以陪他了，之前那一年确实不容易，他是比较艰苦的。

从无到有，阳光之家亲历记

L母：我是1999年退休的，当时还没组织什么活动，我就到有关方面去跑，希望有人能够把智障孩子组织起来，我家长花钱，让他们到什么地方去培训、学习，我们不愿意让他们只待在家里面呀。

L父：他妈妈是很关心他的。正好残疾人重新评定，我们就在1999年帮他申请了一个残疾证。我们退休了以后就在想，像我儿子这些人今后的生活怎么办？总不能老是我们父母照顾下去，他母亲就陪着他找区残联、街道的民政部门等等。

L母：就是反映情况，希望区残联能给他介绍个工作。如果工作他不会做的话，我可以陪在他旁边帮他做。后来残联人跟我解释说，没有这样的先例。而且呢，也确实没有工作岗位可以提供，那个时候社会经济已经转型了。

L父：他妈妈也去街道反映了嘛，说工作没有就算了，有没有活动可以参加。当时没有专门的智障人士的组织，街道的人说我帮你联系肢体残疾组织的活动，还比较正规，看看能不能试着去参加他们的活动，就给他妈妈出主意了嘛。不是肢体残疾，人家当然不会接受，接下来就到了03、04年参加了助残员组织的智障人士活动。

2004年开始，我们上海市有一个叫"4050工程"①的项目，女同志四十岁，男同志五十岁，不是从企业比如纺织行业、仪表行业退休、下岗了吗，在这些企业里从事简单生产劳动的肢残人士也下岗了，但是政府要给他们解决生活问题，就出台了一个"4050工程"的政策。残联把下岗的这一批肢体残疾人士组织起来，专门管理智障人士，组织、举办活动，这些肢体残疾人士就被称为助残员②，他们本身的就业问题也解决了，又为智障人士提供了走出家门、参与活动的机会，一举两得。

问：助残员其实是国家给肢残人士的一个岗位，是吗？

L父：对的，就是政府帮助肢残人士再就业。

从那时候开始，肢体残疾人士就管理智障人士了。我们这些孩子就从那个时候组织起来了，最初没有场所，就在某一个助残员的带领下，在一些公共场合，比如我们小区附近，天天做做广播操，活动一两个小时再回家。

L母：一开始是组织他们到外面的绿化地带去做广播操，没有专门的活动场所，但是能够有活动参加也是好的呀！

L父：当时特奥运动的第一个步骤，就是要动员智障人士走出家门，出来了以后才能参加活动，最开始教他们做广播操也是因为最简单，不需要什么器械，好操作，成本低。我是亲眼去看了助残员教他们的过程，教的时候真是很艰难，因为我儿子这样的智障人士理解能力有限，接受能力很差，正常的人早就学会了，这些助残员不厌其烦地一遍一遍教，直到他们学会。

L母：我们也在旁边看，鼓励他们呀，你多学几遍总归会学会的呀！

L父：后来领导也逐渐重视了，开始为他们的活动找专门的场所。

L母：后来才有了阳光之家，算是有了一个固定的室内空间，还有专门的老师带他们。再到后来又有了虹口区的腰鼓队。活动也丰富多彩了，体育活动、文艺活动都有了，打乒乓、打羽毛球、投篮什么的，周末借哪个学校的操

---

① "4050"工程：上海市政府扶助40周岁以上女性和50周岁以上男性再就业的一项措施。因产业结构调整等原因，20世纪末至21世纪初期全国各地出现了大量40周岁以上的女性和50周岁以上的男性下岗员工，因年纪偏大，文化程度低，这部分群体难以找到合适工作。2001年，上海市政府出台了一系列政策，借助市场化、社会化的运作机制，有效帮助有就业愿望的"4050"人员再就业，其中一项即是在社区开发公益性就业岗位。

② 助残员：全称是社区残疾人工作助理员。该岗位是上海市政府2004年"万人就业"实事项目内容之一，着重招聘男50岁和女45岁以下的轻度肢体残疾和低视力类别中失业、协保和在职不在岗的持证残疾人；如确因残疾人就业率比较高，在招聘残疾人不足的情况下，可招聘与残疾人共同生活的直系亲属中的失业和协保人员及困难家庭的农村富余劳动力。

场去活动，内容越来越丰富。这些活动最开始都是我带着他一起去参加的，他一个人不肯去，到现在你不让他去，他也不答应。

问：阳光之家大概是从什么时候开始的？

L父：2006年到2007年，上海世界特奥会前后，胡锦涛是总书记，到上海来看了我们曲阳街道的阳光之家。那个时候开始全面搞阳光之家，名字也正正规规规定下来，这个名字是胡锦涛起的，寓意是党的阳光照耀之家。①那时候阳光之家的老师本身就是残疾人，比如腿不好的，手脚不方便的。

L母：是从04年到07年这段时间慢慢发展起来，后来就越来越完善了，有了固定的组织和管理人员。

问：他从04年就开始参加了这些活动？

L母：对的，我儿子是最早的一批学员，从教广播操的时候他就开始参加，到后来05年出现"阳光之家"，他都是最早的一批。但是他不管做什么事情，在一开始都是要带的，不然他不肯去，因为他学不会觉得没劲，肯定就不愿意去。腰鼓一开始也是我带着他去，我先学会，然后反反复复教他，他才会的。

L父：后来他们活动的范围就扩展了，内容也丰富了，什么羽毛球呀，乒乓球呀，拔河比赛呀……各种活动就开始搞起来了。

L母：各种活动一开始都是助残员来组织的，我们是见证了他们从无到有，到做得很好。我们从心底里就觉得，这十几年来，国家在这一方面花了好多精力，做了好多工作，才能取得了这些成绩。我从我自己孩子身上就可以看到这一点。他现在会的这些篮球啊、腰鼓啊，在原来学校里面都是不会的，他都是后来在这些助残员举办的活动中学会的。

问：他平时在阳光之家有什么活动呀？

L母：他们这个活动真的是丰富多彩。他有时候回来跟我们讲，今天有乐善会的志愿者来教我们做饼干、做手工，还教他们画画，还有哪一天有老师来教他们跳舞、做操、玩游戏。

问：阳光之家主要举办哪些文艺活动？

L母：也有体育活动，他们有乒乓球台。

---

① 上海于2002年成功申办2007年世界夏季特殊奥林匹克运动会。2005年上海市政府将"组织1万名智障人士参与培训、康复、简易劳动，提高其日常生活能力和社会适应能力"的"智障人士阳光行动"列为实事项目。2007年又将完善240家"阳光之家"建设列为当年政府实事项目。2007年10月1日，国家主席、中共中央总书记胡锦涛参观了上海市曲阳街道阳光之家。

L父：也有保健医生，教教他们卫生课。

问：乐善会是一个志愿组织吗？

L父：对，经常有乐善会的志愿者来给他们搞活动。志愿者会自己带材料来，教他们做手工。做完了以后呢，再给他拍个照，这是他拿回来的和乐善会一起做的作品。（拿出L君制作的手工相框，相框边缘贴满小星星，木质，A8纸大小）做完了以后，自己做的就自己拿回家做纪念。

问：乐善会是定期过来吗？大概多久过来一次呢？

L父：乐善会是不固定的，是外面的志愿者来教他们。阳光之家有固定的活动，有一个老师，一个礼拜来一次，或者是两个礼拜来一次，教他们跳舞。这次不是参加市里比赛嘛，也是这个老师教他们。

L母：教他们跳《中国美》。这个老师也是阳光之家一个学生的家长，这个家长自己跳舞跳得很好，每一个星期来教一次，教这些学生是要花加倍功夫的，这个家长教得很好，所以他们现在能有这些成绩。还有，他们每个星期三固定时间画画。

L母：如果你打算观察的话，我们联系那边看哪一天有活动，不要去白跑，要花好多时间。

L父：星期六、星期天随便去都可以，活动很丰富。

L母：他现在各方面，不管学得怎么样，总归是很开心的。我觉得总该教教他们，让他们见识见识，志愿者还带他们做月饼，教他们做蛋糕。他经常讲明天乐善会来教我们做什么，他讲到这些很开心呀。我问他：你愿意学吧？他说我愿意呀。我现在就希望他能够这样开开心心每一天，尤其像他们这样的人，更要让他们开心，对吧？

问：对的。

L母：阳光之家还有一点很好，哪个人哪个方面做的不好，老师也会批评他们，他们也能够接受。他本身觉得到阳光之家很开心，所以老师给他讲他就听得进。如果他本来就不开心，你再讲我这里不好那里不好，那么我就干脆不来了。在我的印象里，他们这样的人，凡是能够进到阳光之家去的，没有人中途离开过。有时候阳光之家有新来的学员，我也会主动跟他们介绍这里很好，刚来的家长好像也放心不下小孩，我讲你们放心好了，这里都有老师，环境也非常好，我的孩子在这里过得很开心。我们都是亲身经历的人，家长肯定愿意相信我。

问：哈哈。

L母：还有一次阳光之家开家长会，请我们家长去，我去了之后惊呆了！我看到我儿子在跳舞。我印象中他从来不会跳舞，而且他跳的还确实不错。我心里想呀，老师要教他们跳成这样真是不容易，尽管有些节拍还有点不整齐，那不能和正常人比，他们要做到这样总是不容易，对吧？

问：对的，阳光之家还是挺用心的。

L母：挺用心的。阳光之家这个事，我觉得也经历了很长时间的发展，有老师退休了的、换了的。这就是从上往下，从我们整个国家到上海市，上面领导重视，下面都能够做出成绩来的。

L父：他现在很愿意去的，像昨天前天那么大雨他还是去了！

L母：他爸爸跟他讲雨太大了，叫他不要去。

L父：我那天跟他说，那么大的雨，不要去了，去了以后衣服、鞋子都湿掉的呀，多难过呀。我讲了后，他就坐一坐。过一会儿从凳子上跳起来说，唉，雨小了，雨小了，我可以去了。他就特别愿意去。

问：他现在是自己去阳光之家，不需要家长接送吗？

L父：自己去。

问：晚上自己回来？

L母：对。

L父：好多家长都会自愿的、不定时地买些东西去，夏天送西瓜，平时就是糕点。

L母：这些小孩上楼梯时碰见我，都会跟我打招呼的，我对他们也很亲的，都像对自己的孩子一样。像他们这样的人，只有和这些同样的智力不健全的人在一起玩，你让他们和其他智力正常的人在一起不大现实。兄弟姐妹，自己嫡亲的估计还可以，不是自己的嫡亲兄弟姐妹，大家都只管自己的。

L父：就是前天吧，他们阳光之家出去搞活动，到大花园去秋游，很齐心的，大家都带些吃的东西去，东西传来传去，吃不完的还带回去。

L母：到他生日的时候，我们要买蛋糕去分给人家。他们这些二三十几岁的人都像人家十几岁的小孩子，人家别的三十几岁的人是不可能像他们这样的。夏天，住的近的家长拿了西瓜去，像我们住的远的，拿不动西瓜，我拿其他吃的东西过去。现在用不着我们家长去了，他自己拿去给人家分。

问：爸爸妈妈最近带他出去玩过吗？

L父：9月底我们三个人到宁波那边的一个景点，他马上就说要买什么土产品带给同学，因为其他人出去玩，也都带一些土产品回来。他们有一个同学

去了韩国，回来送了钥匙圈；还有一个人到山东去，回来送的海苔。

L母：反正这些人都知道吃了别人的东西，我也会分给别人。

L父：他就叫我们买，他也不知道当地土特产是什么东西。

L母：我们买了宁波的豆酥糖，让他自己去分，每人一份不能少的，我们要算好，他们一个班有三十二个人，买的只能比三十二多，不可能比三十二少。

L父：我们上次去特奥会东亚区开会，各个街道的人都来了，我们是嘉某的，还有提某的、广某的，去了以后就向他们反映各个阳光之家的基本情况。反映下来我觉得，各个街道的情况也都不一样，我们这个街道还不错，活动蛮多。譬如有个街道就讲了，我们这个阳光之家不行，基本像托儿所一样，没有什么活动。虹口区的曲阳街道最好，因为胡锦涛来过。我们是嘉某街道，他妈妈也知道曲阳好，想帮他转到曲阳，他不想转，因为和这边同学都熟了。也有硬性条件规定的，户口没解决，也不能转。

L父：我们这个街道有一个缺点，不应该把阳光之家和阳光心园①放在一起。什么是阳光心园呢？就是管理精神病的。残疾人有五种，肢障、聋哑、盲人、精神病、智障。精神病的如果发病要出人命的，阳光之家有些家长就担心了，所以就提了蛮多意见，除了这个意见以外，我们家长都没意见。

家长支持，较早进入腰鼓队

L母：他现在星期六、星期天呢，是到虹口区的残联，也就是广中路的腰鼓队活动。

问：这个活动具体是在哪里呀？

L父：广中支路22号虹口区残疾人联合会，也叫虹口区智障人士文艺体育培训中心。

问：腰鼓队是哪一年开始的？

L父：大概也是04年、05年，基本上和阳光之家是同时期的。助残员带他们出来搞活动，其中有一个项目就是敲腰鼓。他们最开始在虹口区物华路，助残员办公室附近的弄堂里面，做做广播操；同时街道也买了好几个腰鼓，就

---

① 阳光心园：自2009年起在上海各街道（乡镇）开设的精神残疾人社区康复机构，主要提供日间照料、心理疏导、娱乐康复、简单劳动、社会适应能力训练等服务，帮助精神病人通过社区康复回归社会，平等参与社会生活。

开始敲腰鼓了，基本上做广播操和敲腰鼓接替进行。后来因为在弄堂里人家小区附近敲，人家提意见，咕咚咕咚的太吵，才想着搬地方。做广播操的人基本上都在敲了嘛，有基础了，就在这些有基础的人里，挑了一些敲得好的组织起来，组建了一个腰鼓队。

问：在做广播操的时候，助残员觉得他做得比较好，就动员他去敲腰鼓，是这样嘛？

L母：是的，首先是做广播操，然后才有敲腰鼓。初步组建的腰鼓队里有一个敲腰鼓的人不敲了，回去了，队伍里少了一个人，觉得我儿子不错，就来找我儿子，动员他去。

L父：我儿子是这样的，先做广播操，人家在那敲，他不愿意敲，他还嫌人家烦呢，把耳朵捂起来不要听。因为他们敲的没有节拍，咚咚咚咚乱七八糟，不成音乐。那个时候这个活动刚刚上马，助残员也希望能够把队伍拉出来，总归要找人来参加这个事情，看我儿子蛮好的，千方百计做他工作，一定要叫他去。

问：他最初接触腰鼓的时候，为什么是腰鼓而不是其他的活动呢？比如跳广场舞呢？

L母：广场舞出来多少年？那个时候还没有呀。最开始这些助残员组织做广播操，因为广播操最容易，不要场地，我们家长带他们到那里去，他们不会的话，我们家长再教教他们。接下来是腰鼓队，腰鼓活动只要一个腰鼓，也不是很麻烦，场地可以借到密云学校①。但是只能星期六、星期天去，平时没有的。因为密云学校的学生周六周日休息，场地才空了。

问：腰鼓也是那个学校的吗？

L父：不是不是，腰鼓是残联里的，街道买了几个，大概七八个吧。这大概是区里统一要求的，但是区里没有钱，就叫各个街道自己买，他现在这个腰鼓还是那个时候街道留下来的。

L母：密云学校转到广中路去，也是因为居民有意见，他们是在操场上面打鼓。平时工作日的时候，学校里面做广播操也会放音乐，也吵，但是早上十分钟就做好了。他们敲腰鼓呢时间长，周围居民有意见，后来就集中起来，去了腰鼓队现在的地方。

L父：比如讲，我们这个弄堂现在是空的，如果一上午不协调的鼓声咚咚

---

① 密云学校：上海市虹口区密云学校，是一所为智障学生开设的九年制义务教育特殊学校。

咚，咚咚咚，附近的居民总归有意见的，换了两次场地都是因为居民有意见。

L母：那个时候好像也是有好几个街道的人一起来的，不只是我们一个街道的。

L父：现在在广中支路22号敲，其实人家也有意见的，有意见没办法，就做了你那天看到的那个隔音设备。你那天80号看到三个老师对吧，其中有两个老师就是腿不好的，肢体残疾，就是助残员。我们这些孩子搞活动的地点，都是靠近区残联附近，比如说助残员办公室在我们附近，那么这些孩子搞活动就肯定是在办公室附近。

L母：我们当时去的时候呢，人家已经开始好一段时间了，敲得比较好了。我儿子属于替补队员，他一开始不愿意去，也是因为跟不上。我陪了他，拎了腰鼓去，他打，我跟着一起学，我先学会，回来再来教他，再练，练好了下次再去。反反复复，这样大概有两个月，他才跟上，自己会打。所以我就觉得，随便什么事情啊，万事开头难，到现在这个腰鼓队弄得很好，但是一开始人家也是白手起家。再有像这些学员本来也全都不会的，腰鼓发给他，他拿回来放到家里，叫他去学他也不敲。他讲我不会啊！随便什么事情都要有个过程的。

L父：我们这个家庭呢，是希望他出去搞活动的，但是孩子呢有时候不愿意去，因为他怕学不会这些东西。其他家长是不愿意放孩子出去，怕丢面子，有的家长还怕孩子不认识路，所以这批孩子开始都不愿意出家门的。当时那些助残员也蛮辛苦的，真的是一次次上门做工作，动员他们，当初是这个口号"走出家门，融入社区"，当初他们连家门都不肯出的。

L母：因为我们是做老师的，本身比较开放，如果我有那么多顾虑，我也不会让他在我工作的学校里待这么久，也不会这么鼓励、想办法让他出去。我就想，他已经是智障了，就更要带他出去见见世面，多讲讲话，多接触别人。不出去的话，他的各方面能力越加不行，对吧？

人家真的知道他是智障，也不会专门取笑他。有可能第一次取笑他，是因为不知道他是智障，知道了以后反而还会对他同情。所以他各种活动都属于参与得比较早的，我们做家长的比较开明，觉得他应该要去。

如果你到那里去呢，可以看到更多的人，虹口区各个街道的人都去的。当初虹口区的腰鼓队是以虹口区区残联的名义出去的，要达到上电视台的规模，是要覆盖一定大的区域范围的。虹口区腰鼓队这方面做得很好，在整个智障人士活动中是很突出的，这个花了好多心血，好多年的功夫。

L父：我这个孩子一周都没有休息天的，星期一到星期五到阳光之家去，星期六、星期天就到广中支路这个地方去，也是志愿者带他们活动。

L母：他们很开心。相比之下，广中路那里对智障人士又挑选过了，因为打腰鼓对智障人士的智力要求又高一点嘛，所以腰鼓队的智障人士智力方面又稍微好一点，让智力相对更弱的智障人士去学也学不上去，对吧？我儿子算是阳光之家里面智力稍微好一点的，所以到了广中路腰鼓队，他也还算是可以。他人长得高，可以当旗手。

L父：他现在不仅是旗手，而且也是腰鼓队成员，也敲腰鼓。

问：他也会舞龙舞狮？

L母：对的，那里会教的。

L父：他现在还会打扁鼓。

L母（用手比划）：就是这样一个圆的，这样一个扁的。

L父：跳舞、敲鼓，现在都不错的。

问：腰鼓队他也是非常喜欢去的？

L母：除非他们这一次暂停活动，否则他总归要去的。

L父：那边的老师说今天不来，他就不去了。

问：就是从来不会旷课的？

L父：完全不会。

L母：他喜欢。

问：如果遇到身体不舒服呢？像感冒呀发烧呀？

L父：没有，没有，从来没碰到过，他身体倒蛮好的，小毛小病没有的。

（L父拿出L君的腰鼓）

L父：明天星期六，他就拿着这个腰鼓又要到广中路去了。

L母：最开始，他敲腰鼓是我陪了他、押着他、拎着他去的，否则他不肯去的。

L父：是的，是这个过程。

问：两个月左右的时间，都是陪他去，回来再教他。

L母：对对，后来他已经学会了，就很想去了，你不让他去，他也要去了。

问：他星期六、星期天也是自己去虹口区腰鼓队吗？

L父：对，他也是自己去的。我们原来不是住在这里，我们是去年9月份搬到这里来的，这里是曲阳街道。原来住的地方附近的路他是认识的，搬到这里来以后带他走了几次，到广中路也带他走了三次，他以后就知道了，可以自己去自己回来了。

问：也是需要搭公交车的吗？

L母：对，他自己搭公交车。

问：他妈妈比较仔细，耐心，一次、两次、三次地带他。我呢，是只带一次，接下来过了一段时间，他对路比我们还熟。

问：他记路也挺厉害。

L父：对，记路记得住。你比如讲，鲁迅公园，他就知道怎么走，他知道坐959〔路〕就可以去。

L母：我们搬到这里来了以后，星期六、星期天上午到广中路去，下午他就到周围地方去兜，过了一段时间他就认识了。

问：腰鼓队只有周六、周日上午半天的吗？

L母：对，只有周六、周日上午。

问：哦，所以他是中午回来吃饭，下午再出去玩？

L父：下午他要是没事了，就喜欢出去逛，没有目的地去闲逛。

L母：逛了以后，周围什么地方他就认识了。

L父：可能也就是我们原来给他留下来的习惯，因为98年到99年他一个人在家的那一年，我们出去上班了，他没事嘛，下午就自己出去玩，慢慢养成习惯了，一直到现在都是，下午没事就出去逛。

喜爱体育，基层特奥勤参与

问：他参加过特奥会，是吗？参加的什么项目呢？

L父：乒乓球、羽毛球比较多一点，主要这两个，还一个篮球。

问：因为他个子长得高，他一米八三。

L母：他们的篮球比赛就是投篮，只要投进去，不是像正常人的篮球比赛，还要抢球什么的。

L父：所有的项目不能只报在他的身上，大家都要有参与的机会的。

L母：首先要讲清楚，他不是专业的特奥会运动员，① 他们〔阳光之家〕那里的项目是体育活动。

---

① 此处母亲的意思应是孩子不是参加世界级、国家级或省市级特奥会的运动员。特奥运动员没有专业与非专业之分。

L 父：是这样的，我们上海市不是开了一个世界特奥会①嘛，世界特奥会是要选拔的，是要代表上海市的。上海市的代表是怎么来的呢？是由各个区送的，就是逐级比赛，然后择优。我儿子呢保龄球差一点点，结果没选上，所以大范围的特奥运动会没参加过。

问：世界范围的没有参加过？

L 父：对，世界的、上海市的都没参加过，他参加的就是虹口区以下的，这些统一都称为特奥运动。

问：包括虹口区区级的吗？

L 父：对，基层的他都参加过。参加最多的主要是街道，基层的体育活动是一直搞的。

问：每年至少一次？

L 母：对，每年总归要搞一搞的。

问：L 君是很喜欢体育的吗？

L 父：对的，他对体育比较感兴趣，我儿子还在小学吧，就能骑我 28 寸的自行车了。

问：他平衡能力很好？

L 父：他把一个脚伸进三脚架里面，就开始骑，很小的时候。但是他长大了以后，我们反而不让他骑出去了，因为他不懂交通规则，就不是很安全，大马路要注意交通规则的。小时候就让他在新村里面骑自行车，院子之间互相是通的，他就骑自行车在里面兜来兜去。他妈妈在家里烧饭，我就专门管孩子。他这个体育爱好是怎么来的呢？这就要归功于我了。

问：是带着他吗？

L 父：家里家务事情基本上都是他妈妈做，我就陪着他，把家里的两个凳子拼起来打乒乓球，带他去院子里打羽毛球。

L 先生（前排左一）在区残联乒乓球比赛中获得冠军，登台领奖。

---

① 指 2007 年上海世界夏季特殊奥林匹克运动会。

男同志嘛，都是喜欢运动的，我自己高中、大学时期都是体育委员，所以也喜欢带他做一些运动，就在下面弄堂里面空的地方。

问：从他几岁的时候开始的呀？

L父：从小就开始了，六七岁左右大概。当时就问体育室的老师借乒乓球、球拍、羽毛球，或者借个足球、篮球来，都很方便，也是让他对运动产生兴趣的有利条件。只要他会，我们就跟他去玩。

慈母情深，参加劳动应有度

问：上次我在阳光之家听到，说L君帮别人清理洗手间的粪便，把身上搞脏了？

L父：这个是上次倪老师讲的，是他妈妈去处理的。

L母：噢是倪老师讲的，我跟你讲，这个事情呢，哈哈（略显尴尬），倪老师为什么要讲这个事情啊？这是怎么回事情呢，小L冬天穿棉袄去阳光之家，有一次他回来，我看到他把衣服弄脏了，平时他衣服弄脏了都是油迹什么的，因为端饭端菜是他去端的，泼点油我们认为很正常，但是那一次他衣服上不是一般的汤啊，就是大便。他平时大便是绝对不会弄在身上的，我就问他了，他讲是哪个人大便好了以后叫他去打扫。

L父：是一个精神病学员的大便。

问：是这个精神病学员让他去打扫的吗？

L父：大概不是这个精神病学员让他去的，是带精神病的老师叫他去的，阳光之家的三个老师里面有一个老师专门带精神病学员。

L母：这个精神病学员大概是大便弄到池子旁边，总归很脏的，让他进去打扫嘛，结果弄在身上，到底怎么回事，我问他他也讲不清楚。我就想啊我先去调查，阳光之家九点钟开始活动，第二天我八点半就在阳光之家门口等，来一个学生我问一个学生，进来几个我问几个，就问昨天是什么情况。有人跟我讲，小L去厕所打扫是因为哪个人大便弄得一塌糊涂，还有学生讲的时候神态有些紧张，看看旁边人，害怕正好老师走过，被老师听到。我问了几个人下来都是这样，我心中有数了。

那天我儿子没去。我就去跟老师讲，小L今天请假，为什么请假？棉袄上面都是大便，棉袄洗掉了，今天没有衣服穿。结果他们有一个男老师还讲，你们家里只有一件棉袄啊？我就讲，我就是有两件棉袄，我也不会专门让他去给人家弄大便，弄在身上（很愤慨）。我跟他们说，叫我儿子做别的事情，我家长没有意见；但是让他扫厕所，我不同意。我说，我们学校里面厕所是专门的清洁工人扫的。结果他们几个老师还讲，我们专门有人扫。我接下来就说，我问过了，是谁谁谁在里面大便了，这个人名字我知道的，我不讲完整，我就讲里面有个军字的。我一讲，同学们眼睛马上朝一个方向去看。结果一个老师还大声问，谁叫 L 君去做的？就是这个老师让我儿子去做的，他还要明知故问。我就讲，现在坐着的这些，不是智障就是心理有障碍，你再这么叫，吓到他们了。我来的目的不是要吓到他们，来的目的是我儿子今天请假，至于事实怎么样，我心中有数，学生心里也有数，你们老师心中也有数。我不是要追究责任什么的，我就是今天请假，要等我儿子棉袄干了再来。我不能让这样的情况再发生。

L 父：你那天去，不是看到有个穿蓝衣服的阿姨，在洗手间里面帮忙打扫卫生嘛，以前是没有的，以前都是他们自己劳动，自己安排值日生。现在就是所有的打扫工作，全部有一个阿姨的，包括他们中午吃完饭以后，台子上有饭粒什么的，都是阿姨去擦的。

问：以前老师让 L 君或者其他学生去打扫，都是日常的活动？

L 父：对。

L 母：现在这个老师还在阳光之家，后来接下来一次家长会，另外一个家长问我，他女儿那天回家讲 L 君的妈妈很不开心什么的，我就跟其他家长讲了这件事。

L 父：后来我们开家长会，基本达成这样一个协议，假定说孩子在阳光之家发生了类似的事情，阳光之家可以打电话给孩子家长，因为当时没有工作人员，老师又不肯干，那也不要叫学生干，谁的孩子，谁的父母来处理。他们弄了不管的，结果给我孩子弄到身上，如果换我大人去处理就不会弄到身上去。后来当事人的家长和我们道歉，现在看到我们都打招呼。孩子不懂嘛，我是肯定不会去怪这个孩子的，是老师安排得不对。还有学生讲，小 L 那时候正在打牌，管精神病的老师叫他牌停下来去干的。已经讲得这么清楚了是吧，可信度是很高的。

L 母：原来还有过一次这样的事情。阳光之家原来不在现在的位置，在我们当时住的楼下。每个星期四，里弄干部不是要打扫卫生嘛，有一次让我儿子他们一起打扫，打扫的时候我正好在家，正好被我看到了。我们当时住的地方，在两栋楼的中间，有一个绿化地带，很脏。我去取自行车的时候亲眼看

到，里面有老鼠的大便，也有人的大便，没有人清理，清洁工也不去清理。结果有一次，居委干部叫我儿子这些人去清理。那我就赶紧去找他们，居委会里面讲，我们居委会和阳光之家签过协议的，这些学生是要参加劳动的。那么我讲，让这些学生做，有没有人带他们？他说那你去找阳光之家老师。

我赶紧就找阳光之家老师，我讲他们学生劳动可以，但是这些学生都是智障人士，没有自我保护的意识和能力，这里面是老鼠屎，就让学生在那里扫，他们又不会保护自己。老师讲，有个智障人士出去参加工作了，就是做清洁工。我讲清洁工有专门的防护工具手套，但是这些智障人士没有，这是野外，环境很恶劣，万一得了病谁负责？专门的清洁工不做，你们怎么能让他们做？有没有人带他们？是居委干部带？还是阳光之家老师带？

好了，给我这么一讲，就不让他们弄了。我做这个事情是得罪人的，但是我没有办法，我孩子在这里，他万一得了鼠疫什么的，居委会和阳光之家能负责吗？人家旁边居民讲，你们家小 L 以后在这里的日子难过了，没有好日子过了。我就想啊，你叫他们去做这个事情了，已经是没有好日子过了，我还怕你什么？已经到了这个地步了。这个是原来的一个老师。

问：那时候 L 君大概多大？

L 父：06、07 年大概，十年之前，二十五岁。阳光之家原来是在我们家旁边，对面一楼，它的场所大概就这么两间房子，在楼底下的。老师是这样想的，经常在小区里面嘛，麻烦小区，所以呢也想帮小区做一些事情，比如说参加一些劳动。点子是蛮好，但问题是你应该有老师带，或是居委干部带。这是一点；第二点呢，你不应安排他们做别人不愿干的活。找的地方嘛……就是人家高楼居民啊，〔在那里〕随地丢东西。我们附近有些人啊摆摊头啊，大便急了，就在我们小区绿化丛里面拉屎。比较脏嘛，虫啊苍蝇啊肯定是有，他妈妈说老鼠，老鼠也是肯定的，有一些居民看到过的。

问：阿姨的心情是可以理解的。

L 母：我讲这些话也不单单是为了我儿子，也为其他这些人，你们不能因为这些人智力发育不全，就欺负他们。这次电视里面讲，北京某一所学校，一个学生被人家用厕所的纸篓扎在头上，结果学校讲，这是学生之间开玩笑。我就说绝对不是，开玩笑绝对不会开这种玩笑，把厕所里面装卫生纸的纸篓放在孩子头上，就是欺负人啊，这就是侮辱，就跟他们安排这个工作就是欺负人〔一样〕。后来阳光之家搬到现在的地方去了，又发生了让我儿子帮别人清理大便的事情。

心地善良，人际交往懂规矩

问：他平时和其他人相处得怎么样呢？

L母：他见到原来教过他的老师，都是很热情地打招呼，回来还会跟我们讲，今天遇到某某老师了。而且，他对一般的邻居也蛮好的。最初我们住在大连新村，附近的邻居都对他蛮好的，也不欺负他的。后来住在嘉某街道，他也对人家比较客气。我们平时也教他规矩的，我们当时楼下的大门是个大铁门，我们关照他，看到年纪大的买菜的拿什么东西，你帮人家把门开好、拉好，他这些都知道的，也做得很好。

我亲眼看到他拉过一个人的头发，也只有这一次。我和他一起从外面回来，上到三楼，我们住在七楼，他把一个邻居的头发一把拉住，他走在前我走在后，我也愣住了，心想怎么回事呢，原来从来没有过这样的事情。后来才知道啦，三楼门口的这个妈妈在管女儿，这个女儿是小学生，可能做错了什么事情，他去帮小女孩，把人家妈妈的头发拉住了。我从后面跟上来，赶紧给人家打招呼，叫他跟人家赔礼道歉。后来这个妈妈自己跟人家讲的，别人传给我听的，说我儿子是看她在打她女儿，为了帮小孩才去拉她头发的。他和别人从来没有起过这种冲突，后来这个妈妈看见我也蛮客气的，见面也冲我点点头。

问：他小时候和院子里的小朋友们会一起玩耍吗？

L母：不会，我们是工房①，独门独户的，一般的孩子是不来往的。

L父：现在呢，正常的人互相之间也不大来去，正常的孩子和不正常的孩子就更不大来去了，还有就是不同年龄层次的人呀，也不大来去，所以基本上就是他自己玩，或者和我和他妈妈玩，其他的小孩没有跟他玩的。

问：阿姨有兄弟姐妹吗？

L母：有的。

L父：我老大，我下面还有三个兄弟姐妹，他妈妈是最小，上面两个。

问：所以L君是有堂兄弟姐妹的吧？

L父：这个有的。

问：他们现在会有来往吗？

---

① 工房：原指为工厂职工及其家属建造的住宅。上海自上世纪50年代起，大规模建设多层工人住宅用楼，配有公用厨房和厕所。上世纪70年代后，又建造了大量每户拥有独用煤卫设备的住宅。现在，人们依然习惯上将不同于上海石库门建筑的、拥有独用煤卫设备的住宅称为"工房"。

L母：这个来往呢都是很少的。比如，堂兄弟结婚，那么一起去那里玩。现在单独是没有的，人家上班了，和智力正常的在一起，不会想到和他一起的呀。只有父母会陪他。

L父：过去他们都是孩子的时候，大人在一起聚的话，他们肯定也聚在一起玩耍，这是有的。现在他们已经成家了，自己家也有自己家的事情了，就不大来去了。比如我弟弟家过年，可能就他们一家在一起，我们都不大在一起了。

自理尚可，购物认路不必愁

问：他大概是什么时候学会自己穿衣服刷牙的？

L母：刷牙好像是从小就会刷的吧。一年级的时候，老师不是教他们上下刷牙吗，所以他的牙刷和我们不一样的，都是上下毛翘起来的。穿鞋子系鞋带这些，我上次跟你讲，幼儿园是肯定不会的，到后来呢慢慢就会了。

问：大概在小学的时候？

L父：可能要到中学了吧，即使在小学也要到高年级了，我们给他买鞋子的时候也会注意，不买带鞋带的鞋子，只买带松紧的，这样他不用系鞋带。

问：当时他系鞋带是叔叔阿姨教的吗？

L母：对的，包括拉拉链，最早是扣扣子，然后是拉拉链。

L父：这些是总归有个过程的，一开始都是不会。你比如讲拿个带子，他这个带子呢，到现在为止还是这样系的（手里比划，一根带子两边比成圈然后再系在一起）。

L母：原来怎么教他，现在他就还怎么系。

L父：我们有时候两根单的对吧，就不会坚持一定要先两边挽两个圈再系，但是他不会，他只会那一种，（手里比划着）双股的来一下。

问：后来教过他后面这种系鞋带的方法吗？

L父：没有没有，既然他已经会系鞋带了，就随他去了嘛。他只会系双股的，单股要来两次的。在家里就这么教他的，我来比划给你看看。

问：大概是教了他多长时间他会了？

L父：每天出门的时候，他站着我就来给他系，系一次就教一次嘛，一次两次三次，慢慢来，总归不会是一个礼拜两个礼拜就会的，反反复复的，个把月总归要的。

问：叔叔上次提到晚饭前后，自行车载他出去兜马路，是想让他认认路吗？

L父：他妈妈饭还没做好的时候，或者吃好饭以后，我就让他坐在我自行车前杠上，带他出去兜马路。他三岁的时候，我就在自行车前面做了个小凳子，让他坐在上面，我当时还给他做了一个垫脚的，给他放脚。我们那时候还住在大连新村，居住条件不好，房子比较小，我们第一次住的房子只有12平米，12平米就跟我们现在的客厅一样大，又是朝北的，也没有太阳，夏天热冬天冷。后面就是曲阳新村，还刚刚造，〔地方〕比较空，车子比较少，也是个居民区，我就骑进去。其实就是在消磨时间呀，一边也教他认路，他认路很清楚的，有时候呢我换一条路走，他就会握着自行车龙头，说不要不要，他就注意着让我还是从原来的路走。

L母：他路是认识的，所以到广中路腰鼓队也是自己去，我们搬到这里来以后，带了他两次路，他就会了。

L父：他认路很快的，我们搬过来才一年多，他已经很熟了，还跟我们讲什么地方有个弄堂。

问：他现在自理能力怎么样？记得您提到过他是不会做饭的，是吧？

L父：一般都不会，就是早上起来穿衣服、刷牙、洗脸这些。

问：这些都是会的？

L父：包括洗澡、叠被子这些是会的。洗袜子洗短裤也可以的。

问：小件衣物会洗的？

L父：大件的比如说汗衫，他就不会了。

问：洗衣机也不会用？

L父：洗衣机我们也不用，闲置在这里。所有的电器，开电视之类的，他是比他妈妈还灵光，有时候他妈妈还要他来教怎么开。

问：他会用手机吗？

L母：手机，我们是愿意给他买给他用的，他讲他不要。

问：他现在会自己用钱买东西吗？

L母：会的，会自己买点心。他会讲的，我今天花两块钱买了个什么吃的，回来的路上买了个包子啥的。

L父：反正现在是饿不死的，去年他妈妈做手术，我要去医院陪，我就关照他，给他十五块钱，让他去哪里吃。他最喜欢吃的就是千里香的馄饨，进去了以后，开始是一碗八块钱，胃口大了，一碗半，一碗半就是十三块。

问：他也知道该找多少零钱？

L父：这些都会的，简单的都会的。

问：像付出去五块买三块五的东西，然后找一块五，这也知道？

L父：他很滑稽的，他给人家五块五，让人家找两块。

问：如果数字比较大，扣掉四十一，找回五十九的话，会吗？

L父：会的。现在我们给他钱也渐渐多了起来，我们原来呢基本上不给钱。我们家用钱有个习惯的，找零的所有一元的硬币，都是他管的，他原来就拿这些硬币用，现在逐渐逐渐呢，他的包里也有十块五块的可以用。我跟他妈妈说，孩子大了，就渐渐地给他用吧。上次他饭钱付掉六十块，找回来四十块。接下来转手给我看了以后，我就给他了，他妈妈是不会给的。还有夏天买冷饮，三块五，贵不贵他不管的，想吃就买。

L母：有一次他在广中路那边，到了十二点半才回来，我们问他，你怎么这么迟回来？他讲腰鼓队放晚了，我肚子饿，买了两个包子，一个肉包子一个菜包子，路上吃了。我讲那么长时间，你不会回到家里来吃啊。

L父：还有一次，我回来，他妈妈跟我说，你知道今天你儿子吃了多少钱吗？廿七块，他吃了虾仁馄饨，一碗半的虾仁馄饨，说他要调调口味。我们跟他出去，从来没吃过虾仁馄饨，总归都是菜肉，经济实惠。他不知道贵不贵的，想吃了，只要口袋里有钱，就会买的。他现在也会自己充交通卡。

问：他会做饭吗？

L父：不会做饭，我们过去吃过开水泡饭，他从来没吃过开水泡饭。

问：他会自己做泡面吗？

L父：也不会的。

问：他现在的独立能力就是会认路，也会买饭吃。

L父：对。

问：他有没有单独一个人在家待过一整天？

L母：半天有的，一天没有。譬如我们现在在买理财产品，有时候请我们两个人去吃晚饭。我们两个人不会同时去的，如果把他一个人扔在家里，等一下不要惹什么事情啊！我不去，让他爸爸去。除非吃中饭，吃中饭他就在阳光之家里面，我们两个就可以去。

L父：有两点不放心：一个，门不放心。房门只要一打铃，家里没人他肯定马上冲过去了；还有一个就是家里煤气之类的东西，关照他这些东西绝对不能动。

L母：尤其现在。我们原来房子有两道门，里面是木门，外面是铁门。你哪怕里面的门开开来了，人看得到，进不来。我们走的时候会关照他，你把插销插一插。我们自己出去呢，把铁门反锁掉，他就被反锁在家里，钥匙没有的，万一人家跟他讲话，还有一个铁门。搬到这里来以后不行了，就这么一个门，门一开人家就进来了，所以这里我们肯定没有让他一人单独在家。现在这个社会，门就是锁好了，也有人进得来，尤其像人家知道你们家里有这样一个人，就会来动脑子。现在连好好的人都会被人家骗，大学生都会被骗，更不要讲像他这样的人。

L父：之前有一年，他妈妈住院住了一个礼拜，他我是叫我妹妹带去照顾的。这一次他妈妈住院一个礼拜，我自己尽量一个人周转，晚上九点多从医院出来，回来在家里睡个觉，早上把孩子送走了，我再到医院里面去，总归呢尽量要周转安排好。

L母：我们认识的智障亲友每一家人家，都不会让这样的人单独在家里待着。原来人家隔壁邻居可以帮你照顾什么的，现在邻居们互不理睬，外面的人倒进来了。还是原来太太平平的。

未来怎办，心中忧虑挥不去

问：L君现在三十五岁了，爸爸妈妈考虑过他的婚姻问题吗？

L母：这个问题呢我跟你讲，也很难。我们认识的人呢，也都跟我们讲过，给他找一个，包括我们在原来的房子里面，人家也还要给他介绍，但是我们问他，他说不要。

L父：他这个事是不懂的，他完全不懂。

L母：对我们来说这个事情也很难，人家合得好的有，合得不好的也有。

问：他懂得恋爱、结婚的概念吗？

L父：完全不懂。人家大肚子怀孕了，他不是讲怀孕，他讲那是连体婴儿，他把连体婴儿的概念搞到这个上面来。

L母：连体婴儿是在电视上面看到的。

问：因为他这些概念都不懂，所以爸爸妈妈暂时也没有这个想法？

L父：有时候蛮矛盾的，人家蛮关心的，一直提这个问题。但是这个问题没有那么简单的，他有下一代以后，谁来照顾他的下一代？我们能帮他照顾吗？我们现在照顾他已经蛮吃力了。

L母：再有，有人讲找个外地的，不要找上海的。也有人讲，要不找一个手脚不方便的，但是脑子好的，等于互相取长补短，因为他是脑子不好嘛。那么我们想，脑子好的，也要看两个人合得起来吧，还要看两个人各自的动机是什么。

L父：就是建议我们找一个金钱上面困难一点，或者文化水平上面低一点的。

L母：我就讲有的时候要有缘，没有缘硬碰硬的不行。

问：之前也没有尝试过帮他介绍？

L父：他根本不懂呀，一点都不懂。

问：叔叔阿姨对他以后有什么打算吗？

L父：首先是希望阳光之家对年龄能不能放宽一点，允许我儿子三十五岁以后还能在阳光之家活动。

L母：现在呢，要讲最关键的一件事情，我也拜托你们转达上去。阳光之家有规定的，到三十五岁就不能参加了，就得回家了。我的孩子是1982年1月份出生的，到2017年1月份，他就是三十五岁了，马上面临这个问题。阳光之家的老师也讲了，你们两个家长都是七十岁以上了，最多照顾一年，一年之后也要回家。那我就讲啦，三十五岁是阳光之家最初建立时的一个年龄标准，一开始总是先组织起来再说。现在一般情况下，老年人退休以后也有专门的老年活动室，敲腰鼓啊下棋啊什么的。更不要讲这些三十五岁的人了，更有得是精力。所以我就拜托你们，如果有机会可以反映出来，阳光之家可不可以放开年龄限制，只要感兴趣，愿意去，就可以继续去。尤其像他，他也不属于捣蛋的人，刚拿给你看了的，他能拿那么多奖章回来的，对吧？而且他在阳光之家还可以帮忙老师做些事情。各种活动，他总归是有份的。他一直是很想去的，当初是从无到有，有三十五岁这个年龄限制，我们可以理解。现在各方面都已经完善了，成立十几年了，都摸索出经验了，这一套班子也都已经安定下来了，还有新的突破，那么这些活动也可以考虑延长年龄限制了。

问：您对L君的未来有什么担忧吗？

L母：到最后呢，我们最放心不下的就是他的安置问题，我后来没有再生第二胎，就是生怕第二胎也是智障，那我死了眼睛都不要闭了。我曾经想了好多方法，前几年有个老年公寓，我也曾经去问过，你可以花六十万把公寓买下来，然后我们两个老人住进去，以后每个月都要付管理费，他们一切都给你解决好，负责照顾生活起居。譬如我们俩走了一个还好，两个都走了，房子就归房产商了。我们当时去问，就是考虑儿子，我说能不能三个人住进去，他马上就否定了，不行。我们到什么地方，首先会把儿子考虑进去，如果我儿子可以带进来，我买这里的房子，我们老的在一起，你给我一间大的，我们三个人放一间房或者两间房都可以。我们两个可以去，我儿子不能去，那我就不去。我儿子不能去，我去干什么？包括去养老院，我们两个进养老院了，我儿子怎么办？

再有你刚才问到的，家里的亲戚朋友可以帮助。要依靠家里的亲戚朋友，一定要有某些非常特殊的情况，一般情况下是不大可能的，放在五十年前倒是有可能，两个孩子，一个孩子有问题，我把财产留给另一个，让他照顾我的孩子。现在不可能，我儿子没有嫡亲的兄弟，只有堂兄弟姐妹。现在社会上很多人，把财产给自己的亲生孩子，他都不愿意给你养老，何况像我们这种情况。新闻里还有保姆把自己的主人杀死、拿东西走的情况。人与人之间的信任已经不如从前了，对我们父母来说是真的很难办。

阳光之家和家里相比，他肯定在阳光之家开心，我们现在最大愿望就是让他开心。我们刚才提到的那个六十万的老年公寓，即使我们真的买了下来，也不会现在就带他进去，我也尽可能让他待在外面，外面不能待了我们再进去。如果有个可靠的机构，我们最后把房子交给你们，你们把我们老的和儿子管好，我们也愿意。但是你一定要是一个正规的单位——不要打着什么旗号来，只是嘴上说说——真的是做善事，我也愿意把财产交给这样的机构。

现在社会上面讲感恩的人也有，前两天我看了，一个中国小伙把一个挪威老人接到中国来，因为他到国外留学的时候，遇到什么问题，这个老人帮他忙了，这个老人没有子女，后来他研究生毕业了回国了，一直都有来往。当初他就住在这个老人家里的，老人把他当作自己的孩子。他回国工作了，老人身体不好，他就把她接到中国，到了中国大概住了十几年，老人去世了。这个老人到中国就讲不想回去了，觉得中国好，视频都拍出来了呀。所以，这个中国人在老人去世了以后，就在中国给老人买了一块墓地，因为老人的愿望就是葬在中国。这个电视的目的就是要知道感恩，非但他对这个老人好，他的父母包括他的妻子都对这个老人很好。现在像这种情况真的不多，这就与气氛、大环境有关系。

特奥到中国十几年，这十几年变化很大，有些事情你去做了，基层就有变化，这个变化我们看得很清楚。

问：就是从无到有？

L母：对，有些事情需要国家着手去做。国家倡导计划生育，导致很多独生子女家庭面临只有一个智障小孩的问题，如果不是因为计划生育，这些家庭现在不会这么难办。包括有些失独的家庭，情况跟我们差不多，比我们遭受的打击更大，我们已经三十几年了，思想准备一点一点做好了，失独家庭更受不了，天上掉下来的祸事。

问：现在对待L君这样的智障人士，国家有什么帮扶政策吗？给他一些生活上的福利和保障，也减轻爸爸妈妈的负担。

L父：现在是生活费一千一百五十元。

问：每个月一千一百五十？

L父：对。另外还有两项补贴，一项是三百三，一项是一百五。国家还会给一部分医疗补助，一年小毛小病的医疗费累计起来给八百补助，假设我给他看病花了一百块，我就只出三十五块，粗略算起来是一年两千的医药费。

问：叔叔阿姨觉得这个目前足够生活吗？

L父：肯定是希望多多益善了，像我们这样的家庭，其实这个补助是可以了，因为本身我们俩收入就高一点，我们也不怎么用。

L母：我们有了这样的孩子，平时生活上也省吃俭用的。光从经济上来讲，国家每个月给他两千块钱，如果有不够的我们再补贴，这个不成问题。昨天我们单位上的同事也说，你钱可以存起来，你儿子今后用钱总归不会有问题，你也是不大用钱的。

现在的问题是我们老了，钱可以节省下来，存款可以留下来，但是关心和照顾留不下来，照顾儿子这个事情是心病，我比我们同龄人显得老一些，就是我有心病，这心病是挥之不去的，我们走之后就无能为力了。在我们街道阳光之家，我们两个算是家长里年纪比较大的。

L父：现在无忧无虑，越往后负担就越来越突出，因为岁数在增加。今年我们七十三，再过两年七十五，再过两年七十七，随着年龄增加，这个问题就暴露出来了，这也是普遍的问题。

L 先生老师口述

口述者：L 先生老师

访谈者、撰稿者：夏雅梦

访谈时间：2016 年 12 月 08 日

访谈地点：上海市某街道阳光之家

自理能力需加强

问：L 君平时的表现怎么样？

师：可以的，比较积极主动的一个人，会积极帮我们做一些力所能及的小事。还有一点，因为 L 君爸爸是数学老师，所以他数学方面比一般人稍微好一点，这个比较突出，是他的一个特长。

问：哪些方面会主动帮忙呢？

师：比如说端饭，早午饭，包括一些重体力活，他个子大，体力好。老师也不用刻意交代，你要去做这个那个，在这个集体里面，他是比较注重集体荣誉感的，都会主动承担劳动。

在文艺方面，比如说唱歌跳舞啊，他也是骨干分子。领悟力比一般人也稍微好一点，智障也分不同等级的，他属于接受能力比较强的，所以一般情况下，难度比较大的、对理解能力要求较高的，会叫他来做。我们街道的阳光之家之前参加上海市的阳光之家达人秀比赛，他就入围了嘛。他当时表演算 24点，是比较出彩的。算 24 点这个项目本身不太能够有形式上的变化，每次表演大同小异，变不出花样，总归就是表演计算，所以他进入了复赛，没进入决赛。节目毕竟也还是需要一点可看性、观赏性的，这方面他的节目可能差一点，因为他是互动型的。他在文艺和体育方面都比较擅长，看他个头就看得出来。打乒乓、投篮之类的体育项目他也经常出去比赛，也经常拿到名次的。

问：老师觉得他平时有什么做得不够好，或者难管理的方面？

师：难管理是肯定没有的，他是比较听话的，听指挥听安排的，不像有些人任性，不听指挥。他能听道理说得通，因为他爸爸妈妈都是老师，这方面把他教育得比较好。

改进的〔地方〕，我看不出有什么大的需要改进的地方。比如说缺点，他基本上没什么缺点，除了智商有点问题以外，生活习惯啊，待人接物啊，礼貌啊，都是可以的。

问：老师觉得他总体有什么需要提高的地方吗？

师：可能就是生活自理方面，因为他爸妈年纪比较大嘛，以后他老爸老妈要是管不了他了⋯⋯这个是我一直在呼吁的事情，就是我们很多智障人士的家庭都是独生子女，家长不愿意再去生第二胎，造成两个老的照顾一个残的。两个老的身体都还不错的话，没问题，他可以混下去；要是两个老的倒下一个，剩下一个身体也不行的话，老年人其实也是残疾人，都行动不便啊，眼睛不好啊，耳朵不行啊，走路不行了，对吧？都是这样的，〔那怎么办呢？〕

问：老师觉得有什么解决措施吗？

师：这种情况下，我觉得要政府出台一些相关政策，帮他们解决这些困难，不能只靠我们阳光之家，阳光之家的功能不是把他们训练成一个铁人、能人，我们只能让他有所改进，让他在个人能力上有所提高。你说达到一个什么量化指标，肯定哪个老师都做不到。

上海这么多特教学校，这些学生都是去上过的，也没有把他们训练成一个什么都行的人，毕竟他智商在这里，个人的能力、接受力都是有局限的，所以我觉得应该要注重能力的培养。

家庭也好，我们这里也好，让他在能力方面有所提高。比如说社会上有一些爱心机构或者团体愿意给他们创造机会，让他们去训练，比如做超市理货员、星巴克配送员等，做一点简单的、让他们能自食其力的活儿，这个我觉得是比较好的。我看了美国一个电影，就是一个智障人，在咖啡馆里面做服务，故意设置了一些障碍给他，弄了一个不讲道理的顾客歧视他，然后看其他顾客的反应和他自己的表现。我觉得这个很能代表一些问题的，是我们社会应该重视的，要靠社会整体地去帮助他提高，而不是靠我们阳光之家一家去帮助他提高。你看我们这个地方，能提高的东西，我们该做的都做了，就是范围也小，设备也不可能面面俱到，阳光之家也好，还有政府有关部门也好，都只能做一部分，最主要还是家庭。

我觉得让他的能力锻炼得越好，他以后在社会上受的苦就会越少，因为他总有一天要到养护机构去的，他爸妈总归要离他而去的呀，到了这个时候就看他自己的能力了。如果他不能自理，会是一个什么情况？要靠人服侍。现在养老机构我们都明白，一个护工要管好几个人，再加上智力有问题、行动迟钝的话，肯定会造成一些生活上面的不方便。我们几个阳光之家老师，思路就是，把我们的能力教给他们，而不是知识点上的，是礼貌、与人交往上的、为人处事方面的能力教给他，说白了让他走上社会、独立生活的时候不吃亏，就是我们最主要的出发点。现在有他爸爸妈妈的呵护，爸爸妈妈离开他以后，他的保护网就没有了。

大家都知道残疾人是一个弱势群体，大家应该关心，但是真的走在大街上，谁会去关心他们？好像没有的吧。就像你坐个公交，我们上海没事情，所有残疾人免费乘车的，有些智障的孩子连钱都不知道怎么用，你叫他怎么去乘公交啊？他要是口袋里有十块钱，可是需要两块钱坐车，他怎么处理这个事情啊？就是我们正常人都不好处理这个事情，他怎么跟人家沟通啊？把十块钱变成十个小一块的，去投币进去，他这种能力有没有？看看是小事情，但是小处见大处的。这个不是我们一个机构能把他们训练出来的事情，也不是某个部门拍个脑袋就能搞定的。

我觉得他要改进的方面就是生活能力，这是最重要的，因为活着，生活生活，你生在这里你要活动，你活动的范围越狭窄你的状况就越差劲。你整天看着电视不就老年痴呆了嘛，本来就智商成问题，你叫他每天看着电视，无所事事地等吃饭，那肯定出问题的。

一般的能力他已经有了，他家也住的蛮远的，他自己可以乘公交车过来，这方面的个人能力已经训练出来了。他要是家比较近，天天走过来就没什么事，但正因为家远需要坐公交，他才慢慢锻炼出了认路和坐车的技能，所以要锻炼。他现在，常识这方面我觉得要提高，至于其他方面，可以用钱解决的都不是大问题。

问：他会缺席吗？

师：他几乎不缺席，除非家里有事。

问：老师您在阳光之家多久了呀？

师：我在这里待了大概三四年不到，原来我做社区助残嘛，这里原来的老师生病了，提前退休了，我再过来做的。

我的体会就是这些。他们不太需要过多的关心，过多的关心反而是害了他们。你把他什么都护着保着，他自己就吃现成的，衣来伸手饭来张口，我觉得反而对他们不利。应该有点挫折教育或者挫折经历给他们，吃一堑长一智，他不吃亏的。我很讨厌的一点就是大家对他们关心过度了，吃喝拉撒睡什么东西

都要关心，那他不就成了一个废人了嘛。你问问他们，好多人洗衣服都不会洗，洗衣机也不会用，微波炉的基本功能也搞不清楚，他以后如何独自生活啊，对吧？其实我们上课教的好多东西都不需要的，我可能说得比较严重一点了。

问：现在的国家政策对他们是怎样帮扶的呢？

师：残疾人的福利水平是这样的：重残无业月补贴是一千一百五十元，再根据智障的等级加上三百三或六百元两个等级，另外，医疗可以无限制地报销。这个可以和上海市最低工资水平两千一百九十元做一个比较参考。①

问：阳光之家和特奥会之间有什么渊源吗？

师：特奥会促成了阳光之家的形成，1968 年美国第 1 届特殊奥运会，2007 年上海特奥会是第 12 届特奥会，也是东亚区第一次承办特奥会。阳光之家是特奥会的运动员的储备库，因为阳光之家的成员有年龄要求：十六岁到三十五岁之间，所以社区里绝大多数年轻的智障人士都在阳光之家里，在阳光之家里更容易找到特奥会的运动员。世界特奥会是两年举办一次。全国特奥会是一年举办一次，街道和上海市也是每年举办一次。由政府组织，具体是街道残联、区残联、上海残联，层层选拔，然后参加上海特奥会。

问：您可以介绍一下本街道阳光之家的基本情况吗？

师：有六个公益组织，包括乐善会等，由志愿者带领，时不时过来帮助阳光之家的学员搞活动。我们街道的阳光心园和阳光之家在一起，阳光心园是针对精神病患者，阳光之家是针对智障人士开办的。

---

① 从 2017 年 4 月 1 日起，上海市重残无业人员生活补贴已调至每月 1 270 元，最低工资标准调至 2 300 元。

L 先生本人及父母口述

口述者：L 先生、L 先生父母
访谈者、撰稿者：夏雅梦
访谈时间：2016 年 12 月 17 日
访谈地点：L 家

爱好广泛喜热闹

问：爸爸妈妈聊得差不多了，想再跟 L 君随便聊聊。

L 母：啊，过来。

L：什么啊？

L 母：问你什么你就答什么。

L：嗯。

问：你刚刚是在干什么呀？

L：没干什么呀，看电视呀。

问：你一般喜欢看什么样的节目？

L：看《熊出没》呀。

问：就是大熊、二熊那个节目吗？我妹妹也很喜欢。你是很喜欢动画片是吧？

L：是的。

问：你还喜欢其他什么节目，比如探索频道、《动物世界》这些吗？

L：我不看的。

L 母：欸，晚上看什么？听音乐。

L：听音乐。

L 母：你喜欢看音乐节目对吧，叫精彩什么？

L：音乐汇，《精彩音乐汇》。

L 父：音乐频道的，民歌，中国民歌。七点半的。

L 母：你讲讲看。

L：五点五十分，不是七点半。

L父：就是星期六五点钟开始。

L：星期五，五六天。

L父：星期一到星期四是七点半的。

L母：小L你讲讲看，你喜欢听哪几个人唱的。

问：你喜欢听谁唱歌？

L：什么《中国巨星演唱会》了。

L母：欸，中国巨星有哪几个巨星？

L：什么刘德华、周华健。

L母：还有呢？昨天报纸上面叫你读的一个是谁？

L：蒋大为。

L母：蒋大为会唱哪几首歌你讲讲看。

L：《西游记》里面的《敢问路在何方》呀。

L母：还有呢？

L：啊？

L母：蒋大为还唱了哪些歌？

L：《骏马奔驰保边疆》。

L母：还有？

L：《在那桃花盛开的地方》。

L母：还有？

L：《北国之春》。

L母：还有？最出名的一首，啊～

L：《牡丹之歌》

L母（满意地笑）：欸，哈哈。

问：这些是你昨天第一次听吗？

L母：经常听，昨天还有云飞唱的一首什么歌啊？

L：《父亲的草原母亲的河》吧。

L母：原来是谁唱的？

L：降央卓玛。

L母：还有谁也唱过？腾？

L：彭丽媛吧。

L母：腾？

L：腾格尔吧。

L父（问采访者）：我们再出个题目好吧？

问：好呀。

L父：哪些歌里面有月亮的？

L：《月亮之上》吧。

L父：《月亮之上》，还有呢？能够讲几个？

L：《十五的月亮》。

L父：《十五的月亮》，还有呢？

L：《十五的月亮十六圆》吧。

L父：还有呢？

L：《月亮走我也走》。

L父：三个啊，还有呢？

L：《紫月亮》。

L父：还有呢？

（L君想了很久，答不上来）

L父：就这，他们〔腰鼓队搞活动〕也经常出一些这样的题目，就在广中路的 22 号，还有《月亮代表我的心》。

L：就是李冰冰呀。

L父：他现在就喜欢听这个，过去嘛就是篮球，美国 NBA，曾经有一届是所有队的球星他全都知道，现在不大知道了。

L：我都知道啊，我都看的。

L母：你讲，你讲。球星哪几个？

L：麦克格雷迪吧，姚明啦。

L父：就是姚明还在的时候，湖人队呢？

L：科比。

L父：就是姚明还在 NBA 打球的时候，姚明出来了以后，他就不大看了。就听音乐。动画片嘛就看那个熊大熊二。

L：松江夏令营的时候我看过好几次的。

问：什么夏令营？

L：松江夏令营。

L父：有些电视剧呢他也看，看得最多的是什么？

L：幸福。

L父：来敲门。蒋雯丽演的。

问：我都没看过。

L父：你没看过吧，他看了六七遍，所有的台只要放〔他一定会看〕，宋铮。

L：宋俊！（纠正爸爸对主人公名称记忆的错误）

L父：宋俊，就是那些故事。

问：你现在对故事熟悉吗？哪个人发生了什么事情？

L：我看人都走了嘛。

L父：什么走了？

L：送到120了，老太太。

L父：什么老太太？

L：宋铮他老太太。

L父：就是宋铮啊，在家里淘气，把奶奶气死了。

L：不是的，那两个男的就找她。

L父：噢，二流子，二流子，高中生勾引她。这个故事只要放了，他就可以坐下来，跟着看几集。

L：我在看左手嘛。

L父：左手什么？

L：《左手亲情右手爱》。

L父：最近的电视剧，《左手亲情右手爱》。

L：又是一个刘莉莉嘛。

问：刘莉莉是谁呀？

L父：里面的一个演员。

L：她跟江路在一起的。

L父：就是在《幸福来敲门》里演过，蒋雯丽的姐姐。

问：你是因为喜欢这个演员才看的这个剧吗？

L父：是的是的。过去还有一个婆婆，婆媳，婆婆是谁演的？

L：徐秀丽呀，和鲁圆、鲁同在一起。

L父：过去有一个电视剧里有一个婆婆，然后三个儿子吧，大儿子叫啥，什么大江、二江是吧。

L：噢，是唐国强。

L父：唐国强演的。反正呢就是看还能看看，让他讲呢就是讲不清楚。

L：我就是看别的节目呀。

L母：现在在看什么节目呀？

L：看那个《熊出没》。

L父：还有么就是喜欢看斯诺克，台球，桌球。

问：那他会打吗？打桌球？

L父：打不会打，他都知道，那个记分的方法他都知道。

（L君用上海话讲了他对台球规则的理解）

L父：红色球是六分，黑色球是七分。还有呢？

（L君没有答上来）

问：上次和爸爸妈妈去宁波玩还记得吗？

L：宁波去过。

L父：还有长兴，宁波和长兴。

L：还到仙山湖去了。仙山湖，有我一张照片的。

L母：他爸爸去拿了。

问：你觉得宁波好玩吗？

L：菜点了太多了，太多了。

（L君重复说菜点太多，L父拿来照片）

L父：这几个都是〔参加〕口述〔项目的〕家庭。

问：这个我见过。

L父：这个见过，那天去的还有这个小男孩。这三个，这个、这个和这个（手指照片）是前一天〔在阳光之家被观察的对象〕，你们是星期四〔去阳光之家观察〕嘛，他们就是星期三〔接受观察的〕。这个孩子是旁边街道的。我们街道是六个家庭参加了口述项目，还有四个其他街道的同学也参加了口述项目嘛。周老师就把我们这些参加口述的同学组织起来，到浙江长兴去玩了三天，我就带着小L去了。这个照片就是那天另一个口述家庭的爸爸。

L：玩了开心。

L母：他玩得很开心，接下来还要去玩。

L：还要去玩，十几号再去。

L母：现在他们生日也要聚在一起，一起去长兴岛的一个女孩子过生日，请了其他三个同学，家长就带着小孩去一起聚聚。

问：你上学的事情还记得吗？

L母：小学在哪个小学呀？

L：大连新村小学。

L父：中学呢？

L：虹某附中。有一个同学我记得的呀。

问：小学还是初中同学呀。

L：不是大连新村那个同学。

L父：叫什么名字呀？

L：刘某鼎呀。

问：为什么记得他呀？

L：啊？

问：你记得他什么呀？

L：他会碰到我的呀。

L父：有一次碰到了，路上碰到。

L母：中学里面的同学你记得谁呀？

L：噢，何某齐嘛。

L母：老师。

L：噢，何老师。

L父：班主任叫啥？

L：何老师。

L父：班主任。

L：徐老师。徐老师就是在水电路碰到他。

L父：教体育的老师呢，在广中路的时候也碰到过。

问：你喜欢上学吗？

L：阳光之家。

问：喜欢阳光之家？

L母（妈妈重复了一遍采访者的问题）：喜欢到虹某附中去吗？

L：下个礼拜再看屏幕，有我的名字的（依然在讲阳光之家的事情，没有正面回答问题）。

L母：什么屏幕啊？

L：洪老师一放，有我的名字的，阳光之家的学员搞活动，下个礼拜五。

L母：什么屏幕啊？

L：就是乐善会搞活动。

（大家没有听懂L君的描述）

L父：可能是昨天搞活动录像了，下个礼拜放给他们看，他讲的这件事情。

L：有我的。

L母：有你还有别人，好多人都有的呀，阳光之家的人都有的呀。

L父：他回来讲的呢，有时候呢，到底是真还是假，还是怎么回事，都是随他去了。

L：还有一个，还有一个东方卫视，你问我爸爸妈妈，有我的屏幕的，《虹口30分》，有我的屏幕的。

L母：有你的镜头的。

L：有我的镜头的，《虹口30分》，保龄球。

L父：噢，今年世界特奥会不是搞了一些活动吗，总归这个时候，他们都会受到关注呢，有些节目有他们的镜头。他们的带头人呢叫倪震，就是22号那天碰到的那个年纪大的。

L：星期六去，地震的震。

L父：现在呢大概是八十二三岁了，这个人确实也是全身心地投入到这个事业里。

L：他有一次带我去吃饭。

L父：他总归是这个系统的积极分子，或者说是先进人物。

L母：这位老先生现在年纪大了，对我们来讲，尽管好像那天和他有点摩擦，但是他这个人其实很好的，真是全部精力都花在这个上面了。

L：他带我们搞活动，搞完活动带我们吃饭。

L母：他们原来就是譬如到春节了，腰鼓队的这些人到什么地方去吃个饭。

L父：那个时候有些钱啊都花在他们身上了。

L：还有几个老师带邹某到易买得①去买东西，17年再去。

L母：他讲的是阳光之家的学生要搞活动要买东西，买东西要推车子。

L父：比如说联欢会要准备一些吃的东西吧，总归要去买吧，老师就带了他们其中的一个人去买东西，他过去也是被带去买的，为什么后来不去了呢？你讲讲看为什么不去了。

L：路远了。

---

① 易买得：超市。

L父：欸，对，因为我们住在这里了，路远了，不方便了。

L：要换个人了。

L父：换了一个住在老师附近的。

L：孔老师，林老师。

L父：你不常跟他在一起，他讲话你听不懂的。

L：我不去了，他们去，他们还有几个力道大的人给我东西搬进去。

L父：因为东西买来了以后呢，力气大的人总归是干这些事情。周老师也讲的，阳光之家那边需要什么布置了，他人高嘛，总归是他来。要是人家东西买来了要下货，就是他们这些人帮忙搬。

（L君大致叙述了一次搬运的经历）

L母：就是布置会场。

L：把"2"粘上去，"0"粘上去这样。

L父：就是其中一个学员的家长，姓雷的，就叫小L干。

问：你喜欢中学吗？

L（答非所问）：我喜欢另外一个同学比较好嘛。

（L父重复问题）

L：那个老师我认识的，我就喜欢一个老师呀。

L母：你想想，他是后来坐进去的，人家同学会跟他有什么共同语言吗？他就讲他不喜欢呀，因为他和他们没有共同语言呀。我也心中有数，因为他是我冯老师的孩子，专门欺负他肯定是不会的，但是你说你要跟他走得有多近……他上体育课，老师让他一起参加活动，所以他跟体育老师好，其他老师上课他听不懂，所以他不讲其他老师。这是我们的理解。

L：有一个操场上的老师火气比较大，火气特别大，就是有一个叫张某达的同学，把篮球砸在了女同学头上，我已经吓死了。

L母：他就讲，有一个同学不当心把篮球砸在女孩子头上了，他跟体育老师好，其他老师他都不提的，就讲这件事情。老师当然要骂的，而且呢，骂的是男生。

L：女生都不骂的。

L母：要是打在男同学身上就算了，打在女同学身上会说，就在讲这件事情。

问：他这个事情讲得蛮清楚的。

L母：他讲呢，别人不一定听得懂，我们因为每天在一起，听得懂。

问：你在阳光之家开心吗？有好朋友吗？

（L君指着去长兴的合照，脸上露出得意的神情）

L：你看看，这是我们去过的。

L母：欸，她问你，阳光之家有好朋友吗？

L：有的呀。

L母：谁？

L：什么周某呀，什么韩某。

L父：还有？

L：孙某呀，这几个人是去过的人，周某。

L母：你话要讲完整，你讲我们去过〔长兴〕的几个人里〔哪些是我的好朋友〕，另外还有〔哪些人是我的好朋友〕，要这样讲。

问：你自己喜欢去腰鼓队吗？

L：去的呀。

问：喜欢打腰鼓吗？

L：能呀。

L母：一开始喜欢吧？

L：不喜欢，现在喜欢。

L母：开始是妈妈陪着你，跟着你一起去。

问：一开始为什么不喜欢呢？

L：人太多了。

L母：一开始他讲不会，到后来好了呀，学会了，他就喜欢去了。

L：人都太多了，明天人还多，明天还要做饼干。

L母：让他们学做饼干。腰鼓会敲吗？明天敲腰鼓吗？

L：会敲。明天腰鼓敲好弄饼干。

L母：做饼干。

L：做饼干。

问：先敲腰鼓然后再做饼干，是吧？

L母：谁来教你们做饼干？

L：志愿者们，那几个志愿者。

问：阳光之家你喜欢去吗？

L：去的呀。528。

L母：欸，问你喜欢去吧，你要讲喜欢。问你坐什么车子去的。

L：528。

L母：还有呢？

L：751，134。

L母：你要讲"或者"，欸，你话不要乱讲。

问：在阳光之家最喜欢做什么呀？我看你们有很多很多课程。

L：噢，乐善会搞活动。

问：你最喜欢乐善会的活动？

L：就昨天啊，糖都拿回来了，零食我还没吃掉呢。

问：就是喜欢做手工，给别人做礼物，是吗？

L（没有正面回答问题）：欸，我还没吃掉呢。

L母：乐善会是外面来的人，平时都是自己这些人，外面来的志愿者好像都是很新鲜的，来给他们弄一些新的东西。

L（指着手工作品）：欸，你看看，这也是乐善会的，还有。

L父（指着L君做的手工相框）：昨天嘛搞了一些活动，带了一些小吃〔回来〕。这些也是，一个个粘上去的。

问：就是喜欢有志愿者来，是吧？

L母：他们就是喜欢热闹。现在已经养成习惯了，哪个人生日，家长带了吃的东西大家分着，所以他的生日早早就讲好了，你们买好东西送过去。大家在一起互相送东西好玩呀，比如夏天热天，哪个家长，特别是爸爸们拿冷饮、西瓜来，妈妈们不会拿西瓜，因为太重，总归会分给他们这些人吃，开心，包括现在一起出去玩啊，一起过生日啊，就是让他们开心。

问：更愿意去阳光之家还是待在家里？

L：凑热闹吧，凑热闹，昨天凑热闹，就是我们一起玩大方块。①

L父：昨天在玩什么，想得起来吧？

（L君想了大概十秒钟）

L：就做这个动作，就是红绿灯指示牌什么的。

L母：交通指示牌，大概是通行啦。

L：我做通行（叙述混乱，讲不清楚昨天的活动）。

L父：他讲不清楚，讲的大概是昨天的活动，另一个同学扮演小偷。滚球有打吗？

---

①　大方块：一种文字游戏。

L：就是红打白啊什么的，就那个周老师。

L母：小L你会打什么球啊？

L：羽毛球和乒乓球呀，都是第二名，没拿到，没拿到，四个人都是第二名，乒乓球。

L母：谁是第一名啊？

L：或者是嘉某的，抢了一个第一名了，沈某某，嘉某街道。

L母：沈某某是嘉某的呀，我怎么没有听到过啊？是阳光之家的吗？噢，不是阳光之家，外面的去参加的。

L：第一名没有了，都是第二名。

L母：他们阳光之家在资历方面——你哪怕运动也要有资历的——第一名得不到，都是第二名。

L：还有之前一次搞活动，弄到十一点十五分到家。

L母：十一点十五分，你外面吃包子吃到十二点回来的。

L：不是的，再上个礼拜，好像再上个礼拜，就是晚上到时候我没有回来嘛，弄到很晚到家，结果597、875〔公交车都没有了〕。

L母：喔，这个是什么呢？这个是世博会的时候。

L父：不是，他讲的是什么呢？他讲的是2007年，世界特奥会开幕式的那件事情，开幕式不是回来就很晚了嘛。

L：597、875等不到了，那时候等不到了。

L父：回到家里十二点过了。

L：十一点十五分。

问：没等到公交你是怎么回来的呢？

L：97路终点站到底，换47。

L父：这是有一次，我没有去，晚上嘛不是公交车停运了嘛，周老师关照他们坐差头，①四个人坐差头回来的。肯定不会睡觉的，我在家里等啊，我用家里的固定电话和周老师联系，周老师说回来了，他们四个人坐这个出租车，很晚到家。

问：这是哪一年的？

L父：这个都忘了，忘了，就是有特奥会那些大活动的时候。

L母：他们活动电视台里面还放出来的，反正他不到家，我们两个人总归

---

①　差头：方言，出租车。

有一个人要坐着等他的。

L：等，等了很长，晚上也等不到了，结果两辆都没了。

L父：都没了，什么都没了，你讲得清楚吗？

L：到了十一点半没有了。

L父：我们原来家那边有597、875这两部车子，结束时间还要早；晚一点嘛就从广中路过来嘛，97再换47，要换乘的，周老师就说不要换了，直接乘出租车过来。我们就这么教他，坐公交，老师就教他们坐出租。

L：哎哟，人都分开喔，人都分开乘。

L母：什么人分开啊，到了〔以后〕？

L：不是的，去的人都分开。一个人那边上597，还有一个人呢，875。

问：采访得差不多了，谢谢叔叔阿姨，还有L君。

（采访结束离开时，L君很有礼貌地站起来跟采访者告别）

L 先生腰鼓队观察记录

观察时间：2016 年 11 月 19 日 9:00—11:00
观察地点：上海市广中支路 22 号上海市虹口区残疾人联合会
观察者、撰稿者：夏雅梦

腰鼓队共有队员 16 人，8 人为一队，以轻度智障者为主，轻、中度结合，来自 8 个街道。指导老师包括林家长、乐器老师和周老师。

时间	团队活动	L 先生活动
9:00	腰鼓队开始活动。	L 拿出从家里带来的腰鼓和鼓槌，做准备工作。老师按高矮顺序组织排队，L 个子高，站在最后面。开始打腰鼓，老师评价 L 打得不错。
9:10	休息。	练习室里很热闹，L 和朋友聊天，过来主动告诉观察者昨天去阳光之家冯老师家玩耍。旋即寻找父亲。
9:20	跳舞。	L 跳广场舞，音乐为《凤凰传奇》，动作娴熟。
9:27	伴着音乐打拳。	一首曲目结束，L 开始另一支广场舞，动作类似打拳，嘴里按音乐节拍喊"哈"。
9:31	休息。	L 继续和相熟的同学聊天。
9:42	准备打扁鼓。	L 主动帮忙去办公室搬扁鼓至演练教室。
9:51	开始打扁鼓，老师特别交代两人一组。	
9:54	老师喊暂停，帮助同学纠正动作。	
9:56	重新开始打鼓。	
9:59	老师重新安排位置。	L 被安排到讲台上，不再打扁鼓，旁观同学打鼓。
10:06	同学们打鼓，音乐是《没有共产党就没有新中国》。	L 观摩同学打鼓。

(续表)

时间	团队活动	L先生活动
10:08	休息。	
10:09	重新开始。	L上场打，音乐为《没有共产党就没有新中国》。
10:12		再打一遍。
10:17	休息。	同学过来向L父告状，说L让其他同学打他的头；讲话也不注意，你妈妈死了这种话也会讲。L父解释他不懂这些事，才会这么说。
10:34	开始练习。	因鼓的数量有限，L没有上场。
11:00	活动结束。老师总结，点评今天何人打得好，何人打得不好。解散。	L收拾东西，准备自己回家。

L先生阳光之家观察日记

观察时间：2016年12月8日9:00—16:00
观察地点：上海市某街道阳光之家
观察者、撰稿者：夏雅梦

时　　间		主要活动	L先生具体表现
9:04		做广播体操。	L肢体动作协调，广播操做得非常顺利。
9:10 — 9:50 精神康复指导课。 社区卫生服务中心精神卫生服务人员每周四前来，通过课程为学员做精神治疗。	9:10	搬凳子，围成圈准备上课。老师让同学闭眼放松，跟着老师的话语进行想象。	L配合老师抬头闭眼呈放松姿态，时不时睁眼，口中念念有词。当老师说到想象蝴蝶在花丛中飞来飞去时，L笑了，不再配合老师，睁眼，嘴角下撇，用手抓脸，小动作较多，看着走来走去的老师，基本已经完全不配合老师。 又开始配合老师。老师指出L动作不对。
	9:16	全体起立，围成圈，开始摆手踢腿等集体肢体活动。	L和旁边的同学说笑。
	9:25	老师要求做弯腰触地动作。	L配合老师做弯腰手指触地动作，可以坚持很久，老师纠正其他同学时，L起身。
	9:30	老师要求做摆手臂动作。	L和旁边同学说笑打闹，一边做摆手臂的动作，一边嘴里讲着什么。老师单独纠正L，指其所站位置太靠前。
	9:35	老师要求做左右摇晃动作。	L一边和旁边同学说笑，一边跟着指示做动作。 L左右分得很清楚，一直帮助身边分不清左右的同学做该动作。做时口喊左右，动作完全正确。 老师让旁边的同学跟着L做。
	9:40	老师要求踢左右脚。	嘴里喊着左脚、右脚，动作完全正确。
	9:43		L左右摇晃动作出错，及时纠正。左右脚动作正确。
	9:46	老师要求全体同学牵手，围圈，在口令指导下一起往中间冲。	L配合老师，和两边的同学手牵手，喊着抓鱼、海洋、抓海星等词语往中间聚拢，然后再散开。 L很投入，很开心。
	9:50		L总和身边同学说笑，被老师点名批评。

（续表）

时 间		主要活动	L 先生具体表现
9:57 — 10:39 自由活动 时间。	9:57	开始画画，画面具。	L 坐在靠窗边的位子，离开位子主动凑上前去拿颜料。
	10:03	L 和老师打乒乓球。	多是 L 赢，乒乓球打得很好。
	10:06		L 返回拿画笔，出来同学说笑。玩飞镖，扔了三组，每组五次，准确率较高，全部中靶，两次击中靶心。
	10:10	爸爸让 L 表演算 24 点。	算 24 点速度非常快，4 秒钟之内都有答案。老师和 L 聊天，问他买大饼用多少钱找多少钱的问题，L 反应不如做 24 点。生活数学略逊，购物找零之类的计算不够快。
	10:39	发放午饭。	
12:40— 14:00		午休时间。	L 去楼上休息室，室内有专供休息的伸展椅，伸展椅上放着妈妈准备的被子。
14:00		老师讲解保龄球的游戏规则，并做示范。	L 积极回应老师的要求，老师示范很成功，L 鼓掌。
14:07		请六位同学实战演练。	L 作为男队的 3 号，举手示意白 3 发球，对游戏规则驾轻就熟。
14:11			L 在队长的号令下，用白 3 球攻打红 1 球，没中。
14:28			L 白 3 打红 3，成功。
14:31		游戏结束，新的一局开始，双方队员敬礼。	L 向队员敬礼。
14:35			L 坐在角落看球，和同学交谈。朋友在场上参加运动，L 为朋友鼓掌。
14:45		一局结束。	L 起身帮忙摆好始发球的位置，然后回到角落和同学交谈。
15:01		一局结束。	L 再次起身主动帮忙摆好球。
15:04		老师要求集合，打球活动结束。	L 个子最高，集合站在队伍最后。

失学儿登上运动台

——曹旦母亲口述

曹旦，男，1983 年出生。独生子女。智力障碍四级。失学。2005 年进入上海某街道阳光之家。

口述者：曹旦母亲王增娣女士
访谈者、撰稿者：张帝
访谈时间：2016 年 11 月 4 日、2016 年 12 月 23 日
访谈地点：曹家

从小体弱多疾病

曹母：我儿子生下来的时候，就是上海人说的卖相老好①啊，很好看，头发又是卷卷的，很长。医生打了 10 分，也看不出……唐氏综合征什么的。哎哟，家里人都宝贝得不得了。

到两岁的时候，我发觉他小便控制不住，他一边说"妈妈，我要小便了"，马上就小出来了。为了这个事，我们是跑遍上海所有的医院，医生说没什么呀，也看不出什么问题。

一直到他上幼儿园的时候（哽咽），他还是小便憋不住。这边跟老师说"我要小便啦"，那边马上就小在裤子上了。老师每天把我叫去训话："你怎么搞的？孩子那么大了，这边叫要小便，那边马上就小出来了，我们地板也被他搞烂掉了……不行，这样要退回去！"那我也没办法，只好退学回来。

一直到七岁上小学了，还是这个问题。他一边叫"我要小便了，我要小便了"，一边就小出来了。为了这个事情，打也不知道打了多少。有时候，我以

①　卖相老好：沪语，相貌好看。

为他是贪玩忘记了，但是后来我发觉他是真正有病。

为什么？他一个晚上小便也很多。我们去看医生，医生说，你晚上十点以后就不要给他喝水。我说："那么小的小孩，他要喝水你不给他喝水？"医生说哪怕大热天，十点以后也不要给他喝水。那我们做家长的肯定做不到。他到晚上，要小便他就一直动，一直动。医生说，你可能给他小便时间太勤了，所以他小便时间很短，你不要去管他，看他怎么样。我就试呀，不要去管他，他就小出来了呀！你要叫他："欸，快起来小便。"他马上就起来小便；你不管，不去叫他，他就小出来了。小孩子毕竟小呀，晚上还是要睡觉呀！

上海所有的大医院、小医院，我们都走过了，为了这个事情，看了不知道多少次。我们夫妻两个人的钱都花在这个小孩身上，人家说吃荔枝干治这个，他每年大概要吃几十斤，从小到大，每年都这样。人家说吃什么补什么，我样样弄过了，偏方啊什么都弄遍了，打金针也打过，都没有用，小孩子从小也吃苦头吃够了。

后来就向我老公孃孃的女儿求救，她是医大毕业的。她说："你求我也没办法，但是我认识上海儿童医院一个小儿科的主任，他一般不太帮人家看病，他是我的导师，我帮你打电话问问看，能不能帮个忙。"后来她就去给我约。约好了以后，我跟我老公两个人一起带他去。哎哟，医生年纪也很大了哦，人家这样来坐诊倒是不容易，他是特需门诊嘛。看了以后呢，医生说："不要紧的，我给你开三个月的中药，吃了保证好。"

那个时候，呃，要二十几年之前，每一个星期的中药，要八十几块，很贵很贵。所以我说我们两个人拿的钱，都花在他身上，有时候连吃饭的钱都没有，没办法，就让我娘家支援一点，跟我爸爸妈妈伸手要一点，没办法（笑）。我说为了这个小孩，我已经揭不开锅了。我爸爸妈妈倒是很好，说："不行的话，你让人家带孩子的钱就不要出了，你就把他带过来给我带。"我说你们年纪也大了，身体也不好，给你们带，我也不忍心，你们经济上已经资助我了，再让你们出体力也说不过去。那要怎么办呢？有时候去娘家嘛，给我五十块、一百块，那个时候五十块一百块已经很多了。

就这样给他吃了三个月的中药，一点效果也没有。后来我们又叫姑姑的女儿联系这个老医生嘛，他说怎么样，三个月吃下来，好了吗？我说不瞒你说，我真的是不好意思，一点效果也没有。我这样一说，这个老教授一惊。他马上想到了，说："哦，可以了，你不要说了，我给你打电话联系，你去拍片，你儿子脊椎肯定有问题。"我说脊椎又怎么会有问题啊，小时候我们给他下面骨骼什么都拍过片哦，脊椎没拍过片。他说肯定的，这边有一个小孩也是这样。后来他帮我联系儿科的拍片的主任。

主任说在拍片之前，我要先开一点泻药，你晚上十点以后给他吃，要让他都泻干净了以后再拍片。我说："晚上他会不会泻得很厉害？你要说泻得很厉害，我要有思想准备。"他说不会，一般泻一两次就好了，所以叫你十点以后给他吃。后来我也没听他的，我还是等孩子一觉睡醒了，十二点以后给他吃的。吃了以后（笑），下半夜是不停地泻……因为医生说不会那么厉害嘛，我想就用几个大毛巾给他裹一下就可以了，但是不行，他泻个不停，连我们盖的被子都给他泻脏了（笑）。他吃什么药都很敏感，一直泻到早上。我跟我老公说，都到三点多钟了，我们也不要睡了，没被子盖了（笑），最后一床被子还是留给孩子盖了，我们就坐起来。他说要怎么办，我说我准备去洗，这么多东西，不洗怎么办啊？你起来烧开水，要多烧，我去洗，都要开水泡过才行，这个味道多重啊。他说你这个脾气也很怪，要开水泡它干嘛，洗一洗不就好了。我说这洗一洗还不如扔掉呢（笑），不行。

早上去给他拍片，医生说两个小时以后就可以拿片子，也跟这个老教授约好了。他说我会等你，你们那么苦，会等你。那个时候，真的是一天到晚眼泪含在眼睛里（笑）。

两个小时以后片子拿到，去给老教授看，他说果然不出所料，脊椎上有一个裂缝，这个裂缝是先天性的，所以说他小便控制不住，这里有一点小便的感觉，马上就小出来。你们也不要打他，小孩子其实也很苦，吃了这么多的苦，从小中药、西药不知道吃了多少哦。我问要怎么办，他说这个没办法，只有顺其自然，让他慢慢地长，慢慢地发育，等他发育了以后，长好了就长好了，长不好就一直会有这个毛病。他说你们就是要给他增加营养，让他早一点发育，发育以后脊椎裂缝就会并拢。哎，后来倒是蛮好的，九岁的时候，一下子就好了。

还有一个问题呢，就是他到两岁了，不敢一个人走路，扶着东西他敢走的，叫他手放掉，他就不敢走。我说怎么办呢，我们也带他到新华医院去看了，也给他拍了片子。在拍片的过程中，我们很害怕，因为看到很多小孩，腿这边好像是骨头有什么问题，也是不会走路。我跟他老爸就很担心很担心。他是什么问题？要是像那些小孩，他这个下半身都要绑石膏的。片子一个星期以后出来了，医生说你儿子没有这个问题。我们问，他不会走路又怎么办哪？医生说他还是胆子小，你们要给他练胆子。我说他怎么会胆子那么小，医生说让他扶着边上。我说扶着床边上、沙发边上他都敢走，就是一个人走的时候，始终不肯走。那个时候他已经两岁半，两周岁半。

我们单位里边说，从来没有一个人休产假休那么长时间的，你一定要来上班。我老公在单位里面也是个科长，我又不好意思跟人家说，我儿子那么大了还不敢走路，不敢说。

我三天打鱼两天晒网，今天上班，明天又请病假，就是因为他没人带。那个时候他太爷爷岁数很大，已经不行了，没人照顾，我婆婆去照顾他太爷爷了，所以没人带他。我没办法，就出钱请我们小区对面的一个阿姨帮我带。我说你帮我带一下，我请病假了就自己带；没有请到病假，你就帮我带一下，钱一分不会少你的。那个时候好像也要三百块，等于我一个人拿的工资全部付给她。还要求着人家带，没人肯带。

给人家带以后，人家总不会像妈妈一样嗬（笑），样样都很呵护，人家就让他墙边上一站。回来有人告诉我说，你给了她带，她不管你儿子，就让他墙边上站着，你要么自己走过来，要么怎么怎么的。就这样一逼，哎，也把他逼会走路了（笑）。这倒也是个好事。那个阿姨说，你自己带呐，永远也不会走，现在给我带呢，我都把你儿子走路带会了。哎哟，我也很感激她，也买了东西送给她。我说谢谢谢谢，在我这里他是永远不肯走路。

到四岁的时候，单位里说你不能再请病假了，再要请病假就算长病假。那我又怎么办呢？这个人，她也不肯帮我带了，因为她妈妈身体不好，她说你再给我高工资我也不带了。我又叫我底楼的一个老太太帮忙。

十八岁的时候做了个手术。曹旦脑缺氧很厉害，我哥哥就联系了一个国外的专家，跟新华医院联合，一起给他做一个大网膜移植手术，移植到脑子里边，这样对他今后大脑发育呀有点好处。要是你脑缺氧太厉害了，今后你就什么也不知道了，一点自理能力也没有了嘛。做一个手术蛮贵的，也花了几十万。

那个专家说，曹旦两三岁的时候好像生过脑膜炎。我说不可能，曹旦都是我自己带的，生没生过脑膜炎我最清楚。他说，我们为什么怀疑他生过脑膜炎？他脑盖上结了一层盖，就像人家手破了，结了一层痂在上边，这个盖子盖在上面，脑供血就供不进去。我们现在把他这个盖给揭掉了。他说生过脑膜炎的人都会这样。但是我说两三岁我都自己带的，我没有发觉他发过高烧啊什么啊，生脑膜炎是不是要发高烧？我就跟这个专家探讨啦。他说是的。哎，他们说他生过脑膜炎。

问：也没能确定是先天的还是后天的。

曹母：哎，就是到现在吃不准呀。

手术做了以后，现在好像也蛮好的，简单的事情也能做一点。本来说难听的话，阳光之家他可能都不能去，现在也能去，简单的事情能做一点。

父方亲人不来往

曹母：我老公是他们家独苗，有姐姐有妹妹，儿子就他一个，所以我生了一个孙子嘛，家里边都很宝贝。那个时候他太爷爷还在，九十几岁，还特意从宁波赶过来，哎哟，高兴得不得了，等于生了一个重孙了嘛，都很高兴。

问：刚查出来生病的时候，您的第一反应是想要隐瞒呢，还是直接公开，向亲戚朋友寻求帮助？

曹母：这个隐瞒也是隐瞒不了的，家里边的亲戚我们倒是没有隐瞒过。你说请求帮助，不可能的，他姑姑什么听到都怕了，看见他都怕，说难听的话，像看见瘟神一样的。

问：家里其他人什么感受呢？

曹母：其他人心情就不好了呀。

生下来小毛头的时候，经常日夜颠倒嘛，白天睡觉，晚上要抱，不肯睡觉，可以说都是他爷爷起来抱的。其实他在两岁之前，一直是爷爷抱在手上的，对他很好很好。只要单位里边发什么东西啊，都是拿给孩子。小时候他不是小便禁不住吗，人家说荔枝干治这个，他爷爷每个月要买好几斤给他吃。

但是，自从知道孙子智障以后啊，现在有十几年二十年了嘛，不跟我们来去。他爷爷到现在还活着，但是就不跟我们来去。包括他几个姑姑，他们的小孩结婚啊什么，都不跟我们说，不来去，是不要看到曹旦。

我自己一开始也……好像从这个阴影里边走不出来啊。怎么那么倒霉哦，生了这样一个孩子啊。后来接触的人也多了，人家一直劝我要面对现实。既然这个小孩来到你家，说明他跟你有缘分嘛，你也对他那么关心。

问：你们有没有考虑过要二胎？

曹母：我爸爸妈妈急着要二胎，那个时候一直做我思想工作："你不为你自己，为了曹旦，你再生一个。"我说我带不过来，这个小孩已经给我忙得七荤八素了……再叫我生二胎我怎么办啊？我经济搭不够，能力也搭不够。他们说曹旦放在我们这边，我们来带，再生一个好的你自己带。我说，要是再生一个还是不好的呢？他说没有那么巧吧？我们自己不肯生，他爸爸也不肯生，所以我公公对我有意见。公公婆婆就是为了这个事情嘛，不跟我们来去，不理我们，他们不理解。

问：就是怕下一个孩子还是有……？

曹母：智力方面的问题。

问：所以不肯要二胎。

曹母：哎。再说，我老公这样考虑的：你生出来一个好的还可以，但是以后你的精力就都放在好的身上，要供他读书，你就要忽略曹旦；生一个不好的，我们真的是要一辈子苦在里边了。算了，就认命吧，就曹旦一个，对他好一点。我老公这个人真的很好很好，他说我们不要生，我们只要对曹旦负责，对他好。我说你父母这样对我们，我们不生压力也很大，我怎么办呢？他说不要理他们，他们说要生就生啊？曹旦身体这样不好，他干嘛从来不会帮我们带一天？还要歧视曹旦。我婆婆还可以，我公公很歧视曹旦，就是看到曹旦在，他好像很反感很反感……

问：他们不理解你们，对吗？

曹母：哎，不理解啊。他们说，这样一个小孩要对他这么好干吗？

曹旦这几个姑姑都不理解。那个时候，我们也想改善一下房子嘛，他爸在厦门，到底十多年了，也有一点积蓄嘛。我哥哥说："欧洲花园①有一套房子，很便宜的，里边的老总我认识，你想买吗？"他几个姑姑说什么，我们买了房，就叫我把公公也带走，跟我过。我说，我公公的房子呢？她说："房子我们分，人你带走。"我说，凭什么呀？我要照顾这样一个残疾的孩子，还要照顾老的？我们就气得没买嘛。

后来我老公最大的姐姐把我公公的房子拿去了，把我公公也带到她那边去。我说也好，既然你们这样做，我也不来要你们的东西。现在她把我公公送到养老院去了。但是我公公就一直打电话叫我老公去接他，我老公说你把东西都分掉了，你叫我来接你？我家里边就这点大。我就跟我老公说，你去看看你爸（笑），他毕竟九十几岁了嘛。他说他连我这个、连这个孙子都不要，要我们干吗？十几年了不来去，电话也没有。

曹旦他姑姑上班的地方，离我们家大概五分钟不到的路，但是〔她都没来

① 上海住宅小区名称。

过〕。有时候天热，40度啊，我要上班，曹旦就一个人在家，一个人在后面房间里（流泪）……那个时候，我老公派到厦门去上班，十几年，我就一个人带着曹旦，他姑姑从来不来看他。

我上班就很担心，这么热的天，我儿子会不会中暑哦……因为我们前面屋子很高，很凉快，后面一间小嘛，只有9.8平方，比较热。哎哟，怎么办啊?!曹旦中午吃饭什么的我也没办法。我就跟我老公说，你在电饭锅上面装一个拉线开关。我把插头插好，就跟曹旦说，"我每天早上把你的饭都蒸好"，蒸熟了以后，我又不能关掉，关掉到中午吃，就要冷掉了嘛，"我给你保温保着，你到中午吃好饭，把这个拉线开关拉一下就可以了，其他的电你都不要动。我再给你搞一个闹钟，你起来洗好脸、刷好牙就吃早饭。中饭呢，等这个闹钟铃响了以后你再吃"。他说好。但是他又不懂，有时候早上睡到八点起来，吃好早饭，到九点，他想时间大概很长了，又把中午饭也吃掉了，一直要等我晚上七点半左右到家以后，才给他吃晚饭（哽咽）。

问：公公婆婆住得远吗？

曹母：本来我们是住在一起的。"文化大革命"的时候，我公公受冲击嘛，后来落实政策，分了一间房子，就搬到运光新村去了。

问：曹旦去过爷爷奶奶家吗？

曹母：去过。那个时候，他爸爸在厦门工作嘛，我也经常带他去，有时候他们打电话过来说，奶奶身体不好啊什么，我都带曹旦去看他们。

我公公心脏不好，要开刀。曹旦正好也要做大网膜移植手术，曹旦这个孩子你不能说他聪明，但有时候，好像不要他记住的东西他记得很牢。在医院里边，医生说的话他会记住。医生跟我说，四刀一起开，也有生命危险。他在边上都听到了。他就说："妈妈，我可能要死了，医生说我去开刀，可能就出不来了。"

我说你不要瞎说。他说："真的，医生说的话我听到了，这么大的手术。"我说没有，就是开刀让你聪明一点呀，人家还有外国专家在呢！不会的，你舅舅还派电视台的人来拍呢，你舅舅也在里边，不会的。那个时候我哥在电视台做嘛，曹旦这个手术也很大，是新华医院跟国外的医生联合起来做的，电视台把它拍下来，要成功的话那电视里边也会播。

他说："会的……我知道，我开刀肯定有危险，医生也这样说了，我听到了。你打电话叫爷爷来看看我，我也看看他，说不定就是最后一次看他了。"哎哟，说得我也眼泪出来了。我说不会的，你不要再瞎说，妈妈相信菩萨，求

过菩萨了，菩萨说一定会保佑你的。

我看他这么想爷爷，就跟我老公说："你打电话给你爸，叫一部车子，或者叫我妹妹开车，去把你爸接过来。"他爷爷不肯来嘛，一直不肯来，说不去看他。

我又不能跟孩子明说爷爷不来。我说你爷爷年纪大了，身体不好。他回答我什么啊，他说："爷爷年纪大了，外婆也不是这么大年纪嘛，外婆怎么每天来呀？"我说爷爷身体不好。我们只能这样跟他解释呀，不能说爷爷不肯来看他呀。

爷爷就是不肯来看我们曹旦，我心里很生气嘛。曹旦这样要求他来看，他都不来看。

问：后来就很少去爷爷奶奶家了？

曹母：后来就很少很少去了。

那个时候曹旦刚开好刀，我婆婆正好也生病，她一开始查出来是结肠癌，后来扩散转为肝癌了，生病以后也都是我在照顾。我婆婆这个人不错的，很老实很老实，我公公比较厉害一点。她是有四个女儿，但是四个女儿都不去照顾她，女儿觉得妈妈没有用。我想我婆婆生病了，没人照顾，我还是要去照顾她的。第一人民医院的医生都跟我婆婆说，你家这个女儿怎么这么好，你那四个媳妇，好像不像话。后来我婆婆跟他说，其实你们说反了，这个是媳妇，那四个是女儿。人家医生都不相信。我婆婆开刀，我在医院里面一下子就陪了七天七夜，陪得我自己脸都要肿了。后来我妹妹过来看我，就说我："你神经病啊！她家有那么多的女儿，关你什么事啊？又不是你妈。"我说，话不能这样说，我把婆婆也当妈，自己的妈也是妈，人家的妈也是妈，我老公人这么好，我不能亏待他的妈，是吧。

问：婆婆来看过曹旦吗？

曹母：也很少，因为我婆婆胆子小，她过来勤了，公公要骂她，所以她也不敢来。偷偷来过，来过一下下，马上就走。要赶回去，要送饭给我公公吃。我公公现在要九十几岁了，老大学生，现在看来不得了。真的是，他很封建很封建的。

问：爸爸跟那边联系吗？

曹母：他们有事情是跟他说的。

问：您不怎么去他们那，但他们有时候喊您过去？

曹母：哎，会打电话，会叫我过去。住院啦，就我们对面的第一人民医院嘛，就是要我去照顾呀，那我也没办法，我说人在做天在看嘛，反正我只要做好媳妇的本分就可以了。

后来我婆婆走了，我公公心脏开刀，做了一个搭桥，一定要叫我带曹旦过去照顾他。其实曹旦那么小，也刚做完手术只有几个月。我说老曹有三个妹妹嘛，都在家里边，为什么不叫他们照顾？我还在上班，我做一天休息一天，我去上班一天，还要叫我妈妈来照顾孩子呢，你们还要叫我去照顾老头子啊。你两个女儿都退休了，你不叫女儿去照顾，叫我媳妇去照顾？女儿照顾方便一点，媳妇跟公公，有很多不方便，我公公又不是老得糊里糊涂的，那样帮他洗啊擦啊不要紧，他这么健全的一个人，你叫我媳妇怎么去帮他弄？我老公也不在，你说是吧。他说我就要你照顾，你照顾得仔细。我说我帮他请一个保姆，我出钱，他都不要，他就是要我去照顾。那老曹说也没办法，他指名要你去照顾，你有什么办法？我也没办法，我带了曹旦过去。

我有时候跟我老公开玩笑，我说老曹，你们家里人根本就是把我当保姆呀（笑），没有把我当自己家里的人，我上班的人，还要叫我请假去照顾，你又不在上海，其实我照顾曹旦还来不及呢，你说是吧。

问：很辛苦。照顾了几个月？

曹母：照顾了三个月，曹旦也在那边。我上班那天，就把他放在爷爷那边嘛。我跟爷爷说好，上班一天我要去的，我不请假，休息一天嘛反正我在家，我来照顾。我上班那天你们其他姐妹过来，我不管你们谁过来，我早上四点钟起来烧菜，烧好以后去上班。你们来的这一天就不要烧菜了，我都烧好。就这样他们还欺负我们曹旦。

问：他们做什么了？

曹母：那个时候曹旦还在吃恢复脑部的药嘛，我就跟他们说，早上我会给他吃好药，中午你们叫他，他自己会吃，你们不叫他，他记不住。你们就跟他说一下，"曹旦，饭吃好了，可以吃药了啊"，他就会自己拿着吃，吃多少他也知道，我都教好了嘛。晚上我下班回来，我给他吃。后来我公公说什么，他那么大的人了，二十几岁了，他不会吃药啊？自己的药自己吃，干嘛要我们提醒啊？我说他就是不知道，才要你们提醒啊，他要知道，聪明的，我都不跟你们说了。我说你就提醒他一下，他都不肯，他说我们不管的。

他们这样欺负曹旦，我心里边很气。后来服侍了三个月，我说我不过去了。但是，老曹国庆节的时候回来，我说，你还是带着曹旦去看你爸，他毕竟是你爸，是生你养你的爸爸，我是媳妇是外面的人，不要紧的，你要带曹旦过

去。我把水果啊营养品什么都买好，你爸毕竟心脏那么大的手术，做好也只有几个月嘛，你过去看一下他。

那一次看了以后，我儿子回来就说："妈妈，很怪，姑姑那边明明有油的，一下叫我爸去买一桶油来，一下这个没有了叫爸爸去买，那个没有了叫爸爸去买。其实我看着，都有的。"我说你小孩不要管大人的事情，你爸爸几个月没回来了，去买一点就买一点，爷爷年纪大了，帮他买一点也应该的。他说："他又不是没有劳保，妈妈你照顾我那么辛苦，你都不叫爸爸买。"我说妈妈自己会买啊，妈妈拎得动呀，爷爷年纪大了呀，拎不动呀。他说他们这样是欺负我们。我说你不要这样说，谁欺负我们啊？没有人欺负我们，我们也是年纪轻的，我们怕谁欺负啊。

那天我老公回来，反正很不开心，也不跟我说。后来要走的时候跟我说，反正你现在也解放了，他们不会再来骚扰我们。我问什么事情，我老公就告诉我，他爸跟他说："你这次是最后一次来了，从今以后你就不要来了，我也不想看见你，也不想看到曹旦。"就从这一次以后，我老公再没去过，曹旦也没去过。

嗯，有十一年了。后来他老爸就把房子卖了，跟大女儿住在一起了。其实那个时候我老公在炒股，叫他爸代炒的，股票账户啊都是我老公的。因为他老爸不能拿嘛，只可以操作，不可以动里边的资金嘛，就叫快递给我送过来了，他说不帮我们炒了。送过来的时候，我老公不在嘛，我就打电话跟我老公说，我老公说你就把它收下来，等我回来再处理。又过了几天，我老公的一个同学，不是在公证处做的嘛，跟我老公很要好嘛，他打电话过来说，我老公爸爸去公证了，把房子都给他大女儿了。那我说也好，只要他大女儿对他好，我们也无所谓，我们不一定要他的房产，我们做人不贪的，靠自己就可以了。

我老公有个妹妹，十几年大家也不来去的，现在也跟我们来去了。她在浦东，四年前主动到我们这儿来，带着礼物什么的，跟我们道歉，说以前对不起你，不应该歧视你们，看不起你们，其实你们家很可怜了。我就很客气地说："没什么，我们家曹旦跟其他孩子一样，我们没觉得有什么，你们不用说什么。"后来她儿子结婚，喊我们去，我不愿意去，给她带了五千块钱。恢复来去就恢复来去了，我无所谓的，我也不会主动跟你们干什么，其实来去了以后也没有什么的，就春节的时候，她来我们家一趟，我再去她们那儿一趟。平常一个月打一两次电话。但是其实，她跟我们来去也是有目的的，因为什么呢？她去年想把户口迁到我们家，她都六十几了，我说你为什么要把户口迁我们家来，其实就是因为房子。你想，她自己的房子给她儿子结婚住了，她把户口迁过来，等我们老了以后，曹旦又什么都不懂，那房子不就被她抢走了嘛，她肯定不会好好对我孩子，把曹旦往养老院一送。我说我还不如把房子交给国家，国家还能照顾我们家曹旦。我说："我不能让你迁过来。"我们一家三口一个户口很和谐的。我很冷静地跟我老公说，可以呀，那你先跟我办个离婚证，公证一下，后面的九点几个平方给你，前面二十几个平方给我，我跟曹旦一起有住的地方就好了，你想把她户口迁过来，我也不管。我曹旦不会给他们的，我肯定要自己带的。

去年，她突然打电话过来说，大女儿把他老爸送到养老院去了。我老公说送去就送去了。她说他姐夫在家里边一直跟他爸吵架。为什么事呢？她说服侍得怨了，不想照顾了。我说他爸又没有瘫在床上，他爸九十几岁了，身体很好啊，都是能自理的。她说反正不想他住在家里边，嫌他烦了，就把他送到养老院去了。

他老爸已经几次三番跟那个妹妹说想我们了。我说不是想我们，是想我照顾他了。因为我照顾他时，每天帮他洗澡，帮他家里边大扫除啊，他现在知道了，没人照顾他了，又要想我照顾他了。我说送去就送去嘛。后来我跟我老公说你去养老院看看他。我老公说我不去看。我说你干嘛，毕竟是你爸，你去看看他。他说，我一去看他，他肯定要跟我回来了，现在跟我回来，势必要你照顾。算了，你现在就把旦旦照顾好就算了，没意思了。

问：爸爸这边的亲戚已经不来往了，您家里这边的亲戚呢？

曹母：我们家亲戚都很好啊。我家里兄弟姐妹感情很好，我有一个哥哥、一个弟弟和一个妹妹，他们都很照顾我们，对我儿子很好。像我妹妹，每年都要给曹旦买衣服买东西，今年她去澳大利亚了，走之前把冬天的衣服都给曹旦买好了。我说你干什么啊，好玩吧？她说我买习惯了，先把过年的衣服买给他。他现在吃的这个保健品，都是我妹妹从澳洲带来的。我爸爸妈妈在黄浦的房子今年拆迁，因为他们去了嘛，属于遗产，就分给我们了。我说我无所谓的，你们分好了。我哥哥就说，该你的你就拿着。不像有些人家，因为这个还要吵架，我们没有的。

我妹妹的孩子小时候也在我这边。我妹妹做一点生意嘛，比较忙，有时候放假什么，都在我这边。曹旦小时候跟我妹妹的女儿在一起的时候比较多，好像也没有什么不同呀。我们也给他买了很多积木呀，搭积木呀，搭房子呀，买的小汽车啊给他玩，也没有什么别的呀。

我妹妹的孩子过来呢，我就关照她，水果什么都洗好了，到时候你们吃饭什么的，你要看着曹旦哦，不要给他多吃哦，他太胖了，要控制他饮食啊。她都做得很好，我妹的小孩其实比曹旦要小六七岁了，小六七岁她还会照看曹旦。

问：单位不知道孩子情况？考虑到什么没跟他们讲？

曹母：我是没有说。为什么呢？我老公在单位科里边做个头头嘛，说大不大说小不小。他是管生产这一条线的，生产任务完不成啊什么，人家上面厂长要找我老公的呀。怎么说呢，有时候总要得罪一点人。所以我们想想还是不要说，说出来以后，厂里边的工人有时候要讥笑你，你说是吧。怕人家说闲话，所以没有说。那个时候，厂里边一直叫我老公入党，叫我们入党，我说我们就不入了。后来厂里一直盯着我老公，我老公也写了入党申请书，那个时候写了入党申请书，不是要到家里边来做那个调查嘛。

问：就是怕厂里调查家庭情况，是吗？

曹母：来调查家庭的情况，他们就知道了。那个时候曹旦也有七八岁嘛，他们知道以后问："你干嘛不说？"我说有什么说头啊，我连我最要好的小姐妹都没有说过，单位里边没人知道。后来有一个跟我蛮要好的小姐妹，有一次突然到我家里边来，我跟我儿子坐着说话，说的时间长嘛，总有一点不是像人家正常小孩的交流嘛。她说，你小孩是不是智力方面有点问题呀？我说干嘛，没有。她就说："你连我都不说。"我说有什么说啊，没意思。她前几天打电话给我，说我要过来看看你儿子。我说有什么好看啊，他不是跟你女儿一样，两个眼睛一个鼻子一个嘴，没什么好看。她说你儿子蛮好的，我们来看看玩玩，到你家里边来。我说没什么好看的，他又没什么。哎，现在有的也知道了，嗯，大家退休了以后才知道。

问：您是有点排斥跟她讲这个话题？

曹母：嗯，我不想让单位里边的人知道。那个时候我老公不在上海，我们单位里聚餐啊什么，我都不参加。我评了先进，先进工作者有出去旅游啊疗养啊什么，我都让给人家，我说我不去。

问：单位知道了以后，为你们提供什么帮助了吗？

曹母：没有，那个时候单位里边效益不好，帮助的机会已经过了。我们车间里边，有个工人好像也有这种小孩，领导跟我们说呢，那谁谁谁，我们每年都补助他。我说，补助了就发财了？我又不要你们补助。

东央西告无学上

问：怎么想到把孩子送进普通幼儿园的呢？

曹母：普通幼儿园来招生嘛，那个时候我儿子也看不出〔智障〕呀，正常报名报进的呀，上了半年退回来了。我们读小学也是正常报名报进的呀，老师先到家里来嘛，先看一下他，也给他提了一点问题，他都回答得很好呀。

问：他喜欢上幼儿园吗？第二天有没有吵着说不要再去了？

曹母：之前挺喜欢的，包括上小学也是。但是到后来，老师骂过、打过几次以后，他就不肯去了呀。

其实，幼儿园时我们就发觉他智力有点问题，但是没有想到有那么严重。正常小学只读了一个月，老师说他不会写，问他〔问题〕倒是可以，但是写一点也不行，他就是大脑控制不了手。一般小学一开始都是教拼音字母嘛。老师说你们在家里面教他呀，你儿子拼音字母到现在还不会写。我说我们在家里一直教他，打也打过，骂也骂过，跟他好好地说也说过，每天拿他的手〔教他写〕，要拿一两个小时，但是他不行呀，有时候拿得他也恨，他说我手也被你们捏疼了。我说那你要自己写呀，他说我就是写不会呀！到现在都这样，他就是大脑控制不了这个手。

后来，有一次小便小出来了，老师骂他，骂了以后他就不肯去上学。我说你读书还是要读的呀。他说："他骂我笨呀，他骂我是笨蛋呀，骂我是戆度呀！同学都说我笨，都说我戆度，说我太笨了，我不想去了。"我听了这个话就反感，我说老师这样说你，你要争气一点。后来老师也让孩子退学，他说你儿子不行，又要小便小出，又不会写字，你不是拖我们班级后腿吗？……老师叫我们去智力测试嘛，好像只有 57 分，60 分及格。[①]

老师说你们到低智能的学校去，低智能的学校过去是两年招一次，不是每年招的，你们今年正好赶差了[②]，今年不行了，明年也不招，要到后年你们〔才能〕去报名。

问：老师骂他还打他？

曹母：嗯，打，拧他。他有时候给我说，妈妈，我这乌青也给他拧出来

---

① 根据 2006 年第二次全国残疾人抽样调查使用的分类标准及前揭《中国精神障碍分类与诊断标准（第 3 版）》，智商（IQ）70 以下为智障人士。

② 赶差了：方言，错过了，没赶上。

了……我们去问老师，老师不承认的。他说我们没有〔打他〕，要么是他什么地方碰的，我们怎么会拧他。

边上有一个小朋友，到现在也跟曹旦很要好，他说我们看见这个老师拧的。没用，我们只有自己出眼泪，没用……有时候心疼，算了算了，就不要去了，受气了。

问：跟他关系挺好的同学，他们平时怎么相处呢？

曹母：现在也没有，那个时候倒是经常到家里边来看曹旦，蛮关心曹旦的。他说，曹旦这个人很好很热情。现在看见曹旦也很亲热。但是我们也不会去打扰人家，人家毕竟是正常的，现在也结婚生子了嘛。到底曹旦智力也不如人家，你说是吧，时间长了嘛也没有那个〔联系了〕……

问：他邀请同学到家里来玩过吗？

曹母：没有。他那个时候，哪〔懂〕那个……现在他倒是会邀请阳光之家的小朋友过来玩，他会拿东西给人家吃啊。

问：〔别人骂孩子〕，您当时反驳过吗？

曹母：到什么地方去反驳啊？说啊，没用啊，他就开除你了呀，幼儿园也是这样呀。

问：就不让去？

曹母：不让去呀。那时候好像对这方面关心也很少，没有的。我多想让他上上小学，让他多识一点字啊。他大脑控制不了手，至少他认识这个字呀。我一直在跑，跑教育局，跑辅读学校，都没用。

到了后年，我们还是要想办法给小孩子读书呀，我就跑到虹口区教育局，在武进路这边。过去我儿子读的学校叫利某小学，武进路这边说利某小学没有把你儿子的名单退过来，你到利某小学去，跟老师说要把你儿子名字退到教育局。那我又到利某小学，利某小学说我们早就退上去了。那我就再到这边，这边说没有收到。又踢皮球，又踢过去，我就两边走，走了十几次，我说你们这样，你们打电话联系，到底是哪一边哪一个环节出了问题，是吧。就这样来回走，不知道走了多少次。他最后一次跟我说什么，你自己找到低智学校去，在不到大连路叫什么幸福村那边，你自己找过去。

我就自己找过去，人家说没有教育局〔证明〕我们是不收的，我们知道你是上海人还是外地人啊。我说我可以把户口簿带过来给你们看，我们是上海的呀，我们是虹口区的呀。"我们不收的，我们是教育局统一把名单送过来的"。哎哟，就这样兜圈子，走啊走啊，单位里面也请假，我一共走了一个多月，气得我……后来我说我不读了，算了，就这样，一直把他放在家里边。

问：没有上学，教他读书写字都是怎么教的？是按照课本吗？

曹母：没有。我一天到晚也很忙，那个时候我妈身体也不是很好，我上班一天休息一天嘛，有时候要带他到我妈那边去，帮我妈做做事。下午回来，我说曹旦看一下书哦，写一下字哦，他也给你瞎划一下的。我又没有空一直盯着他，我家里边的事情，家务也要做，就这样……

小人书过去买了多少啊，他看到后面嘛也撕掉……

问：你们给他做过什么学习方面的指导吗？

曹母：有。其实我儿子哇，你要说他记忆力还很好。从小我们教他的英文单词呀，苹果是什么呀，老虎是什么呀，自行车是什么呀，踢足球叫什么啊，都教他。有时候说难听的话，我现在年纪大了都忘了，他还没忘。

要他记住的东西哦，他记得很牢。他就这个写字，永远学不会，到现在连名字都不会写。我说你这个名字要学会写呀，他说我就拿不住这个笔。

问：有没有对他进行智力方面的一些训练啊？

曹母：训练啊？那个时候也没有地方训练啊，就是自己教教他呀。没有特别的训练。

问：后来就没怎么再教了吗？

曹母：没怎么再教了。

电视作伴独长大

问：能描述一下家里面典型的一天是怎么度过的吗？

曹母：我上班呢，是这样的，我早上一般六点上班，五点就要从家里边走。我很早起来的，有时候四点钟就起来，给他们弄好饭，我说你们起来洗脸刷牙，刷好了就吃。有时候衣服我都带到单位里面去洗，我在食堂里边做，烧饭烧菜烧好了，有空嘛我就洗衣服，食堂里面也有洗衣机，洗好了以后甩干，再背回来，只要晒一下就可以啦。这个时间，当中的时间，我也很节约嘛（笑）。

我到两点半下班，有时候〔会早一点〕。我单位里边不知道我曹旦有这个情况，但是我跟同事的关系都很好，有时候我说，下午我要稍微早一点走，两点钟我也会到家。

问：您上班走的时候曹旦还没起床。

曹母：没起床。我老公呢，他是常日班，八点钟上班，七点半从家里边

走。他上班前，照顾曹旦吃好早饭。我们上班这段时间叫楼下的阿婆照看一下。

曹旦从幼儿园退回来以后，我先叫我底楼的一个老太太帮忙。我说，阿姨，谢谢你，你就帮我带。我老公他是常日班，我尽量做早班，早一点去上班，下班就可以早一点。我每天还从单位里边带点心送给她，因为我没办法，为了要叫她帮我带小孩（笑），一直买东西送给她。后来她说一幢房子的，〔也不好意思拒绝我〕。我说你也不要去管他，就把他放在三楼后面房间里。你过一个小时上来看一下，〔让他〕不要闯祸，电啊、煤气啊什么〔不要乱动〕。我工资一分也不会少你的，该给你多少我还是给你多少。他一般胆子很小，不会动。但是，我到底要上班八个小时，家里没人我还是不放心的，他毕竟只有四岁。她就同意帮我带了。

后来我们底楼的老太也不肯带他了，因为有一次带他的时候闯祸了……

他大了，到十几岁以后，下午不肯睡觉，老太嘛下午要睡觉，她就让他坐在下面的门口，她说，你不要走噢。我儿子还是算比较听话的，他说哦，他就不走。前楼有一个比他小三四岁的小孩，奔过来就叫他戆度，还用一块石块丢他，丢了以后马上就溜。那个小孩一连丢了好几次。我儿子这种小孩对这个话，很敏感很敏感，就气得要死，他把丢下来的砖捡起来等着，那个小孩又不知道，又跑过来骂："戆度！"我儿子气死了，拿着一块砖丢他。

那个小孩呢，丢了四五次，倒是没丢到我儿子，有时候〔打到〕手啊脚啊，这个是不痛的。但是我儿子有准备的，你奔过来，他一块石头"噔"扔过去，正好扔在这个小孩眼睛这边，眼睛当场就肿起来了。

我也不知道，我在上班，六点下班，到家里要七点。七点以后嘛，人家家长就找过来了，他也不说他儿子怎么〔欺负我儿子〕，事情经过怎么样都不跟我说。他说，你儿子今天拿砖丢我儿子，把我儿子的眼睛砸得很肿，现在瞎不瞎还不知道。我说，要死了，怎么办?! 你赶快带他去看医生，开什么药，一切费用都是我来。但是现在已经七点半了，我儿子智障，再怎么样他没有什么过错，我先要赶快弄饭给他吃，我自己不吃不要紧的，小孩子不能饿。你现在先带你儿子去看，我给他饭吃好了以后，马上赶到医院来。因为我们对面就是第一人民医院嘛，很近的。

我跟他说好了以后，就烧饭给〔我儿子〕吃，我骂他，我说你要死啊，今天还闯这个祸！但是我又不能说底楼的老太，其实叫你带，你也要有这个责任哎，你要管好他。底楼的老太还不说实话，她说，你儿子不听话呀，用石块丢人家什么什么的。我说我儿子从小是我自己带大的，对面人家也带过，我儿子其实很老实，不是我自己帮自己的儿子，一般你不去惹他，他从来不会这样的。

第二天，对面两个邻居来跟我说："你不要给这家人家的儿子去看〔眼睛〕。"我说不行，我儿子把人家眼睛丢肿了。邻居说："你不要出一分钱，我们现在可以帮你们去作证，是他儿子一次一次地来骂你儿子，我们还跟他说了，叫他不要这样，他还是奔过来，'戆度'，用石块扔你儿子。哎，也巧了，你儿子正好扔中。"我说没有用啊，底楼〔老太〕也不肯说实话，你们帮我跟他去证明吗？她说我们帮你去证明呀，我们帮你去说呀。后来两三个邻居，因为他们都看见了，就跑过去跟那家家长说，你还好意思去叫人家小王帮你儿子看眼睛呢，你儿子一次一次用石块丢人家，丢了五六次。我们还跟你儿子说了，不要骂，不要用石块扔，你儿子还是用石块扔曹旦，曹旦最后一次实在气不过，才用石块扔你儿子的，这个石块还是你儿子扔过来的。后来他被人家三四个人说得不好意思了，他说底楼的老太她又没有说这些，就说是曹旦扔的。我说也无所谓了，你看了多少钱，我来付好了。但是他也不好意思让我出钱了。听到人家儿子拿石块扔曹旦，心里真的是很难受呀！但是没办法呀。

我们二楼的老太很好，她说："我家里面小孩也很多，我不能帮你带，我会帮你照看。"她的媳妇呢，那个时候生乳房癌，正好也在家里面休息，也帮我照看一下。天热的时候她就说："曹旦，到我们家里去吹空调哦，我们家凉快一点，你们家后面房间太热太热了！你要是中暑了，你妈妈回来要急死的。"他就不肯去，我说你为什么不去，你就去吹一个小时两个小时再回来也好。他说："不是〔我不想去〕，妈妈，我脑子不好，到人家家里去，人家马上要嫌的。"上海话说人家要嫌鄙①我。"我还是不要去，在家里面看电视，你给我冷着开水，我就喝喝，有时候阿娘②拿个冰冻绿豆汤上来给我吃。"所以我一直很感激她，她说："小王，你家里面有什么好的东西，都送给我了。"我说对的，因为你们对我的儿子好，比对我大人好，要好多了，因为我们大人是有思维的，样样东西都懂，他这个小孩又不懂，〔需要人照顾〕。哎呀真的是，说到他我真的是很难受的（哽咽）。

我买了一台电视机，不敢买彩电啊，要买黑白的，怕他眼睛看坏掉嘛，特

---

① 嫌鄙：沪语，嫌弃。
② 阿娘：宁波话，奶奶。

意托人家去搞了一台黑白的电视，放在后边房间里，他就整天看电视呀。我还给他搞一个小床，他累了也会休息。

问：从他七八岁到二十岁，就一直看那一台电视？

曹母：嗯。

问：他看电视是自己想看什么看什么？

曹母：一般我帮他，他自己也会看，他一般都看《同一首歌》，什么唱歌的，他喜欢看唱歌的。

问：他主动说我要唱歌给你们听吗？

曹母：他挺喜欢唱歌的。好多歌，那歌手我都叫不出名字，他都叫得出（笑）。

电视机里边，过去不是有《同一首歌》嘛，他就喜欢唱，他说："哎，我来唱！"里边唱他也唱，他说妈妈我唱给你听。

反正有唱歌的节目，他就说妈妈，我就看这个，就要听这个。后来时间长了，每天有唱歌的，我们都开给他看。

问：有没有想过培养他唱歌这方面的能力？

曹母：这个倒是没想过（笑）。

问：您下班了之后，两三点以后，基本上就是您在带孩子了？

曹母：都是我在带。回来呢，想教小孩子一点读书啊什么，教他读书还可以，但是写字，他就大脑控制不了手，写字不行。

他爸爸要到四点半下班，一般他们做领导的嘛，也是要开开会啊什么，到家里边要晚一点。我要烧晚饭，烧好弄好他才到家里边，六点以后到家里边，他也会管。

问：孩子什么时候学会生活自理的？

曹母：一般该学会的我就都教他了，他都会。

穿衣服啊什么都会，都不用教的，早上起来他自己的被子呢，在后面一间，他都叠得很好。他到阳光之家去，回来衣服换下来，他都会自己换好。

问：平时会帮你们做家务吗？

曹母：平时，有时候叫他做他会做。现在星期六、星期天阳光之家回来哦，我说你要帮我挑挑菜哦。他说好，包在我身上。那个时候剥毛豆啊什么都是他做，他都做得很好。

问：爸爸是什么时候派到厦门的？十几年都不在家。

曹母：呃，那个时候单位也不景气嘛，后来公司……曹旦四五岁的时候，他就派去了。

问：四五岁派去，差不多二十几岁才回来？

曹母：嗯。

问：时间很久。

曹母：哎，十几年。十几年以后还要派他到保定去，后来我们不去了，我说情愿下岗也不要去了，我一个人在家里边苦死了，你一年回来几次，每一次回来就半个月左右。回来他是一直乘飞机，大概三四个月他就乘飞机回来一次，总不放心啊，我一个人带着孩子，你说是吧。那个时候我还要上班。

问：爸爸在外面其实也很挂念家里。

曹母：呃，他电话是天天打，天天打，但人有时候不在〔家〕……有一次我家里边不知道怎么搞的，一点电也没有，只有后面一间灶间有电，那我怎么办啊？叫天天不应，叫地地不灵的。叫人家修，人家也说，你们家这个老房子，我们也不会搞，也不知道哪里有电。后来我打电话跟他说，他说我也不行，我刚回来过，〔现在不好再回去〕。那怎么办？我只有从后面〔房间〕拉一根电线，叫人家接一根很长很长的电线，从后面拉到前面，买一个很长很长的插线板，否则我这个电冰箱都没有办法用。我说我其他的不用，一个电冰箱你要保证我这个插线板可以用。那家里边的电呢？我说我前面用电最大的就一个插线板，电嘛，我就用一个台灯就可以了，其他的我都不用，不需要了。一直等他过了三个月回来才修好。

问：家里没有个男主人不行的。

曹母：哎呀不行。后来他说："我打电话叫我老爸来看一下。"我说不要不要不要，你老爸这个人脾气很怪，平时就对我们不冷不热的，我情愿这样，不要紧的。我说就等到你回来（笑）。

我到早上六点钟把曹旦叫起来，我说你睡到后面屋子去，因为我也不放心前面这个门开着，一天不在，你说是吧。就这样，我们还被后面一家那个小鬼，撬到我家里边来。

问：啊，什么时候呀？

曹母：我去上班啦，我把曹旦叫到后面去了，六点钟嘛，曹旦也不知道，天冷的时候还在睡嘛，那个时候〔小偷撬进来了〕。那一年正好也很巧，这个五斗橱是放在这边（手指向橱柜位置），我这个人呢有一个习惯，不喜欢把家里边的钥匙带在身上，我把五斗橱上面一个抽屉锁好，钥匙放在下面第二个抽屉里面。曹旦这个房间有个小窗户，这个小鬼就从窗户里边爬到我家里。现在我老公把它用板子封住了（笑）。那个时候我就觉得我放在抽屉里边的钱，怎

么三天两头要少？他不是一次性全部给你偷完，一次性全给你偷完，你要知道了。打个比方，我里边有五千块，他给你抽掉一千块，你说也不能说，要是你说给人家听，人家说十三点①啊，小偷不会一下子偷掉啊？只偷你一千块钱啊？其他钱，大头还在里边啊。我也不好说，只有哑巴吃黄连，自己往肚子里边咽。今天少了几百，明天又少了一千，就这样一直少钱。他撬进来后，就把这个门开开来再出去，再把门关好，窗户也给你关好，你一点也不知道哎。

少了大概一段时间，有几个月，怎么发觉的呢？那个时候要过春节，春节之前正好我老公要过五十岁〔生日〕，我妈妈说她也没有东西要买给老曹，因为老曹对我妈很关心的嘛，她说家里边有一个金戒指，我们去把它打成一个大一点的，送给你老公好吗？我说不要了，让他自己买，他在厦门也赚得到钱。她说你自己买是自己买，我们做大人的是一点心意。我说好的呀，那天就跟我妈一起去把金戒指打好，拿回来，我还是放在这个抽屉里面。我晚上打电话给我老公说，这次你过五十岁，我妈买了一个大的金戒指给你。已经拿回来了，在家里边五斗橱里。我今天放进去的，第二天我不是去上班了嘛，第二天晚上回来，我再开这个抽屉，这个金戒指也没了，又给他偷掉了。

问：然后就发现了。

曹母：这个是最明显的啊，我就在家哭啊，哭。后来我们二楼的叫我，问我干吗心情一直不好，"我发觉你这一两个月一直心情不好"。因为我们二楼的一直跟我蛮好的，我说我有好多话不敢跟你们说，说了以后我也怕你们多心哦。最近一两个月我家里边一直在少钱，不是少很多，打个比方我五千块放在抽屉里边，等第二天我下班回来数一数只有四千块了，再过几天又少了几百块，再过几天又少了几百块，就是这样少。给你说你会相信吗？要是有小偷偷，人家小偷只偷你一千块？但是昨天晚上，我妈给老曹买了一个金戒指，我放进去，今天我下班回来，金戒指也没有了。她说你去报警呀，肯定要报警。我说还好金戒指偷掉了，发票没偷掉，发票还在。我也很笨的，从来没有报过警，怎么报都不知道，后来我就打电话给我妹妹，我妹妹陪我一起到派出所去报警。

高阳路这边有一个专门管治安的派出所，警车把我送去，还要做笔录嘛，还训我嘞。他说自己家里边的东西都管不住……你怀疑是谁？我说我怀疑我们后面房子的那个小家伙，叫赵小某。

---

① 十三点：方言，此处指头脑不清。

本来三楼都是我们的，我老公的爷爷用五十二根大条从日本人手里顶下来的。"文化大革命"嘛也很乱，就收掉一间，也很小，只有七点几个平方嘛。这个后面的小家伙是农村里边的小孩，不是我看不起农村的小孩啊，他连我儿子的钱也要偷。我儿子有一个储蓄罐，他说，妈妈这个储蓄罐让我拿到后面去，里边的钱我可以倒出来数啊。我说哎呀管他呢，反正最多就是一块的嘛，一块的、五毛的，还有五分、一分、两分的，反正很大一罐。那天怎么会发觉钱没有了呢？我早上帮他烧好弄好以后，要去上班，坐车都要投币嘛，一看皮夹子里边，哎呀，没有一块的了，怎么办？"曹旦，把储蓄罐里边的钱拿过来，给我拿两块钱，我要坐车。"倒出来一看，怎么五毛的一块的都没有了？连一毛的也没有，只有五分的、两分的、一分的在里边。我说，曹旦这里边的钱呢？他说什么钱，我说你这个储蓄罐里边的钱呢，他说我也不知道，反正就是赵小某说他帮我数，每一次数好了以后，拿过来摇摇我就觉得钱少了，到底少多少我也不知道。他把里边的一块的五毛的都拿走了，包括一毛的也拿走了。他那个时候在读职校，好像比曹旦大。

我说今天不跟你说了，上班也来不及了，已经七点钟了，我就走了。但是回来以后曹旦就哭呀，跟我说："赵小某今天把我的饭也吃掉了！"我那天给他做的是扬州炒饭嘛，火腿肠啊鸡蛋啊青豆啊一起炒的。我说，怎么把你的饭也吃掉了？赵小某就装了一点白饭在这边。曹旦也坏，他说这个饭我也不要吃，我就给我妈看，你把我的饭吃掉了！哎哟那一次弄得我光火①了，我就骂赵小某，我说你是人还是畜生啊，曹旦的饭你也要吃掉啊？弄得曹旦一天没吃！你要吃你跟我说一声，我多炒一点，你不能把他的饭吃掉啊，他饿一天啊！

派出所问，我就把这两样事情说了。我说我怀疑就是他，因为我们住在这个房子里边几十年了，从来没有小偷的，过去天热的时候，大家都开着门睡觉，也没有这种事，所以我就怀疑是他，我们一幢房子里面就他家新搬来的。不是我歧视新搬来的，反正从他家搬来了以后，我们一幢房子里边，出了很多事情。

那时候，这个小家伙正好要冬季考试嘛，警察说过几天，我们知道了，我们会了解情况。大概等他考试的最后一天，考好了，派出所直接把他从职校带走，带到公安局里边去问他。到底也是第一次〔被抓〕，他都交代出来了，都是他偷的。哎哟，后来派出所说，你这个女人，很糊涂的。他不止偷了你这一点呐！我老公的名牌衬衫什么都给他偷掉了（笑）。

---

① 光火：沪语，生气。

问：你没发现是吗？

曹母：没发现呀（笑）。他说你们家还有一对帕克表，那个时候是人家送给我老公的，一对嘛，都给他偷掉卖掉了。这一个金戒指我发票还在呀，十几年前，三千多块，他就七百块卖掉了。

问：现在你们一家人的一天都是怎么过的呢？

曹母：现在嘛，有时候早上起来，我就在阳台跟我老公两个人锻炼锻炼身体，过七点钟叫曹旦起来。曹旦生活蛮有规律的，每天早上要坐马桶方便，好了以后他再自己洗漱，吃早饭，然后上阳光之家。

问：您送他过去或者是叔叔送？

曹母：我送他过去，多数是我送。〔这次我脚被开水〕烫〔伤〕了以后，他要我送，我说妈妈脚不行，都是他爸送。

问：爸爸妈妈在对他的照顾呀，看病呀，还有教育方面有没有什么分歧？

曹母：一般没有，他爸爸好像都听我的。

问：曹旦表达过爸爸妈妈辛苦了，我爱你们吗？

曹母：会，会说。

特别是对我，对他爸爸倒很少。他爸爸毕竟十几年有时候不在嘛，一年只回来几次，几十天就走了，对我他倒是〔说〕：妈妈，您辛苦了。他会说。

问：听到这个是不是感觉很欣慰？

曹母：很欣慰很欣慰，到底好儿子也长大了（笑）。

重返集体欢笑多

曹母：九几年的时候，我们单位也不景气嘛，要解散了。我老公是公司里边派到厦门去的，在那边做经理。后来领导说要么你也跟着一起去吧。我说，我也要去外地？我从来没有住过，我要去看看，住的习惯我就去，住不习惯我还不能去。但是我还有一个要求，我要把我儿子一起带去，不带去我也不去。领导同意了，他说可以，你先去看一下。后来去了，那边空气啊吃的倒是还蛮习惯的。我说，曹旦你要在爸爸这边吗？他说好。我们就在那边待了一年半。

到厦门，我们认识一个区委的组织部部长。他说，你儿子在这边，要不要给他读读书啊？因为他也知道我儿子智力方面不是很好嘛。人家厦门人也是跟我们上海人真的不一样，真的很……看见我儿子很热情很热情的。我说我们从小没有读过书啊，他从小在上海读书，连老师都骂他是戆度，我儿子好像很自卑的，我们不敢去。他说我们这边的学校很好的。就读了好像七八个月。

问：在什么学校读的？

曹母：培智学校，厦门的弱智学校叫培智学校。读了七八个月，也是我早上送过去，下午接回来。倒是真的很好，那边的老师也很好，跟我儿子关系也很好。

问：哦，您去过他们学校吗？

曹母：去，我每天去，我每天要去接送他的嘛。

问：他们都教什么呢？

曹母：哎，也是语文啊，算术啊，还有教他们画画啊，唱歌啊。他们那边外国人也很多，新加坡太太啊，美国太太啊什么，也经常去。

问：哦，曹旦喜欢那里吗？

曹母：也喜欢。但是厦门呢也有一个缺点，有暴力倾向的小孩也在里边。

读了七八个月以后，我说我不想去了。曹旦也要二十多岁了，十年之前。后来我姐姐的女儿结婚，姐姐打电话叫我们回来吃喜酒，我就跟曹旦回来，他爸爸没回来。我跟我老公说，我不想到外地待的时间很长，我跟曹旦还是在上海吧。你在外面也奋斗了十几年了，你有机会嘛〔也回来〕。曹旦爸爸再待了一年也回来了。

后来公司又派他到保定，保定我老公待不惯，他说厦门倒是还可以，因为他宁波人嘛，厦门海鲜也很多，北方待不惯。保定去了半年，他就说算了，不要做了。我说你回来嘛，正好退休了嘛，就不做了。

问：在厦门读了七八个月，后来为什么不去了呢？

曹母：我们户口不在那边……其实我们一共在那边待了一年半嘛，我哥哥打电话给我，说既然你们在那边〔读书〕嘛，我在上海给你〔介绍去〕儿福院嘛，儿福院里边也教读书的。后来就这样，到上海以后就到儿福院去了。

儿童福利院就是在幸福村那边，大连路这边。我说你要去吧，曹旦说要。要嘛后来我〔就送他去了〕。其实那个时候二十多岁，人家都不收了，我哥哥也是开后门进去。进去了以后，校长说你儿子长得那么干净，那么标致，〔怎么会〕过来……

在儿福院待了大概五年。那边的唐老师啊，还有一个叶老师，倒是跟我关系很好（笑），到现在也是，有时候也联系。教他们唱唱歌啊，画画啊，写写字啊，我去看过。他们也是没有指标的啦，就这样教教。

　　二十几年之前，我就做志愿者嘛，在街道里边也是做智亲会的主席。阳光之家成立以后，街道领导找我谈话，说你本来就是协会的主席，你还不支持我们的工作啊，你应该把曹旦弄到我们阳光之家来。

　　问：你们的协会是什么协会啊？

　　曹母：我们是智力亲友协会。

　　我们还没去厦门时，就已经在做了。当时街道里边没有人嘛，有一个搞街道工作的干部找到我。我还在上班，曹旦好像也只有十六七岁吧，没有读书，在家里边。居委干部跟我说，你们曹旦可以拿残疾证，你要去办啊，要办就要给他去智力测试。我说可以。就带他去智力测试，测试了以后就发残疾证了。

　　刚拿残疾证嘛，哎，他就找到我，说你能不能出来搞搞残疾人的工作。我说我还不懂，还没入门啊，我曹旦也刚拿到残疾证，这个叫什么我都不知道。他说不要紧的，反正我们一起嘛。他说你好像很关心残疾人，有些人家不是很关心。他说就是要你多去关心他们什么。

　　后来，一下叫我到市里边去开会，一下叫我到区里边去开会，那个时候我也傻傻的，也不大懂。接触得多了嘛，也就知道了。

　　问：您答应去是什么原因呢？

　　曹母：答应去嘛，我后来想想嘛……他们看我一直对曹旦那么好，他说人家有这样的小孩，做家长的排斥也很多很多。现在我们阳光之家里，不关心小朋友的家长也很多。有时候我们就找他们家长谈，你不能这样对小孩，这个小孩生下来就是一条生命，你要很好地对他。

　　我们一直〔把曹旦〕放在儿福院，好像每天都有外国朋友啊，反正三天两头跟他们一起搞活动啊，一个星期总有两三次吧。他觉得很开心。我说街道里边已经跟妈妈说了哦，要支持阳光之家的工作，阳光之家人很少，要叫你到阳光之家去。他说我不去，我在儿福院很开心。

　　那时候刚开始办阳光之家，还没有〔提供〕吃饭。我们分块的嘛，我们是属于嘉某街道的，但我们家又是离嘉某街道的阳光之家最远的，我们家对面就是川某街道了。我说不是我不来，你们这边要有吃饭，我就早上送过来，下午接回去。你这个中午还叫我接他回去吃饭，吃好饭还要叫我再送过来，一天叫我接四五次，走一趟要半个多小时，不行，他现在儿童福利院很习惯。街道说你平时做义务的也在做。我说这个是两样的，这个是每天要这样，不行。街道领导说："你本来就是协会的主席，现在阳光之家人很少，人很少的话就要并到其他街道去，你还是把曹旦弄过来吧。"

阳光之家原先是在虹镇老街这边，后来搬到天宝路。领导说我们现在也有饭吃了嘛。我说我支持你们的工作，我还是过来吧。儿福院也放暑假寒假嘛，我等曹旦儿童福利院放假的时候，呢，7月1日过来，待到8月30日，我每天把他带过来，试试看。这两个月的时间，我看他在你们这边习惯，还是在儿福院习惯，要是在你们这边习惯，我就把他放在你们这边，回掉儿福院。我说我到儿福院每个月还要付四五百块呢，还要有费用呢，在你们这边我一分也不要出。当然了，小孩子习惯在哪一边，我们也根据他的兴趣爱好，不要为了大人省一点钱，不管小孩子的感受，我也做不到。

到放暑假了，我说曹旦，今天妈妈把你带到阳光之家去，你跟同学一起玩，去半天也好，去一天也好，随你。你在家也没意思，整天看电视，没劲，妈妈要做事，要烧饭，要洗衣服，也没时间陪你说话，那边有你们好多小朋友。妈妈在那边等你，在那边陪你。他说我又不认识的，他们马上看不起我。他老是说人家要看不起他。我说不会的，人家都跟你一样的，不会看不起你的。他说那好吧，我们就去吧。

去了以后，第一天还可以，第二天他就觉得不好，因为阳光之家跟精神病的阳光心园在一起。他说妈妈我不要去……我说你干吗，你不要去跟阳光心园的小朋友说话就可以，你跟你阳光之家的小朋友说话。

但是那边几个阳光心园的小朋友呢老是要找他说话，老是要跟他……他们跟你说话，你也不要拒绝人家，你拒绝人家，有时候春天到了，精神病要发。

这个事情呢，到现在我们正副主席跟街道里边开会，也一直提出来。我说你们要想办法，把精神病的跟阳光之家的小朋友分开；不分开，万一出了事情就不得了。这个事情不是因为我做主席要这样提出来，其实我也在替其他小朋友担心，因为这种小朋友不知道什么时候发病，不发病的时候是正常的，发病了你也说不清楚，你说是吧。阳光之家的小朋友没有这种现象，不会打人不会骂人。

有一次精神病小朋友发病了吧，对着我家曹旦的胸口就打了两拳。曹旦说我坐在那边看电视，他就过来打我两拳。曹旦这个人呢，他回来也不说，但是我去接他的时候，老师不敢不说，万一小朋友晚上有什么事怎么办。他说曹旦要是叫胸口闷啊什么，你晚上带他去看一下医生。我说为什么，他说今天程小某打了曹旦。我说干吗打他，他说程小某发病了嘛，我们也控制不了。后来我晚上问曹旦，有什么事吗？他说没什么，我说没什么就算了（笑）。

问：他刚开始因为这个有点排斥去阳光之家，后来就习惯了？

曹母：就是啊，后来就习惯了。

嗯，〔叫他〕不跟他们多接触，但是他这个人呢，又很喜欢热闹，也很热心，人家跟他说话，他说我也不好拒绝人家。

后来，两个月待下来，他倒是也蛮习惯的。哎，跟这边的小朋友也相处得很好。后来我就回掉了儿福院，一直在阳光之家。

问：他现在是每天自己去阳光之家吗？

曹母：没有，我送他。我们这边呢，要经过海伦路，再物华路，再过去〔才到〕。海伦路这边车子很多，现在又有隧道嘛，但是没有红绿灯，我不放心。他是说妈妈，我那么大了，你不用送我了。我说我〔不放心〕。他们阳光之家有一个小孩，在靠近海伦路这边过马路，就被车子撞了，车子也逃掉了。你说我能放心吗，我不放心啊。所以我每天去送他接他。

问：从小到大他没有自己去过哪吗？

曹母：没有。

问：都是您接送？

曹母：嗯。

问：他在阳光之家每天都做什么呢？

曹母：星期一，有一个小苹果艺术团的团长，来给他们上课，教唱歌；星期二，外教老师来给他们上英语课；星期三，一个美术协会的教他们画画；星期四，我跟曾老师两个人去帮他们上课；星期五，现在我们周老师请了一个教练，教他们打高智尔球。①

问：活动挺多的。

曹母：我们阳光之家活动挺多了，也很丰富，我今天早上也在那边一个上午（笑），带他们去看电影。下午阳光之家组织活动嘛，到王子与公主 KTV 去唱歌。

问：他们上课之余做什么呢？

曹母：有时候，阳光之家有个老师会教他们串珠啊，做一些小的手工艺品。但是曹旦这个手很笨的。我最感动的一样事情是什么？有一次他们老师教他们串珠，聪明的小朋友呢，还会做小鞋啊这种工艺品。我说曹旦连串珠珠〔都不会〕，你叫他穿进去他都不会啊！那个老师很有耐心的。他说，今天我来

---

① 高智尔球（Wiser）：一种球类运动。团体赛分红白两队竞技对抗，每队各 7 名队员，7 颗球，每人击打 1 颗球，每球直径约 90 毫米，重约 168 克。该运动不需专业场地，对抗性不强，比较适合体弱者和中老年人。

教你儿子，我们还要比赛呢。我说你怎么教他呢，他说我就教你儿子把一个一个的珠珠穿进去。我说他肯定一个也穿不进，为什么？我儿子我太了解了，他就是大脑控制不了手，你叫他一个手拿这个线，一个手串珠，这个洞那么小，他穿得进去啊？肯定没有这个〔可能〕。他说你在边上看着，你不要话多，我们已经教过他好几次了，他现在已经可以串进去很多了。我说今天我倒是要看看。我坐在其他台子上，你教他。

他们就一人发一个小篮子嘛。老师说曹旦现在开始比赛了啊，你要多穿一点，争取拿一个名次啊……后来他就穿穿，哎，穿得那么长啊（手比划），一个一个的很小的珠珠穿进去，哎哟，我真的是感动得眼泪也出来了（笑）。他这个动作从来不会做的。

夸他啊！我说哎哟，曹旦，你现在好棒啊，珠珠也会穿了。

他说，妈妈我今天很开心的，我今天得了奖了，拿了一个洗衣液。他得的奖，我们都在冰箱边上贴着。

问：他回来之后，跟您说自己在阳光之家做了什么吗？

曹母：说，因为我们要培养他记忆力嘛。我说，你每天回来要跟我们汇报中午吃的什么菜，吃的什么〔饭〕。他每天会回来说，哎，今天是吃的什么，今天或是吃的馄饨，今天吃的面……我说馄饨里面什么芯子①你还要说出来。哎，（笑）他都会说。我说我们不是要了解什么，你不能说错，说错我明天打

---

① 芯子：指馄饨馅。

电话问你老师哦，你不要忽悠我们哦。

问：平时不去阳光之家的话，你们都会做什么呢？出去玩吗？

曹母：出去，有时候也带他出去。其实他们这种小孩很孤单的，小朋友的家长也很孤单，我们喜欢把他们像亲子游一样〔组织起来〕，这次跟周老师呀，阳光之家〔的家长们〕，我们自己组织，15 号、16 号、17 号三天，我们准备带他们出去旅游。他们阳光之家有一个小朋友刘小某，父母都是中学老师，一个是编数学教材的，一个是教语文的。我问刘小某，这次跟你爸爸妈妈出去玩开心吗？"没有劲……"他说，"我就玩了三天手机。"我问为什么，他说他们都是老头老太，我跟他们没有话（笑）。所以后来周老师说，我们自己组织，带小朋友一起出去，小朋友跟小朋友之间有交流嘛。我跟刘小某爸爸说，你带小刘出去玩，都是年纪大的老头老太，这次我们组织，你去吧？他说去去去（笑）。

其实他们小朋友跟小朋友之间交流很多的。他们也会问啊，你爸爸今天在干吗啊？哎今天你们家吃点什么啊？你妈妈最近身体好吗……他们也会问，也会关心。

问：曹旦这样主动跟人家交流吗？

曹母：他一般不大跟陌生人交流。跟你熟悉了以后，他很热情很热情。

他一般不说什么话。有个小朋友过去有一点自闭症，但是我们每次星期四去上课，尽量叫这个小朋友起来回答问题，有时候他不肯，我说不行的，我们上课每个小朋友都要回答问题的，就是要让他多说话嘛。哎，这个小朋友倒是跟我们曹旦很要好。中午吃饭的时候他们是随便坐嘛，他每一次都跟曹旦坐。"妈妈你不要〔小〕看韩小某哦，韩小某打乒乓打得很好的。"曹旦说，"他不跟人家说话，他跟我很好的，他还叫我曹旦哥哥。"曹旦哥哥（笑）。

问：挺好的。平时你们出去买菜啊什么的，他会主动跟你们一起去吗？

曹母：也会。

问：下去走走？

曹母：会。有时候我说带你到超市去哦，"你带我去我就去"。因为他小时候有一个阴影，过去弄堂里边就有一个小店嘛，有时候喊他去买一包盐啊，买一瓶酒回来烧菜啊什么，他都做得很好。每一次去，他问妈妈要找钱吗，小店里的人也是认识的嘛，我说你给他好了，他找的钱你拿在手上就可以了。叫他去买过十几次，那个时候很小，大概四五岁。后来有一次我家里边醋没有了，我说曹旦，我给你钱，你去买一包醋，今天就买一个小包装的就可以了。我给他钱去买，钱给人家抢掉了。在弄堂里面，具体在哪里我也不知道，他就哭着跑回来了，他说谁谁谁，把我的手掰开，把钱抢走了。我说你认识吗，他说不认识。但是就给他留下一个阴影，从今以后我再叫他买东西，他就不去了。他说不去，有人要抢钱了。

从那一次抢过钱以后，他就不用钱，不要钱。我们有时候给他钱，他不要，他说我要买什么我就会跟你说，会跟你大人说。

问：你们有想办法让他克服这个阴影吗？

曹母：有啊，他就是不要啊。他要买什么东西，"妈妈我们到超市去买什么买什么"。我说下次你自己去。他说我自己不去，我情愿不要。

问：他出去参加过工作吗？

曹母：没有，没有工作。他是不行的（笑），参加工作他肯定不行的。

其实儿童福利院也有一个校办工厂的，人家说要不要给你儿子到这个校办工厂去做，我说不要不要不要。为什么？我说我儿子动手能力很差的。人家不知道，人家看他卖相什么都很好。我说我知道，他不行的，他动手能力不行的，你们这个儿童福利院我进去看过了，也都是做什么手工的，拧拧螺丝啊……他不行的。你们不知道，他到现在连名字也不会写，他是大脑控制不了这个手。

问：您觉得阳光之家还有什么地方需要改进吗？

曹母：第一个要改进的，我想最好不要跟精神〔疾病〕的〔学员〕在一起，总怕受到伤害，你说是吧。

还有一个，最好解决智障小孩的养老问题，为他们建立养老院。他们这种小孩，说难听的话，精神病不发他就是正常人，他们这种小孩永远是稀里糊涂的，跟任何一种残疾人在一起总是吃亏的。

本来我还想叫我妹妹的女儿照顾他，应该是蛮好的，但是现在不可能了，她嫁到澳大利亚去了。她是说下次也把曹旦弄到澳大利亚去，但是曹旦他的国籍在中国，可能吗？他所有的关系都在上海，不可能的，你说是吧。所以对他的养老问题其实我们很担心的。

问：您考虑过以后孩子怎么办吗？

曹母：我跟他爸爸两个人商量，我说我们现在就要想好，我们下次一个也不要靠，不要去靠人家。我们两个人要有一个走了，另一个就把他一起带到养老院去，哪怕身体很好，也要带他去，房子啊什么都交给国家。为什么？给他有一个过渡期，适应期。我们两个人对他是很熟悉的，你要是等我们两个人都走了，他一个人也不知道怎么办，到一个陌生地方，他也很怕生。

问：考虑过孩子的婚姻问题吗？

曹母：没有，这个没有。他也没有这个设想。他不像有种小孩，好像到了岁数，像发花痴一样的（笑），他没有。

问：您对自己还有社会有什么期待吗？还有什么别的打算吗？

曹母：打算倒是也没什么打算，我就是希望为他们建立养老院。

问：现在享受国家的福利政策吗？

曹母：每个月他拿一千多块钱重残无业人员生活补助，就是他的生活费呀。以前刚拿残疾证的时候，每个月只有一百块补助，我记得他拿了十年二百八十块补助，现在慢慢涨了。还帮我们装了一个抽水马桶。逢年过节，没有什么额外补助，哦，去年过年的时候另外给了五百。

曹旦有高血压，可能是遗传我，也好多年了。我们也定期给他量量血压什么，每天吃药，现在也好一点了。从今年开始曹旦医药费可以全部报销了，去年好像每一年只可以报八百块。

阳光之家是免费的。中午吃一顿饭，过去〔午饭〕是免费的，后来好像其他街道提意见啊，所以我们现在自己也出一点钱，每个月只要六十块钱。

特奥运动老有劲

曹母：我每个月要到区里边去开两次会。我们区里边的一个主席周老师嘛，她就说，我们要把小孩子的智力也搞一下哦，再提升一下。我说我们办一个腰鼓队。她说怎么会办〔得好〕，正常人敲腰鼓也敲不会，她说你〔怎么教他们〕。我说我们一点一点来。这个腰鼓队我们成立也十几年了，就是一个手一个手拿着他们的手教他们哦，就这样一点一点地教起来的。所以她说王老师你真不容易（笑）。

我一直带曹旦去参加虹口区的腰鼓队的，我还是里边打大鼓的嘞。因为要我们正常的老师领鼓嘛，带着他们一起敲嘛。我们自己先去外面学，看人家怎么敲，敲敲看看，再问人家，问了以后回来教小朋友。那个时候呢，最主要想培养他小孩子的智力嘛，一点一点地手、大脑协调协调。但是曹旦这个协调到现在还是不行，他这做不好。有种小孩已经敲得很好很好，跟正常人一样了，还敲出花式，我们都教他们。

问：这是在特奥前还是特奥后？

曹母：特奥前就成立了，特奥前两年吧。后来07年，我们在特奥开幕式上打腰鼓了。前两年其实也没有想到可以参加特奥，国际特奥会在上海召开，你想去参加这个开幕式？你想也不要想。我们就是尽力给他们训练好，训练得要整齐，花式要敲出来。特奥前半年，我们开始申请〔参加开幕式表演〕。我们还有一个打哐哐器的老师，我是打大鼓的老师，大鼓的老师先要敲三下，哐哐器再开始"哐～哐～"敲。我说你们敲整齐了，我们可以跟上面说〔申请参加特奥〕，你们敲不整齐我们怎么跟上面说？上面还要下来检验呢。

问：腰鼓队是怎么训练的呢？

曹母：训练也蛮艰苦的。〔为了参加特奥〕，另外又训练腰鼓的。有时候早上就打腰鼓，这个腰鼓队是虹口区八个街道的小朋友里选拔出来的嘛。我们是每个星期六、星期天两天，去区里边〔训练〕。星期六、星期天就是打腰鼓，保龄球是平时训练的，那个时候也很忙。

星期六、星期天小学休息嘛，我们借密云学校的操场，也训练了有五六年嘛。在这五六年中间呢，人家邻居意见很大，因为这么多小孩敲起来，声音也很响。敲得整齐的时候，人家听听还有一点乐感，敲得不好，你再教他们的时候，咚咚咚这个声音也很吵的，人家邻居也很烦的。现在我们最主要的就是星期六、星期天在区里边，区里边有一个房间，我们把门窗都关着。否则人家也要有意见，跟你说烦。

那个时候电视台也一直来拍，一直来跟踪你们到什么程度了。后来在上海万体馆参加开幕式的时候，曹可凡是主持嘛，说：王老师，我这个耳朵也给你震聋了。（笑）我说我其实也不要站在你边上，你也胖我也胖（笑）。

问：曹旦训练的时候是您手把手教他的吗？

曹母：手把手哦，这个上海人说"吃生活①不知道吃了多少"（笑）。有时候他打得烦了，拿着他手烦了，不弄了，他把棍子也摔断了（笑）！他说烦死了，不参加了，手也敲痛了！我说你不参加了是吧，人家去的时候你不要妒忌，想参加的人很多了。〔他说〕哦……再来再来。

都是一点一点地教，每一个小朋友都是这样，需要好久好久时间。确定去〔特奥〕了以后，不仅星期六、星期天，每个星期二、星期六、星期天都训练，有时候星期六、星期天全天。一般早上八点开始，中间还要给他们休息一下，喝喝水啊，上上厕所啊什么。有时候要持续到下午两三点，三四点，也很苦的。

---

① 吃生活：方言，此处指吃苦头。

多增加了一天的训练啊，都要跟每个阳光之家的老师打好招呼，要给他定好饭，〔他们〕回阳光之家吃中午饭。下午给他们休息一下……他们这种小孩就是你训练了，等第二天他们就会忘记，要反反复复给他们训练。

　　问：曹旦跟整个区的小朋友们都在一起，他结交新的朋友吗？

　　曹母：有有有。他们这种小朋友在一起的时候也很开心哎，会打招呼，会交流，他们话很多的。他们其实有时候倒跟我们交流很少，他们碰在一起交流很多。

　　你这个打错了，应该怎么打……他会说（笑）。他有时候就说，你这样一直敲错，我妈妈来了又要训你了。

　　问：他喊过好苦啊，不想练啊什么的吗？

　　曹母：喊过。他说没劲没劲太苦了。我说你这个就叫苦啦（笑）！

　　他说有劲还是蛮有劲的，为什么啊？小朋友在一起，他们喜欢闹嘛，说难听的话，平时在家里也很孤单的，你说是吧。有时候我们给他们休息半个小时哦，哎哟他们好像很开心很放松，在一起交流啊玩啊很开心的。

　　问：特奥开幕式之前，你们先到那个场地看过吗？

　　曹母：先到场地训练啊，也去排练好几次，我们大概去了四五次。好几次都是区残联包车过去的，这个还可以。有时候训练好去那边走场，一直到晚上十一点多钟才到家里边，那个时候小朋友也很辛苦。

　　排练不及格了，他也会回掉你，所以我们叮嘱他们啊。我说，你不要看你们哦这样打〔很累〕，我们老师还要辛苦嘞，还要帮你们去挑衣服买衣服。有时候衣服买回来，上面还要搞一点花色，我在我家里边借了两个缝纫机，几个老师过来大家一起修改。

　　问：正式表演那天，孩子们有没有说很紧张啊？

　　曹母：孩子们说很紧张，但是他们紧张一会就过去了（笑）。他们就是高兴。他们说很紧张，然后一会就很高兴，哎呀上台表演了。他说妈妈，今天不好出洋相啊（笑）。知道，他说我敲得轻一点，不能出错（笑）。他也蛮精的。

　　开幕式第一个〔表演〕，第一个很闹嘛腰鼓，哇哇哇上去。大家都结束了以后一起出来的，在里边吃的晚饭。

　　最后一次正式表演，就是我妈病危的时候（哽咽）。那时我家里边人也很支持〔我们去特奥〕，我妈病危了，在医院里边抢救好几天了，我妹妹都没有跟我说。最后一天妹妹就老是打电话，打电话打不通，打到家里边我老公接的，他说我不在，还没回来，还没回来……一直等到晚上，那一天晚上十二点钟到家。到家以后我老公跟我说，你快一点跟你妹妹打个电话，你妹妹今天打了好几个电话过来，不知道什么事，她也没跟我说。我就说你带旦旦出去表演了。后来我电话打过去，我妹妹就哭了，她说老妈病危已经好几天了，你过来吧。

当天晚上我就过去了，我把旦旦洗好弄好，我说你睡觉，我过去。我老公说我跟你一起过去。我说不要，旦旦在家里边，我跟你过去〔谁照顾孩子〕？我叫部车子过去。过去以后我妈妈已经昏迷了，已经不知道了，〔没有意识了〕。

我妹妹说："我知道你这几天一直为了特奥，带旦旦在那边排练啊，训练啊，所以我们也没打电话给你，反正老妈这个病也好长时间了，但是我知道今天是你最后一天，我不知道你什么时候回来，所以我一直在打电话给你。"唉……

开幕式以后，我妈拖了蛮长时间，她一直处于昏迷，后来就成植物人嘛。特奥表演结束了，区残联为了慰问我们这些老师，给我们到南京去旅游了一次，我就请假说我不去了，我妈已经这样了，我不去。我有这样一个小孩，我妈平时最照顾我，最帮我，我妈从来不带第三代，但是我这个儿子她就帮我带。我要上班，她都会帮我带。我跟我妈感情很好的，不可能丢下我妈不照顾。

区残联有位老同志好像很不理解，他说你们医院里边也请了护工什么啊。我说请了护工自己家里人也要在呀，不知道哪一天我妈就走了呢。我就一直请假，他后来还说了什么话……反正很不好听。

我们这个腰鼓队也等于是民间组织，大家又不拿钱又不拿什么，都是义务的，献爱心的嘛。我在腰鼓队也有十年了，这么多小孩都是我们老师一把手一把手教出来的。平时到区残联，车钱都是我们自己拿的，我跟曹旦两个人每一个月花的车钱就要两三百块。我没有功劳也有苦劳，你说话不能这样没感情的。后面我就请假了，不去腰鼓队了。

问：从 2007 年特奥以后，您就没有去过腰鼓队了？

曹母：我没去过。但是这个老头他也很想我，他说凭良心说王老师很能干的，包括小孩子啊都对她很亲热的。现在有时候他不在，我也是也会去一下。大家说，哎哟，王老师您怎么不来了？我说王老师家里边有事，今天王老师不是来看你们嘛。有时候他不在，小朋友也很精啊，会打电话给我（笑），我就会去。我们还是街道的主席嘛，每个月要去参加会议呀。他毕竟现在年纪大了，他不参加了嘛，我也会去，带着曹旦去。

问：曹旦现在还会〔打腰鼓〕？

曹母：会会，但是他忘记性大，有时候好长时间不敲〔就忘了〕。

问：他参加过特奥会其他比赛吗？

曹母：参加过，就是扔球，他自己选的。我在街道里边做智亲协会主席嘛，所以我知道〔特奥〕。

问：平常老师是怎么带他训练的？那时训练多吗？

曹母：我带他去过保龄球馆训练。我是协会主席嘛，我和老师一起带他们过去，不是跟着他一个人，其他小朋友你也要照顾到嘛，我们出去都有责任啊。

老师说叫他做队长，叫人家排队，就是老师指定的（笑）。因为我把好几个小朋友一起带去嘛，叫他们排好队一起走。

问：有没有看不到你要找你啊这种情况？

曹母：会，他会。但是我说你不能这样，你在这边就跟其他小朋友在一起，妈妈还要去照顾其他小朋友。他说好。

问：参加训练跟去阳光之家时间怎么协调的？

曹母：去了阳光之家以后，我们几个老师跟阳光之家的老师就挑几个平时稍许好一点的，再到保龄球馆训练。每天去两个小时，中午再乘车回阳光之家吃中午饭。保龄球馆到底还是要费用的呀，请街道支持我们。我说想选拔上去嘛，你只有支持我们呀，不支持我们怎么办？

好像训练了一个多月。每天好像打两场，两个小时左右，保龄球馆两个小时的费用也很厉害的。我们跟阳光之家的老师说，下午你们弄点矿泉水的瓶子嘛，里边装点沙子，也要给他们丢丢。老师也蛮配合的。

问：老师带他们去外地比赛了吗？还是就在上海？

曹母：没有，就在上海。因为没有名次，外地就不去了呀。

曹旦没有到国际特奥会去比赛过，都在我们街道，因为国际特奥会也要从街道里边选上去嘛，曹旦成绩不如人家，总是选好的去嘛。我们街道好像是选上五个，曹旦就淘汰下来（笑）。我说不要紧的，不要以为是我的小孩一定要选上去，没有这个事。他说很难受。老师说没关系，下次再争取，下次努力，对（笑）。

做协会工作，你一定要公正，不公正就不行。像我们每年有广播操比赛，我说曹旦选不上去，你们不要看在我的面子上，一定要把他拉上去。我们到区里边、到市里边去比赛，总有一份礼品的嘛，人家街道有时候就是为了把自己的小孩子选上去，不管他做得好不好。我说这个就是拖后腿，我们都没有这种思想啊。我们就是要选街道里好的上去，包括曹旦在内，不好就退下来。所以他们也蛮佩服的，他说哎哟王老师，你这个事情倒是做得蛮公正的。我说做事一定要这样，不能为了贪图小利，拿一点小便宜，就一定要把自己的孩子搞上去，我没有这个思想。

问：他回来之后跟您讲特奥训练时的事情吗？

曹母：会。他说谁谁流汗了，有时候谁在哭了，我去帮他擦眼泪。

有一次，一个小朋友鞋带松了，走路不小心绊脚了，他说我去把他扶起来，帮他身上都拍干净什么的，我还安慰他，叫他不要哭。

其实他自己也会〔帮助别人〕。我也跟他说，小朋友要互相帮助，谁有困难帮助谁，这样你下次有困难人家也会帮助你。他也会记住，他会知道。

问：他喊过苦啊，累啊，不想去吗？

曹母：没有。不怕苦的，不叫累。他有时候说他很激动，他喜欢参加这个运动，觉得有劲。

我发觉他跟小朋友一起好像更加友善了啊。他说，妈妈，我跟他们在一起，我过得老有劲了，我们小朋友在一起也不吵架。我说对，不能吵架，要团结一致（笑）。

问：他社会接触面大了吗？就是接触更多的人。

曹母：对，我们也想帮他，给他多接触一点社会，你说是吧。

他们这个圈，说大不大，说小也很小，因为他们毕竟接触的也都是一些智障残疾人。但是他们呢，也很怪，跟自己人在一起话就很多，跟正常人在一起话就很少，他特别喜欢在一起的也是他们自己阳光之家的。

其实他倒是蛮主动的，他喜欢跟他脾气性格差不多的人在一起，他喜欢阳光之家的一个程小某，韩小某，郑小某。阳光之家也有种小朋友，不跟他们在一起，我刚才问他小陆小陆嘛，这个人比较油一点，曹旦不喜欢跟他玩。

问：你们家长对特奥有什么看法吗？

曹母：我们觉得很好啊。

其实只要他高兴，我们也很高兴，你说是吧，我们真的一切都围着他转。

我说特奥能够改变他们，真的。他们要不是有特奥运动啊什么，他们也没有接触那么多，你说是吧。

问：您觉得特奥活动有什么需要改进的地方吗？

曹母：我觉得哦，特奥面还可以再广一点。差的小孩啊……我觉得应该面再广一点，应该让他们也都能参加，建议也没什么（笑）。

问：您还希望孩子参加什么体育活动吗？

曹母：我其实样样都想让他参加，都想让孩子去尝试尝试，你说是吧。

问：如果有机会，他会主动去参加还是您让他去参加？

曹母：他也会要参加。哎，有时候阳光之家也会挑，哎你不行的，他就不让你参加。

曹旦老师口述

口述者：阳光之家老师
访谈者、撰稿者：张帝
访谈时间：2016 年 12 月 7 日
访谈地点：上海市某街道阳光之家

师：我们阳光之家是虹口区最活跃的，周一到周五都有志愿者，活动也很多。这些孩子在这里很开心。这么些年，孩子也是有进步的，以前有些孩子在家里会发脾气的，现在能控制了。比如说他白天在阳光之家很开心，那他回到家里情绪也很开心。像曹旦，以前都要妈妈送到楼上，送到这里来，后来就慢慢地送到楼下，让他自己上来，送到路口，让他自己走过来，总之进步很大的。

另外，我们这里阳光之家是跟阳光心园在一起，所以会管得比较严。我们家长成立了亲友协会，就像我们的舞蹈老师，还有周老师，都是亲友协会的，如果家长碰到什么问题，先跟亲友协会反映，我们能帮助解决的，就帮助解决好，我们沟通也更好了。像国外就没有我们阳光之家这样免费的机构，他们家长都要花很多钱的。

问：您觉得曹旦在阳光之家表现怎么样？跟其他同学的相处如何？

师：表现还可以。曹旦是重度的，你可能会看到他动作方面不受控制，但是进步很大。他以前是儿童福利院转过来的，那里都是重度的，按理说他是不能到这里来的，像他这种就做做康复。同学们就拿他当小孩一样，对吧，因为他很多东西都不大懂的。

问：他来了多久了？

师：07 年左右来的。①他过来时就是特奥会，他就只能拍球，到现在他连最简单的拍球都拍不来的，只能拍几个。

问：他参加完特奥之后会拍球了？其他有什么变化吗？

---

① 曹旦于 2005 年左右进入阳光之家，参与了特奥前的选拔赛、腰鼓训练等活动。

师：自理能力好像提高了一点，不像来的时候，洗碗洗杯子都不会洗的，进来之后就会了，就是生活自理能力我们能教一点。

以前可能是人家在交流，他坐在旁边一声不响。现在，虽然人家听不懂他的话，但人家也肯和他说，对吧。

问：他平时有表现出喜欢做什么事吗？

师：他就喜欢说话啦，你唱歌他跟着你模仿，这还可以，但是让他自己唱就唱不出来了。

问：他今天为什么没有带颜料呢？

师：颜料啊，他自己不会弄，没办法教。重度的本来应该待在家里的……

问：我听他妈妈讲的，教他穿珠子，手上动作学会很多。

师：穿珠子一根线穿到底，珠珠一个个套进去，他现在学会了，本来套不进去，他现在能套进去。就手把手教的呀，反复教他，反复练。哎，对他来说就只能反复练呀。

问：他有什么让您印象比较深刻的事儿吗？

师：他现在劳动还可以，肯劳动。哎，像搬桌子搬椅子这些事，本来他不肯的，自己茶杯都让人家帮忙倒，要喝水的时候跟别人说："你给我倒水。"像少爷一样，现在自己能倒水。他嘴巴会说，本来不老①，现在嘴巴很老，这个也是进步呀，是吧。

问：他平时有没有跟同学发生过矛盾？按他的情况应该也没有什么性格的大问题吧？

师：他就是……〔有〕精神〔问题〕的〔同学〕要弄弄他，他有时候发脾气，有时候他就想要反抗了，别的没什么。

问：您觉得他以后一直就待在阳光之家了吗？

师：我们阳光之家就到三十五岁呀！他能像现在这样在社会上已经很好了，因为他脑子不知道的，你叫他干什么他乱吵的，没办法呀，他大脑不受思维控制的。

问：基本上以后只能待在家里或者福利院？

师：对呀，家里教他扫扫地呀之类的，就是这样。没办法，让他拿钱去买东西，不可能。我们烧菜端菜，他只能择择菜，他这个手不行的。

---

① 嘴巴老：沪语，指会说话。

曹旦同学口述

口述者：曹旦的同学们

访谈者、撰稿者：张帝

访谈时间：2016 年 12 月 7 日

访谈地点：上海市某街道阳光之家

问：你们平时跟曹旦交流多吗？

同学 1：还行吧，就是跟他说话，他老是不懂。一直这样，没办法，教都教不会。哎，有时候问他问题，他不知道，就不回答了。

问：他有自己会做的事情吗？特别好的地方？

同学 1：他敲背很好的，敲背、按摩，他帮我们老师敲的。

〔好的地方〕有啊，比如说，有时候会帮我们女孩子，怎么说呢，就有点说不出的感觉……大忙他也帮不上，顶多我们背酸了腰酸了，会让他帮我们敲一敲。

问：曹旦他平常都是自己坐那儿吗？

同学 1：对啊。都是我自己跑过去跟他说话。他就做手势，让我进屋，坐坐坐，我进去了，不管我要不要坐，就拍凳子让我坐……

问：有没有让你印象比较深刻的事情？

同学 1：没有……唯一印象深的就是让他拍球，他老是不拍。我和他一起学拍球的嘛，我还有另一个同学也不会。然后我和那个同学都学会了，就他不会，老师叫他拍球要叫老半天。曹旦，拍球啦！他就砰砰砰拍几下，然后再叫他拍球啦，又是砰砰砰拍几下，要叫好几次。然后老师不看着他了，他就走了。然后老师再叫他，他站在后面老师也不知道啊。有时候我们就问他："曹旦，你下午想吃什么？想吃就拍球，啊。"但是老师不看他，他又停下来不拍。我也不知道他是怎么回事。

问：你跟曹旦关系很好吗？我看你们俩一直拉着手，是吗？

同学 2：哎，是。我们都是一个班级的同学，我们玩游戏。

曹旦：黄小某，他叫黄小某，老大个，大个子，听到吧。这是我新同学，

哎，他很好的，他都叫我一起玩。

　　问：你平时在这里都做什么？

　　曹旦：穿珠珠。拍球，我拍球。

　　问：他会主动跟你们或者老师打招呼吗？

　　同学1：有时候会，不过很少，都是要我们主动和他打招呼。会说老师早，再见。没了。

　　同学1：他让阳光心园那个很老的人帮他倒水，我们老师抓到好几次了，就这点不好。他会倒，不想自己倒，让别人过来帮他倒水。我总是说他，你不要叫别人帮你倒。

　　同学3：他有时候会，同学会帮他倒。他按摩很好的。你问他。

　　曹旦：按摩，敲背，帮妈妈敲背的。

　　同学1：他按摩很好的。

　　同学3：我有时候会帮他剪指甲的。

　　曹旦：都是同学嘛，互相帮助。

曹旦本人口述

口述者：曹旦
访谈者、撰稿者：张帝
访谈时间：2017 年 7 月 18 日
访谈地点：曹家

问：小时候，白天自己一个人在家害怕吗？

曹旦：害怕，有老鼠。这么大的老鼠（拇指食指张开形容大小），怕死了，我怕老鼠咬我，害怕毛虫、老鼠、蟑螂，好多……

问：你以前想让爸爸妈妈在家里陪你吗？

曹旦：想呀！上班好辛苦的，很忙，没空的。〔我就〕一直在家里，看看电视，玩玩游戏。

问：那你怪爸爸妈妈吗？

曹旦：不怪他们，怎么怪？上班很忙呀！我去看病，吃药，都是妈妈陪着。

问：以前你做手术的时候爷爷没来看你，你心里面什么感觉呢？

曹旦：难过。我掉眼泪了，难过……我想看看他，好了没有啊？去看看老人家，关心他……

问：爸爸妈妈不在家，自己一个人在家里看电视，你想出去跟别的小朋友玩吗？

曹旦：想啊，非常想。没地方出去啊，怎么出去？没人〔跟我玩〕啊，怎么办……

问：妈妈讲到有次有个人把你的饭抢了，你……

曹旦：恨他，抢饭吃，倒霉的，难过死了，这不是坏小孩吗？不跟他玩了。

问：还记得去过学校吗，都去过哪些？

曹旦：去过啊，儿福院……

曹母：小学他肯定不记得了，因为只去了一个月就退回来了。

曹旦：退回来了，不要我了，不读了，不上学了。

问：你喜欢上学吗？

曹旦：喜欢，怎么不喜欢，太枯燥了，学得枯燥，讲课听不进去。

问：你在阳光之家开心吗？都做什么事呀？

曹旦：开心。〔从家里〕走过去，走走看看，锻炼身体。手工，唱歌，玩玩，打牌，玩球啦，打乒乓，打高智尔球什么的。

问：还记得你参加特奥运动会的事吗？

曹旦：记得啊。我选了保龄球，很好玩，球类运动（手做抓球动作），球打进去，球瓶倒掉了。

问：那个球沉不沉？

曹旦：沉，很沉，两斤重的，这么大一个（双手比划大小），"咚"扔过去，赢了！

问：当时你们怎么训练的？

曹旦：打保龄球，先瓶子，然后到训练场一个一个排好队打。用手把〔球〕使劲打进去就好了，"哗"……倒掉了，就赢了嘛。

苦啊，很苦的，训练打保龄球，这么大一个，拿也拿不住，丢掉了……后来我赢了，努力一把，拿起来了。我不怕苦，不觉得累，有信心完成任务。

问：当时没去外地参加比赛？

曹旦：没有去，没选上。没关系。

问：还参加了什么有趣的活动？

曹旦：腰鼓，腰鼓队！咚咚咚，咚咚咚，打腰鼓，老开心了！第一批的老队员了。

问：那时候训练了多久呀？

曹旦：一年，一年半。

问：累不累？

曹旦：累呀，怎么不累呀，出了好多汗哎，腰痛，腰酸嘞！这么长一个棍，打得手酸拿不住了呀！

问：你学的时候觉得难吗？

曹旦：难，记新课，得记到脑子里面去，得敲啊，得敲好呀，没办法，得敲完。

腰鼓这么大（在腰间比划大小），系在红色绳子上，挂在身上。排队形，我站第一个，敲一下，排 X 队形，丁字步，咚咚咚敲。

问：如果你学的忘了怎么办？

曹旦：敲不会就打手，妈妈打我手，打得痛死了。

问：有没有想过干脆不打了？

曹旦：打，不打不行啊，得完成任务啊！

问：你喜欢打腰鼓吗？

曹旦：我喜欢啊，打腰鼓很开心的事情。"嗡"一声，鼓声怎么这么好听啊！老开心了，挣面子了呀。

问：那你觉得累多一点还是开心多一点？

曹旦：开心多一点，心里面，小朋友们一起敲腰鼓，玩玩，跳跳闹闹，多好啊！

问：新来的队员不会敲，你会不会教他们？

曹旦：教啊，不会我就叫老师来，"你去敲去"。

问：还记得特奥开幕式吗？激动吗？人多吗？

曹旦：记得，激动，兴奋。人多，都上去了，跑步进场，第一个跑上去，往前跑啊跑，"哐"一声，敲起来了。

问：你觉得上去敲得好不好？

曹旦：好。

问：你还想不想参加这一类的活动啊？还想再参加特奥运动会吗？

曹旦：想呀，当然想了！想是想，敲敲看，好的话才上去。比赛嘛，面子要有的嘛，要好一点。

曹旦阳光之家观察日记

观察时间：2016 年 12 月 7 日 9：00—15：00

观察地点：上海市某街道阳光之家

观察者：张帝

时间	活动内容	备　注
8：55	工作人员提前做相关准备工作。	站在一旁观看，与同学打招呼。
9：00—9：10	做第九套广播体操。家长志愿者兼舞蹈老师带领大家做早操，会做的同学站在第一排跟老师一起领操。	曹旦走到自己往常站立的位置，看着前面同学，伸展一下手脚，又东张西望。当别人目光跟他触碰时，曹旦立刻扬起灿烂笑容。 站在最后面，别人扬手跟着扬手，别人舒展身体也跟着扭动身子，但是很快跟不上节奏。按照自己的节奏伸一伸胳膊，弯一弯腰，动作不协调，但是做得无比认真。看到有人注意他，会扬起招牌式笑容，展示动作给别人看。
9：11—9：20	二十五式关节保健操。	曹旦仍旧跟不上动作，乱舞乱动，有时能跟上老师的动作，但是跟着做了两个动作，眼神就飘到地上去，或者转向一旁同学，注意力难以集中。一套关节操结束，自己默默去拿衣服，之后站在旁边，观看老师教几个同学排舞。老师介绍说，只有几个人参加排舞，曹旦做不了舞蹈动作，所以不参与。
9：20—9：30	老师带着几个同学去打乒乓球，把站在一旁的曹旦也喊过去了。	很开心，一直在笑，虽然只是站在一旁看别人。 又开始左顾右盼。 老师教他打球，他一边嘴里嘟囔着"打球，打球，我不会打球哎"，一边满脸笑容地接过球拍。 手不能伸得很直，球过来了接不到，老师拿着他的手，一起接了一个球，曹旦很开心。 打了几下他就下场，站在一旁观看。 东张西望，突然又盯着墙边一直看，然后捡起掉在地上的毛线，像小孩子一样拍了拍上面的灰尘，放好毛线。

时间	活动内容	备 注
9:30—10:15	七八个同学跟着老师排练舞蹈，老师让曹旦观看排舞，曹旦跟同学一起站在后面旁观。	能听从老师安排，站住不乱走动。 与同学时不时交谈。谈话由对方发起，两人讨论衣服穿得厚不厚。曹旦展示自己的衣服给同学看，反复说：羊毛的，厚，不冷……对方伸手在他衣服一侧暖手，他也不拒绝，两人断断续续交流。 看到观察者记录，主动询问观察者"你在写什么啊？为什么拍照啊？"等简单问题，会主动与熟悉的人交流，笑着伸手指着舞蹈让别人一起看。 安静地看舞蹈，偶尔主动发起话题，但只跟固定的人交流。内容一直围绕"穿的衣服厚不厚"，一直在展示他的衣服，与人目光接触就会微笑，很多人一起交流时很少插话。
10:15—10:20	其他同学排练结束，进入休息时间。	自己去拿了水杯倒水，喝水，之后就拿着杯子站在那里。
10:20	大家将桌椅恢复原样。	主动帮忙搬桌凳，能帮上忙很兴奋，边走边招呼身边同学：come on! 整个过程乐在其中，跑动起来，表现活跃。 有个同学要搬一张桌子，曹旦刚放下一个凳子就立刻转身帮忙，两人一起抬着桌子放到合适位置，期间跟同学的语言交流不多，但是积极性很高。
10:25	其他同学打乒乓球，曹旦在一旁观看。	跟旁边同学有交流，情绪很好。 看到同学打得好时，举起大拇指夸奖。
10:37	午饭送到教室里，准备吃饭。	听从老师要求去拿碗筷准备吃饭。但是有点拘谨的样子，在只有个别几个人拿饭的时候站在旁边等待。 去拿了自己的勺子出来。拿饭的同学不多，他就默默站在不远处看着。 等拿饭的人多了，才凑上去拿。 拿好饭坐在最后一排，摆好饭排队去盛汤。
10:45	吃饭时间。	自己吃饭，送饭盒，洗勺子。
12:00—13:55	休息时间。	与同学交流，准备睡午觉。 拿好自己的衣服、毯子，在几把椅子上躺下休息。
14:00	休息结束后，准备上课。	自己把衣服、东西收拾好。 脱掉的衣服没有再穿上。

(续表)

时间	活动内容	备 注
14:00	绘画课：色彩的奥秘。	曹旦坐在靠墙窗边倒数第二排，课前把准备好的白纸、笔和文具盒等摆放在桌子上，拿着铅笔坐端正。上课起立，跟着同学一起喊：你行我也行，你能我也能。虽然说话不清楚，但知道参与。 拍手坐下之后，他把白纸翻来翻去，让观察者看他的文具，拿出自己折的一个东西说："你带走吧。"
14:02	教师要求下节课带石头来做彩绘。	他能听懂并重复"我带块石头来"。 其他同学询问老师有什么要求，他不跟别人交流。
14:05	教师开始上课。	端端正正地坐在座位上，双手抱在胸前左右看，像是在认真听课。 走道里有人路过，他的眼神立刻追过去。老师跟同学交流互动时，他能回应，但只是自言自语，无有效互动。 注视教师活动的眼神不能超过 1 分钟。
14:09	教师让学生画两个大小相同的球。	他也不动笔，只是坐端正看着老师。 开始摆弄窗台上的花。 其他同学能找工具如硬币、瓶底画两个圆，他并不动手。不知道为什么，别人都有颜料，他没有，就只默默看着别人画。
14:14	画画。	他看着旁边的同学画画，老师在指导下一步画什么，他右手拿着铅笔，看着面前摆着的白纸，不在状态，不动笔。
14:20	教师在指导别人。	目光追随着老师，把面前的白纸翻了一页。旁边坐的是他一直提到的同学，他也不主动交流。 其他人提问时，他扭头看。
14:30	教师简单指令让大家停下。	他放下铅笔，但没有像其他同学一样说话。
14:32	教师讲解不同颜色代表的味道。 一个班 23 个人，老师也顾不上来看曹旦。	他听到旁边同学说话，自顾地重复几个字词，如"苦咖啡""柠檬，酸"。
14:36	教师讲解颜色的味道。	一直依据他生活的常识不停重复，并不以交流为目的地自言自语。 有同学看他，他以笑回应。 后排的同学喊他的英文名字：马克。他立马回头回应。

（续表）

时间	活动内容	备 注
14：40	教师讲解颜色的味道。	终于拿起铅笔，动手画了一条竖线。 听到旁边同学说错了，他反驳别人，纠正"柠檬是酸的"，但是并不跟人眼神交流，只面朝前，也不主动发起交流。
14：43	其余同学在做绘画的收尾工作。	画了一个长方形，几条横线（模仿观察者笔记本的样子）。 左顾右盼。
15：00	下课。	起立拍手。
15：03	下课收拾东西。	收拾好自己的纸笔，又进屋拿了自己的袋子，就坐在座位上等爸爸来接。 有同学过去跟他交流，他跟同学说话。 与一个同学在教室范围内走动。
15：10	等待家人来接。	听到有同学说他不好的地方，本来很开心的情绪变得不好。 有同学说他敲背很好，立马又高兴起来。

广 场 舞 明 星

——LZ 先生父母口述

LZ，男，1983 年出生。独生子女。智力障碍四级。1999 年初中毕业于上海市江湾中学，随班就读。2005 年进入上海市某街道阳光之家，2010 年转入同区另一街道阳光之家。

口述者：LZ 先生父母
访谈者、撰稿者：王培凤
访谈时间：2016 年 11 月 13 日、2017 年 1 月 3 日
访谈地点：LZ 家

艰辛岁月，呱呱坠地

问：爸爸妈妈是怎么认识的呢？

LZ 母：我和我爱人都是插队黑龙江农场的"老三届"，68 届高中的，在农场里面十年。我爱人比我早，他 69 年，我 70 年下乡到黑龙江。他在德都县，我是嫩江地区，是两个农场。我是 70 年走的，到 79 年，正好十年。他也是的，基本都一样。回到上海，经过我的同学和他的同学介绍，我们认识了，因为都是黑龙江回来的，有共同语言，比较顺地就〔在一起了〕。80 年认识，到 82 年结婚。结婚完了，我们都有很多事情，刚爬上工作岗位，就想着多学些知识，为社会服务。

我是财务中专毕业的，搞财务，本行。他干了很多工作，先去劳动，劳动完了再抽上去，让他做教师，再抽到财务部门去干。结婚一年以后，就把小孩生了。生这个小孩的时候，我已经三十三岁，是高龄了。十年以前，我下乡的时候已经二十岁，到结婚是三十二岁，生小孩的时候我们俩是三十三岁。

那时候在农场里面，你知道，生活是很艰苦的，可能身体也有些损伤。回来以后要抓紧干活，赚钱，工资又少，不够用，各方面可能欠缺些。怀孕七个月的时候，我说小孩怎么没什么胎心，就把我送到定点的第一保健医院去。一查，不行，心脏跳动慢。我估计是七月份的时候有了一个损伤，对小孩大脑有些影响。〔医生〕给我吸了氧气，心跳恢复了，那我也不怎么在意了，回去以后像平时一样。我从来不请假的，财务处事情很多，干活我们都挺卖力的，也不注意身体。

正式分娩是83年1月份。分娩的时候其实挺正常的，那时候不像现在讲究优生优育，要你自己生，不让你剖腹产，我年纪大了，力气又没有，生不下来。医生说人家都能自己生，你也一定能生。我都疼死了，疼得不得了，那个时候对小孩肯定也有影响。先是羊水破了，然后再生，所以羊水也缺少，缺氧了，生出来的小孩是当场就不哭的，医生"啪"拍他一下，拍的很重的，他就哭出来了。医生说可以可以。小孩出来以后呢，人也是正常的，蛮清爽的，应该说没什么，一概看不出什么，都很顺利。顺产后回家，我在我妈妈那里坐的月子，也看不出什么。这个小孩一点点长大，就是开口比人家都晚。

我妈妈说不要紧，男孩开口是晚的，比较正常。我们也不在意，因为我们年轻，就生了这么一个小孩，他也没经验，我也没经验。然后又没人带，那时候我们家兄妹四个孩子，他家也兄妹四个，家里大人顾不过来。我们两个人都是双职工，很辛苦，早出晚归的，就给小孩找到了一个邻居，两个人，正好是大爷大妈，就要五六十岁了，他们也没事情，就帮我们带，一直带到三年级搬家。小孩让他们带的倒还不错，自己也觉得没啥，就是他不怎么说话，上海话也正常，也看不出有什么问题。

上学也正常，就是因为开口晚，到托儿所去，他也不怎么说话。老师问你上厕所了吗，大便拉过吗，没拉过就要求他坐在那里拉出来再走。他不愿意，猛哭猛哭，那时候也比较麻烦，他不配合。上厕所规律性差，自控力也差。幼儿园的时候记不住家庭作业，反应慢。从托儿所到小学很艰苦。

问：在这个过程中，有没有发现孩子的身体特别不好？

LZ母：没有什么不好，我这个小孩子也没什么毛病。

问：小时候也不常生病？

LZ母：不常生病，真的不常生病。对我们两个来说，这个小孩还真没有什么特别大的麻烦。

正视现实，查明真相

问：真正发现孩子智力上有问题是什么时候？

LZ母：幼儿园的时候，老师就说他说话不太连贯。这说明他思维没人家成熟。我两个要好的朋友也说，你小孩好像要比人家迟钝点。他说话比人家晚，反应比人家慢，这个想起来其实就是智障问题。另外我们接触人也少，那个时候想他大了会好的，老人也是这种想法，小孩小的时候这样，到时候会一点点〔好起来〕，男孩子〔开口说话〕晚点。

真正发现是在上小学的时候。上小学问题就暴露了，为什么会暴露呢？上语文课，像写字什么，他能记住的，就是比较死板的东西，不要用什么思维的，要用记忆的，他可以。他今天说了，明天也不会忘。算术考查灵活性，他不行，比人家迟钝，比如应用题、加减乘除混合，先乘除后加减这些，他公式记得牢，但不会算。因为应用题是灵活的，先要用算式排出来，他就排不好。我是每次都教他，教得累死，晚上回来是又打又骂。

LZ父：一两年级就那样上去了，三年级就明显有点跟不上。我发现他也蛮用功的，不像人家小孩因为淘气而造成〔成绩不好〕的，他坐得下来，静得下来，但是他逻辑不行，做不出来题目，就好像时间花到了，但是效果不行。时间长了，她妈妈很急躁，就表现在对小孩的训斥上，但是着急也没有用。这个时候，〔虽然〕我不敢往那方面想，但是我必须要想想，是不是这里（手指头部）有问题。

问：这就意识到孩子的智力问题。

LZ母：对，那时候就是算术不好。当时的教学进度不像现在这么快，还是一点一点循序渐进的。到三年级，综合应用题他就是很弱很弱，而且都是错的。三年级转学，学业测试也不行。

LZ父：我第一个〔提出来〕，带他去检查一下吧。

LZ母：我们去查了两次，第一次是94年，已经是四年级了，他正好是在我妈妈那里，离儿童医院很近。他爸爸说有空的时候我们去查一查，我也必须要搞搞清楚。

LZ父：是这里（手指头部）的话就麻烦了，我是不愿意想到这个问题，但是必须要想，想到这里头疼，那也没办法，你总要面对，想通过医学的科学的手段鉴定一下。

问：94年就算正式检查出来了？

LZ母：对，检查出来了。市儿童医院，儿童保健科。医生一看结果就不太好，你看（出示韦克斯勒智力测试结果），语言方面只有55，操作方面、动手能力只有50，总分算下来只有44分。这应该是很低的，所以医生就说了，这个〔分数〕不正常，不是正常的孩子。但是医生说，因为孩子年纪小，可能悟性差点、慢点，发育的迟缓一些，还不能定性。你们回去以后呢，多和他说说，多教教他，也能增长点智力，可能他晚熟点。

问：检查出来后到处去求医问药了吗？

LZ母：对。医生说你们可能是多动症影响了脑子，没办法学进去，脑子不开窍。我药也〔给他〕吃了不少，脑力健啊，那时候小孩吃的补脑的营养品很多，我们都买给他吃，没用。就是因为他这里（手指头部）〔有问题〕，没用的，不解决问题的。

问：那会儿父母已经认识到智力有问题？

LZ母：认识到。我们两个对外不好意思说，就我们两个自己商量着，自己也不是很肯定这种〔结果〕，也不愿意〔对外说〕。

到95年，他五年级了，课程更多了，更加跟不上。五年级的一个数学老师，就跟我爱人提了，说我们这个要升学率的，你儿子这样，拉我们后腿呀，如果你〔孩子〕真的是智力上不行，那我可以跟上面去解释，对我的升学率也不影响，因为是特殊情况。所以她说，跟你们家长说说，我带小孩去测测智商。那我爱人正好有这个意愿，因为上次——去年测过了，是不好，那今年是不是提高呢？他爸爸也想得到这个结果，所以他跟老师一起去了新华医院。

LZ父：他的数学，那时候就明显落后了，他实际上也很用功；老师也蛮花力气的，比起其他同学，总是要多辅导他一点，觉得我们小孩好像不是很皮的孩子，看上去还可以，但效果还是很差。老师有这么个阴影。

其他科目呢，比如英语、语文还可以，毕竟升级考试还考过的，不像人家要留级。老师辅导他，因为之前也有反应慢的学生。但是现在要考虑升学率，所有老师都有指标的，她觉得拖后腿了。

我就跟老师说，我在他比较小的时候，其实就是去年，曾经去检测过一下，他反应比较慢。现在这样呢，只能麻烦你们多费费心了。我说，我情愿他呢，成熟得晚一点。老师觉得我们家长也很讲道理，没有责怪她的意思，有的家长老师要他查他还不愿意，想不到我这个人〔倒很开明〕，已经带小孩去查过了——人家自己都找原因了呢，倒不一定你老师说非要怎样。

我也跟老师说了，这个问题还不能说得到最后〔结论〕，医生也说这不是〔定论〕，只能够参考一下。这个老师意思说，像你这么讲道理〔的家长〕，我倒很少见。她说，你能够这么〔积极主动〕，对我来说是很配合的。实际上，对我们双方来说，都是想寻找根源、真相。因为任何事情总是要找个真相。你真相不找的话，你说这个，他说那个。老师说我们要么一起去。我倒非常想去一下，我想第二次更好，更有说服力，有的东西第一次不能说〔明什么〕，再证实一下。而且这次我们去的新华医院，儿科比较有名的。

我们三个人去了新华医院，那里面大概专门给儿童做这方面检查的，不是每天都有的。哪天我已经记不清了，是个女专家，像学者一样，戴个眼镜，她大概问了我一下简单的情况，就带小孩到里面检查，有些仪器什么的，关上门来。我在外面，她说你等一下。

出来以后，我和老师是分开的。这个专家倒是蛮好的，她第一个问我，你们这次来检查，是老师叫你来的还是你们自己跟老师一起来的？她吃不准我们怎么回事，怎么家长和老师一起来？到底你们谁是主导？

我跟医生说，我想查一下，到底小孩子情况怎样，老师当然也是这个想法。这个医生一听明白了，不是老师非要我来。她说有许多〔家长〕是老师非要叫到医院来的，而且〔这些家长〕对老师也有一些看法，她说有的老师就为了达到自己的目的，甚至不要家长，都要带着孩子来。我倒没什么意见，我就想了解下情况。

她知道了〔原委〕，说，我先单独跟你说下，小孩是有些问题，不过属于比较轻的，绝对是比较轻的。我说他现在四年级。她说，他能够升到现在这个年级，就凭这点，他还是挺努力的，你们两个很不容易。一会儿我会单独去跟老师说一下。对你，我就说到这里。

当时就是这么个情况。我问怎么办呢。她说，这个建议比较科学，吃点补脑的中药，吃一年再说吧。那个时候很贵，大概一千多块，是一个月还是半个月需要〔这么多〕，我已经记不清了。我们工资很低，大概就一百多块钱，负担也大。

LZ母：三个月，一个疗程，三个月差不多。我钱哪儿来啊？

LZ父：三个月一千块，大概整整吃了一年（回想中）。

LZ母：嗯，我们俩〔才〕多少积蓄，那时候我妈给我的都用光了。

LZ父：最起码一个疗程是吃的，吃了以后，又去测了一下。

LZ母：稍微起到点〔作用〕。

LZ 父：稍微提高了点。

LZ 母：不明显。

问：双方整个家族都是正常的，是吧？

LZ 母：我们都是正常的。

问：祖祖辈辈都是正常的？

LZ 父：都没有这个情况，家里面完全正常的。

LZ 母：可能是我们身体不好，劳累造成的。可能在黑龙江这么多年受罪，营养没跟上。小孩呢，我们也注重给他吃。

问：对于这样一个状况，家人的心情是怎样的？

LZ 母：我们很着急呀，急得我也〔没办法〕。当时我们下班回来很晚，要到 6 点多了。

LZ 父：我们完全靠自己，一点也没有老人帮助的。

LZ 母：他爸爸早就死了，他妈妈——我的婆婆，我的爸爸妈妈，三个人都年纪大了，他们照顾肯定不行的，都我们自己〔照顾〕。

努力学习，无暇玩耍

LZ 母：智商测出来不行，我们也没办法，我爱人说要不送到辅读学校吧。辅读学校就在我们虹口，叫密云学校。他去联系了，孩子五年级，没办法进去，年龄大了，要三年级以前，就能到辅读学校。所以就没别的路，你们就自己想办法，他读不出也是你们的事情，能读上去是你们的幸运。那我只能这一条路硬着头皮走上去，随班就读了。

问：小学里都开一些什么课程呀？

LZ 母：小学时候课程挺简单的。语文、数学、英文、体育、唱歌、历史、地理，都有的，就是比较少，不像现在乱七八糟。深度不深，都是浅度。你问他地理，他背得出来。

问：他最喜欢哪一科？

LZ 母：他还是喜欢英文，好像语文还蛮好的。

LZ 父：英文它〔靠〕记的。

问：他最擅长的应该说是英语，是吧？

LZ 母：英语应该说也不算好，但是比较起来，他这方面还算最擅长的，我们也不去给他辅导，我就盯住他数学。

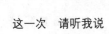

问：对他来说，最难的就是数学，对吗？

LZ 母：就数学。数学越来越不行，到现在也是不行。

LZ 父：逻辑思维不行。

问：数学都学点什么？

LZ 母：四则运算。

问：数学老师和你们一起去测了智商，回去之后对他还像之前那样好吗？还是说态度变了？

LZ 母：她压力不怎么大了，她就随便你吧。结果到五年级，要升初中了，我孩子考试，数学差 1 分，她就让他留级。

LZ 父：我们已经是这种情况了，差 1 分就让他留级，这个好像有点〔过分〕。小学里第一个班级还是可以的，留级以后就叫他留级生了。所以差 1 分，对小孩来说也是伤害呀。

LZ 母：不及格，肯定不行的。59 分啊，校长说让他留一级吧。后来，我倒过来想，就让他多读一年吧，因为他本身基础也不好。他们要他留，那就留吧，最后留了一级。

问：语文学习呢？

LZ 母：语文应该说马马虎虎吧。作文不行，作文又是活的，你教给他一篇作文，他基本上背出来就能够及格，他就这样〔写作〕。

问：写作文的时候都会看题目的要求，他难以理解要求，还是说没有思路？

LZ 母：对。不符合要求，你让他达到 100％，他最多给你 30％—40％。

问：30％—40％指他完不成还是说他跑题？

LZ 母：跑题，容易跑题。

问：基本上写出来的就跑题了？

LZ 父：就是比较乱，上下没有逻辑，不是顺理成章的。

问：语文具体到词汇、句子、阅读，这些怎样？

LZ 母：词汇他会，阅读会，这方面他可以，你拿着书从头读给他听，他烦死了。读背可以，他喜欢读背。死的可以，活的不行。要他组成新的一篇文章不行，条理〔他不行〕。

问：小学阶段也有开手工课吧？他会不会表现得好点？

LZ 母：手工课，他不行的。

LZ 父：手工课好像带回来，你帮他做的。

190

LZ母：对。我帮他做的。他就是只能做一些比较粗的，我要重新给他弄好。

问：音乐、体育、画画这些艺术课，有没有哪门课比较好？

LZ母：这些可以的，跟正常人比〔是〕不行的。体育更不行，为什么不行？他没时间去动，他就老坐在那里完成功课呀。

问：晚上回来对他的陪伴就是课业辅导？

LZ母：课程上不指导不行的。他上课听讲不行，回来以后，我们还是要重新教他一遍。我们吃好饭，就要帮他做，他就坐在那儿动也不动，拿支笔，〔看上去〕像样子，〔其实〕磨洋工。我辅导数学，他辅导语文，反正我们俩轮流上阵。什么时候完成什么时候睡觉，再拖下去他也爬不起来，我们也爬不起来。他态度倒是蛮好的，很听话。要他记进去，他记得进去。

问：吃药的同时，家长特意为他做一些训练吗？

LZ母：训练没有，就辅导功课。星期六星期日好不容易有一天休息，春秋天，天气好的时候，陪他去公园里，让他健健身。

LZ父：那时候学习压力好像没有现在这么大，功课没那么多，还算好，不像现在到处都是辅导。上课的内容消化好了，考出优良成绩，已经很好很好了，不需要现在这样。

问：他小时候喜欢玩吗？

LZ母：他小时候想玩的，喜欢的。但没时间，就是做功课。

问：平时回来吃了饭，写完作业，有一些空闲时间，他都会干嘛？

LZ母：他就自己看看小书什么的。我们玩具不是没有的，也有的，给他玩。但很少玩，真的没时间。我记忆当中就是给他做功课。他不完成觉得不行，明天还要上学，放弃了任何玩的时间。别人作业做完了就去玩了。

问：在这个过程当中，他有没有觉得很痛苦，不想做了？

LZ母：没想法，他不敢的，他胆小。

LZ父：他内心里面也痛苦。她训斥他，我脑子里就在思考，我们也是小时候过来的，我小时候比他皮多了，我们都知道，他并不是很皮的，但是他为什么是这个结果呢？所以我最早提出来要给他去检查。没有对症下药，没有揪出造成这个矛盾的主要原因，打也没用，是对他的不尊重啊。

问：他有没有认识到比别的小朋友差点，因此会努力多一点，还是一直处于被动状态？

LZ母：有。他知道受人欺负了，但是他不善于表达，痛苦只有他自己受，

他回来，〔在学校〕让人家打破皮了，他都不知道说。

LZ父：实际上，小的时候，男孩子这种事情很多的。

LZ母：对他来说呢，他有〔意识〕，〔但是〕可能不知道那么多，人家说他笨，他也默默忍受了，那也没办法，他又不会回嘴。我孩子到现在，像我们说他重一点，他都是不回嘴的。但是如果他到阳光之家有事，他回来会和我说，不跟他爸说，他有时候不太听他爸的。我跟他说，什么时候都要和父母说，也要跟老师说，要把自己的意见说出来。他现在知道要跟老师说，他在阳光之家也算班长。我说你不能这么无能，什么都想自己忍受，你既要能把问题反映给老师，又要会处理下面〔同学〕的事情。

问：留级以后情况怎么样？

LZ母：还是这样子，语文他还可以，作文马马虎虎能够写好。数学，我每个项目，每个应用题，都做了让他再背出来。没办法，不背他记不牢，他没有这个脑子。他就是记忆力好，英语他就是用记忆力，要80分了，可以的。背到最后，升学考初中，他数学考出67，真的毕业了，可能他正好看到了，就背出来了。升初中，就进了江湾中学。

初中顺畅，职校遇挫

LZ父：初中的时候，《法律与道德》一本书，很多人都不及格，他倒背出来了，连老师都佩服！这个脑子也还可以，他演讲啊什么，一下子就能记住。记性还可以，至少能够减轻别的不足。

LZ母：江湾中学遇到了个好老师，很耐心地教导他，叫别的同学不要欺负他。班主任还要好，我们把情况跟他说了，把孩子托付给他，他也蛮同情的，因为我们都年纪大了，三十多岁生的孩子，他也知道不容易，每次都是特别关照他，对他等于是重点保护。孩子人也挺老实。

问：班主任是哪个科的老师？

LZ母：是政治老师？一个男老师。

LZ父：嗯，新手。

LZ母：到现在还特想念他。

问：孩子有没有因为老师而喜欢这门课？

LZ母：他政治可以的，基本上能背出来，还挺流利的，老师蛮喜欢他的。每次都是我家孩子关照别人，所以这个老师倒〔挺吃惊〕。

问：初中的时候随班就读，是吧？

LZ母：随班就读，我们小孩一直随班就读，老师也给开小灶，所以他也没怎么〔落下来〕，至少智力还〔可以〕。

如果一开始把他送到辅读学校，对我们来说是省心了，对他来说没学到什么，他文化不会那么高。在辅读学校，老师不怎么教他们的，就给你乱七八糟〔糊弄〕，让你做点什么，动手能力可能强点。我到亲友协会里面做老师也十几年了，辅读学校出来的和随班就读的孩子有很大的差别，到密云路辅读学校读书的孩子文化程度不高，不识数的，数学也不会。你说他一个人生活有多少阻碍，他多么痛苦，这个对他们真的是不负责。

问：随班就读和辅读学校相比，除了学业上有优势，在沟通交往方面是否也有优势？

LZ母：有的，很大的区别。感觉就两样的。

LZ父：不过上学时压力是很大的。

LZ母：他压力大。但是毕业以后，现在来说他轻松了。

问：上学期间他和同学的互动怎么样？

母亲：还可以。他们几个同学对他好的，邻居家的孩子和他一起写作业，玩游戏。

问：他有没有固定的玩伴？

LZ母：有的，有几个男同学。我们看得牢，一方面，功课多，另一方面，他也没钱，反正也有几个比较老实点的跟他好的。

问：基本上不会跟人家发生冲突？

LZ母：他不会主动跟人家吵架的，都是人家找他来的。这个我也知道，所以孩子们说他不好，老师肯定说是你们惹他，他不会主动惹你们的。

问：初中读了几年？

LZ母：小学五年，初中加上预备班，四年。①

LZ父：那时候呢，老师说你们不要领〔残疾〕证，领证对他来说好像是不利的。后来我们才领证去，我不上大学可以呀，我就是学学烹调，我还是有出路的。

---

① 上海九年义务教育实行"五四学制"，即小学五年，初中四年。初中四年分别为预备年级、初一、初二和初三。

LZ 母：那时候跟现在是两样的，现在社会进步了，想法就先进了，不像以前的老概念——社会对你是歧视的。

问：初中毕业之后去学烹饪了？

LZ 母：实际上，对他来说，他真正的〔学历〕是初中毕业，后来他又考到上海春申旅游职业学校。

LZ 父：他成绩比较差，也不可能继续读高中，〔老师〕就动员他们上这个职业学校，他当然是〔要去读的〕，因为没地方让他去，你让他干什么？

问：他是顺利考进去的吗？

LZ 母：成功考进去的。

问：这所学校是专门针对他们这种孩子，还是正常孩子？

LZ 父：都是正常的孩子去考。职业学校也是正常学校，就是成绩是低的。

LZ 母：职校里还有聋生。他年龄上去了，但动手能力不行，厨师是要拿刀切菜的，老师叫我们买两把刀，让他切土豆丝、切肉丝，他看见那把刀，下不去手，手都切破了。他没有这个兴趣，逃学好几次，他就不去了。

问：他逃学有没有跟你们说？

LZ 母：他没地方去，就逃到我爱人妹妹家去了，妹妹家离这个学校挺近的。妹妹就问他，你今天怎么〔这么早就〕放学了？过几天老师来说，孩子怎么一个礼拜不来上学。校长就跟我说，看样子这所学校不适合他，他没办法读下去。

我们觉得，出了钱，他逃学，你说有啥用？〔老师〕给他布置了作业，他没办法完成。我们自己知道，能挨到这个时候已经不错了。

LZ 父：你得承认现实，宝塔型，越往上人越少，他更加要被淘汰。我们两个商量着，他动手操作能力差，就是这么个情况，那就算了。第一个学期付了一千八百块，第二个学期又付了一千八，付了以后，他逃学了，没学一个月，钱已经白付了。老师叫我们回家，那就退学吧。

问：当时你们是什么想法？

LZ 父：在这种情况下，我也没办法。

LZ 母：因为他上不去啊，他没办法升〔上去〕。一个学期读完了，他没什么进展。他自己不要去了，不像以前小时候，他基本上能够承受。

问：他亲口说我不去了么？

LZ 母：他不去了。他跟我们说的，他不要去，死也不去了。

自理能力，基本过关

问：他是从什么时候开始生活自理的，比如说洗脸、刷牙？

LZ 母：基本上小的时候就都会了，要说怎么好谈不上，但是一点点在改。洗澡是上小学的时候，大概要十岁以后才能洗的，以前都是我给他洗的，他洗不好。

问：他在智力方面有问题，那么家长在自理能力方面会特意为孩子多做一些，还是让他独立完成？

LZ 母：这方面我们教得比较晚。平心而论，像他做呢，都是很慢的。我们两个人等于是要抢时间，上班的时候，一点空也没有，他也远，我也远，我在外滩那里，他在斜桥、打浦桥那里。那时候车又难走，不像现在地铁什么，我换两部车，他要三部车，那多累啊。让孩子做还不如我做，而且到最后还要我收拾，我真的没有时间耐心教他。到现在，退休了不要紧，能够教教他。

问：在生活自理方面，因为家长很忙，没有特别的训练，就是让孩子学会基本能力。

LZ 母：对，不能要求高。不求细节，粗糙的就可以了，你让他洗个脸，他乱洗，我也不管了。到星期天，我认真地让他洗干净点。他现在也是，像洗澡，我说帮你擦擦背，他还害羞了，不让你擦，说我自己擦，我能行。我说你脚上面弄干净点，我自己也知道他弄不太干净，但是他也不让你弄，我随便他。我说你一个人怎么办，我自己想想，现在至少我还能看得到。他说我独立。你独立，能力不行呀，这个是明摆着的，没有办法。

问：从退休之后才开始特意培养他能力？

LZ 母：特意要他努力。现在，你让他自己开煤气，他不敢开的，要给他开好。洗澡还可以。你说烧个饭，可以，因为我们是电饭煲，他自己也〔操作〕。炒菜不行。

问：洗菜、拣菜应该是可以？

LZ 母：洗菜、拣菜绝对可以。他挺细心的，比我干净，他可注意自己的卫生了，洗手洗得特别干净。一不舒服，就要吃什么东西，他挺注意身体保养的，这个像他爸一样。

问：走到现在，家长双方对孩子的发展是否存在分歧？

LZ 母：不存在。

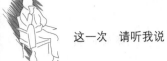

问：孩子小的时候有分歧吗？

LZ父：小时候呢，我总是要找个原因。

LZ母：我要小孩完成这个作业，他让我不要去打孩子。

LZ父：有个原因我就能够对症下药了。

LZ母：我们一步步走来呢，自己觉得还是没怎么走弯路。

问：比较协调？

LZ母：我们两个比较协调。

LZ父：就是〔查明真相〕晚了一点。

回到社区，拿证挂靠

问：职校退学后，是回家了吗？

LZ母：退回来以后就到里弄里面去了，那时候已经十九岁了吧。

问：里弄？

LZ母：里弄，就是社区。他没事情做，在家里呆了一段时间，在家里吃吃喝喝，人越来越胖。我待会儿给你看照片。

LZ父：我从来不找居委会的，在这种情况下，我总要跟社区联系了。我把孩子的情况跟居委会说了一下，里面有个姓王的干部，专管这方面事务的，挺好的。他说你写个申请，不管什么情况，你总要有一个说明，作为手续申请一下，等于挂号挂上了，我们以后〔也好安排〕。

LZ母：他跟我们说，你们先去查一下资料。正常的地方走不通，那你就从残疾方面〔想办法〕，你要取得证件。这是他提醒我的。我们没想到要拿这个证，证是很晚才拿的，就是孩子学校读不上去，在家里面闲着没事的时候，他教了我们这个方法。

问：从检查智商到初中毕业，没有考虑过要给孩子办残疾证？

LZ母：没有。说出去好像很尴尬的，很没面子，我们也有顾虑，如果拿了证，等于判了刑。我们就尽量把他往上推，让他朝好的地方去，让他往正面的方向去。

LZ父：你只有拿到这个证，才能享受到国家相关政策，否则你算什么？讲道理没用的，上上不去下下不来，帮不上忙的。

LZ母：他叫我们大概礼拜三还是礼拜四去检查，我就带孩子去了虹口区精神防治中心。精防中心，每个区都有，每个残疾人都是到这里鉴定的。那时候是 01 年还是 02 年。社区的干部跟我说，你儿子拿到残疾证，就有办法享受国家的政策。查的时候说得严重点，让医生知道什么都不行，就会名正言顺发证给你。

我在家里面就讲，能够说的尽量说正确啊。他们让我带他到医生那里查，色盲什么都没有，倒是都蛮好，就是数列那块，给他做算术，a＋b 等于多少这种公式，他都做得出来。让他回答一个问题呢，可能有点困难。

那个老医生出来跟我说，你儿子现在很矛盾，让他做数学，他都会做，这能够进也能够出，可能还进不去，到底怎么算这个残疾？

我跟医生说，我儿子肯定、绝对有问题，就把分数打到有问题这条线上。你帮忙讲讲，我们两个年纪大了，都要退休了，像他这样子，读书又读不上，你让他怎么办？你说他能够读书，为什么要找到你这儿来呢？

医生就说，你们两个人不容易啊，我们根据你查出来的情况，酌情考虑，你回去等通知。我说你尽量少给他分。

后来他倒进〔残疾标准〕了。过了大概两个礼拜，社区干部跟我说，你通知下来了。我去拿，一看是轻度残疾。他首先承认你是残疾，那我至少一颗心落地了，我达到目的了。那时候轻度一分钱都没有的，他们都说你只要达到中度、重度，每个月给你大概是三百还是四百块，反正是有这个国家补贴的，轻度一分钱也没有。我说我等了半天就弄个轻度，轻度派什么用场？那时候没一点优惠的。回来以后怎么办呢？我跟我爱人说这个是硬①的，这个图章敲下来就是轻度，他承认你就是轻度。

大概过了一段时间，社区干部问我，你们儿子残疾证下来没有？我说，我儿子残疾证下来了，不上不下，没优惠，怎么办呢？他说，你这样，我们现在下来一项政策，就是去社区干活，街道就能够给补贴。我现在给你找个活，我们物业正好是换届，换了一批人，你孩子能够扫地，搞个清洁工作吧。我说好呀，他现在这么胖，让他干一下活，能够动动手也好。他能够扫，让他扫，让他练练！他问孩子吃得起苦吧。我说不要紧，给他做做这种工作，扫地总归是不难的。他跟我也说了，钱很少的，物业给你一百块，街道给你一百五十块，加起来二百五（哈哈大笑）。我说，那也行啊，反正先做了，倒不是为了钱，为了让他〔锻炼身体〕，否则脂肪肝什么的都出来了，年纪轻轻就一身病怎么办。那时候挺苦的，他很仔细，像家里面扫地一样，一点一点扫，一条街扫下

---

① 硬：此处指定性，不可推翻。

来，吃中饭。随便他，人家说扫得干净就行了。

扫了大概一年多，我就跟我爱人说，既然他已经工作了，也有份工资了，至少二百五也是钱，我想总归让他去加个金。我们两个到街道去问了，正好碰到街道残联的干部，他看了我的情况，哦，你儿子是轻度智障，这样，你先不要着急。这个姓曹的干部很好，他说，你儿子现在年纪还轻——那时候大概廿四岁吧——他说，我们残疾协会这次有了一个政策，让轻度的孩子得到实惠。〔轻度〕本来也没钱的嘛，我们现在也在考虑这个问题，你先慢慢来，不要心焦，先不要加金。他说我给你管够，你给我联系方式。他这么一说呢，既然你为我们着想，我就听你的了，我就把联系方式跟他说了。

大概过了年以后，一个新的政策就出来了。这个政策对残疾人的确是很好，它让一部分轻度的人挂靠到大的单位。每个单位都要有一部分残疾人上岗，如果没有岗位给你，你就挂靠在它那里，它给你照发工资，不要你上班。我儿子倒挺幸运的，第一批就进去了。后来我们扫地就不干了，一是我儿子太累了，二是正好物业改制。从那个时候开始，一直挂靠到现在。

结缘特奥，先苦后甜

LZ母：他挂靠了以后，正好残联换届改选，改选的时候，他们就看中了我们。为什么呢？我们两个前任，智障亲友会的正副主席年纪比较大了，一个老头，近八十岁了，一个老太太也七十多岁了。街道要找两个年纪轻的，因为我是新加入进去的，他们看我还可以学些新东西。

问：您当初是怎么加入进去的呢？

LZ母：残疾协会里面有五种残疾，五大协会——眼睛不行的，耳朵不行的，精神不行的，肢体不行的，就脚啊手啊不健全的，和我们智障的。每个协会里面都要有一个负责的，像耳朵不行的，因为思维能力强，都是本人〔参加协会。〕智障残疾人，因为脑子不好，必须要有一个监护人，我就作为我儿子的监护人参加智障亲友协会。

问：亲友会是由社区发起，但是否参与纯属自愿，是这样吗？

LZ母：当然是这样的，社区发动你搞残疾人活动，然后再集中去区里面，区上面还有市里面，一级一级的，上面的领导下面的，市里面就安排区，区里面就安排街道，街道下面就是我们各协会。

这时候是02年，他们就叫我做这个协会里的负责人，我做了负责人，先要去区里面开会，然后市里开完，再回区里传达——街道都去区里面开会。我们那时候有十个街道，虹口区现在八个街道，十个街道的正副主席坐在一起，一共有二十个人。大家就想怎么样把这个协会的工作搞上去，每年都要出新路子。区里面的正副主席都是年纪大的，里面有一个就是我们的领路人，叫倪震，虹口区的副主席，正主席姓王。他实际上挺厉害的，他以前是虹口区的纪委干部。07年开的特奥会，06年他已经上报了，05年我们已经是有些小名气了。这就是我儿子（手指照片），这时候是06年。

倪震说，我们小孩都关在家里，我去下面细查过了，虹口区有多少残疾人，我们一个街道有一百多个，残疾人里面也有中度的、重度的，也有轻度的。轻度的完全能够出来搞一下活动，如果关在家里面就是很闭塞。他说我有打算，搞一个合唱团。想不到他组织了合唱团，我儿子也去了，是第一批。

问：唱歌？

LZ母：我们每个人都先带个头，把小孩教出来，我们来搞一个合唱，让他们唱唱，我们来听听什么感觉。想不到这个合唱团唱不出来，他们五音不全，鬼哭狼嚎似的，难听死了。我发觉，智障的小孩唱歌都不好，唱歌好的不多。搞了两次以后，他也没信心，我们也没信心，孩子们也不要唱。

干脆，倪震说，不会动声音，就动手吧，动手也是能够提高智力的，我看老年人在打腰鼓，我让他们打打腰鼓看。他提出来之后，就组织了一个虹口区智障人士的腰鼓队。我们起先叫了十八个小孩，我儿子也是其中一个，请欧阳街道的一个退休老太太来教了几个动作，她是腰鼓队的。利用礼拜六礼拜天这个空余时间，在密云路学校学打腰鼓，教了一阵子，可以。困难是有，反正今天教了明天忘，今天教100，明天就返你20，就这么一点点来，每次就重复教重复学。

问：孩子愿意参加吗？

LZ母：他起先不会的，是我带去的，我们乘车去。后来时间长了，他倒是有兴趣了。他还算是悟性比较好的，轻度的。他先学出来，再做小老师教别人。他一天天出来练，一天天滚雪球一样〔进步〕，区里面人说，倒还可以嘛。我们第一次练好了以后，正好市里面开会，就把这个牌子打出去了。打出去以后，市里面的领导也积极，大家挺有信心，一宣传，大人都把小孩带来了。

倪震还叫我带别人。他说，你带儿子出来，你也要敲腰鼓，发一个腰鼓给你。我自己也要练，不练你怎么教人家。我们几个老师——就是协会的正副主席先练，练出来以后再带别人，真的花了不少功夫。我儿子练到后来自己倒蛮

有信心的，他模仿力可以，好像比人家学得快点，他搞了这个腰鼓以后，明显能够跟人交流了。我觉得这个活动加上这个组织对他帮助挺大的，他进步大，倪伯伯就介绍他入团，他是第一个入团的。

（手拿照片）这张就是亲友会副主席倪震，我们就是在他带领下活动的，他说，小林啊，我跟你要做几年啊。从02年就跟他，跟到现在，我们现在礼拜六礼拜天还是在他创建的这个团队里面练的。

敲到05年，我们有些名气了，那时候知道07年的上海特奥申报成功了，我们就开始排节目，每个人到各个地方去学一个动作，学了以后，回来大家一起练，教成一套百家鼓，等于是我们智障人士的一套腰鼓。

我们一开始就是想让孩子们出来活动活动，让他们开心开心。后来有了名气了，各方面也就做得比较好了。（手指照片）这是周老师指导腰鼓队，我儿子就是她带出来的，她是嘉某街道的，是我们其中一个学生的母亲。

LZ：余晓栋。

LZ母：她儿子是脑瘫，他俩是好朋友。07年要开特奥会，要加强英语，我们这里人英语都不好，她是被推荐出来的，主动做我们的英语老师。她辅导我儿子英语。他儿子也会德语、法语。我们的倪伯伯就知道她做下去肯定行，知道她这方面有〔能耐〕，就推荐她做特奥大使，她就是我们的全球特奥大使①。

你们这次特奥口述史活动，我们这里也是她牵头的，她觉得自己有这方面的责任，把特奥当个事情来做。她有很多资料，我们不全的。所以你有什么缺少的，她都能补给你。

上次她也跟我说，有什么事情跟他们小朋友说好了，不要紧。她给了我不少帮助，我们在一起很好。她主动教英语，毛遂自荐，我会英语，我会舞蹈。我儿子舞蹈、英语都是她教的。

LZ：特奥领袖别忘了。

LZ母：噢，别忘了。

问：还是特奥领袖呢！

LZ母：是啊，他是一点点敲出来的啊。特奥要培养几个人，他也是比较荣幸，虹口区选了两名同学参加特奥领袖培训班，一个男生，一个女生，为07年的特奥运动会做准备，他通过打腰鼓〔入选了〕，我说我要感谢这些为我

---

① 正式的称呼是"2007年上海世界夏季特奥会东亚区特奥家庭支持领袖"。

们孩子付出了〔心血的人〕。

全市围绕特奥转，你想要在特奥舞台亮相，就要排练，我们排练了舞蹈。这是我儿子（手指照片），在里面跳舞。那时候开始他对舞蹈也感兴趣了，兴趣一点点就广泛了，他自己知道要跳舞。

LZ：（手指照片）这是 dancing，跳舞的。

LZ 母：大家一起跳舞。

LZ：特奥领袖徽章。

LZ 母：他到社区公园里去，跟人家阿姨、奶奶去学跳舞。跳舞他自己喜欢，我倒不喜欢。学了以后，他倒记住了，练起来就方便了，反正他自己觉得有信心。

07 年，我们开始参加特奥活动，跟运动搭界了。我儿子每次有活动，都是重在参与。他不行的话，会回来自己练，像打乒乓啊，打篮球啊。（出示奖杯）这个奖杯是我们社区的，当时他是被我硬着头皮推上去的。有什么活动，他都会说，妈妈你去参加。我说我不会的，我带他过去，他去跳舞，赢了一个一等奖，社区的人都认识他。

LZ：蒙古舞。

LZ 母：（手拿照片）他跳蒙古舞（掩面而笑），人家送给他的衣服。（继续看照片）这是李冰冰①，李冰冰看到我们有这么个腰鼓队，自己来跟我们联系，捐了大概八万多块吧。

有什么活动是他能够参加的，他都参加，让他锻炼，他都喜欢。后来我们这个老爷子是作为市先进到北京去领奖，把我儿子也带去了。

问：孩子都参加了哪些特奥项目？

LZ 母：很多，跑步、篮球、融合跑等等。

LZ：Sorry（端来一盒奖牌）。

LZ 母：这都是他的奖牌。这个是珠心算的金牌，这个是融合跑的，这个是残疾人运动会的奖牌，反正〔挺多的〕。

LZ：还有韵律操。

LZ 母：韵律操，这个是银牌。

问：好多奖牌。

LZ 母：乱七八糟真的是好多，他自己都理好的。（手拿奖牌）这是 14 年

---

① 影视演员李冰冰。

融合跑的金牌，今年得了个银牌（哈哈大笑）。14 年是侥幸的，为什么？因为人家跑得快的一组犯规了，跑得不对"啪"就摔下去了，摔下去他就落后了，我们就跑到前面去了，金牌！

问：舞蹈也好，融合跑也好，应该是有训练的吧？

LZ 母：嗯，都训练。

问：训练都有老师带吧？

LZ 母：项目都是老师接来的，接来以后，就要挑选，一般要多少人，比方说，要十个人比赛，他就选两个候补队员，一个月以前就要通知你了，到一个场地训练，比如说跑啊什么的，都会给你〔安排好〕。请一些专业的先来辅导你，然后你再自己亲身跑。

问：这种训练是每天按时按点的吗？

LZ 母：一开始都是要专门的人来教，教完了以后你再根据要求〔练习〕，那很苦的，有的孩子脚都磨出血了。后来就比较得心应手了。

问：这样的情况下，孩子有没有说不想参加？

LZ 母：他想〔参加〕，你不知道，我儿子从来没有打过退堂鼓，他总是说我去，他就怕人家不要他。投篮要高个子的，他就不行，这个要挑选的。我就跟他说，你练归练，到时候淘汰也没办法，他也知道的。当时几个人一起练投篮，练到后来，就只能有八名入选，四个女的四个男的，他就淘汰了。他自己也知道，投篮的技巧我不如人家。他能够接受，也知道下一年还有机会。有活动了，他会主动报名。这些小孩都知道，运动对他们身体有好处。

问：参加特奥会也会去外地，是吗？

LZ 母：是的，但他没去过，上海打保龄球的运动员到香港也去过，到温州也去过，要全国各地跑的。

问：家长跟吗？

LZ 母：老师带去就可以。

问：回来有没有主动跟家长讲讲比赛的情况？

LZ 母：那绝对要交流，那说话很多了！到时候碰到你了，他们都会跟你说，天太热了，太累了，我发挥得不好，他们都会跟你说。他们每年都有夏令营，是国家给他们的一种享受，到松江去四天，他们最愿意去。

问：有没有您印象特别深刻的事啊？

LZ 母：有的。在宿舍里面折衣服啊，老师帮我洗澡啊，揩背啊，他都会说。他能想到的，都能跟你说，这些孩子很单纯。我们现在觉得，我们虹口出去的几个人都比较老练，到底两样的，如果你老是关在家里面，不出去，出去就很害怕，离不开〔大人〕。像我们小孩就不要紧。

问：夏令营还包括些什么？

LZ父：检查身体。

LZ先生参加训练营后写作的感想。

LZ 母：检查身体是另外的。夏令营自己不用带什么，到了就给你发衣服毛巾，都是国家给他们的；菜肴也很好，什么菜什么菜，都讲给我们听。现在福利待遇是提高了。还给他们上课。上什么课，你来介绍一下。

　　LZ：礼仪课，还有就是写文章，当小记者，还有环保志愿者。（自豪地出示奖状）这是训练营，才艺之星。

　　LZ 母：他每年都有奖状的。

　　LZ：还有特奥活动。

　　LZ 母：搞什么活动啊，你说说看？

　　LZ：嗯，Supermarket，超级市场，就是购物。

　　LZ 母：哦，模拟的超市，让他们购物。

　　LZ：游戏结束就是套圈或者什么，还有 money，money 可以换购，就是十块换十块。

　　LZ 母：让他们熟悉、体会购物的乐趣，还有怎么算钱，你们会算钱吧？

　　LZ：算钱啊？Teacher。

　　LZ 母：哦，老师给算。

　　LZ：还有写文章，糊在墙壁上。

　　问：一般写文章都会写什么？

　　LZ：绿色，环保。

　　（LZ 主动翻开作业本）

　　LZ 母：他给你看的是他〔写的〕绿色环保的文章。

　　LZ：原本呢，今年小记者我不做了，我就做组长，第一天晚上我休息了。第二天晚上，我被叫去写文章，不放我走，结果怎么样呢？写得非常棒（神气十足）。老师看中了，和我说了要刊登在市里面，市里出本书，然后，我 picture 已经选好了，选了在富兰克林·罗斯福总统铜像〔旁边的〕那一张。

　　LZ 母（笑吟吟）：他喜欢这些乱七八糟的。

　　LZ（生气状）：嗯，总统！

　　LZ 母（迎合状）：哦，总统总统。

　　问：这就是做小记者的经历，是吗？

　　LZ 母：嗯，到时候文章选上去以后有他的照片，站在罗斯福铜像旁边的一张照片。

　　LZ：连任四届总统。

　　LZ 母：很多人都认识他，他现在跳舞也算很有名的。他跟我说，妈妈你不知道，我晚上去跳舞有一批粉丝，我说给你听好吧，妈妈，你知道吗，你生了我是你的一大福气！我有福气（哈哈大笑）。他说，他们都说你有这么个儿子，你要感到骄傲（拍手大笑）。他挺享受这个过程，挺开心，我也就心安了。他最喜欢人家去看他跳舞，他有这种表演欲，他一个人到台上，很开心，他就喜欢出风头。

问：家长非常支持他参加特奥。

LZ 母：支持。我自己和我爱人体会，他是有进步的，如果没有特奥，他真的没有这么活跃。以前，人家知道他喜欢跳舞，新疆回来的人送给他一双靴子，他拿回来，说我表演的时候就穿这个，他喜欢穿少数民族的〔服饰〕，喜欢少数民族舞蹈。

LZ：本人就是少数民族。

LZ 母：那是一次世界级的特奥活动，我们到虹口区的宾馆里面去，全部是世界各国的特奥团队，各国的团队跟我们搞联欢，他真的开心死了。有一个演员是内蒙的还是蒙古的？

LZ：乌兰。

LZ 母：哦，一个叫乌兰的老师。那个老师穿了一套衣服，他开心死了，就要跟她拍照。

LZ 母：（手指照片）这个是他演讲。这个是李市长，他叫他干爸，叫领导跟他跳操，我说你挺会套近乎，那时候是我们虹口区开运动会，市长来参加，别的孩子都在看，不敢走近，他自己上去跟人家拍照，他就这个方面特行。

问：不仅他自己有很大的进步，家长心态也改变了很多吧。

LZ 母：我现在心态没那么沉重，以前，刚开始我真的是睡不着觉，这是心里话。怎么办？他等于是家里面的一座大山，人越来越胖，没地方去，我真的担心死了，要叫他怎么过他的后半生？我们两个都要老了，这是实在话。

这十几年真的不容易啊，一点点在进步。刚开始他什么都不会，我硬把他拽进去，他不想打腰鼓，手打得都是泡，我教他，我自己也出泡，让他练，练到后来都有老茧了，这也是一个过程。

后来，他自己练出来，就有欢乐了，这是他的亲身体会。不光打了腰鼓，打了之后还去表演，荣誉就一点点来了，是先苦后甜。甜得到以后，再给他排一个更大的舞让他跳。到市里面去，市长副市长都接见我们。他们跟他握了手，他手也不洗了，晚上回来睡不着，激动地说市长跟我握手啊！那时候，我在旁边，他在上面，我自己真的没想到，我儿子竟然上电视，电视台还放出来，毕竟他是残疾人。后来再把他介绍到北京去，又去表演啊，给他拍照啊。你以后到我们虹口区智障协会去，都有〔照片〕的，真的是一路上欢笑越来越多。

LZ父：如果没有这些活动，我想他完全是另外一个人，我们等于是跟社会隔离的。

LZ母：应该说，我是很有体会的。小孩子能够到这个地步，我也没啥恼了，为什么？至少欢乐越来越多，我觉得真的好。他们地位也提高了，以前他干活只有二百五十块，现在让他挂靠，有二千一百九十块——上海最低工资，每个月打到了我卡里面，那我没有了后顾之忧，至少他自己能够过得去了。到以后更加不要说，肯定是越来越好，因为国家强大了。我们对政府真的是感激的。得到的实惠真的是没法说，自己有亲身体会。

他现在比我们忙。礼拜一到礼拜五到阳光之家，早晨九点以前要到，下午三点多四点回家。吃完晚饭去跳广场舞，雷打不动，要跳到八点半回来。回来以后洗漱，弄弄电脑，睡觉。礼拜六礼拜天是虹口区培训中心，他在里面还要教人家跳舞，他是人家的小老师，自己学来再教他们，挺忙的，回来一身汗，洗澡。礼拜六礼拜天的下午，他还要活动，看看奥特曼——他的爱好。

问：晚上在哪里跳广场舞？和谁跳？

LZ母：在凉城公园，和居委会大叔大妈一起，基本都是街坊邻居。

问：他怎么开始跳广场舞的？是为了锻炼身体还是兴趣爱好？

LZ母：他长得胖，有事没事到处走走，居委会大妈看到了，就动员他跳舞。那时候正好从辽宁过来一个做安利工作的人，他有跳舞经验，就组织团体一起跳。

问：只是喜欢看，还是见到奥特曼模型就会主动买？

LZ母：有时候买，收集模型是他的一种爱好。

问：有没有希望他改进的地方？

LZ母：肯定是希望他兴趣再广泛一点，不要局限于一种爱好，一直看奥特曼也没意思，发展点别的爱好。他上次打乒乓也挺卖力的，每天回来练。

问：希望活动的项目再增多一点。

LZ母：增多点。现在的活动应该说很好，很多。

问：运动也好其他活动也好，作为家长应该会一直支持他？

LZ母：绝对要支持他。他参加活动，人家说你陪他来，那我一句话也不说就陪他去，只要走动路就陪他去，对我也是一种锻炼。他现在出去比我们知名度还高，一路上过去，人家不认识我，都认识他。哦，你是他妈妈？嗯，我是他妈妈。反过来，他影响我（欣慰地笑）。

阳光之家，担当重任

问：什么时候进阳光之家的？

LZ 母：05 年第一批进去的，他先是到我们凉城街道，阳光之家地方还比较小。去了几年以后，曲阳是市里面的先进，正好需要他，那么应他们要求到了曲阳街道阳光之家，他现在是在曲阳，曲阳的活动比较多。

问：当时是出于什么考虑参加阳光之家？

LZ 母：阳光之家是市里面搞的一个利好项目，是专门对智障人士进行康复的一个场所。它能够给你学文化，提高你的体力，像人家以前的养老所，它是残疾人修养身心的场所。

LZ 父：拿他们现在参加的一些活动来说，好像是与社会接触的一个平台。

问：从职业学校退学是 01 年，为什么 05 年才进入阳光之家？

LZ 母：01 年阳光之家还没开，上海 2002 年申办 2007 年国际特奥会。2005 年，作为迎接特奥的上海市政府实事工程，阳光之家正式开办。如果不在上海开〔特奥〕，〔可能〕就没有阳光之家。胡锦涛去过曲阳参观，习近平也去的，最早是邓小平①到曲阳。曲阳属于上海市的一个先进点。

LZ 父：曲阳作为一个新建的大型居民社区，建得比较早，设施也比较好，邓小平在世的时候到过曲阳。现在也还可以。

问：当时曲阳只是一个大的社区，和阳光之家没关系吧？

LZ 父：没关系，曲阳是个社区。05 年阳光之家成立以后，胡锦涛来了。

问：LZ 君从 05 年进阳光之家，一直待到现在？

LZ 母：对。05 年是到凉城，然后他自己换到曲阳，是零几年（思考状）？

LZ：2010 年 4 月 8 日。

LZ 母：他记住的，到那里是 2010 年。曲阳的阳光之家条件好，属于典型，活动比较多。

---

① 虹口区曲阳新村是改革开放以后上海市建设的第一个大型居住区，生活服务设施相对完善。1983 年 2 月，邓小平曾走访曲阳新村的居民家庭和菜场。

问：他自己提出要过去的吗？

LZ母：他自己要过去，凭良心说，凉城设施没那么好。

问：他怎么知道曲阳比较好？

LZ父：那时候见报的，胡锦涛也去过。

LZ母：见报的，我们虹口区更是都知道。曲阳有阳光工场①，就是锻炼他们动手能力，让他们做事。我主要担心他动手能力差，我说你喜不喜欢干活。他说他要干活。从基层开始锻炼起，你给他简单的工作，他能干，他想赚钱，那我给他联系了，正好曲阳也需要他这种人。为什么？他们搞活动、对外接待，希望他能够去讲解，他说话比较溜，有几个智障的小孩，别的可以，就说话不行，老师也需要他去。所以我一说，曲阳就让他过去了，让他担任讲解员，让他陪同〔参观者〕。

问：阳光之家可以自由流通的吗？

LZ母：本社区可以，跨社区就不行，如果我到黄浦区就不行，虹口区当然好商量了，总归是一个区的。我儿子到那边去，因为不是本街道，我每个月要多出六十块钱，我在凉城一分钱都不收，但多花六十块，我也愿意出，他到那里学得多。

问：阳光之家是星期一到星期五去？

LZ母：对，星期一到星期五。如果没有活干，他们就吹吹口琴，专门有个小乐队，礼拜二下午演奏。礼拜几唱歌？

LZ：礼拜一上午。

母亲：礼拜二是口琴，礼拜二是剪纸，礼拜五是跳舞，他们曲阳活动多。还有来参观的外宾，还有别的地区来学习的，外事很多，因为是典型。他们都发校服，曲阳比较正规。

LZ：阳光之家的 children，孩子，是可以到训练营的，基地的不可以。

LZ母：哦，是有规定的。

LZ：我是阳光之家的。

LZ母：有两个，一个是阳光之家，一个是阳光工场——干活的，照理他

---

① 阳光工场，正式名称为阳光职业康复援助基地，又称阳光基地。据《上海年鉴 2011》，创建100 个阳光职业康复援助基地为 2010 年上海市政府实事项目，实际建成 170 个。基地是组织就业困难残疾人相对集中地开展生产劳动、职业培训等职业康复活动的非正规就业劳动组织，通过"政府补一点、社会帮一点、个人做一点"的建设模式，解决中度残疾人的基本生活和社会保障。阳光工场与阳光之家、阳光心园并称三阳机构。

是阳光之家的，是不要干活的，但是干活的地方没人，活又多的话，就要叫他们几个快手去帮忙。阳光之家是阳光之家的待遇，基地是基地的待遇。

要与工作冲突的话，就以工作为主；如果没有工作，就是照常的活动。他们要排一定的节目，每个街道要到区里面去汇演，也要去参加广播操比赛或者其他比赛，表演比赛有很多。他们挺忙的。

问：他进去阳光工场做事，有补贴吗？

LZ母：有补贴。他要到工场去，他喜欢干活，他要赚钱（哈哈大笑），他有这个意识。他干活挺细心的，挺愿意吃苦的。

问：干点什么呢？

LZ母：做海绵球、海绵棒，海绵棒是洗涮杯子的，是为台湾的一个生产商〔生产〕。

LZ：日用品。

LZ母：现在做的是上好佳的标签，还有就是牙签套、邮电局的邮报、双面胶，都是比较简单的。

LZ：还有海报。

LZ母：海报，什么东西啊？宣传海报？

LZ：one-two-three-four，四条为一个线。

LZ母：就是适合他们做的手工制品，报酬很少，主要是让他们动动手。每季度发一次钱，他们按照动手能力的快慢分等级的，一般最低的就是一季度六十块钱，他是中上的，大概二百多块钱，最好的大概三四百块钱。他们也愿意干，别看几十块钱，小孩也挺开心的。

问：挣的钱他自己会拿出去花吗？

LZ母：他自己花，会用钱，我不要他的。他自己放在一起，以后买个大的东西。

问：自己能独立购物？

LZ母：简单的购物他会计算金额，复杂的就算不上来了。

问：刚才说到去外地参加活动，回来会不会给你们带一些礼物？

LZ母：他不出去的，有的小孩会的，买一个小玩具，或者当地特产。你出去会给我们买吗？有钱，没有这个机会；有这个机会，他会跟人家学的。

问：感觉大家对阳光之家、阳光工场还是比较满意的，有没有希望它改进的地方？

LZ母：需要改进吗，你给说说好吗？

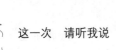

问：有没有不好的地方？

LZ母：他就喜欢呆在那里。

问：在阳光之家和同学相处得如何？

LZ母：开心吗？同学们之间怎么样？

LZ：嗯。

LZ母：他很开心的，跟他们很亲密的。

问：在阳光之家有好朋友吗？

LZ：有。

LZ母：有，朋友很多的。我给你看照片（出示照片），这个是他们去电视台一起演出的。

LZ：曹某。

LZ母：哦，曹某，施某。

问：他有堂兄妹、表兄妹吧？交往吗？

LZ母：有。这个方面他还可以，应该说不是太困难。有的孩子就遭受歧视。他们家和我们家小孩还比较懂道理，教育得还可以。你如果碰到教育不好的，比较粗野的，那他对小孩的态度就两样，骂啊，打啊，他们会侵犯他的，他现在自尊心倒没什么伤害。

问：他也主动愿意和兄弟姐妹交往？

LZ母：对，他也主动愿意去。如果我们家庭聚会，他会跟他们交流，没什么障碍。如果兄弟姐妹结婚了，那跟他交流肯定少了。

心存感激，顺其自然

问：有没有考虑过孩子的婚姻问题？

LZ母：我跟你说，他没有这方面〔要求〕，我发觉这可能跟他的生理也有关系。

问：我们在辅读学校实习时，发现智障青年也是有这方面生理需求的。

LZ母：有，他不明显。我和他爸老早就谈到这个问题，因为很多人到这个年龄，都会提到我要结婚。

访谈者：他今年三十？

LZ母：他83年生的，虚岁三十五了。但是他这方面真的没有〔要求〕，倒不是我俩〔回避〕，我们两个人心里都非常的〔焦虑〕，这个问题挺现实的。

一方面，我儿子轻度，女方肯定对男方要求高点，男方本身就是智障，情况比你好的女的就不可能找你。另一方面，男的总归要承担大的责任，就算人家不嫌弃你，能不能一起生活？钱怎么掌握？我觉得这都是实际问题，所以我个人认为，只要我们能够〔照顾他〕，他自己也表示，妈妈我不结婚，我就想跟你们一起来养我一个人……那么我们就不强求，一切顺其自然。他如果要想，我们倒也开始考虑。倒过来，跳舞的阿姨老是跟他说，小 LZ 啊，我给你介绍一个朋友。他说我不要，我要先搞事业再成家。他还有规律的（哈哈大笑）。他真的不想，不是啥问题。

爱情他们也懂，他们看得懂电视。我们的文艺小分队，小姑娘挺多，有的就是要，有的就是不要。像我们一个团队里面，结婚的也有，但是结婚的好多连证都没取，有的结了婚再离婚，有的是小姑娘上当，跟别的正常人结婚，苦的还是自己。你说两个人生活，基础至少要有吧，吃饭、各方面的开销，他们真的都不具备，还是要靠大人。我六十几了，给他结婚，给他房子，每顿饭他要有人照顾，不照顾他吃不好，〔重担〕还不是落在家长身上，家长老了，你咋办？

LZ 父：弊大于利。

LZ 母：找一个迁就他的小姑娘，给你生一个小孩就走了，你说小孩怎么办？到时候如果小孩有问题，还要搞个二代次品，更要命。问题很多。我们几个老师在一起也讨论这个问题，想开来，还是自己过好。

问：他现在都享受什么福利待遇啊？

LZ 父：福利待遇就是每个月给你上海市最低工资。

问：两千一百九十。

LZ 母：我们在他身上基本没怎么花钱，他自己赚的钱自己花，两千一百九十是他的生活费，他也给我的。

问：除了这个还有什么呀？

LZ 母：没了。我们是轻度的，如果你是中度的，中度以上他就属于是重残无业，重残无业有国家补贴，现在大概已经提高到一千六百八十元了（神情不确定）。

LZ 父：不是每一个轻度都有挂靠。虹口区的几个大公司招了几个，名额不多，我们算是幸运的，不要你上班，到时候就给你钱。

LZ 母：对。现在轻度没这么多挂靠的，如果你是轻度的，没有挂靠，在阳光基地给你集体加金。密云学校出来的都是轻度的，现在也不管你读不读书啊，只要你到这里基地，都交金的。

问：那孩子就是两笔收入，一笔是最低工资，一笔是在阳光工场干活赚的。

LZ 父：对的。当时领导的意思是，像他们轻度挂靠的，最好是经过一段时间在阳光之家的训练，走向社会。为什么？减轻负担啊。没有这么多单位给你挂靠，你最好能到社会上去，目的是这样的。但是现在是基地推不出去，推了以后人家不要他，为什么？你跟正常人还是没法比，你竞争不过他们，况且这么多大学生，你怎么办呢？所以这个问题永远存在。

实际上，挂靠是国家政府强制性的要求〔导致的〕，他到你这里，你要给他简单的工作干，发最低的工资。但是单位没有办法，硬要我执行，那么我情愿给你最低工资，你也不要来，造成这么个现象。

问：你去了反而事情多。

LZ 母：比较起来，我们在上海算是幸运的。

问：听下来，家长对社会、对政策还是比较满意的，有没有更高的期望呢？

LZ 母：主要希望对他们的保障能够多一点。如果我们老去了，这些钱对他们来说肯定是不够的。

LZ 父：他年龄逐渐增长，我们也一天天老了，一个单位现在因为政府的强制要求而给你钱，为了省事都不要你来干活，我总觉得这不是长久之计，不管对单位还是对国家来说，都不是最终的办法。国家的意愿是，最好通过一段时间训练，各方面能力得到一些提高，尽量把他们推向社会，自食其力，过正常的生活。我们作为家长，也希望最好这样，但是我看现在的形势，他们达到的可能性不大。

问：作为家长来说，有没有好的构想？

LZ 父：愿望难以实现啊（困窘地笑笑），作为我家长来说，当然希望他能够走上社会，有一个适合他们的比较简单的位置，能够靠自己的能力生存。他性子好像实在是太慢了，也不可能拔苗助长，他就这些能力，我们做家长的也知道。这好像是出于一种没办法的办法，政府已经资助了最低标准的工资，我们也很满意了。毕竟国家有各大困难，我们也还没有困难到已经倒下。他还没有特别体会，所以他也没有这个忧虑。

LZ 母：自立，我们也不能做试验——分开他几个月，让他试试看，他做不到。

问：听下来，我们的孩子真的很幸运，能生在这样的家庭，有这样的家长。我们学习这个专业，平时接触到一些家长，感觉家长的观念对于孩子的发展还是很重要的。

LZ母：我觉得你们学习这个专业真的不容易。

LZ父：什么专业？

问：特殊教育。

LZ父：哦，你们本来就是学这个专业的，那太不容易了。

LZ母：我也挺开心的，之前也没接触过。

问：今天的访谈到这里就结束了，谢谢您的配合，我们保持联系。

LZ母：不客气。辛苦了！

LZ先生老师口述

口述者：老师
访谈者、撰稿者：王培凤
访谈时间：2017年1月3日
访谈地点：上海市某街道阳光之家

问：LZ君出勤状况如何？

师：他基本满勤，一般都来的。

问：LZ君在学习生活中积极性如何？

师：说到积极性，他和别的同学不一样，他蛮精的，比别的同学聪明。尤其是赚钱表现得特别积极，对文艺类更是专心，因为出去演出有东西拿，他更加卖力。但是在劳动方面有质的差别，他是班长，应该带头扫地，但他不动手，就是看着别人干，积极性不高。如果被老师发现，也只是做做样了。

问：LZ君的优势和劣势分别表现在哪些方面？

师：他数字概念差，朗诵很在行。比如说拿五十元买东西就不行，这属于质上的缺陷。辨别是非不行，见机行事却很恰当。

问：LZ君社会适应力如何？

师：他还可以，蛮听话的。他很会炫耀，有自信的一面。听着音乐就能跳起来，总的来说，比较擅长文艺。

问：LZ君的家长在配合教师的要求方面做得怎样？

师：孩子本身的理解能力还可以，回了家也能说清楚〔教师的要求〕。

问：阳光之家、阳光基地在经营中面临哪些问题？

师：钱多地方小，心理康复、机器设备没法铺开；教师工资低，福利少，力不从心，好像享受的是公务员的待遇，实际上是高级保姆；教师压力大，一方面，学生记忆力差，同一个知识点，需要天天讲，年年讲。另一方面，需要时刻把学生安全放在心上，学生吵架、打架事件频发，有事情要第一时间快速处理。大多数家长为了省心，把孩子送到这里推卸责任，一旦发生意外，孩子的角色马上从"草"转变为"宝"，而责任全在学校、老师。所以阳光之家必须要开设情绪管理课。

问：教职工的来源是专职还是兼职？

师：专职。通过社会招聘统一招收，培训上岗。我们这里是品牌窗口，包括阳光之家、阳光基地、阳光心园三大块，合称"三阳开泰"。中外来宾常年不绝，也需要专职教师的接待。

问："三阳开泰"的运转资金从哪里来？

师：政策拨款，残联补助还有社会爱心人士的捐助。

问：阳光基地的活从哪里来？

师：我们自己联系企业，替企业生产。产品大多是企业送给客户的赠品。

LZ 先生同学口述

口述者：同学 S 先生
访谈者、撰稿者：王培凤
访谈时间：2017 年 1 月 3 日
访谈地点：上海市某街道阳光之家

问：你和 LZ 君认识多久了？

S（以问询的眼神看着 LZ 君）：大概 2005 年吧。

问：你喜欢 LZ 君吗？

S：是的，他是我大哥，跳舞很棒。

问：他平时教你跳舞吗？

S：他喜欢帮助别人，教我跳舞，教我日语还有英语。

问：你们共同的爱好是？

S（迷惑不解，思考状）：爱好？

LZ（注视 S 君，尝试引导）：正义的英雄人物。

S：奥特曼！

问：你觉得 LZ 君的缺点是什么？

S：他唯一的缺点就是没缺点。

问：LZ 君作为班长，大家喜欢他吗？

S：他说的话大家都听。他这个人很智慧。

LZ 先生本人口述

口述者：LZ 先生
访谈者、撰稿者：王培凤
访谈时间：2017 年 1 月 3 日
访谈地点：上海市某街道阳光之家

问：你每天什么时候来阳光之家？

LZ：有时候早，有时候晚。下午三点多回去。

问：怎么回家？坐公交吗？

LZ：早晨走路过来，为了锻炼身体，下午坐公交回家。

问：你喜欢来阳光之家吗？

LZ：还可以。这里是天然氧吧，像童话世界一样。

问：喜欢这里的老师吗？

LZ：还行。

问：最喜欢的老师是哪一位？

LZ：陆老师。我叫她"小鹿纯子"——日本电视连续剧《排球女将》的主角。

问：为什么？

LZ：她也喜欢日本动漫，而且长得漂亮。

问：你们开设了哪些课程？

LZ：星期一是唱歌，串珠；星期二是萨克斯，口琴，如果有活干就干活；星期三是北郊高级中学过来搞活动，还有虹口区活动中心的剪纸；星期四是空竹，书法；星期五是跳舞。现在活多。

问：你觉得这里的饭菜怎么样？

LZ：星期三的炒面不大好吃，太油。喜欢吃这里的年糕，蛋炒饭还有其他都比较可口。

问：周末就去虹口区残联活动？

LZ：对的。

问：回到家都做些什么？

LZ：看电视，学日语①，写写字②，跳舞，有时上网。

问：回家和爸爸妈妈聊天吗？都聊些什么？

LZ：聊聊学校，跳舞，奥特曼（悄悄说）。

问：帮爸爸妈妈做家务吗？

LZ：做的。自己洗衣服，擦桌子，把碗送进〔厨房〕去，刷碗，扫地。

问：更喜欢爸爸还是妈妈？

LZ：都喜欢。

问：和谁聊天多一点？

LZ：妈妈。

问：谁比较严厉？

LZ：都严厉！

问：晚上几点开始跳舞？

LZ：七点到八点跳一个小时。

问：每天都跳吗？

LZ：是。

问：有固定的舞伴吗？

LZ：舞蹈队成员。

问：跳舞有人看吗？

LZ：有路上的行人，这不是要新年了嘛，饭馆进进出出都是人。

问：回家之后做什么？

LZ：复习所学内容，锻炼身体，有活就干活。现在是包红包，上次是做泡泡贴，提高动手能力，增加收入。

---

① LZ君因兴趣自学日语，达到交流自如的水平。

② LZ君从小对中国古代诗词及古人有着较为浓厚的兴趣，因此也喜欢学写繁体字。

LZ 先生腰鼓队观察记录

观察时间：2016 年 11 月 27 日 9:00—11:40
观察地点：上海市广中支路 22 号上海市虹口区残疾人联合会
观察者、撰稿者：王培凤

时间	活动内容	备 注
9:13	两个方阵合二为一。	LZ 作为腰鼓队领队站在外围观看，表情呈现出满意状。
9:16	两个阵队调整队伍，个别同学接受老师指导。	
9:20	LZ 上场，担任领队，集体表演《中国功夫》。	情绪饱满，面带微笑，表现得很自信，不时向观察者点头致意。
9:24	中场暂停，调整姿势。	LZ 和 S 同学肩膀搭在一起聊天。
9:25	结束，休息。	
9:34	集体舞《荷塘月色》。	LZ 动作娴熟，舞姿优美，获得一致好评。
9:38	集体舞《九九艳阳天》。	LZ 面带微笑，动作到位。
9:40	暂停，个别同学接受指导老师动作纠正。	
9:45	结束，休息。	受观察者给相应的观察者倒热水。
10:00	精武操表演。	LZ 精神抖擞，动作矫健，铿锵有力。
10:02	结束。指导老师提问："你们觉得自己的表演有问题吗？自己说说看。"纠正动作，指导个别同学。	
10:08	重新开始精武操表演。	整体表现得很卖力。
10:10	结束，休息。	LZ 坐下来喝水，左顾右盼。
10:20	集体表演《小苹果》。	LZ 面露喜色，表现积极。
10:24	集体表演《套马杆》。	
10:26	男生独舞。	LZ 动作到位，表演卖力。女生围观。

时间	活动内容	备　注
10:30	女生独舞。	男生围观。
10:32	表演结束。	全体师生转移到烘焙场地。
10:40	烘焙开始。	学生穿戴卫生口罩、帽子、手套、围裙。LZ君认真专心，兴趣浓厚。
11:30	合影留念。	
11:40	烘焙结束。	受观察者将做好的蛋糕送给相应的观察者，以示感谢。
11:42	观察结束。	

LZ 先生阳光之家观察日记

观察时间：2017 年 1 月 3 日 9:00—14:30
观察地点：上海市某街道阳光之家
观察者、撰稿者：王培凤

临近春节，阳光之家的主要工作是包装红包，产品推向企事业单位。

时间	工作内容	备 注
9:00	包装红包（上书"2017 运动健康生活"字样），三个红包装一包，25 包为一打，各打用橡皮圈捆绑。	LZ 动作娴熟，作业质量高。热情高涨，面带微笑，交头接耳，和旁边同学聊天，属于无意识加工。不时和观察者点头示意，起身四处张望。
9:55	LZ 起身去另一教室放红包。	小跑状。
9:57	LZ 继续包装。	杂乱堆放在一起，同学帮忙整理，LZ 道谢。
10:30	休息，喝水。	LZ 告诉观察者饮水机位置，并且帮忙倒水。
10:40	LZ 带领观察者参观萨克斯表演，并一一介绍小乐队成员。	骄傲之情溢于言表。
11:50	午饭，午休。	
12:40	继续折叠，包装红包。	LZ 刚开始略显倦意，效率有所下降。一段时间后，振作起来，动作利落，速度加快。
2:30	放学。	上交作业，老师统计数量。LZ 完成数量最多，共 336 包。

"阿甘"①的精彩人生

——波妈及王宵波口述②

王宵波，男，1983 年出生。独生子女。智力障碍三级。1998 年肄业于上海市浦东新区某普通中学。2005 年至 2015 年为上海市浦东新区某街道注册阳光之家学员。现转为非注册阳光之家学员，街道残联舞蹈队成员。

口述者：王宵波母亲严章旦女士、王宵波
访谈者、撰稿者：古丽米热
访谈时间：2016 年 11 月 29 日
访谈地点：上海市张扬路全季大酒店底楼会客厅

反应慢，幼儿园里乖宝宝

问：您和叔叔是什么时候结婚的？

波妈：1982 年 5 月。

问：结婚之后就有了孩子吗？

波妈：对的，83 年 2 月 27 日元宵节那天宵波出生。

问：当时的医疗条件可以检测胎儿的健康状况吗？

波妈：产前一切正常，但是宵波出生的时候缺氧窒息了，所幸时间不长，医生赶快给他吸氧，一会儿哭声大了，我们才放下心。医生说："还好还好，时间长了的话就麻烦了。"当时没看出来什么。

后来发现宵波不是很活络。他很乖，食欲也正常，就是有时候好像反应有点

---

① 2007 年，王宵波担任上海世界夏季特殊奥林匹克运动会志愿者时，被中国各大媒体誉为"阿甘志愿者"。他像美国电影《阿甘正传》中的"阿甘"一样，是位智力障碍者；也像阿甘一样，在逆境中勇往直前，不断挑战自我极限，为人们带来乐观向上的力量。

② 因王宵波现居家读书，故本案未做日常活动或工作观察。

慢。我们去看医生，医生说没关系的，上幼儿园之后，多接触小朋友就会好的。他上幼儿园之后也没看出什么反常。上小学之前，老师考他，也没看出有啥异常。

问：宵波，你是几岁去的幼儿园？

宵波：我印象当中是四五岁。

问：哪个幼儿园？

宵波：静安区的幼儿园，在我家附近。

问：当时是寄托制吗？

宵波：往返，上学的时候过去，放学的时候回来。

问：你和其他孩子的表现差不多吗？

宵波：我自己感觉都差不多，我印象当中有时候是需要老师照顾的，比如穿衣服的时候，自理能力还不是特别好，需要老师辅助一下，其他都一样。

问：幼儿园放学，是自己回家还是由叔叔阿姨接送？

宵波：开始是由父母亲接送，后面自己渐渐认识路了，就自己回家，我家离学校不远，隔条横马路，转个弯就到了。

问：老师对你怎么样啊？

宵波：也有好的老师，能够在需要的时候关心我。

问：平常和幼儿园的小伙伴们相处得怎么样？

宵波：我记忆当中和大多数小伙伴相处得蛮和谐的，很友好。我感觉自己当时比较调皮，喜欢动，喜欢和其他孩子玩耍。

问：和你一起玩的小伙伴多吗？

宵波：比较多。

问：有没有发生过什么不愉快的事情？

宵波：我记忆当中好像没有。

问：每个孩子童年都有喜欢的事情，宵波喜欢什么？

波妈：我感觉他小时候看到成绩好就特别开心，他喜欢读书，又喜欢热闹，和同学之间交流也很正常。

宵波：上托儿所、幼儿园时，妈妈、爸爸总会在休息日带我出去玩，玩得很爽，也拍照片。上学前的那段岁月，是我记忆中的快乐时光。

四年级，心有余而力不足

问：小学读的是哪个学校？

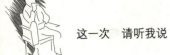

宵波：静安区某某路小学。

问：有没有觉得学业上有压力？

宵波：一到三年级是比较轻松的，语数外三门成绩也是在八九十分左右。

问：其他科目呢？

宵波：其他科目就是兴趣课，80年代那会儿，兴趣课是不计录分数的。四年级下半学期吧，数学有应用题了，明显感觉自己数学变弱了，就是理解能力不太好，思维转不过来，学起来比较吃力。

问：语文和英语还是挺好的吗？

宵波：还行，过得去。

问：你发现自己和别人不一样，心情怎样呢？

宵波：心情很压抑，比较沉重，感到自己没有同龄孩子优秀，在学习方面很自卑，没有学习上的喜悦感。

问：同学对你的态度如何？

宵波：他们喜欢和成绩优秀的学生交流，我数学不是很好，感觉和我一起玩的同学也不是很多，可能自己信心也不足吧。

问：老师对你的态度有什么变化吗？

宵波：学习上不懂，我也会偶尔请教老师，但是他们要上课，在课余也不能抽出太多时间来辅导我。

问：你的英语比较好，是因为平时多练吗？

宵波：大概和语言天赋有点关系吧，口语比较好。

波妈：数学确实跟不上，但是他的语文英文还是可以的，英文歌一会儿就学会了。他到外面去，碰到外国人，也会说上两句，简单的他都会，他很擅长和别人交流，也蛮会自我调侃的，不是很拘谨的那种。

问：在小学担任过课代表或者班委吗？

宵波：没有担任过。

问：情绪比较压抑，还会不会参加课外活动呢？

宵波：课余活动我还是比较喜欢的，我印象当中有田径、绘画的兴趣班，都是我自己报名参加的，虽然没有得过什么奖项，但是感觉在兴趣方面我还是可以尝试的。能够参与到学习以外的活动，充实我的生活，是一件很快乐的事情。

问：你最喜欢什么，比较擅长哪方面？

宵波：广播体操吧。

问：为什么喜欢做广播体操呢？

宵波：感觉做广播体操的时候能够伸展肢体，全身心地打开自己的体魄，能够带来振奋精神的力量。我们班级参加过一次广播操比赛，最后还得奖了。

问：绘画方面怎么样？

宵波：绘画，那时没有现在手法丰富，就画一些比较简单的线条之类的。我们买过一本绘画的书，《伦格仑漫画》①，是一位小说家童先生推荐的，我先按照它初步的线条学习起来，再一步一步慢慢提高。

问：生活自理怎么样？

波妈：自理能力可以的。尽量不让他在外面吃饭，怕不卫生。我们都要去上班，就给他做好饭，他自己吃好，自己洗好碗，就读书去了。这些都没有什么问题。而且我们不送他去上学，都是他自己来回。

测智商，父亲坚持上普校

波妈：五年级，小学要毕业了，班主任老师对我说："你的孩子和别的孩子不一样，别的孩子因为调皮成绩不好，你的孩子是要学习的，但是好像还是……"她含蓄地说宵波智力上有问题，接受能力差，让我带他到心理医生那儿看看，检测一下智商。

他爸爸以前听别人说，孩子小时候调皮，还没有形成读书习惯，索性就留级，也没什么大问题。我想别的孩子读书成绩也和宵波一样不理想，还有比宵波更不理想的呢。但是我们明显感觉他学习上是有困难，这个事情一直憋在心里，又不好意思说出口。我就带他去区心理卫生中心做检测。

检测结果是 68 分，有轻度智力障碍。医生说："像你孩子这种情况，如果在辅读学校就是佼佼者，你何必在普通学校让他受那么大的压力？现在辅读学校一毕业就分配工作的。"当时我也不懂，就傻乎乎问医生："可以用什么药物治疗吗？"医生看我心情也紧张，就提醒道："要么再去看看专家医生，听听他们怎么说。"事后心想，再去看医生有啥用呢，结论也出来了，不去也罢。

我很坦诚地和老师说，宵波的智商测出来确实有点低。其实心里面特想让宵波去辅读学校，让他轻松一点，大家都开心。但是他爸爸不愿意让宵波进辅读学校，怕影响宵波成长，也不让我跟别人说宵波智商的事情。

---

① 茨比希尼夫·伦格仑（Zbigniew Lengren 1919—2003）：波兰著名漫画家。

宵波：那时候辅读学校条件不像现在这样完善，进辅读学校，我自己也感觉有点〔不好〕，不能够让我得到锻炼或者学到什么。

波妈：我们也去看过，宵波不愿意去，他爸爸更不愿意，那我就少数服从多数，所以继续上的普通学校。

问：小学毕业成绩如何？

宵波：勉强通过吧。

波妈：我们为他请过家庭教师，小学考试合格，毕业了。

睡眠少，拔苗助长伤健康

问：后来去了哪所中学呢？

宵波：当时直接在电脑上随机分派学校，像摇号一样。我被分到静安区某中学，是比较好的学校，比较幸运吧。我上预备班，相当于六年级，过渡一下再上初中。

预备班读完，遇到动迁，转到浦东新区的某中学。第一次是我自己去的，走进班级，觉得学生都比较精明，自管自学习，不是特别的热情，我自己也没有主动和同学交流。

问：学习上有困难，有没有向同学请教？

宵波：当时性格比较内向，遇到自己不懂的事情，不太喜欢去请教别人。同学上完课回家，也有很多事情的。

问：问过老师吗？

宵波：不太会，我自己面子上过不去，不懂的也不会去问老师。那时候有些功利色彩，老师额外辅导都是要收费的，和现在也差不多，但是即便收费，也不一定教得会你，不一定能够因材施教帮助到你。

问：回家问过爸爸妈妈吗？

宵波：爸妈教育程度也不高，小学时候还可以帮助我，中学因为课程有一定难度，爸爸妈妈也不是很懂。而且他们还要上班，也没有多少时间。爸爸在单位是搞技术的，工作很忙。妈妈平日里照顾我一日三餐，一直上中班。

我经常孤苦伶仃一个人在家做功课，隔着玻璃窗看着大树发呆，学习上处于得过且过的状态。不懂装懂，日积月累，越来越听不懂，越来越自卑。现在回想起来，那段日子真难熬啊。

波妈：数学比语文要困难很多，他要做到十一二点钟呢。他爸爸特别要面子，儿子读书有问题，他心里着急啊，白天上班，晚上还要陪读到深更半夜，早上五点钟就要起床，也是很辛苦的。有段时间，他爸爸工作单位要搬迁到郊区去，不太忙。他爸爸也不睡觉了，就陪着宵波挑灯夜战。"宵波啊，爸爸告诉你，读书好，以后生活质量就高。爸爸希望你日子过得比我们这一代要好，所以啊，现在只好刻苦点。"我当时还与他反唇相讥："儿子理解能力根本就是跟不上，你还对他期望这么高。你说，这种说教滑稽不滑稽呢？"

宵波：父母望子成龙，希望学习优秀一点，但是我自己感觉数理化都不行，靠自己的能力没有办法完成。

波妈：请过家庭教师，补到初中一年级，他很累，晚上睡得很少，想着实在不行就算了，我们就不坚持了，随缘吧。

问：后来没有再请家庭教师吗？

宵波：请过英语教师到家里来。

波妈：初一还是请了一位英语老师，一直到初二。其实是给班主任一个面子，班主任很关心宵波的成绩，觉得他英语还是有希望的，就跟我们说要为宵波请一位英语老师。我们做大人的明知又要给儿子加压，为了情面，还有也觉得英语可以再好一点，也只能唯命是从。其实我一直认为给他学习上加压，让他思想上有负担，是不正确的，因为他没有得到很好的睡眠嘛，当时纯属无奈之举。

问：补课之后有效果吗？

波妈：还行，英语正好及格，但是数理化就是没辙。

问：中学班主任和你的关系如何？

宵波：还可以吧，她看我学习不怎么样，在体育方面还是有一定潜能的。老师对我的态度就是不好不坏，还行。学习状况不好的时候，她会告诉我爸妈，因为老师要抓分数，成绩不好会影响班级分数。她给我妈妈也讲过。

问：回家之后，妈妈有没有跟你谈过这个情况？

宵波：有的。我父母也希望我和普通孩子一样有理想的成绩，但是情况就是不如人意。

问：老师跟妈妈谈过后，妈妈是怎么跟宵波说的？

波妈：与宵波交流过，他也知道跟不上。当时我说："实在跟不上妈妈也谅解的，你尽自己能力学多少就是。"我理解他。我们大人其实是知道的，只是他爸爸还不愿相信宵波学习跟不上的真正原因是智力上的。

我父母都是大学生。我母亲在虹口区一个小学教书，是班主任老师。我父亲是干部，早先在黄浦区政府教育部门工作，1957年围垦崇明，干部都下放到崇明，好像有两年。后来因为成分不好，又下放到基层单位饭店当经理，父亲瞒着我和妹妹说是自己主动要求去的。"宵波读书的问题你们要关心，要找出根源啊！"父亲对外孙的学习也盯得很紧，"你们要把孩子教育好，读书不好只能……"

我们和许多家长一样，喜欢拿成绩好的孩子作榜样。你看呐，人家读书怎么好。儿子成绩跟不上，睡觉很晚，上课就不容易集中思想，形成恶性循环。现在回想起来，当时的生活状态真的不符合自然规律，无形中是在摧残孩子。真的很对不起儿子。

宵波：我勉强能和同龄智力正常的同学融合吧。感觉根据我的智力条件，当时没有更合适我的学习环境，只能这样勉强度过学习生活。没有考虑到换其他道路，也没有人启发我们换其他道路学点什么。

波妈：宵波初中没能顺利毕业，或许校长想这孩子也教不会，你把他再留下，他还是留级，就把毕业证给了我儿子，但是成绩是没有达到毕业标准。

宵波：260多。

问：当时毕业的标准是多少分？

宵波：现在我也不记得了。

我课外活动也参加得少，记得同学鼓励我参加过一次表演，让我担任一个小配角。这个演出是同学负责的，他对我比较友善。除此之外，课余时间和同学一起自行组织，去骑自行车。我和同学们玩得还不错，特别要好的朋友也是我的初中同学。休息的时候我们会去大卖场购物，一起打乒乓球，溜冰啊。当时我比较擅长乒乓球和篮球、高尔夫球、游泳这些运动。有一次广播操比赛，老师增权赋能予我，让我领操，因为我广播体操的动作很标准。

问：这位老师是班主任吗？

宵波：是班主任。

改观念，量力而行生自信

波妈：中学毕业了，儿子如释重负，但是爸爸还是想让儿子继续读书。

宵波：爸爸为了提高我的学历，替我找了所业余高中就读，我勉强响应，但只读了三天，感觉再也不能勉强读了。妈妈对爸爸说："我们做家长的要为孩子的身心健康着想才对，千万不能硬来。咱们要面对儿子的实际情况，今后的道路宽着呐。"爸爸也觉悟了，帮我去退学，但是三千多元学费是不退的。

波妈：后来，他爸爸又说服儿子自费去读技校，学习电工。他爸爸是搞工艺技术的，人很顶真，直到现在，还会被外单位邀请去给员工培训、授课。他爸爸说："学业嘛，算了，退一步了，你就学习技术吧。儿子，技术好是别人抢不掉的。""宵波啊，这个技术饭是很好的，你虽然不擅长读书，如果你愿意掌握一技之长，爸爸一定会支持你，你就放心好了。"他爸是这样说的，很滑稽可爱。

我的意思就不要读了，太累了。我心里想宵波不愿意学，到时候还是会让他失望。我对他爸说，"儿子读书不行，坦然面对吧，我看好宵波从别的方面发展，咱们要学会转弯。"他爸爸硬是不认账，好了，还是让他读吧。但是效果确实不好，他爸黯然神伤，也不再坚持了。

宵波：应该是我不擅长吧。

波妈：老师说他手有点汗，电工其实也不适合他。还得了急性阑尾炎，动了手术。宵波小时候身板就瘦，再加上学习压力大，没有得到很好的休息，每天都很累，经常打哈欠，消化方面也有点欠佳。我估计阑尾炎也是一直以来压力太大造成的。

宵波：术后我不愿意说话，更不愿意交流，特别不开心，感到前途渺茫。

波妈：我带他去心理门诊看医生，说是"精神分裂症"，然后就给他开药。宵波回家对我说，"妈妈我不是这个病，不吃药。"

宵波：我们去专科医院司法鉴定科再次鉴定，医生推翻了精神分裂症的结论。

波妈：说只是术后有抑郁情绪。医生对我说："没关系的，多带他出去玩玩就好了。"哎呀，事后想想真险呐，如果不是我们都坚信宵波不是像医生说的那样，险些被错判为精神分裂症了。所幸，咱们有福，遇上了负责任的好医生。

问：阑尾炎手术之后，继续留在某厂技校吗？

宵波：退学了。

问：手术后进行过康复治疗吗？

宵波：我爸爸妈妈非常着急，带我到宛平南路的上海市中医针灸经络研究所，接受了几个月的针灸治疗，还有吃中草药、推拿和敷膏药啊，后来就好了。

问：在家里休养了多长时间？

宵波：休养了两到三年吧。

问：这段时间你是怎么度过的？

宵波：去指定医院做了智商测试，也办理了智力残疾证。起初我对自己前方的道路没有信心，同龄的孩子都是上班的上班，学习的学习。在我最彷徨的日子里，《金融投资报》上童先生"超级大户视野"的小说连载专栏吸引了妈妈的眼球。

波妈：这份报纸周末发行，我每周去买，作者或幽默或犀利的风格很能吸引人，我看完之后都会和宵波分享。当时给全家人印象特别深的一篇是《财神爷爷的幽默故事》第21章《坠楼的陀螺与后悔的鞭子》，讲的是重点中学初二女生不堪父亲的"抽鞭"式教导，从18层高楼一跃而下自杀身亡的故事，看过之后全家都有一种在最糟糕的情况下峰回路转、柳暗花明的感觉。

宵波：孩子虽然学习成绩很好，但是，她心灵深处一定是感觉到很压抑，透不过气来，才会选择自杀。妈妈对此感触很深，觉得必须要停止自我伤害。

波妈：通过报纸上的电子邮件，我联系到了小说家童先生，他回复我们了，就这样一来一回，他给了我们很多鼓励。他注重健康轻松的生活，"对人对己不可强求"。我理解为"你是什么样的人，就干什么样的事，不要勉强自己，顺其自然就行"。当我们全家人把包袱卸下来时，宵波也就轻松了，想开了，越来越自信快乐。家庭变得和谐了，随遇而安，安于现状，知足常乐，快乐、休闲是我们现在的生活状态。

宵波：当时，为了帮我改善自卑的情绪，父亲为我采购摄影摄像、打印机、电脑等设备，培养我的兴趣爱好。母亲就照顾我的生活起居，烹饪丰富的菜肴，调理我的身体，让我尽快好起来。我非常感谢父母。

问：叔叔为你购买了电脑等设备之后，你专门去学习过这方面的技能吗？

宵波：我报名了计算机初级办公自动化班，在我们新村这边，是交大开办的一所计算机培训学校。一开始我不能领会理论知识和实践操作，老师很耐心地辅导我，让我理解，我就逐渐开悟了，能够独立完成基本操作，顺利通过考试，成绩也不错。

问：有哪些基本的操作？

宵波：WORD文档、EXCEL、数据库解题等，学习时根据题目要求在计算机上操作相应的命令，类似数学应用题解题一样，我可以独立完成数据输入以及电子表格的制作。老师们很欣赏我，鼓励我当班长，后来我也帮助过很多学习计算机的伙伴，他们也很感谢我，这样就激发起我的自信，我也有能力帮助到他人。

问：摄影摄像也专门学习过吗？

宵波：基础的摄影之前是会的。残联理事长介绍街道文化中心的团队管理部薛部长教我学习摄像，也教会我怎么提高摄影技术，在什么场景中选择哪个拍摄模式。后来，我就在智协活动中拍摄照片，锻炼操作能力。

迎特奥，家访到户练能力

波妈：2004年，街道残联分享给我们一个振奋人心的消息——世界夏季特奥会将于2007年10月在上海举办。届时，每个街道都会派出运动员参加。

宵波：我和妈妈在中国智力残疾人及亲友协会的网站上看到了智亲协会的章程，知道在上海也有一个智力残疾人及亲友协会。我妈妈就打电话给负责人，上海智亲协会的主席张老师就分享给我妈妈一条消息——我们浦东新区也设立了智力残疾人及亲友协会。

我和妈妈到浦东新区智亲协会主席家里去，想进一步了解这个组织。她邀请我们加入浦东新区智协工作。

波妈：她告诉我们，街道智协的工作是组织活动，邀请智障人士及其亲友走出家庭，参与特奥，融入社会当中。当时特奥宣传的主题就是"走出家庭，融入社会"。她儿子在辅读学校学习，是一名特奥运动员，参加过许多特奥赛事，得过奖，还曾是国际特奥信使。她邀请我作为街道的联络员，后来作为主席，加入新区智协的活动。

宵波：我妈妈就从那时起，作为陆家嘴街道智协发起人，首先开展我们的家访工作。

问：家访是？

波妈：是我和宵波在交流时想到的，我们意识到做智协工作首先应该走访、了解并掌握残疾人家庭的基本情况，接下来宣传特奥就顺畅许多了。

问：什么时候开始家访的呢？

宵波：从2003年下半年开始家访，上半年一直在做准备。2004年上半年结束。

问：怎样联系到这些家庭的呢？

宵波：民政科残联的干部鲁老师得知我的情况后，感受到我妈妈希望拯救我、助己助人的迫切愿望，也愿意担当街道智协的志愿者工作，鲁老师就从办

公桌抽屉里拿出一本残疾人名册，给我妈妈。妈妈回来跟我说，这本名册能够帮助我们改变自己，帮助其他家庭参与到特奥活动中。

波妈：我们就根据这个名单开始家访，一共进行了三个多月，顺利完成。其中五个居委会，由宵波独自去家访。他原来自闭又自卑，自从家访，有活儿干，他脸上也有笑容了，变得越来越开朗，感觉生活丰富了。

家访是很繁忙的，中午就在外面吃盒饭，渴了就买矿泉水。但是我们要继续完成任务。我说："宵波，我们要尽快在几个月内全部家访到。"智协成员说："严老师，你是实干派，你和宵波做了很多实事。"我现在也觉得宵波和我都很了不起。

当时也不知道是什么力量促使我们去完成家访，一般来说，作为志愿者，做这样的家访是不大有的。真的很感谢残联信任我，给了我名册，可能看到了我们的正能量吧。

宵波：每次家访完，我和妈妈都会在电脑上做记录，写心得。

问：家访的目的是什么？

波妈：第一，配合残联宣传特奥，让大家知道 2007 年夏季国际特奥会将在上海举办，动员智障人士走出家庭，参与到特奥盛会。

在家访中，时常听到家长埋怨有人对智障人士抱有偏见和歧视，带孩子出门，看到行人异样的眼光及指指点点，心情很难受。有些家庭也和我们当初一样，有自卑心理。我作为智障人士的母亲，了解他们的感受，尽力开导他们。我说不要太在意别人的眼光，实在受不了，我们也可以用直视的眼光来对付他们呀！大家都哈哈大笑起来，坦然面对多好啊。后来，我们智协家庭就结伴勇敢走出来了。

宵波：有一次，我们智协外出活动，个别行人用异样的眼光看着我们，还在交头接耳。我们就集体盯着他们看，并哈哈哈大笑，给这些人以震慑，他们可能也不好意思了，很快远离了我们的视线。家长觉得参加协会活动很开心，消除了心理压力，那么特奥会倡导的"快来参加特奥"的效果也就达成了。

波妈：第二，如果受访家庭有什么需求，残联嘱咐我一定要反馈过去，按照当时的政策解决落实。我和宵波就是尽好职责，发挥残联与残疾人之间的桥梁作用。

第三，是为了锻炼宵波，让他有事情做，提高社会交往能力，增长自信心。确实，这是无奈中唯一自我拯救的选择，没啥高尚的情怀在里头。我当时就想谁让我是宵波的家长呢，我坚信这是上帝赐予我和儿子的使命。

宵波：当时觉得我也有能力在这个群体中做点事情了。

问：家访时主要告诉对方哪些信息？

波妈：介绍我自己是街道智力残疾人及亲友协会的发起人，我儿子也是智障人士。宣传特奥，特奥运动会就是智力障碍人士的运动会，七岁到八十岁的智障人士都有资格作为特奥运动员参加特奥项目。听到这些消息，他们都高兴得不得了。

问：宵波，首次家访的时候，你的状态怎么样？

宵波：感觉蛮自信的，觉得这件事情就是应该我协助妈妈来做，冥冥之中是上帝推动我们在做。

问：首次家访是自己一个人去的吗？

宵波：第一次是和妈妈一起去的，后来就是我自己去的。

问：家访过程中遇到困难了吗？

波妈：有些家长起初不愿意参加，说家里条件不好，饭还没吃饱呢，参加什么运动会。我坦诚跟他们说，我儿子也是智障人士，残疾人的状况随着特奥会的召开，会一点点好起来的。他们知道了我儿子也是智障人士，就信任我了，都出来参与特奥活动了。

你跟他们说特殊奥林匹克运动会，他们不懂，没有这个概念。先说是开展体育活动，他们才会明白。然后就问他们什么时候在家，如果新区智协搞体育运动，我们会把"活动通知单"送到家庭当中去。他们听到这个消息是很开心的，一群人共同来参加体育活动，小孩子特别喜欢这些活动，而且有很大的潜力，我们街道比王宵波好的特奥运动员多嘞。

宵波：很有运动天赋。

波妈：都是得第一名，特别是田径运动，比如跳高、跳远、铅球等。

宵波：还有羽毛球、篮球比赛等等，大多数特奥运动员体魄很发达。

波妈：家长都很高兴，相信自己的孩子也是有天赋的。

宵波：之前这些同伴也是跟我一样，把自己封闭在家，看看电视啊，也没有其他事情可以做。

问：除了第一次都是宵波一个人去家访的吗？

宵波：我自己独立完成了对五个居委会智障人士家庭的家访。

问：宵波有没有跟妈妈分享过这些家庭的情况？

波妈：分享过，他说，有些家庭的孩子是多重残疾，由于生病，不能出门，性格、脾气也变了；有些家长很苦恼，住房困难，希望把孩子送进敬老

院；有些家长要求请护工等。这些都引起儿子的思考，说："妈妈，身体健康太重要了，我要更加快乐起来。"相比较我们还是比较幸运的。我现在觉得啊，家庭的和睦、温馨特别重要。咱们作为家长，首先要肯定自己的孩子是有潜力的，不要经常责备孩子。

问：宵波谈过自己的想法吗？

波妈：谈到过。觉得家访对他心态的转变深有意义；还帮助他熟悉了地理位置。他会把居委会附近标志性建筑先弄明白，譬如，我俩今天要去某个居委，他预先了解到该居委对面有个大超市。这样过去就不会绕弯路。他很有感触，这是一段不可复制的精彩的人生体验。

宵波：还有就是〔在这本小册子上〕记下家访内容、残疾人的诉求。这本小册子记录了我的人生，伴随着我的人生向良好的方向前进。我对这段经历，就像对做特奥会志愿者的经历一样，永远心存感激。

问：最后家访的效果怎么样？

宵波：很多家庭说我们做这件事情非常有意义，给家庭带来了改变。通过家访，我们街道的智障人士和家长都愿意出来参加各级特奥运动。孩子们在特奥运动中发生全身心的变化，家长作为融合伙伴志愿者，在特奥赛场为咱们加油鼓劲。

问：做完这个家访，你自己有什么感受？

宵波：我觉得我们这个群体是可以创造奇迹的。通过我的个人实践，向大家证明，一个人的潜力是巨大的，只要我们有足够的勇气和内心的力量，就可以展现自我价值。特奥精神，已经深入到我们走访的 280 户智障人士家庭。

有奔头，阳光之家课程多

问：你是怎么进入阳光之家的？

宵波：开始是妈妈带我去的，希望通过阳光之家的活动，帮助我走出家庭，走进社区，让我摆脱自卑、自闭的状态，和伙伴们融合在一起。

我最初去的时候比较反感，当时是叫工疗站。我对那里的一切都很陌生，去的人寥寥无几，都在学习穿珠珠，我一点都不感兴趣，我的能力得不到发挥，所以我是排斥到那里去的。

2005 年，那里换了牌子，叫"阳光之家"了，是 2005 年上海市政府十大实事项目之一。借助特奥会契机，"阳光之家"活动项目很多，学员也逐渐多了。当时负责的严宏元老师了解到我喜欢热闹，就登门家访做思想工作，邀请我到阳光之家去。记得在我家谈了有半天的时间。我慢慢知道无论在智力方面，还是在身体各方面，阳光之家确实可以带给我们很多改变。

我发现做手工艺能够提高肢体灵活性，是一门很好的康复课程。几位伙伴早先都在工疗站学习，我可以先看着他们穿珠珠，伙伴都很耐心。从一开始的不会，到一点点会做，再到完成一个小配件，我感觉这是一种锻炼耐心、增长自信和集中思想的途径。我逐渐改变了看法，慢慢融合到团队中去了，感到在阳光之家还是有奔头的。现在课程也更加丰富多彩，有小型的体育活动、手工艺、唱歌、跳舞、画画，还有手语课、日语课，社会其他机构也会来授课。虽然我要去旅行，但偶尔过去时，学员会与我分享学习中的趣闻乐事，我从他们开心的脸庞中，体会到了满足和幸福。

问：你在阳光之家做了些什么事情呢？

宵波：除了参加常规活动，我也拍照分享给伙伴们。

波妈：他还参加了街道残联舞蹈队的演出。

宵波：我们街道残联舞蹈队聘请了一位老师，姓周，是舞蹈队的老舞蹈演员了，也是特奥运动员的家长。从2007年舞蹈队成立以来，每周她都来辅导我们跳舞，至今已有十年。我们舞蹈队参加了无数次大型舞蹈、文艺汇演，还有市、区各项比赛，获得过不少一等奖。在街道残联和浦东新区智协组织的智障人士广播体操比赛中也获得一等奖。排练时，残联干部在舞蹈队员身上更是倾注了很多心血，问寒问暖关心咱们的身体，跳舞让我们身心特别开心。

问：现在还是阳光之家的正式学员吗？

波妈：确切地说，目前是街道残联舞蹈队队员。现在注重健身、阅读、观影，学习做家务，不经常去阳光之家。有重大演出事项，老师邀请宵波，如果宵波在上海，会积极参与。

入特奥，胃口大开身体健

问：当初是怎样加入特奥活动的？

宵波：有一次，我和妈妈到普育西路上海市特奥会筹备小组去，是一间简陋的办公室，有一位肢体残疾人陈吉生老师在那里办公，他最早告诉我们特奥会将在上海举办。2005年我们参加了街道在东昌中学举办的第一届社区特

奥会。

问：街道的特奥会？

波妈：对，街道社区特奥会 2005 年就开始了，为 2007 年上海特奥会做前期准备。2005 年我们新区智协也在浦东特教学校举办过特奥会。2006 年我们田径队伍代表浦东新区参加了特奥会上海国际邀请赛。我们街道都是第一名居多，很靠前。

问：宵波一般参加什么项目？

宵波：田径、铅球，主要是这两项。

问：其他项目呢？

宵波：跳远也参加过。

问：除了田径项目，特奥会还有别的项目吗？

宵波：还有皮划艇、射箭等。

波妈：我们街道只承办田径项目。

问：运动会之前的训练是在哪里做的？

宵波：前期训练都是在街道〔社区〕建平中学西校举行的，也是我们配合残联去联系的。校方非常支持我们，派一位体育教练，带我们一起训练。

问：训练是怎么安排的？

宵波：每次训练开始前，运动员都要到训练现场签到。一天一般训练两到三个小时不等，有时候下雨也训练，就在教室楼道的走廊里跑步，风雨无阻。教练会给我们讲跑步的技巧和要领啊。教练都很懂我们，也不歧视我们，没有任何交流障碍，而且不断地在鼓励我们，说我们行！特奥会的口号就是"你行，我也行"。当时我觉得一点都不苦，反而完全投入进去了，很开心。

问：训练时做些什么运动呢？

宵波：上、下肢热身及拉伸运动。田径，包括跑步啊，乒乓球、跳远，还有羽毛球和篮球等，主要是这些。

问：教练和你们关系如何？

宵波：教练非常欣赏我们，很肯定我们有体育方面的天赋。

问：是建平中学西校制定的训练方案吗？

宵波：是建平西校根据我们的需求，来义务帮我们做训练。

问：训练维持了多长时间？

宵波：维持了两到三个月，每周一次。

问：当时都是自己去参加训练吗？叔叔和阿姨陪你过去吗？

宵波：妈妈作为街道智协主席，是一定要参与全程陪练的。还有部分家长有时也会来。

波妈：我还要拍训练时的情景，需要留下影像资料呀，照片也会分享给运动员家长一起看。

问：训练是一直都有吗？还是到2007年特奥会为止？

宵波：在建平中学西校的训练，到2007年特奥会开幕前结束。

我们还有接待2007年美国特奥代表团的任务。不过，美国特奥代表团与我们的融合活动只有大半天的时间，他们很活泼，和我们相处得都很好。虽然语言不同，但是在体育方面没有什么沟通障碍，在建平西校，打篮球啊，拔河，踢毽子，还有打羽毛球，都是一起参与的，融合得特别好。锦江汤臣酒店还为他们举办了欢送宴会，我也参加了。

问：他们会说汉语吗？

宵波：会说简单的"你好"。但是我们会拥抱，互相鼓励。

问：没有用英语交流过吗？

宵波（腼腆地笑）：简单的，"Thank you""Hello"什么的。

问：你参加过哪些市级或社区的特奥运动会？

宵波：我参加过2005年5月梅园新村街道举办的特奥运动会，获得了男子成年组足球项目第二名。2005年9月在上海市第六届特奥运动会上，获得了男子200米跑步第三名。在2006年10月特奥会上海国际邀请赛上获得了男子组100米跑第三名，铅球4公斤第4名。还有，2007年5月参加陆家嘴功能区域特奥运动会，荣获了定点投篮团体第三名。2008年11月参加浦东新区特奥运动会，获得了男子100米比赛成年乙组优胜奖。

问：参加了特奥比赛后，生活中发生了什么变化？

宵波：胃口大开，体育运动增进我的食欲，现在新陈代谢方面也有很良好的循环；排汗对身体各脏器有调节作用；肢体也比以前更灵活和发达了。

自从参加特奥运动，我明显感到精神状态非常充沛；和他人交流时，也能自然表现；还激发了自己的巨大潜力，提高自信心。从各方面来说，我觉得我的人生道路更加宽广了。很多家长夸我优秀，积极主动做力所能及的事情。当初，我在家访中得知有些伙伴因各种原因，不方便来阳光之家，我就和妈妈主动上门，和特奥伙伴一起练习基本动作，比如抛球、运球啊，我的伙伴就会很开心，要我经常陪着玩。我觉得锻炼动作很简单，但家长看到自己的孩子有玩伴了，都开心得不得了。

志愿者，乐观向上媲阿甘

问：你是怎么报名成为特奥会的志愿者？

宵波：我先联系了浦东新区精神文明办志愿者总部的负责人毕先生，他知道我妈妈是街道智协主席，我在智协做妈妈的助手。他就联系我妈妈确认这件事，我妈妈问我是不是愿意参加志愿者工作，我说愿意。2007 年 8 月，志愿者总部让我去填写一份申请表，填好之后和其他志愿者一起参加培训。我是四万名志愿者中唯一一名特奥运动员志愿者。

问：志愿者培训都有哪些内容？

宵波：有很多，要学习如何接待世界各国特奥运动员，如何服务他们，在服务过程中要注意的事项。还要了解特奥运动的概念、起源、运动项目、民族宗教注意事项、涉外公共礼仪等等。我参加了很多次特奥志愿者培训，妈妈陪我参加过一两次，之后就是我自己独立去。

问：有语言方面的要求吗？

宵波：我英语口语还行，会说一些简单的。我服务牙买加的运动员，志愿者总部也为我派了一名融合伙伴。我是头一次在大型国际赛事做志愿者，一开始不太了解流程，融合伙伴就会指导我慢慢适应熟悉。后来，我就可以流畅地服务牙买加特奥运动员。我服务的场馆是浦东新区游泳馆，帮助牙买加特奥运动员提篮子。

问：提篮子？

宵波：对，篮子里面有运动员需要的泳衣、毛巾、矿泉水及点心。我的任务就是在比赛现场陪着他，比赛前提篮子，比赛中加油，比赛后为运动员擦身、更换衣服、递点心。我还要为游泳运动员颁奖。一开始组委会没有安排志愿者为运动员颁奖，后来知道我是唯一一名特奥运动员志愿者，就破例增权赋能予我，让我作为特奥运动员和优秀志愿者来为运动员颁奖，这份荣誉给我带来很大的信心，这也是鼓励我们特奥运动员激发自身的潜力。

问：你当时和牙买加的运动员交流吗？

宵波：主要用英语简单问候，没怎么用语言交流过，但是我用肢体语言，比如一个微笑，一个点赞，还有一个拥抱，都能够表达我的支持和鼓励。

问：在整个志愿服务过程当中，让你最印象深刻的一件事情是什么？

宵波：各大媒体纷纷采访我，我还被邀请参加特奥组委会安排的一次新闻发布会。那天正好下中雨，妈妈陪我一起来到发布会现场。

当时我坐在主席台上，接受了记者的提问。我想眼前这一切该不是在做梦吧，哈哈！之后各大新闻媒体及时报道了我作为特奥志愿者的感想，我成了家喻户晓的"阿甘志愿者"。

我连续在新浪博客播报参加特奥运动的感想，其中一篇《阿甘志愿者》的文章，还被刊登在上海《解放日报》2007年10月2日（星期二）特3版特奥会会刊上。

问："阿甘"是你的自称，还是别人对你的称呼？

宵波：我是志愿者中唯一一名特奥运动员志愿者，媒体采访我的时候，自然而然地用"阿甘志愿者"来称呼我。

问：是哪些媒体用过"阿甘"这个称呼？

宵波：中央电视台、上海东方电视台和凤凰卫视等好多媒体都用过。

问：媒体为什么会称呼你为"阿甘志愿者"呢？

宵波：媒体认为我和普通人一样，看不出是智障人士，能力非常棒，还能为外国运动员做些力所能及的服务。"阿甘"的智商虽然只有2位数，但是丝毫没有影响到积极向上的纯真天性。他们可能认为我就像阿甘一样，乐观向上，勇往直前，没有什么畏惧。

问：作为运动员参加特奥会和作为志愿者参加特奥会，感受有什么不一样？

宵波：作为运动员参加赛事，不仅能够增强我的体魄及肢体协调性，提高速度及力量，还能力所能及地帮助我的同类伙伴，我觉得很幸福。作为特奥志愿者服务特奥伙伴，我感到责任重大。首先一定要对我的伙伴负责，要上心。在服务当中我觉得自己更会照顾人了，能够细致地关心伙伴。

问：你还参加过哪些志愿者活动？

我参加过很多摄影摄像的志愿工作，我的摄像启蒙老师薛老师也带我参加过各种大小型的拍摄活动，比如2010年上海迎世博活动。我还参加了2011年浦东新区阳光之家"阳光下的微笑"主题活动，主要任务就是摄影、摄像，获得了"优秀志愿者"荣誉称号。从2009年到2013年，我还承担了浦东新区"我和你助残服务社"年度员工大会的摄影摄像任务。

在2010年迎世博期间，每周周末，我与另一位北蔡街道特奥运动员，都会同"浦东家庭博客沙龙"团队去地铁做志愿者，宣传"左行右立，文明乘梯"。乘客询问路线时，我会给他们正确的答复。碰到坐在手推车里的人，我

会帮助他们到想去的位置。我还在博客中与大家分享了我的地铁志愿者经历。

获辅导，"希望之星"进初赛

波妈：我做街道智协主席时，有一群上海海事职业技术学院航海系的大学生，主动到我们街道残联来，开展上门送教、残疾人心理辅导，还有陪玩等服务。街道残联召开了助残员会议，调查有"送教上门"需求的具体人员，不仅残疾人，家属也可以享受这方面的无偿服务。我拿到名单，再联系大学生志愿者。"送教上门"带给残疾人家庭的变化确实是显著的，得到残疾人家庭的欢迎。

问：效果体现在哪些方面？

波妈：小 W 是大学生志愿者的第一家服务对象。由于智力缺陷，她长期呆在家里，平日里就是看看电视，或者和妈妈一起出门采购东西，缺少与外界的交流，我们和大学生志愿者第一次去的时候颇感惊讶。她比较容易哭泣，所以志愿者特别注意用语，避免出现尴尬的场面。志愿者从实际出发，从逻辑和语言两方面进行辅导，第一学期上的是数学课，增强逻辑思维能力。第二学期着重训练语言交流能力。经过近一年的交流，小 W 已经能与志愿者融洽相处，她父母都觉得她在精神状态等各方面都有了明显的转变。

志愿者感到，还需根据个人特点进一步探索〔帮教方法〕，街道残联、智协与大学生志愿者集体讨论，制订了详细的教学计划，志愿者还根据小 W 父亲提出的要求，穿插一定量的短文写作内容。一段时间后，小 W 在各方面都有让人惊喜的变化。父母很感激志愿者，邀请街道残联、智协一起去学校送锦旗，"街道残联智协与海事职业技术学院签订的'帮残助学'这项辅导服务太好了。对我们家庭来说，可真是雪中送炭啊。志愿者送教上门，让女儿开朗了许多，进步了许多。"小 W 父亲还给学院团总支写了一封感谢信。

还有一位小 Y，蛮腼腆的，不太善于放开与别人交流。她是早产儿，出生时身体虚弱。上学后，在普校学习困难，感到自卑。后来转到浦东某辅读学校，学习成绩遥遥领先。2004 年，小 Y 即将从辅读学校毕业，当时她正在读《新概念英语》第三册，希望能够顺利通过英语考核。残联、智协知道了她的心思后，就给她安排了大学生志愿者上门辅导。航海系把英语优秀的学生召集起来，每星期四晚上为她补课，小 Y 顺利通过英语考核。同年 9 月进入初级职业技术学校，2007 年毕业，经过街道残联推荐，到一家信息服务有限公司就职。在小Y上班前夕，她母亲约我共同前往海事职业技术学院航海系，送上锦旗，表达对志愿者由衷感谢。

2008年，两位已经毕业工作的志愿者还来看望小Y。志愿者电话打给小Y说："我们已从志愿者辅导的关系提升到好友的关系了，我们会珍惜这一关系。如果在生活和工作中有什么需要我们帮助的，随时来电话联系。"大家都已上班，志愿者有这份心意在，小Y妈妈非常感动。

宵波：这项服务，我也受益了。2008年11月5日，我偶然在《新闻晨报》教育版面上看到一则消息：举办九年的中央电视台"希望之星"英语风采大赛，启动了2009年度上海赛区的报名工作。在学校读书时，我对英语朗诵还是有一些兴趣的。这次我也希望勇敢展现自己，妈妈也支持我报名。根据英语演讲大赛组委会要求，每人需要展现2分钟的脱稿演讲。写什么题目呢？我在琢磨，妈妈也为我想了很多演讲题目，但我觉得不太适合我。恰逢2010年上海将举办世博会，上海世博园将建残疾人"生命·阳光馆"，于是我就将演讲题目命名为"我的世博心愿"，我觉得这个标题用在此时是最适合不过了。

《我的世博心愿》

通过浏览上海世博网和参观世博展示中心，我得知，2010年上海世博会将设立残疾人"生命·阳光馆"。我为生活在上海这座美好的国际大都市而感到由衷地高兴。

这段时间，我们陆家嘴街道智障人士"阳光之家"舞蹈队在积极排练《海宝舞》，老师正在为我们量身定做海宝服饰，当我们穿上海宝服饰演出时，我想，那一定是极其美妙的时刻。

我的第一个世博心愿：想象中，2010年在残疾人"生命·阳光馆"中有一个庞大的、铺满红色地毯的金光闪闪的大舞台，我们上海市智障人士"阳光之家"全体舞蹈队员都能在这个大舞台上翩翩起舞、放声歌唱，向前来参观的国际友人展现中国智障人士的亮丽风采。

我还有一个心愿：在残疾人"生命·阳光馆"中，我更是一名世博志愿者，我会尽我所能地为我们的残疾朋友服务，体验展馆"平等·参与·共享"的主题思想；在互动和参展的过程中，得到心灵的启迪，和对城市美好生活的憧憬！

问：当时你的英语能力如何？

宵波：比较一般，说是可以说两句的，我对自己非常有信心。2008 年 11 月 11 日，辅导我英语演讲的航海系大学生志愿者杨枝孟来到我家。他给我的第一感觉，是一位身材魁梧、面相随和、性格活泼、不乏幽默感的帅哥。他从基础音标开始，教我如何正确发音，还教我怎样在理解中文意思的基础上背诵英语单词，增强记忆。他说一句，我跟着他念一句，多练练就慢慢学会了。这位大学生人很机灵、俏皮，学习氛围真轻松哈。经他一指导，我很轻松地在几天后就把演讲稿全部读准确了，然后再练习背诵。

1 月 17 日，当我站在初赛演讲台高声朗读《我的世博心愿》时，我看到了自己的才华在勇敢的尝试中向大家尽情地展现出来，我信心满满、一字不差地完成了演讲。掌声响起来，我顺利地通过了初赛进入了复赛。由于复赛晋升决赛，组委会要求看图编故事，我觉得自己的能力还达不到这个要求，就放弃了复赛。

问：参加初赛时，评委知道你有智力障碍吗？

宵波：知道，我在演讲稿中提到了"我是阳光之家的一名学员"。2010 年要在上海举办世博会，我的演讲主题就是"我的世博心愿"，世博"生命·阳光馆"专门展示残疾人相关的展览，所以我萌发了去做志愿者的想法。

波妈（询问王宵波）：第一句怎么说的？

宵波：Distinguished guests, ladies and gentlemen.（母亲发出自豪的笑声）

问：评委老师是怎么具体评价你的？

宵波：评委老师给我的成绩是顺利通过，演讲完了我就在电脑上查询演讲的成绩，登出来是"恭喜你顺利通过初赛"。

问：评委没有现场点评吗？

宵波：现场不设点评，所有参赛者演讲完就走出教室，再去相关网站查询通过与否，再进行初赛晋升复赛的选拔。由此，我更相信助人助己的人生信条是对的，志愿者也是受到神的指引来帮助我实现英语演讲的愿望。对这一切我由衷感激。

大胆冲，联系共建廿余家

波妈：上海海事职业技术学院大学生志愿者义务送教上门让我们受益匪浅，启发我们走出去联系各家企业。

2007 年上海特奥会结束后，我与宵波得到残联支持，一起寻找企业来共同参与协会建设。在我做智协主席的十年中，共建的企业大约有 28 家。儿子与我一起在实践中学习社会交往。

我们联系的第一家是东方艺术中心。当时正好是全国助残日，浦东新区残疾人艺术团即将在东方艺术中心演出，街道拿到的演出票有限，咱们智协家庭希望去观看演出。我与儿子就前往艺术中心的公关部商谈，听了咱们实诚的表白，了解到我们是为残疾人群体去索取演出票的，公关部负责女士很慷慨，马上从抽屉拿出大约有 20 张演出票，赠予我们智协。

王宵波（中间正面站立者）在观看打球

问：宵波是怎样联系上这些共建单位的？

宵波：我先是上网查询单位的地址和电话号码，然后电话联系单位的人事部负责人，向他表明共建的愿望，得到他们的同意后，我自己再到共建单位去，介绍我们阳光之家的简要情况。

问：共建单位的负责人对你的态度怎么样？有没有表达过对共建活动的期望？

宵波：大部分企业态度都非常友好，有和我们一起搞活动、做公益的积极愿望。

我举两个单位的例子，一个是波特营园区里面的思八达上海文化传播有限公司，他们是在 2012 年 7 月 17 日这天，和上海市虹口区及浦东新区特奥运动员及家长一起开展"思八达杯陆家嘴特奥社群之家"夏令营活动，我们一起拔河、打乒乓、踢毽子、打台球等，相处得非常融洽。

还有一个就是上海纽约大学。开始，我有在纽约大学学习英语口语的愿望，我就发电子邮件给纽大的教育部门。搞公益这块的徐老师邀请我到学校面谈一次，主动表示到我们社区阳光之家开展一些活动。他们看好我的能力，赋权予我，让我帮忙牵线搭桥。能够为阳光之家和纽约大学签订共建关系做点事情，我觉得这是上帝派给我的使命。接下来一切进展顺利。先是纽约大学到我们阳光之家——在我印象当中好像是圣诞之前——搞了一个联欢活动，中外大学生和我们相处得非常融洽。第二次是纽约大学邀请阳光之家的学员到纽约大学的教室去搞联欢，我们学员表演了手语舞，还有唱歌。纽约大学的大学生还和我们一起学习手语。通过肢体语言，能感觉到大学生包容、开放和接纳的心态。

我还联系了宝某集团，我是在参加国际特奥会东亚区慈善晚宴中接触到这家企业的总裁。她对我很友善，也很欣赏我。

波妈：她非常热衷于做慈善。王宵波与她多次联系后，她就从百忙之中过来与街道洽谈共建的事情。无论这次共建成功与否，都能感受到企业家对于慈善活动的热情。

宵波：2007年特奥会后，我们希望附近的学校能够帮助特奥运动员开展比较大型的特奥活动。我去找过附近的华东师范大学附属东昌中学的党总支书记，他们说理解我的想法，愿意和阳光之家一起开展共建活动，问题是学校学生上课的时间和我们的作息时间有点冲突。他们是三点半之后才能到我们阳光之家来，但是阳光之家从早上九点开始，到下午三点半就放学了，时间暂时对接不上。无论是从个人角度还是作为特奥运动员，我想我们陆家嘴这么好的金融城，有各大企业资源和学校资源，如果这些单位能够走进阳光之家，和我们一起做特奥活动，那不是很好嘛。

波妈：我们联系到了很多共建单位开展活动，比如去上海大剧院观看《天鹅湖》演出，去上海音乐厅聆听钢琴演奏，到上海影城浦东新世纪影城免费观影，免费参观上海海洋水族馆，将建平西校作为特奥训练基地，参观上海周浦监狱，还有东方艺术中心啊，野生动物园啊，这些企业都很好。

我们第一次去鲜花港的时候，浦东公共交通有限公司还为我们提供免费交通。宝山炮台湾森林公园，也是让我们免费参观。海派壹号旋转餐厅在我们协会年终聚餐时，给我们打折。上海行动体验咨询管理有限公司带我们到青浦去做拓展训练，午餐免费，而且承担了训练的花费。还有波特营水爱身心灵国际教育机构，到阳光之家做瑜伽训练，举办讲座。无形陶艺工坊免费让阳光之家的学员做陶艺，送给每人一个陶艺品。

宵波觉得很多企业是很好的，他通过 Email 联系或者亲自去，展现特奥运动员的形象，企业负责人也很认同。但不是所有的企业都愿意和我们搞共建，我和宵波说："遇到各种各样的企业，能给你更多锻炼耐心的机会呀。"

宵波：我联系到一家涉外企业，据他们同行说，这家是蛮崇尚在社区搞慈善活动的企业。其实不然，我多次前往该企业，向人力资源部的相关员工表述共建愿望后，对方开始承诺可以尝试与阳光之家开展慈善活动，人力资源部主管跟我讲，企业之前与某所大学一个俱乐部有对接关系，合适时也会与我们开展活动。后来在电话或是当面接触中，他们完全推翻了之前的承诺，一再敷衍推脱。我想，你们企业有啥不便的话，实实在在说明一下情况就可以了嘛，为啥还要一次次地糊弄我呢？即便这样，我还是礼貌对待。从接触中，我可以清晰地感受到各家企业对特奥运动员及开展公益融合活动的实诚度。我也知道，法律目前还未规定企业一定要为残疾人群体搞公益活动。在与各企业的共建当中，我受教不少，长了相当多的见识。

波妈：这也是一种学习，视野广了，方的、圆的、尖的都要看看呀。

其实我觉得，如果企业没有诚意与残联阳光之家共建对接，可以跟宵波说，"王宵波同学，我们目前呢还没有这个计划，等计划成熟了，我再来联系你。"对吧？你就这样说嘛，为什么要弯弯绕绕呢？一步一步让儿子心冷下来，觉得就是在玩心计了。

我说这是上帝在考验你，试探你呀，你接受这个试探，你也会很荣幸。很多企业单位还是很愿意共建的，这家企业是唯一一个态度不怎么友好的。后来王宵波还为此事到他们的总部去了解。

宵波：总部说浦东新区这家企业是比较热衷于做社区慈善的，建议我再去尝试一下。

问：总部有没有和这边的企业联系，请他们支持你？

宵波：总部对我说，他们是一个独立的企业，不受任何谁的领导。

波妈：通过这件事，我觉得儿子更耐心了，会用理解的眼光对待问题。他这样成长和进步，我感到很高兴。

宵波：社会就是有正面和负面的，我们只要内心强大就可以了。

问：之前提到的单位，现在还和阳光之家有共建关系吗？

宵波：到现在也保持着共建的联络。纽约大学也有自己的安排嘛，最近好像没有联络，阳光之家学员希望我能够作为桥梁，再次联系纽约大学，一起搞活动。

问：共建要签协议吗？

波妈：有些单位不需要签协议，有些单位如果主动说需要签个协议，〔那我们就签，〕比如上海海事职业技术学院。

宵波：有些共建单位签了长期协议，像上海影城浦东新世纪影城，定期组织我们街道智协和阳光之家学员观影。

问：你觉得共建对于阳光之家学员有怎样的影响？

宵波：共建单位的员工和学员一起制作手工艺品，绘画啊，一起外出游玩，学习手语，能够让学员感受到我们的生活同样丰富多彩，寻找到自己的乐趣和擅长，发掘潜在的能力，不再感到自卑，觉得我们在这方面就是很有天赋的，都是最棒的。大家把正能量传递给对方，处于一种积极向上的状态。

问：共建活动对于阳光之家有怎样的意义？

宵波：共建能够让企事业单位走进阳光之家，真实地了解学员的精神状态、日常学习和生活。我们有什么需求和兴趣也可以向企事业单位表达出来，他们用力所能及的方式帮到我们，给我们带来欣欣向上的活力，给生活增添更多色彩。我认为形成了一种良性循环。

问：宵波，你觉得联系共建单位这件事情给你带来哪些变化？

宵波：联系共建单位让我觉得自己是有能力和潜力的，我在做这件事情的时候不仅能够帮助阳光之家，更主要的是提高了自己的能力，能够和各种企业进行无障碍交流，能够确切表达出我和伙伴们的真实意愿。

问：你和阿姨多次提到了"增权赋能"这个词，是从什么时候知道的？

宵波：我和妈妈在与企业交流当中得知的，企业或许从我的言行中感受到积极向上的一面，就用"增权赋能"这一词汇寄予我能力上的信任，我当时还不能清晰地理解这个词汇，上网搜索后，了解到增权赋能就是激发人潜力的新观念，"赋能"就是通过一件事增予能力。

波妈：我感觉宵波挺棒的。他对提升和锻炼社会交往能力非常感兴趣，用他自己的话说，在课堂上没法学习到的能力，借助智协这个平台在社会上学习了。如果把智协比作是一所培养特殊人才的"黄埔军校"，现在，我可以挺起胸膛豪迈地说：我在智协这个平台的培训已经结业啦。

训练营，独乐乐哪如众乐乐

波妈：几年前，上海体育学院邀请我们浦东新区特奥运动员参加过一次

"特奥施莱佛训练营"活动。

问：是从哪里得知施莱佛训练营的？

宵波：是从特奥会东亚区新浪微博和上海残疾人内部刊物《灵芝草》上得知的，我主动联系了上海体育学院的吴雪萍教授，她非常支持我们，让我先写一份想要参加施莱佛训练营的陈述，发送到她的邮箱，然后我就收到了上海体育学院邀请浦东新区特奥运动员参加"特奥施莱佛夏令营"消息。

我们想自己一个人参与还不如新区智协团队一起参与，"独乐乐不如众乐乐"。新区智协知道这个好消息后，就增权赋能予我，让我搞定这次活动。吴教授来函说需要我制作一份电子表格，上面要有运动员及家长的姓名、性别、身份证，还有特奥运动员的年龄、身高、体重，因为到时要为我们发服装。我和妈妈就用短信通知各街道智协，请他们收集信息，然后，我把电子表格制作好，发到了吴教授信箱。

问：当时带了多少智障人士去参加训练营？

宵波：我们街道的部分运动员，还有浦东新区智协的团队，一共是二十名特奥运动员和二十名家长，家长是作为融合伙伴过去的，为运动员助威，也做一些后勤工作。

问：您是作为负责人带运动员去参加的吗？

波妈：不是负责人，负责人是浦东新区智协主席。我相当于联络员吧，促成这次活动的进行。

问：训练营具体训练什么项目呢？

宵波：主要是篮球，体院的大学生志愿者和我们一起做篮球训练。咱们在教练的带教下，体验了运球、传球、三步上篮、背靠背夹球等运动。再有，就是大学生与我们一起做破冰游戏、益智游戏呀，手拉手围成一个圈，背景音乐很劲爆，非常振奋。

问：每天训练几个小时？

宵波：每天都是全天训练。上午八九点到那边，下午三四点钟训练完毕，上海体育学院派大巴士接送我们。午饭是上海体育学院免费提供的，食堂会根据运动员的运动量来进行营养配餐。真的很体贴、温暖。

问：全天下来，你觉得累吗？

宵波：不累，和伙伴一起参与，感觉非常开心。

问：教练对你们怎么样？

宵波：教练为我们鼓掌加油，说我们是最棒的，很了不起。我感觉上海体

育学院为特奥运动员做了一件非常实际的事情，为他们点赞。我们希望施莱弗训练营能够一直延续下去，最好是我们街道和社区每年也能开展类似的活动。

新生活，看书旅游享休闲

问：宵波对今后的日子有什么计划吗？

波妈：他小时候学习太累了；在智协，更是协助我做了大量工作。现在呢，就开始真正享受生活赐予咱们的安逸和快乐啦。感恩，感谢一切的美好。

宵波：对我来说最实际的，是不断提高生活自理和经济管理能力吧，基本上我是非常行的，比如到银行存钱、取钱啊，在网上购物啊。就是希望自己做事的速度快一些，这样会有更多的时间锻炼和学习。

问：以后还有做志愿者的想法吗？

宵波：目前我主要是响应小说家童先生倡导的"专注家庭生活、博览群书"的观念，做自己感兴趣和擅长的事，不断学习，不断提高认知。

自从 2004 年认识了小说家童先生之后，我和妈妈一起开了新浪博客，将我们的点滴生活经历都记录下来，和有缘者分享。最近在童元帅的引领下，我们还在微信读书平台阅读各类电子书，一步步提高我的认知能力、阅读能力和点评能力。

波妈：他原来不是这样的，现在你看，说话很流畅，写作能力〔也提高了〕。

宵波：这也是特奥带给我明显改观之一。原来我不太会写作的，后来参加了特奥、智协一系列活动后，写作素材多了，激发了我的写作灵感。

问：为什么会称呼童先生为童元帅呢？

宵波：因为他的思想很新颖，超越了传统与现代的框架，还有非常丰富的文学知识。他不仅在生活上，也在学习上给了我很大的帮助，他像是天蓬元帅。

问：宵波有没有考虑过出去工作？

波妈：宵波比较精瘦，在吃的方面也需要考究点。工作的话，是做过的，是宵波在地铁做志愿者时的小伙伴介绍的。他们两人以普通人的身份顺利通过面试，上岗，做地铁站务助理员，属于兼职性质，早班两小时，中班两小时，他干了整整一年。地铁旁风很大，又规定不能戴帽子、围巾，宵波就去和领导沟通，领导很爽快调他去上面大厅做。儿子还记录了一年兼职工作的心得体会。这样看来，宵波融入社会的能力还是可以的，既是工作也是锻炼。只是他体质比较差，还是选择安逸的生活更好。借今天这个平台，宵波感谢收到他简历后，邀请他去上班的企业。

问：您和宵波去过很多地方，你们很喜欢旅游吗？

波妈：对的，自从我主动卸任街道智协主席之后，外出旅游成为我们生活当中非常快乐的事情，可以看看不同的城市风貌、风土人情和人文历史。

他在旅游时一直跟我说："妈妈，我要保护你，还要帮你拿行李。"在景区找水很困难，他就帮我去买水，路线什么的他都很清楚。他把我照顾得非常好。我们是自由行，到了一个地点，他就会查询当地的天气，如果下雨了，就在旅馆看看书，写写游记。如果天气好了，就按他做的旅行计划去各个景点。他很仔细，对于风土人情和自然景观，有很多感悟。每天回来他都会做记录，然后发到社交圈，分享给大家看。

问：出行之前的计划是谁安排的？

波妈：主要是宵波，他在去桂林的前一天，在网上查询景点，到时候我们就按照他写的地点，去那些地方游玩。他当时有个想法，跟我说徒步去游两江四湖吧。两江就是桃花江、漓江，四湖就是榕湖、杉湖、木龙湖、桂湖。那我们也去了，真的很棒。

问：一般出行采用什么交通工具？

宵波：飞机，火车。市内的景区都坐公交，路程较远的景区就打的。

问：您和宵波旅游时，行程多吗？

波妈：我们不喜欢匆匆来，匆匆去。我们是休闲旅游，要品尝当地美食，观看风土人情和人文地貌。

问：您和宵波都去过哪些地方？

波妈：蛮多的，已经去过东北三省、福建、广西、广州、深圳、珠海、海南、香港、澳门、台湾、湖北、重庆、北京、河北、安徽、江苏、浙江等地的名胜古迹。目前基本都是自由行。

问：您和宵波最喜欢的是哪里？

波妈：各有特色。留下深刻印象的应该是深圳，气候四季宜人，地铁内的无障碍电梯蛮多的，不需要按铃等待工作人员，乘客就可自行使用。街区环境也很好，坡道多。旅行者出行觉得特别舒适、方便。我们在深圳参观了东部华侨城、莲花山公园、世界之窗等景点。还有威海也大气，洁净。司机开车都是让着行人的。在威海去了刘公岛、威海公园沿线、幸福门、养马岛广场、成山头等地方，很不错的。这些城市的文明程度相对来说更胜一筹。

问：目前还有旅游计划吗？

波妈：没有具体的计划。想旅游的话，我们说走就走，很随意。如果去国外，肯定要选择跟团游。

问：家庭的主要经济来源是？

波妈：他爸爸有技术，单位也欣赏他，老单位都聘请他去上课。我有退休工资。

问：宵波有生活保障吗？

波妈：上海市政府给予这个群体一份永久的保障，我们还是很满意的。

问：现在宵波是未婚吗？

波妈：对，未婚。谈到这个问题，我觉得宵波的想法很现实，很成熟。他跟我讲："咱们打个比方吧，如果两人坐在咖啡馆里，看出去的方向是一致的，那我就会与这个女生有缘牵手。或许现在时机未到，我想还是随缘更好。"

宵波：如果对方能和我一起把家庭经营好，会干活能互相照顾就行了。一切遵循上帝安排。

问：你们信奉基督教吗？

宵波：我们相信众神，尊重而不介入任何宗教，坚决远离邪教。我认为众神会在关键的时候帮助到我，给我力量。

问：你对将来有什么样的期待？

宵波：我想过好当下，把生活安排得充实丰富，这是最实际的。希望能通过不断的读书学习来丰富自己的精神文化知识。

我有一个想法，如果国际特奥会能够给予支持，希望组织特奥运动员在家长的陪同下自费乘豪华邮轮环游，时间为两个星期左右。我们这类群体，无论是家长还是孩子都对旅游非常感兴趣，有户外亲子游的愿望，一起到外面去看看。

问：宵波，你有现在的成就，心里最想感谢的是谁？

宵波：最想感谢的就是我的母亲，母亲对我付出很多，用简短的语言是没法来形容的。她豪爽、正直、善良，让我像普通人一样承担起家庭中的重要角色，而不是让我感觉到被照顾和同情。她也付出时间和精力，倾注到需要帮助的同类孩子身上。我也很感谢我的父亲，他做事很认真。虽然有时候对我严厉些，但我知道他都是为了我好。我想好好的回报他们。还要感谢街道及新区各级残联，在我人生最迷茫时，信任我，给我鼓励。

问：阿姨，您对宵波的将来有什么期待？

波妈：我感到现在的家庭状况非常好。可能是受他爸影响，有时宵波也会对自己要求比较高，认为有些事情没干好。我就跟宵波讲，什么事情都要顺其自然。宵波现在会根据自己的需求来配膳，还能去银行存钱。这些看似是生活小事，但都是生活中必备的能力。我对他也没什么特别的要求，现在这样很好。庆幸的是，儿子的体质，在注重家庭生活后，调养得越来越棒，体格越来越强壮了。关于婚姻嘛，还是注重缘分，只要他健健康康，开开心心就好。

宵波（开心地笑）：知足常乐。

波妈：对的，知足常乐。

问：好，谢谢阿姨，谢谢宵波，希望宵波越来越好，一直自信快乐地生活。也祝愿阿姨一直这么年轻美丽。我们这次的访谈就到此结束了。

李阿姨口述

口述者：家政服务员李女士
访谈者、撰稿者：古丽米热
访谈时间：2016 年 12 月 20 日
访谈地点：王家

问：阿姨，您是什么时候到王宵波家里来做家政服务的？

李：大概是 2015 年 8 月份来到宵波家里。我主要就是烧饭，宵波妈妈告诉我哪个菜怎么烧，他们家是什么口味。我们的服务时间是两个小时嘛，计时工。如果饭烧好了，时间还没到，我就搞搞卫生啊，擦擦地啊，再把煤气灶擦一下。时间还早的话，就洗一洗卫生间的马桶。

问：您工作期间，王宵波表现怎么样？

李：第一次来，他给我的感觉是挺活泼可爱的。再一个，他很勤快，什么都会做。他这个人也喜欢动，有时间就去买菜，看看菜市场里有什么好吃的就去转转，带点菜回来。宵波这个孩子很听话的，很孝顺，生怕妈妈累着了，帮妈妈捶背啊，我说这本来是该我做的，他就说："不用了，我来帮我妈妈捶背。"他们两个都保养得很好，山药、番茄他都吃的，他妈妈也吃。再看他们房间哦，厨房都搞得井井有条。

我在他们家里觉得很开心的，有时候我烧菜，他会帮我洗米呀，给我打打下手。要是他帮我做完了呢，他就去锻炼身体了，跑步啊，有时间和他妈妈去打羽毛球。我觉得他每天都有新变化。

问：除了家政服务的时间，您和宵波、妈妈还有哪些相处的时间？

李：要是时间还来得及，就一起去唱歌。宵波妈妈会唱歌，再一个我也喜欢唱歌。他妈妈唱《隐形的翅膀》，唱得很好听的。我记得到他家里来没多长时间，我们到上海歌城，王宵波还唱了个英文歌曲。

问：家政服务会一直做下去吗？

李：肯定的喽，我现在已经〔做〕七年了，肯定要一直做下去了。我是从2001 年开始在家政服务社里工作的。

问：在王宵波家会做到什么时候？有签约的吗？

李：是一年一签。打比方说，今年是 1 月份签，再到 2017 年 1 月份又要签一份新的合同，包括宵波家里也是的。

问：在工作期间，王宵波有没有对您说过很贴心的话呀？

李：说过，"阿姨，路上小心"，叫我车子慢点骑，因为我开了个电动车嘛；再一个叫我想开一点，要吃好一点，吃好了有力气干活，叫我晚上早点休息。因为这些话，我知足了。

附：大暴雨袭击申城地铁 2号线紧急停运①

王宵波

2013年9月13日星期五下午，雷暴雨交响乐团以风驰电掣般席卷上海。扫荡一切污垢。吃好下午餐，天兵天将的我有一个念头，雨这般暴，我还能去上班吗？一定得去。另一个我的思想出现。于是，脚穿拖鞋，身披雨衣，左手握雨具，右手握背包，（里面有运动鞋、袜子和毛巾）上班去啦。哇！走在大路上，我趟着厚厚的积水，一步一个水声，感觉偶然的暴雨带给我的心情还是蛮舒爽的。玩水啦。但眼前还是有不舒服的景象；因为水面上有漂浮着的垃圾，好恶心。这是上海部分小马路的特色。趟着雨水，我终于走到了地铁站。把毛巾拿出来，擦干脚，换上运动鞋，我上地铁2号线。

到了我的岗位，橙色小蜜蜂开始工作了。虽然外面下着雷暴雨，但我们的站务助理员和往常一样提前到达地铁站，穿上工作服、佩戴好小蜜蜂上岗。大家精神饱满，充满喜悦地投入到这份工作中去。

在我向乘客宣传乘梯文明用语的时候，听到了广播里不断播出：（大意）因地铁2号线线路故障，要停运很长一段时间。如果有急事的乘客，可以改乘地面交通。买好票的乘客可以在7日内，在就近地铁站办理退票手续。

忽然我听到杨经理在背后叫我，今天下这么大的雨，杨经理还来，他经常会带给我们精神上的鼓励。遇到紧急情况，通常地铁站的全体工作人员，会在站长的指挥下都在第一线上岗，保障地铁和乘客的安全。

在我们地铁站务助理员晚高峰下班后，耳边，人民广场地铁站还是不时传来紧急广播声："2号线开往浦东方向的列车由于线路故障停运，请有急事的乘客改乘地面公交……。"在站长室，放好工作服和小蜜蜂，我看看身边的助理员都往外走，上级部门没有任何迹象因暴雨而叫我们站务助理员加班的意思。所以我也出去了。

地铁除我们这边1号线、8号线没有停运，其他地铁线路由于暴雨倒流，

---

① 王宵波爱好读书写作，此为他在兼职担任地铁站务助理员时写作的一篇短文，本书编辑未做任何修改。

好像都暂停了。地铁人民广场站滞留的乘客井然有序听从工作人员安排；或退票，或在继续等候轨交再次启动的信号……

看看时间，不容我再等下去，我就和其他乘客一样走出地铁站，双脚踩在大暴雨过后的地面道路上，发出像级了演小品中击打快板的声音。步行很长一段路，我肚子饿了。买了点心和牛奶充饥，一路前往公交隧道九线车站，等了大约2个多小时后，总算盼来一辆车子。车厢里黑蒙蒙的一片，挤满了人群，因为下雨，车窗无法打开，空调也没有开足，空气浑浊又闷热。即使是在这样一个环境空气不是很舒畅的条件下，又因为大家等候了这么长时间的车子，身体的疲惫已是难免的；但此时此刻，我们都庆幸等到车子了。我更为自己感到自豪，因为，我和所有的上班族一样，保持着足够的耐心和能量，来共同体验大暴雨环境下，工作、出行与回家的相互依存的味道。当时，我加倍感受到，在每一个人的心中都坚守着这样一条信念和传递着相同的力量，那就是：希望就在前方，克服障碍、坚定信心，就一定能到达胜利的目的地。

夜晚22点20分，我终于到家了。章旦还当我这么晚回家，是在加班呐。我对她说，今天还是19:00下班，我改乘公交回家，我和很多乘客一样，足足等了2个多小时。章旦一听，就说我宵波笨笨的；她说，你完全可以改乘在人民广场附近的隧道三线回家的。宵波，我们支持你上班的目的，就是希望你要学会怎样处理应急情况和解决的办法。

上班真不容易啊，我今天总算体会到了，更提醒我们要珍惜、爱护自己的身体。感谢神的保佑。今天，我身体的能量保证了我应对突发情况的从容自如。

回家，章旦帮我浴缸里放满了泡澡水，还有足浴桶里放满了生姜水。泡好澡，边喝章旦为我烧好的小米枸杞粥，边泡脚，全身感受到章旦暖阳阳的爱。这天深夜睡觉，在梦境里，我也听见好大好大的暴风雨伴随着一道道的电闪雷鸣。

感谢神的恩典。我现在终于躺在舒适的床上安然睡觉……

2013/9/14 完稿　多云

唐宝喜读历史书

——杨伟母亲口述

杨伟，男，1983 年出生。独生子女。智力障碍三级，唐氏综合征①。毕业于上海市虹口区特殊教育学校——密云学校。2005 年进入上海市某街道阳光之家。

口述者：杨母王慧琴女士
访谈者：刘凤至、张璞玉
撰稿者：刘凤至
访谈时间：2016 年 10 月 22 日、2016 年 12 月 27 日
访谈地点：杨家、上海市广中支路 22 号上海市虹口区残疾人联合会

有福气的小孩

杨母：我和他爸爸恋爱五年，1981 年 10 月结婚。孩子是 1983 年 8 月 13 日出生的，那时候我廿五周岁，虚岁廿七了。我现在退休了，退休之前是在第六毛纺织厂工作。他爸爸以前在街道工厂做办公室主任，是做塑料袋子的塑料厂。

问：当时怎么发现孩子……

杨母：十个月出生嘛，怀孕九个月的时候，医生说我的孩子好像太小了，问我要不要住院。我说好呀，就住了两个星期。突然有一天小孩子就不动了，我和医生说，我感觉孩子不动了，他说那就验个血吧。当时妇幼保健院设施不是很好，验这个血他们没设备，要叫家属拿到第一人民医院去化验。当天去化

---

① 唐氏综合征：即 21-三体综合征，因多出一条 21 号染色体而导致的疾病，以 1866 年第一位全面描述此病的英国儿科医生 Down 姓氏命名。患儿具有明显的智力障碍、生长发育障碍和多发畸形，面容特殊，极易识别，如眼距宽、鼻根低平、眼裂小、外耳小、舌胖等。因各国患者面容相似，唐氏综合征病人亦被称为"国际人"，拥有"国际脸"。患者脾气固执，但性情温和，与人亲近，人们亲切地称之为"唐宝宝"。

验，机器坏掉了，只能隔了一天再化验。

化验出来，他们一看不行，孩子缺氧了，好像得剖腹产了。当天晚上医生都下班了，就说让明天早上再来。第二天早上八点开始剖腹产，一直到中午十一点多才下来。医生说："你孩子好像缺氧，嗯……那没关系，看看孩子还挺好。"那个时候看不出他是唐氏综合征，刚生出来挺漂亮，虽然眼睛小，但是双眼皮，有一点卷发，皮肤白白的，所以医生就说看不出来有什么问题。他一个是缺氧，一个是长得小，早产了两个星期，生出来只有三斤多。医生说让后天吃得好一点，补一下，把他恢复过来也可以。

他放在保温箱里，我在他吃奶的时候看到，他这里（用手指后脑部位）好像生疮了，医生把他包扎了一下，就一直放在暖箱里。我先出院了，医生没让孩子出院。等了三个星期，这里的口子就发炎了，我说再放下去这个孩子不行啊。他爸爸和医生说想让孩子出院，医生就同意了。

抱出来我一看，哎哟，真的是好难过，好难过。这么大一个洞（用手比出徽章大小）哦！他爸爸挺仔细的，每天帮他换药，在家里不包起来，因为天热嘛，就让它敞着，敞着它就可以收口了，一个星期就好了。

因为体重小，医生说他先天不足。我一个人反正就天天管着他吧，他爷爷奶奶帮忙做做饭。到四个月的时候，你敲敲杯子敲敲碗，人家小孩都会转动找发声的地方对吧，他不动，也不会转。他爷爷就说，怎么敲敲杯子敲敲碗，他也不会动呢？

我就带他到医院去了，医生说这个小孩看不出有问题。四个月了他不动，是因为他体重小，你看人家生下来八斤重，你家的孩子太小了。我想要是医生说他有什么问题，我就再生一个。虽然辛苦一点，但是养一胎也是养，另一个也是可以带出来的嘛！但是医生说看不出你的孩子有问题，不好养。如果当时能看出唐氏综合征，出个证明，我就可以养第二胎[①]了。他不好出证明，说孩子到一岁了，你再来一趟。如果他还不懂，我们就帮你出证明，你再生一个。这样我没办法了，就回家了。

这个小孩儿嘛，也有一点福气，一岁生日的时候，就是 8 月 13 日，他突然都懂了。坐在推车里，以前的推车不像现在条件那么好，比如要小便，他又

---

① 养第二胎：生第二胎。1982 年《中共中央、国务院关于进一步做好计划生育工作的指示》规定"国家干部和职工、城镇居民，除特殊情况经过批准者外，一对夫妇只生育一个孩子"；1982 年《全国计划生育工作会议纪要》提到"第一个孩子有非遗传性残疾，不能成为正常劳动力的"是各省、市、自治区规定的三种可以生育二胎的情况之一。独生子女政策于 2015 年中止。

不会说话，就嗯……（模仿难受模样），我一看就知道他要小便了。还有一个，我们敲敲碗，他会转头了，他转过来转过去会看了。这时我又到医院去问，把这个事情都和医生说了。医生说你的小孩应该没事，他养出来小嘛，肯定发育慢一点。那我就想算了，不生二胎了。

他要到一岁半，快两岁了才会说话。要大便了，他也不会叫。我早上起来就把他放在痰盂上面，如果他要大便了，我拉他起来，他是不会起来的，我就知道他是要大便了，但是他不会说话。如果他不大便，你拉他起来他就起来了。他也不会走路，在家里他好像也听得懂，我把喇叭录音机放在他桌子上，他就这样敲敲那样敲敲，还能转过来转过去。

到了几岁呢，好像他两岁还是三岁，他脸就开始转了，〔出现唐氏综合征的容貌特征〕。我看他脸这里〔两眼距离〕好像是宽了，就抱他到新华医院去验血，验出来就说他是唐氏综合征，血一验就能验出来。这个时候他已经两三岁了，医生说你们到街道去开一个证明，这样就可以养第二胎了。

那个时候，哎哟，我就想来想去，想了好多哦。我想他现在已经会走路了，如果再养一个女儿还可以，对吧，这样还能照顾他。如果再养个儿子呢？那他怎么办？养儿子怎么说呢，你们现在还没到这个阶段……你们没成家不知道，反正如果将来结了婚，总归儿子是要听老婆的。我想好像这样不行，如果有个弟弟，弟弟成家了不一定会管他。

还有，我想如果再养一个也是这种呢，那时候的医疗水平也不像现在，都验得出来，当时没有的，如果再养一个还是不好，怎么办？

还有，如果再养一个，我就没时间管他，总会管下一个孩子的，对吧。他爷爷奶奶还蛮喜欢他，他姑姑不一定喜欢他，如果是一个好的正常的孩子，他爷爷奶奶还不一定这么喜欢他呢。我们经济条件也不怎么好，我和他爸都是在街道工厂上班的。我在街道厂做了十年，后来街道厂都迁出去了，不办了，厂里问有谁想去纺织厂工作，为了再有一点收入，我就去了。如果有了下一个孩子，要读书啊要上大学啊，就管不了他。我就这样狠了心，不养，我就带他一个吧，就这样没生第二胎。

问：孩子小时候住在爷爷奶奶家里吗？

杨母：我们住在一起的，就是亭子间。我们住前面，他们在后面。白天我们上班，他就待在爷爷奶奶家里。他会把自己的房间关好，钥匙放在自己口袋里，我们家里他是不让爷爷奶奶进去的。现在爷爷奶奶都不在了，爷爷去世有十八年了，奶奶也去世二十几年了。

问：爷爷奶奶照顾他时整天陪着他吗？还是有其他的工作要去做？

杨母：他们整天都要陪着他，奶奶的身体不大好，有点老年痴呆症。他爷爷早晨带他和奶奶一起出去吃早点，吃完早点买点菜回来；中午做好饭，下午他爷爷出去玩麻将，把他们一起带走，整天就是这样。反正我们上班，他爷爷走到哪里就把他带到哪里。我们回来了，他就回自己家里。他爸爸上班比较忙，在单位是领导，我在纺织厂是三班倒。一般晚上如果我上夜班或者上中班，我和他爸爸还没回来，奶奶就照顾着让他睡觉，等我们回家了他再回家。

问：孩子小时候除了爷爷奶奶照顾，有没有去康复机构做过专门训练？

杨母：那没有。他大姑说有个什么药，我也忘记了，她说吃了挺好的，给他吃过，好像也没怎么起作用。因为我们不是像人家不会走路或者不会说话，我们也会识字，就不那么担心了，康复中心没有去。平时都是在爷爷奶奶家里面，好就好在他们出去都会带上他，不是整天关在家里，关在家里肯定是不行的。

问：您下班回家有没有对孩子做些智力上的开发？

杨母：一般我休息的时候就带他到公园里去玩，也没时间给他做什么智力开发的，我三班倒。他爸爸也挺忙的，早上出去晚上很晚才回来。家里的家务活我要干，还要买菜烧饭做家务，以前又没有洗衣机洗衣服什么的，我也没时间陪他做作业。他识字，也是有一天我看见他突然间拿一份报纸在读，才发现他会识字了。

问：您没有刻意地去教他一些知识？

杨母：那没有。他喜欢听音乐什么的，我就给他买点磁带他自己去听。小时候他喜欢看黑猫警长、小龙女、孙悟空啊，我就买片子让他自己看。刻意地教他学什么那没有，就是一直带他出去，他爸爸经常带他出去，他爸爸休息了我们三个人一起出去。有时候我是两天早班、两天中班、两天晚班，做好了就带他出去玩。

问：小时候去过幼儿园吗？

杨母：幼儿园去过，去过一个学期。他太坏了，打人、咬人家（无奈笑），学校把他开除了。他喜欢拿个玩具自己玩，其他小朋友看他玩就要抢他的，然后他就打人家。

辅校里读书第一档

杨母：养出来小，他小时候很瘦，没有现在这样胖。九岁读书呢，我就想

他这样去报名……人家肯定不收，我就到普通学校跟老师问了一下。我说我儿子今年要上学了，我也没跟她说有唐氏综合征，但是现在不在上海，在外地，我想让他晚一年读书，长高一点再读书。老师还是很好的，说："没事啊，你明年带他过来报名吧！"

好啦，第二年我去报名，他就去读书了。他读不进，因为他太小了，人家读书上课，他也不知道上课学什么。学校老师就和我说："哎哟，好像这个小孩在这里上学不行的，你要到福利院去上学。"这个时候我真的……我又哭了，我想怎么办呢，小孩不上学不行的，一定要让他上学，绝对不能在家里。

他上学的时候，已经很懂了。为什么很懂了？因为他五岁的时候我家里订《新民晚报》，他就拿个报纸，好像在念书啦。咦？我就说，他怎么认识字啊？他爸爸说："我也不知道，他反正拿着报纸好像在读。"

他爷爷奶奶带他，一直带到读书嘛。他爷爷喜欢搓麻将，出去搓麻将也把他带着，在家里搓他也坐在旁边。他听人家说"东风""白板"，听听他就会了，就识字了，他记性好。刚开始我也不懂他为什么识字，后来再想想，哦，他是看144个麻将嘛，有数字也有汉字，"发财"啊什么都有。我就想我一定要把他送上学，他肯定要自立的。

问：他在普通学校大概读了多久？

杨母：好像只有两个月，他没办法读下去了，因为他脸就是这个样子，人家智商低，但是外表看不出来的就能进去。

问：因为他是唐氏综合征，所以老师不让他读吗？

杨母：一个是因为唐氏综合征，还有一个是因为正规学校进度快，他好像跟不上。

到普通学校去上学，人家不收他，后来还是到虹口区福利院了。福利院的老师问他："你家里住在什么地方啊？你妈妈叫什么名字？爸爸叫什么名字？"他都说得出。他更小的时候，五六岁，我带他去看病，不要我说，他会跟医生说，我什么地方难过，我什么地方不舒服。当时福利院老师就说："不能把这个孩子放在我们这里，我们不教书的，我们就是像托儿所一样管他们，你这个孩子还是到辅读学校去吧。"我不知道辅读学校在哪里啊，福利院的老师就说在天宝路。我就再找到天宝路，老师一看我们，说可以，就把他收下了。

问：正规学校课程和辅读学校有很大差别？

杨母：教的也都是那些，但是进度快他就跟不上。正规学校读书就是正规的书本，他到密云路读书要求就低了。他们的脑子要稍微差一点，像我孩子现在三十几岁了，实际上他智商只有十几岁。他十岁上学，智商只有五六岁，他到正规学校跟不上。辅读学校的要求就低了，相当于别人读二年级，他在学幼儿园的东西。他们一年级教的是幼儿园大班的东西，二年级才学一年级的东西，会差很多。

问：大概是差一年或者两年的进度？

杨母：好像不止一年两年，最起码要三年。

到辅读学校以后，他读书真的不要我管，老师也挺喜欢他的。老师看他上课不淘气，一般孩子上课叫啊闹啊什么，他都没有的，他上课很听老师的。再一个是他学习好，辅读学校一个班有十几个人，班里分好中差三档，好的几个，中的几个，差的几个，他是属于好的。还有他作业准时交，每天作业都完成的。我也不管他，因为我想，他识一点字就好了，也不是正规学校嘛。他回来了就把今天的功课都做好，做完拿过来让我看一下，都对了，我也放心了。

做完功课再跟他奶奶去打牌，他小时候挺喜欢打牌，吵着要一副麻将，我就给他买了一副麻将，他就和奶奶一起玩麻将，我倒不跟他玩。

我去开家长会，老师从来不说你们孩子作业不做这种事情，从来都没说过。我去就是他今天打人家了，老师把我叫过去，就是因为这个，没有因为学习的事情。至于到哪里都有很多喜欢他的人，我想也想不通为什么。

问：打人家？很淘气吗？

杨母：很淘气的，我赔钱都赔了好几次了，老师、校长办公室我一直去。他总咬人家、打人家，老师就打电话给我。虽然他当时很坏，但老师都挺喜欢他，因为他懂礼貌。像现在在残联，所有老师都喜欢他，也不知道为什么，可能他人也挺好的。只要他跑到什么地方，人家都喜欢他。

问：在辅读学校上了什么课？

杨母：他们上课很简单的，就是音乐课、数学课、体育课，还有画图、唱歌这些挺简单的课，学的知识简单。他们那时候政治课也没有，因为他们小孩不懂。

问：什么课学得比较好？

杨母：好像数学、语文，还有唱歌可以，图画不行，体育也不行。数学语文考试一般都是九十几分。

问：在学习方面您有没有印象比较深刻的事情？

杨母：学业上好像没有。我就看他读书好像还可以的，每天我看他的作业老师都批对号，他也不问我，有的时候他做错了，我就问你这个怎么做错了，

那我就再教教他。

问：您会因为他成绩比较好而奖励他吗？

杨母：会啊。奖励就是带他出去玩一下，买一点好吃的，他小时候不像现在市面上吃的东西多。好像是在他毕业前两年吧，他跟我说要手机，那时小孩子很少有手机的，我也没有手机。他爸爸有手机，后来就把爸爸的手机给他，爸爸再买一个。他也会打电话，所有家里亲戚的电话号码他都记得住。他在学校有手机好就好在这里：如果晚一点回家，他会打电话回来跟我说一下。有一次他乘车乘过头了，就打电话给我："妈妈，我车子乘过头了。"我问他现在在哪里，他说在哪里哪里，我就说你拦部差头回来，钱我给你付。他就坐出租回来了，这样我会很放心。而且他放学不像其他的孩子在外面玩，他放学马上就到家，把作业都做完了再玩。

问：在辅读学校时，参加过一些活动吗？

杨母：学校的活动倒是挺多的，到这里去参观，到那里去参观，他们都有份，他一直都出去参加活动。

问：有没有表演节目这类的？

杨母：好像表演节目没有，就是到外面去看人家表演，他们不演出。他以前读书的时候，社会上没有像现在这样关心他们，现在密云学校都有了，参加什么活动都有了。以前没有的，以前和现在比不了。从开特奥会开始，好像他们的档次也一点点上来了，大家都关心他们了，以前没有。

问：小的时候有没有和小伙伴一起玩？

杨母：没有，因为他不出去，我叫他出去，他也不肯出去，但是也不跟你吵，就自己在那边玩。

他小时候就是捣蛋，他的性格就是有点自己管自己的，不喜欢你碰他的东西，他也不碰你的东西，你动我的东西我就不会放过你。他小时候人家拿他的东西，他就打人家，把人家的手都划开了。他弟弟，就是他姑姑的孩子，把他们的玩具拿下楼来，有的时候忘了拿上去，他就把它给送上去，他一个都不要。

问：上学时和班里同学相处得好吗？

杨母：同学关系呢，学校我也不知道，根据平时观察，读书的时候就有一点自管自的。跟老师挺好，他喜欢跟大人玩，他出去的时候只要有个老人在那说皇帝，他就马上走过去和他一起说，就喜欢这种。他不喜欢跟小孩一起玩，脾气挺怪的，不喜欢动，人家小孩踢球什么的，他不喜欢，就喜欢文静一点的，滚球、跳舞、敲腰鼓啊，喜欢这种，跟小孩蹦过来蹦过去的他不喜欢。

问：有交往得比较好的同学吗？

杨母：好像他不是很喜欢和人家玩，他和我说有一个班长还比较合得来，叫什么名字我也不知道，一个女同学。

问：到毕业为止，都是在同一个班级吗？

杨母：分过的。他刚进去在天宝路，读了两年，到密云路的时候又换了一个班，老师没换过。在天宝路读书的时候，人好像不是这么多，过去就并在一起了，人多了，班级进了几个人。

问：老师有没有引导他和小朋友玩？

杨母：这个好像没有。他读书是第一档的，老师看他学习还可以，作业都挺认真地完成，他们也不刻意地叫他跟同学玩。老师知道他喜欢一个人玩，不喜欢跟别人玩。

从小学习自理自立

杨母：他小时候，五岁的时候，我就教他自己买东西。我们门口有一个食品店，我就跟他说："人家小孩在吃东西，你不好看着啊，你看了，人家看不起你哦。你要吃什么，回来跟妈妈说，妈妈会买给你吃。"他就记牢了。

有时候他看人家吃，回来就说人家吃糖我要吃。我说："好呀，你自己去买。"因为很近，拐个弯就到了，他自己去买。

有一次，我没有零钱，也不知道买东西要多少钱，就多给了他一点钱。他去买了，但是他不拿找的钱就走了。里面的营业员说："哎哟，小朋友，你怎么不知道拿钱啦，戆度哦！"他听到了，气得回家跟我吵："妈妈，人家骂我戆度！"一定要拖着我去跟他们说理。那我就去了，我想怎么他买东西你还骂他。到了以后，我就说："阿姨啊，怎么回事啊？"人家售货员就和我说怎么回事，后来我跟他说，就是你找了钞票没拿钱，人家就说你了。

还有一次，小时候呢，他头发这里掉一块，那里掉一块。他去剃头，还没读书呢，钱拿了就自己去剃头了，剃完头回来，眉毛被剃光了。我就告诉他，眉毛被剃光了。他气死了，去了骂人家哦，说："你怎么把我剃秃了，你要赔我眉毛！"从那以后他就不让那个人给他剃头。他只要有一点点事，就很气，他要记气的，如果你骂我，我就不睬你，小的时候就是这样。

问：什么时候生活上可以自理了，像洗脸、刷牙？

杨母：那很小，像洗脸、穿衣服他很小很小就会了。他很爱干净，他读书

晚，十岁才开始读书，大概是八岁的时候就自己洗澡了，每天要洗，盯着他爸爸到外面去洗澡。以前家里面没有浴室，都要到外面去洗。我们家有浴室很晚了，开淋浴器他不会，我们帮他开好，洗都是他自己洗。

他在密云路学校读书的时候，有一次肚子吃坏了，拉肚子了，没憋住，这么远的路，还回家自己洗澡。当时他婶婶刚好在家，就让他婶婶帮忙把淋浴器开一下，开好了他自己洗澡。洗好澡他换上干净衣服，又跑到学校去读书了。我中午回家一看，地上怎么都是脏衣服，他婶婶跟我说："你家杨伟回来了，洗个澡又回去了。"

问：小时候刚上学那会儿，有没有因为妈妈不在了就哭了，找妈妈呢？

杨母：没有，他不哭的。因为小的时候爷爷奶奶天天带他出去，吃好早饭，陪他爷爷奶奶买菜，十一点十二点钟才回家，爷爷下午出去搓麻将也把他给带去。他从小就在外面走，这样好像胆子就大，到了学校哭得很少。他小毛头的时候都不大哭，就是能吃，奶瓶嘴剪一个洞，才够他吃，哈哈。

他最开始在天宝路上学，我们带他去过两次，然后他就自己去。他识字，路名什么的他也认识。天宝路读了几年，辅读学校搬到密云路去，好像已经读四年级或者五年级了吧，哦，是他读三年级的时候，搬到那里去了，很远的，在曲阳路了。最开始我送他去，送了两次，第三次我就说："你自己去。"第一次带他，我就告诉他下车乘几路车，从我们这里到哪里去乘，乘下来怎么走，哪里能吃饭。他奶奶爷爷一直带他出去吃早饭的，从小就不在家里吃早饭，刚好今天下雨，你们看见他在家里吃，平时他到阳光之家，早餐就在外面自己买。第三次的时候呢，我就让他自己走。自己走我也不放心啊，我就在后面跟着，也不敢让他知道。他在前面上车，我在中间上车，到哪站他下车，我也跟着他下来。就这样，我发现他也挺好的嘛，我就放心了。第二天我再跟他走一次，他还是这样走，我就真的放心了。再后来他就一直自己走，我再也不送了。后来毕业了，要是有什么演出，才用我们把他送过去，再接回来，平时都自己走。

问：孩子这样能干，是因为您对他要求很严格吗？

杨母：也没有要求严格，就是告诉他，外面人家吃东西，你不好盯着人家吃，要自己买回家吃。他也不出去玩什么，所以对他也没什么好要求的。读书的时候，作业也都自己做。我也是就任他自己去，因为看他这样子也挺可怜的，他能做到这样，我已经很欣慰了。

早上都是我叫他起来，如果我今天要出去，他就不相信他爸爸，怕他爸爸让他迟到了。八点钟他到阳光之家去，我就八点钟叫他起来。他自己脸洗好，衣服穿好，就走了，到外面买点心吃，吃好了到阳光之家去。

再一个，他有糖尿病，每个月他都是自己拿个单子到医院去验血。早上起来把脸擦好，去医院验血，验完血之后再去吃早饭，然后到阳光之家去。要是生病了需要挂盐水，他也都是自己去，我都不用操心。比如说到外婆家去，他大妈家在定海桥路，他来回也都是自己。每周从残联训练回来，他坐一会儿就洗澡，不管多冷他都要洗。洗好澡，衣服换干净了，再玩电脑。不过他电脑游戏打得少，游戏的话就是玩玩麻将、打牌、斗地主什么的，主要是看历史电视剧，专门看演皇帝的。所以这个电脑，他到阳光之家去以后，我们才能玩一会，他回家了我们就让给他了，我们不能玩的。

现在他能自立了，能学到一点东西，我挺欣慰的，我这点付出也没白费。

阳光之家喜忧参半

杨母：他读书挺好的，我一点都不操心。2005 年他毕业，我就担心了。这时我已经到纺织厂去了，我就想该怎么办，他一直待在家里怎么办？他读书时候每天走来走去，总归是在外面走动，也能在社会上锻炼。毕业了回家了，天天都待在家里面，那怎么办？我就很着急。

他毕业的时候，学校有个点心培训师的学习，但就在这个时候，阳光之家开办了。街道里两三个老师来了我们家，问我一些事情，问小孩怎么样，在哪里读书啊。我就跟他们说了。我儿子是属于可以的，我们街道阳光之家的孩子多数都没读过书，他算是比较好的了。然后他们就说，现在开办了阳光之家，也在我们这里，很近的，过去可能一站路吧。我考虑了一下，就说那到阳光之家去吧。

学校的培训我们没去，觉得阳光之家还是近一点，他来回走我都放心，上学一直自己走嘛。这个阳光之家刚开办，到底怎么一回事我也不知道，就试一试吧。因为他能识字，自己也能上学回家，我就不那么担心。再一个是他终于能有地方去了，不用待在家里，我也有一点安慰，终于能自立了。

问：有没有想过读完辅校之后去初职校这样的地方，学一些技术？

杨母：他毕业的时候还没有初职校，第二年才开始有的，那时我们已经出来了。

问：他平时都是在阳光之家里面吗？

杨母：星期一到星期五在阳光之家。

问：每天都去吗？一般都做些什么？

杨母：每天都去。阳光之家也不教什么，你们那天去还教了点，平时不教。他们早上就做个操，操做好了就坐在那里。他们有个老师，我小孩子不喜欢她。这些孩子现在脑子都好了，都聪明了，她讲来讲去就是你要怎么做，他挺烦的。她上课他就不要听，就写昨天晚上我看了什么书，书上有什么内容。或者就是叠纸，叠垃圾盒子，中午吃饭的时候放垃圾。平时他叫我带点纸回家，我就拿给他。

问：不上什么课程吗？我们那次去是上珠算课。

杨母：珠算课还上过，刚去的时候他不喜欢上，老师就跟他说你这不行啊。后来老师跟我反映，我就跟他说你这样不行，你到那里去，不管你学得会也好，学不会也好，你要一起学，后来他就学了。

问：珠算课是进阳光之家就开始学吗？

杨母：不是，去年上的。我们区残联好像统一的，各个街道阳光之家都上。

问：除了珠算之外还有其他课程吗？

杨母：以前还上图画课。刚进来的时候，一个老师挺好的，上上图画课，还教他们唱唱歌，现在那个老师走掉，没人上了。不上课的时候，他们就打打牌，因为他喜欢打牌，他会弄几个小朋友一起打，要不就看电视。

问：他刚去阳光之家时，整体环境和现在一样吗？

杨母：刚去的时候，差的同学多，重度的很多，重度的同学以前都在家里，没到外面去过，没读过书的很多。到阳光之家以后，老师就教一点很简单的，他也不喜欢听，读书的时候这些他都学过。

问：很简单的内容是指什么？

杨母：就是生活上的，穿鞋怎么穿，衣服怎么穿。有的小孩子刚到阳光之家，衣服都不会穿，吃饭都不会吃，在家里都是家长喂的。现在他们都好了很多，刚去的时候很差的，我儿子是很好很好的了。他都是自己去上学，有的小朋友是父母送过去，晚上接回来，因为没有上过学，很多家长出去都怕人家说闲话，就把小孩放在家里，不带他们出去。

问：您看阳光之家有什么需要改变的地方吗？

杨母：我们这个阳光之家，我觉得实在是太差了，人家很多好的阳光之家会学一点跳舞什么的，所以要改进的很多，包括老师的素质问题，老师的文化也差，不会教新的东西。

我们里面有个老师要七十岁了，跟这些小孩要差了两个辈分，她说来说去都是她在居委会干活时候的一点东西，多少年前的事了，这些小孩子都懂什么，他们听也没听见过。

像我儿子，很喜欢历史，现在清朝十二个皇帝的书都看完了，接下来要了解毛泽东这一代，邓小平这一代了。他现在在看的一本书就是毛泽东，他也知道 26 号是毛主席生日。他不懂就再问他爸爸，和他爸爸聊，像他这样喜欢历史的人很少很少的。你老师说那些 70 年代的事，他们听不懂，不喜欢。

别的阳光之家现在做第九套广播操，我们现在还做第八套广播操，老师又不教，让他们自己做，做得好与坏，他们也都不看。做完操了，就等着看电视，坐着等饭吃，饭吃完了让他们趴在桌子上睡一觉，睡到两点钟起来，扫地的扫地，拖地的拖地，老师就让他们回家了。

问：您觉得阳光之家应该有些新的血液？

杨母：小孩子现在不可以跟以前比了，因为他们脑子都灵活了，不像以前刚进来的时候，所以你也要把老师更新一下，现在学校里也是一直在更新老师的呀；老师的思路也要新鲜一点的。

为什么我们残联腰鼓队小朋友这么多呢？因为我们这里一直要教新的，周老师会编舞蹈，今天搞点这个，明天搞点那个，他们都很喜欢。

像我们阳光之家，有好几个孩子都不来了，老师说来说去就是那两句话。我儿子有时候还打打牌什么的，有的小孩就坐在那里，等吃饭，等回家。有的家长跟孩子说："你去嘛，去了家里要轻松一点，反正阳光之家有饭吃。"都是这样他们才去的。虽然我儿子也不喜欢去，但是我也没办法，因为阳光之家要看今天去了多少个孩子，去得少了说明你老师不好啊，那就很不好看了。我们应该有三十几个孩子，一般去的就二十几个。没办法，我就对杨伟说："你去吧，你一定要去，不去不行的。"

问：他在阳光之家有没有参加过什么活动？

杨母：有的。阳光之家到残联敲腰鼓的人有十几个，以前一个老师在的时候，和平公园有宣传活动了，阳光之家就叫他们到那里去演出一下，敲腰鼓、大合唱。这个老师挺好的，大合唱叫杨伟指挥。但是也就是刚去的几年有活动，现在已经好几年没有过活动了。

问：我看阳光之家的墙上也有一些您儿子的照片，好像还是他和领导一起照的。

杨母：那也就是刚进去没几年，他好像有一点缘分……也说不上是什么。

到哪个地方，别人都喜欢他，领导也喜欢和他拍照。有一张照片是进阳光之家第一年，他说要在那里过生日，我给他买了一个蛋糕，买了点饮料，小朋友们一起分了吃。

参加运动进步大

杨母：我上班，真是一点都不知道残联有一个腰鼓队。怎么说呢……你也知道，我们养了这种孩子，应该说和大家有点……人家有点看不起的，他叔叔和姑姑家的姐姐、妹妹、弟弟，都看不起他，我们的心情真的挺难过的。

到阳光之家后，他们班里有一个孩子的妈妈是智亲会的副主席，智亲会里都是智障的孩子和家长。她看到我儿子以后，就问他能不能去敲腰鼓，他回家就跟我说了。我问他喜不喜欢敲，他说好。因为我也没到外面去看过，外面的世界怎么样我也不知道，生了这种孩子，我们家长也有点……在人家跟前好像有一点自卑感，总感觉抬不起头来。后来我又想了想，就让他去了。

这个腰鼓队是怎么来的呢？最开始区残联有一个老爷子，他是组织者，就说要成立一个腰鼓队。我们智亲会家里都有这种孩子，有的是低能的孩子，不像我们是唐氏综合征，还有一些小时候是好的，生病了脑子烧坏了。他就组织起来，成立一个腰鼓队。智亲会副主席告诉我，把你的孩子带到那里让他看一下。一去，老爷子就看中了，他说："呦，你们街道还有这种啊，要的要的，我要的！"因为他最主要就是要这种唐氏综合征的孩子，越多越好，那个低能就不属于他要的，最后他就把孩子收下来了。

敲腰鼓也有个口诀，就像做数学一样。他回来就自己背口诀，手还要动。那个时候，他每个星期六就到和平公园里面学，还没到区残联去。有个星期六，我正好休息，早上就和他一起去。看到两个老师，一个老师就是那个副主席，还有其他家长们，他们就说："哎哟，你是杨伟妈妈，他好像蛮聪明的！"我听了心里也很高兴，后来我自己也去学，学了回家再教他，那不是他就学得快了嘛。星期六在外面没多长时间，学得肯定慢，所以我也去了，学了几次我回来就教他。学一学，他腰鼓好像就已经会了。

有一天，虹口区残联叫我把孩子带到残联去，我就和他爸爸一起去了，在广中支路。之前我都不知道他们要做什么，去了才知道是上英语课和跳舞。他刚去的时候，上英语课还不会说英语，英语课结束他们就跳舞，他也在里面，跳得真挺好的。我跟他爸爸在外面看，真的很感动。反正他们星期六、星期天训练，我休息有空的话就过去，跟他们学。好像学了三五年了吧，这些老师真是很用心很用心地帮他们。

有一次，智亲会要改选正副主席，区残联里面有一个老师是我们街道的，她就和我说要不要试试。当时的副主席是肢体残疾，孩子智障，他年纪大了，就叫他不要出来了，后来就叫我做了。这时我也下岗了，时间又多了嘛，就到街道去工作，负责安全和卫生一类的。

他们一个星期要训练三次，星期六、星期天上午和星期二下午，这个时候我星期二下午也去了，残联的几个老师和我也挺说得来。去了我也挺高兴的，他们家里都有这种孩子，我家里也有这种孩子，平时跟街道的同事说不了，他们都说我孩子读大学了，这个我就没法说。但是我跟亲友会的老师们就有很多共同语言，他们聊家里孩子怎么样，我心里话也和他们说，他们也和我说。这段时间是我心里最难受的时候，因为在家里他叔叔婶婶骂他"戆度"，我心里的苦没有地方说。他爸爸脾气挺好，但我经常要发火的，因为心情不好嘛。他们老师就跟我说，那你也进来做志愿者吧。当时有八九个老师，因为我跟他们都说得来，就做区残联里面的志愿者了，也就是里面的老师。

刚进阳光之家没多久就是特奥会了，2007年世界特奥运动会，是全世界在上海开特奥运动会。他去参加了一次滚球比赛，10月1日，哦，是10月2号。那天，我要到我妈妈那里去，她住在浦东，杨伟就自己去比赛，我们居委会的助残员带他去的。早上他就跟我说："妈妈，我拿一块金牌回来。"我说："你今天能去比赛我就很高兴了哦，你能参加这次特奥运动会的比赛，这是全国的，我已经很高兴了。"我当时就想，能拿一块铜牌回来，我就真的很高兴了，所以我告诉他你就好好比赛吧，你比赛完了就自己到外婆家去。到中午可能是十二点钟了，他打了一个电话到外婆那里。我问："你比赛怎么样？"他说："妈妈，我拿了一块银牌回来！"哎哟，这个时候我真的很高兴，当时就流

出了眼泪，我就在我妈妈家里真的流出眼泪了。

我是这样想的，我的孩子这样还能参加特奥比赛，拿到一块银牌，就是正常的孩子也不一定能参加到这种水平的比赛，对吧。所以我真的出眼泪了。晚上他回来的时候，也挺自豪的，我自己也挺自豪的，他爸爸也自豪。她姑姑一看也高兴，但是就是不像我们这种心情，他们就是看不起他，拿了一块银牌好像好一点了。我姐姐也挺高兴的，说："你能把这个孩子培养成这样，也不容易了。"这时候我真的，我的心里什么滋味我也说不出，这天晚上我就没睡觉，一晚上都没睡着。

就这样，通过这一次比赛他就一点点转化了，学东西也都挺快的。我们这里的老师，一个周老师，还有七八个老师都关心他，叫他学，反正有什么出去的机会都给他。还有这个老爷子，有机会也让他出去，这些机会都是这些老师给他的。就这样一点点到现在，他一次一次地比赛，一次一次地拿奖牌，还到北京去了一次。

那时候我孩子一点点学得很好了，现在嘛一点点不行了，小的时候他都能学，学得也挺快的。昨天我们还到松江去比赛了，融合跑，脚绑在一起，十几个人一起跑。昨天下雨了，衣服都湿掉了，我早上起来赶紧把它们都洗掉。这没办法啊，昨天外国人都去了，你不搞掉的话，他们不好走啊！

这里有他参加特奥的照片（拿出杨伟以前参加活动和比赛的照片、奖牌等），还有比赛的奖状，金牌、银牌，好多的。这个是"全球欢乐家庭"，参加腰鼓队，在我们街道演出，和平公园那里。这是第六届特殊奥林匹克运动会①，好像他有一张照片（翻找照片）……还有张照片我找不到了，他一个人的，拿个银牌啊，咬在嘴上，挺好的。这张照片我昨天找不到了（表情很遗憾），我等找了给你们看。

问：他真的好棒啊！

杨母：好棒啊？（比较开心）哎哟，你们不知道我们现在心情好很多了，好像有很多人都在关心他。以前我们真的是……不知道怎么形容了（略有伤感）。

问：您刚才说他"现在嘛一点点不行了"是什么意思？是他和以前有什么不同吗？

---

① 全国第九届残疾人运动会暨第六届特殊奥林匹克运动会，于 2015 年 9 月 12 日至 20 日在四川成都举行。

杨母：他在这里敲腰鼓，智商也高了，但是胖的时候会比较笨拙。他前两年还好，现在已经开始走下坡路了，他们唐氏综合征的孩子，到三十几四十岁就走下坡路了，不往前走而是往后退了。唐氏综合征的孩子寿命不是很长的，四十岁的年龄，实际上内脏已经像七十几岁的老人了，所以就走下坡路了。他今年和前两年比不了，今年就已经变笨了，不像以前教的东西都能会，他今年……（哽咽）往下坡路走了（流泪）。

问：您觉得他发展比较快是什么时候？

杨母：就是到腰鼓队来以后。他好像是06年来的，这以后发展都挺快的，一直到去年。今年开始我就感觉，他老起来了。他们阳光之家有好几个小孩年龄也大了，和他一样都是唐氏综合征，也往下坡路走了。

问：您现在对他的身体情况比较担忧？

杨母：担忧也没办法啊，因为我也知道的。我们老师都这样想：现在他在我们手里，就让他高兴一点吧，他喜欢的能给他就给他吧（流泪，采访者递上纸巾）。

问：他参加的比赛都是通过什么途径知道的？

杨母：都是通过残联。通知下来后，老师们要选拔几个选手，一般都会有他的，因为老师都很喜欢他。这里的老师付出很多，很有耐心。因为我们小朋友要教好几遍才能记住，今天教了明天就忘记了。

问：他参加的特奥运动就是滚球吗？还有其他运动吗？

杨母：多了，还有跳舞、打扁鼓、腰鼓，那好多啊。现在我们就在残联，星期六、星期天都在那里训练，训练的时候你们有时间可以去看一下。前几年还有舞龙舞狮，这两年没有了，舞龙舞狮就有一张照片，我给你看。他就是管一个龙珠，这个活动就是李冰冰捐了五万。

问：这个很难控制啊！

杨母：对，人家看看这个小孩能玩到这个地步，都很惊讶的。这个是敲扁鼓（指着一张照片），我们每个星期六、星期天都要帮他们训练的。他学指挥也学得挺好的，我们合唱的话，他就指挥。当时老师让我给他配一套合唱穿的衣服，我就把他爷爷的衬衫找出来给他穿了。

这个就是周老师（指着一张照片），她自己孩子是多重残疾，肢体残疾还有智力残疾，但她把自己孩子培养成了大学生，现在大学也毕业了。这个老师真的挺好，教音乐、跳舞，都是她自己编的。呐，这个就是老爷子（指着一张照片），姓倪，就是倪伯伯。这次活动到晚上十点多，上海市"十佳"，具体是

哪个十佳我也不记得了，这个（另一张照片）是"上海智障人士建党九十周年文艺演出"。

问：您觉得孩子参加特奥活动以后的变化大吗？

杨母：很大。他以前喜欢自己做自己的事情，不喜欢和小朋友〔同龄人〕一起走，不跟小朋友接触的，在外面看到大人打牌什么的他倒是挺喜欢。他现在能跟同学交流，一起打牌啊，说话啊，能融合了。

他从到残联来以后好多了，可能因为老师叫他跟小朋友一起跳舞啊运动啊，他就能融洽了。这几个孩子都是我们老师的孩子，大人比较说得来，平时一起出去吃饭、旅游，都会带着孩子，他们也就在一起玩了。他和腰鼓队的几个小朋友玩得比较好，阳光之家有的小朋友能力很差，没法和他们说话。

问：他参加特奥活动，对您和叔叔有没有什么影响？比如在心情上或者其他方面。

杨母：对我们有影响的，我们心情也好了。我以前就是总要发火什么的，通过特奥他能成长到这样，我们也挺高兴的，也挺欣慰了，家里面也和睦了。

问：叔叔对特奥有什么看法吗？

杨母：他挺支持的。孩子去比赛，去演出，他都挺支持的，自己的孩子能发展到这样，他也很高兴。像这样的孩子以前什么都不知道的，都待在家里。像昨天早上，我们六点钟就要出去，他爸爸用电瓶车把我们送到残联，晚上我们到家要六点钟了，他把饭都做好了。我星期六、星期天出去的话，都是早上八点就走，要到下午我们才能回来。因为有的时候第二天要搞什么活动，今天就要开会，可能要弄到下午一点钟才能回家，他爸爸都是没有意见的。他就说让我尽管去，以前我总归是心情不好，总要在家里发火，现在我心情好很多了，他看着也高兴。

他五十岁就退休了，一直在外面继续工作。后来我退休了，我就说再去找一份工作，但是他叫我不要去了，让我到残联管孩子就好了，他自己去做，赚钱养家。现在他也不工作了，但是基本上家里的家务都是他来做的，我只要洗洗衣服就行，家里打扫卫生、烧饭、买菜都是他做。你看，他把点心都给我买好了。他说只要孩子管得好，他就高兴。

问：您觉得爸爸在孩子成长的过程中扮演着什么角色？

杨母：应该说，他在孩子小时候尽到了父亲的责任。他挺喜欢孩子的，还没读书呢，就带到厂里去吃饭啊，搓麻将啊，还划拳，杨伟和人家还划拳嘞！那个时候爸爸单位的同事也都很喜欢他。爸爸出去跟业务员吃饭，就把儿子带在身边，也没有将孩子甩在家里不管。要考试的时候也会督促一下，让儿子抓紧一点，好好复习。我给孩子买点东西他从来都不说的，像现在，我们都不买新手机，用的手机都是孩子换下来的。现在孩子问爸爸一些问题，他都会耐心地跟孩子说，他们之间可以说无话不谈。孩子也喜欢跟他爸爸聊足球，世界杯开始的时候，他们就聊足球。杨伟和我反倒不怎么聊，因为我脾气不好，可能女同志在家里事情比较多，没什么时间聊天。

问：我上次听一个家长说，您儿子是残联的明星，有什么特殊的表现吗？

杨母（很开心）：特殊的表现都是因为几位老师吧，老师教得好。有节目就让他上，老师都是手把手教的，哪个动作不对了，老师马上教他，很有耐心，他成长起来就是老师教得好。

问：我上次来残联看他们在这里做蛋糕，经常会有志愿者来这里活动吗？

杨母：他们大概每两星期做一次，每次会有一点不一样，有的时候做饼干，有的时候做蛋糕，都会不一样的。

喜爱音乐和读书

问：杨伟上小学之前有没有表现出特别喜欢什么啊？

杨母：他喜欢音乐。我结婚的时候买了一个"两喇叭"①，他就很喜欢。我要干活了，这个东西拎给他，他一坐，就能自己玩，能玩一个上午呢。

问：有专门喜欢的音乐吗？还是所有音乐都喜欢？

杨母：好像等他懂事了，读书以后他有专门喜欢的。一个好像是周杰伦，还有一个是唱《红尘滚滚》的，还有几个唱歌的音乐家他也挺喜欢的。

读书前他还喜欢武术，看小龙女啊，孙悟空啊，一边看一边打，就在床上玩。

问：上学以后都喜欢什么呢？

杨母：他喜欢……反正我也不知道他喜欢什么忙什么，反正他喜欢文学的，他喜欢写，哎哟，整天在家里写。他叔叔和我们都住在一起嘛，他叔叔经常冲到我们家里打他爸爸，都是因为家里的一些小事情。小的时候他看到也不说，就写。写什么时候叔叔冲到家里来打爸爸，婶婶骂我妈妈，他都会写出来，他也不会和你们吵，就是写出来。

---

① 两喇叭：两喇叭收音录音机。

杨伟的读书笔记

现在到阳光之家就是写，他们老师也说，你们孩子到阳光之家就是写。他是怎么写的呢？每天晚上睡觉前，他睡在后面的房间，睡觉前一定要看书的，看好了第二天到阳光之家他就自己写，反正书里说点什么他就自己写一下。他很喜欢看书啊、写字啊，他喜欢这种。他也不喜欢看别的书，就喜欢关于皇帝的书，家里其他书没有的。〔清朝〕十二位皇帝（拿出一本《同治皇帝》），像这样的，一套十二本，他就叫区残联的周老师给他买，缺一本就叫她买一本，告诉周老师我还缺几本，这十二本家里都齐了。他看了呢，也能跟你说。像这个皇帝啊，同治皇帝，他几几年登基的，他做了几年皇帝，他下台了谁登基的谁上台的，他都会跟你聊。

问：他是第二天带着书到阳光之家，还是就是默写？

杨母：不带书，他记忆力挺好的，昨天看什么他就自己写下来。

问：他记忆力很好吗？

杨母：对，他就是好在记忆力好。他小时候在医院里看病，医生就说："等他长大一点给他整个容。"因为他智力好嘛，吃亏就吃亏在这个脸，整个容脸就好看一点，他就记住了。到残联去的时候，有一次有老师说起来这个事，就说："你整个容吧！"那我家小孩就说："我们家没钱，人家医生说了，只要我整个脸，我就不是这种脸了。我们家没钱，有钱我以前就做整容了！"

家长相聚多开心

问：您是在家长联合会里面吗？

杨母：亲友会，街道亲友会，我是亲友会主席。

问：都是我们障碍孩子的家长是吗？

杨母：对，这是社会组织，残联有五大协会，肢体残疾协会，精神方面的协会，盲人协会，还有我们智障协会，还有聋哑。

问：您在亲友会里做哪些工作啊？

杨母：工作区残联会布置的，区里对智障孩子有什么文件，就会下发到我们这里；还有会让我们反映一下家长对政府有什么要求，大家开会说一说，我就跟区里报一下，现在家长有什么要求。

阳光之家有什么事了，也会打电话叫我们。像上个月，一个小朋友走出去了，四天不回家，他们叫我去和孩子的妈妈一起到派出所报警。小朋友和小朋友打架了，打出事了，叫家长来，那会叫我去的。

问：您也组织一些活动？

杨母：我们星期六、星期天在残联帮他们训练。我们区有八个街道，周一到周五都在自己街道的阳光之家，周六周天上午来我们区残联，就是虹口区广中支路。我们就帮他们训练，带他们跳舞什么的。

为什么要帮他们训练呢？一是这些孩子在阳光之家主要是学知识一类的，到星期六、星期天拉他们去融合一下，说说话。他们跟我们一样，我们是家长和家长聊得来，他们也是，他们和正常孩子也说不来，不用说是外面的，就是和自己家里亲戚的孩子也说不来的。正常孩子是正常孩子的思路，智障的小孩有自己的思路，说不到一起。到我们残联来就不一样，他们这种孩子就能说到一起去，玩到一起去，因为都是一样的起步期嘛，他们来了都很高兴。

他们这种孩子，不管刮风下雨，天冷天热都会去，星期六总共要有五六十个孩子在那里。对我来说，即使我生病了不舒服也要去。为什么要去？除了阳光之家，社会上那些小孩，他们有什么问题家长都不会和你说的，也不喜欢你上门跟他们聊什么，因为家长放不下脸面，不想让人家知道自己有这种小孩。我平时都是来残联这里，我们退休了，星期一到星期五也在家里，有时候区里有会了我们去开，没事就在家里。好像一个星期下来我们几个老师——我们有十个老师——一个星期没见了，也想碰个头，大家交流一下，说说这个星期我在家里做点什么，他在家里做点什么。外面的人我们也说不到一起，在家里最多跟老公说说，在那里我们可以相互说说心里话。

我们有七个老师玩得挺好的，有时候带孩子一起旅游，自己出钱，去过日本，也去过韩国，还有云南、三峡，这次8月份到张家界也去了。我们跟……比如说我自己的同学一起玩，我就不可能带孩子出去，总归带不出去。那我出去玩孩子怎么办？甩不掉，他跟着我习惯了，我也习惯带着他了。下个月5号、6号、7号我们同学一起出去玩，我就不去，感觉和他们有点说不到一起，他们说他们的，我在旁边就会感觉很失落。他们说我的孩子结婚了，生个孙子

生个外孙啊，但是我们的孩子不可能结婚的，总归和他们说不到一起。就这样，我也不喜欢和他们一起出去。那就我们几个老师说什么时候到哪里去玩，就把孩子带着一起去，哪怕去一个星期，只要孩子在我旁边，我就会很放心，虽然累一点。因为他们也不像正常孩子能帮你拿什么，而且他也走不动，全要我自己拿，但他在我身边我就挺放心的。

有些人看不起他

杨母：养了他以后我真的……眼泪不知道掉了多少。带他出去吧，人家就看着他，还指指点点嘞。有一次坐公交车，有个人一直盯着我的孩子看，一直看。我实在气得不行，就把孩子转过来，你看吧，让你看个够！像这种时候，我心里真的很难过的。我到纺织厂去的时候，我也不跟人家说。同事嘛，就不说，毕竟我养了一个这样的孩子，总归要一点面子对吧。人家说我小孩读大学了，要嫁人了，哎哟，我心里真的很难过很难过，我也不知道哭了多少次。

他小时候读书的费用挺高的，一个学期就要六七百块钱。我每个月攒一百块钱，放在那里，专门供他读书。六个月了，新学期开始了，我就把攒的钱给他付学费，就这样供他读书。他姑姑跟我说："你不要给他读书了，浪费钱嘛！"我真的很生气，我说："我又不问你们借钱，我自己的钱，为什么不给他读书？读书总归识一点字好吧。"那个时候家里的姑姑、叔叔都看不起他的。

问：爷爷带他出去，外面人有没有说些流言蜚语？

杨母：我没听他们说过。带他出去都是去自己亲戚家里打牌，人家也不会说什么的。他爸爸也带他出去，单位里有请客吃饭一类的，都把他带走。他很小就坐火车、坐轮船，我妈妈到老家宁波去了，都把他带着。我们家里爷爷、奶奶、外婆、大姨妈，都没什么看不起他的，就是他姑姑、叔叔看不起他，他也不跟他们说话。

问：您说过孩子的叔叔婶婶是和您住在一起的？

杨母：对，我们现在也住在一起。

问：您提到他们和您的关系不是很融洽？

杨母：现在也不融洽，他婶婶上个月还骂他。

问：他们和您的矛盾主要是因为什么？因为孩子吗？

杨母：怎么说，就是住在一起，总归是有一点摩擦。也不是因为他，反正就是和我们大人有意见，不能骂我们大人，就喜欢骂我儿子，就是拿孩子出气，他们也看不起他。

问：刚才您说姑姑以前对孩子有些不好的看法，那现在家里亲戚对他的看法有没有发生变化？

杨母：看法倒是发生了变化，他们说也就是你能把这个孩子带到这种程度，如果换作我们，这个孩子也不一定能到这种程度，你付出得太多了。

问：您确实付出了很多。

杨母：我是这样想，人家别的老师能为他们付出这样多，这是我自己的孩子，我怎么能不付出呢？我之所以付出，就是为了我的孩子，为了他我去做志愿者。如果不是我家里有这种孩子，我是不可能到那里去的。像你都是大学生，你们的父母也就不可能知道什么阳光之家，不可能知道残联有个腰鼓队的。只有我们有这种孩子的才能知道，哪里能有平台，哪里能有活动。

期待他好好的

问：现在杨伟有没有享受政府方面的福利待遇啊？

杨母：一个是在阳光之家，我们吃饭不用花钱。再一个，他有工资，是重残无业的待遇，每个月有一千一百五十元和三百三十元两部分，这个钱不是一起进去的，它们是分开的。还有一百五十元的护理补贴。

问：他从小到大都享受政府的一些福利吗？

杨母：他很早就享受到了，好像就是十八岁吧，这种待遇都是要拿了身份证才可以，也就是成人以后才可以。现在的小孩什么时候开始我不知道。

问：儿子读书时，您和家人有没有讨论过他未来的发展？

杨母：我们不讨论。他叔叔看不起他，爷爷奶奶年纪也大了，我想也不能和老人们说了。他姑姑还反对他读书，我也肯定不会和她商量。我就和他爸爸说过，我们说孩子现在在我们手里，能让他高兴一点就高兴一点，能满足他就尽量满足。你说我们要什么希望，没什么希望的，像这种孩子有什么希望？就算他现在能去读大学，读出来又能怎么样，国家能给他工作吗？不可能的啊！你们大学生出来没工作的都很多，他这种孩子就更没有工作了。我对他做的这些，也算能对得起他了。

问：有没有想过让他去学一门技术？

杨母：他好像学不进技术，我现在看不出他喜欢什么。我是这样想的，如果他喜欢了就去学，哪怕花钱我都愿意，我都不控制他，他要的我就给他。现

在他说什么我都尽量满足他，衣服也好鞋子也好，我就跟他说名牌我们也买不起，要名牌不行，但是肯定不比人家的孩子差。只要干净，穿得体面一点就可以了。他和我说要换个手机，只要在能力范围之内，我肯定给他换一个。他说妈妈我想买一双鞋，只要在我的范围之内，能给你的我就给你。不过，现在他在阳光之家也看不出想学点什么，所以我也不勉强他。

问：对孩子的未来发展有没有什么期待啊？

杨母：他想最好是有一个工作，他自己想找工作。对我来说，他工作是不可能的，因为他动手能力不好，这个我们也有责任。我们住的地方，你看楼梯这么窄，他做事，上下楼梯走，我怕他摔跤，就不让他做了，在家里自己玩玩就行了。我的要求就是你自己的卫生要搞好，你自己的事自己做好。如果将来有机会动迁了，那到了工房再教他做家务，他爸爸可以教他做饭什么的，现在就算了。

要说有什么期待，我就是希望他们的生活费最好能上去一点。他现在只有一千多，将来不能靠我们一辈子的，今后我们走了他怎么办？这点钱不够的呀！他们智障的收入差很多，有的是轻度的，可以挂靠到企业，到了二十岁还有低保什么的，这样一个月就有两千多了。我们的孩子是重残无业，和他们相差太多了。

还有，他现在看病，医药费倒是可以报销，但是必须去固定的医院看。定点医院是地方医院，如果到市里的医院是要转院的。像他糖尿病的药只在新华医院里有，他的病有家族史，爷爷、奶奶、爸爸都有，刚开始他也是在一般医院吃药，但是血糖降不下去，我就带他到新华医院去，在那帮他调好了，现在药吃得也挺好的，控制得还可以。从地段医院往新华医院三个月转一次，三个月到了又要去转。我们现在可以帮他转，我六十岁，他爸爸六十五了，再过十年我们也走不动了，那他怎么办？他自己不会转的啊！所以最好是他们的医保也能到外面的大医院去看，不要有限制。我们就是有这个后顾之忧。

总有些事最难忘

问：除了上面这些，您还能讲讲在孩子成长过程中，您印象比较深刻的事情吗？

杨母：最最高兴的一次就是他到腰鼓队以后，第一次出去演出，我从来没看过我儿子上台演出，一想到我儿子也能做到这样，我很欣慰。他演的是舞龙，拿一个龙珠，是在上海电视台的演出。还有一次是在北京，表演舞蹈。

　　还有一个节目是合唱，他是指挥。这次表演挺成功的，但是之前的彩排很不成功，我们回家都很着急，好在第二天的表演非常成功，鼓掌的人很多。那天我在台下看他们演出，心里就想，以前这些孩子都是在外面翻垃圾找吃的那种的，怎么都不会到现在这种程度，可是我儿子现在能上台演出了，还能演得这样好，我心里很……很开心。从这以后，我的心情就一点点好起来了，在残联和老师们多聊聊天，心情就开朗了，以前好像总是很郁闷。这个月30号我们又要出去演出了，是一家公司的年会，很有名的公司，他们邀请了很多明星，也邀请了我们。

　　问：您认为孩子身上最突出的特点是什么？

　　杨母：他和以前不一样了，可能是因为他现在有思想了，没有以前单纯。而且，我觉得我这个孩子就是和别的孩子不一样，他总是关心大人的事情，都是一些不应该他管的事情。除了这个，他还有个毛病就是懒，不喜欢动，吃了晚饭就是玩电脑。

　　问：像叠衣服这种家务他不做吗？

　　杨母：要是我不在家他会做，我在家他不做。再就是，他看我今天很高兴，心情好，那他就不干活了；要是我今天心情不好，他就会主动干一点，他很会看人脸色。

　　问：能讲讲他有什么优点吗？

　　杨母：要是我有什么不舒服了，他会很着急，会关心我药吃了没有，饭要不要吃，要不要喝水。可能是我一直带在身边的缘故，他爸爸生病了他倒不是很着急。他也很孝顺，像外婆多大年纪，什么时候生日，他都一直记得。

　　问：他的成长给您带来了什么？

　　杨母：既然生出来就是那样，到了现在这种程度，我觉得也可以了。你想啊，好的孩子也不可能像我的孩子这样天天待在身边，正常的孩子像他这个年纪肯定都已经成家立业了，我们不就是孤苦伶仃的了。我现在觉得，他能这样子，我已经很满足很开心了。

杨伟老师口述

口述者：杨伟老师

访谈者、撰稿者：刘凤至

访谈时间：2017 年 5 月 2 日

访谈地点：上海某街道阳光之家

问：您是什么时候来阳光之家接触杨伟的？

师：我接触杨伟是 2009 年，当时两个街道的阳光之家并在一块。

问：他原来不是这边的阳光之家吗？

师：他是这边的，当时我们是把两个街道合并了，另一个街道的阳光之家没有了，只剩下了我们这家阳光之家。

问：这边的同学比以前多了一点吗？

师：是的，本来我们街道的小朋友不是很多的，大概只有十几个，另一个街道的比较多，有二十几个。现在因为老房子有很多动迁了，也有一些不来了，如果全部都来的话，这里也有三十几个人呢。

问：您最开始对杨伟的印象是什么样的呢？

师：还可以。他属于……怎么说呢，是比较听话的，一般老师和他说什么事情他都肯做。

问：他平时和同学的关系怎么样？

师：蛮好的，很融洽，就是有的时候有点调皮，毕竟是男孩子嘛！

问：您说的调皮大概是什么表现？

师：就是男孩子和男孩子之间，你碰碰我，我吵吵你。

问：在班里他有比较好的朋友吗？

师：有，好像和林同学蛮好的，一般我们这里的孩子都比较融洽的。

问：他平时和老师的关系怎么样？

师：可以的，没有什么直接冲突，一般都是我们说什么他就做什么。

问：我们阳光之家平时都上什么课呢？

师：有教育培训、康复、特奥、综合活动、技能和简单劳动等。

问：教育培训一般是做什么呢？

师：教育培训一般就是语数外三门功课，就是教一些基本的简单的。

问：和他们原来在辅读学校的内容有什么不同呢？

师：肯定有不一样的地方。因为我们阳光之家这些孩子的水平参差不齐，有几个吸收能力很强，教的内容对他们来说还太浅了。有几个根本就不太懂，没办法教他们，今天教的内容，明天就又忘了，总是要反反复复教的。对那些层次好的同学，我们要求就高一点，差的就要更多地反复。

问：我上次来的时候看见大家正在学珠算，其他的课程在学什么呢？比如语文。

师：语文就是学唐诗，没有课本。因为现在阳光之家没有统一的课本，都是我们老师在家里摘一点唐诗给他们背背，他们《三字经》背得很好的。

问：康复是学什么？

师：康复就是手眼协调，手指操、基本的锻炼、广播操等等，因为这些智力障碍的孩子一般手眼不是很协调的。

问：您刚才说有特奥活动，是每天都有，还是一周有固定的时间？

师：这个是固定的，一周有两节或者三节是特奥课，打打牌、打打羽毛球、拍拍球一类的，因为我们场地比较有限。

问：每天的课有固定的课表吗？

师：有固定的课时。我们每天有一项非常重要活动的就是要帮厨，我们四个老师，有一个是厨房间的，还有三个每天都要轮流去帮厨。

问：我们老师自己给同学们做饭，是吗？

师：是的，我们都是自己烧菜做饭。因为以前另一个街道就是自己烧菜的，他们不吃盒饭，而且父母觉得还是自己做饭小孩子吃得好一点。如果我们吃盒饭，经费是肯定不够的，我们阳光之家吃饭，孩子们都是不用付钱的。别的阳光之家如果吃盒饭的话，十五块钱一份，一百五十块钱吃十顿，后面就要自己付钱了，但是我们自己做就不用付钱。所以小朋友喜欢到这里来，最主要是伙食还可以，自己烧饭毕竟也卫生，盒饭的卫生状况就不能保证。

问：平时同学们会帮老师一起做饭吗？

师：会的。比如现在这个季节要吃蚕豆了，我们就多买一点蚕豆回来，让小朋友们剥一下。有的时候做技能培训，我们就让他们包包馄饨，这也算学会了一个技能。以前有志愿者过来教他们做汤圆，他们自己包，包好了我们煮给他们吃。

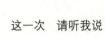

问：这边志愿者的活动会比较多吗？

师：还可以吧，过完年比较多一点，后面陆陆续续就少了。这些志愿者都是我们街道的，还有一个好心人是儿童艺术团的，那个老师每年都过来看小朋友。

问：您觉得同学们对杨伟的评价怎么样？

师：一般，有的时候不是很听话，会和别的小朋友打打闹闹，有的小朋友就不喜欢这样，有的就和他蛮好的。

问：他是那种比较活泼的性格吗？

师：还可以，他还蛮活泼的。

问：平时他上课的表现怎么样？

师：还可以，他懂的地方比较活跃，不懂的地方就不活跃，不懂的时候就缩在后面了。

问：他什么学得比较好呢？

师：舞蹈还可以的，他妈妈会排舞，每个礼拜他们都到区残联跳舞，这个时候他都很积极的。

问：平时上课，像珠算这样的课程，他表现得积极吗？

师：我刚上课的时候他不是很积极的，很消极。我把珠算算法给他，他就说不要学，一定要把书还给我，但我一定要他学。现在他有点懂了，就积极地学了。

问：您觉得他的能力在阳光之家小朋友里面属于什么层面的？

师：他属于一般，不算能力突出。我们这里面有几个小朋友能力很强，经常会帮我们老师做事。有的时候我们也有简单劳动，帮助他们生活自理，让他们到外面去买一点东西，他就不去买。他一般不大喜欢帮助人，都是自管自的。但是有的小朋友——比如班上有个同学和他关系比较好——那他就会帮，一般不是很熟悉的他不太愿意帮。上次我们出去做活动，我让他做个小组长，管好几个小朋友，他很积极。他们这些孩子都喜欢听好话戴高帽子，给他一点鼓励他们就很有信心。

问：杨同学现在是三十多了，我们阳光之家的年龄一般都是多大呢？

师：是十六岁到三十五岁，但是我们这里四十几岁的也好几个。虽然市里面规定三十五岁是必须要退出的，但是有的父母说如果让孩子离开，他们也没有地方可以去，所以就让他们暂留在阳光之家，不退就不退了。但是这个也不一定，我们街道四十几岁的人比较多，有三四个，其他的街道到了三十五岁还是要退出的。

问：这样我们阳光之家的负担会不会更大？

师：是的，因为密云路学校的孩子毕业了，有好几个家长和我们说要把孩子送过来，我说可以的，大不了就是让小朋友们挤一下。他们年满三十五岁的是没有经费的，我们就让街道再出一点经费，不然也没有别的办法。

问：三十五岁以后退出的同学是回到家里吗？

师：在家里也有养护服务，每天保姆会去家里洗洗衣服，做做饭，这样也是可以的。大家肯定还是喜欢在这里，这里更热闹嘛，父母有时候有事情要出去，家里就自己一个人也很孤单，在这里还能和小朋友们说说话。

问：我听杨伟的妈妈说，他2005年就来阳光之家了，那他是属于在这里时间比较长的学生吗？

师：对，他是属于时间比较长的，开班的时候就来了。

问：您从09年开始接触他到现在，他有没有什么变化？

师：变化也是很大的，现在他自己的事情自己能做了。我们每年都有到训练营去的活动，要离开父母三四天，需要能自己洗澡、吃饭，他这些都是可以的，以前好像能力没有这么强。到阳光训练营的时候，他还要帮助小朋友，有时还能做个小班长。现在他自己买东西也可以，平时我们不大叫他出去买东西，但是三点钟以后下课了，他开始起劲了，拿着钱去买吃的。他现在的自理能力还是可以的。

问：我听杨伟的妈妈说他比较喜欢看历史书，是吗？

师：对对对，我们阳光之家现在书有限，没有人捐什么书，都是2009年搬过来的时候志愿者捐的几本书，他就反反复复在看这些。外面他借不借书我也不知道，只知道在阳光之家有的时候中午吃完饭，他就会拿起书来看看。

问：他是比较喜欢看书的同学？

师：还可以，一般。看书就是下午自由活动了，不能看电视的时候，他就拿点书看看，平时他喜欢看安徽卫视的《男生女生向前冲》。

问：一般同学们自由活动的时候都会做什么呢？

师：打打牌、下下棋，或者就是同学之间聊聊天。

问：同学之间会有矛盾冲突吗？

师：他们都是直肠子，吵架了几分钟就好了，不会记仇的。

问：杨伟平时会和老师聊天吗？

师：他妈妈带他出去玩的话，他会和我聊聊天。上个礼拜他妈妈带他到泰

国去了，他就拿了照片给我看，还带了东西给小朋友们吃。他妈妈一年会有几次带他出去玩的，我们这里有的家长就不会带孩子出去，他妈妈是很关心他的。

问：阳光之家平时会组织同学们出去旅游吗？

师：现在残联也是刚刚批准我们可以出去，但目前还没有出去过。以前没有出去是考虑安全问题，实际上他们出去也是很听话的。上次我们带他们到和平公园去玩，他们非常开心，他们也是很想出去的。有好几年我们带他们去唱卡拉OK，他们都开心得要命。

问：听说杨伟身体不是很好，有糖尿病是吗？

师：对，他虽然有糖尿病，但是不让他吃糖多的东西他也不听。有的时候我们厨房煮粥，他坚决不吃，这个意识很强。但是我们一放学，他马上就跑到超市去买饮料。我说饮料也有很高的糖分，一定要少吃，但是他就不管。我们这里小孩子有好几个"三高"的，但是他们都喜欢吃肉，你不买肉怎么办呢？让他们吃素他是不肯的。有的时候就换换口味，买点馒头给他们吃，但他还是自己出去买饮料，这就没办法了。

问：您有没有对杨伟印象比较深刻的事情，或者是他哪些特点让您印象比较深刻？

师：我印象最深的就是他脾气很犟，那时候你要是和他说什么，他都不理你。有一次是"十一"还是"五一"来着，刚好是残联有事，我们就早点关门，让小朋友们早点回去。我让他打电话给父母打声招呼，他就是不肯，这个事情我印象非常深刻。

我们这里有一个在厨房做饭的老师，她告诉杨伟一定要听话。杨伟回了一句："阿姨，你烧饭烧好了就可以了，我的事情不要你管。"

问：好的，我们今天耽误您这么长时间，非常感谢。

师：没事的，你要是还想问什么，可以给我们打电话。

问：好的，再次感谢您！

杨伟本人口述

口述者：杨伟

访谈者、撰稿者：刘凤至

访谈时间：2016 年 11 月 27 日、2016 年 12 月 14 日

访谈地点：上海市广中支路 22 号上海市虹口区残疾人联合会、上海市某街道阳光之家

问：在阳光之家觉得还适应吗？

杨：我是从 05 年开始的，05 年开始打腰鼓的。

问：那已经有十一年了，时间很长了啊？

杨：是，时间很长。

问：我刚才听周老师说，你也是这里面的明星呢！

杨：我 09 年到北京去过。

问：到北京是什么活动？

杨：和李冰冰做节目。因为天安门装修，我们就没有去玩。

问：喜欢跳腰鼓吗？

杨：都有的，周老师让我做的。

问：你们是每天早上都做操？

杨：每天都做，天太热了就不做了，天冷了还是要做。

问：平时在阳光之家都做什么？

杨：平时康复训练、社会交往、特奥活动都有的。

问：在阳光之家是什么时候有特奥活动？

杨：阳光之家不做的，都要在区残联。

问：什么时候开始参加特奥活动的？

杨：从学校出来就参加了。

杨伟阳光之家观察日记

观察时间：2016 年 12 月 14 日 9:00—15:00

观察地点：上海市某街道阳光之家

观察者、撰稿者：刘凤至

时间	活动内容	备　注
9:00	开始上课。	杨伟尚未到达，妈妈说现在天冷，小朋友会晚一点来。杨伟早上和妈妈一起出门，自己去吃早饭。
9:02	杨伟到达。	坐在第一排，身穿荧光黄外套。
9:03	杨伟与观察者打招呼。	看到观察者后与观察者点头示意，没有说话。
9:05—9:15	看电视。	杨伟和同学讨论某些事情，递给同学一张纸，但与其他同学相比，他的话并不多，偶尔会看看电视。其间多次回头向后看，可能是看妈妈，也可能只是习惯。
9:17—9:19	准备做操。	和离自己有一段距离的同学说话，穿好外套，准备做操。
9:20—9:24	做广播操。	做第八套广播体操，杨伟做操时动作不多，主要是上身运动，腿部运动较少。其间也会看向其他同学，始终面带笑容。
9:24—9:26	做另一套广播操。	这是一首与阳光之家相关的歌曲，伴随体操动作，学员们一起唱歌。但杨伟未唱，做些简单动作。
9:26—9:31	准备活动。	主要做手指操等，杨伟动作很少，偶有微笑。其间见到另一位学员家长来，杨伟向室内张望。
9:31—9:39	准备上课。	杨伟接饮用水，并询问观察者要不要喝水，观察者婉拒，随后他回到座位。老师让大家拿出珠算练习本和算盘，杨伟翻找书包拿出老师要求的上课用具。

时间	活动内容	备　注
9:40—9:48	老师关上电视，准备上课。	老师一直在调整上课用的白板，杨伟没有帮忙但很关心，视线始终注视老师。
9:48—9:55	杨伟去上厕所。	其间杨伟去抽屉里取纸擦拭鼻涕，脱了外套，动作熟练。同学妈妈告诉观察者，学生十点上课，在此吃中饭，吃好午休，下午三点回去。程度较轻的学生会帮老师干活。
9:55—10:00	老师与同学聊天。	今天上珠算课，有同学说现在学的内容好深，老师说现在的内容都是直加直减，是最简单的。杨伟没有说话。
10:00	正式上课。	读珠算口诀，做手指操。
10:01—10:02	老师要求做第一道珠算题。	老师请一位同学在黑板上的算盘上演示"拨入7"，杨伟观看同学演示后，自己操作。
10:02—10:04	老师请杨伟上前演示。	此题为隔档"拨入4"，杨伟在算盘上先清档，然后顺利完成老师要求，老师表扬杨伟指法标准流畅，同学为他鼓掌。杨伟回座位前笑了一下。
10:06—10:09	老师要求同学们连续快速地完成两道练习。	练习题目是"两档拨入8"和"两档拨去8"，杨伟练习，其间同桌曾观看他如何操作。最后老师请了一位同学上台演示。
10:09—10:10	两位数练习。	老师要求做"拨入16"和"拨去16"的练习，并提示同学们是先从左边拨还是先从右边拨。老师同样邀请同学演示，这位同学不会做，后在老师帮助下完成演示。杨伟做完后始终注视这位同学的演示。
10:11—10:15	练习难度增加。	杨伟举手申请演示，但老师叫了另外一位同学。杨伟始终注视同学演示。
10:15	练习拨入"92467"。	老师询问有谁做好了，杨伟第一个举手。
10:20	练习拨入"340971"。	老师请杨伟演示，他正确完成。
10:22—10:24	练习手指模拟算盘计算"2＋1－2＋5－1＋4"。	杨伟能正确完成练习，其间有咬手指的动作。
10:25	继续做练习。	老师请一位同学演示，杨伟一直低着头，看不到他在做什么。

（续表）

时　间	活动内容	备　注
10:28	老师请杨伟演示，杨伟拒绝。	杨伟对老师说："真做不了，手不行。"因为手指灵活性欠佳，他做不到老师的要求，这时有其他同学主动到前面来做。
10:29—10:33	休息。	杨伟坐在座位上没有动。
10:34	杨伟起身去接水。	
10:36—10:40	杨伟在班级中走动，与同学聊天。	用上海话交流，与观察者相隔较远，不清楚具体内容。
10:41	读珠算口诀歌。	
10:43	做练习本上的练习题。	杨伟做得很认真。
10:47	老师询问做题情况。	有同学已经完成，杨伟还没做好，在老师询问时没有举手。
10:49—10:57	同学演示。	杨伟一直低着头，不清楚是否在订正自己的答案。班上约一半同学做珠算有困难。
10:57—10:58	老师问有谁做对了另一页的练习题。	杨伟举手。
11:01—11:02	老师再次问有谁做好了。	杨伟没有举手。
11:02—11:05	同学演示。	杨伟看自己的练习本，没有抬头。
11:05—11:06	老师让学员收起练习本和算盘。	杨伟很快收好了。
11:06	下课，值日生打扫卫生。	杨伟收拾自己东西。
11:25	排队吃饭。	杨伟和其他同学在教室对面的食堂窗口排队取饭，当天的食物是西红柿鸡蛋汤、大排和一颗卤蛋，餐后甜点为香蕉。
12:00—12:27	玩手机。	饭后杨伟始终在座位上玩手机，并未与他人交流。
12:27—12:35	收起手机，看电视。	杨伟并未一直在看电视新闻，目光常有游离。
12:35—13:00	趴在桌上睡觉。	中午休息时教室里很安静。
13:00—13:26	电视里播放美食节目。	杨伟依然没有什么兴趣，有时趴在桌上向后看。
13:26—13:29	准备上课。	同桌叫醒杨伟，但杨伟又趴到桌上。

（续表）

时间	活动内容	备　　注
13：29	老师叫杨伟起来准备上课。	
13：31—13：40	下午上娱乐课，需要先做准备活动。	杨伟随其他同学一起从座位上站起来。老师要求拍手100下、敲掌36下、敲手指36下等。杨伟的动作不是很标准，节奏也比较快。杨伟始终在做动作，但目光没有与老师交流。活动期间气氛很热烈，学员们很兴奋。
13：40—13：43	老师看了杨伟一眼。	老师对杨伟的关注很多。
13：43—13：46		杨伟动作减少，参与没有之前积极。
13：46	活动结束。	老师说杨伟缺少锻炼，要多锻炼才能身体好。其他同学去接水，杨伟坐回座位。
13：55	娱乐课开始。	老师请同学们唱歌，杨伟对其他同学的表演很期待，开心鼓掌。
13：55—13：58	一名男同学唱歌。	同学演唱周华健的《朋友》，杨伟在同学表演期间没有抬头看。
13：58—14：01	另一名男同学唱歌。	同学演唱《我的快乐就是想你》，杨伟跟着一起唱，最后全班同学一起合唱这首歌。
14：04—14：06	杨伟唱歌。	杨伟演唱邓丽君的《你问我爱你有多深》，大部分歌词能够记住，偶有忘词。唱歌非常投入，最后还给同学们敬了一个礼。
14：06—14：08	第四名同学上前演唱。	这名同学唱的是《心雨》，杨伟和后面的同学说话。
14：08—14：10	第五名同学演唱。	一名男同学演唱歌曲《洪湖水》，杨伟没有看同学表演，但同学表演完后他为同学鼓掌。
14：10—14：12	第六名同学演唱。	一名男同学演唱歌曲《小苹果》，杨伟跟着同学一起唱。杨伟很开心，始终在欢笑。
14：12—14：15	第七名同学演唱。	一名男同学表演《感恩的心》，还伴有手语，杨伟随他一起演唱，但没有打手语。
14：15—14：18	第二名表演的同学又唱了一遍。	表演曲目还是《我的快乐就是想你》，杨伟始终很高兴。
14：18—14：23	三名女同学唱歌。	三名女同学合唱了《我的快乐就是想你》，杨伟也跟着一起唱。这时杨伟母亲从后门进来，他回头看了一眼。

（续表）

时间	活动内容	备 注
14:23—14:29	一名男同学上前唱歌。	该同学唱了一首《奔跑》，现场气氛热烈。但是杨伟不如其他同学兴奋，实际上杨伟即便兴奋，程度也要弱于其他同学。
14:29—14:32	一名女同学唱歌。	同学唱了《老鼠爱大米》，杨伟一直在看手机。
14:32—14:35	一名男同学唱歌。	同学唱了《最炫民族风》和《小苹果》，杨伟帮着同学拿手机放伴奏。
14:35—14:40	一名男同学唱了最后一首歌。	最后一首歌是《笨小孩》，杨伟可以跟着同学一起唱。
14:40	放学。	下课，杨伟去上厕所，值日生开始打扫卫生。妈妈没有和杨伟一起回家，她提前离开了阳光之家。

曾是超市收银员

——S女士母亲口述

S，女，1983年出生。独生子女。中度智力障碍。毕业于上海市某普通中专。曾就职超市。2008年进入上海市某街道阳光之家。

口述者：S女士母亲
访谈者、撰稿者：张怡
访谈时间：2016年10月21日、2017年1月1日
访谈地点：上海市某街道阳光之家、华东师范大学田家炳教学楼

惊心动魄生女儿

问：您好，请问爸爸妈妈是怎样认识的？

S母：我和她爸爸都是技校生，在同一个学校两个班级。

问：学的是什么专业呢？

S母：上海不是有毛巾被单厂嘛，毛巾厂里有花样，他们就是设计花样的，我是毛巾棉纺织的。毕业以后他分到上海郊区，他们同学有的分到川沙，有的分到嘉定，后来又回到上海。

问：什么时候结的婚呢？

S母：1983年1月份吧，大约毕业六年以后。当时上海的房子很紧张，他家也是多子女，我家也是多子女，主要是等房子，有了房子就结婚了。

问：结婚以后就生孩子了吗？

S母：结婚后第二个月大概就有了，一切都很正常的。到11月15日预产期，这天没有生出来，一直到了20号才生出来，1983年的11月20号。

问：生孩子之前，对孩子有什么期待吗？

S母：没有想过会遇到现在这样的情况，身边的同事啊，朋友啊，家里的

姐姐啊，都没有遇到过这种情况。我们家姐姐生出来的孩子都是很大的，我大姐的小孩生出来九斤多，我二姐的生出来八斤多，都很好啊。我的孩子生出来七斤八两，在怀孕期间一直很好的。

到了医院，医生和护士不像现在这样负责，好像很无所谓，都是多子女家庭嘛，不是很重视。如果你还没有生孩子，进病房的时候就是两个人一张床；如果你要生了，就把你送到产房里面待产，出来了以后才给你一个人一张床，床位是非常紧张的。

再说了，我们是纺织厂嘛，规定你在这个单位就必须要去这家医院，我们就去了"纺二"——纺织第二医院生我女儿。

我进医院的时候觉得迹象很明显，住进去了以后，产门一直不开。我两个姐姐都是剖腹产，我妈妈年纪大了嘛，很保守，认为开刀对人怎么样怎么样，反正怎么不好，再三关照我。

我又不懂对吧，就觉得妈妈生了六个孩子，一定有经验。到了产房里面，疼是很疼啊，可是我又不好意思"哇啦哇啦"地叫，就自己忍着。医生和护士看见你不是"哇啦哇啦"地叫，就不很注意你。当天晚上进去的，到了第二天早晨也没有什么反应，医生说产门没有开，那个时候一点都不懂。

一直到第二天晚上，才疼得很厉害，产房里面的护士把我消完毒了，就让我睡在生孩子的床上，和我说了一声："现在你生吧。"然后呢他们就走了。我觉得很奇怪啊，我以为生孩子是别人帮我一起生，怎么让我一个人在这边。他们回更衣室，正好是下班交接的时候，我女儿是六点半生出来的，大概从五点多他们就把我放在一边，那时候也没有很明显的迹象，他们估计在旁边的屋子里换好衣服出来也就刚好。我觉得肚子很疼，就是一阵宫缩，医学上说的是胀的感觉，医生问："有没有胀的感觉？"我就一直没有感觉自己胀啊，我也不能理解这是一种什么感觉。虽然生孩子之前了解了一些，但是呢我不会和别人交流，这方面的知识很缺乏。不是一直痛的，是阵痛，没有特别强烈的痛，我想：生小孩嘛，大概就是这样。嗯，自己一直忍嘛。我听见他们在产房里说话，感觉肚子里有什么东西出来，像拉大便的感觉。其实这个时候小孩子已经出来了，但没有人把她及时接住，她又自然地进去了。

可能是送我进去的医生下班了，后面上班的医生进来了，一看："哎哟，不对！怎么搞的！怎么小孩胎心没有啦！"然后就说："赶紧！赶紧！"两个医生很紧张，一个医生按我，从胸往下按，后面大概就是用橡皮手套伸进去，把她拖出来，拖还是不行，结果就用产钳把她钳出来。

出来的时候呢，我也不懂，以为没事了。我只记得孩子出来的第一声要哭的，我的小孩子没有哭，我就这样抬起头（轻微扭头），医生说："你不要这样，你自己先躺着。"但是呢小孩子没有哭，他们就把她拎起来倒过来拍屁股，拍屁股大概好长时间，我女儿一声很惨的，就很没有力气的"啊"叫出来了，哭了一声。哭了一声以后呢，医生马上就跟我说："哦，妹妹哦，多少多少斤哦。"往秤上面一放多少斤。我一抬头就看见我女儿，刚刚出生的小孩呢，不是脸上有一层血丝包着嘛，我想怎么这样哦。看你大概有点看不清，医生就说："宝宝有点不太好，有点黄疸。"当时旁边没有抢救小孩的，一定要抱到小儿科抢救，他们马上就把小孩一包，到小儿科去了。

我一个人在产房，也没有人管我，我就听到我床下面有个铅桶，桶里"嘀嗒嘀嗒"滴水，其实就是我肚子里的血水流下去，反正那个时候也不懂。11月20号，上海没有空调的，只有墙壁上的暖气管，但是我是没有衣服的，他们就往我肚子上面盖了一块小尿布样的东西。等着他们再过来帮我缝针啊，因为我小孩出不来，又帮我剪了一刀，反正……哎呀很苦的，剪了一刀以后，帮我处理好，在产房里面呆了两个小时观察一下。就这样光光的，上面一件薄薄的衣服，肚子上盖了一小块尿布，11月份上海很冷的，然后推到病房。怎么说呢，出来的时候脚上都是血，不像现在都给你换。

第二天啊——那个时候条件不好，病房里没有卫生间的——一个翻身，插的导尿管掉了，要起来去走廊里公共的卫生间。真的没办法起来，站也站不住，因为出血出得很厉害，上完厕所人就昏过去了。这个时候也没有考虑自己那么多，只想着小孩不知道怎么样了。

小儿科抢救以后，就把她放到病房对面的一间婴儿室，小孩子统一睡在一个桌子一样的大床上，不是像现在这样一个一个〔在小床上〕的，当时条件很不好。大概为了抢救嘛，就让我女儿睡在最旁边，离门最近，门上面有一个小窗，没事的时候我就去看看。一般的小孩子都用被子包住，叫蜡烛包。我女儿方便医生检查，就连蜡烛包也不包。她不能平躺，她要这样（约倾斜20°）斜躺。问了医生什么原因，医生说是她胃里的贲门没有长好。她不是喂的人奶，是用奶瓶的，奶瓶的口是很大很大的，不管多大的婴儿，嘴稍微动一下奶就会出来，我女儿那个时候一方面小，另一方面她一口奶进去不能咽下去，是储存在管子（指咽喉食道部），她幽门中的贲门没有长好，不小心就会喷出来，所以他们就让她斜着躺着。我经常没事去看看，人家小孩都抱出来，妈妈不是要喂奶嘛，我的小孩一直不抱出来，我就问医生怎么我的小孩一直不出来，医生

说我的小孩有一些黄疸，其他的他不和我说，我也不知道，反正我想她不会一直不好，过两天会出来的。

结果一直等我出院回家，她都不能出来。医生不和我说，和我老公说，意思就是这个小孩可能不行。生出来的时候医院是要给小孩评分的，0分到10分，给我女儿就打了个0分。她完全死过去了，强心针打下去，我女儿就这样哭了一声。其实按照现在的说法，这样的小孩医院一般是不抢救的，纺织厂的医院女工很多嘛，规定到这边生小孩，医院的剖腹是有指标的，出生率、死亡率也是有指标的，我11月20号生的，年底了嘛，医院的死亡率已经到了，为了保证出生率，不能再有小孩死亡了，就把我的小孩硬抢救回来。医院和我老公说孩子情况不好，需要在医院里继续观察，这一观察就观察了大约一个月。

问：出生以后一个月孩子都不在您身边？

S母：我坐月子的时候，我老公天天下班去看她，一会说不行了，一会又说好一点了。如果那个时候懂一点，我就会提出放弃这个孩子，不要了。老公回来说："医生说好一点了。"我就说："只要好一点，只要她能活着回来就抱回来。"我也不知道后面会发生这么多的一系列事情。就抱着这样的想法，只要好了就把她带回来，毕竟自己十月怀胎把她生下来不容易。如果实在不行了，那个时候已经把她的衣服都准备好了，都想好了，她光着身子来，去的时候总要给她衣服的。后来她被抢救回来，能活着回来，我就把她抱回来了。大概廿八天之前抱回来的。

体弱易病没精神

S母：第廿八天又去住院了。

问：为什么又去住院了？

S母：这是廿八天住院的手册（展示住院手册），她有新生儿肺炎，生了大概五次也不止。然后她又得了哮喘，哮喘挺厉害的，那个时候不是有先锋6号，新出来嘛，就给她用这个药。后来又胃出血，又病危通知单，又住院。我女儿病危通知单真的不知道有几张，十张没有，八张九张可有了。反正那个时候我老公休息天就是加班，加班以后的调休就是陪她去看病，女儿从小到大，我老公休息天都是不休息的。

我女儿和我的户口在杨浦区，在我妈家，我们住在卢湾区，要跨几个区。那个时候你看病，户口在哪里一定要到户口所在地看病，我女儿半夜三更发热了，抽筋了，怎么办呢？那个时候出租车都很少，只能坐晚上的通宵车，一小时一班，经常半夜三更地陪她去看病。住院也住在户口附近的医院，小的时候照顾她的牛奶又定在卢湾区，如果她住院，每天我早上很早把牛奶拿好，拿到医院给她吃，吃完以后我就走了，因为那个时候医院里家长不能陪同，真苦。

问：为什么医院里家长不能陪同？

S母：她小时候盐水都吊在头皮上哦，一百天的照片都没有头发（展示照片），她一直要吊水，病房里不吊，把她抱到另外一间，家长不能陪，不能看，因为小孩子很难吊的，看上去很可怕。反正我女儿小时候就是一直在医院里生病，吃药。我女儿住过好多次医院，只要住进医院，每次出院医生总会在旁边写一句话：这个孩子智力低下。每次看到住院手册上有"智力低下"这几个字，我都气得用圆珠笔划掉，就不愿意接受这个事实，想我女儿生病住院，跟这个没关系，为什么每次总会有这样的结论，当时看到真的心里很难过。这是92年的，你看（翻住院手册），之前每次出院小结上都有这种字样。反正也不管它了，这个病历也不希望给别人看到，就直接拿回家藏起来。

问：医生测验过吗？就这么说？

S母：他们真的是没有测量过，就凭自己的眼光，因为我女儿那个时候的眼睛看起来……

问：医生就只看外表？

S母：是的。我没有把她当这样的孩子。

问：她从医院出来以后，在家里是什么样的情况？

S母：我女儿身体一直不好，贲门到年纪很大才长好。我老公上班嘛，我刚把她喂好，拍拍拍半小时可以放下去，我去做别的事情，她马上又给我喷出来，喷到眼睛、耳朵、头颈里面。大冬天要洗热水澡，没有设备，就用塑料的浴罩，我一个人，还要生煤球炉，又要把她从里换到外。我吃饭是没有时间的，一直以她为主，我炉子生好了本来要煮饭，她又吐得一塌糊涂，我实在没有时间〔做饭〕，炉子就自己歇掉了。我没有什么娱乐活动，电视也不看。条件也不好，我女儿大概三岁的时候我们才买了电视机。

她就一直生病，也没有什么精神，对外面的事情啊都不是很感兴趣，就打个比方说她睡醒了，我在楼上抱她下来，我的邻居就说："哎呀，小周啊，你家的女儿怎么睡着了。"她的眼睛好像睁不开，其实就是没有力气，像病了一样，始终病怏怏的。我还和别人开玩笑说："啊，我女儿眼睛小。"

她走路、开口说话都很晚。因为生病，身体一直不好，体质很差，走路也不是很稳，经常要摔跤。以前上海的老房子有亭子间，房门打开出去就是楼梯，我在下面做事情，就在大门里头安一个小门，小门关着，她可以从屋里看到我。但是她稍微大了呢，就要下来，我和她说："你下来吧，你好好地拉住扶梯。"她就这样脚先下然后屁股下，脚先下然后屁股下。

以前的煤炉自然生火很慢，为了让煤炉的火生得快些，邻居会用铁皮做成烟囱一样的东西放在上面，把风拔上来，生完炉子就把这个东西放在我们家的楼梯旁边。下到一半的时候呢，我女儿一不小心摔下来，额头就在铁皮上刮了一道（指额头），血就流出来了，肉都翻起来了。那个时候邻居间的关系都很好，我叫邻居"叔叔"，他马上就抱起我女儿，我们一起去医院。已经很晚了，眼科是没有急诊的，我们就去外科，医生主要的任务就是帮着缝起来。医生让我们一个按头一个按脚，不打麻药，稍微给她处理一下就缝起来，缝得很大很大，里面黑的灰都没有擦掉，我们眉毛上面还有一条细细的疤，其实里面是灰。

小孩这样的情况嘛，我就提出了换单位，从原来的单位换到卢湾区的单位去。我们家有六个孩子，我成家了，下面还有弟弟妹妹，我妈妈肩上担子还很重，还在外面上班，不可能帮我带小孩。我婆婆呢有四个儿子，都不帮我带孩子。我最早上班，在杨浦区军工路，很远，我家住在卢湾区，我就要坐公交车换两路车，路上起码两个小时，还要上早班、上中班、上晚班。后来生了孩子，考虑到照顾女儿，单位放了我一年的假，时间到了我就要去上班，我怎么上班啊？我女儿又生病，我就从原来的单位换到卢湾区去了，离我们家很近。

幼儿园里辛酸泪

问：上幼儿园了吗？

S母：她年龄到了，要上幼儿园了。我是纺织厂嘛，纺织厂有托儿所、幼儿园，就把她抱到我们单位的托儿所。托儿所两个阿姨要管好多小孩，她们有把小孩放在上面不能摔跤的座椅，要摔就会坐下去，就把她放在座椅上；或者下面是痰盂的小椅子，让她坐在里面，身后绑个带子，不然她要摔跤的呀。反正每次看到这样，心里都是很疼的，但是又没有办法，你一说，阿姨就提出来："要不然你带回去，自己想办法，自己承担。"我又没办法，只能放在这里。

时间长了，托儿所一点一点觉察出来我女儿好像有些问题，就一直叫我去给女儿做智力测验，厂里的医务室主任和我说："带你女儿去测测智力看看，到底什么样情况。"

我很反感，为什么要这样？就觉得他们不要我女儿在厂里的托儿所待下去，有点赶我们的意思。我又没办法，放在厂里的托儿所方便，上班抱过去，下班抱回家。如果要放在那种〔智障儿童〕幼儿园，不是越去越糟糕嘛。我不愿意，就一直拖。

我知道我女儿是有一些缺陷，但我就是不能面对这件事，我一直不把她当作这样的孩子。我也比较有个性，我认为小孩子是有聪明的有笨的，我们的小孩子呢可能就是笨一点。我有这样的理念——笨鸟先飞，其实做父母的很痛苦的。托儿所的意思让我带孩子去测一下智力，如果实在不行就放到那样的托儿所，我就不肯，一直坚持不去做这个智力测验。

幼儿园的条件也不是很好，教室外面有一条长走廊，再外面还有露台，就是像现在的阳台一样，有四方形的柱子。幼儿园的老师呢，这样（做跷腿状）坐着和别的老师说话，我女儿走过去一绊，正好在90度的柱子上又撞了一下，本来横着撞过，现在又竖着撞了一下。那时候厂里的医务室刚刚出来一种不用缝的药，就是用胶水把伤口粘起来，我小孩一哭就裂开了，我说："这样不行啊，得送到医院去啊！"又到医院缝了十几针，现在还能看出来有一点疤，我心里真的是很难过，没有一个家长愿意看到自己小孩这样。

我们从医院出来是要在家休息几天的，单位里给我放了几天假，幼儿园的领导来看我们，说你们小孩是不是不要放在我们幼儿园，我们承担不起这个责任。我还没有说他们，他们反过来让我们去那种幼儿园。我当时是坚决不肯，因为我们都是一个厂子的，就通过我们单位的领导，签了协议：以后小孩有问题，我们自己负责。

她这期间就一直生病住院，我老公加班然后调休来陪她，我就是下班了烧好菜带过去，我请假是要扣工资的，纺织厂的工资也不高。她住八个礼拜医院，我都要去看她。我们单位也很好，知道我们家这种情况，有假就放我几天。

我也知道幼儿园要开始学知识，要教功课，我知道她不行，因为她反应什么的都很慢。她上幼儿园的第一天，我就给她报名了汉语拼音班，自费的，我的观念就是汉语拼音很重要。那个时候，小学之前小朋友都不会学汉语拼音的，我想让女儿有点基础，就让她先学习，对她还是有帮助的。

在这期间，我们一直去瑞金医院看病，费用也是我们自己出的，医生从我

女儿出生到一岁、两岁、三岁都帮我们记录，发现我女儿的情况是往好的方向发展，所以呢就一直鼓励我们："人家的小孩要〔教〕一遍、二遍，你们就要十遍、二十遍或者三十遍，这样是行的。"他要是不鼓励我们，我们可能也就一点点放弃了。在他的鼓励下我们一直抱着希望：没事的，肯定会好的！我们两个人带她，在学校里应该没事的。

问：她愿意去幼儿园吗？

S母：她不愿意去怎么办呢？家里又没人带她。她还不是很懂，这种小孩胆子很小，学校里面的事回来还不说。有一次，我们碰到了我老公哥哥的老婆，她在香港的理发店，她帮我女儿梳了一个麻花辫，蛮好看的，那时没人梳这样的辫子。到了学校别人说她，女儿回来告诉我，她想我这个头发很好看，人家都说我好看，〔怎么〕一走进幼儿园里，老师就说我不好看，还叫人家不要睬我。她爸爸承受不住，第二天送孩子的时候就去问老师："你怎么可以这样？"老师当然不承认了，我们也没有注意方法就开始吵起来。我知道了以后去和老师打招呼："我老公火气比较大，肯定是女儿没有表达清楚……"没用的，她继续对我女儿不理不睬，叫同学不要睬我女儿，反正有什么事情就把她扔在角落里面。

有一次，他们班上到自由市场看蔬菜，就不让我女儿去，叫她到小班老师那边。他们规定要一起去小便，我女儿跟着一起去，兜一圈没有小便就回来了，结果上课的时候她要大便，老师就不让去，我女儿就大便在裤子上面。我一下班看到女儿大便在裤子里，大冬天的，问住得近的同事借一条棉裤，到厂里面洗澡的地方给她洗，就这样一直忍着吧，怎么办？

还有一次出去不带我们，就一直放在小班老师那，小班老师也觉得烦，教室这边有一扇门通着院子，干脆让她一个人坐在院子里边，不管她。我上班空闲的时间就去看她，不放心啊。"哎？怎么人呢？小班。小班也没有我女儿啊！"再一看……哎哟，这个事情你去跟谁说啊，你还要接着待在这里，反正心里面是很难过的，那个时候好像同情你的人也不多。

她一直生病没有什么胃口，不爱吃东西，到中午吃饭的时候就哭，体质也一直不好。我自己就看到过很多次，我女儿不是很想吃饭，我就跟老师说："你们给她少一点，她要实在不吃，你们就收掉吧，不要硬让她吃。"我那时在食堂工作，等午饭打过了就没有什么事了，我就跑到幼儿园去看我女儿，每次都看到我女儿一个人拿着冷冰冰的饭碗，站在外面露天的倒饭的泔水桶旁边，站着吃，那时已经一点多了，你看到你心里不难过吗？我肯定是很生气的，对吧。但是什么也不能说，多说也没用，我去了就把饭倒掉，让我女儿胆子大点把碗拿过去，我女儿不敢去，我就拿过去往桌子上面一放，我什么也不说，还说什么啦。

问：是她吃不下，老师骂她到外面去吃吗？

S母：每次都这样硬要她吃，我已经和他们打过招呼，少打一点或者时间差不多就把她的收掉，我不会怪你们，她实在要吃，我下班再给她吃。还是一个单位的，在食堂里面，我对他们真的很照顾，他们来食堂，我就给他们多打一点，给他们选很大很大的碗，表面上关系都很好。他们小食堂的营养师看了我女儿就是这样（做出厌恶的表情），看不顺眼，班主任也是，我心里很不舒服，也不能一直去说，说了我女儿会更加倒霉。

问：幼儿园一直都这样吗？

S母：一直这样过来的，但是好的老师也有。幼儿园小班到大班不是一个老师，会换的。在幼儿园大班的时候，有一个姓徐的老师就很好，还有一个年纪大的阿姨也很好。音乐课的音乐教了几遍，我女儿就能够把前奏哼出来，老师就把她拉到身边观察她，我女儿尽管这样，她自己也很懂的，像坐在很小很小的操场上，她总是会拿凳子挤在老师的旁边，因为这个老师有点喜欢她，这个老师发觉这个小孩尽管不是很聪明，也蛮可爱的，就鼓励她，跟她说："宝贝，你行的啊。"她也蛮开心的过了大班这一学期。

问：她很喜欢唱歌吗？

S母：老师发现她会哼前奏，我也发现她有这个爱好。家里面不是没有卡拉OK嘛，她就喜欢拿着东西模仿话筒，站在床上这样（做出唱歌状）。后来我就想办法买一套音响，让她唱，她唱的不好我就鼓励她，那个时候她说话也不清楚，她很晚才会说话。人家都和我说："哎呀，你女儿唱得不好，吐字也不清楚。"我也不响①，反正我已经习惯了，这种话我已经不当一回事了，我就让她唱，她唱得蛮好的现在。

功课做到午夜后

S母：要到户口所在地念小学，我要上班怎么办？她胃出血又刚刚好。我就和我婆婆商量："我女儿是不是能到你这边来读书？把户口迁到这边，我保

---

① 不响：方言，不说话，沉默。

证不是考虑房子，房子是要留给我小叔的，就把女儿弄过来读书。"我婆婆说："那就这样吧。"

小孩子就在婆婆家附近的铁路某小上学，老师还挺好的，都是铁路里家属。她们不知道我女儿的情况，就知道她身体不好，对她都蛮照顾，一点点进步都表扬。她拼音还是挺好的，从小到大没有考过满分，就这个拼音考了满分。一年级第一学期，语文大概是八十几分，数学七十几分。

又到瑞金医院医生那里去，就问考试考了多少，医生说："哎哟，不错！不错哟！"他是按照我女儿实际情况来衡量的。我们只知道医生说不错那应该是不错，觉得小孩才刚刚入门，等她大了一点会更加好。

我女儿从头到脚每块骨头都拍过片子，都做过 X 染色体检查，都查不出什么原因。我和我老公很正常，她就是出生一刹那造成现在这样。医生一直鼓励我们："没事的，你们不是先天的因素或者遗传因子。"就是他这样鼓励，我们才能坚持到现在。

我上班的路尽管远，下班还是回到婆婆家。我婆婆加上小叔家里共五个人，吃的用的都是我管，她给我一点生活费，我们混在一起过，我呢就不断地付出。小学上到三年级，也就是我女儿七八岁左右，婆婆和我说："小叔子马上要结婚了，你们是不是要搬回去住呢？"我想婆婆说的也对，读到三年级就转到我们自己家那边去读书。

我婆婆家在杨浦区，我们家已经从卢湾区搬到虹口区。新学校不看你原来的成绩如何，只要你是转学都要重新考一下，考到标准就升上去，考不到标准就重读。上海教材分 S、H 版①，S 版比 H 版稍微简单一点，我女儿在杨浦区读的是 S，到了虹口区读的是 H，她到新学校还是读三年级。我也不懂什么 S、H，只知道你降一下就降一下吧，把底子打得好一点。但是 H 版和 S 版是有区别的，我女儿的成绩就这样一下子降下来，老师也不好，老师不喜欢笨孩子，就这样勉勉强强拖到六年级。下课铃声一响，我女儿要第一时间跑到卫生间去，要不然同学就会马上拉住她，欺负她，打她。

问：老师没有制止吗？

S 母：老师不知道，她又不敢说。有一次，她的嘴唇都肿起来了，回来问她，她才说是男同学把她按倒地上，用脚踢她。她爸爸当时气死了，第二天领着

---

① 20 世纪 80 年代中期，国家允许部分地区部分学科实行"多纲多本"或"一纲多本"，即一个地区可采用多个或一个考纲，并可以制定多种版本的教材。上海语文学科出版了两套课改教材，一套是由华东师范大学和徐汇区教育局编写的 H 版，另一套是由上海石化总厂和闸北区教育局编写的 S 版。

女儿到班级里去。我老公处事有点不恰当，他不是去找班主任，而是第一时间跑到教室里去，让我女儿指是哪个小孩，我女儿一指，他就过去一脚踢在人家小孩屁股上。老师后来知道说："这样不对，人家家长也要找过来了。"就跟我联系，我和老师说："帮帮忙吧，我们一直被人家欺负，我们也受不了。但是我老公这样也不对，应该通过老师找到家长来解决。"后来老师就把这个同学叫到办公室，说："是你先欺负人家，给人家造成这样的伤害，人家家长看到了也没办法了，你不能回去告诉你的爸爸妈妈，你知道吗？要是大家的爸爸妈妈打起来，后果你是承担不了的。"这个小孩就被吓住了，这件事情就过去了。

小学勉勉强强毕业了，小学是不发毕业证书的，但是过了一段时间我就特意回到学校去，和老师说明情况，我说别人家可能不在乎，但是我们很在乎这个小学毕业证书。后来学校特意帮我盖个章，给我毕业证书。我很开心很开心，总算小学毕业了。瑞金医院的医生也很高兴。

问：小学有喜欢她的老师吗？

S母：她一年级、二年级、三年级的时候，铁路学校的老师有点喜欢她。到了新学校三年级，我女儿读书不好，再加上她的外貌，老师不喜欢她，我们家长去了，她就对孩子说："你呀，长得这么难看。你看看你爸爸，再看看你妈妈。"小孩有点大了，被老师这样说，就一直很自卑。

我女儿还没读书就开始戴眼镜。她的眼睛，生出来的时候被羊水呛了，白眼球多黑眼珠少，斜视加弱视。小孩十六岁我们单位就没有医保了，十六岁之前能报销50％。我们一直都在看眼睛，十六岁前医生说可以做手术了，我就带她到同济医院做了手术，很苦。她眼睛的大小是一样的，眼坑和眼白的大小也是一样的，就是被羊水呛了一下，位置不正了。医生真的很好，要是现在不会给你做，因为危险蛮大的。他很为我们考虑："这样的小孩尽量不要做全麻。"医生看得出来我女儿的情况，全麻很伤脑子，尽量半麻。但是这个手术半麻不行，因为小孩的眼睛神经是很敏感的，后来又给她全麻，把眼睛的神经拉到一定的位置。如果当时拉正，小孩子一天天长大也会有偏差，医生要拉到不是很正，但是等她长大了就会很正的位置上，就像现在这样，你仔细看还是看得出来。

后来有一年我不小心又有了〔孩子〕，我和我老公是坚决不要，考虑到住房很小，我们家里没什么积蓄，女儿读书，要给她补课，补课费也很厉害的。

问：除了平时学校上课，还要给她额外补课？

S母：补课！她补数学、语文，还有英语。

问：补课的效果好吗？

S母：勉勉强强吧。补课老师能怎么样？他就只知道收钱，出了题你做。我女儿每天晚上功课做到十二点，她实在做不出我们就陪着她，那时我还要上三班，上班之前还有一点时间我就要睡一觉，我哪里在睡呀，其实也在帮她考虑题目。一到三年级还可以，中学我们真的没办法教她。她要做到十二点，她会困，我们只能让她醒醒，然后接着做。怎么办啊？功课没有做完啊。她本来身体就不好，再加上这样，就一直恶性循环。天热的时候把她领出去，她就昏过去了。

她晚上睡觉我都是这样（做出怀抱孩子的姿势），大晚上我抱着她睡，一放下去她就喘，然后气吐不出来。第二天我还要上早班，所以我现在身体也不是很好。她的情况啊，老师是不知道的，也是不能理解的。

问：她每天晚上做功课要做到十二点，这是几年级的事情？

S母：基本上好像三年级以后。从铁路某小转学回来读 H 版，H 版稍微有些难度。从小学三年级一直到读中专吧，基本上每天都是十一二点左右睡，她爸爸一直陪着她。

问：寒暑假呢？

S母：寒暑假她一个人在家里，我们都要上班，我上班比较远，我每天规定她做多少功课。反正她总是拖拖拉拉，有时候她不会嘛，一定要等到我们回了家，干完了家务，晚饭以后呢再陪着她做作业。寒暑假作业相对来说不是很难，就不会到十一二点那么晚了。

初中遇见好老师

问：孩子进中学是按照户籍进的吗？

S母：对的，按照户籍进的。中学老师一直看我们不顺眼，那时我也不愿意和别人交流。开家长会，我女儿眼睛不好，坐在很前面，老师就指名道姓说，怎么一直在退步。我又没有办法和他解释，只能和老师套套近乎，怎么办呢？许多事情没有轮到自己身上，他是不知道的。

初二升初三大概有指标，老师就让我女儿留级，我和老师说："我女儿确实在班上拖了后腿，但是我们也尽力了，我女儿也尽力了。每天做功课都要做到十二点，不管怎样，每天的作业都是完成的，不是全对，但我们都做了，她是很努力的。"老师还是坚持要我女儿留级，我说："如果你觉得可以的话，就尽量让我女儿升上去吧，她再重新读一年，我估计也不会有很大的进步。我没有要求，你就让我们毕业就好。"但是老师坚持不行，我也就不说什么了。

后来我女儿留了一级，老师到家里发通知单，我心情很不好，就说："我们没有办法，真的很无奈，老师你的目的达到了。"我是真的这样说的，很不客气。当时他坚持要把我女儿留下去，一直吵到校长那边，校长也来找我们，很同情我们，但是也没办法，如果他不带这个班就没有老师带班了，学校当时缺老师。

我们就重新再读了一遍二年级，心情真的很郁闷，那又怎么办呢？想到到了人家班上会更加被看不起，女儿报到那天，我就和我老公说："我们两个亲自把女儿送到教室里，不要让她一个人孤零零地到教室里面。"我们把教室门敲开，送进去，和老师说："老师，我女儿就这样的情况，学习上有困难，我们不要求老师对她要求太高，只希望老师不要欺负她。"老师当时就说："你放心好了，到我这里的学生，我不会那样做的，我的学生就是我的孩子。"意思就是会好好地待她，我们当时觉得可能是说说吧，反正我们尽了力了。

刚进去是要付学杂费的，我们是家长把小孩的钱卷起来包好，我们家钱不是很多，很小心的嘛，可能别的孩子不是这样。我女儿捡到了一百块钱，就交给老师了，老师问了一下没有人认领，后来不知道是什么情况，老师也没给我们说。还有一次吃中午饭，同学吃得地上一塌糊涂，我女儿找到一把扫帚，把它扫到角落里，被老师看到了。两件事老师都没有和我们说。

有一次，老师说这次考试的成绩单要家长来拿，我女儿回来没有说。为什么没有说呢？因为我刚做了子宫肌瘤全切除手术，从医院回来，需要休息，她爸爸要上班（哽咽一分钟）。我在医院做手术，她写张条子，叫我姐姐带过来，上面写："妈妈你放心，没事的，我已经跟老天祈祷过了，你会平安回来的。"

老师打电话过来，我在家休息嘛，我说："我不知道呀，那我现在过来。"我就捧着肚子去了。以前一到办公室，老师就会数落我们，〔这次〕我一进去就说："老师，我在家休息，小孩没有说，我们不知道啊。"我手捂着肚子，老师一看说："你怎么了？"我说："我刚刚手术出院，在家休息。"她让我坐好，然后说："你不要说你女儿，你女儿进步很大的，你们家小孩很好的，叫你来是想告诉你小孩子进步了。"坚持要我女儿留级的老师也在这个办公室里，我女儿留级这件事情其他老师都知道，他们看不惯那个老师的做法。老师把捡钱和扫地这两件事情都说了出来，说她进步很大，班主任是语文老师，我女儿语文很好，她说："你女儿现在会和我交流，会到图书馆去看书，英语课分组，

她的英语成绩也上去了。"我一下子也搞不懂，我想怎么一回事啊。我说："你们说她进步了，我也很开心。"

碰到这个老师，我女儿精神面貌挺好的，学习上也明显一点一点进步了。这个老师是从东北到上海来的，后来也跟我开一样的刀，就住在我们家对面的医院。我女儿听到同学要去看老师嘛，也要跟去，他们就不要我女儿跟着，把我女儿甩在旁边，我女儿有心就悄悄地跟着他们去医院，知道老师住在哪。她蛮懂的，知道妈妈开了这个刀，回来和我说："妈妈，我们老师住院了，也开这个刀。"叫我和她一起去看她的老师。我说："好的呀！"我就买了鸽子煮了汤，因为我家离得近嘛，就陪她去看老师，我把这个过程讲给老师听，老师很感动，眼泪都掉出来了，老师说："我就知道她很努力地读书，虽然进步不是很大，没有想到她有这份心。"老师大概到学校批评了同学，说她怎么样有爱心，后来同学呢就开始和她玩了。

再后来，初三毕业了，老师找我们谈，说我女儿学习有些困难，但还是很努力的，就叫她不要参加高考了。老师也挺好，帮我们出主意："你们是不是根据孩子的情况，实惠一点，选一个中专读读，有电子商务的中专嘛，出来可以做个收银员。到处都需要收银员，基本上不会吃青春饭，竞争也不是很激烈，能够长久地做下去。"后来我们就着重去找这种学校，就考进去了。

我们初中不是很有名气，校长觉得这样的孩子在学习上应该是差生，这样的学校这样的学生也能考进中专，叫我们把小孩的学习经历、家长的教导经历写下来，到黑板上推广一下。我们隔壁邻居的孩子都在这个学校读书，我不愿意让人家知道我小孩这样，就和校长说没这个必要："小孩学习不好是我们的责任，她学习好也是我们家的事，我不愿意说。"校长没有强求，反正我们也毕业了，人总要往好的地方想。

问：考中专是怎么帮她复习的呢？

S母：基本上是她读书读到哪里，我们家长就跟到那里。她不会做的地方，我们自己先看书本，自己先学会，然后再教她。不懂我们只能问别人，比如我们隔壁有年级比她高一点的，或者同届的。我们懂了以后再慢慢一遍一遍地教她。她也蛮努力的，我们配合老师也配合得蛮好，大家共同努力。老师说："你们家长不错啊。"我说："哦，我们家电视都不看，看了会影响小孩学习，我们大家努力把小孩成绩提高上去。"

问：从小学到初中，她做过智力测验吗？

S母：中学的时候，我悄悄地带她去做过。它是分低、中、高的，我女儿在这种情况的小孩子里属于上，在正常的小孩子里属于低，就是60分到70分这样吧。如果测出来确实很不好，我可能也会面对。就是因为她都在边缘，所以我还是不认输。但是测出来的情况，我们也不敢告诉别人，就自己心里明白。

问：对这个智力测验的结果您认同吗？

S母：还可以吧，因为当时还是挺严格的。

中专入团心起伏

S母：到了中专，老师也不错，觉得我女儿很努力。班上的同学不愿意认真读书，不是笨，就是不愿意认真读，在这样的环境下她还很努力，每天作业都交，尽管不是全对，我觉得她的成绩也比以前慢慢进步了。

中专的时候还入了团，虽然不是很容易，但最终还是入了。我们家呢，可能受我妈妈的影响，我妈妈是老党员，我们家党员好多，我有了这样的小孩，经常请假什么的，就没有机会入党。我觉得正常孩子做的事情，我女儿也应该做一下。我们都是学校里面入团，学生时代也应该让她走这一步，能走进去最好，走不进去也没办法。我就问她："你是不是打了入团报告？我觉得你还是可以的，不管批不批得下来，你要有这个愿望。"后来可能是老师看她学习很用功，班级里打扫卫生的这个职务，做得也很认真，就破例让她入团了，她很高兴的。

还有一段小故事。正式入团之前是要开会的，比如某某人现在要入团，我们大家提一下对她的看法，有的同意有的不同意，人家提些意见很正常的嘛，我女儿当时是受不了的，我也不知道这天会审批她，不然我会提前给她打预防针。

我女儿最大的特点就是发怪脾气，开会以后她就憋着，憋着，憋到后来回到教室里上课，她就用刀片割自己的脉，到现在这里还有一块疤痕。割脉是要命的呀，还好还没有割得很深。老师发觉了，就叫同学送她到医务室给她包一下，然后把她送回来。

我下班回来，她看到我就先哭，我心里也很难过。我就让她先哭，哭好了以后，叫过来让她和我说明情况，我当时就分析给她听："你怎么能这么经不起考验，这很正常的，都要经历这样的过程呀。虽然你入了团，但是你没有达到要求啊，还是要继续努力。以后你会碰到很多很多事情，要有一定的承受能

力。你从小到大遇到的事情也不少了，有些事情就是你意想不到的，一定要有思想准备。你怎么能这样呢，你现在觉得疼了，难看了吧。"我女儿遇到事情，我要一直和她好好说，一直说到她明白为止，后来她总算有点明白了。

　　这个学校还是很好的。进去的时候，老师不会想到她出生的情况，或许老师能看出来一些，但是我们只和老师说："我们小孩身体不好。"身体不好相对来说人的精神面貌都很弱，老师只知道她身体不好。

　　那时我对她要求挺严格的，如果我布置的作业没做完，回家她真的要被我打的。我现在想想对她好像太不应该了，现在知道了，这样给她压力，对她身体方面面更会不好，但是那个时候没有这种意识，可能自己也年轻，想想人家的孩子都挺好，我们家的孩子为什么这样。现在回过来想想我胆子太大了。

就业超市勤恳做

　　S母：中专两年读好，第三年统一在浦东的一个超市里面实习，到我们家很远，要换两路公交车。那时候浦东到上海，晚上十点就没有车，我女儿如果做中班就没有车回来，早班没有车过去。

　　我们提出到家附近的超市里去实习，也是通过朋友介绍进去的。实习也是很苦的，我女儿不会察言观色，在超市里面都是我们这种年纪的人，我女儿最大的特点就是回来不说外面的事。实习期满了也不让她走，没有说法就让她继续干，后来上面来检查，才给她交了养老金、公积金、医疗保险，就算正式工了。

　　她这时还比较愿意学习，高中没有读，刚毕业还有读书的想法，她就讲："即使我不参加高考，我也稍微学一点东西。"她想边工作边读书。超市里经常有外国朋友过来买东西，好像交流不是很方便，她上班的地方离外国语学院很近，每天坐车经过，她就觉得自己应该学习英语，她说："我去把外语初级补出来。"

　　我是完全支持她的，小孩应该多学点，就带她去超市旁边的外语学院报名读初级外语课，那时工资八九百块，报名就要八百多块，星期六读一次，平时再读一次，一个星期两次，当时她双休日有一天是休息的。但是过了一段时间，大概没上几堂课，负责人看她不顺眼，就跟她说："你平时休息，双休日的时候让给有小朋友的家长，她们要带孩子。"我就和他说："我女儿刚刚英语班报了名，学费也交了八百块，如果你早说我们就不去报名了。"他说："这没办法啊，人家小孩要照顾的。"后来我女儿说："那算了，不去上课了吧。"

我女儿上班的时候挺苦的，比如平时上白班，货架是要搬来搬去的。如果她今天是中班，就要到晚上十点十一点才能回来，要是再连下去，等顾客都走了打烊了，整理一下内部的东西，会弄到半夜两三点，三四点钟。刚开始的时候呢，我女儿还有时间在里面随便坐坐或者躺躺，早上再坐车回来。后来呢他们的班次很乱，让中班的人下班后盘点，第二天接着上班，这样早上九点十点又要开始上班了。

问：那就没时间睡觉了不是？

S母：后来我就叫她晚上两三点或者三四点结束以后打车回来睡觉，早上九点或者十点再去上班。本来孩子身体就不好，经常发热，半夜不舒服我就去陪她挂吊针，烧到了39度几，要请三天病假，单位里就给一天的假，那个时候没有年轻人要去超市上班的。

我女儿刚进去做收银员，一天可以收一万多元钱。有次一个中年妇女买了东西，其中有一样没有称分量，她和我女儿说把付好钱的东西放这，回去称重，结果东西被别人拿走了。她出来问："我买好的东西呢？"我女儿说："我也不知道啊，可能被谁给拿走了。"那时也没有监控，中年妇女就要我女儿赔，我女儿说找我们领班吧，然后我女儿把收银台的纸拉过来检查，确实结掉了，但东西没有了，后来不知道怎么解决的。

再后来给我女儿换了一个工作，调到文胸区，负责短裤和文胸，做理货员。有退货的，像我这种年纪的阿姨就会说小姑娘你去处理一下吧，我女儿怎么会处理这种事情呢？她不擅长和别人交谈，影响不好，被人家进来指着骂，这是后来我女儿和我说的。

问：在超市里有相处得比较好的同事吗？

S母：关系稍微好一点的有，就是不在一起干活。

问：一起的没有关系好的？

S母：他们领班结婚，她的工资也就八九百块，我说你大方一点送五百块给他。没用的哦，我们从小到大就是一直送东西给人家，送老师啊，以前整套的棉毛衫不舍得穿，都送给人家。

问：送了以后老师就会喜欢她一些吗？

S母：唉……不送大概会更糟糕一些吧。我不舍得女儿在外面受苦，宁可自己苦一点。那时家里也没有什么积蓄，确实不容易，真的不容易。

大概做到07还是08年，不是有金融风暴嘛，合同还没到期就赶她回家，

叫她写辞职报告。我女儿很冤的，也不懂啊，她就写了。回来以后，单位就应该赶紧把劳动手册给她，我们再好去找别的单位，但这个单位不知道怎么搞的，就是不给她，一会说在总公司，一会儿又说在单位，我女儿就两头跑。

我女儿和我说了，我很生气，她本来是可以一直干到年底的，怎么突然之间就不让她做了？我还不知道我女儿写了辞职报告。我去单位问，他们说："是你女儿自己写的辞职报告。"我问："她是在什么情况下写的？"他们说怎么样怎么样，我就和他们说："你知道我女儿是什么情况吗？你知道她出生的时候是什么情况吗？我们不让你们知道，只不过是不想让你们看不起她！我们都是做父母的，都有子女的。"

我去买了一本劳动法，上面有规定，说如果这份工作不行，你要继续培训她；培训一段时间，如果别的工作可以接受她了，你才可以不要她。我说："你们帮她培训过吗？就这样让她回来了，你说回来就回来了？"而且只给了我们当月的工资。我说："你们这样做是不行的，我们的孩子是特殊的，你们这样对她很不公平。我女儿勤勤恳恳愿意在这里工作，你倒不留她了；人家吊儿郎当的，你们反而给留在这里了。你们这是什么政策，是怎么一回事啊？"他说："手续都办了，那怎么办？"我说："什么怎么办呀，你自己看着办吧。我女儿就是这样的情况，我女儿做得确实是还可以的，她很愿意做的。"

后来他就找了一些理由，我说："那你们也不能一下子就让她这样回去，还要她写辞职报告，我女儿是需要监护人的，你跟我们家大人联系过了吗？很过分的是，当时没有还她劳动手册，别的超市也要她的，就因为等劳动手册〔耽误了〕。从你们不要我女儿这天起，她就没有收入了，你们一会要她去这边，一会叫她到那边，她的车费谁承担？"后来他问怎么办，我提出来要三个月的工资，他就给我了，还要扣税。我说："扣什么税呀！三个月的工资不是我愿意要一次性拿的，是你们逼着我一次性拿的，还要交税呀！"后来就没有交税。

问：她第一次拿工资的时候您还记得吗？

S母：第一次就是实习的时候，拿了几百块。我一直拿她当正常的孩子，单位里面的小姐妹说，拿到了工资一定要叫她交给爸妈，要教会她理财、存钱。我就跟女儿说，你现在是有工资了，妈妈不要你的工资，你从小到大爸爸这么辛苦陪你，你住院八天八夜，他就陪你八天八夜，你拿个一百块孝敬孝敬你爸爸。那时纺织厂效益不好，我到东方明珠去上班，她爸爸到大众去开出租车，很辛苦的。

她那时开了三百块，好像也没有拿一百块，大概就拿了五十块给爸爸买点烟抽抽。后来第一个月的工资拿了八百多，九百块。他爸爸在吃昂立多帮〔保健品〕，"那你每个月就给你爸爸买昂立多帮吧，一百多。"她说好的，小孩良心蛮好的。我说妈妈就不用了，你多下来的钱要当零用，还要存点。

她拿三百块时，我就叫她存起来，她不肯，说："为什么？我们同学皮夹子里面都有钱，就我没有钱。每次我看见人家拿钱买东西，我也很想的，但是我没有钱，我家里也没有钱。"我说一个月随便你存多少钱，你这个月存五十，妈妈就贴你五十，你就能存一百。她脑子转不过来，就想想想，说妈妈那我存二十。那我就贴给你二十。后来第一个月她大概存了五十，我贴了她五十，一百存进去了。后来她慢慢知道了，跟我说，妈妈这个月我的钱够了，我全部存进去。我说好的呀，你有三百我就贴你三百，全部存进去。就这样鼓励她存钱。她读书的时候我一天给她一块钱，再给她两张乘车的纸币，后来大一点了，我就通通交给她，让她自己安排好了。

她现在呢，工场每个月发点零用钱，到时候我就给她存个定期。她会说："我有目标，我要到什么时候要存到多少多少。"她自己也会很有信心，很开心的呀。

她现在知道家里面爸爸妈妈都是为她，其实我们家经济上不是很不好，我要叫她知道家里面的开销很厉害，叫她承担点这方面的〔责任〕。我说："家里面这个月有点紧张了啊，妈妈这个月送礼啊，外面的钱用得很厉害，你是不是能够帮家里面挑起担子？"我这样和她说，她就会主动拿出钱："好的呀，妈妈，我拿出一百给你。"一百对她来说已经很厉害了。其实我是有钱的，我要让她有这种意识。

问：她愿意拿出钱来吗？

S母：她愿意的呀，她还会买东西给我吃，这次我生日嘛，她买了个小蛋糕拿回来，其实是她自己想吃的嘛（笑），借这个机会……这样也蛮好的，想想他们有些孩子还不会用钱。

问：她平时会给你买小礼物吗？比如母亲节。

S母：会，她很有孝心。她读中专时，不是一天就一块钱嘛，她不用，到三八妇女节她会给我买小礼物的。

问：都买些什么东西呢？

S母：比如给你买一块小蛋糕，几块钱；再比如给你买个交通卡的套子。就买这种小东西。

问：这些小东西您喜欢吗？

S母：不喜欢也会喜欢，不是〔在乎〕她买的东西物价的高低，这是她的一份孝心，她至少懂。许多东西我要给她说在前面，比如今后我们两个老了，肯定会离开，所以一直叫她有这种思想准备。我一直问她："你自己会怎么过日子呀？""我会怎么样怎么样。""哎，不对，还应该怎么样。碰到事情怎么办啊？""我求助居委会，我求助什么什么。"这些她也会说的。

无奈申领残疾证

问：后来为什么不工作了呢？

S母：之前我女儿还想工作嘛，就找到居委会的职业介绍所，里面的老师都很好。上海的小青年，钱少的活不干，累的不干，上海有八个大超市，别人都不是很愿意干，但是我女儿不是这样啊，我女儿很愿意干，很能吃苦。

有一个老师说我帮你介绍。我女儿就一直去面试，但是没有一个超市录用她。职介所的老师搞不明白了，说："小姑娘读的中专和这个专业很对口。"他又介绍了一个超市："这个超市管面试的是我的一个朋友，你去面试，我倒要看看她的问题是出在哪个环节上。"我女儿去面试又不成功。

你知道面试的老师怎么说的，他说："这个小女孩不行，她面容特殊。"那时我女儿的眼睛还是稍微有一点点斜，她一向很自卑，看人都不是正面看的，我女儿喜欢这样看人（斜着眼睛低着头）。小时候手术之前，人家一直说她跟别人翻白眼，但是她是没办法的呀，总不能一个一个去解释吧。这个老师就直接和我说她面容特殊。我听了，哎哟，真的是受不了。你们这里是选美女呀？干活呢，只要能干好活就可以呀。

我那时没有想过走办理残疾证这条路，到了居委会，居委会主任把我老公叫到旁边的房间里说："你女儿为什么一定要走这条路呢，你们累不累？"我和他没有面对这件事，但是旁边的人是看得出来的。他们很感动，说："你们这样的孩子，已经不能自己解决了，你们还在自己想办法，帮她找工作。你们的能力有限，还是需要国家的。"

这个时候外面天很热，37、38度，陪她去面试我小伤口都犯了。我还在上班，不是很累，还有一点精力陪她。居委会给我们出了这个主意，我们想想也对，我们是不是就一定要让她走这条路呢？

问：残疾证是怎么办理的呢？

S母：如果她在超市工作还顺利，我们就不会想到走这条路，实在没办法，才去走这个程序。办残疾证手续比较繁琐，第一步要把家长的申请和资料交到街道，街道有一个窗口专门负责残疾人这一块，这一关要求蛮高的，我们办的时候是09年吧，已经很严格了，因为那时残疾证办下来就有补贴了。

我女儿出生的时候比我晚一个月出院，出院小结我都放好的，还有小时候她拍的照片，一次一次住院的出院小结，我都留着，一大包的材料，我就拿着申请，把材料放进去。当时都说很难办的呀，我说："反正已经这样了，我也没有办法了，再说她年龄一点一点大了，我们的精力也有限。"后来工作人员说："我给你送进去。"我们属于虹口区，可能有一天是各个街道集中送材料上去。

隔了好长时间，来了一张体检通知，到虹口区精神防治所去做鉴定。我们把病历交给医生，医生询问了一些情况。接着到隔壁专门测定智力的房间里，测定智力很严格的，比如几分钟里面让你用积木搭成一个什么东西，或者出一道题要你解题。我女儿呢，觉得有点难度，她解答不出来。医生很耐心，就把这个题目剖解得很简单，让她回答，反正总要想办法让她做出来，做出来就代表这一道题通过了，再进入下一题。可是有时候呢，她还是回答不出来，可能是医生的态度啊语言啊，让小孩子觉得紧张和害怕。后来差不多了就让她出来，她一看到我就"哇"地哭了，我就问怎么了。她说："我做不出来，医生逼着我做，还要吓我。"可能她紧张，回答不出来，看见我就哭了。反正医生有一套程序，智力测定做好后去做脑电图，脑电图做下来说不太好。通过智力测定和脑电图，这中间医生总要研究讨论吧，过了一段时间就通知我们，测出来了，属于智力中度。

当时我觉得很蒙，我自己感觉她不会是中度吧。走到这一步了嘛，我们也得面对它，中度怎么办呢？如果残疾证出来，凭我们自己更找不到工作了。后来我想想她身体不好，再说在单位里上班又蛮受气的，一打听了解下来，中度可以办重残无业，我想就这样吧，没办法了。办下来的时候一个月只有四百多块钱，后来政府蛮好的，每年加每年加，一点一点就提高了。

问：重残无业又是怎么办的呢？

S母：重残无业是到街道里去办的，具体怎么办的我已经忘了，反正中度的报告出来以后就去办的，〔无业〕就是不出去工作了。一方面，我考虑的是我女儿的身体；另外一方面，在外面工作这么辛苦这么累，她吃了大概三四年的苦。这边老师也说我胆子很大："这样的孩子，你把她放到社会上，和正常

的孩子竞争，你就不怕她以后性格、精神转变，你不怕?"我想想倒是有点怕。当时办重残无业，她可以领到补贴，一般的残疾证是没有补贴的。现在呢一般的也有补贴的。

阳光之家做班长

问：后来怎么进的阳光之家呢?

S母：办了残疾证以后，她天天在家。有一次我到街道里面去，街道的老师蛮好的，知道我女儿的情况，很关心："你女儿现在怎么样?"我说："她天天在家里呀。"她说："呀，天天在家里! 我们这边有个阳光之家，挺好的。"

我也知道街道有一所阳光之家，但是呢，就像她小时候，叫我送她到"那种"幼儿园去，我心里就有点接受不了，我想去这里会怎么样，一般人都说要和聪明的孩子待在一起，对自己会有提高对吧，但是……反正也蛮矛盾的。

老师看我很犹豫，说："我带你去参观参观。"我心里想好的呀。她就带我来参观了，办公室的老师把电脑打开，给我看了很多很多录像。一年来，学生从不懂到懂，我想这几位老师怎么这么厉害啊，他们这些孩子怎么能成为今天电脑屏幕里面的人? 再看看电脑，的确就是教室里坐着的这些孩子。当时我就和他们说："我回去和我女儿说说看，她如果愿意来呢，我就让她来;如果不愿意来呢，我也没办法。"

她很抵触，说："不去，不去。"她不想去，但是不想去呢，天天在家里又没事对吧，我担心她这样待下去怎么办啊。后来我劝她："你去看看，不一定就要留下。就当面试好了，去看看嘛。"

第二天我就带着她来看看了，跨进教室的门，到了办公室，老师接待我们，看了电脑里面录的一些资料;走出办公室，教室里不是有好多学生嘛，都围着她，对她很客气，他们都是很简单的。我没想到，她好像一下子就能融入到这里面，她很高兴到这里来。阳光之家不是每个智障的孩子都能进来的，街道里面还有好多这样的孩子没有进来。

问：进阳光之家需要一些条件吗?

S母：可能有些不愿意来，尤其稍微特殊的孩子，希望接触有上进心的人，带动自己也有上进心，觉得呆在这边不好，会越来越不行。他们不了解这边的学习，如果了解肯定会愿意来的。这边有春游、秋游还有夏令营，每年还帮他们体检，国家对他们蛮好的。现在活动很满的，美术是一个退休的老师义务免费教他们，而且还提供水彩给他们；舞蹈老师，没有工资来教他们跳舞。应该说这个阳光之家办得很好。

我给你看一些照片呀（展示孩子小时候的照片），老师都不相信我女儿原来是这样的，我给你看我女儿现在的照片哦（展示孩子现在照片）。首先，她现在张张照片都在笑，以前是躲，比如我们街上碰到人了，她马上就躲到我的后面去。阳光之家真的很好，她进来以后就不自卑了，很自信；其次，整个人的身体逐渐逐渐变好了。这是我带她去游泳、到外面去旅游的照片（展示手机上照片）。我是这样想的，我能带得动她就带着她出去，她没有朋友，家里面的亲戚又靠不住的呀，只能靠自己。我们这种小孩很可怜的，什么都没有，能给他们的就给他们吧，都想开了。这是他们跳舞比赛的照片，我女儿在阳光之家做班长。

问：她都有什么工作呢？

S母：没有什么工作，就喊"上课、起立"，有什么事情找一下老师。

问：阳光之家上些什么课？

S母：上一些绘画、音乐、舞蹈课，还有一个负责精神方面的医生——这里的学生有一半有精神方面的〔问题〕——给他们讲些吃药啊、健康啊，这些小孩子现在都知道什么能吃什么不能吃，要保护好自己的身体。

阳光之家真的蛮好的，没有阳光之家，这些小孩子真的没有办法。这些孩子不费脑子的啊，很纯很真。我女儿和他们相比，是会用钱的，不像其他的孩子不会用钱，这个呢就是读书的好处。我女儿是身体垮了，但是在其他方面还是好些。这里的小孩子呢没有读书，但身体比我们好多了。任何事情都有好有坏嘛，其实现在我也蛮后悔的，有时候想想呢还是让女儿多读点书比较好，有时候想想呢还是身体比较重要。但是像他们一点也不会用钱也蛮担心的，他们的家长没有像我这样一直把女儿推出去。

问：哪些事情让您察觉她变得乐观自信了？

S母：她上班的时候一直遭别人欺负，每天都提心吊胆的，到了这里她好像很放松。最初，活动内容很简单，每天早上做广播操，然后老师说说当天的新闻，看到什么就和他们说什么，还没像现在这样上什么什么课。还有，这个教室挺好的，横幅标语好像蛮鼓励人的哦："你行，我也行；你能，我也能。"还有，里面的老师都很耐心。她待在里面一点一点就适应了。

每年不是有夏令营嘛，开营仪式、闭营仪式都是我女儿写，我女儿主持。

老师和我说，我不相信。后来有一次不是要过年了么，开新春联欢会，周老师就叫她和一个小姑娘主持会议，她们都会。我一下子觉得怎么会这样！这个阳光之家挺好，会按照每个人的特点，安排每个人。

问：根据每个人的特点，发展特长？

S母：对，发展他们的特长。她动手能力很不强，不会串珠子，其实珠子穿进去也是动脑对吧。和她一起的小姑娘就挺行的，这方面特好。前一阵子，老师网上买了毛线，毛线中间有一个一个的球。她已经织好两块了，在织第三块。我也觉得奇怪，老师本事真大哦，这样教她们〔就把她教会了〕。

问：她有做完的东西拿回家吗？

S母：前两天带回来剪纸，剪的"福"字，虽然不是最好，但是能够剪出来〔就好〕，我也剪不来（笑）。他们这个阳光之家，基本上，隔一段时间一个新花样。有时候做个镜框，一张照片放在里面，不知道怎么弄的，带回家。有时候弄个小盆景，种的小植物拿回家。反正有东西拿回来。

问：阳光之家的绘画课、音乐课具体都上什么呢？

S母：前两天画了一个……（思考未果）反正一直画东西，人像画，有时候画盆景，有时候画动物，什么都画。

问：是水粉还是水彩？

S母：水彩。好像是水彩画，用完了我陪她去买过的呀。刚开始瞎弄，水彩像吃掉一样（笑）〔用得快〕，一会儿就没有了，陪她买新的吧，后来就好了。现在画的有点像模像样，我也觉得蛮奇怪，老师能把这些孩子教成这样。

有一个小孩没有念过书，一点不会写字，一点不识字的。有一次开什么会，好像也是新春联欢会，他妈妈就是教舞蹈的老师，老师叫他跑到黑板上面写：我爱妈妈。他写得挺好的，他妈妈一下子激动得眼泪都掉下来，因为儿子从来没有念过书，没有写过字。写在黑板上，我们真的很感动，这些孩子有点进步真的是不容易。

问：阳光之家还有其他活动吗？

S母：阳光之家会教他们舞蹈，不断地教，一个舞蹈要教好多次，好长时间。上次你不是看到的嘛，老师这样教，很累很累。同学呢，动作都不一样，要一个一个的纠正，他们学一样东西很不容易。这个舞蹈会跳了对吧，好，放一下，再教一个舞蹈。如果要出去了，比如到养老院去义演或者到什么地方义务演出，再把它拿出来训练。她原先一点不会跳舞，手脚配合的不好，一点都不会，老师本事真大，我也不知道怎么教会的，总的来说不容易。

问：她到阳光之家以后还出去工作吗？

S母：我们办了重残无业，所以这边也不能推荐她出去工作。如果没办重残无业，这边培训好了，还可以出去工作。

问：阳光达人秀比赛的情景，您还记得吗？

S母：知道有阳光达人秀的消息以后呢，阳光之家的老师就安排、挑选了几个同学，她也在里面，每天练舞蹈。后来就去了阳光达人秀，去了好几次，我记得她们服装就换了两套，第一次是穿的粉色的长袖的亮闪闪的衣服，下面是白色的像你这样的一步裙，然后是白跑鞋，蛮好看的。后来一次一次地去比赛，好像是最后几次了，天气一点点热起来，又换了一套行头，换了运动型的横条的彩色短袖 T 恤，一条蓝一条红，白的乒乓裤，白的跑鞋。她们很想冲到最后一关，但是，大概到最后的第二关，就下来了，没有冲到最后。当时都很沮丧，但是老师和家长们都说："已经不错了，已经不容易了。"别的街道也挺厉害的。

问：竞争很激烈是吗？

S母：竞争很激烈，都挺厉害的。有一个小男孩小小的，真看不出来萨克斯吹得那么好。

特奥活动增体质

问：您女儿有没有参加过特奥活动？

S母：参加过的，我女儿进了阳光之家后，参加过两次吧。就举办过两次。不是每年一次，是正常的运动会之后，特奥会开始。

问：各类的，国际的、上海的、街道的她都参加过吗？

S母：国际的没有参加过，上海的我也不是很清楚，街道的是肯定参加过。街道，还有区残联的特奥会，参加过。

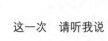

问：能记起一些细节吗？

S母：她参加的特奥活动的范围也比较广，比如区残联的腰鼓队，她会敲腰鼓、敲扁鼓，还有出去表演什么的，平时也要训练。他们特奥的活动比较多，打乒乓啊，跳舞啊，唱歌啊，好像都有。

问：她拿过奖牌吗？

S母：好像也拿回来一点奖状。奖牌好像没有，奖状什么的比较多。第三名啊，小小的奖状。

问：她擅长什么特奥活动？

S母：她以前比较喜欢唱歌，别的都是新学的。

问：类似打乒乓呢？就是特奥会里的那些活动？

S母：她喜欢写写字，特奥会里没有这种活动，只有体育。体育嘛，打乒乓、跳绳、一个小孩背一个筐扔球这样的活动都参加了。那时身体还是可以的，每个星期六、星期天到区残联去半天，里面都是搞这种活动。后来因为身体不太好，就不太去参加了。

但是特奥活动呢，他们都去参加的，最大的一个好处就是他们的体质比原来要好许多。以前动手能力，比如四肢都不是很发达，现在呢能够稍微参与一下，打乒乓啊，都是一些很简单体育活动。政府也挺好的，只要参加都要小小地鼓励他们，他们都很开心。有些很厉害的，阳光之家有一个小姑娘就是特奥的领袖。

亲人到底意难平

问：对家里的亲戚或者小姐妹，会不会隐瞒孩子的情况？

S母：对自己的姐姐妹妹哥哥弟弟没有隐瞒，因为瞒不掉的。说到这个，我想起来，有一天我婆婆不舒服发热，没力气，躺在床上就和她说："宝宝，等会儿你自己玩哦，奶奶躺一会儿。"我女儿一边玩积木，一边回头看奶奶，她看看觉得不行哦，就拿着毛巾去弄冷水，叫她奶奶额头上面敷一下。奶奶很喜欢她，家里人也都很喜欢她。下班的时候我婆婆说给我听，婆婆眼泪都流了出来，说这个小孩子很好，叫我们待她好一点。但是和朋友、同事……那个时候，我也不太和人家接触。

问：因为孩子？

S母：（点头）过年过节的时候我们这些姐妹碰到一起，就会问："你家小孩今年考几分?"我女儿会赶紧到厕所里躲好,就怕问到她。我们大人知道的啊,我说你们不要再说了,我女儿又躲到厕所里面去了。她们不说了。

碰到人家无意之中说起男朋友啊什么事,其实说到小孩谈朋友、结婚,我很忌讳的,但是我没办法。这种小孩很苦,我们大人心情不好,怨气都出在她身上,小时候被我们打了以后,有的时候还会说她:"你怎么那么笨呢,你怎么这样说了还不懂,人家怎么都懂。"我现在也和我女儿这样说:"你自己一定要长长心眼,妈妈年纪大了,总有一天说不动了,做不动了,你怎么办呢今后?"最担心的就是她的今后。

问:您的朋友、同事对她是什么看法?

S母:指指点点。小的时候在厂里,把她从幼儿园抱出来洗澡,人家都这样指着她,很怪的,能怎么办呢?

问:您的好朋友也是这样的吗?

S母:我的朋友不会的。比如我跟你熟悉了,他们知道了我们的情况是不会的,但不可能被所有人知道。

问:您的朋友会听您讲讲您的心事,然后给您些鼓励和安慰吗?

S母:安慰……比如你是我的小姐妹,你没有经历过,光看到我女儿这样,也不太会把话题放在我女儿身上,我一般不说,都听她们说她们的孩子。因为没有办法说,我女儿从小一直生病,人家没有经历过,体会不到。我从年轻到现在,娘家有个门对门的小姐妹,我们〔关系〕很好很好,没出嫁之前形影不离,我出嫁她也出嫁了,经常去娘家也碰不到。几十年以后,突然在一条路上就碰到了,联系上了,她知道我女儿是这样的情况,但是究竟怎样的她不清楚。她发觉我的性格变了很多,她认为我以前的性格就是随便什么事情不会输给别人;〔现在〕我的承受能力很强了,也不太愿意多说,好像变了个人。比如我小姑娘的时候,遇到什么事情都会尝试,因为就算有事情也是自己一个人〔承担〕。现在想法很多,想开了很多。

问:孩子给您带来了很多的改变?

S母:太多太多,真的太多。说心里话,我跟我老公在一起同学六年,应该基础很好的,但是我们一直要吵,其实他心里也有怨气。他现在在公司里帮忙开车,看到公司里小姑娘都很行的,看看女儿,尽管是自己的女儿,但是没办法,说不出,他心情也不好,我也心情不好,怪谁呢?我跟我老公说:"谁都怪不了。你怪我,那个时候我也不懂;怪我女儿她也不愿意;我也可以怪你,当时小孩不是抱出去抢救要签字嘛,你可以不签的呀,但是你也不懂,怎么怪你呢！”当时我妈也在，我妈妈想你老公也在，他没有提出不愿意签字，我也不好说的，就大家心里很不开心。有的时候有一些事情，观点不一样就要吵，其实很苦的，我和她爸爸如果不是为了她，大概早就分开了。

有时候这里几个妈妈谈论这个问题，〔夫妻〕两个人肯定不是同样的想法，我肯定会负责我女儿，没办法。我现在年纪也大了，身体也不是很好，小孩子慢慢也比以前安稳点了，许多事情也就算了。像我老公脾气不是很好，老糊涂，真的老糊涂。

这种孩子的父母很苦，真的很苦，我们不敢想以后的事情。有一个同学，他爸爸经常来阳光之家，以前是他妈妈来，他妈妈身体不好，心脏病，高血压，骨关节坏死，也一直在做手术，他妈妈在外面做采购，钱很会赚，工资很不错。家里面的事情呢，他爸爸全都包了。年纪大了不是会睡不着嘛，半夜起来想想老婆有病，儿子也这样，半夜掉眼泪。其实我们这种家长心情也不是很好，就是自己硬把自己撑起来。

问：小时候孩子生病，爸爸一直陪着她，爸爸不是对她很好吗？

S母：陪是陪的，对她好的呀。一开始两个人一起跑医院，排队要很长时间，回家饭也没有吃啊。后来有经验了，一个在家做家务，做完了再过去，然后一个回来，不管怎样，饭有得吃了。我们那时根本不可能一直到外面去吃。后来又有小孩就坚决不要，我老公蛮好的，他坚决不要，就做掉了，继续把精力放在她身上。我婆婆知道了，说："干嘛去做掉，说不定会是个儿子呢。"我说："有了第二个小孩，这大的怎么办？大的我们不是没有精力管她了嘛。"婆婆说："你放到我家里来，就当我多了一个女儿，我就教教她生活方面。"我想生活方面你教她，总不如我们教她。

问：现在您和爸爸是不是没有那么多的争吵了？

S母：现在怎么说呢，老了也有更年期，也会吵，问题就是不想吵。

问：现在在孩子身上的争论点是不是少了些？

S母：主要原因还是在她身上。有这样的孩子，再看看别人家，我老公就会说——我听了要反对他——他对我女儿说："你剥夺了我做外公的权利了。"女儿就看着我，我又怕我女儿承受不了，觉得你怎么会这样说啊，我要和我老公吵的："你怎么可以这样说啊，就算人家结了婚，没有孩子的也挺多的，怎么叫剥夺你做外公的权利了？你这样，到外面的孤儿院去领一个好了，你让他叫你外公就好了！"我现在就是不想和他吵的心态了，一吵我心脏不好，我受不了。现在我和我老公，就是他做任何事情我都不管，只要不是很过分；只要他出去上班，钱在我这里。

期盼未来无忧虑

问：姐姐现在都有什么国家的支持或者待遇吗？

S母：我女儿有补贴，原来是四百多，现在是一千一百五十；另外，重残无业，每个月护理费有四百八。现在加起来有一千六左右。我和我老公养了这样的孩子没有养第二个，国家每月给我们四百块，原来没有四百块，很少的，八十也不知道是多少，后来一下子调整到四百元，两个人八百块。这些补贴也没拿多少时间，因为我女儿办证晚。

问：遇到困难，您会指点她怎么处事吗？

S母：以前我老公开出租车，外面碰到事情很多，我们吃饭的时候就会说；我碰到了事情也会和她说怎么解决。她也养成习惯了，在阳光之家遇到事情会回来和我说。〔不过有一次没有说，〕午睡时候，一个同学精神一下子不对，就是发了，我们平时都叫发了，同学就叫她："小 S！小 S！她发了！"我女儿一紧张一下子冲出午睡的教室，一边走一边叫："老师！老师！她发了！"

这个小女孩后来告诉她妈妈，我们开会时，她妈妈就向我们提出来："你女儿那次说话好像很不妥。"我当时一点也不知道是怎么回事，就说："有这么回事吗？如果是的话，我先跟你赔礼道歉，我女儿不应该这样说。但是我真的不知道我女儿会这样说，我女儿毕竟也是这种情况，我会叫我女儿以后注意。"

我遇到事情就明着和我女儿说，要叫她接触社会，现在人情很淡薄，没有办法。你有钱，相对来说人家就会对你好一点，很正常的对嘛。我说："你以后不要轻易接受别人给你的东西、别人的帮助，因为你没有能力还别人，自己能做好的尽量自己做好。你也不用做到妈妈这样礼尚往来。"

我现在心脏不太好，我会问她："突然哪一天，我不舒服了你会怎么样？"她说："妈妈，我会第一时间帮你打 120，给你吃保心丸。"要跟她提前说，本来这种孩子就经不起事情，到时候一头雾水，不知道怎么办。如果我要抢救，不能让时间错过了，一方面为了我自己，一方面也是为了她，我多陪陪她。我现在和我老公一个宗旨，就是快快乐乐、开开心心过好每一天，别的要求没有了。

问：您对她还有什么别的期望吗？

S母：对她啊，她这个年龄应该可以谈婚论嫁了，给她介绍过好多朋友。

我们这个残疾证开了呢，有好有不好。好的地方呢，就是她现在能安定了，心情好了，自卑感少了许多，更自信了，身体相对以前也好一点了。但是不管怎样，有一个残疾证在这边，人家跟她谈朋友就会想，哎哟没工作。跟她情况差不多的男孩子有些在外面工作了，尽管工作不好，但是人家家长会认为我女儿没工作，但是他们的能力是绝对没我女儿好，就是身体比我女儿好。接触一段时间，我女儿发现和他们没有语言交流，所以我女儿不要，这种孩子处事方法很极端的，我女儿跟他们比，还算有点思想，有点想法的。如果找正常的，就是没有开过残疾证的，或者正常人中比较笨的那种，人家又觉得我女儿太幼稚，也是担心我女儿没工作。

问：您打算让她一直待在阳光之家吗？

S母：嗯，现在的目的就是让她快快乐乐、无忧无虑地过下去吧。

问：考虑过以后的发展吗？

S母：往后发展不敢想，最好就是我们如果不在了，国家对他们稍微关心一点，对他们的养老、安居乐业啊，关心一点。

问：我们的访谈到此结束了，感谢您的配合，希望以后的生活会越来越好。

S母：这些孩子好福气（笑）。

S女士老师口述（一）

口述者：阳光之家 A 老师
访谈者、撰稿者：张怡
访谈时间：2016 年 12 月 7 日
访谈地点：上海市某街道阳光之家

问：您还记得 S 同学第一次来咱们这儿的情景吗？

师：我不知道，这个问题你最好问李老师，她比我进来时间久，我才做了三年多一点。

问：您记得第一次见她的情景吗？

师：很好的呀，状态很好，她刚进来的时候我不太清楚，我是后来进来的。

问：您觉得她的性格怎么样？

师：蛮好的，蛮开朗的，活泼开朗，能说会道（笑）。

问：她在这里朋友多吗？

师：蛮多的呀，她班长嘛。

问：她和同学们相处得也很好吧，有没有对她印象特别深的事情？

师：也没什么特别的事情，她接受能力比一般孩子要强一点，通过这么多年训练，她才艺方面现在蛮好的。她比较爱什么呢……比较爱求胜。

问：比较好胜吗？

师：对对对，比赛的时候不能输，输了就不开心。

问：平时上课的时候也是这样的吗？

师：也是这样啊，她比较要求完美。画画方面也是要求比较完美，所以她的各方面表现还是蛮好的。

问：您对她有什么期望吗？

师：希望她最好能独立生活，能力强一点。然后走出去，能在社会上面找到一个工作，能就业就好了，不要在这里，这是我们每个老师的希望。希望他们全部出去自食其力，这样最好了，这里哪一天关掉了，反而是一件好事情。

问：课堂表现，希望她在哪方面有提升吗？

师：根据他们的情况，最主要的是愿不愿意学，接受能力就这样了，不可能再提高到哪里去了。问题是让她喜欢上这个东西，比如说画画，她现在画得比较好。笔啊、水彩啊，一般的同学用完了，跟老师说："我笔没有了。"她不会，她自己去买，她比其他孩子好一些。

问：她班长工作做得还好吗？

师：她各方面能力——学习能力、工作能力、综合能力都比较强的。

问：谢谢您。

S女士老师口述（二）

口述者：阳光之家B老师

访谈者、撰稿者：张怡

访谈时间：2016年12月7日

访谈地点：上海市某街道阳光之家

问：老师您好，您是看着S同学进来的吗？

师：对。

问：她当时是什么状况？

师：她是妈妈哄着做志愿者来的。她说："我是过来做志愿者的。"她不肯进来，到底是中专〔毕业〕嘛，你让她在这个地方，她肯定是不喜欢，她觉得我和你们两样，我是做志愿者来的。

问：进来以后各方面的能力怎么样？

师：还可以吧。她说的方面没问题。

问：除了说话，比如说动手呢？

师：那不行，她的手指伸开了，叉不开，教手指操、手语啊都伸不开。肢体方面挺差的，僵硬。

问：唱歌呢？她是不是很喜欢唱歌？

师：她唱歌还可以，来的时候也还可以。流行歌有几首唱得挺好的。

问：她来这有多久了？

师：她08年来的。

问：这么长时间是有进步的吧？

师：她来的时候不是现在这样的，她要学的东西要拼命学下来。

问：同学们都说她很好强。

师：对，她很好强。

问：有没有给您印象很深的事？

师：她的脾气很怪。我们一开始还有一位男老师，有一次，那个男老师批评了她，可能说她说话有语句不对。我就看到她奔过去，把自己关到卫生间里

面。这次把我吓死了，她脾气很倔，批评她要雅一点，不好在同学面前说。

问：不能在同学面前批评她吗？

师：哎哎哎（点头），要单独和她说，把她叫到后面去给她指出来，先从软的开始，一直硬的她吃不消。现在好像好多了。她一碰到大型活动表现欲望很强的。

问：她来这里以后，哪些方面进步比较大？

师：画图上进步大；舞蹈进步也大，她过去跳舞："我不行，我身体不好，我不能站什么什么的。"脾气也比过去好很多了。

问：现在您要是公开批评她？

师：有时候公开也还是受不了，一般情况下我们不用说太多，就点她的名字，点一下就 OK 了。她马上就懂了，她缓过来就可以了。

问：现在练舞的时候有没有发脾气，比如练的不对的时候？

师：她学不好的时候也要发脾气，恨自己，心里不舒服。

问：发完脾气，可以缓过来接着练吗？

师：练。她会自己冷静下来，自己去厕所间，她自己会调节自己。

问：您见过她是怎么调节的吗？

师：她就在厕所里用冷水洗脸，让自己静下来。有的时候我想：她怎么去厕所间这么长时间？我就悄悄地，她不知道，我就过去。她就没事了。

问：这种情况下你们就不会再多说她了吧？

师：不说了，不说了。她自己能调整自己就 OK 了。

问：她现在是班级里的班长吗？

师：啊，班长。

问：是怎么选的啊？

师：大家一起选的。

问：就是同学们公认的？

师：哎哎哎（点头）。

问：她有什么比别的同学更多的工作么？

师：一般就是写东西的时候，或者班级出去的时候，叫她带，交给她。

问：同学们听她的吗？

师：听的。

问：出去交给她带，你们放心吗？

师：放心，她管得很好，哪个走路不好了，小的都搀着，是老师的小帮手。过马路的时候，红绿灯分得很清楚。

问：您对她有什么期望吗？

师：希望她脾气再变好一点，她可以到外面上班去，就是她的帽子一直是中度。

问：好的，访谈就到这里，打扰您了，非常感谢。

S女士同学口述

口述者：阳光之家同学 1、同学 2、同学 3
访谈者、撰稿者：张怡
访谈时间：2016 年 12 月 7 日
访谈地点：上海市某街道阳光之家

问：我来问问你啊，S 同学你熟悉吗？
同学 1：熟悉的。
问：你每天和她一起上课，对不对？
同学 1：对啊。
问：她人好不好？
同学 1：好呀。
问：她上课表现好吗？
同学 1：好的呀。
问：是最好的那种吗？你有问题会问她吗？
同学 1：（摇头）
同学 2：你问谁啊，S 同学吗？
问：对啊，S 同学。
同学 2：S 同学还行吧。她很好强，她做什么事情都很好强，她一定要学会的那种。
问：她一定要做到最好，对吧？
同学 1：就是练那个舞蹈呀，她就怕自己做得不好，会拖累别人。
同学 2：哎，说 S 同学呢，你来吧。（向同学 3 招手）
问：S 同学，你觉得她有什么好的地方，有什么不好的地方？
同学 3：这个不好说吧。
问：没关系，你想什么就说什么。
同学 3：画画很好，唱歌也好。
同学 2：她自信心很强的，比如说我们有的时候说她，她就会不开心。

问：她脾气还好吗？

同学 2：她脾气还行吧。

问：会发脾气吗？

同学 2：有时候会，对我们很好的。

问：她是班长是吗？她班长做得好吗？

同学 2：还行吧。

问：她每天都需要做什么呀？

同学 2：每天嘛，有时候我们英语老师来了，就让她帮我们检查英语本，她帮我们查的。

问：她检查得认真吗？

同学 2：蛮认真的。

问：错的地方都可以检查出来？

同学 2：对。

问：还有吗？

同学 3：还有不懂的问题问她。

问：她给你们讲吗？讲得清楚吗？

同学 2、3：可以的，讲得清楚的。

同学 3：就是画画的时候，我问她深绿怎么调，她就加什么加什么就知道。

问：她除了英语课还有什么工作？

同学 2：还有唱歌唱得还不错。

问：做班长，她还有什么工作？

同学 2：有时候我们会检查卫生，她会帮我们检查卫生，什么指甲剪没剪啊。

同学 3：餐巾纸没带。

问：如果你们没有剪怎么办？

同学 2：她就会在那个表格上面批个不好。

问：然后呢？

同学 2：然后就好了。

问：那个纸没带怎么办？

同学 2：没带的话，老师就要有的同学去买啊。

问：她告诉老师你们没有带吗？

同学 2：对呀。

问：除了这些她还有什么工作吗？

同学 2：她啊，就是帮我们检查功课什么咯。

问：然后就没有了？

同学 2：没有了。

S女士本人口述

口述者：S女士
访谈者、撰稿者：张怡
访谈时间：2018年3月7日
访谈地点：S家

问：先问一下，你对幼儿园的事情还有印象吗？

S：幼儿园以前的事情，我记不太清楚了。

问：没关系，你记不记得自己在小学比较擅长哪个科目？

S：小学的时候，我比较擅长的科目是语文，因为我每次的语文成绩比较好。

问：有没有哪个科目你觉得比较难呢？

S：有，我觉得数学和英语比较难。

问：有没有比较喜欢的老师？印象比较深刻的事情？

S：小学老师好像还没有让我印象深刻的，但是我在上中学的时候，有一个老师让我特别印象深刻。

问：能说一下吗？

S：这个老师是我上中学时候的语文老师。然后她是个东北人，然后性格特别豪爽，然后她对我也特别地爱护，也特别关心我，而且还常常鼓励我。

问：这位老师做过哪些事情让你印象比较深刻？

S：有一次……是这样的，我妈生病了，需要住院开刀。恰巧那天我要去学校上课，不能陪我妈做手术了，所以我在上课的时候就分心走神了，结果被语文老师给发现了，她还叫我起来朗诵我写的作文，题目是《我的妈妈》。因为担心妈妈，导致后来我就哭了。老师立即到我的身边问我怎么了，我把事情的经过和她一说，然后她就安慰我说：你是一个善良的好孩子，你妈妈她一定不会有事的噢！还让我放宽心，继续学习。从这一点我就很感激她的。

问：除了这一位老师，有没有其他老师，你比较喜欢或者不喜欢的？

S：喜欢的老师，自然是有的。而不喜欢的老师我也不想提她了，毕竟都过去了。

问：上小学时，和同学之间的关系怎么样？

S：上小学的时候呢，总的来说和同学们的关系就一般般了。

问：有没有特别要好的小伙伴儿呢？比如一起玩儿啊，放学了一起回家呀？

S：这个好像还没有唉。

问：中学时，有没有关系比较好的同学呢？

S：好像没有。

问：你妈妈说过，中考之前爸爸妈妈都陪着你，晚上一起复习或者备考，你对这些事情有没有印象？

S：这个我当然有印象，我记得小学、中学、中考之前他们比我还要紧张，陪我做功课，帮我一起复习，一直弄到很晚很晚的。我不睡，他们也不睡噢！直到后来初二升初三，还有上中专的时候，我就不用他们陪我学习了。

问：如果考得没那么理想，他们会批评你吗？还是会鼓励你呢？

答：考试考得不理想的话，他们不会怪我的，相反还会鼓励我，给我信心，叫我下回继续努力，争取进步。

问：嗯嗯，进了中专以后，学习压力还是像以前那么大吗？

S：上了中专以后，感觉压力没以前那么大了。

问：妈妈在中专这块儿聊的不是很多，我想多问一下，你在中专的时候都学了哪些科目呀？

S：我在中专的时候，除了必修的语数外这三门以外，还修了政治、哲学、历史、地理、物理，还有化学。

问：还是有很多课，读中专是为以后找工作做准备的，是吧？

S：嗯！我在学的就是电子商务专业，出来就是可以做做收银员的。

问：你在中专时，学习成绩是不是相对好一些？妈妈说过你在中专时很努力很认真。

S：的确像我妈说的那样，我在中专很努力地在学习，成绩嘛，文科好些，理科就差些了哈。

问：中专的时候，是不是和同学之间的关系好一些了呢？

S：和同学之间的关系，还可以吧。在校外军训的时候，便和她们在一起了。但那时候我不像现在这么自信，话也不多，和她们不大说话，只是和一两个说说就是了。

问：中专实习的时候是怎么分配的，你记得吗？

S：在校实习的时候，刚开始学校安排我到三林的易初莲花做收银员的工作，因为时间的关系，再加上路上太远，所以我就没有去。然后就安排我去天目东路上航营业点做票务员和快递员，因为我是一个女孩子，再加上身上带很多钱，路途嘛又那么远，回来又没有固定时间，我爸妈担心我的人身安全，就叫我这个不要干了。再后来我就在肯德基和某超市实习，还工作了一段时间，一直到2008年金融危机，我才失业了噢。

问：到了阳光之家以后，和工作的时候相比，有什么变化吗？

S：来到阳光之家，我感觉比工作的时候还要开心，至少说起来没有压力噢！

问：我知道你现在是阳光之家的班长，作为班长有没有什么事情让你觉得特别有成就感的？

S：我在社会上一直被人歧视，但是在阳光之家是平等的。那里的老师们都很关心爱护我，同学们也都很尊重我。在阳光之家被人尊重，被重用，这就是我最有成就感的地方。

问：你未来有什么期待，或者有什么梦想吗？

S：我的愿望，一个是希望社会上有更多优秀的公益组织来关爱我们，能够和我们互动；第二个是希望阳光之家越办越好；最后最最重要的就是希望我的爸妈能够健康长寿，永永远远和我在一起。

S女士阳光之家观察日记

观察时间：2016 年 12 月 7 日 9：00—15：00

观察地点：上海市某街道阳光之家

观察者、撰稿者：张怡

时间	活动内容	备　注
8：55	S 进入教室，放好书包。	阳光之家九点上课。
9：05	做广播体操。	S 站在第一排，广播操动作协调、标准，无须看老师示范。
9：10	广播操完毕，S 脱去外套，做关节保健操。	关节保健操按节奏进行，动作舒缓有力。
9：15	S 调适教室电视的音量，选歌曲。	为舞蹈课做准备，此刻刚结束关节保健操，教室内较为混乱。
9：17	同学们跟随音乐开始跳舞。S 是后一组的领舞。	
9：20	S 站在教室一边，和周围同学闲聊，互相翻看衣领，讨论衣领的高低。	舞蹈老师讲解前一组同学的动作，S 在一边旁听。同学改正动作，S 点头微笑；同学动作错误，S 大笑后进行思考。
9：25	S 去其他教室找出马甲穿上，梳理头发。	
9：35	S 和同学讨论窗边的小盆栽。	
9：41	跳舞，跟随老师练习舞蹈动作。	S 动作基本标准。
9：45	老师反复纠正 S 的动作细节。	老师讲解后很快领会，但加入音乐后又恢复到纠正前状态。
9：57	S 在老师询问冷热后，把马甲脱掉。	第一支舞蹈排练结束。
10：00	S 调适教室电视的音量，选歌曲，在老师提醒下回到自己的位置上。	为第二支舞蹈做准备。
10：07	S 从白板倒映的影子中查看自己动作是否标准。	
10：13	S 坐在教室前面的椅子上喝水，和同学聊天。	舞蹈课结束，休息。

(续表)

时间	活动内容	备　　注
10:20	集合，摆放桌椅。	
10:26	S看同学打乒乓球。	
10:28	S打乒乓球。	
10:38	S拿调羹，洗调羹；排队取饭，拿到座位上；再重新排队取汤。	
10:40	S吃饭，把不吃的粉皮给其他同学吃。	大口、专心地吃饭。
10:55	S收拾饭盒，整理座位。	
11:00—13:55	休息。	S躺在沙发上休息。
13:58	S回到教室，把上课用品整齐地摆在桌面上。	阳光之家下午两点开始上课。
14:00	S喊"起立，one、two、three"。	履行班长责任。
14:05	S根据老师的讲解画出"天秤"，提醒同桌：画的球要大小一样。	课程内容为：美术课，课程第一部分讲解色彩的轻重。
14:10	S拿出水杯放在白纸上，依照水杯底座画出两个圆形。	
14:13	S挑选要用的水彩颜色，在调色盘中挤出豌豆大小的白色和黄色，将两种颜色混合，进行调色。	目的：调出浅黄色。
14:15	S询问老师颜色亮度是否达到标准，得到老师的肯定。	
14:16	S将调好的颜色用画笔涂在画好的圆圈中。	先描边后涂中间，涂色均匀。
14:17	S回头，回答同学怎样调出粉红色。	
14:18	S在调色盘中挤出豌豆大小的黑色和黄色，将两种颜色混合，进行调色。	目的：调出深黄色。
14:20	S询问老师颜色亮度是否达到标准，在老师建议下加入一点点黑色，质疑会不会太黑。	

时　间	活动内容	备　　注
14:23	S再次询问老师颜色亮度是否达到标准，和同桌讨论颜色明暗和球的位置问题。	
14:28	S重新画图，重新调色，涂色。	第一次画图，明暗度不同的两个球处于水平状态；重新画图后，思考颜色明暗和上下位置关系，亮球在上，暗球在下。
14:35	S继续涂色，并用调好的深绿色来回答老师苦是什么颜色的。	老师开始讲解课程第二部分：颜色的味道。
14:36	S快速涂好上一部分内容的颜色。	老师要求她停止上一部分，开始下一部分。
14:39	S用尺子比好间距，在图画本上画出"苦甜酸辣咸淡"的涂色表格。	绘出的表格干净、整齐。
14:42	S和其他同学讨论对颜色的理解：酱油是咸的，是黑色；苦瓜是苦的，是绿色。	
14:43	S把苦全部涂成深绿，老师提建议后加入浅绿色。	
14:46	S调、涂苦和甜的颜色。	苦：深绿色、浅绿色；甜：玫红色、橙红色。
14:49	S调、涂辣和咸的颜色。	辣：红色、绿色；咸：浅绿色、深绿色。
14:50	S和同学讨论淡的颜色。	
14:53	S走出教室更换涮笔水，洗笔。	以便接下来更好地涂抹白色。
14:54	S挤黄色水彩，蹭到手上，出去洗手再返回。	黄色水彩要用光了。
14:57	下课，S喊"起立"。	S一边喊口号一边涂色。
14:58	S坐下接着涂色。	S下课后接着涂色，直至作品完成。
15:00	S收拾好书包，穿好外套回家。	

勤能补拙上大学

——余晓栋母亲口述

余晓栋，男，1984 年出生。独生子女。智力障碍三级。2005 年毕业于上海电视大学，现代文员（国际贸易）专业。2007 年进入上海市某街道阳光之家。

口述者：余母周美珍女士
访谈者：文宇云（以"问 1"代替）、魏珍（以"问 2"代替）
撰稿者：文宇云
访谈时间：2016 年 11 月 12 日、2016 年 12 月 28 日
访谈地点：余家

出生之喜　求医之苦

问 1：爸爸妈妈是怎么认识的呢？

余母：他爸爸是 67 届的〔中学毕业生〕，我是 68 届的。他在吉林插队三年以后，当了工农兵大学生。〔毕业以后〕在吉林教书，教高中班的数学。

我爸在我四岁的时候没了，家里我最小，兄长都出去了，〔如果我再插队，〕我家就我母亲一个人。母亲把我们兄妹仨带大，我怎么能离开她呢？但是没办法，我和母亲说就去一年，刚好黑龙江部队要招文艺兵，我就去做军区文艺兵，整整当了两年兵。

我们这批老知青回来，有的做社区工作，有的到街道办的加工厂工作，我是先到社区居委会工作，后来有个机会换个工作环境，我就到吴淞街道的服装厂去了。

改革开放以后，好多外资企业都过来，我自己也比较喜欢学习，就从服装厂跳出来，进入一个外商投资的公司，叫东某不锈钢制品有限公司。接着是 83 年结婚，当时他爸爸已经调到苏州的望亭发电厂，84 年生晓栋。

问 1：家里只有晓栋一个孩子吗？

余母：对，就一个。

问 1：家里爷爷奶奶那边都是身体健康的吗？

余母：健康的。爷爷没了，奶奶现在九十几岁。

问 1：您生晓栋，整个生产过程是顺利的吗？还是……

余母：是剖腹产。我跟医院医生认识，我和医生说到了预产期这一天，我就不要再等了，因为我检查的时候，晓栋很小，再呆时间长了就要出毛病了，所以到时间我就剖腹产了。我怀孕时吐得特别厉害，我朋友也吐得很厉害，但她没事，孩子也没有什么大问题。我吐得厉害，孩子生出来很小，才 3 斤大小的"颗粒"。别看他现在长得挺好，你都不知道他小时候怎么样。你看晓栋小时候看起来是不是像小狗呀？（拿出小时候照片）

问 1：嗯，中间这一个。

余母：对，隔壁这是爷爷。晓栋和其他孩子比就像小猫小狗，人很小，就这样一天一天地艰难长大。他两岁以前，我总有个错觉，很担心他会不会是侏儒。后来我好多朋友说，他们也有亲戚生出来只有 2 斤多、3 斤多，现在长得很大，靠后期养育养好了。他的骨头架子其实还可以，但是只有一身骨头没有肉，也不是什么好事，再说我养得也不差啊。

问 1：什么时候发现孩子出现了问题？

余母：两岁的时候。他出生的分量是 3 斤 6 两，当时我们感觉这个孩子长不大。小时候家隔壁有一个小孩，正好和他是一天生，又大又长，他又矮又小，出来的时候就是一张皮，感觉很惨。两岁以前一切都是平平安安的，什么异常情况都没有，只是走路比较慢，他扶着把手走路就可以快点。到了两岁以后，我们发现他的脚跟不着地（两手做出拱形）……这样走路。

问 1：踮着脚走路？

余母：对对对！当时一直踮着脚尖走路，我对他说："你走路时，脚跟要往下踏。"他说："妈妈，这样走我很累。"我想这是病，怎么办呢？就尝试了两种治疗方法。我一个做医生的姑姑，介绍了一个扎金针特厉害的医生。当时我每天要上班，他爸爸还在望亭，我只能早上四点钟起床，换三趟车带他到五角场打金针。他满头扎上针，我把他带回家，午饭时我再从厂里赶回家，把针一根根拔掉。这样整整持续了三个月还不见效，我想这样不行啊。

我认识了一个推拿医师，我给他说了情况，他说可以推拿。推了半年，金钱投入就不算了，这半年的推拿对一个四岁左右的小孩来说太痛苦了，我实在看不下去，我就自己学推拿，但是脚还是这样，而且是越来越〔严重〕（手势呈弯状）……感觉他的脚跟还在一点点往上，脚尖越踮越上。

我有个邻居的亲戚跟晓栋的毛病一样，他家人觉得肯定是筋有问题，就给他做手术，一做手术整个人就瘫了，这把我吓住了，我怎么样都不肯给他做这个手术，至少他现在还能走路。后来我才知道他是因为缺血性病变，造成脑子这块血充不上去，又压迫神经，导致左半身运动障碍。虽然不至于瘫痪，但是行动起来确实不灵活，医院评定他是脑瘫，所以他现在的残疾程度是多残。他右边挺好的，右边灵活，你听他讲话呢有点大舌头，就是左右不协调造成的，因为左边的手、脚都不灵便。虽然还能走，但是走起路来有点跛。我心不甘呀，所以我自己每天给他做〔推拿〕，不间断。

到了九岁，他爸爸认识了卢湾区中心医院一个李医生，她是专门开这种刀的。我们去了以后，医生一看孩子九岁了，一般这里的肉（指着脚踝）不走路的话，里面应该就僵死了，没法开刀，但经过检查，医生很惊讶晓栋这里没有死肉，脚踝关节还挺灵活的，我说这是因为我天天帮他按摩。当然，我那时还没有这是为以后开刀做准备的意识，只是觉得帮他动动总比不动好，有一个他一定会走好路的坚定信念，就这样坚持做了九年。

也不知道早点去做手术，会不会还是现在这个样子，那时骨头比较嫩，可以生长好，手术也好做，人长大了整个骨头已经形成了。你看他左手是这样的（模仿晓栋手形），掌心向外，不能向内翻过来。小时候一碰到他的手就哭，像这样手腕不能灵活转动，我们上海话叫"taga"，就两个脱开了。后来我们去市中心医院看，这两个手指脊骨已经长成这样（模仿晓栋的手形），不是这样（模仿正常手形），不能上去，就不能合在一起，这块骨头长在那块骨头上面，所以他手不能往后翻。还好我们看得早，看得晚我不知道是怎么情况。你看他现在走路，确实脚着地了，但是他这个腿没力（拍左腿），这个腿有力（拍右腿），还是跛，一看他就是个残疾人。

母子相伴，勤勉求学

问1：晓栋有没有上过幼儿园？

余母：没有上过。因为第一老外婆在我身边，第二他走路已有病态，开口说话成型也是在四岁，根据实际情况……反正也就这样了，〔没法上幼儿园。〕

他一岁的时候，我就从最简单的数字开始教他数学。四岁的时候我就教他

加减乘除；教他看书，给他讲故事。现在的说法是不要输在起跑线上，当时还没有这种说法，但是我个人的想法就是早教。他从小就喜欢看书，发脾气时只要给他一本书，一看书什么问题都没了。

问1：晓栋什么时候开始会说话了？

余母：他四岁开始说你听得懂的话。

问1：在这之前，家里人急不急？

余母：开始的时候〔急〕，到后来就不着急了。那么多朋友说没问题，好多孩子说话很晚，越晚开口的孩子越聪明。后来他一点一点地说了，就认定他是能开口的。他一开始叫爸爸妈妈，就不着急了，相信他能说话，他肯定能说话。

问1：他开口比较晚，有没有做些说话方面的训练？

余母：这没有。就是讲故事，教他说话，教他读书。

问1：有没有引导他？

余母：引导？儿歌吧。

问1：放音乐，然后就让他跟着唱？

余母：儿歌，就教他儿歌。他一开始不会说上海话，我们一直用普通话来教他，别人也听得清楚，读书的时候也是用普通话，上海话是二十岁以后才会说的，之前都不会说。还有教他讲故事，让他复述给我听。我在教育、知识文化这一方面投了大量精力。

问1：我从网上查到，晓栋是从虹口区天水路小学，进入电视中专虹研分校，对吗？

余母：对对对，待会儿给你看一下〔证书〕。

问1：晓栋的情况影响读书吗？

余母（自豪）：他没有留过级，是正常随班就读的。正常学校看他这样不太肯收他，但我不想给他读特教学校，当时我的脑海里根本没有特教学校这个概念，也没有人向我介绍特教学校。孩子总归要上学，没办法还是开后门，通过我大哥一个当校长的同学让晓栋进小学读书。读一两年级的时候，他在学校数学成绩总是第一名，虽说这些小孩的逻辑思维能力挺差的，但他数学总是第一名。到了二年级，九岁以后，晓栋就到虹口区天水路小学读书，就在我们家大楼的对面。

他二年级读了半年，还有半年是开着刀在病房里过的。一是开手脚的延长筋，二是开疝气，两个刀一起开，在医院里住了半年，我每天在病房里给他上课。后来回到学校继续读二年级下半期，他半年没上学还是考出 80 分，老师说不错嘛，我也挺高兴，要求不高。他在四年级以前，分数保持在 80 分左右。但是年级越读越高，数学越来越差。当时我还不知道他脑子的问题要定位到脑瘫，只知道它叫缺血性病变。我们又到医院去帮他查，照 X 光之后呢，才知道医院判他是个脑瘫，那时候他十岁，不得不接受啊。他看病，那么小没人陪不行，我就和他的外婆轮流在医院陪护，晚上我陪夜，晓栋病看好以后，家里生活才趋于正常。

问 1：晓栋在学校比较喜欢什么课程？

余母：首先，数理化不喜欢，没办法，对他来说 60 分万岁。他喜欢语文，英语是我逼着他学的。后来那个学校教法语，我跟他一起学法语。

问 1：〔之后念的〕大专是……

余母：中专毕业以后何去何从？没法工作，待在家里我不愿意，我宁可让他去外面去闯。看到电视大学和法国联办的成人大学招生，就让他去了，让他自己做了一份简历。

问 1：自己做的啊？

余母：对，他自己做的。

问 1：他自己可以在电脑上操控 Word 软件？

余母（肯定且自豪）：对对对。现在，我所有的电脑〔知识〕都是他教我的。

问 1：之前是妈妈教晓栋课本知识，后来是晓栋教妈妈电脑知识，什么时候开始有这样的角色转变？

余母：开始学计算机，念中专的时候。他还有好多证书，他读书每年都是拿勤奋之星。他很努力，他也不是不知道自己残疾，第一是被我逼的，第二是我一直教育他。你以后没文化怎么生活啊。

问 1：我看到报道，妈妈先自学，然后再教晓栋，是吧？

余母：对对对。他就是这样没有留过级，反正我说 60 分万岁，一年一级考上去。晓栋大专毕业前，十二年里面我每天睡四个小时。我靠喝咖啡茶叶撑着，导致现在胃不大好。他睡觉我开始预习，然后辅导他预习明天的功课，尤其是数理化。我琢磨怎么样能让他记住公式，怎么样一步步解题。这些东西到现在我肯定还没丢，我把每一道题目很细很细地走下去，让他背出来以后一通百通，所以他还能毕业。但是我真的很苦，晓栋能读到大专，都是每天老师教一遍，回来我再教一遍。

问1：晓栋中专念的是计算机，大专是文员？

余母：对对对。

问1：除了这些文凭，晓栋还有计算机、网络方面的证书，他是怎样拿到这些证书的？

余母：我记得他当时读的学校很严，不像现在外面传说的，好像每个人都真能拿到〔文凭〕。他考计算机证书，考了两次，第一次差1分。考试都是需要参加全国统考，他每天上学是在海宁路，考试不在学校考，在虹口区阜新路那边。考计算机证书那天，他有点晕车，在车上还差一站就要吐，没办法，后来就真的吐了，考好试之后，身份证也跟着丢了。

问1：在学校跟同学们相处得好吗？

余母：他比较随和、热情、善良，也不惹别人，所以从小到大，几乎没有人欺负过他，只有同学帮助他。

我们和老师沟通好了，没有其他要求，就一点叫同学不要欺负他。我想老师对他好，同学们肯定也不会欺负他。小学、初中、大学，从校长到班主任都对他很好，所以我挺放心。他在学校两年被评为学习之星。

小学同学还是比较单纯，还不知道欺负人。到中学阶段，以前住在我们对面的一个男孩，是晓栋的同桌，他很聪明，数理化尤其好。有一次晓栋带了饮料去学校，他要抢晓栋的饮料喝，回来晓栋跟我说妈妈今天谁抢我饮料喝，他爸爸就去了趟学校处理，后来就和好了，这之后晓栋和抢水的同桌就成了朋友，那位同学愿意教他数理化，反正都是不打不成交，之后还帮助晓栋渡过好几个数学难关。

我们晓栋很会帮助人，同学们对他都很友善。我家以前有打印机，大专班里有好多外地学生，他们都到我家来，晓栋跟他们说叫妈妈帮他们打印论文。

问1：他身边的朋友多吗？

余母（肯定）：多，反正认识我的人都和他是朋友。

问1：不管是同龄人或者长辈，都可以成为朋友吗？

余母：对对对，他们都对他挺好。每个和余晓栋接触过的人，不管老还是少还是中，都很尊重他，像我们上海话说"老好啊"，〔晓栋〕就〔是〕很好很乖的那种人。

问1：我在新闻看到，他念大专的时候还交了蛮多外国朋友，是吗？

余母：对对对。比如说他有一个同学是法国来的。

问1：是在学外语的时候认识的吗？

余母：对对对。大学的时候认识的，挺好，两个人一直有联系。

问1：靠什么联系？

余母：以前是通电话，后来用网络，比如说那个邮箱……

问1：QQ 有吗？

余母：QQ 有，反正什么新东西来了他一直有。现在呢，这个同学结婚了，可能就淡了。但是他又不断有新的朋友，一直不断地换，包括国外的、台湾地区的一直有，但是关系挺好的就只有两个，还有一个在加拿大。

问1：他跟外国朋友用什么语言沟通啊？

余母：简单的法语。一般到我们这里能讲几句中文，或者用英文也可以，他简单的交流还可以，现在在家里不大用到，可能已经忘了很多了，不像我在外面，打交道还在用。

问1：晓栋什么时候学会自己刷牙自己穿衣服，能够生活自理？

余母：大概到中学毕业以后才学会自己穿衣服。

问1：大概是几岁？

余母：十六七岁吧。

问1：十六七岁，那刷牙呢？

余母：刷牙应该小学……十岁左右吧，他一只手不方便，我们帮的还挺多，这也怪我们不好，后来我发觉不对。

问1：有意识去培养他？

余母：对，老外婆在啊，我走了老外婆就宠他，老外婆就是"他这样你就帮帮他吧"的态度，现在老外婆知道了不能宠啊，因为毕竟以后要一个人独立。他半瘫嘛，但是我看他这半边（指右边）是好的呀。在厨房端碗，他手是这样的啊（模仿端碗手势，左边无法控制），他胆子特别小，他怕掉下来，我说别怕，大不了掉下来我来清理。

问1：让他放心去做。

余母：对对对。我就说让他做，做惯了他就学会了。这个想法大概就是二十岁以后有的，书读好了在家里干嘛？让他学家庭管理。读书的时候没叫他做什么，一个原因是时间不够，另一个就是想让他全力应付读书的事情，所以什么事情都不叫他做，真的三顿饭放到他面前。

问1：读书的时候什么都不做，但现在……

余母：现在就是烧饭。毕业以后就业怎么办呢？我又是开后门，即使这样也没找到工作。

问1：现在会烧饭啦？

余母：对，会烧饭。我们整个卫生工作都他做，早上起来把自己的清洁工作做好，我们这里的空气还可以，把床翻开来吹一吹，把地擦好，吃好饭，整理好，再做他自己的事。我们家分工，爸爸买蔬菜妈妈买荤菜，〔房间〕整理好了，爸爸蔬菜买好了，他就和老外婆去拣菜洗菜。现在简单的炖蛋还可以，但是你看他炒东西，油放进去，他就开始向后退，油发出"沙"的声音，我就顶着他，不给他退。小时候我妈从来都是叫我们做事，因为我四岁我爸就走了，我五岁就开始生炉子。我也就顶着他，硬生生把事情做出来，一样一样学，我现在说你一个月学一样东西，或者一年学一样东西，你总会学得好的，所以现在逼呀逼他做。

问1：不要求他多，但一定要做，慢慢来。

余母：对对对。一有时间他还帮我做后勤。自从我投入特奥工作以后，就特别忙，所有的文案都是他帮我一个字一个字打出来，帮我整理好，他学的知识就可以有用了。

问1：感觉是当您的秘书了。

余母：对对对，他学的就是文秘，还是比较学以致用的。

一九八几年的时候，股票刚兴起，很疯狂，大家都炒股，我跟晓栋爸爸达成一致，〔不炒。〕他爸爸当时在发电厂，福利非常好，分了两套小房子，我们就出租借掉，通过这两套房子的启发，我们以后有钱就买房子。现在叫晓栋管物业搞物业，这是一门技术。出租，收租，还有每个房子发生什么事，你碰到这样事情怎样处理，他现在就在自己家里面做这一块。比如对方家里什么东西坏了怎么办，他爸爸主张自己修不花钱，他主张花钱请人修，两个人有争执。我跟他爸爸说，你能修好吧你去修，以后你儿子肯定不会修。晓栋的意思说我不会修我就请人修，爸爸说我会修我就自己修，他们两个人的矛盾还得让他们自己解决。现在我们阳光之家和腰鼓队里的小伙伴都叫他"余总"（开怀大笑）。你问他们为什么，小朋友就回答他不是搞物业的嘛，所以就叫他余总嘛。

问1：晓栋84年出生到现在，三十多年了，您觉得他成长过程中特别标志性的事件是什么？

余母：他肯讲话了。以前叫他开口他不大肯，他怕我说他"L""N"发音不准，因为他半个舌头不灵活嘛，"L""N"发音是一样的。后来我说如果用上海话别人听不懂，你就用普通话说。他为了让人家听清楚，不断在锻炼语言，以前他说话，你们真的听不清楚，听不懂要重复听。

特奥运动，重在参与

余母：晓栋从 2007 年开始参加特奥运动会，他参加了板球比赛。开幕式的时候，他们教练员问我，你儿子〔来参赛〕是不是因为你是特奥领袖？我说对，就是因为我是特奥领袖，才到你们板球队来参加比赛。他可能就是一个摆设，我自己知道自己清楚，他们板球队训练，他进去就是一个参与者，但是重在参与嘛。从那个时候开始，我就有意识给他锻炼，包括现在坚持十点钟做广播体操，一定要叫他动。

余晓栋好在什么地方呢？他人很倔。他到世博会，别人一天都坚持不下来，他从早上到晚上坚持整个一天，他不坐下来，结果回到家他说：妈妈那个坏的脚抽筋。但就这样他也能坚持，这一点我很欣慰，不怕苦，可能像我们，我们也都是苦过来的。

问1：他除了板球，还喜欢什么运动？

余母：他可以做拍球、乒乓球等球类的运动，蹦跳类肯定不行，我给你们看一下（起身拿照片）。这就是我们残联团队，叫虹口区智障人士文化艺术培训中心，他是优秀学员。我们虹口区腰鼓队在上海，在全国都有名，全国都知道我们这个团队。

问1：那时他是怎么参加训练的，是老师带的呢还是……

余母：他在比赛前两个星期就过去了，到那边训练，我没跟过去看他训练。

问1：训练的时候有没有发生一些特别的事情，比如说学习中途想要放弃了呀或者是……

余母：他不会自动放弃的，要么你不要他了，他犟就犟在你叫他学他不会主动放弃，但是对他来说肯定是一次灾难。每天运动，以前在家里没有这么大量的。他说妈妈我很累，我说你就算只是一个预备队员也要训练的啊，他说老师同学都对他很好。这点他挺欣慰的，我也挺欣慰的，我就怕〔他不能适应〕，他从来没有离开过我，就这一次……

问1：是封闭式训练吗？

余母：对，就是到奉贤，他一个人过去了。他从来没有离开过我，他说妈妈我没有离开过你，可能不行呀。我说总有一天你要离开我的，对吧？

问1：老师对晓栋有什么样的评价？

余母：后来开幕式的时候，我碰到他们教练，我说：老师不好意思，我们余晓栋对这一窍不通，让你们费心了。〔教练说〕他很乖的，很听话，不惹事，他还会帮助人家，心很细。我说怎么帮助啊，〔教练说〕同学东西丢了他会帮人找；还有些男同学很粗糙的，他帮人整理整理、打扫打扫，就是很细小的事情，他也只会做这些事。他会关心人，帮人家做做小事，这是老师对我说的。

问1：每天打电话联系吗？

余母：我叫他没事不要打，让他自己解决问题。他洗澡，一个手没问题，另一个手〔不行〕，他说妈妈我搓背怎么办。我不是教过你了吗，把毛巾两头一拉，两边搓。搓不干净呢？搓不干净回来再洗，反正你要做，哪怕你带一箱子臭衣服回来，我也会帮你洗，但你自己就要先洗，洗不干净没问题。

问2：一定要尝试，一定要做。

余母：对对对。我本来教学生，一个重在参与，一个你要尝试一下你没有做过的事情。我一直说做不好不要紧，你一定要学着去做好，到现在为止我也是每天这样说他。

问1：他比赛的时候是怎么样的，妈妈跟过去看吗？

余母：没跟过去。我当时在上外宾馆参加特奥论坛，和外国朋友一起讨论特奥运动。我有问他，他说妈妈我第一个就淘汰了（笑），那边〔人家〕两年训练过来，他两个星期能做什么？我说你就重在参与，板球他是一辈子第一次也是最后一次参加。

回来以后我就开始抓运动这一块了。我们抓得比较狠，每年都有特奥比赛，包括滚球、投篮、乒乓之类的，滚球就是很长的一个轨道，滚过去打对方的球。他喜欢篮球、足球，他还踢足球做守门员。篮球、足球电视比赛他是必看的，我记得他小学考初中的时候，正好是世界杯，他一夜没睡，看完球赛考试去了，本事大吧？我不好骂他，我骂了他情绪不好考不好，我不骂他他反正就及格了（笑）。

现在我们每年都要比赛，一个融合跑，十几个人腿绑住一起跑，这是国际城际赛，就是国外的城市，比如西班牙、比利时的人也来。以前队少；现在志愿者团队也单独参加比赛，不过不计名次。这是我们比较骄傲的，我们可以拿第一名。还有乒乓、羽毛球、投篮、定点投篮等，都是些小的操作。也有田径，但田径晓栋不行。最近我们在搞一个高智尔球，它是围棋、滚球、台球几种运动的综合，是要动脑筋去布局、摆放的运动。

问1：他参加特奥之后有没有什么比较明显的变化？

余母：应该说体力好了，人家都说他腿力比以前好，他参观世博会一天能走下来。从特奥会回来以后，我就抓住这个时机，天天锻炼，去跑楼梯，以前我们在天水路时住四楼，我让他天天来回走十趟，你别看他一个脚不方便，但是腿力还是可以的。

孩子在特奥会后变勇敢了，真的勇敢了。他原来有恐高症，四楼下去他都不敢看。后来我带他出去旅游爬二郎山，逼着他上去。他一上去以后，我们就逼着有几个爬不动的小朋友上去，我说余晓栋都上去了，你们上不去啊，你们好手好脚上不去啊！他在某些方面达到带动一帮子人的榜样效果。余晓栋都上去，你们为什么上不去啊？老师们都这样说，没办法，一个一个就这样上去了。

在我们这个团队他是老大，他岁数不是老大，知识文化上是老大，所以他们什么事情会都叫他，他就是像一个百搭星，别人什么事情都叫"晓栋，我什么什么不懂啊"，这也是文化知识造成的。

问1：参加特奥对他在社会融合这方面有什么影响吗？

余母：跟人打交道的方面有进步了，出去训练两个星期，总归要说话，跟人交流。从那个时候，我慢慢开始带着他出去，有意识地让他和不认识的人说话，他就不怕陌生人了。以前和我出去，和陌生人从来不说话，他现在出去……你看至少现在和你们就有交流了。

问1：孩子参加特奥以来，爸爸妈妈的心态有没有什么变化？

余母：有一个协会亲友一说到儿子就要哭。我说我的眼泪都还给老祖宗了，哭不了了，三十多年了，不能再哭了。我的心态都放淡了，既来之则安之，既然来到面前，你再掩饰都没用，反而是和自己的心过不去。现在我都放开了，无所谓，人家怎么看你是人家的事，我怎么看自己是自己的事。

确定是脑瘫的时候是受不了，但是我也没怎么特别哭过。像我们这一代人，什么苦都受过，以前上山下乡，后来有了这样一个孩子，工作一开始也不是很顺心，我的理想我的梦想应该说都没有实现。当时急于把他培养成才，也不知道能不能成……也是梦醒了吧。我辅导他，不要请家教，又可以省钱，我自己又可以学到东西，那个时候没时间哭也没时间叫累。只有他开刀的时候觉得挺伤心的，这么小的孩子太苦了，但现在想起来都淡了，也不是问题。现在很多小朋友尤其有些自闭症孩子，更苦更难对吧，现在总在比较，我发觉我们还可以。

家长领袖路，苦并快乐着

问 1：什么时候知道特奥的呢？

余母：2005 年。当时我刚退休，晓栋读书十二年，我付出的精力大于吸进的能量，本来我的牙齿〔蛮好〕，现在变得不大好看了，没办法，体质不大好。我的一个亲戚是上海投资公司经理，介绍了一个美国企业和我们成立了中外合资公司，资金是双方共同投的，做不锈钢，期限是十一年，我在公司管销售。十一年到了，刚好是我的退休年龄，我说我不想再做，但是那边说不行，不行我就说退了，把这一块转给人家。

05 年我退休以后两个月，我们社区助残员来找我，说你来帮帮我们工作好吧，我说什么样子的工作，他们回复说"做做好事"，我说做做好事可以啊，没问题。就从 5 月份开始，在我们街道和助残员一起做事，我发现街道条件也不好，我能提供给街道的东西我都给他们。后来也是智障亲友说有一个腰鼓队，你能去教教外语吗，我说什么英语，他说 07 年申奥成功以后，还有个特殊奥林匹克运动会。从那个时候知道特奥的，踏入这扇门到现在就走不出来了，进去就给拽住了。这个时候我就后悔了，如果当时我把企业坚持下去，作为智障人士就业的基地多好啊！到 07 年，我们这里好多小朋友都能进去〔就业〕，真的是眼光太浅，没想这么远。当时没有到这一块〔来工作〕，更不知道有特奥。

问 2：那时候没想到这么远。

余母：我不知道有这一块，我知道我儿子是残疾人，他属于重残无业，由国家抚养他。当时的思想就是我们赚点钱，给他养老，没这么高尚的。来到这儿看到这么多孩子还不如我们家，心里就凉凉的，余晓栋算好的，他一直在学校读书，我们在家也都是正面教育，从来不反面教育的。那会儿我整个身心都是小孩，心里想帮帮大家，智障人士只要你不断给他教育，不断给他鞭策，不断给他刺激，他的脑子可以进步的，就这样坚持到现在。

问1：是什么样的机遇让您成为特奥家长领袖①呢？

余母：我们腰鼓队2006年参加特殊奥林匹克运动会上海国际邀请赛，在八万人体育场做大型腰鼓和中国功夫表演，欢迎来自世界各地的特奥运动员，也就是这个时候我们团队引起了注意。另外，我们虹口区亲友协会一直以特奥为目标，以"成就梦想"为口号，以体育运动为主要方式培训智障人士，06年还被评为"全国亲友协会工作先进集体"。

家庭领袖，每个省市都要送名额上去，一般来说做这一块的人都知道我们虹口区腰鼓队——就把名额给了虹口区。虹口区选谁为好？他们考虑了第一我会外语，第二我在做事情，就选择了我。契机就源于06年那场表演。开始特奥家庭领袖总共有五个竞争名额，再挑选就把我选上去了。

问1：腰鼓队让您有了后面的机会。

余母：对对对。或者更应该说06年到07年这两年，我们的同学在老师的辅导下，一直进步很快，表现出色。

问1：能详细讲一下特奥家庭领袖这段经历吗？

余母：刚做特奥领袖时，因为从来没有做过，很忐忑。07年在上海外国语大学宾馆里面参加论坛，本来我英语还可以，但是到这边就紧张。和自己中国人说英语，或者买卖双方说英语，做生意嘛就无所谓。但这个场合是国际场合，有些话你不知道能不能说，或者说了没有表达自己意思，那等于没说。我第一句就是说：Good Morning! Ladies and gentlemen（各位女士，各位先生，大家早上好）。说好之后我马上开始说中文了，我怕自己说不好，又怕人家听不懂，后来特奥会东亚区的李娟说你的发音挺好听啊，我说我给吓回去了。这是第一次，后来一直和各个国家的人交流，自己也放开了。

现在特奥会在我们中国已经形成了一个机制，我从2016年来看2007年特奥会，发现还是07年的特奥会最热闹，07、08、09、10年期间的特奥会，我也参加过，包括在福建等地举办的中国特奥会，上海特奥会我每年都参加。我发

---

① 周美珍女士是2007年上海世界夏季特奥会东亚区特奥家庭支持领袖。

现以前真是全民〔参与〕，振奋人心，五种残疾只有我们这种残疾有这么一个隆重的体育盛事，这对大家都是鼓励。通过特奥运动，智障人士增长知识，增长体力，走出家门，融合社会，这是我们一直用的口号：在梦想中尝试，在尝试中成功。当时很激动人心，老师们包括我自己，在特奥会中各有建树，都取得很好的成绩，在 07 年以后五年当中，走得挺远。

随着时间的推移，我发现好多人对特奥运动已经有点疲惫，有走过场的感觉。对我来说，我肯定一直在宣传特奥，各省市每年要举办一次特奥会，但是大家做起来只是为了完成任务而已。我一直说特奥运动对于我们智障人士来说是一个契机，你们要重视它，不是政府要你们重视，是你们自己要重视。

问 2：就是那种新鲜感过去了。

余母：肯定没有〔新鲜感〕了。我们自己觉得特奥越隆重越好，我们老师也说自己出钱也没问题，只要你运动项目给我们，让孩子们出去比赛。我们这些同学听到要出去比赛都抢着去，好多没去的还哭鼻子。我就会对他们说：没办法，这得看你们平时是不是训练得当，你们努力了那么肯定能去，不努力只能排在后面。现在在每年的特奥运动会也是有点走形式，对我们家长来说特奥会还是 07 年、08 年丰富，对我们孩子也是一种刺激啊。

我一直在坚持，我弄了一个新项目——高智尔球，领导也很支持我们。现在残联要求每个街道每周一定要有特奥运动的训练，或者每个街道有个比赛，这一点我做到了，是我介绍我们阳光之家做这个比赛。

问 1：您担任家庭领袖的主要职责是什么？

余母：主要职责就是宣传特奥，参加各种特奥比赛，参加东亚区会议和特奥论坛。我做了两个公益项目，从 2013 年 8 月到 2015 年 8 月两年，政府资助我们。我就以宣传特奥运动为主，带特奥运动员到处去活动，宣传什么是特奥运动，什么叫智障人士，什么是特奥运动员，我们一直宣传到共青森林公园。过去每个区都知道我们虹口区到处做宣传，我想靠这个宣传引起歧视我们的人群的反思，你看我们这些孩子！我们在虹口公园，每一次演出都有反响，只要腰鼓声一敲，公园里好多人都要到我们这里看演出，有的节目可以演一个半小时。我们特奥活动搞得还是比较轰轰烈烈的。

两年做下来，第一年是九万多块，第二年是十四万。我们把这些资金全用在特奥运动培训、比赛、宣传等方面。根据公益项目规定：项目经理一个月是三千块，具体工作人员——志愿者出来工作一次是五十块，但是我们所有的工作人员这些钱都不要，全部给孩子们。智障人士到我们这儿培训，一我们不要他们的钱，二只要你们肯过来，我们都愿意教你们，愿意培训你们。什么协会，什么会员制，我们都不要，只要你们过来，我们分文不收。

我的身体本来还可以，做两年项目身体做亏了。策划是我，算账也是我，好在他们说我只需负责动脑筋，不需要我做，但我情愿做也不要动脑筋，真的太累。我有的时候策划项目每天睡两三个小时，一个星期要活动两趟，提前一个月策划，还有准备工作要做，真是忙得不得了，还好有我妈在，所以家有一老如有一宝啊，她也在帮我做事情。

问1：一个星期两次活动大概是做什么呢？

余母：带他们出去啊，比如说各大广场、公园、马路边、车站等地点，一方面宣传〔特奥〕，一方面演出，打腰鼓，宣传"七不"文明礼仪。

问1：妈妈在这个过程中是否会遇到困难呢？

余母：第三期没做。前面两期做好了，我真的太累了，我想不做了。当时我们两期都做好了，都是特优，再做一期再优我们就可以免检，评估公司两个老师都说你们真的做得很好的，他们对我们评价特别高，也支持我们。但是我真的做不动，我家里还有老有小的，人做亏了以后倒下去怎么办？好多人劝我不要做了，〔我认为〕做还是要做，但是这个经理我不做了，我倒下了，经理做了也没用。另一方面经费申请也出了问题，所以第三期就真的没办成。我见好就收，我说第三期再做下去，如果我们没有特别突出的点，还跟第二期一样，评估出来……〔可能结果也不好〕，所以我们也就是……〔不做了〕。虽说我们公益项目不做了，但是我们团队对智障人士的长期训练还是继续的。

问1：您前面提到的培训是怎样一个模式？

余母：我们有一个特奥家庭支持联络网，你家庭有智障人士就是特奥家庭，智障人士还有一个名字就叫特奥运动员，志愿者里面我们的家庭成员居多。家庭支持联络网就是家长联合起来帮助孩子进步，融入社会。我们把这些孩子组织起来以后，进行训练、培训、教育，他们身体好了，体质好了，智能也上去了，潜能就发挥出来了，完全可以进入社会。每一个孩子不管是否正常人，他身上都有潜在的能力，可能以前没有开发出来，只要你把它开发出来，他的潜能就会发挥出来。

我们在十多年培训里看到很多孩子的潜能被开发出来了，包括动手的、动脑的、唱歌的、体育的、舞蹈的、戏曲的。很多人很笨很笨，我们有个同学很多事情都不行，四肢有点僵硬或者是协调能力不够，但是我发现他学英语的时候能力就爆发出来了，学得特别好，还会自己学音标。

问1：英语的音标？

余母：对！还监督自己，也会问老师，努力去学习，英语他学得最好。很多项目，比如体育、舞蹈什么的都轮不到他，他自己也很沮丧。唯独语言这一块，上了英语课以后，他的英语能力、学习能力就发挥出来了。

问1：具体表现在什么地方？

余母：一、认真；二、他买了本英语辞典学习音标，积极性也比较高了。把他们潜能发挥出来以后，他的智力也就上去了。我们春节联欢晚会上有一个英语成果比赛，复习的时候就用中文考他们英文"乌龟"，让他们抢答。〔其他人都〕蒙了，他们慢慢听都说不出来，就他举手啦。我说你确定啦，"确定啦，turtle"，那就 OK。我说你怎么知道的，他说老师教我们的每个单词，我自己回去都会查字典，后来了解一下的确这样子。

还有个孩子来我们团队两年，一开始躲在妈妈身后羞于见人。他妈妈过来问，老师，他可以参加你们团队吗？当然可以了，他从不肯动到自觉地行动，变得和你很亲近，能和你交流了。实际上我们通过运动来进行语言交流，没有交流你等于没有进步，从运动中产生语言，只要你和我一起运动，两个人可以交流，随便什么语言，好听不好听，听得懂听不懂，两个人一起交流。交流了以后，懂了，那么他学习就有信心了，现在我叫他当口训组组长，变得很自信了。特奥运动能让他们从静到动，开发他们的潜能，再从潜能提升他们的"动"，这个"动"就是动脑的动啦，运动带动语言，带动他们的思维。

问1：妈妈现在除了特奥领袖之外，还有没有别的职位？

余母：我是街道智力亲友协会主席，也在虹口区腰鼓队分管具体的事务工作。我们这个团队也不是你有什么身份就做什么事，身份只是一个附加条件，我们老师样样都做，跳舞、唱歌、打腰鼓、打扁鼓、体育训练，包括现在学习烘焙、教英语、教文化知识、培训比赛，我们学的内容好多。每次上课之前我们都喊口号：我们是谁？我们是特奥运动员。我说你们有两个名字，一个是智障人士，一个是特奥运动员，别人没有只有你们有。让他们记住他们是搞运动的，他们也是很自豪。

问1：我们从其他家长的访谈中了解到，家长们都非常感谢您一直以来的付出，带领大家走出困境，带着孩子们融入社会。是什么样的动力让妈妈一直坚持做下去？

余母：看到他们需要帮助，真的很可怜，有时候我不去，家里电话都会被打爆，他们问"老师你今天怎么没来，是不是生病了，我们来看你"，他们把你当亲人一样，真的很感动，而且跟这些孩子在一起真的是一种欢乐。还有，我们这里好几个家长，来我们这个特奥团队之前是很闭塞的，在家里心情也不好。到了我们这里之后，他们能调整过来了，是我们这个特奥运动团队把他的精神气都提上来了，让他觉得"我变好了，我改变了原来的生活状况"。我现在想趁还能动就动动吧，〔继续做下去〕。

生活自理，迈向阳光

问1：我们聊一聊晓栋在阳光之家的情况。

余母：晓栋开始还是去阳光之家的，上了一段时间之后，他问我"妈妈我是学生还是老师啊"，老师上课的内容他都懂，坐着就没劲。我曾经和街道里面说过，余晓栋可以当助残员。

问1：助残员？

余母：现在残联有一个工种叫助残员，就是辅助残疾人并解读各种政策的人员，街道给开一份工资。但是现在助残员基本都是肢体残疾人员、听障人员在做。我跟街道说我不要工钱，就让他去做，让他步入社会，让他有个地方发挥一下他的能力。〔对方回答〕"好像有点为难"。我说有点为难就算了，我就不去了。

现在，他还是阳光之家学员，阳光之家有什么活动他都去，上课他不去。

问1：您觉得阳光之家有需要改进的地方吗？

余母（肯定）：有！就用我们阳光之家作例子来说，现在老师都要备课，都有一个教学大纲，是不是每一个阳光之家的老师都在用这个教学大纲呢？工作要往前走，老师就要先学好多东西。我曾经跟阳光之家的领导说，是不是可以用智障人士家长来当阳光之家老师啊？〔领导回答〕"你教师资格证有吧？"那么我说现在阳光之家的老师他有教师资格证吗，他也没有教师资格证的啊，只不过是助残员上来顶一下这些工作。

我们家长知道孩子需要什么，也会用心去教他们，但健全人来阳光之家当老师，就像对待康复院养老院的人一样，只让你不要闯祸就好了。我们街道阳光之家还可以，孩子们还是比较幸福的，生活比较丰富多彩。因为我们是一直在努力改进，从星期一到星期五，画图、唱歌、舞蹈、训练特奥等等课程，整个还比较活。我还利用身边的人脉，经常组织他们外出活动。其实有好多智障人士家长也挺有知识，身份也不低，他也知道怎么去丰富阳光之家孩子的生活，所以何不去寻求这些人的资源来当阳光之家的老师呢？

问1：晓栋现在每天的生活怎么安排的，他参加过工作吗？

余母：我曾经四处给他找工作，但是你知道现在健全人的工作也很难找，他是不是能拼得过人家？我很多次跟人家说我不要钱，就让他加入其中就好，但是人家自己在创业的话，也没有精力带着你。

现在是工作不要他。家里有一些租出去的房子，所以让他在家里自己做物业管理，也是一种生活嘛。我们不炒股票，就是买房出租然后收房租钱，给他以后自己生活。当时想法很简单，现在感到这就是一份工作，让他管理下去。

现在还有些问题，好多特奥家长来信跟我说，越来越多的家长担心自己走了之后孩子监护权的问题，我曾经跟晓栋说过："晓栋以后你自己管理自己了。"他说："妈妈不行啊，不允许我们自己管理自己，要有监护人的啊。"他说去申请要求自我监护可以吗，我说以后试试看，我也只能说试试看，还是有法律规定在的，对吧？

问1：他平常生活是怎样安排的呢？

余母：一般来说他早上七点钟起床，铺好床铺，自己吃饭，整理房间，一系列下来以后，帮助老外婆做家务、拣菜、挑菜，做做老外婆的助手。他现在每天都学自理能力，老外婆烧早饭，他就在旁边看着学。到了下午以后，他就上电脑，他喜欢听故事、听广播，广播故事可以从早听到晚，他也会跟我分享"妈妈今天这个说得很好"。

问1：就是他刚说的阿基米德FM吗？

余母：对对对，在那里面听故事看书，"妈妈这个故事很好听，去帮我买本书吧"，然后他就去网上购书，一面听一面看。他看书不是像我们一目十行，他是一个字一个字看过去的，一本书从头读到尾，哪怕像砖头一样厚的书他都乐此不疲。

问2：他自己买书吗？

余母：自己网购买书，他自己能用钱，这没问题的。

问1：平常周末有没有其他消遣，比如说出去哪里娱乐之类的？

余母：一般跟我们一起出去，不会自己一个人出去，但会一个人出去买早点。我们家长经常带着自己孩子出去，现在家长旅游资源也很多，出去玩，孩子疯家长也疯。我们经常带他们去卡拉OK唱歌，组织他们下棋、打牌。虽然他们都是五音不全的，我们就让他们叫，叫着叫着他们唱得越来越好了；牌技都有进步了；中国象棋、国际象棋、五子棋，甚至围棋也是从不会到会。而且他们也把这些娱乐内容当做提高自己智商的技艺，这叫做玩出修养了，这真正让我们感到孩子可教，只要我们有足够的耐心，我们把这一个团队玩成了像家一样的氛围。

问1：平常在家里，爸爸妈妈对晓栋的教育理念会有分歧吗？

余母（肯定）：有！他爸爸叫他学会管钱，我叫他学会生活，学会自理。他爸爸老是会问你觉得现在的生活好不好，晓栋说："好，但美中不足。"他爸爸说不过余晓栋，他爸爸就说："我说不过你，你有道理。"可能从小和我在一起〔多〕，爸爸在外面，陪他的时间少。爸爸总觉得儿子不是脑残，所以对他的要求比较高，而我呢注重实际，首先就是要考虑一天三顿饭能否吃到口这些事情，我要他爸爸改变一下培养的顺序。

十多年来，对于智障人士，有一点到现在我都还没明白，他们好像对感恩两个字用心不深。爸爸、妈妈、老师对你全心全意付出，同学们也都对你们很好，你们用什么行动去感恩他们呢？他们的回答是我帮爸爸做事，我帮妈妈做事啊，妈妈生病了我端水端茶什么的。总有家长会对我抱怨说，孩子不乖也不听话。那我也只有说，他们是拿〔残疾〕证的人，还是要好好对他们说。但是我对余晓栋在这方面要求特严：一定要把感恩两字镌刻在心底。

问1：平常一家几口在一起主要做点什么事情？

余母：看书，一到时间晓栋总会说：妈妈看书时间到了。我就上楼和晓栋坐在一起看书。

问1：什么时候会是你们的看书时间？

余母：你看我现在每个星期双休日上午不在家，真的没有时间。但是只要一得空，晓栋就说妈妈上去〔书房〕坐会儿啊。所以随便什么时候，只要我有空在家，就会一小时两个小时静静地看书读书，但是余晓栋每天看书的时间不会少于五至六个小时。

他爸爸比较忙，也不喜欢旅行，我们出去〔他〕从来不去的。他说我在外面工作，哪儿还有时间去。两个人理念〔不同〕。他喜欢的是古董和红木家具，他宁可把钱放在这上面，放在我们生活上。但是我的理念是支持带孩子出去旅游，我对余晓栋包括我们整个团队的成员说："你们记住，虽然我们的孩子都是残疾，但是作为家长一定让他享受到健全人能享受到的任何活动。"所以他们都认同，响应。

问1：平常晓栋跟家里的亲戚交往怎么样？

余母：他和爸爸那边的两个孩子不是很亲，和我的两个侄女倒是很亲。我

的侄女在加拿大，走得比较远吧，所以微信联系比较多，晓栋的衣服都是我大侄女买的，小侄女会给晓栋世界各地的零食。他和我的侄子很好，虽然不经常碰面，可在微信上他们是聊客。总的来说他和我这边的亲人走得比较近。

我们整个家族都比较关心孩子，晓栋没有受到歧视，外面就不知道了，外面他也不理人家，人家也不理他。我们这里，不光我们这边邻居，原来的邻居，都说余晓栋这孩子挺好的、挺善良的。他碰到要饭的，我说这些年轻人就不要给了，他说算了妈妈给他点吧，你看不管怎么样，总之讨饭都是挺可怜的。我后来也跟他说不是每个讨饭〔都可怜〕，我拿了好多案例给他看，有些讨饭真的是残疾人，真的是贫困，你一定要去帮；有的可能是假的。我还资助云南的学生，救助他们读书，我也参加贫困山区教师活动，看到这些孩子这么受国家关心，对我来说也是挺感触，因为现在自己经济还是不差，我也想能帮多少就帮多少。

展望将来，顺其自然

问1：晓栋现在到这个年龄，家里会考虑他婚姻问题吗？

余母：当然考虑了，但是问题很多。余晓栋有他的要求，帮他介绍了很多，也有外来的〔女孩〕，对方只要一开口，三句话我就知道你什么心思。晓栋说："妈妈我是要能力强的，凶不要紧，她要管得住这个家啊，不凶管不住这个家啊，但是她内心一定要善良。好多人说你随便去找一个人，她肯定会过来的呀，但是她〔坏起来〕把我卖掉都不知道。"晓栋他虽然有头脑，但是行动能力有限，他说我宁可不结婚，也要找一个对的人，健全人也有不结婚的，我找不到合适的就不结婚。

问1：给他介绍过吗？

余母：有。我朋友她女儿也是残疾人，老早就看中我儿子了，那我说试试吧，一年下来发现不行。我说晓栋你自己回掉，不要叫我回掉，于是他和对方的家长通了电话，讲了他俩不行的理由。我对他要求，合适的一定要成家，不合适的宁愿不结婚。我在这方面的态度就是该来的就来，不来的也不强求。

问1：妈妈跟晓栋找对象的观念相似吗？

余母：我俩观点一样，女孩穷不要紧，外貌不要紧，外貌到了时间年龄都差不多，心灵一定要善良，女孩知道要怎么对待家里的每一个人，没有工作我可以动脑筋帮她找工作。晓栋看中的是她可以和他交流，但如果交流下来发觉以后的婚姻不会长，就差不多可以结束了。

问1：他会自己有意识地去结束？

余母：对对对，他可以，没问题的，所以他说不要结婚，他要自己照顾自己。

问1：他接受另一半可以有缺陷的还是⋯⋯

余母：有缺陷的可以，但是脑子一定要好，最好别有缺陷，有思维能力的才能保持现有的，共同富足未来。

问1：未来会考虑生育吗？

余母：我儿子生育没有问题，他不是先天的，他是后天生病导致的，我们去检查过了。

问1：妈妈刚才谈到，有些志愿者会有一些想法，能具体讲讲这是什么意思吗？

余母：〔智障人士的婚恋有三种情况，〕第一种，我这边有好多找不到老婆的三十岁到五十岁的志愿者男生，很多是四十岁到五十岁的，来做志愿者，有些实则是有目的的，来寻找残疾程度比较轻的、能力比较强的智障人士，想要交往。

第二种，是智障人士之间的结合。我们这个群体里面要结婚的孩子，除了考虑孩子的想法，看看两个人智力差距多少，两个家长对他们两个了解多少，双方的家长也要对眼，家长不对眼，那肯定是不行的。

我们这里有一个案例，两个残疾人结婚了，现在男方的家长把她当做佣人来用，没有一点对女方的尊重，我对女方的母亲说你眼睛睁不开啊，不听我的话，现在矛盾就出来了吧。虽然现在没离婚，如果不正确处理的话，以后女孩只会越来越困苦。我们奉贤的一个家长，她自己是医院的药剂师，儿子娶了外来妹四川人，给她〔媳妇〕开了个药店，她〔媳妇〕现在有个儿子就不管丈夫，只管自己的儿子。好在那家长能力很大，现在所有财产都是写她儿子的，不写她〔媳妇〕，写她〔媳妇〕的相当于她〔媳妇〕可以走了，那财产也走了，〔现在这样写〕他（儿子）还可以分一半财产给她〔媳妇〕，所以这些都是矛盾。好多时候我打电话，晓栋都在旁边，我说的话晓栋都会给我分析，听多了他也知道是怎么回事，也不用我慢慢说了。

第三种，我身边好多女孩子找健全人结婚，想把这一生依靠在这个健全人身上。健全人要她的话，原因可能是他自身条件比较差，没房没车或者工作不是挺好。没有工作的，他要看女方条件，女方条件好的话，他过来做上门女婿

都没有问题，反正以后女方家的财产都是我的，就等于说我娶你女儿就是把你的家产都娶过来。那么家长要有一种敏感度，要看出来这个人是不是真心对你女儿好，如果是那没问题，到时候反正一样给他们。但好多男人守不住自己，因为智障人士有语言困难，说话肯定不是很浪漫，生活不是很浪漫，他就是一个很简单的生活，早上阳光之家，回家吃顿饭看会儿电视就睡觉。如果把婚姻当做商品交易的话，那这种男人对智障人士肯定是很不好的，而且会红杏出墙，家里一个外面一个，现在这个问题已经存在。厉害的家长肯定马上休掉男的了，但是我们百分之八十以上的家长都是老实本分的，有些男的不肯离婚，就需要寻找社区的法律援助。还有的人知道你家要搬迁了，他要把户口弄到你家，等房产证上登记了他的名字，女方就完蛋。

实际上我发觉到现在为止，健全人找智障人士做老婆，好的很少。有一些家庭丈母娘比较厉害，他还不敢动；有一些家庭生两个的，手足是健全人的，他们也不敢动，因为家长肯定叫兄弟姐妹来做监护人。一般两个兄妹中有健全人的家庭，他是不要的，等于是以后财产都是兄弟姐妹的，没他什么事。

我在培训的时候要求他们把自己管理好，把自己家里财产管理好，帮助他们学习管理，包括我家晓栋也在学习管理。晓栋的问题是哪方面呢？他毕竟行动有点欠缺，走路脚有点跛，他想娶的不管是残疾的还是健全的，只要能和他聊得来的、善良的〔就行〕，对方外貌、家庭条件、其他条件都没有，因为他知道他本身外貌也不差，家庭条件也不差，他要的就是善良，可以善待自己的家人。

问1：您提到的案例是真实发生过的吗？

余母：对，都发生过的。

问1：您担心未来会碰到这种情况？

余母：对啊，特别谨慎，但是太谨慎也不是一件好事，带着怀疑目光去看对方的话，实则也是对人家的不尊重。一般我不拖累人，这类案例我碰得多了，所以看人有点经验，我最起码估摸出百分之六十这人是怎么样的。如果你是从善良方面走，那么我就可以〔接受〕，但是百分之六十都是有另外想法，那我马上停止交流。当然主要看余晓栋对她们的感觉，如果真的没有晓栋想要的，那就算了吧。

他还比较乐观，不是很纠结的人，比较想得通。他在读书的时候曾经讲过这样的话，"妈妈，我走在你的前面就好了" "妈妈我和你们一起走就好了"。我说："你脑子想什么东西啊，你现在几岁啊，妈妈还有得活了，你还有得活了。"可能有时候他认识到自己残疾，所以会有这样想法吧，但我给他的总是很乐观的一面，他自己也很阳光，所以以后这句话他就不说了。可能以前我们无意中谈到"哎哟，以后怎么办啊"，听到后他自己就有想法了，这之后我们自己不讲了，他也就不讲了。

现在看了电视里的家庭纠纷啊，好像健全人——身份、工作都很好，家庭条件也不错——家里照样乱七八糟鸡飞狗跳的，这种我宁可不要。我也想通了，对我们家长来说，好的那么我们给你们组建家庭，好好生活，这是最安定了；如果没有合适的，那么我一定会帮你像健全人一样生活得丰富多彩，想怎么玩就怎么玩，想干的事情就去做，只要是健康的、正能量的。

问1：政府方面给晓栋什么样的福利待遇呢？

余母：应该不错，他属于重残无业，全部是国家抚养，包括补贴全部算进去，现在大概是不到两千一个月。我们已经很满意了，因为不劳动你能挣这些钱，所以我们对余晓栋说你要感谢共产党感谢政府，没有政府没有共产党你没有这些生活费，我们自身生活条件不管，这是我们家长创造的，但是你现在打工，最低工资也只不过两千多。我一直对他说你要记住，你要求国家为你做什么，你想清楚你能为国家做多少。他也跟我说了一句话："妈妈，反正只要需要我的，我都会做。"我俩一直在交流，有时候和他争一个问题，争到后面他明白了，争论的目的也是语言，语言会越来越清楚。

问1：对晓栋未来有什么打算和期待吗？

余母：我对找工作这方面现在也是心灰意冷，真的很难，他现在三十二岁了，我家这块产业够他用的了，但是怎样去管理这些家产又是一个问题，现在叫他学会管，管好了就是你的产业，就像一个小公司一样的，管不好你就是破产。

问1：除了找工作，在别的方面有期待吗？

余母：期待呀，当然有婚姻最好，但是不强求。我现在在锻炼他一定要具备自理和管理家庭的能力，你没有管理家庭的能力，那以后真的没办法生活，他自己也始终反对到养老院去。

问2：他其实理解这些。

余母：他都懂，他主要什么问题呢？因为他的脑瘫造成了左半边的手脚都有不同程度的障碍，虽然不影响全部生活，但做事情的能力总归是欠缺的。

问1：您对自己、社会还有什么期待吗？

余母：……（沉默）这也不完全是政府能做的事，我们自己要用行动来赋

予整个社会对我们这个群体的尊重，这个是最主要的。你说我们对党和政府有什么要求，很多要求根本就没办法达成，我只能说现在社会情况都是这样。但对于我们这个群体，还是要依靠政府多关注，政府花大力量去宣传，让全社会知道我们也需要生活，我们更需要得到尊重。

切身体会，感悟总结

问 1：作为总结，能不能请妈妈谈一下身为晓栋母亲的感受？

余母：孩子生下来的那一刻，感觉很幸福，我有儿子，可以继承我的所有并帮我享受未来。生下来以后，就是一个接一个的打击，肢体有问题，语言有问题，之后绑定是脑瘫。怎么办？就会想到他以后的学习、就业、生活等一系列问题，但是你得承受啊，从不能忍受到慢慢承受，到最后接受，这当中的心理路程一般人是很难体会的。着急、郁闷、心疼，还有累——心累、身累、脑累，有时候帮他复习功课复习得晚了，我都会想要是他脑子好点说不定早就睡觉了，但是他笨啊，没办法，就只能我陪着他一起学习。

等孩子一点点长大了，慢慢地我还有比较。首先和其他孩子比较，我的孩子和其他同龄智障人士相比还可以，读书时随班就读，我们这团队里只有三个人是随班就读的，其他人要么不上学，要么进福利院，要么进特殊学校。好多人到中学时段没办法读下去，余晓栋随班就读一直读到大专，而且考上电大。国家办的电大，进去、出来都是很严的，59 分就是 59 分，少 1 分不及格就是不及格，他不会给你多分的，这么严格他也给撑过来了，很顺利地毕业了。

我发现他在电脑方面有特长，悟通得很好，他把学校里的知识和自己买的电脑书里的内容融会贯通，或者自己在电脑里去学，现在碰到什么问题，他一问一看操作一下〔就解决了〕。但他还是有惰性，要逼，他总是说"妈妈我不会"，我说找！有时候晚上没找出来，晚饭都没吃，一逼就逼出来了，所以说在智商方面，比我周围的孩子们都要好。当时我选择他去学文秘，文秘也符合他实际情况，他倒是也适合这个。

长大了，看着人家成家立业。对我们父母来说，成家立业是最好的生活选择。我们老了，他们怎么办呢？他一个人还是两个人？他是不是会受人欺负？这一系列都是问题，后来一点点地想通了。是健全人的反面教材教育了我，好多健全人对父母不好，好多啃老族，被爸爸妈妈在家里面宠坏了。好在晓栋有国家这一份补贴，吃饱穿暖没问题。担心肯定是有的，但是再担心没用，担心也是过一天，不担心也是过一天，船到桥头自然直。用自己的话来说，释放出自己心里面的忧那就是喜，我身边好多人比我更纠结，所以说顺其自然，我们可以帮他付出、帮他准备、帮他创立的，我们能做的、该做的，我们都做了，我们没有做到的是我们无能为力。

和孩子、家长接触，我不把自己看成领袖。家长们信任我，同学们也很依赖我，有时候问我怎么办，我可以从心理方面疏通辅导他们。这样首先我得解开自己的心结，用我的想法我的语言去和还没放开心结的家长孩子交流。我身边最起码有三个人从抑郁走出来，一直说很感谢我，我说不要感谢我，我们都是一样的。虽然心里还是有纠结，但是我想，残疾人家长纠结，难道健全人家长不纠结了吗？也有纠结的。我也想我晓栋找一个合适的、优秀的，但要找得到呀。你想想一个女孩子很优秀，是个白富美，她人品好不好？她是不是能陪伴你一辈子啊？我也不知道，当然希望是〔要抱着〕最大的希望，只能说一句我们还是顺其自然，该来的来，不该来的不来。

问1：家庭这方面总结完了，也请妈妈总结一下工作上的感受。

余母：第一点，我们有一个家长说过一句话：我们这些孩子好搞，家长难缠。我分析原因，我们智力障碍人士百分之八十五以上家庭比较困难，文化知识比较低，人的素质比较差。晓栋是幸福的，也不是因为我们文化知识水平多高、素质多好，我们不会吵，家庭没有战争。以前他爸爸脾气很坏的，但我做到我自己不吵，所以我们家里也不会吵。碰到问题了，孩子很好解释，只是家长会特别缠你，万一阳光之家老师批评家长了，批评孩子了，哪怕是他们自己的问题，他们还要再无理十八条。

第二点，家长把孩子扔给阳光之家就算完事，把阳光之家当作托儿所，该管时不管，有事了就说自己不管。白天把孩子放在阳光之家，晚上回去让他一直对着电脑。有些家长整天不知道在什么地方，尤其是单亲家庭，孩子回到家就只有冷饭，自己蒸一蒸吃一吃。我在阳光之家的家长开会时说，现在我开始点名，你们几个家长，工作忙，把孩子往阳光之家一推，孩子白天在阳光之家完成他的工作，到了晚上孩子对着电脑，会产生什么后果？孩子没人管，晚上不知道什么时候睡觉，白天到阳光之家打瞌睡，当然老师就要说他了。我们这些孩子和正常的孩子是一样的，要和家长沟通，希望你们和他们说话。当你们老了，他们只会对着电视机，不和你们讲话，你们什么想法？你们这些家长真的要好好改改，换位思考一下，如果你们是孩子，爸妈整天干自己的事不理你，整天不和你说话，你是怎么样想的？就和夫妻之间是一样的，不说话怎么

沟通？

　　每次开会都要让他们记住，教育孩子不是只要社会教育你们孩子，老师家长都要参与教育。你们要和他们聊，要和他们说，要教他们学会技能，不是放他到旁边不管，还要埋怨他们笨，如果这样你们又聪明在什么地方？我说你们也笨呀，你们不懂得和他们交流，你们就不懂得真正的敌人是你们家长自己，不是阳光之家的老师。我开会就对他们这样说，他们对我也没有气，因为他们觉得我说得对啊，我对事不对人，把孩子扔在家里不管〔就是不对〕。

　　第三点，我们这儿好多孩子懒，不肯多动。他们可能干活能力差一点，家长就懒得教他们，家长懒得教说明家长自己也懒嘛。比方说教他们最简单的烧开水，家长怕他们烫，没问题啊！从烧半壶水开始，教他们怎么学会注水，自己把它放到煤气炉上，或者弄到电烧锅里面，就这样一点一点慢慢来。不瞒你说，余晓栋我是不宠的，我跟他讲一个月改正身上一个问题，一个月时间，每天盯着你这一点，到最后一天我就不盯你了，做不到我就惩罚你了，这一个月你有足够的时间可以改正，你不改正就是你没有努力。晓栋我是宠，但是宠在心里面，一定要教他学会东西，才是真正对他好。大家都说余晓栋没问题，我整天和他聊和他对话，空闲时间我不是看电视不是看电脑，我就和他两个人聊，把我的时间花在他的身上，那么他就进步了，以后就不用担心我走了他会怎么样，这是对家长的一些要求。

　　对孩子的教育就是要他们感恩。以前我每个星期，不管在街道还是在腰鼓队，上课的时候总是强调一点：要学会感恩。他们就是这两个字学得很慢很慢，我问他们，妈妈今天劳动一天累不累？累！你们两个星期训练下来累不累啊？累！一天八个小时下来累不累啊？累！那么你们为什么还不听妈妈的话，还不帮助妈妈做些力所能及的事情，扫地洗碗擦桌子什么的？回到家里电脑前面一坐；还有些对父母不尊不敬。有好多家长对老师、对政府也缺少感恩，老是怨声载道的，孩子天天听你唠叨这些，他们能学会感恩吗？

　　好家长的做法就是正面教育。因此我们就开文明礼仪、动手技能课，孩子喜欢什么就教什么，他们说了要学会烧饭，那么每天早上起来就学怎么烧饭，喜欢煎蛋的每天自己学着煎，喜欢白煮蛋自己学着烧，从这种很简单的做法开始。在做项目的时候，我们有办自理能力比赛，比如说炒菜、番茄炒蛋、蒸蛋，还有叠被子比赛、扫地比赛、讲故事比赛等等。讲故事比赛，我们不要你们背什么童话故事，就要讲发生在你们身边的自己的故事，孩子们都讲得挺好的，有的讲我家拆迁的故事，有的讲我外公走了以后的感情，有的讲我帮爸爸妈妈做事之后发生的事情，有的讲老师，有的讲同学，各人讲各人的故事。还有看到妈妈、长辈以及老师要打招呼，每天起床要叫一声妈妈，回到家也叫，不要不开口，要不断地锻炼他们礼貌用语，好多同学总算学会了。要孝敬爸爸妈妈，要感恩爸爸妈妈，要感谢帮助你们的每一个人，这是我每个星期都跟他们说的。

问1：能不能请您用几句话或者几个词，概括一下您这些年作为特奥领袖以及智力亲友协会主席的感受？

余母：十几年来一直做着这一份工作，开始和家长交流很难，但是通过不断沟通后我们都会放开聊，这让我感到很高兴，让家长们疏通心结放开心结，对家长有益，我发觉自己做了一件好事。帮智障人士训练很累，正常人学习一个动作只需要一个小时，或者十分钟，但我们教他们一个动作要学一天，而且下个星期很可能还给你，我们还是要继续把这个动作教下去。他们学好以后，自己也感到高兴，因为一个动作学好以后是不会忘记的，就永远记住了。我很高兴他们成长了，从原来的学一个舞蹈要两年，到现在两个星期，可以说智力已经是在飞跃地发展了，他们的进步就是我开心的地方。

对我来说，家庭这部分我是很歉疚的，这么多年里我大部分时间在外面做事情。空的时候我在家里做点家务，不空的时候特别是家庭需要我的时候，就很亏欠家里人。像我婆婆九十大寿，我正好有一个项目在搞活动，我没去，婆婆很不高兴，但是我心里很高兴，因为这个活动顺利完成了。我的朋友都说我追求完美，因为我什么东西都叫他们做到完美，实际上我是希望他们完美地展现出自己的风采，以后能得到更多受众、更多观赏者的点赞。你看一个舞蹈，我叫他们达到我的要求，我是很高兴；他们受到观看者的点赞，那我更高兴。他们需要帮助，我要在我能做的岁月里面和他们一起玩，一起活动，他们锻炼了，我也锻炼了，这是双赢。我没什么很高尚的话要说，一个词"有容乃大"，是对自己的宽心，也是对别人的关爱。

问1：听了妈妈这段话，我也很受启发，特别佩服妈妈这些年来的付出与工作，感谢妈妈、晓栋和家人们这段时间对我们的配合与支持！

余母：好好好，不用客气，也感谢你们！

余晓栋老师口述

口述者：倪老师

访谈者、撰稿者：文宇云

访谈时间：2016 年 12 月 8 日

访谈地点：上海市某街道阳光之家

阳光男孩，电脑专才

问：老师还记得晓栋是什么时候来阳光之家的吗？

师：是 2007 年来到这边。

问：您一直是带他的老师吗？

师：对。

问：他最喜欢上什么课、最喜欢做什么活动？

师：喜欢上动脑筋的课，比如说脑筋急转弯啊、猜谜语啊，他很喜欢有趣的、智力方面的活动。

问：身体运动这方面呢？

师：他自己觉得身体运动他不会，〔但〕现在街道里派去比赛，他都是第一、第二名。

问：他是怎么获得这样的进步的？

师：家长配合很重要，特别是家长，他妈妈管他很严的。

问：看出来了，妈妈对他要求很严格。老师您在这边主要是教他什么课？

师：手工课。

问：他在手工课上表现怎么样？

师：还可以。他因为手不方便嘛，〔虽然可能做得不是很好，〕但他真的很用功。

问：很用功主要体现在什么方面？

师：他手指越不灵活，他就越拼命做，态度很认真。

问：他跟别的小伙伴相处得怎么样？

师：都很好，他们都叫他"余总"，因为他知识学得比较多，看的东西多。

问：晓栋 2007 年来到这边，到现在 2016 年，已经九年将近十年了，您觉得他在哪些方面有成长？

师：他进来的时候是一个不大说话的孩子，静静地坐在边上，现在就变得很活跃了。

问：还有其他方面的变化吗？

师：在体育上，他经常打乒乓球，以前不会拿板，现在已经能跟人比赛，人家发球给他，他能接过去。

问：您对晓栋有什么评价吗？

师：他其实是一个爱好文学的男孩子，他喜欢看书，看动漫，还很关心新闻。

问：您是从什么方面看出来的？

师：从他学的东西，看得出他整个人蛮爱看书，看了很多书。

问：您对他有什么评价？

师：他本来不太会说话，因为他会的东西比较多，有一次我们给他锻炼机会叫他上课，讲故事给同学听，大家也都听得懂。过去是文文静静的，现在他成长为一个能说会道、阳光的人。

问：您有没有什么印象比较深刻的事情？

师：印象深刻的事情就是世博会的时候，我们一个大团队过去，他走路不方便，别的学员应该从身体上来说都比他好点嘛，想不到他很能吃苦，走路一天下来都没事，人家都觉得累，但他不叫苦。

问：您对他未来有什么期待吗？

师：期待他能走入社会，找一份他自己喜欢的工作。他在电脑方面能力不错，如果能让他做这方面工作最好。他走路不方便，可以在家里用电脑上网做点活，发挥所长。

问：谢谢老师。

余晓栋本人口述

口述者：余晓栋

访谈者、撰稿者：文宇云

访谈时间：2016 年 12 月 8 日

访谈地点：上海市某街道阳光之家

"余总"与阳光之家，共同成长

问：你还记得是什么时候来阳光之家吗？

余：那么久了，以前〔阳光之家〕不在这里，最早的时候我都去过。

问：你平常最喜欢什么活动或者课程？

余：什么课程……文化课基本上就是说我都比他们懂，就是说活动他们会找我〔参加〕。

问：哪些活动呢？

余：就是外出活动这种，他们就会叫我，一般的他们不叫我的。

问：你跟这边的小伙伴们关系怎么样？

余：还行。

问：对他们有什么感觉吗，评价一下？

余：他们比较放得开吧。

问：有没有跟他们发生过比较好玩的事情？

余：我说话就是随随便便的，开得起玩笑的。

问：还有吗？

余母：他们都叫你什么？

余：不是因为你的原因吗（指妈妈，不好意思）？

问：没关系，你不用害羞的。

余：叫我总经理。

问：你觉得这边的老师怎么样？

余：整体还不错的。

问：你有没有学到东西？

余：学到了，基本上学到的就是守纪律。

问：你来这边这么久了，有没有觉得自己有什么变化？

余：那就应该属于教学环境，以前在那边比这边校园环境稍微差点。现在看到……以前上课外面小得多，现在大了；以前没有自己的活动空间，但是现在有自己的活动空间了。

问：你觉得自己最大的变化是什么？

余：对我来说应该没什么变化，因为我的学历知识都比他们高。有时候就是动手能力，主要是动手能力〔有提高〕。

问：你在这边认识了很多朋友吧？

余：对对。

问：有没有觉得认识他们很幸运，收获了一大帮友谊？

余：有啊，有时候我们经常一起出去嘛，一大帮子，父母带着小孩一起出去的。

问：你对阳光之家有什么感受吗？对这里做一个评价。

余：感受就是以前——因为我妈就是做这份工作的嘛，就是听她说——还没建阳光之家以前孩子都困在家里面，有点自闭症的倾向，不说话不交流，你看现在他们开玩笑一个比一个强。

问：谢谢你。

余：好好好。

余晓栋腰鼓队观察记录

观察时间：2016 年 11 月 27 日 9:00—10:30
观察地点：上海市广中支路 22 号上海市虹口区残疾人联合会
观察者、撰稿者：文宇云

余晓栋左瘫，较少参与腰鼓队训练，一般作为带队老师即母亲周美珍女士的秘书、文员，协助教练及队员进行训练。本次观察时，老师分派了"小记者"任务给余晓栋。

时间	活动内容	备注
9:00	余晓栋离开办公室，前往活动室，与小伙伴们热乎聊天开玩笑，拿出本子和笔准备写稿。	
9:15	余晓栋正式进入小记者状态，其间偶尔走神打呵欠，总体上在认真观察并做记录。	老师中途暂停，纠正腰鼓队队员错误姿势。
9:21	带队老师宣布今天余晓栋担任小记者，采访大家。	由于是第一次担任小记者，队员们又太熟，大家都在偷笑，余晓栋也在偷笑。
9:28	训练中止，带队老师提示余晓栋上场，余晓栋第一个采访好友 Z。	采访队员运动后的感受，也适时给予队员们一些建议。
9:35	舞蹈时间。余晓栋略有发呆，在妈妈提醒下，开始与观察者互动，主动与观察者分享采访心得。	分享心得时说，与队员们都太熟，都知道大家的缺点。
9:47	队员们的休息时间，余晓栋认真观察即将采访的队员 S、Y。	采访队员们的训练感受，对队员们刚才的表现进行点评。
9:56	采访完后再次主动与观察者分享，拿出手机给观察者展示假期游玩照片，以及双十一购买的某动漫玩偶。	余晓栋为该动漫玩偶的百度贴吧吧主，由贴吧成员们共同选举产生，平常管理该贴吧。余晓栋房间里也有不少该动漫玩偶，可见对其十分喜爱。

时间	活动内容	备　　注
10：00	队员们扎马步训练，有一位队员因为关节不好，无法完成规定动作，余晓栋协助老师耐心帮助该队员。	
10：14	带队老师点名让余晓栋加入扎马步阵营，并让余晓栋与队员比赛扎马步三十秒，成功后赢得全场掌声。	
10：16	休息时间，余晓栋继续与小伙伴们聊天。	
10：20	循环播放歌曲，队员们伴着不同音乐跳着不同的舞步，余晓栋用手机为大家拍照纪念。	歌曲为《送红军》《套马杆》《欢乐地跳吧》《我祝祖国三杯酒》《深深爱》《荷塘月色》。
10：32	结束。	

余晓栋阳光之家观察日记

观察时间：2016 年 12 月 8 日 9：00—15：10
观察地点：上海某街道阳光之家
观察者、撰稿者：文宇云

阳光之家的课程对余晓栋来说较为简单，除了周四因母亲担任老师前来上学之外，其余时间不参加上课，仅参加阳光之家举行的各种活动。

时间	活动内容	备　注
9：05	余晓栋协助工作人员整理椅子，排队准备做操。	其间与同伴们偶有闲聊。
9：08	做第九套广播体操。	总体动作比较到位，部分动作有些困难。
9：12	精神康复治疗课。大家围圈坐好，准备上课。	每周四固定有医生前来上课，本节课主题为表达性艺术治疗。
9：15	课程开始，首先进行放松训练，老师播放音乐，配合语言，引导同学们闭眼进入情境，余晓栋全程很放松。	
9：22	肢体操，头、手臂、腰部、腿和脚陆续运动，余晓栋基本不需要老师特别指导，其间还能帮助老师纠正其他学员。	
9：48	老师带领大家玩游戏，全体学员牵手围圈，从外圈迅速跑向内圈，余晓栋玩得非常享受，笑得很开心。	
9：53	老师指导大家分享游戏感受，余晓栋表示很像潮水。	此游戏的目的是为了促进学员学会自我表达与宣泄。
10：00	余晓栋协助把桌椅恢复原状，进入自由活动时间。	每天 10 点到 11 点是自由活动时间，学员们可以做自己喜欢的事。
10：08	余晓栋进入乒乓球室，与友人比赛打羽毛球，余晓栋的乒乓球技不错，赢了好几次球。	妈妈、老师在一旁指导、鼓励。

（续表）

时间	活动内容	备　注
10：14	余晓栋暂时下场，在一旁看得很投入，目光一直盯着乒乓球走，主动帮忙捡球。	
10：20	观看同伴们玩24点。	学员小L从小由爸妈训练24点，算数极快，战胜包括观察者在内的所有人。
10：24	闲聊。妈妈问余晓栋在家都会做什么家务，余晓栋回答做接线员（接电话）、擦地板、程序员（打字）、秘书（帮妈妈处理工作事宜）。	
10：50	下课，准备吃饭。	
11：00	吃饭。	
12：00	饭后散步。	
13：00	回到阳光之家，休息。	
14：03	能力培训指导课。老师组织大家开展高智尔球运动，余晓栋担任闭关员，全程眼神一直关注球的走势，及时记录并为表现好的学员鼓掌。	闭关员需要较高的观察力和反应力，老师表示其他学员无法完成任务，余晓栋程度较好，所以一直担任闭关员。闭关员的主要职责是根据运动员的比赛结果，使用圆锥体做记号，相当于裁判与记录员。
14：36	新的一局开始，余晓栋继续司职闭关员。	
14：50	新的一局开始，继续司职闭关员。余晓栋能灵活躲避来球；赛况非常激烈，余晓栋全神贯注，时刻准备放置记号。	
15：05	活动结束，余晓栋帮忙收拾游戏现场，老师列队做总结。	
15：10	余晓栋准备离开阳光之家，临走前与观察者告别。	

阳光基地电话员
——Y女士母亲口述

Y，女，1986年出生。独生子女。轻度智力障碍。2002年毕业于上海市某区辅读学校。2014年进入上海市某街道阳光基地工作。

口述者：Y女士母亲
访谈者、撰稿者：李慧冉
访谈时间：2016年10月29日、2017年1月12日
访谈地点：上海市杨浦区紫荆广场麦当劳

医生救回新生儿

问：阿姨，您跟您丈夫是怎么认识的？

Y母：我和丈夫是经过介绍认识的。他从黑龙江农场回来，在生产组干活，工资不高，也很辛苦；我比他小，我是上海的，本来在纺织厂工作。我们谈了一年左右就结婚了，我们的条件不太好。结婚半年左右自然而然怀上孩子，知道自己怀孕的时候，我好开心啊，嘿嘿（露出一脸幸福的表情）。

问：您那个年代有孕检吗？

Y母：唉，每个月都会定期去孕检。孕检的时候没发现什么问题，就是小孩偏小一点。

问：孩子偏小是吧，没有其他的……

Y母：没有没有。唉，生小孩的时候，医生说我子宫没开，也没有引产，到了5月3号就把她剖下来了。拿出来的时候，她哭的声音挺好，哇哇地哭。到第二天，廿四个小时之内，医生发现她脸色发紫，浑身发紫，哭的声音两样了，医生赶紧把她抢救过来，以后她就不是很好。

问：抢救过来，您跟丈夫都仔细地照顾孩子了吧？

Y母：唉，仔细照顾孩子呀，这是个好大好大的〔事〕，自从生了她，我班都不上了，整天看着她。等她稍微大一点，我就做做零碎工啊，这里做一点，那里做一点，陪着她。

倾尽财力补营养

问：孩子身体一直不太好吗？

Y母：唉，小时候身体不大好。从出生到两岁左右，就一歇感冒喽，一歇拉肚子喽。经常带她去医院看病，心里着急啊（语气诚恳），小孩身体好总归安心一点，身体不好总归心急。

那时家里条件不太好，花费好多，就为了她呗，总得给她好的吃。她身体不舒服，就慢慢调理，吃的方面注意一点，给她吃菜，各种各样的蔬菜，豆制品、红枣汁都吃的。还有牛奶、蛋、鱼、虾、牛肉啊，拿这些补脑的东西给她吃。

长大后，吃饭之前，零食不给她吃，等饭吃好了，就给她吃各种零食。家里都是紧着孩子吃，自己不吃。孩子生下来5斤2两，小嘛，让她吃好一点，长好一点。到了四五岁的时候身体就一点点好起来了，五六岁的时候身体就好了。她没有生过比较严重的病，就是体质差一点。

问：孩子是什么时候学会走路和说话的呢？

Y母：15个月开始学走路，也是跌跌撞撞的呀。15个月多，开始会喊爸爸妈妈。第一次叫妈妈的时候，我好开心呀，真的好激动（一脸幸福的表情）。现在还记得这种感觉！小时候不听话，也有很好玩的事。我说你为什么不听话，她说我不听话，你老是打我。我说你不听话我要打你的啊，她又说我不听，那我回你肚子里，干嘛给我生出来啊。她也很犟的，不满意我说她，喜欢听好话，她会记仇哦。一年级的时候，小朋友欺负她，我女儿打也不敢打，就一直不理他们，就这样子，很倔的。

问：小时候生活自理方面怎么样？

Y母：七岁左右能自己刷牙、洗脸、洗脚，大概十岁左右能自己洗头发。小的时候都是我帮她做这些事情。

不爱娃娃爱金刚

问：在幼儿园顺利吗？

Y母：我女儿上的是一家普通幼儿园，有时候一个人在角落里玩，有时候跟小朋友玩，基本上都是一个人玩，她不喜欢跟其他人玩。老师说她不爱说话，很内向。她典型的有一点点轻度的自闭，不爱说话，不喜欢和别人交流。幼儿园这三年一直都是这个情况，老师布置的作业，她有时候跟你说，有时候就不跟你说。

我跟她说你要活泼一点，但是没用啊，老师也跟她说过，她说我就不爱说啊。不过在幼儿园也有关系好的伙伴，她经常和我们楼上的一个小朋友一起玩，两个人搭搭积木啊，唱唱歌啊。稍微大一点的小朋友她基本上都不带搭理，这样上幼儿园，一直到五岁。

她小时候最喜欢玩变形金刚，就是玩男孩的东西，像是叠纸、枪、溜溜球，还有卡片啊。她喜欢跟男孩玩，我问你为什么喜欢跟男孩玩，她说男孩爽气，女孩扭扭捏捏的我不喜欢。我说你是个男孩子多好啊（开心地哈哈笑）。我还给她买那个小玩意（指拼图），不是拆开的小方块吗，一百多块，二百多块的，她有时候也能慢慢地搭出来。她喜欢什么东西我就买，能满足她的就给她。录音机、收音机啊她都要，她还喜欢碟片，把碟片放到录音机里听歌。女孩子玩的东西她不要玩，洋娃娃她不要。她现在懂事了。

问：小时候您陪着她，一般是怎样度过一天的？

Y母：早上起来给她弄饭吃，给她准备衣服，我培养她自己穿衣服，慢慢地她自己能穿衣服。她刷好牙，早饭吃好后，我就带她到幼儿园去。下午接她回来，有时候跟她在外面兜一圈。回到家开始做饭，吃晚饭，吃好晚饭看看电视，到外面再走一圈，回来洗脸、刷牙、睡觉，一天就过去了。

问：都是您在照顾她，有其他人帮您吗？

Y母：都是我呀，她爸爸要上班，外公外婆那边小孩也多，奶奶年纪大了，也照顾不过来。这种小孩总归人家看不起，自己照顾耐心一点，一直照顾到十七八岁左右毕业，就不放心呀。

成绩不佳转辅校

问：您什么时候发现孩子跟其他小孩有点区别？

Y母：读一年级的时候。上课不听讲，不停地做小动作，做好了小动作开始睡觉，这个年龄正是贪玩的时候。老师说的话，你说她不懂吧有点懂，老师教她的拼音她都认识，但是不爱写字。老师说她不写，我就逼她写字，逼她念，念书还可以，26个字母都能念过来，写字也可以。

有一次，一个老师跟全班小学生说，这个字不是Y写的，是她爸爸妈妈帮她写的，她不爱读书，你们不要跟她玩。老师总这样说，小孩总会有自卑感的喽，你说我这样子，我就这样子，一直拖拖拖，到了期中考试的时候，语文考了二十几分，数学考了五十几分，其他科目都可以，老师就硬叫她到辅读学校读书去。

问：老师不让其他孩子跟她玩，您跟老师沟通过吗？

Y母：我不知道这件事。后来是两个家长告诉我的，那时小Y已经转到特殊学校了。老师从来没有跟我说，他就说你的小孩应该要补课。补课是要钱的啊，我这时候哪里有钱，没有钱的呀。所以我没有请过补习老师，都是自己教，她爸爸也教。有时候我教她怎么写字，写的不好再叫她重新写，还教她数数字和算数，1到100的数字。总之语文、数学都教啊。她拼音很好的呀，她能把这个字拼出来。那时每天晚上回来，吃好晚饭我就开始教她，大概一个小时，有时候两个小时左右。

问：她愿意学吗？

Y母：不愿意啊，你一走开她就开始玩，一开始玩就调皮了，等我过来，她再做作业。她总是想到外面去玩，不爱学习。挨打也挨了很多次。

问：孩子在普通小学待了多长时间？

Y母：一年呀，她也能跟上去的，老师逼着她去辅读学校。我说我们留下吧，老师说不可以，你的小孩只能到那边去读书，在这里读书跟不上。老师对她有偏见呀，他觉得没有面子，小孩不好好读书，拉他的后腿了，是老师把她逼走的。我想给女儿转学，那时读书很紧张，他还说不可以，你女儿读书不好，只能到那个学校去，我给你们联系好了。

这个老师挺差劲的，把班里两个小朋友都一起拉到辅读学校去了，一个男生，一个女生。我们读书不好，你给她补一下，还不好的话再让她到辅读学校去，刚刚一年级要升二年级，就直接把她送到辅读学校去了。

问：有没有想过带孩子去看看医生，尽量让她回到普通学校？

Y母：看的呀，去龙华医院看了。医生先后给她做了两次智商测试，测了五十几分。医生说智商偏低，相当于五六岁小孩的脑子。知道孩子这个情况以后，我们着急呀（语气很诚恳），就又带她到龙华医院去，医生给她做了脑CT，说她的脑门没全长好。我们就给她吃中药、营养品这类补脑子的东西，吃过后稍微好一点。医生说她有一点多动症，好动，我就给她吃中药调理，吃

了有四五年。从小学开始吃，大概一直吃到小学毕业，后来就不吃了。大了就好一点，跟她讲道理，她就有一点点懂了。

生出这种小孩，总归被人家看不起的呀，对吧？有的嘴巴贱的人，说你生个戆度小孩怎么样怎么样，总归有人指指点点的。自己家里的兄弟姐妹，有的也瞧不起我女儿，当面不说，背后说她戆兮兮的哦。她是不知道，我听了心里就很不舒服。我也很有自知之明，他们看不起我女儿，我就不跟他们多说话，躲着他们呗。我跟他们说，不要这样说我女儿。但是我心里很敏感的，总归是有一点歧视我们，现在接触也不是很多。

在外面看到这种小孩被人家欺负，我就说他们，你们弄他干嘛呀？这种小孩很可怜的。我就把他们赶走，就当自己的小孩一样的，我小孩叫人家这样欺负，总归心里是不舒服的。有时我老妈说让她去做一点活，我心里都不好受，真的不好受。我说为什么啦，他们是人，我女儿不是人？你不心疼，我也心疼的呀。她爸爸是个爱面子的人，小时候她爸爸就瞒着他们单位的人，他们不知道我女儿怎么样，一直以为我女儿只是不爱学习。

问：那孩子上了小学以后身体怎么样？

Y母：都挺好，后来长到一米七多了（高兴地笑）。我们家算上我女儿一共有四个小孩，他们都没有我家小孩高。

五年班长爱助人

问：去了辅读学校以后，孩子的情况怎么样？

Y母：本来是在浦东的学校，后来我们搬到这边，就到杨浦区这里的学校来读书了。我女儿是八岁到辅读学校，一直读到十七岁左右。她读书还可以，总归比正常的学校要简单一点，人大概也成熟了一些。唉，生出这种小孩真的是没办法，我感觉像中奖一样，这是什么奖？中在我的头上了。不过跟人家小孩比还算好一点，还算是幸运的，就是不爱读书嘛，别的地方还可以。

问：孩子的学习情况怎么样？

Y母：还可以啊，九十几分，八十几分，在同龄的同学里成绩算好的。本来是我逼着她的，跟她说你要好好读书。她就求我说，妈妈你别逼我，我不想读书。我说不读书不行的，没有知识怎么办啊？她求我说那就这样子吧，你不要再逼我读书了。我说那就算了吧，我不逼你了。就自然而然的让她自己去学习吧。

问：有没有当班干部？

Y母：她当过课代表啊，把同学们交的作业收起来，收好之后还负责批改作业。到五年级的时候就当了班长，班级的东西都是她管，像是发发东西啊，发发作业、考试卷；还有一些乱七八糟的事情，比如吃饭的时候叫同学们排队，给他们盛饭。当了班长以后，她跟老师的接触就比较频繁了，但是她也不会跟老师多交流，老师交给她的事情她就干好，再通通交给老师。她不爱老师夸奖她，不喜欢出头露面（开心地笑着说）。她从五年级到九年级一直都是班长。

问：当时班里有多少孩子？

Y母：三十几个，有比我女儿〔智力障碍〕稍微重一点的，轻一点的也有，还有患脑瘫和唐氏综合征的孩子。我女儿很同情他们，他们不会做她就帮忙，比如倒点水啊，拿点东西啊，有时搀着他们走。

问：她在辅读学校都学过什么课程？

Y母：语文、数学、烹调、做点心、美术、音乐、体育，不教英语。她学的基本上还可以，就是画画不太好。语文、数学在班上总归是第一名、第二名。她喜欢动手的东西，用纸叠的小鸟就挺好的，像个男孩一样。

我一直接送她，她一个人也能走回来，但我还是不放心。她胆子好大哦，一有机会就往外面跑，跑了几个小时再回来，也不害怕，但是我担心呀。我说，你这样子不怕呀，遇到坏人怎么办？她说我又不理他们，他们喊我我不理他，我一直朝前走，头也不回。

问：学校组织过什么活动吗？

Y母：有啊，他们每年出去玩的呀，森林公园、野生动物园、西郊公园、东方明珠都去过。学校里还组织过体育比赛和广播操大赛，她不太喜欢球类运动。

问：有没有关系好的小伙伴？

Y母：有啊，总归有一两个，女生、男生都有，玩你打我、我打他〔的游戏〕。她喜欢听音乐，要么坐在旁边看小说。

问：您知道她在看什么小说吗？

Y母：我也不知道啊（笑）。她自己的东西都放的整整齐齐的，看的东西也都收起来了。她的东西我不乱翻，我很明智。

她不爱做作业，让她做作业，她头也不抬的；就是爱玩，喜欢看书，她能坐一两个小时看小说。有时候玩的心思重，我把她的书撕掉，她就哭了。有一

次她不听话，跟她讲道理不管用，我就跟她说老是犯这个毛病，你再这样，我真的把你的书撕了。但她还是那个样子，我就撕了她的书，后来就好了。我说别的东西不要紧，只要你作业做好了，我什么都不管你，读书是第一的。她就记住了，作业做好了，回来给我看一下，我满意了，就告诉她你去玩吧，随便你玩什么。

问：买书需要零花钱吧？

Y母：她有时候叫我买，有时候自己买，她老爸给她零花钱的呀。基本上是我，她要什么我就给她，都满足她的呀。现在她用手机看小说，我不管她看什么。她成家了呀，我就不管了，就教她怎么尊重婆婆。

问：孩子平常不上课的时候还会做些什么？

Y母：在家跟我洗碗，她十五岁左右我开始教她烧菜烧饭，我说怎么做，她一个个做好。基本上素菜都会烧，汤啦什么的也会。

问：从小到大，有没有带孩子出去玩？

Y母：出去玩的，南京啊，还有其他一些地方都去玩的。她小时候我们没钱，就去公园里转转。带她去锦江乐园，里面的东西都玩过，她很喜欢玩能转360度的〔项目〕，这小孩胆子大，喜欢玩刺激的东西，不刺激的不要玩。还有长风公园、西郊公园、和平公园、中山公园都去过，里面的东西不是好多嘛，她基本上都玩。她有时候跟朋友去玩，现在不去了。她还想去的，我说你去呀，我带你去玩呀。

阳光基地电话员

Y母：辅读学校毕业后，经区残联介绍，我女儿挂靠在上海一家公司。公司做什么的我也不清楚，每个月会发最低工资，本来是一千元左右，后来涨到两千元多一点，挂靠了七八年。这七八年中没做什么工作，就是在家待着。

后来经过区残联介绍，在面包房工作了一个月，面包房把脏的活、累的活给她干。她实在累了呢，就不想做，请了两天假。第三天，在上班的路上把脚崴了，面包房就说她不请假，自己放弃合同了。区残联就硬把她挂靠弄掉了，[①]只给她最低生活费。她崴脚休息了一年左右，脚好了就去了阳光基地。

---

① 因一个人同一时间只能在一处就业，编者推测 Y 在面包房实际就业后，区残联取消了她在某公司的挂靠。后来离开面包房，处于无业状态，遂领取政府给予无业残疾人的补助，即母亲所说的"最低生活费"。

一开始是在江湾的阳光基地，我女儿的工作是根据样品，一个颜色一个颜色把一根根线分好，分好后把它绕到一个板子上，再打包卖到别的地方去。她在江湾阳光基地待了一年多。

问：为什么要换到现在这个阳光基地呢？

Y母：因为我们自己街道的阳光基地开出来了，本来她不肯回来的，江湾阳光基地有劲，玩的人多，好朋友多一点。区残联的一个爷爷跟我女儿说，我们自己街道的基地开出来了，你回来吧。他硬要她回来。这样有演出的时候，就在自己街道请假，不要到别的街道请假。

我女儿是2014年来到现在的阳光基地，刚刚建好，一到就开始大扫除。大扫除弄好了，开始叠毛巾，把叠好的毛巾放在盒子里面。叠了大概五六个月，又开始叠纸盒子，叠好了之后开始穿珠珠，穿珠子、叠毛巾是接的其他单位的单子。穿了几个月后，阳光基地帮他们接了一批活，有的人家忘了交电话费了，我女儿就打电话叫他们交电话费，天天就是做这个事情，一直到现在。

基地里现在有二十几个人，有七八个接电话的，有十几个不接电话的。小Y每天早上八点半到阳光基地打一个多小时电话，中午就在那里吃饭，到了下午一点钟左右再打到两点钟，休息一会，下午三点钟就回家了。接完电话没事就玩手机，看电影啊，看手机里面的小说。平时在家里就是玩玩电脑游戏，看看电视剧，她喜欢看古装戏，《三国演义》什么的。

问：刚开始做打电话的工作，有不适应吗？

Y母：对对对，她不愿意。刚开始她不太愿意接电话，她说好的人打电话还客气一点，脾气不好的要骂人，她就说好倒霉，总是让人家骂，我很冤枉的。犹豫了半个月左右，她还是不想接，说好烦。

我说烦什么啊，你不理他们就好了。我告诉她人是各种各样的，有的人脾气好一点，有的人脾气不好，你听过就算了，没办法啊，这是你的工作。让他们去骂啊，你一只耳朵听，一只耳朵出呀。做什么事一开始都烦，习惯了就好，最后就自然了，不然你不做在家里干嘛？这任务不是挺好的嘛。我说这就是锻炼你的口齿，你不肯说话，它就叫你多说话。

她老师也说这个工作挺好的，做做就习惯了。老师还说，Y，你这个人脑筋很厉害，就是不爱说话。我跟老师说，你就逼她说话呗，你对她严一点，她不听话你就打。那不会打的，嘿嘿嘿（笑）。这个老师挺喜欢她的。婆婆再跟她说说，再给她洗洗脑子，她就习惯了，后来她慢慢地学会了。现在从事这个工作也有两年了，她话比原来多得多了，口齿也清楚了。原来打电话三四句

Y女士在工作中

的，现在讲一连串的话，很有礼貌。

问：小Y在单位跟其他人相处怎么样？

Y母：还可以啊，相互帮助啊，人家小孩不舒心的时候，她跟人家说怎么样怎么样。跟人家小孩比还可以，她还算懂事的。她很善良，有一次区残联的一个小姑娘得了糖尿病，她妈妈叫她不要吃甜的东西，她非要吃，病情就加重了，我女儿就到医院去看她，还买了一点东西。还有一个小朋友出现并发症要血透，老师说要大家捐款，人家都捐了两块、三块，她捐了五十块钱。那会她二十多岁了，这都是她自己干活挣的钱，区残联一个季度给他们几百块钱，她省下来放着，留给他们。

问：每个月会给工资吗？

Y母：我女儿是一个季度只有两千多一点。她老公是挂靠的，挂到人家单位里，他挂靠是一个月两千多一点点。

问：孩子现在自己有工资了，有没有给您买过什么礼物？

Y母：有，〔她〕结婚后我过生日，给我买了一个手机，给爸爸买了件短袖衬衣，给我花得多。结婚前她钱不多嘛，我们就不要她买。现在每个礼拜出去，她说妈妈今天我请你吃饭好不好呀，我说好啊。收到女儿的礼物我很开心的呀，结婚了懂事了，人也长大了。我说结婚了不要再像小孩一样了，她说我在你眼里总是小孩。

娱乐最爱区残联

Y母：她毕业之后大概半年就到了区残联，区残联建了一个腰鼓队，我女儿是第二批参加的，有十几年了。她学得很快的，现在腰鼓打得挺好。

另外还有唱歌、跳舞啊，唱歌会唱老歌喽，比如《东方红》《红军歌》《闪闪的红星》这些革命歌曲，还有《三大纪律八项注意》啊，还有什么忘了（哈哈哈地笑）。流行歌曲他们不大唱的。跳舞主要跳中国功夫、精武操、新疆舞、朝鲜舞，还有《感恩的心》，就记得这几个。

还会做蛋糕和点心，主要就是做蛋糕、饼干，中式的不做，在学校里学过做馒头。还有比赛做饭，看谁做的好吃，这个比赛一两年弄一次。老师们拿几个鸡蛋叫她们煮，炒菜，看看动手能力强不强，家长们会品尝，每个人都要参加比赛。她炒菜的姿势还可以，就是有一点慌，手忙脚乱的。做的饭还行，就做番茄炒蛋、炒青菜、煮鸡蛋。我女儿学的还都可以，她在里面也不算尖子，是中等类的，比中等的稍微好一点。还会学英语啊，学一些比较基础的，像是你好、下雪、数字什么的，学了有三四年了，她学的不是太好。因为我女儿外语没有基础的呀，他们正常学校过来的就有外语基础，我女儿字母 ABCD 不识的呀，就跟他们一点点学。

问：平时在区残联会有演出吗？演出会有电视台来？

Y 母：有啊，唱歌的明星也会来。电视台会给他们录节目，录过中国功夫、龙舞这几个节目，我女儿也在里面。他们还会到上海电视台演出，电视台会播出的，但是我没看到，我女儿看到了。电视台就放一小段，在上海电视台，中央电视台也有。其实平常排练的不算好，到真正演出的时候更好。本来是稀稀拉拉的，他们一敲鼓人家都静下来了。

问：唱歌、跳舞这些有老师教吗？

Y 母：有老师教，老师也辛苦啊，一遍一遍的练。区残联的老师都是家长，家长组织起来给孩子们打腰鼓。区残联的老师真挺好的，总是很耐心，我女儿都很喜欢他们，很珍惜他们。周老师拿那里的小孩当作自己的小孩，会耐心地一遍遍给他们讲，真很辛苦。小孩很尊敬她，我女儿有什么话就跟他们说，有时候也不跟我说，就是当自己的母亲一样，很有感情，很亲近。他们管也管得很严的，我女儿就说管得严是为我们好，我很遵从他们。她还跟区残联的老师们去玩，每年去一次，今年去了张家港，玩了三天，她觉得跟他们一起玩很开心。她说风景挺好的，拍了照片没给我看。

问：在区残联活动有补贴吗？

Y 母：有时候有，有时候没有。有的小朋友生活条件差一点，路远的就补贴一点车费，一次两三块钱左右。有一年每个小朋友都有，后来就没了。出去比赛、演出，人家单位给他们一点补贴，大概二十块。一般情况是没有补

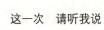

贴的。

问：周六、周日去区残联，您女儿是跟丈夫一起去吗？

Y母：不，她一个人去。他是肢残，肢残〔搞活动〕就不行。她现在自己从婆家过去，我从自己家里去。我女儿不管刮风下雨都要去，生病也要去（笑），不肯请假。她说到了区残联我开心，看见老师很开心。她到了过节的时候，新年的时候，会给老师们写个短信，说老师节日快乐啦，一个一个发过去。

老师推荐练特奥

问：您女儿参加了 2007 年的特奥会吗？

Y母：参加过呀。她参加了跑步、羽毛球两个项目，得了第一名和第三名。

问：她是怎么进行训练的？

Y母：她平时在阳光基地还要工作，要请假出去训练，那段时间很辛苦。她其实不喜欢体育，老师硬叫她参加比赛。我说老师叫你去是瞧得起你，你要给老师争点气，要弄个好的结果来。她就很认真，到训练的地方，从体育俱乐部请来的教练教他们跑步、扔球。训练了一个多月，每天中午吃好饭，下午一点半左右到四点半进行训练。她训练跑步、羽毛球。她说很累，主要她平时不锻炼。

问：阳光基地里去参加特奥会的人多吗？

Y母：没多少人，大概有十几个人。这十几个人到区残联排队，一起去训练的地方。

问：比赛的对手是中国选手还是有外国的？

Y母：中国的。比赛的时候我要上班，没空去现场，不过我看了直播。她去了阳光基地以后，时间空余一点了，我就开始上班了。上班主要就是给人家做做保洁，做了十年左右，退休了。

问：这个比赛持续了多长时间？

Y母：一个礼拜左右。她一共参加了两个项目，从预赛、初赛到决赛，每项比了四五次吧。比赛获得的金牌和铜牌我一直保存着。

问：2007 年的特奥会是件轰动的事情，孩子参加完特奥会有没有记者来采访？

Y 母：没有啊，采访是到区残联的。她没有接受采访，总归是老实的小孩。

婆婆生意小帮手

问：小 Y 已经结婚了呀？

Y 母：唉，嘿嘿（不好意思地微笑），他们两个是 2012 年结的婚。她老公是肢体残疾，脚不好，其他都很正常。她老公没她能干，也在阳光基地工作。结婚以后她就搬去跟公公婆婆一起住了，现在和公公婆婆住的还蛮好的。他们住的地方距离阳光基地只有五分钟的路程，我家距离她婆婆家也只有四站路。三点钟从阳光基地回来，就帮婆婆做做小生意。

问：她婆婆主要是做什么生意？

Y 母：做香酥鸡啊奶茶啊这些小食品，还卖卖老酒。她婆婆会做生意，就用自己的房间开了一个小店。每天小 Y 都去帮忙，基本上蛮忙的，做到六点钟不到就结束了。回家后她婆婆烧饭，吃好饭她洗碗，把东西收拾好，到外面去走一圈，到了七八点钟回来，洗个澡就睡觉了。

问：他们是怎样相识相恋的？

Y 母：这里面还有一段故事。她去上班的路上，不小心崴了脚，脚就骨折了，那时跟他谈着恋爱呢，他就马上叫他妈妈来，这时我在家里装修房子，我没空，他妈妈就赶紧把她送到医院去。他妈妈很用心的，把我女儿送到医院里去拍了片子，两根骨头错位需要开刀，他妈妈就想尽办法托人，第二天就开刀了。他妈妈服侍了她一个月，我女儿很感激她。两个人交往了一年半左右就结婚了。

问：女儿结了婚您什么感觉？

Y 母：开心是很开心的，但也是心事重重，不结婚要付出，结婚了也要付出。结婚后就是担心他们呗，小孩毕竟不懂，还要处处关心她呀，生活方面，教她怎么做。这种小孩出去了，哎哟真是忧心忡忡的，担心人家家里会不会欺负她，到现在我也是这种想法。

问：有没有考虑生个孩子呢？

Y 母：我女儿说不要，我们两个都是这个样子，再生下来这样的孩子怎么办啊。我没有这个能力养活他，这是在害他啊。唉，那怎么办啊，她不要。

问：您女儿的老公，除了肢体残疾，其他方面都很正常吗？

Y母：就是腿有毛病，小时候发高烧，两条腿抽筋抽坏了，开了两次刀也没用哎。她老公懒，懒得不得了，什么东西都要帮着他，叫他喝点水，你不给他倒水，他就不知道自己去拿，就这样子的小孩。怕锻炼，也怕吃苦（叹气）。我跟女儿说他老是这样子，他腿不好，手不能动吗？他妈妈不让他动，你跟他结了婚你也应该要说他。你老妈老了怎么办，还要你老妈服侍你？他在家里这样，到了单位里也让我女儿去倒水，她没办法只能去倒。

母女锻炼瘦身体

问：结婚以后，她什么时间会来看您？

Y母：白天出去干活，她也没空的。从阳光基地回来，饭吃好了，碗洗好了，每天晚上大概七点钟，一边散步一边在路上打电话给我。每次说一分钟左右，啰嗦两句就挂了，我叫她把自己家里弄弄干净啦。她自己家里的活都是自己干的，这种小孩没长性的，她没那么自觉的呀，我跟她说要洗被子了，她就洗被子。见面就是礼拜六、礼拜天。

问：周六日两天都是在区残联吗？

Y母：这两天的上午都在，从八点半到十一点钟，下午就不去了。

问：下午做点什么？

Y母：下午我俩喜欢带我女儿出去玩，这里逛一逛，那里逛一逛，就是见世面一样，出去转转，领她散散心哇。她这两年也会对我说祝我节日快乐这些话，知道我对她不容易。

那次女儿去上班，地上有油，她滑倒了，把脚摔断了。这以后运动少了，吃好了就躺着睡呗，躺了一个多月才把钢筋拿掉。这一个多月就胖起来了，这段时间她饮食没规律，有时早饭不吃，有时晚饭不吃，乱吃呗。我说你不可以这样，饭是钢呀，你不吃饭怎么行，最主要的就是饭。你天天给我吃一碗饭，再吃一点荤菜素菜就可以了。我吓她说，你再这样不吃饭，我担心你身体就像区残联的同学一样，你要跟她走一条路就去吧。

血糖高容易得糖尿病呀，她胖了以后血糖有一点高，我带她去看医生，看了大概两个多月吧，医生说血糖还不算太高，饭后有一点偏高，还算正常。医生跟她说你要锻炼，再不锻炼就要……

就这样，我天天陪她锻炼，每次走一个多小时。一开始叫她走，她不肯，后来我就叫她和我一起走。走了大概两个多月，我说我不跟你走了，你要靠自觉，你要苗条就要坚持，坚持就是胜利。她也听我的话。有段时间她有一点胖了，我说你要加紧呀，又胖了。她说好，我再加劲。我就这样天天打电话督促她呀。

现在她自己一个人走，早上起来吃好早饭出去走，走四十分钟左右；等吃好晚饭，碗洗好了再去走，走半个小时左右。我跟她说晚上这半个小时最要紧，走了就不会积累脂肪。我说减肥要靠自己，不要靠他人陪着你，你自己走，一定要有信心。现在她能减下来了，她说妈妈我还要坚持，坚持瘦到 125斤。我说那可以啊，做什么事一定要有信心，没有信心什么事都做不好。

就这样子走，吃的东西不减呀，蔬菜、水果都吃一点，半年左右瘦到 135斤，原来 150 到 160 斤咧，太胖了，现在瘦到了 130 斤，血糖也好了，她好开心。现在还是每天坚持走，早上晚上都走，她天天一个人走，我早上晚上也去走。我跟她说妈妈都是为了你啊，你要感激我。她说妈妈我是要感激你。到了过年过节的时候，她就会给我发短信。她说我是为她好，她是瘦下来了呀。

Y 女士老师口述

口述者：上海市某街道阳光基地教师
访谈者、撰稿者：李慧冉
访谈时间：2016 年 12 月 7 日
访谈地点：上海市某街道阳光基地

问：可以请老师简单介绍一下阳光基地人员的基本情况吗？

师：我们这里的学员分为两类，一类学员是能够打电话的，另一类是在教室里的。

能打电话的学员有简单的工作可以做，但是属于辅工，就是通常说的非正规就业，政府给他们加个最低的三金，现在金要加到一个月一千三到一千四百块，再有就是八百多块钱的补贴，现在总计是两千一百九十块，拿到手的只有八百多块。每年最低生活水准会调整，〔补贴数额也会调整，〕这一块比过去要好很多，过去没有这样的〔待遇〕，政府在这方面的投入其实也是挺大的。

教室里的那部分学员没有从事简单劳动，不加金，就拿补贴的钱。

问：老师能简单说一下 Y 的基本情况吗？

师：Y 是属于轻度的，她之前在江湾基地，后来这里开了她就过来了，她家就住在对面，在这里算是元老了。简单的劳动像打电话，她都可以胜任，没什么问题。她现在的情况是加三金，还给她八百多块补贴。她星期六、星期天上午还到区残联参加活动，她一直参加那里的腰鼓队活动。Y 表现不错，出勤很好，除了生病或者特殊情况，一般天天来，蛮好的，整体情况还是可以的。

问：Y 已经结婚了，是吗？

师：对，她老公也在这里。这两天可能病了，没来，否则你就可以看到了。她老公情况好像比她还不好，确切地说在这些肢体残疾学员中，她老公的程度是最厉害的。有时搞活动，她老公经常要摔一下，我们也挺担心的，出去玩的时候我们的责任很重很重。我们这里有两对夫妻，结婚的少，严格来说过去是不允许夫妻都在一个基地，因为这样不方便管理。当初进来的时候都是单身，后来在这里谈朋友再结婚，我进来的时候他们已经结婚了，我听上面的老师说的。

问：Y比较内向吧？

师：是的，她跟我还挺好。做我们这一行，其实要掌握一点学员的特点。我刚进来的时候，她跟前面的老师关系处得不怎么好，很僵的，甚至还吵过，后来我给她做了思想工作，跟她多沟通，她其实还可以。他们是很特殊的人群，你跟她的沟通交流跟正常人肯定是不一样，她有什么心里话都跟我说，平时也聊得蛮多的，我觉得她不错。

我们这里两种学员，接打电话的学员和教室里的学员沟通很少，因为他们（指接打电话的学员）总是认为他们（指教室里的学员）比较傻，没法跟他们沟通，有点看不起人家。其实就是接打电话的人不愿意和教室里的学员多沟通，多玩，所以教室里的学员互相玩。

接打电话的学员还可以，也分的，有几个比较要好。她现在好多了，过去她和别人都不怎么说话。我说你不可以这样，这里是一个群体，你到这里来，和家里肯定不一样，如果你到这里也是自己一个人，那不过是换个环境而已。这是一个大家庭，你一定要融入里面，你们都是差不多的情况，否则也不会进到这里来，用不着看得起看不起，不怎么聊得来的就少聊一点，但是大家之间还是需要沟通的。

她手工活还可以，我们安排他们值日、做卫生，她做的很好，轮到她做值日，饭碗、卫生工作搞得井井有条。应该说她个人的生活能力还是有的，衣服也是自己洗的，再怎么说她现在成家了。

有时候吃好饭我跟她会走走聊聊，她老公是一点都不能做的，毕竟年纪轻，都是独生子女，好像就有一点抱怨。我跟她说，你既然选择了跟他结合，你今后的生活就是这样，你要照顾他，他不可能照顾你，你要付出多一点。她婆家家庭条件还不错，就是老公残疾程度比较高。她有时跟我说有点后悔，我说这个话你也不好说，你当初认识他，他就是这种情况；不是说他当初挺好，后来摔了变成这样，那情有可原。你既然跟他结婚了，就相当于你接受了他的现状，以后的生活就要一起去面对，幸好现在还有大人在，如果大人不在，你俩的生活完全就是靠你，你要做好思想准备。我看得出来她有时跟婆婆不开心，她跟我说，那我就开导开导她。现在好多了，我说你一年一年的长大，各方面应该成熟很多了，到底是三十多岁的人了，成家了就是大人了，但是毕竟还是像小孩子一样，想的比较幼稚、单纯，生活受到挫折时心理承受能力比较差。

问：现在她给我的感觉，整体上挺开心的。

师：是的。在江湾的时候她有一拨比较说得来的，这里好像说得来的人比较少，现在还好一点，过去还不怎么跟人家说呢。我说你这样的话更觉得孤单，更觉得无聊，我让她不要一直和江湾比较，现在她说习惯了。她是属于心思比较缜密的人，对事情比较仔细，性格方面比较内向，可能跟她的个性和家庭环境、婚姻生活都有关系。在婆家住跟住在父母家是有点不一样的。

问：她这几年一直在做接电话这个工作吗？

师：打电话的工作是从 2014 年 5 月正式开始的。2010 年到 2014 年的时候，我们承接简单的加工活，叠毛巾、一次性筷子、串珠子。现在接了这个项目，就不能做之前的工作了，因为靠教室里面的几个人做是来不及的，原本这些活接过来，也是这帮打电话的人唱主角，他们不在，活干不完，这一车子活就是我们老师帮着一起干也做不完，人家催着要的。这种东西薄利多销，叠个纸巾一分多，或者两分多。

现在这个工作要好多了，人家不要太羡慕，就像 office 办公室一样，正常人上班也就这个工作环境吧。我们都是新配的设备，电信给我们装好的，电脑是我们自己买的，每个人一个密码号，就坐在这个位置。我们是用平台的，有时电话打不出去，就要换位置，所以位置有流动。

考虑到他们是残疾人，拿着电话拨号操作不便，所以我们就在电脑屏幕上点击了，不用拨号。我们当初设计了一个耳麦，他们不喜欢，他们比较适应座机的电话，这样很顺手，一个电话打得顺一点，一般半分钟以内是可以结束的。

有专门的电信老师给他们上培训课，培训以后再考试，然后再上岗。这样无形当中也给他们多一点压力吧，他们能稍微上心一点，否则他们好像觉得没什么。我也和他们一起培训，后来带教的老师离开了，就全部由我来带，业务方面基本没问题。

他们现在跟普通人打电话差不多。语言沟通方面，考虑到文化程度——他们多数都是念到初中，初中毕业以后高中就不考了——基本上不怎么认识字，〔一开始要差一点〕；或者对方问他们，有时候会答不上来。现在碰到的情况多了，一周下来有什么具体的问题，他们会跟我说，我平时一周也会给他们上堂课讲讲，现在基本上碰到客户的问题都能应对，基本上已经上手了。

问：刚才看她打电话，基本没什么问题。

师：其实问题是有的，她能一一解答了。过去刚打的时候，他们都不知道怎么说，呆住了，就是有个过程，现在好多了，毕竟也两年半了，他们也很熟悉了。

问：他们吃的午饭是从哪里送来的？

师：外面送的，上面①给我们定的。他们午饭都在这里吃，吃好以后休息一下，一点半再开始工作，到三点就可以下班回家了。时间长了，天天在一起，每个人我都很熟悉，我们不亚于他们的父母，和他们接触的时间超过了他们的父母。这些学员整体来说我觉得还不错，有什么事他们也和我说，跟他们说一些事也都能接受，毕竟也是这么大的人了嘛，不是小孩子了。

我们有时出去搞活动啦，看电影啦。上次 11 月份，我们带他们到松江的影视基地参观，我们都有户外活动。户外活动的时间是要看上面的安排，上面安排好，我们就带他们去。电影总归一个月看一至两次，前面电影院很近的，走走就过去了。

问：好的，老师，今天我们先聊到这里，谢谢您。

---

① 街道阳光基地由街道残联管理，街道残联的上级单位是区残联。

Y女士本人口述

口述者：Y女士

访谈者、撰稿者：李慧冉

访谈时间：2016年12月7日

访谈地点：上海市某街道阳光基地

问：在以前的阳光之家待了几年呢？

Y：一年半。本来不想回来的，但是他们叫我，只能乖乖地回来了。

问：你喜欢现在这个工作吗？

Y：我还是喜欢以前在江湾叠纸巾的时候。哎呀，现在这个工作还行吧，就是比较讨厌开口说话，那边光动动手，嘴巴就是用来聊天的呀，一边聊天，手上不用停就可以了，挺好玩的。那边的人比这边的人要好很多，那边开心。

问：你在这边做了四五年了，一直做的都是打电话的工作吗？

Y：没有，之前做的是装餐巾纸，饭店里没有毛巾的话，不是会发一包一包的餐巾纸嘛，还有叠毛巾。

问：你很喜欢小猫小狗吧。

Y：对啊。我喜欢博美、吉娃娃、约克夏啦，还有那个腿很短、没有尾巴的狗狗，很好玩。基本上狗狗我都很喜欢，猫咪我也喜欢，只要是小猫小狗我都喜欢（边说边逗小猫玩）。

问：平常除了喜欢猫和狗，还喜欢什么？

Y：其他嘛也没啥好看的，我喜欢看《步步惊心》《步步惊情》，还有以前的那些老片子，好比说《中原镖局》，现在网上面找不到了，基本上武侠的我都蛮喜欢的，蛮有意思的。

问：《步步惊心》和《步步惊情》你喜欢哪一部？

Y：《步步惊心》比较多一点吧。喜欢刘诗诗，不知道为什么喜欢她，说不上来，就觉得蛮好玩的。

问：男主角你喜欢哪个？

Y：吴奇隆可以算一个，八阿哥可以算一个，十三爷也蛮好玩的，基本上都蛮不错的。

（边上一个学员说天气好，好像有春天的味道。）

Y：春天好像还没到吧，直接把冬天给遗漏掉了的感觉。

问：你喜欢这边的老师吗？

Y：还行吧，挺好的。我更喜欢区残联的老师。

Y 女士阳光基地观察日记

观察时间：2016 年 12 月 7 日 9:00—15:00

观察地点：上海市某街道阳光基地

观察者、撰稿者：李慧冉

时间	内　　容	备　　注
9:00	坐式太极拳（每周三上午）。	Y 跟着太极教练打太极拳，动作较熟练。教练提问每一个招式的名称时，Y 安静地聆听其他人的回答，不说话，有时会默念。
9:20	教练开始教新动作并让大家练习。	Y 学得很认真。
9:50	听着音乐打拳。	Y 打拳动作标准，能够熟练地做出整套动作。
10:05—10:50	工作，打电话。	Y 所在工作单位是上海市虹口区残疾人阳光呼叫服务中心，隶属中国电信催欠部。工作内容主要是询问业主是否收到上月电话账单。工作过程中 Y 十分专注。
10:50—11:00	休息，等中午开饭。	Y 玩手机放松，看关于小猫、小狗的微信公众号；和其他同事聊天。
11:00—11:10	午饭。	Y 安静地低头吃午饭，会跟其他同事分享食物。
11:10—13:30	午休。	Y 饭后自己擦桌面，擦电话；随后去阳光基地外面的小路上晒太阳、溜达，摸摸路边的小猫，与同事、老师聊天；拿 iPad 看小说、刷微信。吃了几个核桃。
13:30—14:45	工作，打电话。	询问业主是否收到上月电话账单。
14:45—15:00	休息，准备下班回家。	Y 收拾东西，跟同事、老师说再见，离开阳光基地，回家。

普 校 肄 业 生

——C 先生父亲口述

C，男，1986 年出生。独生子女。智力障碍四级。小学、初中、技校均就读于普通学校。2004 年从技校毕业。2007 年进入上海市某街道阳光之家。

口述者：C 父
访谈者、撰稿者：冯宇嘉
访谈时间：2016 年 10 月 28 日、2017 年 5 月 9 日
访谈地点：复旦大学星空咖啡馆

读书时发现脑子不够用

问：请问，爸爸妈妈是怎么认识的？

C 父：我和妻子是在 1984 年通过朋友介绍认识的，那时在前卫农场，就是在长兴岛上。两个人工作都还可以，她做财会，我做销售科科长。谈朋友一年，到 85 年结婚。我们属于前卫农场的定干对象，讲好定下来在农场一辈子，那时候很流行的。

问：孩子是什么时候出生的？

C 父：85 年结婚，86 年就生了这个儿子。〔我妻子〕怀孕的时候体质不好，有高血压，经常来上海看病，住医院住了两三个月。当时说她高血压，胎儿小。因为胎儿小，临生的前一个月也住在医院里。〔医生〕意思要多吃，当时一只鸽子，〔我妻子〕能吃三四顿，吃两天，吃不进，胃口小。到了 86 年 8 月，时间到了还不养，医生建议剖腹产，生下来四斤三两，足月小样儿，先天不足，比不足月的还要难养，医学上是这样说的。进暖房后得了感冒，医生说他有先天性心脏病，肺动脉关闭不全。我们就自己注意点。

刚满月时生肺炎，我抱到人民医院，叫我住院，我想这么小的孩子住什么

院，不住可以吗？说不住就不住了，让我们自己看着办。当时肺炎刚开始，吃点药也不用打针，我们就吃点洁霉素。吃了倒好了，咳嗽不咳了，寒热也退了。

病好了满月过了，我就回长兴岛工作去了，我妻子还没上班，两个人一起回去的。到长兴岛后三天两头进医院，记得有天晚上，下班回到家，晚上近8点，发现小孩哭，我左抱右抱，和孩子外婆一起去医院。医生一看，疝气，这么小的孩子也有疝气。结果医生慢慢捋，捋好了。

我1973年年初开始在农场工作，待了十几年，和医生很熟悉。农场医院的医生劝我们再养一个，我觉得一个就已经养得够吃力了，不想养了。当时没觉得智力上有什么……医生就说身体不是很好，没考虑到智力。到两三岁，还是蛮活泼的，看到人会打招呼。有一年我们单位到黄山去玩，我也带他去。从黄山下来是自己爬下来，他一路上和别人打招呼，很活泼很活泼。

问：从两三岁到上幼儿园之前是谁带孩子呢？

C父：小时候是我丈母娘带的，外婆带的。小时候的照片也没有智障的样子。

问：读过幼儿园吗？

C父：幼儿园读过的，在前卫新村读的，还可以，到了上幼儿园的时候就让他去了。这个小孩很不合群，自己一个人玩，中午睡觉从来不睡的，很捣蛋。幼儿园吃点心，〔老师发点心〕兜一圈回来他已经吃完了。有的事情做得快，有的事情手脚慢。小时候好玩是蛮好玩的。我们刚开始养小孩，在打扮穿着上都给他〔弄得〕新颖一点，别人看他小小的很喜欢。幼儿园老师很喜欢他，也很活络。

问：什么时候发觉孩子智力上有欠缺呢？

C父：读书时才发现脑子不够用，有欠缺。91年在长兴岛先读了一年，不来赛。老师说，总觉得我们儿子不太对头。我带他去虹口区妇婴保健院测试智能，觉得还可以。还可以么，我想继续读，读了再说。还是不行，说他多动症，吃医生配给他的药，吃了以后农场老师说稍微好一点。

小孩读书前都要去口试，问小孩平时怎样，给他几道题目做，做都做得出，但真正读了以后就发现跟不上了。

问：除了多动症之外还有什么表现吗？

C父：没有，就说他多动症，但别人说先天不足也可能有多动症。我们一直没发现智障。

问：功课跟不上，去看医生，作为家长您有什么感受？

C父：心情不是很好，就生了一个儿子，总想健健康康，弄到后头……读了一年级才发现智力不好，前面完全不知道，四五岁时都很正常。我单位领导也很喜欢他，他人小样样的，很好玩，嘴巴也很甜。读书以后就发现吃力了。我们农场里上班比较自由，基本是我早上送他去，下午我带他回来，中午回来吃的。我单位就在学校旁边，一年级的时候就是带进带出。

后来我到上海搞三产，我妻子在农场搞财务，经常来上海，〔来上海时〕儿子就托给妈妈的徒弟管，外婆正好在长兴岛，也一起照顾。徒弟对他读书管得很紧，但〔我儿子〕当〔大人〕面很好，上课的时候不听，听不进也没办法。

问：具体是什么时候跟不上的呢？

C父：我开发三产，到上海来了，我把小孩户口也迁到上海，再读一年级，大概是92年，六周岁，这等于读了两年一年级。我早上开助动车送他上学，下午我姐姐把他接到自己家，吃好晚饭我再把他接回家。如果我不回来，就让我老婆去接。我们那个时候基本没什么白天晚上，尤其是我。

在上海读了一年以后，老师问："你为什么不在农场读？"我说小孩户口迁到上海了，总归来上海读书略。那个时候叫我到三级医院出个证明，市一医院检测过关，说可以读的，那好读就继续读下去。一年级情况是可以的，成绩在70分左右。二年级中间成绩开始差了，60分过关。升三年级就不行了，我带他到龙华医院测试，医院说他智力比别人差，但也可以混。老师说在不影响班级成绩的情况下，让他跟着读。

问：是否查出导致智力障碍的原因？

C父：医生说是先天不足，纯粹的先天不足。

问：确认孩子情况后，是否有什么应对努力，比如补习功课吗？

C父：那时我们从农场出来还挺忙的，再说觉得他总归不对头，补也补不进的，我们父母就教他一点东西。

小学里他的班主任倒很认真，和我们家长一直联系，她说你儿子待在教室里我能管着他的。叫我儿子半当中上好厕所马上回到教室里，在外面〔别的学生欺负他〕，不知道是哪个班级的，管不住。老师再三叮嘱我们家长。

三本肄业证书

问：孩子上过辅读学校吗？

C父：没有，一到五年级在海某小学。我和孩子他妈去了虹口区密云路上的辅读学校，发现学校里的学生上课时间都睡在教室外面，老师管得不多。自己已经不好了，去密云路学校读书的话，更不好。当时密云学校里比我儿子好一些的孩子也是有的，但学校门口乱哄哄的。我想，我们〔孩子〕至少还可以，那就去正常地方读，总归让他去试试看，去辅读学校等于废了。

　　读到小学毕业，也没有毕业证书。中学在建某中学读的，说难听点也是混的，知道他读不出的。

　　建某中学的老师也看不起我们小孩，觉得影响班级什么的，和我们谈条件。老师说，你儿子在我班级影响学习质量。我和我妻子就去找校长，在不影响班级分数的情况下能不能读。可以他就一直读了，读了三年，读到初中毕业，〔拿的是〕肄业证书。

　　待在学校里也会被欺负。他从小学起就被别人欺负。我去过好几次，和老师说至少给他〔关照一下〕，多劝劝他下课别出去，放学了早点回家。

　　在中学里很苦的，比在技校里还苦。因为人大了，别人都要看不起他。这种正常人和非正常人的关系里，都存在〔歧视〕的。我们也没办法。

　　问：读书期间有没有比较好的朋友？有对他关心一点的老师吗？

　　C父：没有。虽然说虹口区建某中学算最差的，但教学质量还是要抓的。当时老师意思叫我们不要读了。

　　问：除了老师和同学之外，其他人是如何对待孩子的？

　　C父：人与人之间总归有〔歧视〕的。我们当面是没听到，别的邻居，和我们说得来的邻居会〔告诉我们〕："某某人说你的儿子了。"小孩这样子别人都要说的，就这么回事。

　　问：读书时，家长会辅导作业吗？

　　C父：小学里会给他辅导的。初中的时候我自己感到比较吃力，因为我也是初中毕业。

　　问：说得多了他会不耐烦吗？

　　C父：有时候他会说烦死了。如果有陌生人给他上课，他会怕的。但熟悉的人和他说，他就有点"油掉了"。

　　问：初中毕业之后，在初职学习了什么？

　　C父：后来，到虹口区欧阳路的上海某职业技术学校，在技校学的电工专业，也读不进，在里面充充数，也不考虑分数。我儿子有个缺点，不要求上进，动手能力很差。他要做的事情，一会儿就做好了，不高兴做的事情就不要做。叫他看电视，比如足球，流行歌曲谁唱的，他都知道。就是动手能力绝对差，在中学里老师也和我说的。

技校大概是 04 年读的。技校老师很好，经常和我们家长沟通打电话，他问我们小孩是否智力方面再去测试一下，弄个等级出来。可能技校里有名额，要照顾多少个残疾人。我们去龙华医院精神病防预中心，说他是轻度〔智障〕。那时候我在上海搞三产，我妻子在儿子事情上跑得多一些，她市里残联、区里残联都去过，问这种残疾情况什么办法。区里残联说只有去街道。龙华医院证明办好后，再到街道去申请残疾证。到后来，技校里也拿个肄业证书。反正拿回家做的电工作业都不做，都是我帮他做的。白学的，学不进，东西都被他弄坏了。我们也没办法，〔这家技校〕路近一点，就让他去了，自己走过去。

问：初职毕业后去哪里了呢？

C 父：他姑姑是 2001 年退休的，他毕业后没到阳光之家以前一直是他姑姑领的。04 年开始去街道里。我们这种人很要面子，想想儿子这样，和外面就不太搭界。我妻子很内向很内向，小孩也不太让他出去。有一年天热，我廿四小时没回来。那天高温，我儿子在家，用圆珠笔戳电风扇发泄，把电风扇戳得一塌糊涂，因为我们把他关在家里。他想，把我关这么牢干嘛，我要出去，你们不让我出去！我们想他跑出去会被弄堂里欺负。不是说自己看不起自己，小孩子已经这样了，再被别人说、作弄……和别人也说不清，没有说头，毕竟小孩本身脑子也不好。社会上，歧视智障小孩的人肯定有的。

小孩子生出来的时候，我们自己在农场也不是很稳定，走过很多不寻常的路。家长也做得很不够，小孩得不到爸妈的温暖，出去也会被欺负。

问：走过很多不寻常的路？

C 父：那时候刚进农场，新职工会被看不起，苦力活要抢在前面干。学技术要自己眼睛看得快，像偷一样，如果学不好也要被别人讲。我在农场里做了蛮多活，泥水匠、瓦工、油漆工、木工，当过木工车间主任，后来到供销科搞供应。92 年初我先出来，在上海要过日子了，甜酸苦辣都尝过了，甚至两天两夜不睡觉。

问：您觉得做得不够是指什么方面？

C 父：像现在小孩生出来，父母两个人至少有一个拖在他身上〔照顾孩子〕。那时候我们两个都出来搞三产，打天下，没这个精力。

阳光之家办得好

问：什么时候去的阳光之家？

C父：我们想孩子待在家里不是办法，我妻子再去找街道。街道残联推荐去阳光之家，我在上海，07年让他去了阳光之家。他在那里参加体育活动、文艺活动，进了虹口区区残联腰鼓队。还有去区里参加残疾人运动会，在复兴中学，有羽毛球、短跑、仰卧起坐，都还可以。

问：参加比赛是因为他喜欢运动，还是你们想发展他这方面的特长？

C父：都是街道阳光之家问他要不要参加，他说好，就参加了。那时还搞过智障人达人秀，07、08年，他也参加过两年。大概是08年，是嘉某街道的一个节目《感恩的心》，一边唱歌一边做哑语，老师叫我儿子参加。〔在街道〕每天都会练，回来我也陪着他，开电脑给他看手语的视频，自己练。差点市里得奖。

我说他是捧不起的刘阿斗，让他弄也能弄得进，但时间长了他就"油掉了"。男孩子总归不像女孩子那么热心，前几年挺好的，在阳光之家当过半年班长，到后来不行了，他自己不要求上进。但几个同学家长说他待人很和气。

他现在待在阳光之家，动手能力绝对差，做点心什么也不行。老师和我说过几次，让我回去教教他，但他不肯也没办法。比如我们包馄饨，他包得一塌糊涂，我帮他收拾都来不及。晚上让他洗洗碗。

问：在阳光之家里做些什么？

C父：阳光之家上什么课他都参加。唱歌，最近是一个音乐特级老师来教他们，比如他说，爸爸，今天老师教了什么歌，就唱给我听。前两天教了西班牙《卡门进行曲》，他自己电脑里打开听听，也蛮有劲的。音乐喜欢听，唱是唱不好的。画图，阳光之家每周三有画画课，还有朗读，以前写毛笔字也写过，后来改成画画了。现在画图画得还可以，画水粉画。

虹口区嘉某街道阳光之家算办得好的，我们家长经常交流。嘉某街道的几个家长也到区里去听，听下来觉得别的街道都没嘉某街道好。嘉某街道几个老师也很好。

问：从小学到初中、技校、阳光之家，各种课程里他比较喜欢什么？

C父：他就喜欢自己看新闻、看电视、玩电脑。他喜欢看少年儿童节目，比如看光头强、奥特曼。他还喜欢看神探狄仁杰，还有国外的枪战片也看的。

问：那他喜欢学什么东西呢？

C父：他也不想学什么东西。叫他听音乐、看电视、玩电脑，都高兴的。别的东西就不想动了。让他缝袜子、钉纽扣也钉不来。

问：他喜欢和同学一起玩吗？

C父：他每天要从宝山区乘公交车到阳光之家上学。同学都住在嘉某街道那边，我们是人户分离的，和同学不是住在一个区域。但上课都会待在一起交流，这种孩子很天真，像七八岁的小孩一样，待在一起唱唱、跳跳、闹闹。

问：他来到阳光之家后才有了真正的好朋友？他会提起朋友们吗？

C父：对对。会说起某某同学如何如何，还有班主任。每周四他们会打球，他会说这次又赢了，和班长一起，我们每次打都赢的。赢了很开心，输了也会不开心。

问：他喜欢和老师交流吗？

C父：老师说他有个缺点，喜欢出话，就是老师在说什么，他会突然插话。老师意思是他太活络了，嘴巴太老。街道里的几个活动都有参加，但近两年没参加。

问：为什么近两年没有参加？是他自己不想参加？

C父：也不是说自己不想参加，他的动手能力总归差一点，老师总归喜欢扎台型的①、推得上去的〔学生〕，有时候凑凑数的话，就〔把他〕凑上去了。

问：平时怎么去上学？

C父：自己去的。我大概搬过来后只去过一两次，其他都他自己去的。有时候到我姐姐家也是他自己去的，我送到车站他自己乘车过去，当中还要转车的。

问：他在阳光之家待了多少年？

C父：07年待到现在。

问：您觉得阳光之家有什么需要改进的地方吗？

C父：我觉得挺满足了，因为别的街道都没他们好。我接触了几个街道，绝对是我们街道好。每周上很多课，唱歌、美术，还有外面的乐善会，跟阳光之家的智障儿搞联欢活动。每周四下午智亲会的正副主席上课，讲国际国内形势。还上数学课，各方面都有。

---

① 扎台型：此处指能争光，表现优秀。

问：形势课、数学课，他上下来什么感受呢？

C父：他数字能力很好，记忆力很强，像口算〔不错〕。他还会听国际新闻、上海市新闻，每天早上六点要开早新闻听。老师问他们今天听了什么新闻，第一个举手的就是他。像正副主席给他们讲国际形势课，他也一直举手的。

运动让孩子更活络

问：什么时候参加的特奥活动？

C父：前两年从街道里提拔出来，到区里被淘汰了，是老师推举的。07、08年在复兴中学参加虹口区智障残疾人运动会，短跑，得了第三名、第二名。还有很多奖状，家里都没地方放。街道也有，区里也有，街道里的奖状多一些。

问：他比较喜欢哪类运动呢？

C父：自己喜欢打羽毛球，有时和我打打羽毛球。乒乓也捣糨糊打打。他是刚开始感到很新鲜，到后来就感觉没劲了。每年街道里组织的运动会他都参加，总归第二、第三名，第一名轮不到。

问：平时会训练吗？

C父：我帮他练过一次羽毛球，他和我不好搭的，我以前是农场羽毛球队的。他打到后面就不高兴打了。乒乓球是阳光之家两个老师教他的。

问：比赛之前老师会带他训练吗？

C父：老师不带，都自己练。比如今年拿到飞镖第三名，都是他自己练自己扔，因为街道里老师也不会上训练课。像仰卧起坐，就一个架子自己练，都很简单的，不是正规的运动员，基本上过得去就行，动作到位就行了。

问：他是如何喜欢上体育活动的呢？

C父：我们出去玩，他跑得吃不消了，我就说你平时要走。我现在每天晚上叫他出去快走。这一阵他又不肯走了，懒了。我就说今年6月要体检了，你再不走血糖要不好了。其实他血糖是一直正常的，我就吓吓他。他就说知道了知道了。

问：孩子在残联学腰鼓学了多久？

C父：打腰鼓是08年去学的，也觉得蛮好的，可以让他发挥自己。刚去时表现很好，很多节目都叫他出去唱。有个节目叫三句半，他是最后一个半句头的。

398

后来停了一个阶段。我妻子每周六或周日陪他去，09年我妻子身体不好，肝硬化，吓得不敢带他去了。而且每次回来都要洗衣服，敲出很多汗，就叫他别去了。

这个小孩有个缺点，学好了就不想学了。15年我叫他再去，一开始我陪他去，陪了大概两个月左右，后来就他自己去了。除了放假高温天，现在每个周六、周日都让他去。我想他待在家里不是电脑就是电视机，〔还不如〕在外面走走动动，跳跳唱唱，还有学习英文。最近一阵区残联在教他们做点心，我儿子现在不是很想要做，想要做的人待在那里会很开心。

他每天早上到街道也是自己去的。有时候让他买买东西，也自己乘车去的。

问：他打腰鼓您会在旁边指导吗？您觉得他打得如何？

C父：我不太指导。中等吧。

问：参加这些比赛和活动，他有什么变化吗？

C父：变得更活络、开心了。总是说自己团队怎么好怎么好，自己表扬自己，别人都没他们好，自尊心很强的。

能力上应该说有提高的，接触社会肯定会有提高。我们家长很开心，小孩推出去能得奖总归开心，有点长进的。这种小孩只能做加法，觉得上去点了，就很开心。

问：作为家长很支持他参加这些活动？

C父：我绝对支持。他在家里就看电视、电脑，眼睛高度近视，我不敢再让他多看了。区残联对他们这种智障人、腰鼓队都很好的，每周六、周日半天，几点到几点敲腰鼓、学英文、学跳舞。老师的孩子也是智障人，像一个协会一样。有时我们跑去和老师谈谈，都已经是知音了。像这礼拜六，区残联组织亲子游，我们街道四五个孩子加两个家长，到迪士尼小镇去，我儿子也去了。小孩待在街道里比较活络，嘴也很甜。

问：那多接触社会上不同的人，对他是否有益？

C父：我觉得多接触社会是可以的。但这种人和同类人、学生和学生接触是可以的。对于有些起坏心的人，我觉得不可以让他接触。碰到社会上好的人也蛮好，和他多谈谈。但我们父母总叫他出去不要和别人搞不清楚，因为小孩自己智力不好。有一次，他路上碰到有人问他手机要吗，他回来和我们说，我叫他不要睬。这点防备能力他自己倒有的。

相亲相爱一家人

问：父母对孩子的教育有没有什么分歧？

C父：基本没有什么分歧。我们两个从农场结合以来都没什么分歧，一直和和睦睦，对小孩更没有分歧，只要对他好，我们自己吃亏点就吃亏点。小孩被别人说就说了，我们回家和小孩好好说，不要和外面人搞不清。

问：不去阳光之家和不工作的时候，比如周末，业余生活做些什么？

C父：双休日就在家看看电视。有时没事叫他练字，他的字很差，我一直叫他练字。我和他说，你人已经这样了，你字给我练练好。他做什么事都心很急，做么做不好，心又很急。

问：休息日会带他出去玩吗？

C父：带他出去玩的，从小出去旅游都带他去，他去过好多地方了，海南岛、黄山、张家界、苏州、杭州什么都去过。去黄山的时候真像正常人，五岁左右接近读书的时候，活络得不得了。

问：平时一家人会在一起做什么事？

C父：大家谈谈，晚上放学回来吃饭的时候，谈谈阳光之家的事情，班级上如何如何，谁出去玩了，谁家里分了什么房子……同学和同学之间都交流的。

问：生活方面的自理能力呢？

C父：自理能力有的。街道里组织夏令营，自己去参加，自己洗澡，自己洗衣服，洗不洗得干净就不管他了。平时会洗洗内衣内裤，但洗得不是很多。有时候让他自己洗，他就洗掉了。

问：平时会做家务吗？

C父：有时候和他说"帮你爸爸拣拣菜，剥剥毛豆"，他就来做了。有时候淘淘米，用电饭煲烧饭。老师一直说他们："你们这些人智力不好，你们爸妈都老了，至少会用电饭煲烧饭，会用洗衣机洗衣服，就可以了。"老师一直在督促，开家长会也一直说。但洗衣机我也没教他怎么用，他就人工洗，内衣、内裤、袜子都自己洗。

问：您的同事、亲戚知道孩子的情况吗？

C父：亲戚之间基本都知道。同事之间就知心朋友知道，不是知心的朋友不知道。我儿子这样子，我去说给别人听有什么意思。有些人觉得可惜，想你们父母都蛮正常，小孩这样子。有人说让他成家，我说不能成家，身体又不好怎么成家。

问：和邻居、亲戚、表堂兄弟姐妹往来吗？

C父：我姐姐对他比较关心。那时刚到上海读书，我基本不太待在家里，我妻子早上出去晚上回来，都是我姐姐管他。我妻子早上送他出去，晚上叫他姑姑去接他的。

问：能否具体谈谈姑姑对他的照顾？

C父：嬢嬢自己也没小孩，对这个侄子很喜欢，她说外面没有人喜欢，我自己侄子还不喜欢吗？他和嬢嬢也蛮讲得来的，开玩笑也乱开的。逢年过节了，他会问嬢嬢什么时候过来，我们去饭店里摆一桌。

问：孩子从小到大过程中，您在什么时候感觉他有特别大的变化？

C父：在我脑子里他永远长不大。前一阵他妈妈开刀，10月份的时候，他待在妈妈旁边安慰她，帮她按摩推拿，妈妈感觉很开心，说儿子变了，懂事了，一点点不断进步。我们说他识时务了。

我们走了，小孩怎么办？

问：有没有考虑过孩子的婚姻问题？

C父：他心里肯定想的，他已经三十岁了，说他不想，那肯定想的。同学也有结婚的，养小孩也有的。我关照他，你不允许。为什么不允许？我们现在一个小孩，假如你再带进来〔配偶〕，肯定也是这种〔智障人〕，万一以后再有小的，都是这种。智障不太好结婚生育，影响下一代。也有好朋友让我们去找个外地人，那我不是没事找事做，一家三口养养好么好了。我们主要想法是靠社会帮帮我们。

问：您这么说孩子什么反应？

C父：他就说我晓得了。我把道理一二三告诉他。我说你万一再找一个这样的人，家里行吗？再有个小孩，百分之七八十也是这种，那一家人怎么办？

我们现在也相信科学，科学是这么说的，你说行吗？

问：他之前是否参加过工作？

C父：他没有工作过，因为他读书没读好，再去社会上工作，怎么说呢……我侄女是在龙华的水吧工作，也被别人欺负。智力很正常也被别人欺负，像我们这种小孩工作做不好，更加要被别人欺负。再说他也不是很会做事。

问：他考虑过去工作吗？

C父：他不想，我也不想让他去工作。我们自己两个人退休工资也够吃够用了，我吃什么他吃什么，就这样吃吃么好了。就是我担心我们万一走了，这种小孩怎么办？或者我们老了，这小孩又没有工作能力，我们老的和小的怎么伴在一起？社会上对智障人和智障人的家长能有什么好的保障措施？

问：您希望有一些更好的保障措施？

C父：对的，是想有一些保障措施。他人也很矮小，只有一米六，做事也做不来。比如今年高温的时候连上20多节课，做点心，区里组织的轻度智障人的课，到后来都是我在帮他做。他做是做了，但做得不像样，到后来就变成我帮他在做了。是今年5月做到8月，一个月做两次。

问：这个问题您和您太太聊过吗？

C父：聊过的。现在能够吃能够用也就算了，万一我们老了，小孩也在，这个时候国家能够对我们这种家庭有什么办法？年纪大了身体总归一天不如一天，现在能够积蓄就积蓄一点，不能积蓄能怎么办，也只好用光了。这是社会上的通病。正常人的小孩也有啃老族，怎么办？说难听点，我们小孩总归比不争气的孩子要好点，不用受气。像他这种，扶扶他么好了。有的小孩天天在外面赌，很晚回家，回家就要钱。

问：孩子现在享受政府的什么福利待遇？

C父：他现在享受上海市最低工资的40％，加三金、医保、失业、养老金。福利还太低了。现在最低工资好像二千三，算下来就有九百二十块。

问：您如何看待目前的福利待遇水平？

C父：和国外比总归是低的，和国外对残疾人，尤其是智障残疾人，是一个天一个地的。他现在就只有九百二。九百二够他吃够他用吗？不够的。我们现在比下来，一年比一年好了，但是和国外是不能比的，我们也承认的。这次他们残疾人的交通补贴有四十五块，以前交通补贴也没有。

我儿子属于轻度，但也可以说是中度的，我以前还想办法让他去检查是中度还是轻度。但想想，轻度加三金，到退休了也享受退休金，不过偏低一点，我想就让他去吧。中度属于重症无业，不加三金。

问：您对未来有什么期望吗？

C父：期望就是过好晚年生活，给小孩享受更好的残疾补贴，就这个要求，别的没什么。我们现在不考虑自己，就考虑儿子。最低工资的40%，也不多。他现在到阳光之家要自己付饭钱，一个月付八十块。以前不付的，后来各街道都要付饭钱了。

问：孩子对今后有什么打算吗？

C父：没说过，过一天混一天。他只想着到哪里去玩。我三天两头敲警钟，让他学本事知识，但他总说烦死了。

问：孩子会一直待在阳光之家吗？

C父：就继续待在阳光之家，能够待越久越好。阳光之家有年龄限制的，三十五周岁，也会担心，这一天什么时候来，社会上有什么地方能去呢？是否也有阳光之家同类型的协会？希望区里能组织成立一个。一周一三五或者二四六去，也是乐趣。在家越呆越傻，至少给他点事情做做，待在家不接触社会。

C先生老师口述

口述者：周美珍老师
访谈者、撰稿者：冯宇嘉
访谈时间：2016年12月8日
访谈地点：上海市某街道阳光之家

问：C君平时表现怎么样？

师：C君说话的腔调不太好，〔语气〕重。老师就和他说，妈妈身体不好，爸爸很累，万一爸爸倒下去了怎么办？要做爸爸的助理一起照顾妈妈。然后情况就改善一点，过一段时间又不好了，再说他。C君说，保证做到！他们能说到做到，只是会反复，要多说几遍就记住了。

问：阳光之家有哪些日常活动？

师：我们街道阳光之家活动很多，有六个公益组织在此志愿服务。活动站得多，不是整天坐着。

问：智障人士来到阳光之家后有什么改变吗？

师：有进步的同学会越来越阳光，智商也提高，回到家很开心，爸妈也就放心了。以前有些小朋友在家会作，扔东西、打架。有进步的同学，一般在家里爸妈也会和他多沟通。有些小朋友家长离婚，或者爸妈都不管，就会出现精神问题。

问：C君参加腰鼓队的情况怎么样？

师：C君是2010年来的，中间空缺了一段时间，去年又继续来了，和其他同学相比来得晚，新节目练的时间不长，所以还不熟，四肢还不是很协调。C君是评定为轻度智障的，但是他的反应力可能比被中度智障的同学还要慢一些。

问：C君参加过哪些特奥比赛呢？

师：C君07年过来，07还是08年，在复兴中学，代表街道参加区里比赛。全国比赛和上海市比赛没有参加，当时是抽有过比赛经验的人去的。

街道比赛是每年一次，上海也是每年一次，国际性的是两年一次。来这里阳光之家的只是残障人士的一部分，大概八十个人左右，还有一些过了年龄的、三十五岁以上的〔不在阳光之家〕。我们每年会开一次街道性的运动会，叫三十五岁以上的一起参与。比赛重在参与，人人有奖，第三名之后都是鼓励奖。

智障人士到阳光之家来的是很少一部分，大部分还是留在家。70％的家长会把孩子藏着，不让亲戚朋友知道，出去玩也不带着。只有 30％的孩子会走出来。

C先生本人口述

口述者：C先生

访谈者、撰稿者：冯宇嘉

访谈时间：2016 年 11 月 27 日

访谈地点：上海市广中支路 22 号上海市虹口区残疾人联合会

问：参加腰鼓队后有什么变化吗？

C：以前身体不太好，因为不锻炼，老是感冒咳嗽。现在身体好多了。

问：为什么会参加腰鼓队？

C：有同学在，同学叫我去，就来了。

问：参加腰鼓队的活动有什么感受？

C：很期待，很开心。

问：在这里有认识什么朋友吗？

C：认识了陆某，这里都是好朋友。

问：平时在家会练腰鼓吗？

C：在家不练。

问：你之前参加过什么体育比赛吗？

C：是特奥的比赛，参加了羽毛球、乒乓、篮球、50 米跑步。

问：那是什么级别的比赛？拿了第几名？

C：是阳光之家的比赛，拿了学校第二名。

问：你之前说以前不喜欢锻炼，那是从什么时候开始就喜欢参加体育比赛了呢？

C：参加 50 米跑步后就改变了。

问：平时在阳光之家上些什么课？

C：周二是英语，周三是画画和跳舞，周四是体育，周老师教我们打"高智尔球"。

问：你最喜欢哪一个课呢？

C：上课都讨厌，但爸爸让我去。

问：那你平时喜欢做什么呢？

C：喜欢听音乐，喜欢周杰伦。

C 先生腰鼓队观察记录

观察时间：2016 年 11 月 27 日 9：00—13：00

观察地点：上海市虹口区残联

观察者、撰稿者：冯宇嘉

时　间	活动内容	备　注
9：00—12：00	打腰鼓。	开始一直在看别人，动作不够熟悉，略微慢半拍；动作也不够有力舒展，手臂没有抬举到位。第二遍排腰鼓节目时，被老师调到最边上的舞台，看着别人跟着练。尽力跟上节奏，但做到复杂动作还是会手忙脚乱。
	跳舞。	动作不够舒展到位，有些不熟悉的动作需要看别人做。
	休息。	和同学一起聊天说笑。
12：00—13：00	烘焙活动。以小组为单位做巧克力蛋糕，有志愿者教学指导。	小组内其他同学主导制作，C 君旁观。老师见状鼓励他参与制作，于是他便将混合好的蛋糕原料填充到模具中。制作完毕后，与同学一起将桌面上的设备、材料收拾干净。

C先生阳光之家观察日记

观察时间：2016 年 12 月 8 日 9:00—15:00

观察地点：上海市某街道阳光之家

观察者、撰稿者：冯宇嘉

时间	活动内容		备　　注
9:04	开始做广播操		
9:10—9:57	精神康复指导课	全体围成圈，放松肌肉准备练习。	该课程由社区卫生服务中心精神卫生服务人员授课。老师介绍这是一个"表达性艺术治疗"团体项目。由以下几个部分组成：（1）放松；（2）热身；（3）通过动作发泄情绪；（4）通过捉物练习〔想象〕来满足达不成的欲望。
		跟随老师指令做转头、摆手、转肩、转身等动作。	C 动作不够到位，老师纠正转肩动作。
		体前屈练习。	C 体前屈动作做不下去，老师指导他腿伸直，头往下，动作有所改善，能低下去。 其间和同学说笑。
		左右摆练习、左右脚踢腿练习。	C 基本都能分清方向，跟上节奏。
		捉物联系。	C 力量较弱，挤不进人群。在家长鼓励下终于能冲进人群。
10:10—10:40	自由活动时间	画面具。	
		和老师、同学、家长打乒乓。	C 乒乓水平一般，但是肢体协调能力、反应能力都还不错。
		与同学、周美珍老师围坐聊天。	C 话不多，老师问了才答话。
10:40	开始吃午饭。		

时间	活动内容	备 注
12：40—14：00	午休。	在专门的休息室内，每人有一张可伸展的椅子。
14：00—15：00	能力培训指导课：高智尔球活动。	一种考验策略与技术的对抗性球类运动。老师首先讲解规则，并作示范。
	C 在第二组上场参加。	C 能够很好地听从队长指挥进行进攻。第一次没有打中，第二次进攻打中了对方的球，也宣告了本队的胜利。
15：00	所有人集合，老师宣布活动结束。	C 收拾东西，和老师同学道别。

一 周 七 天 乐

——孙母及孙怡婕口述

孙怡婕，女，1987 年出生。独生子女。智力障碍四级。毕业于上海市虹口区特殊教育学校——密云学校。

口述者：孙母朱惠芳女士、孙怡婕
在座者：阳光之家同学的母亲
访谈者、撰稿者：张璞玉
访谈时间：2016 年 10 月 23 日、2016 年 12 月 10 日
访谈地点：上海市广中支路 22 号上海市虹口区残疾人联合会

体弱多病，倍受宠爱

问：请问，您和怡婕的爸爸是怎么认识的？

孙母：我们是 84 年认识的，我和他弟弟在一个农场，接触了之后到他家去玩，就这样一点一点认识了。她爸爸是到安徽……（回忆中）阜阳还是什么地方……插队落户。他说他是插队落户，我说我是农场里的。我们搭政策嘛，回来了，各自在厂里，就这样认识的。

问：怡婕是哪一年出生的？

孙母：87 年 9 月。人家怀孕是十个月，我要十个月还多。医生说你小孩很小，生下来很危险，让小孩晚一点下来，在肚子里长长大。我就住在医院里，天天吊盐水，让营养下去。她生下来只有四斤多，医生说是比较小，但是别的都很好，没办法，反正整个围绕着她的题目就是小。就到现在，也算是这里个子小的。

我是三十二岁生她，岁数大了，有个孩子很宝贝，到医院东看西看东看西看，我也担心害怕死了。别人总是说，哎呀这个孩子怎么这么小。检查身体各

项指标都偏低，身体素质不是特别好。像我们这样的小孩呢，总是这样那样的不正常。也有正常发育的，但脑子不是很好；我们就是身体不是非常好。医生也说，这个小孩让她能够自己吃饭、生活自理，很难很难的。然后下了一个结论，这个小孩难带，她也不一定能够长得大了。

我想怎么办呢，既然养她出来了总要对她负责，医生的话就让它一边去吧。有时候我想，怡婕真的好不容易长这么大，哈哈哈。

我们这一个团体，不能有一个人有点病，如果有一个人生病，有点咳嗽有点头疼，她马上第一个反映出来，要比人家生病得快。她的牙也不好，吃不了太硬的，前面都是假牙。她的牙齿比别人少了两个，没有发育出来，长不出来了。再加上她的两个虎牙又不好，医生就说要给她整形，拔掉一个。但是我当时没有给她整，我想小小年纪整啥子。我就搞不懂，她又不吃零食，怎么牙不好，就是体质决定她的牙齿很不好。后来还是整了，牙齿属于美容，都是自费，一万多块，都花在上面了。一千五一个牙齿，一共五个牙齿。还有蛀牙，也很贵的，五千块一个疗程。她跟我一样，我现在牙齿也不行。星期三我去看病，我的牙周炎犯了，痛的嘞。我也很担心，她现在这么小就牙齿不好，等到了我们这个年纪，哎呀没办法，我现在就不能吃欤。

问：那您现在吃饭怎么办？

孙母：吃点粥啊，我中午就吃了一点点米线，吃了一点又痛了。

问：怡婕小时候上幼儿园了吗？

孙母：上了幼儿园。她就是该上幼儿园的时候上幼儿园，该上学的时候上学，幼儿园就是我们街道正常的幼儿园。

问：入学的时候一切顺利吗？

孙母：上幼儿园的时候，小孩子小嘛，老师说要自己吃饭、自己睡觉、自己起床、自己穿衣服、自己大小便，但是她自己就不行，她要比别人慢。老师很耐心，就让她自己慢慢摸索，吃饭穿衣睡觉叠床，慢慢一点点会做。她吃饭不肯吃的，都是硬塞，也比较挑剔，要吃的她就吃，不要吃的再好的东西她都不吃，小孩子喜欢的饮料什么的，她都不喜欢吃。让她自觉吃饭是很困难的一件事，你如果三天不给她吃，她都不要求。我就拼命地喂，到十八岁左右她才能够主动多吃点，身体才一点点强壮起来，我们才可以放心。

幼儿园毕业到了小学，小学的入学考试倒还很简单的，她还可以，顺利进入正常小学。但是进去之后，到了一年级两年级，她这个情况就慢慢凸显出来了。写作业很慢，她不着急，时间概念不是很强。我下了班回来就帮她辅导、

写字，第二天交作业，要弄到很晚很晚。她刚开始的时候用这个手（举起左手）写的，是她奶奶硬给她纠正过来的。她自己的名字也写不好，我想早知道不要给她起这么复杂的名字，笔画多她写不来，就叫一，或者丁，就很简单。

老师要抓班级成绩，她不是拖累了大家嘛。老师就一直跟我沟通，这时我才知道，本来她读书读不好，就认为她笨，没有想到是智力有问题。学校的教导主任跟我说，一个区有一个辅读学校，提议我给她去妇幼保健院做一个智力测试，符合条件就送她到辅读学校去，那里的学生没有竞争，大家都一样的。我就领着她做了测试。

问：怡婕做智力测试的得分，您还记得吗？

孙母：63，65，做了两次。我问医生是什么意思，她们说正常的是70分，所以她就属于轻度的。但是如果努力一点，自己加把劲，可能也勉强可以到70。做智力测试，我们家长不能进去的，那个时候小，只有两年级三年级多一点，十岁左右。医生就问她一些基本的，家庭住址、爸爸妈妈的姓名，让她们识动物。她出来跟我说，这些她基本上都知道。

当时我们不知道，如果鉴定为重度，〔长大〕就属于重残无业人员，国家就给他们每个月生活费，但轻度的没有。有的家长希望小孩能得到，就教小孩进去以后不要回答医生的问题。辅读学校是不分级别的，级别要毕业之后自己去医院定的。我不知道，我们就是根据学校的表现、学习的表现定下来，她就是轻度，就一直是这样。

问：发现怡婕有智力问题后，您和爸爸是什么心情？

孙母：当时的心情啊……其实我后来是可以再生的，但是我想了想，我怕自己控制不好。如果有两个小孩，一个是这样的，一个是正常的，我怕自己会偏心，她就要吃亏。像我们这一代家庭姊妹很多，父母总归有点偏心，那我也怕自己……她和正常小孩比较，我的爱应该给她更多一点才对。后来决定，还是她一个吧，我就全身心地放到她身上了。

我们这里生两个的也很多的，但是我们想这样可能对她有点不公平。考虑到今后，我们也会老的呀，我们现在的心情就是，我们在的时候让她开心一点，老了再说，就现在过好每一天吧，今后的事情现在不考虑。呵呵，就这个心情。

问：您知道她存在智力问题后，是整天陪伴她吗？

孙母：嗯，她读书的时候我们都接送的，一直到现在我们都接送的。一方面因为是小女孩，一方面她到外面去不认路的，不像有的小孩，像你们昨天访问的小杨，他妈妈放他出去很放心。她不认路，所以她出去我们一直都接送的，没有放开我的手心过。

她的老师包括我们残联这里的人，都说，你对她宠得太厉害了。没办法，我们父母在的时候对她好，放十二分的心在她身上。我们父母不在了，靠我们兄弟姐妹的孩子——毕竟他们也要各自成家的——靠他们是不可能的。

爱心老师，一路相伴

问：怡婕是什么时候去的辅读学校？

孙母：智力测试过后就转去辅读学校了，是我们虹口区的密云学校，从三年级开始读的。辅读学校的教材跟普通学校是两样的，她就可以一点一点慢慢跟上。她基本上能够识字，拼音没问题。她最大的毛病就是，数学加减乘除要用笔，心算不行。

她们是九年制，不存在初中什么的。她一点点长大，到九年制要毕业的前夕，动作才快起来。她能够长到这样真的很不容易。

问：您对她进行过一些智力开发吗？

孙母：她读书时候，虽然是辅读学校，老师也抓得蛮紧。我们做父母的总指望她能多学点，至少识字吧，拼音要识，加减乘除要知道，我们也辅导过她的，很吃力。她接受能力很慢，我教她教到小学六年级，她当时能够识字，后来时间长了不用了，可能也忘记了。她的特点就是记不住，如果经常用的能记住，不是经常用的就记不住。她现在就是基本的识字、加减乘除，这些最最基本的，她会。

我现在也明白，她在每个阶段应该做什么她就做什么，过了这个阶段可能就不行了。现在她手机发短信、微信来往都可以，但是到用钱的时候她胆子小，因为一直在我手心里，买东西这些我都不叫她做，所以她在钱的方面没有很大的概念。我担心她以后不会用钱怎么办，但她无所谓。有的小孩就很会花钱，很会买东西。她吃东西也一定要我们买给她吃，自己不会买。

问：在密云学校的时候班里有多少人？

孙母：十五个左右。他们毕业了之后就各奔前程，她最要好的一个同学因为动迁，现在就不联系了。还有一个男同学兜了一个很大的圈子，最后又回到他们阳光之家去了。有好多本来就是同学，他们在一起自己也感到很开心的。

问：密云学校的课程是以语文、数学为主？

孙母：对，还有唱歌、体育、跳舞，更深奥一点就没有了。都是跟正常的一样的，但是他们不追求成绩。他们这个学校毕业的学生也有好有坏，各个人的接受能力不一样，分轻度、中度、重度，所以学习程度也不一样的。

问：怡婕最喜欢什么课？

孙：最喜欢体育、唱歌……

问：以前学校和班级的活动多不多？春游秋游有吗？

孙母：很少，因为他们这个学校是安全第一，第二才是搞活动。带他们这些小孩出去要负责任的，我想可能老师多一事不如少一事，万一出点什么差错，不能交代的，所以活动很少。现在到了阳光之家，一年两次春游秋游，还有志愿者单位邀请他们去搞活动，反而活动多了。

孙：还有运动会。

问：怡婕在学校里和老师关系怎么样？

孙母：她很幸运，从幼儿园到小学碰到的老师都很有爱心。小学一两年级的老师一开始不知道嘛，比较恨铁不成钢，经常找我告状。后来我也没办法，我实事求是地跟他们说，也准备了好多礼物送，我想怎么办呢，我的小孩在她手里。老师也不收，她也很念叨我的孩子，但是没办法呀。后来到了辅读学校，这个老师教她到毕业，中途不换的。她很幸运，碰到的几个老师很好，对他们就像自己的小孩。

现在阳光之家也是有老师的，我们这两个老师很有爱心，对这些小孩真的很好。我们家长都看不下去，我有时候跟老师说，你们爱护他们，但是也要给他们做一点规矩，不能让他们胡来的。

问：怡婕在学校好朋友多吗？

孙母：有一个。那个女孩我接触下来，唯一的缺点就是读书读不好，其他什么都可以，没有什么不行的，真的很聪明。她有一个双胞胎姐姐，读书就很好。她毕业之后老师就推荐她去工作了，在四川北路桥下面的新亚饭店，西餐厅里洗盆子。这个小姑娘真的很好，老厉害了。

孙：长得很胖很胖的。

孙母：跟我女儿一样大。

孙：在学校里是中队长。

孙母：她谈吐起来，完全是成熟孩子的样子。她跟我说，我的工作很苦的，怡婕坚持不了一个星期的，但是我拼命要坚持下来。每个孩子特点不一样，虽然她们都是轻度的，但就是各有特色。怡婕不行，一方面我可能也舍不得她这样，另外一方面她还不行，她的这个脑子不知道在想什么。那个女生就是很正常的，我要工作，我要赚钱，我要坚持下来，我不怕别人议论。每个工作单位里面，虽然好心人很多，但也不是每个人都很耐心的。她真的老好，阿拉怡婕不行。

问：怡婕小时候喜欢玩些什么？

孙母（笑着问孙怡婕）：你自己说，你喜欢什么？

孙：打电脑。

身轻力小，难任工作

问：密云学校毕业后怡婕去了哪里？

孙母：九年毕业后上了两年技能课，职业学校一样的。像电脑课、宾馆服务、插花这些。我们个子小，宾馆服务很重的，她拿不动，老师都说不行。上了两年之后就一直待在家里，在家里待了大概一两年。

问：怡婕在家的时候，一般一天是怎么度过的？

孙母：那个时候她就玩电脑。当时我自己也在上班，没有很大的心思放在她身上，她在家里能玩电脑就让她玩吧，就这样。我们三十岁了，看得出吗？

问：看不出，看着很小的。

孙母：对啊，个子很小的，出去应聘，人家在同等人中间肯定不要她。我们已经去应聘好几次了，人家就说不行不行，到后来我们就不去了。现实很残酷的，经过了几次碰壁，我也彻底放弃了，没有信心了，就让她在家里呆着吧。

有几个出去工作的小孩你没看到，他们一看就知道是脑子有问题，但是他们在超市里做得很好，几年下来了。我们那个超市开了大概十年左右，他们做下来已经七八年了。他们这种小孩出去工作，很老实很本分，叫他们做什么他就做什么，很听话。有的父母不知道小孩在超市里吃了批评，小孩也不解释，他就一直闷在心里，没有发泄出来，脾气就变得很不好。父母不知道，一直批评，你怎么脾气这么不好啊，不知道他在外面工作的时候受了委屈，没有给他疏导，长时间这样，他人就会变了。隔壁的一个男孩，他有力气，就去新华书店做装卸，这个书虽然面积很小，但还是很重的。不像泡沫，面积很大但是重量轻，书纸张分量重，他力气大，所以他能做。像这种力气活，怡婕怎么做

啊？我对她出去工作也不抱希望，就算了，就跟着我吧。

我对女儿要求不高，人家都说你轻度的可以出去工作的，我不放心，我一点点都不放心她出去工作。我接送到现在，她就没有离开过我。我知道我这个想法不是很好，可能有一点自私，应该要让她到社会上去工作，自力更生。但是道理上是这样讲，如果她真正出去工作，我真的不放心。如果她回来跟我说，妈妈我今天碰到什么事了，师傅怎么说我了，这就好了。但她不会说，要我问她，我又不知道她每天在外面工作怎么样。她不能够处理好自己在外面的事。

我的心也很平的，就这样吧，我们怎么样你也怎么样，我们现在养得起你就养吧，等养不起了再说，我想政策总会考虑的。别人提什么要求我都不提，我跟以前比已经很好了，我就没有什么要求，哈哈。

一周七天，阳光灿烂

问：后来怎么去了残联和阳光之家呢？

孙母：一开始我还不知道社会上有这样的组织，我上班，家、厂两点一线，跟各个居委会不大接触的。是我们那里的助残员冯老师，上门来我家，跟我说街道里有这么一个组织，星期几有个活动，让我去，我才刚刚知道，觉得很好。我们也想得很明白，这样一个小孩也没有什么好隐瞒的，我就到处去打听〔活动〕。现在我是捋清楚捋顺了，带她去参加各种各样的活动。我们家长在一起也是一个团体，就这样一点一点到现在。冯老师说起来感触很深的，他第一次到我家的时候，她（指着孙怡婕）不睬他，自己玩，跟现在完全两样的，简直就是两个人。

他们平常很忙，活动很多的，星期一有志愿者来教他们唱歌，上午的老师教他们美声唱法，很难的。下午的老师教他们识音谱、弹琴。

孙：我们星期一在阳光之家，上午周老师教我们美声唱法，下午也是音乐课，上次教的是《国家》，手语《国家》。

问：平常喜欢听什么歌？

孙：流行歌曲。最喜欢听阿杜的，陈雅森的《我的快乐就是想你》，最早的时候喜欢满文军《懂你》，现在不喜欢了。

问：那现在听什么歌？

孙：都是听流行歌曲，西藏的、内蒙古的。降央卓玛的《走天涯》《四海情歌》，都是她唱的。

孙母：她喜欢跟老师去唱卡拉 OK。

孙：唱英文歌、越剧，都有。我喜欢唱越剧《天上掉下个林妹妹》。还有《为你打开一扇窗》，沪剧，还有《打靶归来》《歌声与微笑》《我的祖国》《今天是你的生日》《我们都是好朋友》《快乐分享》。

孙母：（问孙怡婕）星期二你们做什么？

孙：英语。

孙母：有外国小伙子，也是志愿者，来给他们上课。学的都是一般性的打打招呼这些，每个人都起了一个英文名。星期三有志愿者老师来教他们跳舞。

问：平常回家自己会跳舞吗？

孙：不太跳的，就在阳光之家里跳。

孙母：现在整天就玩手机，离开了手机她都没有办法过日子了。

问：你们平常一支舞蹈要教多久才能学完？

孙：很长很长时间在跳。

孙母：你看过的那支《闪闪的红星》，老师一星期来教一次，已经有两个月了，还没完成。

问：舞蹈动作都是老师自己编的？

孙：有的是网上学的，有的是自己编出来的。

孙母：教她们跳舞的老师是我们这里一个孩子的妈妈，是我们街道舞蹈队的，身材特别好，已经五十六岁了。这个老师她自己也很忙的，她外面要演出、参加比赛，家里还有一个老人瘫在床上要她服侍，她能够抽出时间来很不容易的。

问：上次来看腰鼓队的表演，跳舞的类型各种各样，什么舞蹈都有。

孙母：我们这里有扇子舞、新疆舞，学的很多了。现在不断翻新，算起来大概已经十几支了。她们过年要表演的，要开茶话会，我们就给她们弄点服装，她们很高兴的。因为我们整个虹口区，每个街道都要出节目。她们现在就已经开始准备了，就是今年晚会的节目。我们主要是腰鼓，还有扁鼓，唱歌是个别人，唱歌不是她的强项。

问：怡婕在腰鼓队有个搭档是吗？

孙：对啊，有两个，小 LZ 和小 D。

孙母：小 LZ 最大的兴趣就是跳舞，他每天吃好晚饭要去公园跳广场舞。他一跳舞就开心，表情很好很到位的。怡婕的爸爸在安亭上班，我们就在那里

买的房子。我们安亭有个广场很大，每天晚上有大爷大妈们一起在跳，现在跳得不像以前那样简单，真的是很优美的舞，我看也很好看。我跟她说你跟在后面跳，她就不肯。

问：女孩子比较害羞。

孙母：她要玩手机，小LZ不喜欢这个，他不要，就每天晚上去跳，已经习惯了。

孙：他就喜欢跳舞。

孙母：这次上海市残疾人的达人秀，也是全上海残疾人的歌舞秀，我们街道也入选了，得了一个二等奖，跳的《舞动中国》。

孙：《舞动中国》加《小苹果》。

孙母：我就去帮她们化妆（展示演出照片）。

孙：衣服都是在网上买的。

问：衣服很好看。

孙母：跳得还可以，她们是第二批被刷下来的。我这次带她拍了一套艺术照，我在她身上比较肯花钱。她二十岁的时候我就给她拍过了，现在三十岁我说给你再去拍一套吧（边说边展示照片）。

上海市的很多文艺活动我们都参加过，电视台也去过，我陪她一起去，所以我也跑了很多地方。我们这个小孩，有时候她的这些潜能我们都不知道。她喜欢文体活动，就喜欢蹦蹦跳跳唱唱。我们有四五十个这样的小孩，她就算我们这里的积极分子吧，但是以前我都不知道她有这样的潜能。

问：电视台请你们做什么活动？

孙母：就是特奥会嘛，07年。

孙：林志颖来跟我们拍过照片，还有送签名的唱片给我。星期三下午还有画图。

孙母：这个美术老师带了很多学生，比较有名，夫妻两个自己出钱买画材，自愿的。现在男的到外国去了，就是女的来教他们。

现在不是说要提高上海市全民的身体素质吗，星期四他们就练习上海市全民运动会里面的一个项目，叫高智尔球，就是在地上滚的球。

孙：打几号几号。

孙母：就好像是地上的斯诺克。我们开始也不行，也刚刚接触，接触后我们觉得还可以，也能锻炼他们的智力，我们星期四就是这个项目。（问孙怡婕）礼拜五呢？

孙：有的时候有一批人来给我们搞活动。

孙母：孩子一点点长大，接触面广了，智力也一点点开发了，总的情况要比小时候好。我们周老师很好，既然小朋友有兴趣，能够接受，那就联系志愿者搞活动吧。不是每个礼拜都来，两个礼拜来一趟。以前光明集团来过，还有共青团志愿者，给他们唱歌，带他们到农场哪个基地去参观。每一批都有不同的想法。现在主要就是乐善会、玫琳凯每个月来。玫琳凯这个化妆品公司很大的，他们一个月来一次，有很多志愿者，每一次策划的活动都不一样。

问：乐善会是一个什么组织？

孙母：就是公益基金社会组织。

孙：都穿着黄颜色的马甲。

孙母：一次是教他们在草帽上面画画……

孙：画脸谱。

孙母：上面涂各种各样的图案。志愿者带来工具让她们自己动手，教她们怎么用绿豆、黄豆、赤豆拼成各种东西。每一次来都不一样的，所以每次乐善会来，孩子们都开心得不得了。做好了，就照片拍下来。这个就是她们做的手工（拿出照片），用各式各样的豆子做了个蘑菇，还做手工烘焙。但是她对这个东西不感兴趣，她做好了就给阳光之家的带点去，分给他们吃掉，因为她自己不喜欢吃的。

现在社会上好人很多，对他们很关心。许多东西要去购置，需要费用的，怎么办呢？我们联系了一个关爱生命众筹，这个组织很好，我们在网上发消息出去之后，他们就到我们这里来，把这些孩子做的手工拿去拍卖，拍卖的钱买烤箱、买工具、买原料，他们自己动手做饼干、面包。

我们30号星期天，又有一节烘焙课，志愿者跟他们一起做，一对一地教，蛮好的。这些力所能及的事情还是叫他们自己做一下，很深奥的就算了。

问：学了烘焙以后回家做蛋糕吗？

孙母：没有，她在网上游戏里学着做。

她们还办了一个妇女沙龙，做牛轧糖什么的。叫我一起，我也很起劲。喏，这是她们自己做的花生牛轧糖（拿出一袋牛轧糖）。

孙：做的话都是女同学做，男同学不做。

孙母：还自己做肥皂。也是有一个公益基金，就是拉个赞助给她们妇女沙龙来搞活动。

教会他们一件事很吃力的，这些志愿者能够利用自己的时间来帮助他们，真的很不容易，又不拿一分钱。华师大的交通大学的都有，毕业了就没有联系了。〔工作了〕每个星期很忙的，不大好请假，真的很感谢他们。现在年轻人的脑子好使，我们是不行了。

问：怡婕有交一些志愿者的朋友吗？

孙母：（问孙怡婕）有不啦？她交流就是一起拍照、一起玩，和志愿者老师的微信互动还没开始。（对孙怡婕说）侬有点不大好，侬不跟人家接触，人家都留微信什么的。

我们这里阳光之家的老师教他们包馄饨、做月饼，他们做了之后自己带回来，蛮好的。她说番茄炒蛋她现在会了，老师教的。那我没看到过啊，我不相信，我就跟老师们说。后来我们就搞了一个活动，自己报名，你会做什么菜，我们去采购这个东西。在一个大厅里，让他们分批上来烧，烧好之后我们有评委，评委来评谁做得最好吃谁最不好吃，我们就搞这个活动。他们这些孩子，脑子不大会转弯的，想什么就说什么，不会考虑你的心情、你怎么想，就比较单纯。我今年六十岁了，和他们一起也觉得蛮高兴的。

阳光之家的老师很好很有爱心，对这些孩子的纪律抓得也比较严。如果一般的老师，他可能会有这样的想法：教他们做什么？又没什么用处，教了他们也学不会。我们阳光之家有个女老师，矮矮的，手很巧，会做很多东西，也很耐心。

孙：她会织毛线，还会折纸、手语。

孙母：另外还有每年一次的夏令营，是区残联组织的。每个街道不是全部去的，就是阳光之家能够生活自理的，自己能够洗澡，自己能够穿衣，才可以去，如果不行那就不能去，有人数限制的。两个老师带他们住在那里，在松江一个基地，四天时间。

孙：有上课。

问：上什么课？

孙：上自理能力，做做小记者，志愿者……

同学妈妈：他们活动很丰富很强的，你做志愿者，他做小报主任……

孙：对，还有写文章，小记者两个人都写文章。

问：一共有几个同学？

孙：两个。

孙母：每个街道两个，是区政府主办的。

孙：还有唱歌，唱卡拉OK，看电影。有一次我们几个去外面搞活动，开运动会。

孙母：她这四天夏令营很开心，要比在阳光之家还要开心。

孙：还有颁奖。

问：我记得第一次见怡婕的时候涂了指甲油，是自己涂的吗？

孙母：不是，那是我们出去旅游，她阿姨帮她打扮的，硬要帮她去涂，到店里做的美甲。

问：怡婕是这边的文体委员是吗？文体委员平常都做些什么工作？

孙：就教他们一些文艺方面的知识，读报什么的。

孙母：比方说我们要教一个舞蹈，她们先跳，跳好之后会的人教不会的人。

孙：还有过组织生活，要讨论为共产主义而奋斗什么的。

问：什么时候入的团？

孙母：（找出团员证）09年。

问：怡婕籍贯是浙江的？

孙：浙江宁波。

问：怡婕在运动方面，还有跳舞、手工方面真的很有天赋。

孙母：是的。这次周老师说一定要给你们每个人一个小礼物，就是她负责（指着孙怡婕），还有小杨妈妈，她们两个负责做。

孙：我是一回家就开始做，做到晚上九点，吃好饭就开始做。

问：阳光之家的同学都特别喜欢怡婕，人缘很好。

孙母：对，阿拉怡婕还可以表演孙悟空的。他们这些小朋友，你接触多了之后会发现，他们很真实很可爱，没有什么歪歪脑筋。感谢政府（微笑），〔阳光之家〕这件实事办得很好，否则我们这个小孩怎么办，至少让他们能够有个去处。

别的街道小朋友也很羡慕怡婕，你们在这儿很高兴，活动多。她们这种小孩，本来就是上课不用功的，你再叫她们到阳光之家去一本正经坐着听老师讲，没用的，她们很反感，一定要她们自己动起来才高兴。她们喜欢做一点自己力所能及的事，做出来有成就感。

都说上帝给你关了一扇门，打开了另一扇窗。我们也是，我的孩子特点就是文体活动方面好一点，有的孩子别的方面好一点，他们有各自的特色。你要说她融入这个社会呢，她也没有真正融入进去，因为如果光看她，看不出智障，但是你跟她交谈就会发觉，交谈很困难的，说话时间长了她就不能够应对

了。现在她算是融入了我们这个协会的大家庭，喜欢上了一些其他的东西。（看着孙怡婕）你自己说，你喜欢什么？除了电脑手机以外？

孙：做手工，串珠珠这种。

孙母：对，我现在没带来，等一下我给你看。

孙：都是自己串。

孙母：阳光之家的老师教她，她学会以后自己动手。

孙：还有唱歌，画画。

问：平常都玩些什么游戏啊？

孙：QQ游戏，对对碰，要么是搓麻将，泡泡龙什么的。

问：玩得还挺多的。那看电影吗？

孙：看啊，手机里面看的。

问：喜欢看什么电影？

孙：电视剧，《西游记》《情深深雨濛濛》，还有《还珠格格》。

孙母：她迷在这个里面了。

孙：现在看《神犬小七》。

问：怡婕除了周一到周五的这些活动，周末都做什么？

孙母：周末就到残联这里来。

孙：到这里来活动。

孙母：周一到周五在阳光之家，周六、周日就到残联来搞活动，很忙的。我今年六十岁，我们是提早退休的，四十五岁就退休了。退休以后我没有去外面做，就全身心地跟着她，她去哪我就去哪，一直到现在。

问：您觉得阳光之家有什么需要改进的地方吗？

孙母：我觉得还可以，总的来说我们阳光之家比别的阳光之家活动多一点，忙得我已经有点烦了。但是教他们动手的还是少一点，因为他们不太勤劳，我就想弄点事情给他们做，让他们动动手。不管怎么样做点家务也好，或者老师教他们洗衣服也蛮好。

投身运动，健康开朗

问：怡婕第一次参加特奥运动会是什么时候？

孙母：07年。这个特殊奥运会主要就是针对他们智障的，上海市每个区、每个街道搞了一个，把这些智障孩子集中起来，自己以个人名义参加区里的活动，只要报名就可以，然后再选拔。她都得了奖的，这是第一名、第二名、第三名（拿出奖牌）……这是我们集体的。

孙：还有自行车比赛也是第一名，双人自行车。

孙母：这是星期五得的，最新的。

孙：前两天刚刚比赛的融合跑。

孙母：两年一次，每次她都参加的，一共十二个小孩十二个大人和志愿者。我以前也每次都去，总共参加过四次，都跟她一起，大家喜欢她体重轻，拉得动。有一次我们得了冠军呢，（展示奖牌）喏，这是融合跑。今年她比赛的时候我正好腰不好，就退出了。这次融合跑我们是 H 组第二名，很不容易的。

孙：这几个都是金牌。

孙母：这也是她一点点的成长记录。昨天晚上我想起来了，就偷偷拿出来，还蛮多的，有十二个。她各项活动都参加的，喜欢这个，那就让她去参加吧。

问：太棒了。

孙母：这是乒乓球比赛，这个比赛是全上海市的，她得了第六名。各种各样的比赛，还有投篮、100 米跑。

孙：还有韵律操。

孙母：这个比赛要求不高，不一定要你去拿什么名次。但是既然参加了，心情就两样了，我们也想拿名次，也会训练，还蛮忙的。

问：能不能说一说怡婕训练的事？

孙母：自行车比赛有单人的有双人的，就像公园里的双人自行车，一个在前面一个在后面。单人的，因为她后来体力不支，没办法，就派了一个很强壮的小女孩跟她一起搭档，练习双人的。我们也很重视，专门到密云学校借操场来训练。一个星期训练一次，比较正规，有学校的老师来教她们训练的。老师的要求很高很严格，她虽然力气小，但蛮坚持的，硬是逼出来的。我也跟着去了，她得了一个金牌，我印象很深。

还有投篮训练，你不要看她长得小，我们这里也有两米高的，她这么矮，投得还挺准的，比一般的人还准一点，蛮奇怪的。（问孙怡婕）你投篮得了第几名？

孙：第几名我也忘了。

孙母：她也忘了，她最大的特点就是记不住东西，要我帮她记。我总是说

她，有点事情你要自己记，我们年纪大了，记性也不好了。她回来跟我说名次，我自己都觉得不可思议，我根本就没想她能够得到名次。

问：参加比赛之前训练了多久？

孙母：老师一直给她们训练的。有的时候训练我去，有的时候我不去。如果说接到任务派发下来，你们要出一个什么项目，去参加比赛，那就开始训练，给他们分配任务。每个街道都有各自的任务。

问：上次看到怡婕打乒乓，打得可好了，还会扣杀。

孙：乒乓第六名。

孙母：怡婕就是参加的活动比较多，凡是她喜欢的她都要去。

问：这样好啊。

孙母：对，总比一直坐着好。

问：怡婕在参加比赛的时候，有什么印象特别深的事情吗？

孙：没有，就很开心呐，我拿到了一个奖牌，很开心很开心。

孙母：上一次邓亚萍来，人家都拉着她拍照留念，怡婕对这一类都不感兴趣的。她碰到什么领导、明星，好像也没有很激动。林志颖跟她一起拍了照，她也没有什么，她对这一类还不懂。她的特点就是让她参加各个项目，她很开心，拿到名次更开心。别的什么侬有啥要求吗？（问孙怡婕）你有什么要求吗？想想看。

孙：最好拿到名次、奖牌，我请客（竖大拇指），请他们吃饭，我就这样。

孙母：她现在一点点大了，对数字、钱的概念稍微有一点点懂。以前不懂的时候，每个月两百块钱，一季度一发，每次就有六百块，她的印象是六百块是很多钱的，一拿到六百块，就请小朋友吃饭，他们都说她很大方的。我跟她解释一个月你只有两百块，她不懂的。我们这里有的小孩一分钱都不肯留出来，他知道这个钱是我自己的。我们出去比赛有一些津贴，发给他们个人的，她马上就给我，她自己身边不要放钱。有的小朋友就放在自己身边，不给爸爸妈妈的。我跟她说现在你大了，有时候可能会临时要你付钱，你可以放一点在身边，她就放一百，也不花，始终就是一百块钱。我就担心她怎么办啊，钱都不会用，我自己也很矛盾。我就不去想以后，会睡不着的，就自然而然地过吧。

孙：以前我们到操场上去舞龙，很吃力的，最热的天，我的脸上都发红发黑也在练，我是尾巴。

孙母：很不容易的。

孙：很不容易，还到部队里面去。

问：舞龙为什么去部队里面？

孙母：武警部队有一个舞龙队，部队的人来教。我们是女子舞龙队，男生是狮子。

孙：天气非常热，我脸上都是汗。

同学妈妈：天天40度左右，我们每个星期去一天。

问：老师都夸怡婕特别能吃苦，大热天还坚持跳舞，而且说还要赶场？

孙母：赶到少体校，去迎接残疾运动员回来。

问：怡婕在参加了特奥运动会以后，有什么变化吗？

孙母：变化很大，阳光之家的老师也深有体会。

问：是的，阳光之家的老师都说怡婕是变化最大的。

孙母：对呀，以前很内向的，别人说话她就低头，不是弄手机就是玩电脑，睬都不睬你，有的老师说她有点自闭。但现在她会参与进来，如果她知道点什么，还会跟你交流，就很开朗活泼，比较外向了。

怡婕以前什么事都跟我说，妈妈我这样我那样。现在如果得了奖，她会自己把奖牌包好，带到阳光之家去，给老师看。如果老师不在，她就做成电子相册，在微信上发给老师看。她跟她的老师一直都交流的，老师也很高兴地表扬他们，在微信上说，你们能够得到奖牌很不容易。我们的孩子，经常表扬表扬，他们会很高兴，下次做起来更加有动力。

另外因为她经常运动，身体也变好了，现在一般性的小病不要紧了。智障的小孩最大的特点就是少动，小胖子很多，他们吃了就坐着不动。有的小孩减肥，体重是减下来了，但他不锻炼，肉就很松。她体育活动不停的，我们出去旅游爬山，她不累的。她最大的变化就是身体好了，开朗很多，智力发育也好了。

问：怡婕自己觉得参加了特奥运动以后有什么变化？

孙：有啊，很大的变化，跟他们一起搞活动很开心很快乐。

问：平常喜欢跟大家在一起吗？

孙：喜欢，一起交流。

问：怡婕参加了这些活动以后，社会接触面大了吗？

孙母：没有很大，这也是我们最大的遗憾。如果说社会接触面，他们就是跟志愿者接触。如果要他们自己去融入社会，很难很难。要我们带着出去，他们自己不大会。

问：怡婕参加了特奥运动会以后，您和她父亲心态上有什么变化吗？

孙母：她跟以前比真的变化很大，所以我也很起劲地跟着她们一起，还没有觉得自己很老（微笑着），虽然现在已经步入老年人了。周老师现在已经六十多了，也全身心地扑在她孩子上面。怡婕父亲也很高兴，她有时候会跟她父亲交流汇报的，我们今天干什么了，比赛怎么样，手机微信发照片给他。

问：您觉得特奥运动有哪些可以改进的地方吗？

孙母：普及面要广一点，毕竟还有很多人都不知道。我们是参加过的，提高了很多，但有很多人还不知道有这个活动。

父母家人，倾心相付

问：您以前是做什么工作的？

孙母：她爸爸和我都是上汽集团〔职工〕。其实上汽集团效益还可以，就是政策不大好，女的四十五岁之后就退休了，男的五十五岁。我四十五岁退回来以后就没有出去工作过，她父亲就一直做到六十岁。

她父亲说，有了这样一个小孩，样样都要照顾，那就我工作，你不要出去工作了，全身心地照顾小孩。这样他工作就忙了，那个时候年纪还轻，整整一年到两年，不休息，天天上班加班。他们厂也很奇怪的，就问你怎么不休息，天天来上班？他说没办法，老婆退休得早，家里又是这个情况。领导知道了以后，就安排他做六休一，正常的是做五休二。他做六休一一直做到去年，才开始做五休二的。她很幸运，她父亲对她还是很疼爱的。她父亲说，没办法，小孩不做我来做，她要啃我们老的，所以他现在退休了还在做。

我们这里像我们一般年纪的，好几个都是母亲退休了回家，全身心地付出，父亲退休了继续做，在帮小孩做。我们有我们的烦恼，我们做父母的，小孩没法工作，只有我们养她。

问：怡婕生活自理能力怎么样？

孙母：极差，从小到大都是这样。小时候都是手把手地教，梳头什么的都是我来。我们这小孩她有一个特点，如果她做成一样事了，你要把她扳过来，很难很难的，包括我们现在教他们打腰鼓、跳舞，她如果已经生成这样一个动作，你再把她反过来真的很难的。那我们就只有功夫下下去，没办法，这样的小孩教起来很困难，正常的人可能没法理解。

问：怡婕在家里面做家务吗？

孙母：她很晚才开始做家务，以前我真是从头包到脚。她现在每天洗澡后自己的衣服洗洗；我说吃饭了，她就帮你桌子放好，东西拿上来，就做这个事情，洗碗她不肯做。我也知道，我这样从头包到脚不好，她一定要自理的，我总要离开她的。但是已经养成了她比较懒的习惯，我现在就开始一点点地让她做。我们这里有的小孩很会做家务，家里收拾得很清爽，但他不识字。虽然不识字，但他到外面用钱买东西，比我们都会来事，所以各有特点。

可以说我们怡婕除了一年一次四天的夏令营，没有跟我分开过。我们居委会有时候看到我到阳光之家，她没来，就很奇怪，问我今天怎么就你一个人，你的小跟班不跟啊？因为平常我一直带着，我没有放过手。如果现在叫她一个人到外面做什么，我绝对不放心。我也知道这很不好，道理讲得很好，但是我就放不下手，狠不下心让她自己去。到安亭去，4 号线换 11 号线，再乘公交车，她也知道的，但叫她一个人还是不行。我们这里有住在松江的，早上来晚上去，都自己一个人，很厉害的。

问：有想过让怡婕自己试一下吗？

孙母：我想过，但是没有行动过。一方面我自己退休了没事干，我也有时间；另一方面她父亲说，你的任务就是照顾好她。我不照顾好她，出点事情他不要找我？要你干吗啦？我又没有要你做别的事。

孙：我还被车撞过。

孙母：有两次。有一次我有点事情先回去了，我们这里的老师说，没关系，训练好了我带她回家。结果我到家老师就打电话，你出来一下好不啦。我说怎么了，她说骑自行车和大卡车擦着了，吓死她了。还有一次也是的，脚受伤了。所以她出去骑自行车我很不放心。上海的交通，你不撞人家人家来撞你呀，我就跟着她吧。

孙：以前都是我外公教自行车的，逼出来的。

孙母：她很小就开始学自行车了，在学校读书的时候就学会了。学了自行车之后，我到什么地方她就跟着，一直跟来跟去的。我们老师很多也是骑自行

车，到这里来公交车有时候不方便。我们老师有什么事，一起去购物买东西，总是她跟着，因为别的小孩都不会骑，她自行车骑得蛮好的。但是经过那件事，她心里有阴影了，她就不敢了，看见车子就避开点。要跟她说的，他们不知道这个厉害，出去一定要注意交通规则，他们有时候不注意的。

孙（不好意思地笑）：乱闯红灯。

孙母：所以我管着的，我在后面跟着。我为了这个小孩都豁出去了，随便什么活动都参加。本身我这个人是不大喜欢怎么样怎么样的，但是为了她没办法，我现在就在协会里负责她们跳舞的服装、化妆，给她们打扮好出去跳舞，是做这个工作（笑）。

问：怡婕每次参加比赛您都陪着吗？

孙母：多数还是陪着，他们出去比赛，我们要很忙。他们就只顾自己比赛，坐着不动的，衣服、吃饭要我们捧到他们手里的。我们也知道养成他们这个习惯很不好，应该让他们自己去领，但是我们这些妈妈心情是一样的，你们坐着不要动，我们去。整个赛场都是志愿者和我们这些年纪大的跑前跑后。

我跟他们跑了四次了，两年一次，这次我自己身体不好，就跟负责老师说不去了，也跟我女儿说妈妈年纪大了不行了。我们这次有三个外面的志愿者，三个男的很高大，人特别好，请假来的，下着雨还帮我们去拿东西。我跟我们的带队老师提出，今后多招募一些社会上的志愿者，我们毕竟年纪大了，他们脑子比我们活络，行动也活络。另外一方面，年纪轻的人，接受能力强，可以从网上下载很多新的事物来教他们。我们毕竟还是比较老套，比较传统的。

以前我年纪稍微轻一点的时候，因为志愿者老师来教她们是有时间限制的，我们也跟着学，我们自己先学会，然后再教她们。现在我一点一点退出来了，我们这里的老师，年纪大的已经七十岁了，每次也陪着自己的女儿来，就是为了她们开心。

问：家长真是付出太多了。

孙母：是啊！她算我们这个团队里的中等年龄，比她小的也有，不过不多，比她大的稍微多一点。

我和她父亲工作还可以，但是有很多小孩家庭经济条件不是很好，你要父母带他们出去旅游、出去过生日什么的，很困难。我是这样想的，像我们这样的小孩，父母不带她出去，她跟谁一起出去玩？没有人跟她们出去玩的。当然我家里也有外甥、侄子，但是心情就两样了。正常的小孩他们自己就能在网上订好，她们没办法只有跟着我们父母，我们出去就尽量带她出去。

我的女儿现在要求也越来越高了，眼界变得越来越高，很挑剔的，国内兜兜，她还跟我说去外国兜兜好了。我跟她父亲就说，外国一年一次，不能去多，国内可以多兜兜。今天我还说她，她现在满脑子就是玩，出去吃，这样很不好的。父母赚钱辛苦，她还没这个概念，这里老师都说，我们两个把她宠坏了。

孙：北京我都没去过。

孙母：她下次要到北京去。

孙：韩国去过，还有新马泰、日本、张家界。

问：出去旅游，是全家一起吗？

孙母：他父亲要上班，我们全家一起出去旅游很难，我就跟她父亲说你的公休不要用，我们全家一起出去。

以前她爸爸带她去旅游，大家都要集中了，她早饭还没吃好，还要爸爸喂她。如果说九点钟集合，她以为就是九点钟从家里出发，八点半了还说不急，我告诉她还有路上的时间呢，但她没有这个概念。我是这里有名的老迟到，就是被她拖的。我总说怡婕，要不是妈妈盯着你，你在这里什么都不是。她样样事情都是我盯，她就是主动性不大好，一定要别人盯着她的。

多数只有我和她，我们家长老师带着自己的小孩，一年好几次。我们不带他们出去，他们自己没办法出去的。今年去了新马泰、三清山、张家界。这次他们到老子山去，我身体不好就没去。那她就跟着我，我不去她也不去了。她心里就说，她很羡慕人家的，人家老师带小孩都去了，发的照片什么的。我和她说，没关系，以后有机会。我们参加了一个专门做度假旅游的集团，有旅游的机会。我想趁现在各方面条件还可以的情况下，还是经常带她们出去旅游玩玩吧，等年纪越来越大跑不动了，那就没办法了。

问：您身体不好是怎么回事？

孙母：年轻的时候在农场里干活落下的老腰病。以前年纪轻不要紧，发病了，一个星期左右就好了。现在不行，年纪大了，发病间隔的时间越来越短了。我发起病来人都不好走路的，也不好坐。后来我去看了，医生跟我说，腰是人的中枢，腰瘫掉了人就瘫掉了。

同学妈妈：我们怎么办？只有我们大的陪他们去。我们不陪，谁陪他们去玩？这种小孩没人带他们去玩，家里人有空吗？没空，只有妈妈带，爸爸不可能带。像我儿子也是一样，泰国、巴厘岛、新加坡什么地方都带他去过。明天我又带他出去了，到云南，乘飞机，去一个星期要乘三趟飞机。我儿子跟我

说，妈妈，现在走得动，你就带我去吧，走不动，我就不出去了。他讲这个话你说我心里酸吗？你们好好的，你们可以自己玩，他们没人带他们玩。都三十几岁的人了，自己不会玩还要老的带，你说这个心里难过吧！真的，人家不知道我们这种心情，只有自己知道。得到这种孩子了，苦只有往自己肚子里咽，真的很可怜。我一直说社会一定要〔给予他们〕特殊照顾，但是没有好好去照顾他们，都是我们大人自己〔照顾〕。

我们在这里有一个小组织，八个大人八个小孩，经常聚在一起，唱唱歌、跳跳舞、吃吃饭，也是为了他们高兴。这种小孩在外面没人跟他们说话，也跟人说不到一起。他们自己在一起能说话，能唱能跳，放松自己，多好。把他们融入社会，社会上谁会跟他们在一起玩？怡婕说话还清楚点，长话会说，像我这个儿子只有几句话会说，有时候真的心里很难过。

孙母：我现在还能够陪她，以后的事情不知道，就算了，我是抱着这个心情。但是每个小孩的家庭不一样，你们昨天访问的小杨，他们男方家庭看不起他，整个大家庭歧视他，他父母亲很郁闷的。我们就跟小杨他们家庭不一样，我们家里人始终抱着这种想法，越是这样的孩子就越要宝贝她，他们正常的不要紧，让他们自己去好了。

你可能不知道，我们就是上海本地人，本地人的房子很大，是祖宗传下来的。我父母的兄弟姐妹就住在一起，父母的兄弟姐妹生孩子，就是和我同辈的，也住在一起。我父亲有四个小孩，我父亲的哥哥有六个小孩，我父亲的姐姐有三个小孩，我们这几个小孩从小就在一起，等到我们长大之后结婚了，才一点一点分开了。但是我们离得不远，每星期见面。我父亲有个观念，小孩不能离我很远，最好是两三站路。

我父亲这个大家庭，她一辈的小孩有三个。我弟弟的孩子，我妹妹的孩子，三个人差不多大，两个男孩一个比她小半岁，一个比她小一岁多一点，都是独生子女。三个人从小一起上幼儿园，一起读书，到晚上我们各自领回家。每个星期休息，我们都要到父母家里去，他们就自己玩，他们之间没有什么隔阂的。我们动迁的时候，没地方住，就住在一起，一起上班。

我们这个大家庭对她真的百依百顺，很重视很宝贝的。我的父母，我的兄弟姐妹，我兄弟姐妹的孩子，她父亲的兄弟姐妹，只要她提出要求，都让着她，以她为重，没有看不起她，我这点还是很欣慰的。虽然她是最大一个，但是当她是小孩一样。她的命是这样痴痴惘惘的，你们为什么不满足她的要求？他们就是这个理念。我就跟怡婕说，你的弟弟妹妹大学毕业了，工作压力很大的，你一点都不知道现在的工作压力。我很体谅他们的，我说怡婕你真幸福啊，你自己都不知道。

问：对，也是另一种幸福。

孙母：对呀，我说你已经够幸运的啦。如果有两个小孩，那我就要分一点心思给另外一个小孩了。我们这里有的，小孩之间有妒忌心理的，妈妈你怎么总是护着他，你怎么不管我？就搞成小孩之间有矛盾。如果你要两个小孩，你从小就要教育这个正常小孩，生你就是为了要照顾她。我们父母要老的，要这样一直教育的，要让他形成一个观念。但是孩子大了，不一定听你父母的。

我们指望不上她的，我就跟另外两个小孩说，我要指望你们的，怡婕要依靠你们的，所以我就待他们好点。不过两个男孩都还好，很听话的。

我们这里有很多小孩，因为挂靠了单位，有自己的生活费，我们没挂靠就没有。我们之前不大打听这种消息的，不大去关心这个。人家有是人家有，我们没就我们没吧，我就抱着这样的心态。人家跟我说你去说啊，我想不要去讲。既然上天这样安排我就接受吧，我的心很平淡，就不去争什么了。

问：您和怡婕的父亲在教育孩子方面有没有分歧？

孙母：没有，我们是统一的。如果我说她，他也支持我的，没有分歧，这点还是可以的，如果有分歧那家庭矛盾大得不得了。我们比较一致的，都依着她，他比我还要宝贝一点。

问：怡婕有你们这样的父母也是很幸运很幸福。

孙母：她属于幸福的。我们这有的家庭不一定的，把小孩放在外面不管。以前有一个小孩，跟他们差不多大小，父母离婚了，爸爸不管妈妈不管，她就整天在外面。每个月生活费也不管她，她就自己挣钱到外面吃啊玩啊。实在没事干了，就出钱请她们吃咖啡，请她们一起来玩。我有时候真有点想不通，小姑娘不能放在外面的。

还有一个小孩，父母离婚了，双方都有各自的家庭，有小孩了，这个小孩就更加不管了。有的家庭生了两个，弟弟很好，就喜欢弟弟，女儿就不喜欢了，交给外婆管，任由她怎么样，自己就不管了，其实家里的经济条件很好的。所以我说，你既然生了两个，就一定要对她负责。

问：平常一家三口在一起都做些什么事？

孙母：现在我们一家三口，她手机上微信、玩游戏，忙得不得了，整天拿着手机。

孙：看电影，在网上看电影。

孙母：她父亲喜欢看抗日战争、解放战争的连续剧。我有时就看看微信，我们家长和老师自己有个微信群，最近我身体不好微信也不看了。我平常有一点空就要到安亭去，因为她父亲不会自己做饭，他要么外卖，要么就是饺子，所以我空下来就到那里去。路太远，我去那就是两三天，最多三天我就要回来。

问：好辛苦啊。

孙：一回来就开始弄啊，烧啊。

孙母：没办法，我就是两头跑。我发觉我好像没有什么空余时间，人家都说退休后没有什么事，不可能这么忙，我觉得我退休了真的老忙。

他们也好，无忧无虑的。像你们大学毕业要找工作，现在的工作竞争压力很大的，不是你想出去玩了就去，不能说走就走。她每次就问她的两个弟弟，你们为什么不去玩，我就跟她解释他们的工作压力大，不像你，走就走了。

同学妈妈：他们开心就是我们开心，他们没忧愁我们也就没忧愁。我们智力障碍的小孩是最可怜的，没有一个人会照顾他们，只有我们自己会照顾自己的小孩。

展望未来，要求不多

问：您考虑过怡婕的婚姻问题吗？

孙母：考虑过，但是每个小孩都不一样的。我们这里有的孩子，比方说小Y，他想结婚，他想要老婆。但是我们怡婕她对这方面不想的，她像小孩一样，那我就随她去，不考虑这个。如果她找一个正常的，不行，肯定要有隔阂的，只能找一个跟她一样的。我们总要老的，总要离开她，不可能照顾她一辈子的，她自己有个伴，互相之间照顾也挺好的，我也想过。我们这个团体里面也有人结婚了，但我们怡婕对这个方面，好像不是很懂，属于没有这种想法的。

以前阳光之家有一个女孩蛮好的，只要她不说话，根本看不出来。她就跟一个正常的开出租的结婚了，就住我们楼下。她结婚那天，这个女婿保证，你放心啊我肯定对她好。结婚三个月就开始吵，吵到居委会，一年不到就离婚了。离婚以后她就找一个一样的，志同道合，就蛮好的，过到现在。当然能够结婚生子的还是少数。正常人都很不容易的，他们这个情况更加不容易。我们这里有小姑娘喜欢上一个男孩，她如果不看到这个男的，饭也吃不下，自己吵闹，造成这种情况，父母是有很大的责任的。

我对我们怡婕是一点都不能放手，他们毕竟思想很单纯，放到社会上，好人虽然很多，还有个别坏人的，所以我很不放心的。她们在学校的时候，我早上上班的时候送去，下班了来接她。那个老师总是说我，你把怡婕宠的嘞。我一直跟小Y妈妈说，你这个儿子是唐氏综合征，如果是一般的智障，你被他卖了都不知道。① 小Y比较精，不像他们想到什么就跟你说啥，他要想一想，怎么样回答你好。

他们有智力缺陷，平时可能比较爱护宝贝他们，但是有时候还是要跟他们讲道理的，要有一点规矩给他们的，家庭的教育不能少，他要怎样就怎样，仗着自己这样胡来是不行的。

问：您对怡婕的未来有什么期望吗？

孙母：我就希望她再懂一点事，她有时候真像小孩一样不懂事。我一天天年纪大了，有时候身体不好，做事力不从心，要叫她帮忙，她不主动的，要一直说，她才会主动地帮你做一点点家务。我这几天有点感触，怡婕真的一点都不行，为人处世这些，还是稍微要懂一点，她整天就在这个圈子里面，我真有点担心。总的来说就是太小孩子气了，一点都不懂事。还说什么期望，就算了，过好现在吧，不去想以后了。说心里话，像我们这些人如果想以后啊，天天睡也睡不着。所以不要去想，没什么意思的，就这样维持现状吧，未来也没有什么计划。我们总共五大协会，肢体、聋哑、精神、智障、盲人。

孙：盲协。

孙母：残疾人是弱势群体，我们智障人是弱势群体中的弱势群体。因为脑子不好，想不到，要我们正常人帮他们想。像肢体残疾、聋哑人，他们脑子是很好的。我们残联这里的聋哑人很聪明的，比正常人还要聪明，他们就想得出要怎么样，会向我们残联提出各种各样的要求，领导都拿他们没办法。但是他们智障的（指着孙怡婕）不会提要求，他们需要我们去帮他们提要求，由家长监护人来替他们操办一切。精神残疾也是一个群体，也是一种残疾，但是精神病人好的时候跟正常人一样的，只是在发病的时候不正常。我们的要求就是要对弱势群体中的弱势再多一点关心，别的也没有什么要求。

问：希望怡婕能一直幸福下去，谢谢您。

孙母：没什么，应该的。

---

① 唐氏综合征具有明显的面貌特征，很容易识别；其他不少智障人士，单看面容，无法判断是否智障。

孙怡婕老师口述

口述者：阳光之家老师
访谈者、撰稿者：张璞玉
访谈时间：2016 年 12 月 7 日
访谈地点：上海市某街道阳光之家

来阳光之家后变化很大

问：怡婕是从什么时候开始来阳光之家的？

师：她是 05 年 10 月份成立的时候就来了。

问：她第一次来时的场景您还记得吗？

师：那时候我不在，我还没来。我知道冯老师是他们的助残员（指着门口的一位老师），说她刚来的时候不说话的，躲在她爸妈后面不肯说话。

问：那感觉现在变化还挺大的。

师：她变化最大。我来的时候她还不怎么说话，我印象当中她那时候就会哭，一碰到事情就哭哭哭，学东西手工方面都不行。现在这些活都做得来，嘴巴也会说了，跳舞也跳得很好。她来的时候乒乓球也不会打，羽毛球也不会。羽毛球训练到最后，人家球过来她还球都还不回去，只能她发个球，发过去就OK 了，结束了。现在就是胆子还有点小，人多的时候叫她说话，她还是不能说。给她准备好她能说，不准备好她还是不能说。

问：怡婕有没有让您印象特别深刻的事？

师：07 年特奥会的时候我印象最深刻。她从这个场赶到那个场比赛，因为她的几个舞蹈重合在一起了。这么热的天，她这边跳了，赶紧换衣服到那边再跳，那样热她还能坚持跳，很能吃苦，这点我印象最深。

人缘很好，工作不行

问：您觉得怡婕整体的性格是内向还是外向？

师：内向。不过有时候也不觉得内向，真的跳起来运动起来了，她又像一个外向的，你也说不清楚。跟很熟悉、很亲近的人她才会聊，她看人的。觉得你亲她就会跟你说，不亲她不会说。

问：怡婕在这边好朋友多吗？

师：她好朋友很多，人缘好。她属于很文静的孩子，基本上同学和她都很亲的。她和小Q在同学里面人缘都蛮好。小Q脾气不大好，她脾气好。就是蛮单纯的一个孩子，就像小孩一样。

问：怡婕平常来阳光之家能准时到吗？

师（笑着摇头）：她有点晚，老迟到，没办法，和她的脑子有关系。有意识的时候没事，没意识的时候脑子会短路。她睡着了叫都叫不醒的，她心里知道要醒了，但眼睛睁不开。

问：您觉得怡婕以后可以出去工作吗？

师：她手脚很慢，不行。你让她做做手工，不计时的，可能还可以，要计时的她肯定不行。你坐到她旁边要她快点吃，没用的。小Q好做的，她不好做，好做的话我们这里很早就给她推出去了。我们好几个都推出去了，到麦当劳收钱的也有，做螺丝的也有。她推不出去，之前阳光工场去过了，去了就哭，她妈妈又给她领回来了。我们这里不知道怎么，中度的能干，轻度的反而不能干，几个轻度的都是不怎么能干。他们别的地方行，但是干活不行，适应不了社会。

问：谢谢老师接受我的访谈。

师：不客气。

孙怡婕同学口述

口述者：孙怡婕的同学们

访谈者、撰稿者：张璞玉

访谈时间：2016 年 12 月 7 日

访谈地点：上海市某街道阳光之家

问：你们跟怡婕关系怎么样？

同学 1：蛮好的。

同学 2：蛮好的啊。

问：你们觉得她平常性格怎么样？

同学 1：蛮好的。

同学 2：她还会装孙悟空呢，她手工很好的。

同学 1：手工老好。

同学 2：这里基本上很多东西都是她和我们李老师完成的。

同学 1（指着柜子里的一件手工作品）：这个也是她完成的。

同学 2：对，她还有她妈妈。

同学 1（指着另一件手工作品）：这个也是她做的。

同学 2（指着一串中国结）：那这个呢？

同学 1：这个也是她做的。

同学 2：这些好像都是她做的吧，那个"蛇"也是。

问：怡婕真是多才多艺，跳舞也跳得好。

同学 2（问同学 1）：她跳舞还有个搭档呢，小 D，对吧？

（热心同学帮忙找到怡婕的舞伴）

问：你是怡婕的舞伴吗？

同学 D：对。

问：你们俩关系怎么样？平常在一起玩吗？

同学 D：额……没空玩……我们要么在上课，要么在打腰鼓，打扁鼓，有的时候小 LZ 教我们跳舞，跳新疆舞。

同学 3：小 LZ 跳舞很好看的。

同学 D：因为他妈妈教舞蹈，他妈妈是老师。教我们打腰鼓的。

问：你跟怡婕排练过单独两个人的舞蹈吗？

同学 D：排练过。

问：都跳些什么舞？

同学 D：《达坂城的姑娘》也跳过，还有《掀起你的盖头来》，还有很多很多。

问：你们俩配合默契吗？

同学 D：嗯……（摇头）分开来跳的。分组的，都是一排一排分着跳的。

问：不是你们两个搭档跳吗？

同学 D：不是，就《达坂城的姑娘》是的，还有《掀起你的盖头来》是的，其他都不是。

问：好的，知道了，谢谢你。

同学 D：不用谢。

孙怡婕腰鼓队观察记录

观察时间：2016 年 11 月 27 日 9：00—11：40

观察地点：上海市广中支路 22 号上海市虹口区残疾人联合会

观察者、撰稿者：张璞玉

时间	活动内容	备 注
9：20	到达训练场所，开始跳第一支舞《中国功夫》，孙怡婕在最前面领舞，动作标准。	活动九点开始，迟到二十分钟。
9：23	老师给其他同学纠正错误，孙怡婕认真旁观。	
9：25	休息。	
9：35	舞蹈《九九艳阳天》。	
9：45	休息。	老师向我们介绍，06 年认识孙怡婕。以前孙怡婕一动不动，现在爱唱爱跳，状态很好。
10：00	舞蹈《精武操》。	武术类的体操，同学们在做操同时发出"嘿""哈"的叫声，孙怡婕的声音比较小。
10：05	妈妈离开，孙怡婕和妈妈再见。	
10：12	休息。	
10：15	舞蹈《十送红军》。	
10：22	舞蹈《小苹果》。	
10：25	《套马杆》《荷塘月色》等舞蹈，每支曲子只跳一段。	有一支舞孙怡婕不太会，跳的时候要看着别人模仿动作。
10：35	腰鼓队训练结束，准备烘焙课。	
10：45	戴口罩和手套。	
10：50	志愿者在其他组教学，孙怡婕扭头看。	
10：51	老师手把手教孙怡婕将塑料袋卷好，装上巧克力酱。	

（续表）

时间	活动内容	备　注
10：53	孙怡婕搅拌巧克力酱。	
10：55	孙怡婕暂时离开，去隔壁开团员会议。	
11：03	学习中共十八届六中全会精神。	
11：06	孙怡婕坐在老师身边看报纸，不时点头。	
11：09	每个人发言表态，孙怡婕发言说"要热爱党，热爱国家，关心党，关心团支部工作"。	
11：20	散会。	
11：35	蛋糕出炉，排队领蛋糕。	
11：40	赠送蛋糕，合影留念。	

孙怡婕阳光之家观察日记

观察时间：2016 年 12 月 7 日 9：00—15：00

观察地点：上海市某街道阳光之家

观察者、撰稿者：张璞玉

时间	活动内容	备　注
9：09	广播操。	孙怡婕领操。
9：13	广播操做完，孙怡婕感到热，脱掉外套。	
9：15	关节保健操。	
9：19	休息。	
9：21	排练舞蹈《红星照我去战斗》。	舞蹈老师是阳光之家的学生家长。
9：23	老师对孙怡婕等四人进行单独指导，孙怡婕领悟能力很强，一点就通。	
9：26	孙怡婕和另一名女生手掌相对、转圈，总是出错，老师指导多次。	
9：30	其他同学站位不对，孙怡婕用手势示意其往前站。	
9：32	老师指点其他同学，孙怡婕静静看着。	
9：39	复习动作。	
9：45	所有同学就位学习新动作。	新动作做起来有点像猴子，孙怡婕调皮地做了个猴子的动作。
9：49	孙怡婕很快学会了，其他同学做得不规范，孙怡婕哈哈笑。	
9：51	孙怡婕发现自己脚迈错了，仔细观察老师动作并自己纠正过来。	
10：00	练习多遍后，孙怡婕动作已连贯流畅。	
10：01	休息。	

(续表)

时 间	活 动 内 容	备　　注
10:04	练习完整舞蹈。	
10:16	休息。	孙怡婕穿外套、系鞋带，和其他同学说悄悄话。
10:24	搬桌椅，摆放整齐。	
10:26	孙怡婕给大家模仿猴子。	阳光之家的老师介绍说孙怡婕学猴子学得特别像。
10:28	孙怡婕有些驼背，老师纠正。	
10:31	打乒乓球。	孙怡婕球路经常变化，抓住机会扣杀。
10:43	吃午饭。	
10:47	老师帮忙把肉里的筋剔掉。	孙怡婕牙不好，不能吃硬的。
12:00—13:55	午休。	
14:00	美术课：颜色的奥秘。	全班同学起立、有节奏地拍手喊口号："你行我也行，你能我也能。"
14:01	老师通知下节课带石头，做手绘。	孙怡婕的纸笔都摆放好了，积极与老师对话交流，表现活跃。很多同学都让老师帮忙带石头，老师说："那我下节课要背多大多沉的一袋石头呀！"这时孙怡婕笑道："猪八戒背媳妇！"引来哄堂大笑。
14:08	不时回头看好朋友，积极回答老师问题，跟同桌交流。	
14:10	跟着老师画画，大声回答问题。	
14:11	老师讲颜色的第一个奥秘：色彩有重量。	淡色看起来重量轻，深色看起来重量重。
14:12	老师让大家利用工具画圆。	孙怡婕问："我这个瓶盖可以用吗？"
14:13	老师让大家画两个左右并列的圆，孙怡婕却画了上下两个圆。	
14:14	选颜色，孙怡婕向同学借自己没有的颜色。	
14:15	孙怡婕调色，将颜料挤在调色盘里。	

时间	活动内容	备 注
14：16	老师问："提高明度要加什么颜色？"孙怡婕大声回答："白色！"	
14：17	老师问孙怡婕："你在做什么？调低明度吗？"孙怡婕："对啊！"老师："那你待会儿要再调一个高明度的哦。"	老师给的任务是调高明度的颜色，而孙怡婕调的是低明度。
14：18	将调好的颜色涂在本子上。	涂得很仔细，先涂圆的外圈，再填充里面的颜色。
14：20	涮笔，问同学："粉色怎么调？"	
14：21	挤颜料、调粉色。	自言自语："太少了。"
14：23	请教老师，老师指出错误，单独指导孙怡婕调色。	
14：26	老师让大家看黑板，孙怡婕立即抬头。	老师指导同桌，孙怡婕不时插话。
14：29	两种颜色的球画好，开始画秤。	孙怡婕将本子旋转 90°，上下的两个球变成了左右水平的两个球。
14：32	画好后看旁边同学的作业。	
14：33	认真听讲、点头，翻看自己之前的画。	
14：35	得意地举起画作给老师看。	
14：37	老师讲颜色的第二个奥秘：色彩有味道。	如看到红色可能联想到辣，看到青色可能联想到酸。
14：39	老师让大家选出表示酸、甜、苦、辣、咸、淡六种味道的颜色。	
14：42	孙怡婕将棕色和绿色混合代表"苦"，老师问："你这是什么味道？"孙怡婕答："苦的呗。"老师："在前面写上字。"	孙怡婕不太会写字，比着老师在黑板上写的字学着写，"酸"字还是写错了。
14：44	孙怡婕将黄色和绿色混合代表"酸"。	孙怡婕说这是柠檬的颜色。
14：47	孙怡婕用粉色代表"甜"。	这时有同学问："酸是什么颜色？"孙怡婕抢答："柠檬不是酸的吗？"
14：49	孙怡婕用大红色代表"辣"。	

时间	活动内容	备 注
14:50	孙怡婕问同学："咸是什么颜色?" 同学答："酱油的颜色，红褐色。" 孙怡婕："那淡呢?" 同学："白色，不用调。"	
14:55	孙怡婕调好所有颜色后展示给老师看。	老师评价："调得很好，但是缺乏想象力，要多想。"
15:00	老师总结下课，全班同学再次起立，有节奏地拍手喊口号。	这节课孙怡婕很开心，课后与同学继续讨论颜色与味道。

特奥好男儿^①　生女有奔头

——吴方淼家庭口述

吴方淼，男，1988 年出生。独生子女。肢残四级，智力障碍四级，脑瘫。2007 年毕业于上海市杨浦区特殊教育学校——扬帆学校。2009 年入职上海市某街道阳光工场。

口述者：吴方淼、吴父吴贵信先生、吴母方瑞英女士、吴妻李芮彩女士
访谈者、撰稿者：沈佳颖
访谈时间：2016 年 10 月 30 日、2016 年 12 月 17 日
访谈地点：吴家

七岁终于会走路

问：请问爸爸和妈妈是什么时候认识和结婚的？

吴母：是读书一毕业的时候，82 年 1 月 1 日开始，谈到 87 年结婚。

问：哦，谈了五年，时间挺长。

吴母：那时候没房子呀，不方便结婚。到了结婚的时候我们还是没房子，最后想谈朋友的时间长了，干脆结婚就住在我妈那个地方。我们家是两万户^②，叔叔哥哥住在前面，我们住在后面。两万户就是旧房子，大家合用煤卫，五家人家一起住的。

---

① 2007 年 7 月 20 日，吴方淼应邀参加东方卫视《加油特奥！加油好男儿！》节目，此后许多媒体用"特奥好男儿"称呼吴方淼。相关报道可见搜狐体育：《特奥好男儿吴方淼和井柏然"过招"令人感动》等。

② 两万户：1952 年，上海为解决工人住宅问题，推出"两万户"工房计划，在沪东、沪西和沪南工业区边缘建造两万套住宅，分配给工人居住，俗称"两万户"。该住宅为砖木结构，一般上下两层各 5 间房，住 10 户人家，每层各有一个公共厨房和公共厕所。

问：两位是做什么工作的呢？

吴母：他爸爸原来是上海机床厂的，后来辞职了，机床厂效益不好。我们是 09 年 12 月 27 日回来的，然后到了 2010 年再出去做，那时候我们吴方淼开销也大。我呢本来是国棉十二厂的，工资也低，我退休了之后就一直在打工，打到现在。唉，我们吴方淼在阳光工场只有几百块工资呀，还要养小孩，不够的呀，只能辛苦一下了。从今年开始，残疾人可以领低保，一个月三百元，还有给吴方淼小孩的补贴，就是他的女儿啦，他老婆是外来妹，没做过工作，所以没加过金。现在我们双方父母都在打工，一起来养这个小孩。唉，没办法呀。

问：结婚之后什么时候有了吴方淼呢？我看新闻说，吴方淼被羊水呛到了？

吴母：是 87 年 11 月 2 日结婚的，88 年 5 月 16 日养了吴方淼。对，那时候是羊水呛到了。我是 5 月 16 日半夜里三点钟生下吴方淼的。

吴父：三点十五分养的。

吴母：我呢当时是不晓得。那时候不太舒服，我想是不是要生了，就坐起来叫医生。以前医院里又没有门铃的咯，你有事情么就去叫他。那时候三点钟么，不懂呀，两点半羊水破掉了，坐起来过了。医生后来说，不能坐起来，看病的时候医生说，你的羊水呛到小孩了。

吴：生出来的时候我面孔发紫。

问：那当初有没有鉴定出来是智力障碍呢？

吴母：那时候不知道，生下来的时候是顺产。我去问医生这个小孩好吗，他说可以的。我想那不要紧了，住了四天就出来了，我们吴方淼么没出来。人家医生说，你们小孩像吃过老酒一样，面孔像血一样红。实质上就是呛了羊水，但当时我们不知道。他们说要在暖箱里再放两天，后来他在医院里呆了一个月。我月子坐完，他才出来。

问：从医院出来之后，马上就知道吴方淼有智力障碍了吗？

吴母：也不知道。这个时候他就像普通小孩刚生下来一样，吃了睡，睡了吃，也看不出来。到了九个月的时候，他不知道怎么抓东西，教他也没反应。我们又不懂的咯，我姐姐一看不对了，就带他去上海医科大学，在斜土路。托了两个医生，叫司医生和白医生。一看呢，他们说"你小孩是脑瘫哦"。当时很震惊的。但想想他都九个月大了，那只能帮他看病了呀。

问：在看病过程中，有没有想过放弃？

吴父：我没想过放弃，我个人的信心一直有的，吴方淼结婚之后有小孩了，我就把这个信心放在他小孩身上。

为什么呢？我想过了，这个小孩我要保住他的脑子，只要脑子好就可以了。我们女的说要不再养一个。我说不养，就扑在他身上。吴方淼九个月大的时候我就托给奶奶和爷爷带。我结婚结在丈母娘家里，两万户生活总归不大方便。我把东西统统搬过去之后和我妈说："这个小孩你养养看，养得活就养，养不活啊也就这样算了，我不会怪你的。你就尽心一点，自己衡量自己的能力就行了。"我娘说好的呀。去的时候，他瘦得皮包骨头，像吃不饱一样，我娘就拿点粥啊什么的给他吃，九个月的小孩已经能开荤嘞。吴方淼就一口一口吃。我娘一看，哎呀这个小孩挺好带的！就这样，我老娘背到、推到七岁。小朋友的推车，以前4个轮子的推车，小孩坐在里面玩的，还要往上加高，要让他站在里面，他六岁多了要站的呀，万一摔下来就不好了，所以要加高。

问：根据之前的新闻报道，是吴奶奶带着看病的？

吴母：对的。因为当时我们两个人都要上班。我老公没法去，他是做夜班的。我么早班的时候没法去，中班、晚班的时候就陪他去，我早班的话就让我婆婆带着吴方淼去看病。

吴父：唉对的，那个时候看病啊就像落难一样，真正像落难一样。

我妈妈也是挺辛苦的。我爸爸和妈妈，早上么推着车带他出去玩，有时候买点点心给他吃吃。最累的时候么，就是带着他看病的时候，需要把他背起来，还要换三部公交勒。

吴母：医院在奉贤路。

吴父：我们以前住在浦西的。先坐401，坐到外滩换49路到万体馆，再换公交车到医院去，路上花很多时间。①带他去看病的时候真的是挺辛苦的，两个老人……我老婆不上班的时候，也一大早爬起来带他看病去。总归是要抱着他的，对吧……作为一个人，总归要指望他能好起来。

医科大学的两个医生帮他看了两年多，但他走路还像马一样，后跟不离地，走路前后脚交错。医生帮他去化验血，看化验结果都是好的。那时候吴方淼大概四岁多，还给他吃进口的脑白素，全是给他弄进口针。那怎么办呢？我们最关心的就是保住他的脑子，这个脑子最重要，其他的没什么。但是针打了两年多之后，他还是不会走路，那我就奇怪了。看两个医生帮他抽耳朵上面的血，我问到底是什么毛病，医生说查不出。那我怎么办呢？当时我爸在二军大医院……看什么毛病啊？（看着吴母）

---

① 当时吴家居住的长白二村没有直达奉贤路的公交车，需要换乘多部公交车才能绕路到达医院。

吴母：看中风。

吴父：对，中风。我们半夜里去排队，那时候是专家医生，我抱着试试看的希望去，看看吴方淼到底是什么毛病。到了二军大么……喊到我我就进去了，那边有个教授医生说吴方淼是脑瘫。我对他说："你凭什么说他是脑瘫，你样样东西都不检查，就说他脑瘫，这样就好啦？"他说好，让吴方淼躺床上帮他检查，喊他做个脑CT。

做完之后呢，因为我上班，所以第二天就让我老婆去拿报告。我老婆拿了报告去找医生，但医生不在。这种教授么看完毛病就到别的地方去了呀。去了以后呢，我们女的没找到那个教授。我给教授打电话，之前看病的时候记了个电话嘛，但是打不通。我和她说，你不要急，你到我们厂里来，我们厂里面呢有个疗养所，设备也蛮好蛮全的。我就喊厂里拍片子的医生帮忙看看。那个医生一看就说："哦哟，你们儿子好像不太灵光。"我说："什么东西不灵光啊？"他说："你们儿子啊，脑子边上生了一个透明性的囊肿。"

吴母：像头发丝一样的。

吴父：对，很小很小的。我吓了一跳，医生说你不要怕，我们厂里面幼儿园有个叶医生，专门是看小儿科的啦，说这个医生是新华医院出来的，他的老师呢是新华医院里专门看小儿科的脑外科主任医生，技术很好的，让他请老师来帮我看。我说好的呀。

我老婆和我妈就抱着吴方淼去看了。我问老师：要开刀吗？他说不用开刀，打一个月的针，早上、中午和晚上各打一次，算算要一个月。我想，这个屁股不要打烂掉哒，要打那么多次针。但我想没办法，只好听医生的。打完一个月的针后，再吃一个月的药，早中晚三顿。医生说，你吃完药后可以走路。

那段时间，他奶奶真的是被他累坏了，背来背去，跑来跑去，走起来像野马一样。我们走路是这么走的，他是那么走的（模仿吴方淼走路摇晃的样子），交错着走的，不会落地的，哎哟你看这个怎么办。给新华医院那个医生看完病之后呢，到了七岁，我娘放开他让他一个人走，他刚开始走路的时候就像小孩一样，要扶着他慢慢走，后来他能扶着床架子自己慢慢走了哦。我娘想，这个小鬼头竟然站起来了！回来告诉我们听了，那我更加有信心了，就接着带他去看。我想想，我们也撞上运气了，钞票扔进去无所谓，只要小孩能站起来，能走路，就是好了。终于找到一个好医生，我开心死了。

你看看，钞票是……唉别谈了，那个时候我老婆工资一发，就全扔在他头上；我工资拿下来，全花在他头上，我们两个人一个月加起来可以说，只用五

块钱。

吴母：以前工资少呀，只有四十多块呀。

吴父：我是 82 年进厂的，我们女的在纱厂里，做得最卖力了，一个月也只有两百多块，你算算看。那时候我在厂里也没有几块钱，纱厂那时候效益算好的，现在讲起来两百块是什么价钱啊。当时我们所有的钱，刚发下来都丢到他头上，我妈也补贴，我们姐姐也补贴，每个月的奖金也给我们。这样子看私人医生和国家医生，加起来弄下来至少十几万，那个时候的十几万和现在不能比的。

我们两个人就是吃我们父母的，那怎么办啦，没办法呀，指望他好呀。最后终于被我盼到了，哈哈，终于被我盼到了！

吴方淼会走路之后，我就带他到草场，我们小区花园里面草很多的，像个草场一样啦，他小时候喜欢踢球，那我就买个球，放在当中。这个草也高，摔一跤无所谓的。他一踢一个空，一踢一个空，你看他这个膝盖和别人不一样的，他右边的膝盖要粗一点，就是摔出来的。没办法，怎么办呢？还到杨浦公园的草皮上面，让他摔。哎，这么踢么，也会了，慢慢慢慢摇，只要你能摇稳了就是好。像这样给他强制性地锻炼，现在看看也挺好的。

我们淼淼很聪明

问：除了教他踢球之外，还有什么智力开发的方式吗？

吴父：嗯，我带他出去。首先，带他去西郊公园到处看啦，带他去看老虎啊什么的，要在嘴上和他说这是什么。第二，再带他去看外滩的大轮船，跟他讲这些轮船是怎样的。我们这里有摆渡船呀，坐坐摆渡船，和他讲这叫浦东这叫浦西。我当时在机床厂，机床厂横幅的边上有个吴淞口的军舰在那边啦，我说"爸爸带你去看看"，让他看看军舰是什么样子的。不管我去什么地方，总归带他走，总归要和他讲咯。要他自己记住，这是什么东西。那是他还没读书的时候。那个时候为什么和他谈这些东西呢？我要尽量让他看得懂。要让他一看就知道，啊这是什么东西。一般和他讲个几遍，他就知道，挺聪明的。他呢跑不远，跑来跑去，和人家好手好脚的人比，跑不过人家。他想自己一个人在家里玩玩，有时候么写写字啊。

问：他小时候除了喜欢踢球，还喜欢玩什么？

吴父：他啊，小孩子玩的东西么，一会这样一会那样，没什么大的爱好，就一个篮球。他还拍拍篮球。

吴母：他走路也不太方便的。我们小孩没什么爱好，为什么呀？因为他光走路就很晚了，走不到很远的。

吴：那时候我家在一楼，就在门口玩。

吴父：跑不远的呀，门口有别人家的小孩在玩，我们就喊他们过来说：你们陪吴方淼玩一玩哈。那时候他刚学会走路呀。我们有很多邻居都看着他长大的，他们就对自己的小孩说，你们不要打吴方淼啊，他是钞票买来的小孩啊（大笑）……"这个是用钱买来的"，真正是笑死了。小孩不敢和他玩，怕弄伤掉。但是吴方淼呢，他喜欢和别人玩，他觉得一个人呆在家里没什么劲的，还不如出去和别人玩。我回家后，爷爷奶奶就带着他出去兜，想吃什么吃什么，穷一点无所谓，只要小孩子高兴，身体好脑子好，其他也没啥。

吴：我喜欢和女孩子玩，不喜欢和男孩子玩。男的会欺负我，女孩子不会欺负我的。

问：那你和他们玩什么游戏呢？捉迷藏吗？

吴：打牌，踢踢球。

吴母：篮球，足球。想想他刚开始上学的时候，走路还不太稳呀。

吴父：送他读书去的时候，像他这种小孩刚刚能摇稳么，学校也是怕的，老师害怕会有什么事情对哎啦？报名的时候把吴方淼推出去，说他不可以在这里读书。我娘和我都不服气，我说凭什么你说这个小孩不能读书，他就不能读书？你总归要给他读书的。我娘就到杨浦区教育局去，傻瓜不能读书，我娘心里也有数的，但问题是吴方淼脑子那么好，怎么不能读书呢？让他们看，小孩走路是有点崎岖，但脑子是好的。教育局就给学校打电话，让他去读书。

我们再去报名，但到了报名的地方，一个老师又说吴方淼不能读书，另一个老师跑出来问，你说哪个小孩子不能报名？看了看吴方淼之后说，他可以读的，杨浦区教育局说的。好，最后收下来。我想吴方淼蛮聪明的嘛，托儿所、幼儿园也没上过，连考试是什么也不知道，他不懂嘛对哎啦。逐步逐步他自己就知道了，我想想我们小孩这样，脑子也保住了，也属于聪明的小孩，对哎啦？

问：是在什么学校读书的呢？

吴：我一开始在辅读学校读书的。学校里就学简单的语文、算术，教拼音的。和普通学校比起来，教的深浅不一样。

吴父：相当于什么呢，人家一年的书，他们辅读学校教一半。进度很慢很慢的。

吴：一半都不到，进度很慢的。

问：吴方森觉得进度慢，说明他已经掌握这些知识了呀。（众人笑）这所学校除了吴方森之外，其他同学都是什么样子的呢？

吴：我呢是手脚不好，他们呢是智力不好。所以说我不应该去的，因为普通学校不收我呀，不敢收，怕我闯祸。

吴父：他们智商很低的，你去那里是因为没办法呀，总归要读书的呀。吴方森走路不太方便，太远的学校不行，但他脑子是好的。他的学校是长白一村小学。

问：长白一村小学的特殊班和普通学生是一起上课的吗？

吴：普校里面设了三个班级，我们和普校是在一个建筑里的，在那里上了五年。我们和普通小朋友一起上体育课，一般两类人碰在一起不会打架的，即使有也是很小概率，反正我是没碰见过，我比较开朗。从另一方面来讲，人家看到我这个样子，肯定也有想法的，想避避开我这种人，我也不去挑衅别人。

问：后来是怎么到扬帆去上学的呢？

吴：辅读学校呢是放在杨浦区教育局下面的，很小的一块校舍，所以很多人去的话，就会把你分到普校，在普校里面开了三个特殊班，我就是进了长白一村小学里面的特殊班。读到五年级之后，再并到扬帆的总校里面，在延吉五村里。

问：你们从小学一年级到五年级都是一个班级吗？有什么好朋友吗？有春秋游吗？

吴：对的，好朋友么……怎么说呢，一般来讲关系好的还是有的。每年和正常人一样的，有春秋游的，春秋两季度都有活动的，一般去公园玩，比如讲去野生动物园，去比较远的地方，还去过美国梦幻乐园，在南汇。

问：你去上课的时候，是自己去上，还是家长送的？

吴：从小学开始是送的，送到五年级之后就不送了。有时候是奶奶送，有时候是妈妈送。中午还回来吃饭呢。一般人走过去大概一刻钟，像我这么摇摇晃晃走过去大概二三十分钟。

吴父：对，中午回来吃饭，如果下午还要上课，那就把他再送过去。就穿过来穿过去呀。

吴母：我们那时候到学校还是有点距离的，那个学校在敦化路延吉五村，我们住在长白二村。

问：什么时候会自己穿衣服和刷牙的呢？会做家务吗？

吴：十几岁的时候。在我记忆当中，是在十几岁的时候会穿衣服的。简单的家务我会。烹饪、做点心会的。

吴母：他会洗碗，他们学校里会教他们烧菜和做点心，有这门课的。

吴：踩踩缝纫机，烫烫衣服，这种简单点的，我会的。

问：哦哦，扬帆学校开了多久啦？

吴：开了二十几年的，从我出生开始就有了，搬过三次。它是一站式的，一共有九个年级。读完之后，你想升职校也可以，职校是和一般人在一起的。不去职校的话，就自己找出路。学校里除了有劳技课这种动手课之外，还有语文、算术和电脑。

吴父：刚读书的时候，他那支笔重是重得不得了。不是笔重，是他用的力气太大。他写字的时候呢，喜欢咬手，手呢会抖。哎哟，那个囊肿①哦，用力用得把笔芯都弄断了，那只能再帮他削。写了之后么手很累，他就咬着袖子写字，就这么慢慢学会写了。也蛮可怜的，我看着虽然难过，但也只能横着个心让他把作业做好，总归要让他学会写字的。后来就好了。

吴母：这是读一年级时候的事情了。

问：那你回家之后，需要家长帮你辅导作业吗？爸爸说要看着你写字。

吴：（笑）辅导作业不需要的。

吴父：会写字之后呢，作业就让他自己写呀。我们只有晚上有空，白天都上班的。他奶奶饭弄好烧好"来森森来吃饭"，那么我们就坐下来吃饭。吃好饭问他"还有什么事情吗"，一般都没有。平常么作业都写好了，没什么事情的。

吴母：他们功课很少的，基本上课堂里都做完的，回来么就默写一下字。当天抄字，第二天默写，这个需要我们回来帮他弄。其他没什么的。那个时候他没有读过小学，没学过写字，我们也不知道怎么教会他写字，所以他只能自己学呀。

问：您和阿姨在吴方森的教育方针上有什么分歧吗？

吴母：（笑）我们没有什么教育方针，都是吴方森自己学的，让他自己发挥。

问：学校会根据智力上的不同区分授课吗？吴方森最喜欢什么课程？

吴：每个人的智力程度不一样的，但是混在一起一个班的，是按照年龄分

---

① 写字时过于用力，以至于手指上磨出肿块。

班的。我最喜欢体育课。

问：哦是嘛。说到体育，吴方森是什么时候开始玩篮球的？

吴母：小学里就开始的。其实他小时候就喜欢篮球、足球，那个时候走路还会摔跤。

吴父：踢球的时候他一踢一个空，一踢一个空，走路摔跤把裤子摔坏了，就给他买几朵花贴在上面，总归是破在膝盖这边，贴个花，小时候这样无所谓的。

他小时候去打篮球啊踢足球啊，我一直陪着的。喜欢打篮球，就到我厂里来，我喊两个工人陪你打，那样也挺好的。他一开始刚刚进学校的时候，我们不让他上体育课。为什么呢？他这样子也挺吓人的不是，所以老师也不让他上体育课，这个小孩呢他喜欢篮球，上课的时候在旁边拍皮球。于是体育老师和他说，你一个人慢慢拍哦，不要奔。我上班我又看不见。

问：在足球和篮球之间，为什么吴方森选择了篮球呢？

吴：因为方便。我投篮用手就行了，不用脚踢。一两年级的时候开始喜欢的。篮球训练嘛，放学后自愿留下来训练，有体育老师带的。周一到周四，每天留下来训练一个钟头。我们队里除了我，手脚都很好，就是智力有些问题。我是手不太好，智力没问题，打后卫的位置。打打篮球，还踢足球，我当守门员。我奔起来不行，但我当守门员可以的。我的同学正好相反，他们奔起来是可以的，但踢的时候有些吃力。

吴父：我们森森，聪明是相当聪明的。特别是他那个老师对他是相当好的，很关心他。到现在也有联系，那个音乐老师还在学校教书。

吴：我喜欢我的班主任，也是我们音乐老师，体育老师还可以。

问：班主任是长白一村还是扬帆的班主任？

吴：是转到扬帆之后的班主任，顾彬，音乐老师，他是和我交往很多的老师。从读小学到初中毕业，这段时间我最喜欢的老师就是他，有点朋友的感觉。有种小朋友不想讲话，我呢就是喜欢讲，喜欢看国家大事，看看新闻啊，我跟人交流比较好。有时候我遇到困难了，生活上的困难，不管什么困难，我就会去找他聊天，那么他就会开导我。在长白一村小学的时候，我喜欢语文老师，也是我的班主任。我在班级里属于活络的，不像同学那样子不喜欢讲话、闷葫芦啊，我要和老师交流，老师也喜欢和我交流。

体育老师呢，是在我初中的时候认识的。我们小学到初中都有体育课，一开始我身体不好，不上体育课，到了初中之后才开始上体育课。一开始就像爸爸讲的，上体育课的时候把我放在旁边，派两个人来照顾照顾我，和我聊聊天啊，玩一玩啊，虽然他们脑子不好，但他们手脚是好的，从这方面来讲是比较照顾我的。在脑子上我比较活络，所以会在课业上帮助帮助他们，互相帮忙嘛，比方说他们数学题不会做，我就慢慢地慢慢地，一步一步和他讲，讲得再慢一点也可以。讲得慢一点么……让他们接受一下。

吴母：体育老师也受过采访的，还上过电视台。

吴：对，他们采访他关于我的事情，他叫吴维。就是在我出名了之后，他上了电视台。

吴父：体育老师也挺照顾他的。不知道什么时候，他说他要打篮球去，竟然要到哈尔滨比赛去。我听到的时候就想：你比什么赛啊？后来什么世界特奥会啊，有人来找他〔拍宣传片〕啊，哎哟很多事情。我就说那你自己来处理，自己解决，你想怎么样就怎样。

有一次吴方淼和我说，爸爸我去跑步了。我说你怎么能跑步啊，他说他去慢跑。我们本来住在长白二村，可以围着那里慢慢兜圈子，那我想慢跑可以。因为他走路都走不稳，怎么能上体育课呐。后来他走路逐渐稳了呢，我们也就随便他去了，你高兴做什么就做什么，大了么就懂得自己要保护自己，不要跌跌撞撞的。你拍拍球不要紧的，开心就好了。

"躲"出来的特奥大使

问：你们第一次听说特奥会是什么时候？

吴：我比爸妈知道得早，我们学校里搞过特奥会。大概六年级的时候知道，第一次知道时就想去参加，因为我自己有个参加运动会的目标。我们学校参加过2005年上海市的特奥会，得过冠军。就被选上代表上海，06年去参加全国特奥会，一级级这么升上去的。

吴父：吴方淼还拍过一个宣传广告，在〔策划特奥会开幕式的〕外国人来之前……

吴：是公益广告宣传片。这个宣传片是中美合作的，一个美国导演，一个中国导演。虽然拍的时候很累，但我还是很开心的，因为我可以去宣传智障人士。

吴父：人家广告公司到他们学校里来，看哦看哦……他么胆小，于是广告公司就喊体育老师把他叫到办公室去问：你们家里有没有什么障碍哦？吴方淼说没有。公司说：那我到你们家里看看可以哦？他也回答得很爽快，电话号码抄给他，广告公司就到我们家里来，拍啊问啊。这广告是在特奥会开幕式之前拍的，公益性的宣传片，那个时候车站站台全是他的广告，全是他张开手掌的样子。

问：为什么选你来拍这个广告呢？

吴：（笑）我稍微活络一点吧，脑子也比同学要好，他们来选的时候和每个小孩说过话，我的表现比较突出，就选了我。

吴父：拍好广告之后，就有人喊他到北京去参加一个中外记者招待会，姚明也来的。

吴：那里明星很多的。

2006年，在2007年世界特奥会公益宣传片首播新闻发布会上，
吴方淼和姚明在一起

吴父：姚明么送给他一个篮球，〔他〕像个无价之宝一样珍藏起来了。（从客厅展架上拿篮球）你看看，这个上面还有签名的。

吴：我拿回来之后就放在那里没有玩过，也没有气的。

吴父：这里还有很多照片嘞，什么姚明啊刘翔啊，还有香港的明星吴大维，都给他签字。还有鲁豫。这张是开特奥会的时候，这张是特奥会之后上鲁豫有约，这张是香港吴大维的签字，这个是他的结婚照，这个是他老婆和小孩……（介绍照片）

问：欸，真好呢。刚刚说到去北京参加中外记者会，具体情况是怎么样的？

吴父：哎哟，中外记者会里面外国记者有哦……你想想看？（对着吴方淼）什么《青年报》啊，哎哟实在太多，都围着他采访。那个时候我们还没搬过来嘞，在佳木斯路，杨浦区，一会就有人来，一会又有人过来，上海电视台来得最多，啊还有东方电视台也是。上海电视台专门有一套班子，专门训练过跟踪吴方淼的。还有香港卫视也一直跟踪他的，香港卫视啊是最早跟踪他的，他06年去哈尔滨〔参加第四届全国特奥会〕的时候就开始了。

吴：正好是在〔广告宣传片的〕新闻发布会开完之后，21日开好的，28日去哈尔滨，香港卫视就开始跟过去了。那时候我们市残联的领导在哈尔滨接我们运动员，我们代表团有五十四个人。下飞机的时候，我们领导对电视台说，这个人就是吴方淼。

吴父：摄像机架好，等吴方淼一回头，拍摄开始了，跟到哈尔滨，再跟着他回来。

吴：比赛完之后他们还派人过来，到我们家里来采访。

问：为什么那么多运动员里面，只跟踪你呢？

吴：因为我是形象大使嘛。就是06年7月份发布宣传片以后，我就被选为特奥会的形象大使了。

问：哦，后来你是怎么被选上参加07年特奥会开幕式的呢？

吴：07年特奥会开幕式来选演员的时候，我们学校总归叫我们参加运动会的几个人出来，给他们搞开幕式的人去看去选。正好当时我有一点点怕，还没选到我的时候，我躲在厕所里，最后还是被同学拉出来的，这下让他们看到我了。

吴父：拍完宣传片之后，他一跑出去，人家就知道他的名字。等到人家美国人在特奥会的时候来挑选，就挑到他了。白天美国人来学校选中吴方淼了，晚上美国人也看到那个公益性广告，就说"哎呀这个是吴方淼嘛，拍得还不错"。过了大概一个礼拜，打电话过来，喊他出差去。我就纳闷了，那么小的人去哪里出差啊，原来他们有一套班子在。就让他到河南少林寺去出差，去爬个"长城"，就是让武校的人做个人墙，然后用棒头搭上去。我觉得挺好，这个小鬼回来告诉我听嘞，我问他有没有信心，他说有。这条路要走得好，那必须要有信心。

哎呀，那个时候新闻记者到我们家里来采访的太多了。哎呀，真的他那时候的活动特别多。那怎么办呢？需要爸爸妈妈陪着。吴方淼问我，爸爸你有什

么要求？我说别的没什么要求，只要你给我个证明，我能拿去请假就行了。他们就给我开了一张证明，敲了个章。我拿到厂里面去，这样就让我休息了。我随时随地，只要我儿子要陪，我就去陪。唉这个怎么办啦，我就觉得，小孩要紧，这个特奥会对他来说是挺好的锻炼机会。

问：原来是这样，特奥会开幕式的时候，"长城"具体是什么呢？

吴：是人搭出来的墙。我这里有个片子，放给你看。

吴父：（拿出一个文件包）诺，这个包里面的东西都是吴方淼的，以前他受过的采访和得过的奖状都在这个里面，我统统给他放放好。这个是吴方淼到哈尔滨去的时候，参观过那里的动物园……哎呀吴方淼有很多东西嘞。

（放 07 年特奥会开幕式的表演片子）

吴父：他们训练的时候是很苦的。

吴：演的时候我们有四个人，两男两女，有 A 组和 B 组，一个主力一个替补。讲得很清楚的，一男一女上去之后，要看训练时的表现，来决定开幕式谁来上场，所以我训练得特别卖力。

吴父：有次上海电视台来采访他，回去之后他太累了，训练的时候摔下来了。真的中暑了，在室外嘛。哎呀笑死了，只好接回来休息两天，休息好了再去。

问：你通过自己的努力上了特奥会开幕式。开幕式的时候，父母有来旁观吗？叔叔阿姨在看的时候，有没有什么印象特别深的事情？

吴：哈尔滨的时候没去，上海世界特奥会去的。

吴父：我的印象么……总归是加油咯，从二楼看下来，给吴方淼加油咯。训练的时候看你的录像，觉得挺好的没什么问题，真正到了你上场的时候呢，就有点慌。因为多少人这个眼睛看着你啊，就有点慌啦。我看录像上挺好的，真正到了场上呢，就有一点点误差啦。

吴：有一点点紧张。

吴父：开幕式我去看的，比赛我没去看，训练也没去看，我总归要上班的，又跑不开。等票子来了，我才去的。

吴：我训练一般自己去的。

吴父：对，让他自己去，还会有一部车子送回来的。我想你能自己过去自己回来，那我也放心了。

问：家里妈妈和奶奶去看过比赛吗？

吴父：奶奶没去，妈妈去的，拿交通卡去的。特奥组委会发的一卡通啦，给她们去看比赛的。唉说起这个一卡通啦，才过了几天里面的钱就用完了，快得不得了。

吴：里面钱很多的，一千五百块呢。

吴父：看好了，到他姑姑那里去，他姑姑住在梅陇，出租车去出租车回来，这个消费很厉害的。再到人民广场坐出租车去，这卡里的钱用起来快得不得了。到最后算下来我还要倒贴钱，那我也情愿倒贴，只要吴方淼开心，你表现好就行。

那个美国导演还带你去公园里玩过的，就是那个一会上去一会下来的东西，叫什么来着？（看着吴方淼）

吴：开幕式表演完之后呢，他们要回去了，回去之前的最后一天，他们带我一道去玩。玩跳楼机，就在锦江乐园那里。

问：吴方淼在特奥会上除了形象大使的工作，还有别的工作吗？

吴：没了。07 年我就参加了开幕式的表演，没有参加运动会的比赛。

问：特奥会的篮球比赛和一般的篮球比赛有区别吗？除了篮球之外，你还喜欢什么项目？

吴：有区别，我们是分两种，一种是团体，一种是个人。团体是五对五，就是时间上会短一些。人家一节十二分钟，我们是廿四分钟，上下半节加起来。除了篮球之外，我还喜欢足球，运动类的项目都喜欢的。

吴父：他回来之后，特奥会开完了……是什么时候来着？（看着吴方淼）

吴：07 年 10 月 2 日。

吴父：开好弄好之后就回来了。回来之后呢，上海电视台打电话过来，叫他去录节目。我说你自己去，有什么要求自己说出来。我作为大人么心里虽然有很多想法，但总归不能插手的呀，要让小孩自己去说。

有奔头的三代人

问：参加特奥会之后，家里有什么变化吗？

吴父：变化啊，特奥会之后，我们评上了一个全国的什么家庭……上了东方电视台，到现在这个奖杯还在，我拿给你看看，重是挺重的。

（从展架上拿出奖杯）

上面写着"07 年度真情人物"……有一次有这个节目，吴方淼也上去的，东方电视台来采访的。

问：你觉得吴方淼能力上有什么变化吗？比如沟通方面。

吴父：能力啊，沟通方面呢，我一直和他讲，你要和正常的小朋友多交流，大家开心开心。如果正常的小朋友超过三个以上在一起，你就不要去沟通了，为什么？我也要担心他的安全，所以三个以上就不要去沟通了。你们自己小组里面可以沟通沟通，你外面尽量少走，不要去沟通，万一出了什么事情，你也不好找人家去负责。我这么和他讲，他说"爸爸我知道的"。圈子里面的人沟通下不要紧的，圈子以外的人就不要再沟通了，因为也不知道他们是坏人还是好人。

运动能力呢，他现在有了小孩，也要上班下班，运动么比以前也退步了许多，我也是老实讲。

世界特奥会之后呢，他想也没什么事情了，要找工作了，十八岁了。我们就开始和他讲工作问题，总要找个工作做做咯，不然蹲在家里"吃皇粮"也没什么意思的，整天在家里无所事事地呆着干什么呢？

找工作的过程比较曲折，吴方淼在杨浦找不到合适的。正好那时候在动迁，我有动迁房。儿子说，爸爸我们到浦东去算了吧。我问他确定吗，他说确定，那我们一家就收拾东西搬到这里来了。现在我们一家这个户主也是吴方淼，他不要太舒服哦。我装修全部装好，就搬到这里来了。搬来后，又开始找工作了。我的意见是，不管钱给的多少，只要工作量轻，他做的开心，有劳保就行了呀，我总归要衡量自己的小孩能做到什么程度的呀。我和他说，主要是给你加个养老金。

吴：有能力哦，就是我有多大能力，能赚多少钱。

吴父：要衡量自己的能力。坦率地讲，我和他妈妈退休后，我在外面拼命地做，我老婆也在外面做交通协管员啦，我们俩都在工作。我们媳妇呢生了小孩后，就负责带小孩，不上班。但小孩要吃饭呀。我妈妈有劳保退休工资，我老婆也有工作的，再加上我的工资，接济接济吴方淼他们三个总归可以的。只要日子过得开心就可以啦。我们家现在蛮开心的，就是围着他女儿转。我们一家门转来转去，就是为了我们这个小宝贝，也是最小一代人啦。

（这时候小孩跑出来，众人逗小孩）

问：吴方淼现在在哪里工作？

吴母：阳光工场。

吴：我们这里在做肥皂的说明书，就是把它们一张张抽出来，塞进肥皂盒里。我觉得这份工作挺轻松的，一方面可以补贴家里，另一方面在时间上也挺照顾家庭生活的，也就上午和下午两个班。一般性上午是九点到十一点，下午是两点到四点，中午回来吃饭的，就在马路对面。中午可以回家带带小孩子嘛，挺好的。

问：上海还有别的阳光工场吗？

吴：每个街道里面都有的。

吴父：每个街道里都有阳光工场，区别呢就是有些福利好点，有些福利差点，总归是钞票多点钞票少点。

吴：不对，一个是"阳光之家"，一个是"阳光工场"，两个不一样的，待遇不一样。阳光之家是不加金的，阳光工场是加金的。阳光之家不是和我们一起的，我不知道他们做什么。

吴父：阳光之家呢，就是把这帮智力低的人放在一起，街道里帮你们看着。像吴方森他们呢是阳光工场，是工作的地方。他刚刚进去的时候，手脚不太熟练，场里的人么今天讲一句，明天讲一句，后来看他会了嘛，就让他上去做了。现在会工作了。

吴：在阳光工场赚的钱就是低保之外的钱……〔每天要〕点数，就是点说明书，点我每天分拣了多少说明书。

吴父：相当于是他的工作成果啦。比如他今天就做五十块，那么五十块的东西要交上去，不够的话就要扣钱。

吴：不扣钱的，我们总共是三千块不到，扣掉我的养老金三险一金之后，拿到手就只有一千五。

问：哦。2007 年特奥会之后，上海市有给你们额外的补助吗？

吴：没有。特奥会以后，休息了一年。

吴父：你们学校里暑假放假吗？

吴：天热，我们超过 35 度就可以不去的。特奥会以后呢，我们动迁到这里。

吴父：来这里之前，是在杨浦区长白二村，危房啦。

问：你现在和同事相处得怎么样，有好朋友吗？

吴：在工作的地方和同事相处得挺好的，有好朋友。有时候天天一个电话，讲好双方在哪一个地方见面，一起去上班。

吴父：等他么……两个人一起去上班。他们挺辛苦的，早上六点半五点半就要醒了，被他女儿吵得睡不了觉。

问：晚上回来还要照顾小孩到深夜吗？比如帮她穿衣服什么的？

吴父：真正要抱小孩的话，我不让吴方森抱的，因为他手脚不好，怕他拿不稳。我休息的时候呢，多数时间是我来。天好的时候带小朋友出去玩，去小区里的小花园兜兜，让她多走走路。

问：吴方森第一次拿工资是什么时候？用这些工资做了什么事情呢？

吴：我和你说，我的第一桶金，是在这里（指着奖杯），拿了一万块。

吴父：就这个啊？

吴：对，就是这个奖杯，颁完奖之后给了那么多钱呢。我第一件事情，就是拿这些钱去买个手机，多下来的钱就存在银行里。

问：在有小孩之前，你周末做什么呢？还打篮球吗？

吴：看电视。到了这里之后就不打了，之前在浦西的时候打的。年龄上去了，体力不行了。平时呢我们还经常去表哥那里，我姑姑人很好的。

问：说到家庭，你和夫人是什么时候开始谈朋友的？

吴：啊我们是 2015 年。

吴妻：什么啊，明明是 14 年好伐，14 年 3 月底。

吴：唉对，我们在网上认识的，平时玩游戏嘛，主要是玩 QQ 游戏。不过我和她不是在游戏里认识的，是在陌陌上认识的。我 3 月底认识她，聊着聊着，正好 5 月 16 日我过生日，我就让她来上海玩。她本来是湖南人，来了之后，她就留在我们家里了。她没有工作，就呆在家里。结婚之后，在 15 年 7 月 30 日生的小孩。生的时候，还有点担心会遗传。

吴父：担心什么，家里那么多人。

吴：我还担心，自己这个病会传染给小孩呢。后来问专家，他说脑瘫不会传染给下一代的，就放心了。

问：你的夫人有没有觉得你这个毛病让生活很不便利？

吴（看着老婆）：你有觉得吗？

吴父（向媳妇招手）：来来来，你过来和采访的人聊一聊咯。我跟你们说，我媳妇现在在我们家里很开心的。

吴妻（过来坐下）：生活不便利？没有啊，挺好的。

问：之前你在老家做什么工作呢？

吴妻：我没在老家上过班，我一直是一个人在外面。我到处跑的，在中山、深圳、珠海、广州上班，我什么都做。

吴父：她烧饭、烧菜、绣花什么都做。

吴妻：到了上海认识他之后，我就一直在这里，没上过班了。哦不对，我

2015年，幸福的一家三口

做过一个月的地铁安检员。

吴：我们帮她找了一份地铁安检员的工作，但后来她怀孕了，就不做了。

吴妻：那个时候，不是来了没几个月嘛，14年9月到10月的时候去上班了，在12号线做安检员。上了一个月班，发现怀孕了，我就不做了。我们是10月的时候怀孕的，做到10月底之后就没做了。怀孕之后就天天在家买菜烧饭。

问：当初结婚的时候，吴方淼身上哪一点吸引了你？

吴妻：毕竟我比他大两岁是吧，我想自己年龄也到了，然后公公婆婆对我也很好嘛，我想他这个样子也无所谓，反正过日子嘛，我也没那么多挑剔。我觉得他人挺好的，于是就同意结婚了嘛。先拿好结婚证，过了半个月就发现自己怀孕了。

吴母：我们小孩现在老聪明的，才十五个月大。

问：是的，她叫什么名字呢？

吴妻：吴雨某，下雨的雨，草字头的某。

问：我觉得她以后会打篮球，看起来很灵活。你们现在对生活有什么期待吗？

吴：好好培养小孩。（众人附和）我们两个人会尽最大的努力，把她好好培养长大。

吴父：我耳朵不好，所以这次特地戴了个助听器。

问：您耳朵怎么啦？

吴父：从小就是中耳炎，开了三次大刀了，从六岁开始，一年一次两年两次三年三次。我这个耳朵呢，里面已经烂掉了，引起两个耳朵穿孔，那我也没办法了。正好我们厂里面在搞残疾人检查，那我也碰碰额骨头①，一碰就碰上了。我拿我六岁的病卡，医生写的病卡给他们看。他们看了看，给我定了二级残疾人。

我是实足五十岁的时候退下来的。刚刚退休时，拿到手一千七百块。后来这个退休工资啊，老的人加我也加，老的人加我再加，那我也算退休工人一类嘞。外面也稍微做做一些工作，做物业管理啦，钱少一点也无所谓，只要一个家庭能够更加好，主要是考虑到整个家庭，再苦一点也行。最重要的呢，我们淼淼和他老婆呢，能吃饭养活自己就行了，但他们的小孩，要重点培养，怎么办呢你讲。我早出晚归，五点钟起来，要搞到晚上十点半。

问：现在也需要这样吗？为什么要工作这么长时间？

吴父：就是现在呀，我现在是做一天休一天，在别的社区里面做保卫啦。没有夜班的，只有中班，中班费没的呀。

吴：就是早班连中班，十六个钟头，八个钟头一班。

吴父：一天八个钟头，我现在做一休一，一天十六个钟头，那我休息的时候也像上班一样的。钞票少一点，人辛苦一点无所谓的，只要家庭开心，贴补一些钞票给他们，不然怎么办呢你讲，对吧，开开心心就好。吴方淼小时候也是挺可怜的，但现在看看也挺好的。

我想，多数的功劳都是奶奶的。因为多数时候都是奶奶带着吴方淼去看病，背着他的也是奶奶，坐 401 公交车，之前坐我们厂门口的大篷车②，再换 401 坐到外滩，再换 49 路，哎呀真的是人挤人，上下班高峰时候人很多。我们两个人都在上班。我就和老娘说，老妈，这个功劳都是你的，实在太辛苦。我之前也想过，生下来的小孩如果身体好的，那么好好培养一下，大了就让他当兵受教育去，这也挺好的。我这个想法，等吴方淼生下来之后就破灭了，变成不切实际的了。

吴：还有后一代。

吴父：唉这一代就再说了。我们这个孙女啊是相当聪明，我现在就想着把

---

① 碰碰额骨头：沪语，试试是否有好运。

② 大篷车：即铰接式客车，其车长是一般公交车的两倍，中间有黑色橡胶皱褶连接两个车厢。为了容纳更多乘客，铰接车上的大部分座位都被拆除。上海人一般叫它"大篷车"。2004 年，沪上最后一辆铰接式客车 124 路停运。

钱赚回来给她用，两岁就让她受教育去，过集体生活。我心里是这么个想法。你说，不然到时候到了托儿所或者幼儿园啊，如果你一下子把她塞进去，那她受不了的。过三四天她肯定要吵要哭的啊，那时候我的心会动摇的，再把她抱回来，我肯定要动摇的。所以就趁她还懵懂的时候，赶紧地往集体生活里塞，让她从小适应集体生活。

我们这个小孩是非常聪明，我一直盯着她看呢。我们楼上楼下有许多小孩，老的小的，都说这个小孩精明，精得不得了，还给她起了个绰号叫"精明"。为什么呢？人家喊我孙女的时候，她的面孔总归是很严肃地对着人家，不给人家笑脸的。人家给她吃东西，她手动都不动。在家里，问"爷爷的袜子拖鞋呢"，不要再多说，她就知道〔帮我拿过来〕。哎呀，这个小孩是懂得很多事情。隔壁的小孩，比我们的小两个月。

吴：小二十天。

吴父：他们的就没有那么聪明。我带过四个小孩：外甥，侄女，吴方森和孙女，孙女是"末代皇帝"，最最难带的就是吴方森，第二难带的是我哥的小孩，最好带的就是"老大"，我们外甥啦，再往下好带的，就是我孙女。我们家一直讲，这个小孙女是被爷爷抱着长大的，的确我是喜欢她呀。我呢也和吴方森说，我老头子呢就是作，你也要照顾照顾我这个老头子。我很辛苦的，要做很多事情，那么家里面呢有点小事情你们就自己做，不要指望我，对吧？我也可以说这句话，这个小孩我能照顾到自己这生为止，我儿子手脚不好，抱小孩抱不住，那么我来照顾她，必须要照顾她。我这个人是讲到做到的。我们这代人赚了钱做什么？像我退休了，干嘛要出去做事情，不在家享福啊？还不是为了后一代在做事情，对吧？下一代要幸福，你们就要创造一个好的环境给他们。啊，房子虽然是买不起的，那么多的钞票我也赚不到。

吴：穷人靠动迁翻身。

吴父：不管你怎么翻身，问题是你翻得了身哦？翻得了身你这叫本事，翻不了身么那就没什么好说的。现在有这个房子挺好的，三室一厅，在样式上我们想帮他做成两室两厅，想不到他那么早结婚，那么想算了，就这样吧。只要开心就好，别的事情就别管了。做爷爷做奶奶，做老太婆做老头子，开心，就可以了。

问：最后我还有几个问题，一个是你们觉得特奥会有什么地方可以办得更好一点吗？

吴：我觉得……其实我觉得它应该给智障人士更多的机会参与。

问：对上海政府对智障人士的补贴有什么看法吗？

吴妻：还行，要是再高一点就好了。

吴：没有没有，我的要求不要太高，因为要看我自身的个人能力。五千块放在你面前，你有能力去做的话〔才行〕。现在我一个月总计是一千五，我的工资，再加上市政府给我孩子的补贴。

吴妻：像我们这样三个人收入加起来一千五，这养不活小孩的呀，所以国家就给小孩补贴了一千元。

吴母：今年还加了个低保，那小孩这里就补贴了一千三，加上吴方淼的一千五，两千八百一个月，也不够的是吧。

吴妻：我们在这里吃住都不用钱，都是用我婆婆他们的钱。我么小孩〔的钱〕也不用管，我不上班也没有钱，都是他们给的。

问：好的，今天的访谈就到这里，不好意思打扰了这么久，谢谢你们的分享。

吴方淼同事口述

口述者：阳光工场负责人
访谈者、撰稿者：沈佳颖
访谈时间：2016 年 12 月 26 日
访谈地点：上海市某街道阳光工场

问：您是什么时候认识吴方淼的？对他印象怎么样？

负责人：我是今年 4 月份才来这里上班的，吴方淼是 13 年 11 月来的。之前是由另外一个老师负责，所以我不太清楚。我觉得他蛮好的。至于之前他怎么样，我没法告诉你。虽然我们有档案记录的，但是现在档案都封存起来了，调阅起来非常麻烦。

问：哦是这样，吴方淼他们的工作时间和薪水是怎么样的？

负责人：一千四百九十五元一个月，不是按天或者小时算的，只要他们一个月里面按时出勤，就给他们发钱。周一到周五上班，下午两点到四点，双休日和节假日休息。有时候他们任务完成得早，或者天气比较恶劣，我就会早点让他们回去。就像今天下雨，他们又早来了，都是一点一刻到的，那我三点钟就让他们走了，不然万一雨下大了就不好了。对了，他们和我们不一样，是没有调休的。我们有时候放假的话不是会调休到周六、周日上班的嘛，他们不管的，就算是调休，双休日也不用来上班，节假日么照常休息。

问：我看他们工作的时候，好像是分组的？

负责人：对，他们一共分成四个组来折肥皂说明书。吴方淼是第二组的。他们组与组之间的速度不一样，你看第一组，就是坐在吴方淼旁边的那一排，是折得最快的。吴方淼他们组折的速度是第二快，现在也就这两个组折完了，所以他们的组员可以先回家了。还有一些人呢，折得比较慢，还留在这里，等折完了再回去。他们一天的工作量是没有定额的，我没有细数过，每天加起来大概能折四到五捆肥皂说明书吧。每组干的活是一样的，但是有快慢之分。

问：好的，您觉得吴方淼有什么缺点，对他有什么期望吗？

负责人：没有没有，吴方淼挺好的，我没觉得他有什么缺点，现在就很不错。

问：好的，感谢您的分享。

吴方淼阳光工场观察日记

观察时间：2016 年 12 月 26 日 13：15—15：00
观察地点：上海市某街道阳光工场
观察者、撰稿者：沈佳颖

因当天下雨，吴方淼等人于 13：15 就开始上班，完成工作任务后于 15：00 提前回家。平常的工作时间是 14：00—16：00。

时间	工作内容	备　　注
13：15	吴方淼到达阳光工场，在自己的位子上坐下，准备上班。	
14：00	折肥皂说明书。	吴方淼折叠熟练，先把 A4 纸大小的肥皂说明书竖着对折几次，再用手指把细条状的纸顺平。许多同事喜欢一张一张折，而吴方淼更喜欢将一把纸拿在手上，一起对折。
14：03	折肥皂说明书。	
14：06	折肥皂说明书。	和同事聊天，有说有笑。
14：09	折肥皂说明书。	和同事聊天，有说有笑。
14：12	折肥皂说明书。	和同事聊天，有说有笑。
14：15	折肥皂说明书。	
14：18	折肥皂说明书。	和同事聊天，有说有笑。
14：21	折肥皂说明书。	
14：25	折肥皂说明书。	
14：34	折肥皂说明书。	和同事聊天，有说有笑。
14：37	折肥皂说明书。	
14：41	折肥皂说明书。	

（续表）

时间	工作内容	备　注
14:45	折肥皂说明书。	隔壁的第一组已经完成了今天的工作任务。吴方淼不慌不忙，慢慢折叠手上的纸，与别的同事讨论元旦旅游的事情。
14:50	吴方淼所在的第二组也完成了今天的工作。	
14:52	第二组上交工作成果。	吴方淼把自己折好的肥皂说明书放进桌上的收纳盒。
14:53	下班。	

站起来　走出去

——赵曾曾母亲口述

赵曾曾，女，1988 年出生。有一妹。智力障碍一级，唐氏综合征。毕业于上海市闸北区特殊教育学校——启慧学校。2007 年上海世界夏季特奥会公益形象宣传大使、2006—2010 年全国优秀特奥运动员。2009 年入职上海市棒约翰餐厅。

口述者：赵曾曾母亲曾义女士
访谈者、撰稿者：廖梅、李紫安
访谈时间：2016 年 7 月 1 日、2016 年 9 月 23 日
访谈地点：赵家

前生有缘今还债

问：请问，爸爸妈妈一结婚就生孩子了吗？

赵母：嗯，我一结婚就生孩子。我是 1987 年从外地嫁到上海的，88 年曾曾出生。

问：从新闻上看到你们给孩子取名的方式，看起来夫妻感情很好。

赵母：是的。原本两个孩子的名字连起来，就是我的姓名。我老公人很好，我们俩都很疼爱孩子。

问：刚出生时是否发现孩子……

赵母：孩子出生很健康，生下来白白胖胖的，网上应该有曾曾小时候的照片，跟正常人一样，看不出来有任何问题。

我们曾曾就是学走路要比同龄人慢，两岁都不会走路，我们没想过是……为什么呢？现在好多孩子两岁多都不会走路，他们家长也不往这方面想。我母亲还在世的时候对我说，小孩走路晚没关系，有的发育早，有的发育晚。

孩子两岁过后，她爸爸有个朋友，在上海第一人民医院做医生，我们过春节去他家里拜访，吃饭的时候，他跟我们说："小赵，你这个孩子有点……"他也不好多说，因为她爸爸已经快四十岁了，生个小孩很宝贝，他说："你有空把你女儿带到我们医院来，我们是朋友，你带过来，给她检查一下。"

检查的时候，我们曾曾吃了很多苦唉。做全身检查，她哭叫啊，她爸爸就心疼，说不要检查了。她爸爸跟我商量，我就讲，没办法，一定要检查。如果这孩子真有问题，我们就要有思想准备，按照不好的孩子去教育她、引导她；如果是个好孩子，就按好孩子的方法去教育她、引导她。

检查后答案出来，医生就直接说了，病历卡上面就没怎么写。他跟我说，比聪明人差，比差的人聪明。我就问，那她日后自理能力可以吗？别的要求没有，我只要她有自理能力，我会慢慢教导她、引导她。他说，自理能力是没问题的。她能自理，这一点我放心了，她就是发育慢一点。

问：曾曾的情况，和家族有关系吗？

赵母：我真是中奖了。我们又不是近亲结婚，医生说我们这种情况是一万个里面一个。[1]我们双方家族都没有这种情况，没有遗传，我等于中奖了，我也想不通。我身体好，怀曾曾时候，从老式房子阁楼上摔下来，也没把曾曾摔掉，那时候已经七个月了，在肚子里牢得不得了。大概前生和曾曾有缘，今生来还债的。

问：当时家里人心情怎么样？

赵母：我心酸哦，真的心酸。曾曾出生，她爸爸很宝贝很宝贝。后来，她爸爸家里亲戚都说，你把这个孩子送掉……不要她……把她丢掉。你知道，碰到这种情况，肯定有人遗弃的。她爸爸回来说："我不可能丢的，是我们自己生养的，十月怀胎生下来的。"你丢弃她，别人拣去，还不知道是谁抱去，更加可怜。还不如放在我们身边。只要我们活着一天，就会辅导她一天。所以我想，自己生下来，苦就自己咽，自己养大。

问：怎么辅导孩子呢？

赵母：辅导的知识我就查呀，书上看呀，问别人呀。像这样的孩子，小时候脾气很差，动不动就发脾气，在家里也是乱来。没办法，爸爸讲，自己养的，慢慢教育她。她爸爸休息，每个礼拜六、礼拜日，我们都把她带到公园

---

① 各种医学书籍说法不一。20余岁孕妇，唐氏综合征的发病率大约在1/1 500至1/3 000之间，30余岁在1/300至1/900之间，39岁左右在1/100至1/130之间，45岁在1/30至1/40之间。我国活产婴儿中发生率约1/600至1/1 000。

里，上海的大小公园，全部都去过，领她走路，玩啊。

曾曾还不会走路，还没发现曾曾的问题，我小女儿就出生了。有个小的就好多了，小的会带她一起玩，跟她做伴。一直到现在，小女儿对她都很好，对她很关心。有时候没事情，晚上回来都跟她开开玩笑，和她打打闹闹。所以在我们这个家庭，曾曾还算幸福的，真蛮幸福的，有个妹妹陪伴她，还有好多孩子没有兄弟姐妹，只有一个人。

问：曾曾两三岁的时候就是路走不好，其他差别看不出来？

赵母：其他差别看不出呀，就是走路慢一点，还有要发发脾气。一开始不知道她是唐氏综合征，那时候医学还没有这么发达，后面国家才研究出来，才有唐宝宝〔的说法〕①。曾曾十岁时，她爸爸就去世了，我带着两个女儿，要上班养活她们，我不知道这个〔病名〕。

问：上学之前您自己怎么教呢？

赵母：那时候买很多玩具，在家里教，"123""爸爸妈妈"，识字卡片，扑克牌。到现在她还玩扑克牌、五子棋。她休息在家里就扑克牌打打，五子棋下下。

问：扑克牌怎么打呢？

赵母：爸爸教"2"，曾曾，你也拿一个"2"，她就拿一个"2"的扑克牌，认数字。还有认字卡片，"妈妈""爸爸""妹妹""叔叔""阿姨"，全部教会她。

问：她可以认字？

赵母：可以认字啊，她上学的时候就可以认"爸爸""妈妈""妹妹""姐姐"。那时候，我们教她爸爸叫什么名字，妈妈叫什么名字，都认识。不过写字不行，像她这样的孩子写字很慢，要慢慢攥她手，教她写，就像小学生刚刚读书一样，教她怎么写。

问：教写字是什么时候呢？

赵母：那时候爸爸已经生病了，不再上班，就在家里教她，大概是曾曾八九岁。这样的孩子她反应慢啊，很难教唉，不像正常小孩，教他，他写就好了。一个"1"，先教后忘，教了一两个礼拜。曾曾心情好的时候，你教她，她"嗯，好的"；心情不好的时候，"我不要！"她喜欢玩，把那些玩具啊抱在手上，自己玩，东玩玩，西玩玩。

---

① 唐氏综合征最早被称为"蒙古痴呆症""先天愚型"，1965 年，WHO 正式将此病定名为"唐氏综合征"。我国在 1960 年代已有遗传学者报告唐氏综合征患儿的 21-三体核型。

问：她喜欢玩什么玩具？

赵母：她喜欢积木，搭房子，很喜欢玩。都是她爸爸买的，积木上有数字"1""2""3"。那时候我不上班，在家里照顾她，就一起玩积木，"曾曾，我们搭房子好吗？""好呀。"

问：你们很重视教育。

赵母：是很重视。带两个孩子，走过来很不容易。有时候我自己回忆起来还流泪，现在再碰到这种情况，我可能支撑不住。我和我小女儿谈心，我说我都不知道怎么坚持过来。我从外地嫁到上海，举目无亲，就一步一个脚印，自己走过来。

爸爸不愿闭上眼

问：爸爸去世的时候曾曾很难过吧？

赵母：很难过，她知道的。她爸爸检查出来肺癌，六个月后就走了。我们家老房子有阁楼，楼上楼下。我说："曾曾，你上去睡觉。"她就躺在那屋。我陪在她爸爸边上，她只要听到我哭，马上惊醒，"笃笃笃"跑下来，坐在躺椅上，拉着她爸爸手。

后来看她爸爸情况不好了，两个孩子就哭："爸爸，你不好死，你死了我们怎么办？爸爸，你千万不好走啊！"

她爸爸担心——她爸爸太宝贝她了——我如果走了，你带两个女儿怎么生活？她爸爸临终前都不愿闭上眼，我到上海十年没有上过班，都是靠老公，将来怎么办啊？

我说："你放心，两个女儿，只要我曾义活着一天，我会把她们带大。只要我在一天，我不会抛弃两个孩子，我会把她们抚养成人，讨饭也要把她们养大。"这样她爸爸才闭眼。现在回想起来，自己都不知道怎么走过来的。

她爸爸刚刚去世，我因为精神压力、家庭压力，人有点崩溃，烧到41度。我躺在床上，眼睛都睁不开。小女儿读书去了，曾曾就站在我床边上，一步不走，一会把我头摸摸，"妈妈，你好一点吗？""妈妈，你没事吧。""妈妈，你不好死了，你死了我怎么办？"哎哟，心酸，我现在想到这个就心酸。

我们住老房子，她跑到楼下，帮我倒一杯开水，"妈妈，你喝开水，喝了就好了。"一步都不走开，就把我抱着，头贴到我脸上。

我现在有时候说给小女儿听，我很宝贝曾曾，这样的孩子这么懂事，能做

到这些我的心血就没有白费，已经得到回报了。虽然有时候曾曾不听话，但有的正常孩子都做不到，你还要求什么呢？

她爸爸去世，我就要上班养活两个女儿。为了曾曾，我也不太好去太远地方打工。那时邻居们都在一块，互相帮忙，不像现在走动少。曾曾小时候什么都不懂，很捣蛋，说话又不清楚。都是老房子，端一盆水，不小心漏下去，下面邻居就又骂又打。两个女儿小时候都吃了不少苦。邻居花盆里养的花，曾曾去摘一朵。说真心话，现在社会环境两样了。那时候摘了一朵花，邻居就对着我们曾曾骂，用牙签把曾曾手上戳出一个个血印子。

……所以，上礼拜开家长会我就说，特奥会举办了，社会关注这些孩子，境遇大变样。我们有这样的孩子，一路走过来不容易，有亲身体会。你们这次出力办事〔做口述史〕，我很赞成。

当时，居委会安排我看管自行车车棚，离家很近。曾曾一会跑回家，一会到我那里玩。曾曾手上戳了这么多血印子，我看了心很酸，回来我就对邻居说："阿姨，我们都是养儿养女的人，我养了曾曾这样的孩子，你也有儿子儿孙，每个人都不可能十全十美。她爸爸去世了，她妈妈还健在，你不要这样对曾曾。"

弄堂里好多人都在边上说："是啊，不应该这样。"她到底是个智障孩子，正常孩子你跟她沟通，她听得进去。曾曾她听不进去，她认为好玩。

我说："一朵花值多少钞票，我赔你钱，你不应该这样对我的孩子。"后来那位阿姨说对不起，那位阿姨也蛮好的，她不好意思了。我想想也算了，总不能因为这件事跟人家……到底是曾曾不对，大家都是邻居。

我没上班以前，一直管着曾曾，走到哪里带到那里，没有发生被人家打的事情，买个菜都搀着手。

爸爸在，邻居的确还可以。爸爸去世了，我要上班。曾曾淘气，这样的孩子有多动症，没事情也要去闯个祸，你不可能跟在她后面一步不离。我就跟邻居打招呼，曾曾如果把你们东西弄坏了，我会赔，你们不要骂她打她，因为孩子是我生的，你打她骂她我心疼。

问：有没有小朋友欺负曾曾呢？

赵母：她不跟小朋友玩。从小就养成习惯，在家里，小的带大的。妹妹放学回来就带她在家里玩，也带她出去玩。妹妹大了，我上班，都是妹妹保护她。妹妹还会做饭给她吃。曾曾现在也能干了，十七八岁就会帮我做家务。我下班回来，她帮我饭都烧到锅里了。我说："曾曾，你不要烧了。"我不敢让她烧，怕不安全。

问：现在每年去看爸爸吗？告诉爸爸曾曾的进步？

赵母：看啊。跟爸爸说，原来你不放心，现在女儿这样懂事，也跨入社会大门了，你放心吧。曾曾会说："爸爸，我来看你啦。爸爸你晓得伐，你女儿现在成名人了。"好会说，说故事一样。

去扫墓的地方很远，要坐地铁换车子，有时叫朋友送我们去。曾曾和妹妹都晕车。爸爸现在应该放心了，那时候最不放心的就是我曾曾。

问：您跟爸爸怎么认识的呢？

赵母：如果人生再来一次，我可能就不嫁到上海来了。她爸爸的亲戚，和我是一个单位的。我在老家粮站工作，他亲戚收稻子，我负责开票，两个人搭班。

她爸爸到我们老家去玩，到粮站来，那时候我们两个正忙着收稻子。后来他问亲戚："这个小姑娘结婚了吗？有朋友了吗？"亲戚说："没有，这个小姑娘要求很高。"我年轻的时候长相挺好的。

他亲戚就跟我说："我有个亲戚看上你了。"我也不当一回事："谁是你亲戚啊？看上我？"他说："到我家里来玩，看上你了，他是上海的。"

"啊，上海的，我不知道。"我说，"听说大上海很好很好，我还没去过呢。"他说："要么你跟他谈谈看吧。"我那时不是很心甘情愿，因为老家同学很多，不可能谈个这么远的。

后来介绍人又和我父母说。那时我廿二岁了，在外地廿二岁都要结婚了，再不结婚变成老姑娘，没人要了。爸爸妈妈说那你介绍吧，我这个小丫头很挑剔，给她介绍了好多，她都看不中。你给她介绍介绍，也可能有缘。

也是我父亲看中了。爸爸妈妈同意，就盯着我。我没办法，后来他把我带到上海，到他家里来看看，石库门房子老小一间，烧饭还在楼下，要用煤球炉子，我回去就不愿意了。

我老公文化很好，一笔文章写得很好，他写了很厚一沓信（用手比划出一寸多高），像一本书，从头到尾，把他的出生、经历、家庭情况全部写下来，寄到我们家里。我在上班，我妈妈收到，我姐姐就拆开信，念给我爸爸妈妈听。我下班回家，我爸爸妈妈对我说："这么好的小伙子你不要，你要什么人？你看，寄了一本书给你。"我爸爸妈妈喜欢他。我说不行。我爸爸妈妈说："你如果不跟他，我就不认你这个女儿。"你知道，小姑娘都听大人的话，大人讲到这个地步，我说："算了算了，就结婚吧，人生就是这么回事，也不挑了，将将就就成个家吧。"就这样嫁给老公了。

问：那时曾曾爸爸几岁？

赵母：她爸爸比我大十多岁。

问：还可以。

赵母：那时候也算大蛮多了。我母亲说，你的性格不好，很犟，找个岁数大的，可以包容你宝贝你。老公的确很好，把我捧在手心。我嫁到上海，十年没有上过班，都是我老公养的。我老公说：一个男人养不起老婆，还讨什么老婆啊！他是典型的大男子主义。

问：爸爸做什么工作？

赵母：他一开始有个稳定工作，后来辞职出来做生意，八几年，上海钞票很好赚。接着又下海，长海医院对面几栋房子是他和朋友一起承包的，房子还没盖好，人就生病了。房子就给别人了，别人欠的债也没有要回来，那时候很苦。人死了，死了（音 liǎo），死了（音 liǎo），再多钞票也不可能要回来了。跟人家讨债，人家给我脸色看，还要请我吃生活①。想想算了，也不去讨了，讨也讨不到，我又是外地人。到现在借条都在。我老公还没去世前，就打电话给别人："你这个钞票要给我老婆，这是她一个人带两个小孩的救命钞票。"我老公一死，没人还钱。

问：原本家庭蛮幸福的，经济状况也好，可惜爸爸生了肺癌……

赵母：是啊，我女儿常讲，我爸不死的话，家里的条件不会那么差。我老公很聪明很聪明。别的不说，起码我两个女儿不吃这么多苦头了。爸爸死了，最对不起两个小孩，爸爸把她们当乖乖宝宝，放在手心里……

感恩学校有今朝

问：有没有想过送曾曾上幼儿园、小学？

赵母：都是自己带的，幼儿园没有上，小学也没有上。那时候想过送到幼儿园、小学，为什么没去呢？因为她控制不住，要发脾气。她到幼儿园，碰伤、打伤别的学生，怕不好，想想还是自己带。那时候还没有专门给唐宝宝开办的幼儿园。

我们原先老房子在大统路那边，听说有一家启慧学校，就是专门收这些学

---

① 吃生活：沪语，指挨打。

生的，我就把曾曾送到那家学校。学校里读了两年，我家老房子动迁搬到这里。两年以后，启慧学校也搬到我们新房子旁边，真是幸运。

我送曾曾还蛮辛苦的。我在五角场上班，早上上班，我踩脚踏车把曾曾送到学校。下午两点钟休息，踩脚踏车到启慧学校，把曾曾接回来，我再去上班。说真心话，如果你养这样的孩子，大人多付出一点，小孩还是能走得出来，一定要付出。如果没有这个学校，曾曾也不会有今天，最起码曾曾现在新闻什么都能看得懂，她就喜欢看新闻；她自己名字也会写，简单的字都会写。

问：刚进学校有没有不适应，不想上学？

赵母：没有。因为我上班，妹妹上学，她一个人在家里也蛮寂寞。学校小朋友多，比在家里开心。学校宫老师对她特别好，特别照顾，知道我们家情况。有时我上班，接孩子晚了，她就把曾曾放在边上，帮我多看一会，有什么情况都打电话给我。

问：在学校学习什么呢？

赵母：她的课本，比正常孩子的简单一点。有算术、语文、图画，曾曾水笔画画得很好，学校组织参加市里面的比赛，画的风景还得过奖啊。后来，临汾路那边一个老师说："她爱好画画，你把她送来，我教她。"义务教曾曾。我上班实在没空，才不去的，本来一直在老师那边学画画。

在学校还学跳舞，《感恩的心》她跳得很好，参加闸北区表演；现在在家里，有时候你音乐一放，她迪斯科还扭起来，就喜欢看音乐片，看着看着还跟着唱。

还有手工班，编织班，编小玩意，兔子啊。

还有体育课。她跑步，参加特奥会，就是在学校开始跑的。

问：这所学校的老师都是专业特教老师，很有经验。

赵母：专业老师，也要老师有耐心，有些老师也没耐心，有些家长都没有耐心，何况老师呢？也可以谅解，要体谅老师。曾曾在学校，好动，我就怕她闯祸，打别的学生。所以，曾曾在学校如果出什么事，摔跤啦，我不计较，自己带去看医生。因为我是家长，知道她是好动的孩子，如果她摔跤了，你家长还要去找老师，老师的负担就很重。作为家长要体谅别人，别人也会体谅你，都是相互的，相互包容、体谅。有时老师打电话，说曾曾今天哪里碰伤了，我说没关系没关系，一点小伤没关系，你们不要放在心上，等我休息带她去看。自己养的孩子，不抱怨，自己承担责任。

我经常对曾曾说：我们曾曾最聪明了，妹妹没有曾曾聪明，妹妹要向曾曾

学习。她很开心，感觉到我是聪明。她也有自尊心，她也懂，不像别的孩子不懂，你如果说她戆度，她自尊心会受到伤害。有人跟她开玩笑，曾曾是傻瓜、戆度。她说你是傻瓜，你还没我聪明。她会跟人家对话。对这些孩子，一定要鼓励他们。

餐厅领导有时候打电话给我，我说，你哄哄她，她什么事都肯做。在家里也是，哄哄她什么事都肯做。"曾曾，妈妈不想动了，倒杯开水给妈妈喝，好吗？""你自己倒。""哎哟，曾曾最乖，曾曾最聪明，妈妈最宝贝曾曾，不宝贝妹妹，最宝贝曾曾。""噢噢噢，我去倒了。"她也要赞扬，要鼓励，她开心得不得了。

问：妈妈很有方法。听您讲述，曾曾在学校里还是蛮开心的，跟同学有没有交朋友？

赵母：交朋友！她们同学现在还打电话给她，"曾曾你现在在做啥？"曾曾说："我上班啊。"她们同学还到她上班的地方去看她。

问：上学是大人接送吗？

开始我一直接送她，后来想可以放手了，让她自己走，就像现在自己去上班一样。

有一次，她自己放学回家，拐弯的时候方向错了。我到学校去没接到人，我急啊，哎呀一身汗，始终接不到人。她晓得我们家的方向，知道跑错了，到车站边上就不走了。车站边上围了很多人，这个小姑娘，一看就知道不是很聪明。有人对她说："你家住在哪里？我带你到我家里，做点东西给你吃，我们再送你回家。"谁带她回家，她都不肯。

后来天黑了，七八点钟了，我骑电瓶车四处找不到人，急啊，再找不到人我要报警了，派出所也去了，找不到人。

叔叔阿姨坐在边上陪着她，她不肯走，买东西给她也不吃，不哭不说话，就坐在那里。人家问："你家住在哪里？我们送你。"还有的说："你书包给我们看看，找找你家里地址电话。"她也不给人家看。

实在没办法，有人打110，车子把她带到派出所。她知道派出所，把书包给警察叔叔看，他们一看是启慧学校，就打电话给学校，学校打电话给我家里，妹妹在家里守着电话，我再去派出所把曾曾接回来。我问她你怎么样，她说我坐在110车子里，有空调，很舒服（笑）。

问：妈妈安全教育做得很好。

赵母：要教育的，要教育的。以前我就告诉她，跑错了路，千万不要跟陌生人走。人家把你骗走拐卖了，再也看不到妈妈了。到时候，你叫天天不应，叫地地不灵。跑错了就站在那里，不走；要么看到警察叔叔，告诉他们，我跑错路了。从小就这样教育，因为她爸爸去世后，我一个人带孩子，生怕她跑丢了。跟她讲，她听进去："噢，知道了。"

我跟她交代，陌生人说话不要睬；不要跟别人打招呼，就管自己去读书；就是我们小区的人，不认识也不要理睬。我们小区人说，"哎哟，你真把曾曾教育得好。"小孩，要靠家长教育。曾曾现在坐车子，碰到老人，她都会让座。我送她到车站，人家都认识我了，跟我说："哎哟，真乖，这个小人真乖，碰到老人就让位子。太有礼貌了，正常人都不如她。"

特奥明星学交流

问：根据报道，2004 年曾曾参加特奥领袖培训，是怎么选上的呢？

赵母：说真心话，曾曾走到哪里，都蛮讨人欢喜的，在学校也讨老师欢喜，老师说她"很可爱"，就把曾曾带去四川参加特奥领袖培训。路上曾曾也有个笑话。沈老师带她乘火车去，老师睡在下面，曾曾睡在上面。我给她带了点吃的。沈老师说："现在晚上了，你不要吃了，你好睡觉了。"她发脾气，把没吃干净的东西往下扔，老师说："哎哟，哭笑不得。"我说："是伐？淘气！"老师说："晚上，有时候开宴会，曾曾不开心，坐在那里，鞋子一脱，'咚'一丢，丢到台子上面去。"这些孩子有多动症。老师说："哭笑不得，曾曾好起来又比谁都好。"

问：这是曾曾第一次坐火车出远门吗？适应吗？

赵母：不是第一次坐火车，我老家是安徽合肥，经常带她们坐火车回合肥。这是曾曾第一次离开父母，在四川好像待了三天。只要是熟悉的人、亲近的人带她出去，她很适应。沈老师是体育老师，她跑步就是沈老师教的。

问：曾曾除了可爱，是不是还因为体育好，老师才选拔她去参加特奥培训？

赵母：哎哎，对的。她一直参加跑步。那时她天天走路上学，走路回家。从我们家里到保德路学校，起码走四十分钟，一开始我带她走，后来自己走。自己走就一路走一路玩，边上看看，好白相①，到学校大概要一个多小时。

---

① 好白相：沪语，好玩。

家里到学校有公交车，我故意让她走。因为她放学回来得早，到家里也没事；走走路，真的好，锻炼锻炼腿劲。

在学校，老师一直叫她跑步，"曾曾你跑步"。她跑一百米。一开始跑得挺好，后来发胖，跑不动。你看拍广告时候就有点发胖。

特奥领袖培训回来以后，曾曾就开始参加比赛。那时候慢慢有各种各样运动会，闸北区有特奥会，每个区也都有比赛，曾曾都去参加。老师带去比赛，我们家长也跟去，我做了志愿者，一直跟在后面跑。

哎哟，曾曾喜欢运动，一下子看到有这么多项目，只要报名都可以参加，她每个比赛都要去参加参加。有个铅球比赛，她说妈咪这个好玩。我说那你去啊。其实她的手都包不住铅球。我说你当心点，不要掼到人家脚上。两只手抱着，掼也掼不远。我笑死了。我问她你下次还要参加吗，她说，妈咪这个不行，太重了，不参加了。带她出去比赛也蛮好玩的。还参加过羽毛球，打不好（笑）。还有好多样，我一下子讲不出来。

很多项目尝试过，没有再参加，跑步是一直坚持的。他们有时候放学训练半小时一小时；后来专门到闸北体育馆的一个场地训练过，都是礼拜六、礼拜天去的。

问：2006 年电视台到学校选人，找曾曾拍了特奥宣传片。

赵母：对。曾曾那时候还在学校读书，是 2006 年，中国要办特奥会了，导演要拍宣传片，到他们学校选人，一次性就把她选上了。白天我在上班，晚上我下班回来，把门一开，曾曾对我讲："妈咪妈咪，明天导演到我们家里来拍广告。"我说："拍什么广告，你又在异想天开，做梦啦！"曾曾说："妈咪妈咪，真的呀，不骗你的。"我说："是伐？"后来晚上学校沈老师打电话来："曾曾妈妈，明天电视台有个导演到你们家拍广告。"我想哦，这是真的。

第二天导演来了，拍了我们家庭，还有我们小区，讲特奥会宗旨"你行我也行"，讲"曾曾是我的孩子"，就拍电视了。

问：这是第一次参加公益活动？

赵母：对，第一次，后来就一直参加公益活动。特奥会快开了，要拍宣传广告，就在闸北那边一个体育场拍。早上去的，下午开始拍曾曾。他们给了我一支口红，叫我把口红涂一涂，在曾曾面孔上亲一下，看上去好看。我说好啊，我就亲了。后来拍出来效果蛮好。

问：当时满街都是曾曾的照片，妈妈的爱、社会的爱，都在唇印里体现出来了。

赵母：是啊，有灯箱广告、车身广告，这张照片真的拍得很好。

拍的时候跑了好多圈，温度多高呀，热也热死了，我陪在边上也热死了。我问曾曾辛苦伐，她说不辛苦。你晓得拍一个广告要花很长时间，跑了一圈又一圈。我还跟曾曾开玩笑，你今天好减肥了。那时候两个工作姐姐蛮好的，帮她擦汗降温。拍广告拍了好多地方，在外滩轮船上也拍了。

问：宣传片播出来，海报照片贴出来，曾曾成了上海名人，对你们生活有什么影响？

赵母：对我们生活的影响……就是关心我们的人很多；曾曾也忙

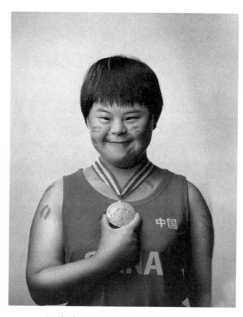

赵曾曾为 2007 年上海夏季世界特奥会拍摄的宣传海报

得不得了，和特奥会、电视台、特警一起去美国迎接火炬。上海电视台的人就喜欢和她开玩笑，说曾曾喜欢帅哥，说她嘴巴会讲，不得了。在餐厅工作也是，我那天带她去参加活动，她嘴巴最会说。我给她准备一个拖箱，衣服带好就去了。回来跟我说，"妈咪，飞机转啊转啊，晕飞机晕车，吐了。东西不好吃，我吃方便面。"美国东西吃不惯。在美国的活动很开心，很热闹，迎了火炬，还看到美国总统。

在上海的活动，我全部跟在她后面。现在去世的施莱佛夫人①到上海来，举行一个仪式，要开香槟。曾曾站在她们边上，个子很矮，酒一下子"啪"全喷出来，她看着我，我在下面。她回来问我妈妈好看伐，曾曾特别开心。

特奥会上，曾曾参加跑步项目，在浦东的体育场比赛。我陪她去，那时我是志愿者。比赛的时候，跑在最后（笑）。下午跑的，很热，一组六个人，曾曾跑最后。我问她，"你跑不动了是哦？"那时候活动多了，锻炼少了，天天在外面有活动。04 年起断断续续有活动；06 年拍宣传广告片后，活动就很多了。

---

① 施莱佛夫人（1921—2009）：尤尼斯·肯尼迪·施莱佛（Eunice Kennedy Shriver），世界特殊奥林匹克运动会创始人，美国前总统约翰·肯尼迪的胞妹。1984 年，以其为智障人士谋求公民权利所做的贡献而获得美国总统自由奖。

06 年 6 月份就开始播放,放到 07 年,放了一年,就去接火炬了。曾曾很开心。

特奥会闭幕式,网上都搜得到,她和韩正市长把会旗交给下个主办城市。有时我想,时间久了,网上可能没有了。我小女儿讲,永久性的,抹不忒的!一打字搜索,哦,还在还在!

(找出各种特奥照片,志愿者证书)。

问:下次来,带相机翻拍一下你们的照片。

赵母:这些照片好像网上都有,一搜索就搜到了,是永久性的。还有美国"格林伯格杰出成就奖"①〔的照片〕。

2007 年特奥会结束,紧接着要开奥运会、残奥会,曾曾又做了奥运火炬手,在上海外滩接了火炬,到现在我们家还有奥运会火炬嘞。

具体参加的奥运活动,时间久了,我记不大清楚。有好多活动。我有时候都累坏了,一天里这个活动完了,马上参加另一个活动。

问:曾曾有没有觉得辛苦?

赵母:没有。曾曾不怕苦不怕累,她喜欢参加活动。特奥会的时候,我一天带她参加四五个活动,我问曾曾累吗,她说不累。我都感觉吃不消。

问:她身体锻炼得蛮好。

赵母:我每年带她检查,她身体很好,都很正常。我看她这么胖,怕她有脂肪肝,今年带她检查,只有很轻微的一点脂肪肝,没有多大关系。医生都认识她,说曾曾你又来啦,曾曾你要减肥啦,肚皮大了。曾曾说,我减不掉哪能办呢?也会跟医生开玩笑。

问:您刚才说,特奥以后曾曾有明显变化,这些变化是什么?

赵母:她现在,跟别人真的可以交流。以前在学校要发发脾气,现在改了很多,在家里也不怎么发脾气了。她觉得我是形象大使,很光荣,很自豪,了不起,我是明星,我不好乱发脾气了。走在外面,人家说曾曾你不是明星吗,你不是形象大使吗。她说是啊,就是我。路上经常会被人认出来。现在乘车子,几个驾驶员都对她很好,讲曾曾慢点啊。曾曾他们这样的孩子没有心眼,人家问她,她就说是啊是我啊,很自豪。

问:她的性格很开朗,外向。

赵母:是的,因为这些活动,更加开朗。2007 年特奥会,2008 年奥运会、

---

① 格林伯格杰出成就奖:2007 年上海夏季世界特殊奥林匹克运动会特奥家庭论坛设立"格林伯格杰出成就奖",以表彰特奥家庭的杰出代表,赵曾曾的母亲曾义女士获此殊荣。该奖以当年特奥会数额最大的个人捐赠者、美国史带投资集团董事长兼首席执行官格林伯格姓氏命名。

残奥会。奥运会结束后，曾曾又参加街道、残联的活动，座谈会啊、演讲啊，还有党建活动，把曾曾的证书、照片、纪念品带去展示。

接下来去了阳光之家，曾曾不适应，她不要和那些孩子待在一起。我说："你为什么不要和他们待一起？"她说："待在那里没劲。"曾曾这样的孩子和正常人心态一样的，她觉得自己出过名了。我说你在阳光之家再待会儿，慢慢再给你找工作。待了几个礼拜，正好棒约翰招人，就去了棒约翰。

上班挣钱养妈妈

问：看媒体对曾曾的采访，说是曾曾在学校就开始学习面点了。

赵母：对，在学校一共念了八年书，前六年中小学，后两年进了手工班，曾曾自己选了面班，做馒头、做面条、包饺子。后来，记者去采访她，她正在揉面，帽子带着，围兜围着，像模像样，记者说你看上去像个大师傅（笑）。我问："你做的馒头好吃吗？"她带回来给我吃，说："妈妈，这是我做的馒头，给你尝尝。"一开始做的像面疙瘩，后面做得蛮好了，有老师教。回家我让她做过两趟馒头。擀面条可以，擀得好，一条一条的。小馄饨、水饺也做得好。就是馒头不行。

问：在家里做吗？

赵母：现在不做，不靠她做，要上班，回来也辛苦了。人家问："曾曾，你上班啦？"她说："哎，我上班了。""你上班，你钞票怎么用啊？"她说："我钞票挣来要养活妈妈，我妈妈很辛苦。"真是改变很多。记者采访她，她口口声声上班了要养活妈妈。

问：养活妈妈，这个想法是什么时候有的呢？

赵母：她爸爸去世，她看我整天上班很辛苦，大概十五六岁开始这样讲："妈妈，等我大了，我找到工作挣钞票了，养活你，你不要这么辛苦了。"

问：曾曾是怎么知道棒约翰招聘的？

赵母：棒约翰招聘的时候网上都有，是残联通知我的，我就带她去应聘，我想曾曾大概不行吧。她不紧张，我也不紧张。她回来说，应聘端盘子。棒约翰公司蛮好的，过了两三天就来通知，叫曾曾去培训。培训时我天天送她，曾曾进去的晚，在杨浦区专门一个地方，培训了两个星期左右。

每天回来都告诉我，今天我在单位做什么什么，做披萨、揉面粉、端盘子、迎宾。我说你做给我看看，她把门一开："欢迎光临，先生女士请用餐，

这边坐。"天天夹个本子，回来练习。

单位来通知入职，我也陪她去，合同是她自己签的。

上班先做了迎宾，很多人认出她，"哎，你不是形象大使赵曾曾吗？"她也不谦虚，很骄傲："是我。"站着比较辛苦，后来就叫她到后面包刀叉。她自己没想要到哪里，每个岗位她都做得蛮开心。

问：上班发生的事情，她会回来跟您讲吗？

赵母：说，每天下班回来说，今天单位生意蛮好的。我问："你在单位听话吗？""我今天很乖，领导都表扬我。"她每天晚上回来说。

问：跟顾客有互动吗？

赵母：她刚进棒约翰的时候是迎宾，就站在门口迎宾，一直跟顾客有互动。后面叫她包刀叉，把她安排在后面，是公司调动的，她做得蛮开心的。上一次记者采访她，说："曾曾啊，你现在上班开心吗？""开心。我妈妈好辛苦，我现在要挣钱养我妈妈。"很懂事很懂事。

我如果哪天不舒服，躺在家里，她早上说："妈咪妈咪，你记得吃药啊。我去上班了，我晚上回来啊。"我说："哦，好的。"晚上回来，"妈咪，你好一点了吗？好多了吗？没事吧？"问长问短。

问：有没有不想做了，累了，不做了。

赵母：没有，曾曾上班一直没有这种情绪。像我小女儿，有时上班太累了，哎哟，最好给我休息一段时间。曾曾从来没有这样。我开玩笑："曾曾不要上班了，待在家里，吃吃逛逛玩玩。"她说："不要，不上班钞票哪里来啊！"（大声）"单位里人多，家里一个人，吃吃逛逛玩玩，有啥意思？"她上班，同事对她都很好。

曾曾呢，最多不乖。上一次，经理打电话来："曾曾有点不听话，包刀叉，多用两张餐巾纸。"后来我就打电话："曾曾，在单位怎么样？听话吗？不听话就不做了，回家了，不做了。""哎哟，我要做，我要上班，妈妈。"她就哭着跟我说，"我要上班。"我问："那你错在哪里？自己怎么办？怎么去解决？""我晓得了，妈妈，等一下我去跟经理赔礼，说对不起，我错了。"我说："嗯，那就好。"

回家来我要教育她。"领导说什么话，你要回答他，知道吗？不好跟人家凶，知道吗？领导领导就是要领导你，要尊敬人家，听到吗？"她说："晓得了。"毕竟这些孩子缺根筋，你不经常嘱咐不行。

经理叫她做事，她有时候会偷懒，不肯做生活，坐在那里玩。单位那些领导的确很好。我们做家长知道，这样的孩子很难管理，一个孩子一个性格，有时要发发脾气，难免情绪化。我做家长很包容。曾曾在单位有什么事情，我都怪曾曾不好。有时候把公交卡丢了，我叫她挂在脖子里，不要拿下来，她一拿下来，就没了。她上班，公交卡我都给她买了好几张。丢了她就在单位哭，经理给我打电话，我对曾曾说你二十多岁了，不要在单位哭。经理没办法，说，我公交卡给你用。我说，不要紧不要紧，我再给她买，没了就没了。经理和正常员工的确很好，和这些孩子打交道有难度，家长要理解单位员工和领导。自己孩子自己心里有数，多包容。

问：我听领导表扬他们非常认真，很珍惜工作。

赵母：哎，领导经常表扬她。一表扬曾曾就回来说，"今天表扬我啦，说曾曾很勤快。"她小孩子，对吗？有次我去餐厅，员工告诉我："曾曾很乖，你看这个台子擦得多清爽。"有时我也打电话到单位，"曾曾最近怎么样？"他们就说："曾曾很乖，很听话，做事情很好。"

她一天上八小时班，早上十点半到晚上七点半，中间一小时吃饭休息。曾曾回来没叫累过。我问上班好吗，她说上班开心呀。现在工作已经七年，算老员工了。

我说："妈妈跟店里讲，把你调到这边的店，离家近，好不好？"她说："不要，我们这里经理员工都很好，我就在这里。"从我们家过去，845路车转850路，要两部车，自己去上班，路上时间大概不到一小时。她天天早上九点钟从家里出发，晚上八点多到家。现在基本不接送，有时我空了，没事情，就去接接她。

刚刚上班，她走丢过一次。我说你下班，就等在那里，妈妈去带你回来。结果下班，她人先走了。乘车子一下乘过了站，850路乘到底了。那年上海下雪，冬天，很冷。她就在马路上徘徊，她说："我知道车子乘错了，我们家就在这个方向，但就是找不到家。"她精吧①，她叫了部残疾人车，这位车主人也很好。她说："你把我送回家，我妈妈保证会给你钱。你放心，叔叔。"那时候我不给她钱，我怕她有钞票就在外面乱跑。

我一圈两圈地找，找到夜里一点多钟，冬天，天气冷，我一身都是冷汗。回家路上我想，再找不到我就打电话给电视台，请他们帮忙找。结果我刚到家，她就坐着残疾车回来了，在楼下揿门铃，"妈咪妈咪，下来付钱给人家。"

---

① 精：方言，聪明、精明。

真是哭笑不得。我下去付钱给车主，谢谢人家。我说："我找了一晚上了，真谢谢你，谢谢你。"

我问曾曾："你怎么会跑丢的？你晓得吗，妈妈都急得要晕倒了。"她说："妈妈你急什么，不要急不要急，我不是回来了嘛。妈妈不急不吓。"

现在我给她我的手机号码，她有时能背得出来。如果跑丢了，要么叫出租车；要么找警察叔叔，现在马路上交通警很多；看到110，就找110。她说，我晓得了。现在聪明了，再说路也认识了，自己去自己回来，有时不放心，也接接她。

问：跟同事交往多吗？

赵母：应该有吧，她单位我不太去，没事情不过去。经常去不好，你女儿上班你不放心啊？还有别的孩子在上班，你妈妈常来，不好。对吧？要支持单位，没事情尽量不要去打扰他们。

问：您刚才说，特奥会后有个大进步，做名人，能管住自己的情绪；上班以后也有个大进步，这个进步表现在哪些方面？

赵母：现在我们可以放手了，以前都在妈妈怀抱里，是妈宝。如果关在家里，放不掉手。

现在她如果在家，我们出去，就跟她说："曾曾，你今天休息，饭在锅里，你自己弄了吃。""好，你去吧，我自己会弄。"陌生人揿门铃，她从不开门，会保护自己了。对这样的孩子也没什么要求，只要自己能保护自己就好。

有次我和妹妹两人出去旅游，我要带她一起去，曾曾说："妈咪，我不出去旅游，我在家里看家，防止小偷。电视里有很多小偷，我要管好家。妈咪，你们出去玩得开心。"你看，这个话说得就像正常孩子一样。后来我说："妈妈到海南，带你一起去。"她说："妈咪不好去，新闻上放了，那个飞机'呜'一下就出事情了！现在不好去。"

问：好像家里的当家人一样。

赵母：对，像当家人。哎，她要去上班，"妈妈，不要乱跑，家里看看好，现在小偷很多。"她会样样交代你。如果不走出这个家，不跨进社会大门，是不会有这样的进步的，有些正常孩子很多事都不懂。说句真心话，这说明她在外面，和正常人在一起，是长见识了。在单位里上班，好多员工都是正常人，两样的，她改变了，进步了，社会上的事情也了解了。

钞票放在那里，"曾曾，你今天自己买点东西吃。"她会自己去买了吃，晓得等人家找零。你如果把她放在家里，她可能会问"去哪里买吃的？"

现在晚上下班回来，门一开，"我回来了，有人欢迎我吗？家里有人吗？快出来欢迎我吧。"

问（指着脚下的小狗）：这位先跑过去。

赵母（笑）：对，一点不错，这位先跑过去。我赶快说，欢迎欢迎！抱一下，亲一记。跟我很亲，到底是从小带大，爸爸又去世得早，没有别的亲人在边上，就靠妈妈。我如果没反应，曾曾就问："做啥？我回来不欢迎我啊？"

我如果出去，她休息在家，我洗好的衣服都是她晾，家里的床都是她铺。自己要洗袜子之类的小衣物。我们家里从小就给她养成习惯，洗不干净不要紧，我可以替你重洗，但自己必须要洗。没办法，爸爸去世了，我要忙生活，必须要给她养成自己动手的习惯。

现在我们蛮好，像曾曾这样，已经算很好了。作为家长，很满足了。我们小区人说，曾曾啊就是面孔看上去像，其实不笨。小区里认识的人，她碰到都要叫一声爷叔啊大妈妈啊。真的很聪明。邻居都说你把她培养成这样，真的不容易。

问：您什么时候觉得轻松点，家里经济状况好点？

赵母：妹妹上班，曾曾又拿了国家给的重残无业补贴，经济稍微好点。以前我们吃低保，最早一百多块，后来长到两百多块，很少很少。不过，重残无业补贴没拿多少时间，曾曾就上班了，上班以后就没有无业补贴了。上班的工资，和重残无业补贴差不了多少。天天要给她带饭，在单位里面吃，又不能带得太差；还要带饮料；两部车子来回的公交费。她赚的只够她自己用，平时要买买衣服，休息天还要出去玩。

没办法，主要想把她推出去，开发开发她的脑子，待在家里不行呀。现在我把她推出去，虽然钞票用的是厉害了，多用就多用，她算是慢慢进入社会了。我们大人都要老去，以后不管怎么样，她自己能和别人交流，一口饭有的吃。

相依偎岁月渐好

赵母：妹妹很乖，很听话。小时候带姐姐玩，走到哪带到那，干什么都带她。两个人从来不吵，感情一直很好。

问：妹妹带姐姐玩，那妹妹和别的小朋友一起玩吗？妹妹有没有想和别的小朋友玩，不想和姐姐玩？

赵母：哎呀，我解释给她听。我说，没办法，爸爸在的话，放你自由；爸

爸去世了，妈妈为了生存要工作，只好你带姐姐。小孩子心里可能也有点想法，别的小朋友都跟人家一起玩……对吧，有时也带曾曾和同学一起玩。妹妹比曾曾小一岁，出去的时候，人家都说两人是双胞胎。

我上班去，都是妹妹照顾曾曾。我早上把两顿饭烧好，她们回来微波炉里热一热。我在饭店拿菜间做，一般下班要到晚上九点。后来，为了照顾她们，我改成上晚班，九点上班，给员工开夜宵。

我上班赶不回来，就叫妹妹去接送。曾曾刚刚上班的时候，那边有条铁路，妹妹开电瓶车，车子一弯摔下来，当时都出血了，一塌糊涂，回家我赶快给她涂紫药水，拿了消炎药给她吃，妹妹肚子上到现在还有块疤。曾曾不会乘车子，我们开始都是电瓶车接送。后来带曾曾乘公交车，才学会自己乘车子。

有时候妹妹跟曾曾开玩笑："曾曾，你拿工资了，什么时候请妹妹吃一顿好的？老是妹妹请你吃。"曾曾说："钞票在妈妈那里，你跟妈妈要。"或者"钞票在银行，你到银行拿。"妹妹说："你钞票在银行，我又拿不到。""那你跟妈妈拿呀。"

到现在，休息天，我们几个还一起出去。小女儿说："曾曾，今天我请客，走不？出去带你吃一顿。"曾曾说："好呀，等我拿工资再把钱给你。"小女儿说："到现在我还没看到你工资呢。"她们喜欢开玩笑，两个人逗。

曾曾虽然是我生下来的，将来还是要妹妹照顾，所以妹妹从小就养成习惯，对曾曾很好。说不好听，人家也有第二胎对大的不好，这要靠家长去鼓励，"姐姐是妈妈养的，你也是妈妈养的，对姐姐要平等对待。"孩子，离不开家庭的教育；就像曾曾现在进入社会，离不开社会的帮忙，一样的。

问：妹妹自己同学里有没有好朋友？

赵母：也有。

问：交往吗？

赵母：有时候也带到我们家里来玩。

问：两姐妹上学不在一起，妹妹上学远吗？

赵母：妹妹上学不远，走到家里十五分钟。曾曾远点。妹妹长大以后回忆，下雨天，人家都有爸爸妈妈接，我雨伞也没带，什么都没带，我就自己走回来。妈妈，想想有时候都寒心。

问：您接了这个就顾不上那个了。

赵母：我说，岂止你寒心，妈妈有时候也寒心。想想自己，也要流眼泪，不过不当你们面流，怕大家心里难过。这么多年过去了，老是往后回忆，人很痛苦，要往前看。我劝她，宝贝，不要想那么多。

爸爸去世，我才三十三岁，拖了两个孩子。现在好多人三十三岁还没结婚呢。妹妹在学校读书，爸爸在的时候，老师好得不得了。爸爸去世了，我要上班，老师就说："你妈妈跟人跑掉了，不要你了。"羞辱她。我小女儿到现在回想往事都说，"老师怎么那么坏，经常揪着我说你妈妈不要你了，给我脸色看。"我上班，没空去开家长会，老师第二天就骂女儿。我女儿说，"以前小，不会反抗，现在我看到老师可能要跟她说了。"

妹妹中专毕业，一边上班一边念大专，学校就在我们家附近。妹妹人很坚强，不像人家小孩要妈妈抱抱。她经常讲，我们家没有男人，我俩就像男人一样。不靠自己不行的，我们在上海举目无亲，一步一个脚印，靠自己走过来。

问：读中专、大专要学费吗？

赵母：国家给她免了一部分费用，我们属于特困家庭。

问：很辛苦，因为白天上班，晚上还要抽出时间来念书。

赵母：是很辛苦，妹妹很有上进心。

问：全家人怎么度过业余时间呢？

赵母：周末不上班，白天曾曾坐在家里看电视，就喜欢看新闻、听音乐、看电视剧。抓坏人的故事，她可以从头讲到尾。我如果少了两集没看，回来问她，她全部都能讲给你听。说老实话，来采访我们的记者我都忘记了，她在电视上看到，就说这个主持人是啥人，那个是啥人。全记得，都晓得。

新闻上哪里出事情了，她说妈妈你看，〔这个人〕一点不孝顺，把爸爸杀了。都会讲给你听。

一边看电视一边玩五子棋、玩扑克牌。喏，笔在那里，有时候就写写字，翻开书（桌上有本小说集），把书上的字抄一遍。计算器也是她的，有时候加加数字。我说，"曾曾你是国家会计啊，你天天回来要算账，要记录我一天开销啊。"

（找桌上本子）

问：是自己随便算算数字，还是算今天的发票？

赵母：自己在计算器上随便按按，把撤出来的数字记录下来。我跟妹妹说，"你看，曾曾又在算账了，要算我们今天的开销，还要算你们单位的开销。"你看，全部都是她算的。计算器撤出来数字，加出来的数字。

问（指着本子）：这里大概是想写"今天"，写成"令天"了。

赵母：这个本子是特地买给她用的。本来拿妹妹的本子瞎用，妹妹有时候

在单位写了很多，还有日记什么的，她会翻过来接着写。后来我和妹妹带她到超市里去，问她你要什么本子。她说要这么大的本子。妹妹说给她买本这么大的本子。你看，都写得差不多了。

午休时写字

礼拜六、礼拜天，她在家里过得很充足。我讲你比上班还忙。她自己也开发开发自己。

问：我们那天问她，桌上计算器是不是你用的？她说，不是我用的，是我妹妹用的。

赵母：其实都是她用的，还有五子棋、扑克，这个台子上的东西，都是她用的。晚上回来，洗好澡，打开电视，然后坐在这里。

问：中午在单位休息，曾曾拎着白色小包，到空包厢里去写字。您知道她写的什么吗？

赵母：知道，把家里妹妹看的一本书带到单位去，照着书抄上面的字。有时候把英文书带过去，抄英文。

问：曾曾喜欢狗狗吗？狗狗来家里多久了？

赵母：狗狗来了七八年了。我小女儿欢喜，大女儿也欢喜，两个女儿都欢喜。现在不管大人小孩都欢喜宠物，对哦？本来小女儿买了只比熊犬回来，养了一个月生毛病，带到宠物医院去看，看了一千多块钱，没看好，我小女儿哭得伤心死了，曾曾也哭。我没办法，对小女儿说，你再去弄条狗。正好朋友家的狗生小狗，就抓了一条过来。休息天都是曾曾去遛狗，就在我们这里小花园里遛狗。曾曾上班，就我去遛狗，一天两次。

问：曾曾下班回来，和狗狗玩吗？

赵母：阿拉狗狗叫飞飞，她回来："飞飞我回来了，姐姐回来了。"上班去："飞飞，你乖点，姐姐去上班了。"

问：曾曾喂狗吗？

赵母：曾曾喂噢，看到盆子里没有水没有粮，都是她弄。我说你不要多给它吃，肚子要涨的。她说，不给它吃要饿的。

问：很多家庭都给孩子买宠物，陪伴孩子成长。

赵母：对啊，现在宝宝都喜欢宠物。

问：两个孩子，您都培养得很好。

赵母：对不起她们，养是养下来了，但没有好好疼她们，没有条件，没有时间。我跟妹妹谈心的时候说，妈妈牺牲自己的一切，把你们养到这么大，你也不要怪妈妈。妈妈也想有个完美的幸福的家庭，你爸爸要是还活着，多开心啊。对吧？没办法，命运要这样捉弄人。

现在我很满足了。像曾曾出去，参加特奥会，走到哪里，人家都欢喜她，说你女儿教育得很有礼貌。上次我去店里，两个阿姨也跟我说，这些小孩里面，她嘴巴最会讲。

曾曾她走到今天啊，真是不容易。她也是机遇，正好碰到特奥会，特奥会一下子把她启发了。特奥会结束，她毕业，棒约翰又正好把她招聘进去。离不开这两样。大人付出也不少，孩子是我们自己生的，不能怪孩子，她也想做一个正常人，也不想变成这个样子。我们大人要站起来，走出去。你大人如果不走出去，你把小孩关在家里，那小孩永远走不出去。

我们曾曾走出来了，还有好多家庭没有走出来。有的爸爸妈妈不想丢脸。我跟我小女儿说，妈妈把她养下来，不管怎样，她已经跨入社会大门了，能融入社会了，有今天，妈妈也感到自豪，虽然我养了这样的孩子，但我们走出来了。孩子是我们自己养的，如果我们家长都不振作起来，不要怪别人拿另一种眼光看你。现在社会上都很关心残疾人，何苦把孩子关在家里、自闭在家里呢？走出来生活就两样了。上次动员我们参加口述，我觉得很好，要支持，让大家都了解我们。我们走出来，也要帮助其他人。曾曾有今天，和国家、社会脱不了关系，社会在前进，小孩也在进步。

赵曾曾同事口述（一）

口述者：外场同事曲女士

访谈者、撰稿者：廖梅、李紫安

访谈时间：2016 年 7 月 15 日

访谈地点：工作餐厅

问：请问，赵曾曾工作上有什么特点吗？

曲：比较听话。每天来得很早，都是早到。来了灌酱，搞卫生，配消毒水。洗抹布，分抹布，红的抹布外场用，绿的内场用，都不会搞错，已经习惯了。员工休息室的卫生也承包给她。有时候忙起来，叫她帮忙，指定她做某件事，擦擦冰箱门，擦擦桌子啦，她也能做。

事情干完了，就去休息一会，聊聊天。中午有一小时休息，她自己到小包房去，坐着写写画画。

问：和爱心员工①做同事，有什么特别的感触？

曲：普通员工压力比较大，要看着他们，搭把手。一般普通人做事情还免不了落头落尾的，更何况爱心员工呢，出点差错很正常。

问：赵曾曾和同事关系怎么样？

曲：从小家里教育得好，很懂礼貌，跟每个人都会打招呼。心情好了，跟人很亲热，抱着我，亲一口，说："干妈，我喜欢你。"心情不好，说："别理我，我今天不高兴。"像小孩子一样。

你今天来采访她，完了她会告诉别人，今天接受采访了，问了什么话。

问：赵曾曾平常会发脾气吗？

曲（笑）：你问她，她自己会说。这些孩子，你顺着她，表现可好了。我们都是当妈的，都理解，多关照一下吧。

上海待遇好，在我们老家东北，这样的孩子都在家里养着，没有单位要你。这儿公司罩着你，加金，老了也有一份保障。

---

① 上海棒约翰称呼智障员工为"爱心员工"，不使用"智障"这一词汇。

赵曾曾同事口述（二）

口述者：值班经理周先生
访谈者、撰稿者：廖梅、李紫安
访谈时间：2016 年 7 月 15 日
访谈地点：工作餐厅

问：请问，赵曾曾工作上有什么特点吗？

周：这些爱心员工都是我带出来的。一开始嘛，曾曾最难带。我们餐厅有扇后门，她一不高兴就从后门出去，人突然不见了。我们马上派人出去寻找，好在她也走不快，方圆 1.5 公里内总能找到她。现在进步了，不会自说自话离开餐厅。

以前曾曾做过迎宾带位，但很多顾客不能接受，后来调到内场。每天把布置的任务完成，做完以后自己休息，练练字，睡觉。曾曾〔智障〕比较严重，厨房里的其他事情不敢让她做，毕竟有烤箱。

问：对爱心员工来说，烤箱危险吗？

周：和其他餐厅比，我们没有开放式油锅，烤箱也是封闭式的，相对比较安全。从一开始就天天重复，烤箱是烫的烫的，反复强调，让爱心员工记住。这里最危险的是切蔬菜色拉用的水果刀。大家都比较注意，到现在为止没有发生过受伤事情。

问：赵曾曾已经下班了，她都是自己回家吗？

周：有时候她大伯伯会来接她。

问：刚才我看到您和赵曾曾在休息室门口说话，曾曾……发脾气啦？

周：发脾气了。

问：为什么？

周：你们今天不是来采访了几位员工嘛，又和我们聊聊天，曾曾不开心了，她说我是明星，应该只采访我一个人。我说她了，说着说着，她就拿手指着我，说我警告你。我没办法了，我说你再这样，我打电话给你妈。这种情势下，我都是吓吓她的。

　　我就当面打给她妈了。其实我只不过跟她妈说两句，今天有人来采访曾曾，问她知不知道这件事，人家在这里已经待了一天了。我们总归要跟家长通报一下。哎呀，她吓死了，以为我打给她妈告状，不开心了，后来就下班了。

　　问（笑）：哦，情绪马上就表现出来了。

　　周：他们开心就开心，不开心就不开心嘛。

赵曾曾同事口述（三）

口述者：值班经理周女士

访谈者、撰稿者：廖梅

访谈时间：2018 年 3 月 16 日

访谈地点：工作餐厅

问：赵曾曾来的时候，您还有印象吗？

周：残联很多人和她一起来的，进来介绍这是我们残奥会火炬手。每个人都对她印象很深刻。我们的员工，新来的，都要跟她合影，明星啊，前两年地铁站到处都是她的照片。

问：顾客有没有找她合影呢？

周：顾客……之前让她带位，站在门口，带了好长时间。后来，爱心员工都转到内场了。

问：曾曾进了内场，做什么岗位呢？

周：她主要包刀叉。

问：她星期一到星期五上班？

周：对，节假日休息。她的班和别人不一样。①

问：妈妈在访谈里说"领导领导就是要领导你，要尊敬人家"，她是不是会有些小情绪啊？

周：她要看心情，高兴了，你让她包刀叉，"曾曾啊，刀叉不够了，明天休息啦，今天多包一点"，"噢，好的"；不高兴了就说"你不要管我"。

妈妈跟她说要听领导话，这应该是值班经理找过妈妈了。她不听话，叫不动，发脾气摔东西啊，我们这里有个东北大姐，觉得曾曾不听话，就打她妈妈电话。曾曾怕她妈妈，回家去妈妈骂她嘛，早上来了就跟大姐说对不起，天天叫大姐干妈，来了就抱牢她。东北大姐应该找过妈妈很多次了。

问：曾曾是这位大姐负责管的吗？

---

① 赵曾曾属于重度残疾，餐厅在排班上给予照顾。其他员工根据需要排班，休息日期不固定。

周：不是，上班嘛，她不听话。像我们觉得她不做就不做了，随她去，大姐就觉得不行，找她家长。

问：噢，大姐可能比较负责任，像妈妈一样。妈妈说过有一次刀叉多包了两张纸。

周：我们正常的是一袋里面包两张纸，一把叉一把刀。我们每天给她拿两包纸，"曾曾把这个都包了噢"，她觉得早点包完早点结束，就放七八张纸，包得很厚，放两三把刀叉进去。不忙的时候，我们看到了，把它拆掉；忙的时候，全部返工也来不及。

问：家长和您沟通多吗？

周：基本都是和店长沟通。我值班的时候很少找妈妈，有一次曾曾在我们这边超市上厕所，出来的时候开门，碰倒一个很小的小女孩，小女孩头撞到台阶上，出血了，奶奶抱着小女孩找过来。就那次我找过妈妈，把小女孩带到医院里看医生。

问：您第一次接触爱心员工是在这里吗？

周：对。之前知道爱心员工要进来了，从来没有接触过，怎么办？我就想做不了大不了不做了。后来我们店长说，周阿姨，爱心员工来了跟你应该能处得来。我说为什么，我很有爱心啊。他说你跟他们差不多。后来他们来了，我还真的和他们一直处到现在（笑）。

问：新进普通员工来了，要不要给他们培训一下或者提醒一下怎么和爱心员工相处？

周：他们进来，我们就要跟他们讲清楚我们这是爱心餐厅①，这个肯定要跟他们说的。

问：和爱心员工相处，是轻松的时刻多还是压力大的时候多？

周：生意不忙嘛，你感觉他们闹闹也挺有趣的；生意忙的时候，会疯掉的。

问：疯掉是什么意思？

周：东西做不出呀，他们还是很休闲的样子。你都急得要死，这么多单子他们不做，停下来，他们不着急啊。

（同事来找周女士处理问题，餐厅客人逐渐增多，访谈结束。）

---

① 爱心餐厅是上海棒约翰吸纳残疾人就业的示范餐厅，残疾员工人数较多。棒约翰在上海共有两家爱心餐厅。

赵曾曾本人口述

口述者：赵曾曾

访谈者、撰稿者：廖梅、李紫安

访谈时间：2016 年 7 月 15 日

访谈地点：工作餐厅

问：早上怎么过来的？

赵：乘车子来的。

问：自己坐车子过来的？

赵：对的。

问：路上有没有跟人打招呼啊？

赵：没有，不认识的人不要睬他。

问：路上要多少时间？

赵：十分钟左右。

问：十分钟就够啦？

赵：对的。

问：你几点出门？

赵：我……九点十五出来的。

问：你每天几点上班？

赵：我是十点半上班。

问：十点半上班？

赵：对的。

问：你今天早到了。

赵：早到了，上班呀。

问：你每天都早到吗？

赵：对的。

问：你今天做了什么工作？

赵：装酱，装番茄酱和千岛酱。

问：哦，装酱。

赵：对的。

问：装好酱又做了什么？

赵：装好酱……那个，消毒水。

问：哦，装消毒水。

赵：对的。

问：消毒水装完了呢？

赵：洗抹布。

问：洗抹布。

赵：是的。

问：接着又做了什么？

赵：餐具。

问：洗餐具还是收餐具？

赵：收餐具。

问：收餐具。

赵：对的。

问：还做了什么？

赵：还做过迎宾，也可以。

问：做过迎宾。

赵：对的，迎接顾客。

问：你喜欢上班吗？

赵：喜欢上班。

问：喜欢做哪一样工作？

赵：嗯，洗洗……我忘了。

问：哪样你做得最好啊？

赵：工作啊，擦桌子，收餐具。擦桌子……

问：真了不起，你做得很好。

赵：对的。

问：顾客有没有表扬你？

赵：有。

问：怎么表扬你？

赵：赵曾曾你很听话的。

问：听谁的话？

赵：我听值班经理。

问：他会给你布置任务吗？

赵：对的。

问：你每天做的都一样吗？

赵：对的，都一样。

问：会不会忘记怎么做？

赵：没忘记。

（同事路过）

赵（礼貌介绍）：这是我同事。

问：哦。

赵：同事对我很好的。

问：怎么好呢？

赵：她很关心我。

问：你很喜欢大家吗？

赵：我很喜欢同事，还有值班经理，还有潘某、曲某，都很关心我。

问：怎么表现自己的喜欢呢？告诉他们吗？

赵：告诉他们，我要表现好一点。

问：怎样才算表现好？

赵：要干活呀，要包刀叉，还要折盒子，小吃盒子要折起来的。

问：你做得这么好，妈妈很开心吧？

赵：我妈妈开心的。我爸爸已经没有了，爸爸生毛病死了，他得了肺癌。我爸爸、我妈妈、我妹妹都很关心我。我家里还有妹妹，我妹妹上班了。我妈妈关心我。

问：妈妈怎么关心你呢？

赵：天天关心我……那个……我妈妈哭，伤心死了，哭爸爸。我跟我妈妈一起去安徽……（听不清楚）我去安徽，爸爸去墓里面，死掉了。

赵：我爷爷奶奶公公婆婆，都没有了。

问：只剩下妈妈带着你们了。

赵：对的，剩下妈妈，我，还有我妹妹。

问：平常跟妹妹怎么玩啊？

赵：平常的时候……我妹妹发脾气，我妹妹打我。

问：开玩笑的吗？

赵：开玩笑的。

问：妹妹为什么打你呢？

赵：我小时候掼东西呀，掼盆子啊。还从背后打同事。

问：现在打吗？

赵：现在不打了，现在我很听话的。经理叫我好好做，做人，好好听话，听潘老师的话。我妈妈表扬我，我妈妈去公司开会，还带我去的。

问：妈妈表扬你，同事也表扬你，说你做得很好。

赵：对的，同事表扬我。还有郑某某，都很关心我。

问：现在不发脾气了，要是不开心怎么办？

赵：不开心了，找我妈妈来呀。

问：妈妈来过吗？

赵：来过的。

问：不常来吧。

赵：不常来。我妈妈要上班，我妈妈没空。

问：你休息了，礼拜天做什么？

赵：礼拜天在家里休息，看看电视呀，出去白相呀，吃顿饭呀。我妈妈过生日时候，请她去吃饭。

问：你请妈妈吃饭吗？

赵：对的。

问：那谁挑地点呢？

赵：地点我妹妹挑。

问：家里桌子上的计算器是你用的吗？

赵：不是，我不用。是我妹妹用的。

问：你喜欢到哪儿玩？

赵：公园。妈妈叫我出去白相，就是关心我，我要养活妈妈。

问：跟妹妹在一起做什么？

赵：嗯，我记性不好……想不起来了。

问：谢谢你，今天就聊到这里。你去工作吧。

赵：没事。你坐会，喝点水。

（午休结束，赵曾曾从小包房出来，坐下和观察者聊天，亲昵地靠着年长观察者，抚摸观察者胳膊）

问：你是不是每天中午都在写字？

赵：是的。

问：你喜欢写字？

赵：嗯，我喜欢写字。

问：你写的什么呢？

赵：你看不懂的。

问：妈妈也不看你写的字吗？

赵：我妈妈、妹妹都不看的。我妈妈上网。我妹妹上网，看电视，看电视剧，听音乐。

问：你写了只给自己看？

赵：对的。

问：你喜欢听什么音乐？

赵（抚摸年长观察者胳膊）：都有。你辛苦了。你来采访，我很感动。你老忙的。

问：今天的工作就是来看看你们。

赵：我们值班经理快来上班了。

问：上午穿黑衣服的女士就是值班经理吧。

赵：是的，还有一位男经理，周经理，快来了。

问：你怎么知道？

赵：他是三点半来上班。马上就要忙起来了。晚上很忙的。

（完成一天工作，快下班时，赵曾曾坐到观察者边上，抱住年长观察者胳膊，依偎着观察者）

赵（委屈地）：经理凶我。①

问：为什么？做了什么事，经理要凶你啊？

赵：他凶我，就是欺负我。

问：有没有原因？

赵：我我（听不清楚）……我拖地。

问：你拖地，经理凶你？

赵：是的，没事，就是凶凶我。

问：哦。

---

① 曾曾因观察者访谈其他员工，已向值班经理表达不满。观察者此时尚不知晓此事。

赵：后来经理打电话给我家里人，打电话给我妈妈。

问：妈妈跟你怎么讲？

赵：我妈妈没说。

问：你事情有没有做好？

赵：我事情做完了。

问：哦，那下次多做点，好不好？

赵：嗯。

问：你很能干，我看到你拖地，倒垃圾。员工休息室也是你承包的，桌子、椅子、门要揩吗？

赵：要揩的。还有后门。

问：晚饭吃过了吗？

赵：吃过了，中饭、晚饭一起吃的。

问：回家还吃晚饭吗？

赵：回家不吃了。

问：你现在不用工作吗？

赵：嗯，我陪你，我没事了。

问：没事啦？谢谢你。早上，我看你拿了一包刀叉出来，是做什么用的？

赵：外送要的。

问：你包了那么多，一天都能用完吗？

赵：能用完。

问：哦，那你明天再包？

赵：明天我休息。

问（笑）：对对，明天你休息。

问：你一个礼拜休息几天？

赵：两天。我陪你。

问：你快下班了。

赵：我下班还早嘞，七点半下班，我还有一个小时。

（当时已近7:20）

问：你怎么知道时间啊？

赵：时间那边有的。

问：没看到，哪里有钟啊？

赵：有的。

问：你早上灌的酱是什么酱？

赵：是黄酱。

问（指着台子上的酱）：这里三种酱当中，有黄酱吗？

赵：有的。

问：是哪瓶？

赵：最外面的那瓶是黄酱。

问：哦，蒜蓉酱就叫黄酱，对吗？

赵：是的。

问：谢谢你教我。

赵（笑，对年长观察者）：嗯，我叫你姐姐。

问（笑）：我是阿姨。差不多可以下班啦。

赵：对的。

问（看手机时间）：啊，可以了，七点半了。

赵：七点半了。（急忙起身离开）

问：再见。

赵曾曾工作观察日记

观察时间：2016 年 7 月 15 日 10∶30—19∶30
观察地点：工作餐厅
观察者、撰稿者：廖梅、李紫安

时间	工作内容	备 注
10∶07	灌酱。	观察者 10∶07 分抵达，赵曾曾已到岗。打开大号罐头番茄酱、千岛酱，装入大桶和酱料瓶。
	与同事对话。 离开小吃台，去找工作铭牌。 未找到，回到小吃台继续工作，灌装消毒水。	同事发现赵曾曾未带工作铭牌。同事："你的铭牌呢？" 赵："找不到了。" 同事："再做一个。" 赵："要钱的。"（实际不要钱）
10∶16	送消毒水到外场。	经过观察者，礼貌道："你坐一会，我给你倒杯水。"
	返回内场，端水回到外场。	双手将水杯递给观察者："你喝水。"
10∶18	返回内场，取出外卖酱料小盒，装酱料，扣上小盒，放到一边。平均 10 秒/只。	
10∶24	同事找到铭牌，赵曾曾戴上。	
10∶38	赵曾曾完成早上工作，接受访谈。	出内场前，整理仪表，同事帮她拉好围裙。面露笑容，心情愉快。
11∶03	返回内场，包装一次性刀叉。 将一次性刀叉放在塑料箱内送到外场。	
11∶28	继续在内场包装一次性刀叉。	
11∶32	将包好的刀叉装入塑料袋内，送到外场。	外场同事："包好啦？" 赵："包好了。" 外场同事："请送到前面收银台，谢谢。"

时间	工作内容	备　注
12:36	到水吧取番茄酱调味瓶，填装外卖酱料小盒。	路过观察者时，伸出手礼貌道："你坐一会。"
12:39	调味瓶内番茄酱用完，去拿大桶番茄酱将调味瓶装满。	至此，一天的定额工作基本已完成，其后或听从同事安排工作，或休息。
15:25	午休。	拎白色坤包进入小包房，拿出纸张，歪头写字，每张纸约写两三行。 观察者问："你在练字吗？" 赵："是的。" 观："你在写什么？" 赵："不知道，不想告诉你。"
16:02	整理坤包，离开小包房。坐到观察者旁边，身靠年长观察者，态度亲昵。	第一句话主动开口，其后基本问一句答一句。
16:10	回到内场。	
16:35	和值班经理站在休息室门口对话，几位员工围观。	大家表情比较严肃，赵曾曾显得不太开心。
17:58	拿拖把，准备拖员工休息室地面。	
19:02	倾倒员工休息室垃圾。	
19:15	坐到观察者旁边，亲昵抱住年长观察者胳膊。	第一句话主动开口，其后基本问一句答一句。
19:30	下班。	

期盼有义工　带她入社会

——H女士父母口述

H，女，1989年出生。独生子女。智力障碍四级。2006年6月毕业于上海市虹口区特殊教育学校——密云学校。2006年7月进入上海市某街道阳光基地。

口述者：H女士父母
访谈者、撰稿者：王姝文
访谈时间：2016年11月13日、2017年1月11日
访谈地点：H家

爱的结晶，顺产问世

问：爸妈是上海人吗？

H母：爸爸是上海人，我是浙江人。他属于正宗上海人。我先是宁波的，后来是新上海人（笑）。

H父：我们老家是浙江的，我爸妈很小的时候来上海，那时候是旧社会，还没解放，我们在上海出生就是上海人。

问：爸妈是怎么认识的？

H母：我原来是宁波的，在上海有亲戚，毕业以后就到上海打工，我出来的时候是帮一个亲戚做服装，做的时间长了，朋友介绍认识了他。认识了好像一年多点，考虑到我们都是浙江人，生活各方面都比较合得来，就结婚了。

H父：我以前做生意的时候跟她老家一个朋友一起，他说你们蛮适合的，就帮我们牵线（笑）。她年轻时候很漂亮，很温柔的。后来大家互相了解一下，感觉还可以，那么就谈婚论嫁，结婚了。我们在88年结婚，后来在89年11月24号生了小H。

H母：准确的时间是89年11月24日傍晚5点17分。那天早上天没亮，

我肚子有点痛，按照老年人的说法，你痛的间隔越短，说明生的时间越近。我们就起床去第四人民医院做检查，其实这个时候预产期已经超过两天了。医生一检查，哦，说宫口已经开了一指、两指，一共三指，马上就要分娩了。然后进产房，早上就一直痛、痛、痛，痛到傍晚才生。

H父：上午进去，下午就生了，大概就十来个小时吧。

H母：挺长时间的我觉得，在里面感觉时间很长的，他把我送进去之后，医生说，你回去好了，他就回去了。

H父：我们没生过孩子，不知道的。医生说，你是她丈夫是吧，我说是的。医生说，现在没事了，反正产房你也进不去，等生好了我们打给你，你留个电话号码就可以了。

问：爸爸担心吗？

H父：担心啊，那没办法的，医生不让进去。

H母：以前生产的时候，很多女同志都在病房里睡着，都不穿裤子，男同志不能进的。不像现在一间房一间房隔开了，自己的丈夫可以进去，以前不允许。

H父：病房里全部是女同志，又不是你老婆一个人，是吧，还有别的孕妇。

H母：到五点孩子出来，我生过孩子之后要观察两个小时，不能进病房。医生说家属呢，家属呢。我说家属可能在门口等着。但是门口没有人，他不在门口，在家里。后来两个小时过后，有一个护工过来，说要我小便，不小便不好，我小便不出来，她就给我喝水，当时是搪瓷的杯子，这么大，咕咕咕咕咕这么喝。把水龙头打开，引领小便。小便出来了，就可以进病房。

问：爸爸是什么时候来医院的？

H父：我早上来的。

H母：第二天早上。

H父：他们没有通知我，因为她在医院一天了，所以我早上过去看，医生说你老婆生好了。生出来小孩也不知道是不是好……是不啦。

H母：其实她生出来没有什么的，我是顺产，都很好……生的时候我蛮用力，这个时候我有反应，把早上吃的桂圆全都呕出来了，用力的方式不对。我很害怕的，人家老年人说，生小孩是一只脚在棺材内，一只脚在棺材外，有人生小孩的时候大出血会死掉的。我旁边又没人，医生叫你怎样就怎样，用力不对就全部呕出来。

生好后，我肚子特别饿。进了病房，我也不认识旁边病床上是谁，我就说，你们有点心吗，可不可以让我吃一点。饿死了，要命了都。人家特别好，你给我一点月饼，他给我一点蛋糕。第二天早上他过来，我真的是很伤心的。我说这死了也没人知道（哭）。他早上是空手来的，说，你要吃什么。我说，你什么东西也没带，昨天晚上我还向人家讨蛋糕吃，然后他再回家烧鲫鱼汤给我吃。他父母退休了还在外面打工，当时一般家庭条件都不是那么富裕，退休了觉得身体还好就继续到单位打工，家里没人的。我在医院生小孩，他又不会烧。他问隔壁阿婆，问人家怎么烧。人家邻居教他怎么烧。

问：好喝吗？

H母（笑）：还可以，蛮好喝的。这天他自己烧，后来他爸妈烧，烧好送过来。

问：当时和爷爷奶奶住一起？

H父：对，我们那个时候房子紧张。我女儿现在廿八岁，二十八年以前浦东还没有开发。

H母：以前是这样的，单位都是分房的，不像现在都买房。他家五个兄弟姐妹，除了他之外都有单位，他是自由职业。他爸妈说，有单位的，单位会分房子，有房子住。自由职业没单位的，那肯定没有房，和父母住在一起，至少有房住。父母平时也提供吃住，也不要饭钱。他妈妈这点蛮好的，没有抱怨的，知道我们也困难嘛。小孩生出来经济都困难的，不像现在生个小孩条件好得不得了了，以前都是吃国产奶粉，进口奶粉吃不起的。

H父：那个时候，那个年代，进口的奶粉也有，但是很少，和国外贸易很少。

H母：现在小孩都是用一次性的尿布，以前没有的，以前我们都是破床单擦擦，没有纸尿裤。

问：当时还有其他亲人在上海吗？

H母：我父母在宁波，我的亲戚都在宁波。他有兄弟姐妹，一个在闵行，一个在宝山，一个在浦东，大家都成家了，住的都很远。

H父：都分开来了。

问：H君小时候身体怎么样？

H母：身体很好，不生病的。发发热是有的，感冒是有的，稍微重一点的都没有。

问：她跟同龄人比起来发育得怎么样？

H母：很正常的，她发育都是很好的，和其他小朋友一样。你看她现在高高壮壮的，她小时候很可爱，真的，很漂亮，有照片的。

H父：她看不出的，不说话人家一般看不出的。

问：做父母前和做父母后，生活有什么变化吗？

H母：那肯定，要有责任，养出来要负责。

计算差，老师不喜

问：您知道H君智力不好的原因吗？

H母：原因不知道，有的智障人士是有遗传的，上一代的隔代的都有，像我们都没有，不知道到我们手里怎么会有这样的小孩。我有一个姐姐一个弟弟，下面有一个侄子，一个外甥，他们的小孩都是好的，唯一不好的就是我们。怀孕的时候也没吃药，有的人怀孕吃补药或者看病，对小孩有不好的影响，我们都没有。我们小H生出来的时候也是好的，也没什么征兆。

但是她很小的时候，四岁还是五岁，爷爷从托儿所接她，把她背上来。背到楼梯旁边，还没走上来，就把她放下来了。爷爷高，小孩子矮，她没站稳，就从楼梯滚下来，但是也没流血或者有包，爷爷奶奶也没说。过去很长时间了，隔壁邻居说，你女儿好像摔过你知道吗。我说什么时候，我不知道。我问她爷爷奶奶，我说小孩子摔下去你们怎么不说。他们说好像摔下去也没什么，我们想着没什么就不说了。我说为什么不说，告诉我们，我们可以去医院检查一下。后来我们看孩子也没什么不好，我们也就这样过去了。这是唯一发生过的事，别的都好的呀。后来人家说可能摔一跤内伤，外面没有表现出来，里面内伤。当时经济条件不是很好，核磁共振没检查，或许就是这样造成了她不好。

问：您觉得H君不好可能跟这件事有关，之后跟爷爷奶奶相处会不会有隔阂？

H母：有时候我们抱怨。爷爷奶奶是隔代照顾她，我让她守规矩，爷爷奶奶都是护着，我心里有点儿火没地方发，会发孩子身上。有这种想法。

问：小时候H君主要谁带？

H母：爷爷奶奶帮忙带。我们考虑到小孩一出来经济负担也重了，不能一直吃爷爷奶奶的，我们就在外面自己找工作，小孩就是爷爷奶奶帮忙带。我那个时候工作做一天休一天，他也做一天休一天，天天有一个父亲或母亲在。

我们交叉带过来，帮助爷爷奶奶一起带她。

H父：后来我开出租车，开出租车是两个人开，一天休息一天做。

H母：他爸妈年纪大了，父母怎么带孩子，吃饱了就不错了，最主要还是我们照顾。上幼儿园或者去学校就是我们谁休息谁接送。

问：基本上是你们照顾？

H母：对，基本上是我们两个人自己带，爷爷岁数大了，奶奶身体毛病又多，我们也不太放心。小时候被摔到，我心里已经不舒服了，外面没有包没有血，肯定是内伤，肯定有的。隔一代，有时候就是宠她，爷爷奶奶给她吃饭，吃饱就好了。那我们不是，不要吃太饱。我们还要教她，因为她计算能力差嘛，我们要教她。

问：H君几岁上幼儿园的？

H母：足两岁上托儿所的，廿四个月。早上我们送，到了下午要接她。小时候她大小便分不清楚，上托儿所天天裤子湿湿的，天冷的时候，我们送去〔时〕带一条裤子，跟老师说如果她尿裤子，就给她换掉，就是这样，年复一年，年复一年。

问：在托儿所的时候，发现她和其他小朋友表现有点不一样吗？

H母：生活上没什么区别，后来到了幼儿园大班马上要升小学了，让她计算一加一等于几，几加几，她不太行，她的计算差。我们当时忙着工作，没在意。爷爷奶奶说这个没关系的，到了小学老师有办法让他们知道的。

问：在幼儿园的时候，她跟同学玩闹、跟老师交流都可以吗？

H母：说话就不太会说，老师会问，小朋友你们吃饱了吗？人家说吃饱了，她会点点头。老师有时候说不许点头，说话，逼着叫她说话，她才说，一般都是点头，不大肯表达。

问：跟其他小朋友玩呢？

H母：玩会玩，她就是像多动症一样碰人家，如果碰到小男孩，人家会打她，她就吓坏了。

问：当时也没有在意这件事？

H母：也没有要刻意的教她，也没有。

问：她几岁上小学？

H母：她八岁的时候，就在我们这附近读的小学，祥某路小学。

问：小学还接送吗？

H父：当时我们也是送的，我父母有空的时候也会去送。

H母：这个时候我的户口还在宁波，孩子生出来跟母亲的户口，在上海读书要出赞助费，一年一次性赞助两千块。她上小学的时候老师挺喜欢她的，很可爱，但是她很多动，自由散漫，没有纪律。

问：这是老师反映的吗？

H父：对，老师在上面讲，她不听，她自己弄小动作。不发出声音，她也不会影响人家，就是自己用橡皮东擦擦西擦擦，铅笔东画画西画画，她不影响别人，就是自己不学。

H母：老师后来知道她的性格了，其实她很老实的，她碰别的小朋友，小朋友以为打他，人家要还击的，但是她是无意的，轻轻的，人家老是用重拳头打她。老师怕她万一被别的小朋友欺负，怕她吃亏，就上课下课，带进带出。语文老师说小朋友都不听话我要累死了，她上去给老师捏捏肩。老师看她眼睛很大嘛，给她化妆（笑），弄弄眼睫毛，像洋娃娃似的，蛮可爱的。

问：成绩怎么样？

H母：她考试考不出的，读一年级的时候语文还可以，数学不行，计算能力很差。上数学课她是算不来的，一加一等于几，人家马上就算出来等于几，她要扳手指的，有时候手指也扳不清楚。数学老师不喜欢她，每次上课，本来一张桌子一张桌子排好，她不好就把她的桌子放在一边，有点歧视性质。

H父：人家数学能考一百分，考九十几分，她考来考去没分的。

H母：她很天真的，问她今天考试考了多少，她说我考了一个蛋，一个鸭蛋（笑）。

H父：她不考的呀，她不做的。

H母：她不写，让她写字她也不写，没分数的。老师说其实我也不敢放弃，实在是没办法，没有分数。她们一般分数多少，老师才能考核。她拉了全班后腿。

问：你们会在她放学回家之后辅导一下吗？

H父：教她，她学不进的，语文还可以。语文为什么可以？就是老师说这个字要写，就这样啊。

H母：我在家里辅导她，天天陪她做作业，做到很晚的。她写字写得慢嘛，一定到十二点钟才休息。我们这样也很辛苦。还有当时学拼音，我们这么长时间不读书了，拼音也忘了。我跟她一起学，学好再教她。数学也是，老师反映说她计算算不来，那我们在家里就配合老师教她，让她记住，如果实在不行就扳手指，十里面还可以，后头就不行了。我们小学学的数学和现在老师教

的方式不一样的。三可以分成一和二，我们以前三就是三，四就是四，死记硬背，现在都两样的，我重新再学起来。她数学不好是从幼儿园大班就知道，我们忙于工作，就不是很重视这点，其实我们做家长的也有点责任，但是她智力肯定有问题的，人家别的小孩一教就会的，她怎么教来教去就……

H父：问题是肯定有的，对不，我女儿智商肯定有问题的。

H母：也是老师跟我们家长谈，说她跟不上，一直拖下去不行啊，后来老师跟我们推荐说，还是到辅读学校去好。我们两个学校跑来跑去，思想斗争很激烈。她在这里有种自卑感，被学生看不起，别的同学要歧视她的，其实老师也看不起的，老师这样对待孩子，我们心里面也很难过。如果到了那边，就没人歧视，她抬得起头。

H父：想想小孩在这里受人家歧视，到辅读学校，大家都是这个样子，人家也不会歧视，她心情也能够放松愉快一点，我们只能面对现实。到了那边慢是慢了一点，名声听上去是不好听，但是至少还能学到一点东西。我们衡量了一下，结合实际情况，没办法。

问：从普通小学转到辅读学校，内心还是很挣扎的？

H母：这一路走来，眼泪不要流太多（哭）。我们从一年级就教她，其实有时候也挺累的。后来我和他爸爸想，算了，我们还是到辅读学校去。再拖，她也累我们也累，给老师塞东西送礼也没有用的啊。

问：送礼吗？

H母：送的啊，就为了她，我们要送的啊，就希望老师包容她一点，但没有。

问：她在祥某路小学时表现出不开心？

H母：她也不是不开心，她没有开心这个概念。实际是很开心的，考试考不好很担心？没有这回事。她每天都开心，无忧无虑的。

H父：她好像脑子跟真空一样，你们读你们的书，我玩我的。

H母：你说她没有吧，她也很自卑的，在正常学校里，她不太和同学交往的。人家也不跟她交往交流。最主要是这个时候，我们这里的小学没有随班就读，有的学校有随班就读就好了，至少你和正常的孩子打成一片，在平时的生活习惯上各方面都是一样的。那边都是不正常的孩子，而且比她更差的也有。

问：生活习惯都是不一样的吗？

H母：那肯定啊，那边有的小孩做出来的举动都是怪怪的。

H父：正常的小孩不会有这种举动。

H母：智力低下的人做出来的举动很怪的，还有尖叫啊，都有的。后来在辅读学校里，小H也学到不好的习惯，是在家里慢慢改掉的。有时候看到她有坏习惯我会发脾气，说她，她又会更加的发脾气，就是逆反一样。

问：妈妈，就算H君在随班就读中可能会受到歧视或者感到紧张，您还是愿意她在这样的环境中学习。

H母：想是这样想的。

问：您顾虑的除了她会在辅读学校学到不好的习惯，还有其他吗？

H母：长不大，这里肯定长不大，也学不到什么东西。

进度慢，开心无压力

问：后来有没有带孩子去做检查？

H母：检查做了。

问：什么时候？

H父：进辅读学校要测试智力多少，到同心路指定精神卫生中心测试的。专门测试你智商有多少，脑子是否有毛病。

H母：其实她还可以，里面一个院长说，和正常的智力就是相差一点点。

问：当时测的结果是多少？

H母：记不清了，65分还是70分。这么长时间我们也记不清。

问：您还记得测试的具体过程吗？

H母：不让你们家长进去的，有人把她一个人带进一个小房间里，医生专门测试她，我们不知道的。

H父：出来以后给你一个结果，但是家长不能陪同。

H母：你们家长陪同的话，家长可以提示，测试出来结果不准的呀。这个测试可能是如果你十岁，按照你十岁的年龄，答一些题目。测出来的结果可能稍微有一点偏低。

问：辅读学校跟一般的小学有什么区别呢？

H母：学习的程度、进度都是两样的。

H父：就是专门是他们这种学不好的，跟不上的。

H母：当初那个学校是聋哑学校，以前都是接纳聋哑人的，后来智力障碍的小朋友多了，慢慢改为辅读学校。聋哑学校的孩子统一到上海市聋哑学校去读书。一般都是每个区的聋哑学校转成了辅读学校。

问：到了辅读学校，你们还接送她吗？

H母：辅读学校她就自己去。开始是我送去，她自己回家，我想，她会回来，肯定会去。最初我们也不放心，让她自己去上学，我就跟在离她比较远，至少眼睛看得见的地方，她走我就在后面跟。到了学校我跑进去问门卫，小H进来了吗，他说进来了。那我就放心了，以后就让她自己去。

问：在辅读学校上些什么课？

H母：大概就是语文、数学、体育、音乐这些课程。其实辅读学校没有教学大纲，不像正常学校都有。

H父：学会为止。

H母：他们那边最主要是一本语文书，一册书要教两个学期，但是学到的知识也少呀。其实学生有点问题，老师也有问题，就是慢呀。有个专门教聋哑孩子的语文老师，代课教他们语文。这个老师说，其实他们小孩都跟得上，是老师特意拖，拖拖进度就慢了，我教他们一节语文课我就知道他们是跟得上的。

反正没有教学大纲，慢点就慢点，没学到多少东西。还有就是里面的知识也和一般的小学知识两样的，很浅的。他们有一个老师说，你教她去练字，字练好一点，不管文化知识有多高，如果出去字好，人家看不出的。老师也是好意。我觉得学习学不到，练练字也好。

问：H君在辅读学校状态怎么样？

H母：蛮开心的，确实是在那里开心，在祥某路小学压力太大不开心。辅读学校老师都挺好的，这个时候我们倒没负担了。

问：上辅读学校后，还辅导她功课吗？

H母：一样辅导的。其实在辅读学校，老师教的东西她都能接受。

H父：因为进度慢。

问：当时一般都是妈妈辅导？

H母：她爸爸开车之后也很累的。

问：他们考试吗？

H母：也考的，也考。

问：她成绩怎么样？

H母：成绩还可以，那边考试成绩还可以。

H父：题目简单。

问：她在辅读学校的时候跟同学交往吗？

H母：交往，很开心的，同学之间没有歧视。

H父：她们都是这样的孩子。

H母：很单纯。

问：H君回来跟爸妈讲一些在学校发生的事吗？

H父：在祥某路小学的时候不说的。

问：从什么时候开始慢慢跟爸妈讲？

H父：到密云学校，就是辅读学校，四年级的时候，回来跟我们谈，今天学什么了，老师上什么课了。就是很简单的事，要是她们今天碰到一个事情像一个故事一样，很长的，她只能给你讲一段。

H母：到辅读学校回来她还说得清楚，在正常小学，她回来做什么作业也搞不清楚。

问：她还会讲什么？

H母：学校里吃什么，她说吃饭。吃什么菜啊，我们问她啊。

问：你们会主动问？

H母：就问你们学校里吃什么，她说吃饭，吃饭那吃什么菜啊，有时候吃肉，什么肉说不清楚，只知道吃肉。

问：她什么时候会主动跟你们讲？

H母：进阳光基地之后，在辅读学校后来她也会说，她是九年制嘛，后来到七年级、八年级都会说了。

H父：我们晚上吃饭，她会说，我们今天中午吃什么什么，她直接会说。

问：还会讲其他的吗？

H母：其他的说会说，就是表达不清楚。有时候偶尔会说一些，我们也不太理解她在说什么。

问：H君的表达是在进步吗？

H母：因为后来话慢慢多了嘛，肯定的，从不会说，说不清楚，到慢慢地会说，说得比较清楚，也是一种进步，对吧。后来年龄大了，女孩子有月经，她刚开始不懂，她说这个月来了，以后不要来了（笑）。我说，这不是你说了算，女孩子都是这样过来的，妈妈也是这样的，每个月要来一次。她刚开始的时候难过死了，说把卫生巾拿掉，我说不能拿掉，给人家看到很难看的。我说你也是女的，我也是女的，我们都是这样的，然后她就知道了。后来她大姨妈又来了，她说，妈妈我又来了，你来了吗？我说我的没来，你来了我们在台历上做记号，你大姨妈来了把自己名字写上，画面小红旗，我来了我也画一面小红旗。有时候记不清楚嘛，就跟她一起画小红旗，下个月来了，看看你上个月几号，因为她对数字概念不清楚嘛，看一下上个月几号，下个月〔又是〕几号，现在我们台历上最多的就是这个。

问：小红旗。

H母（笑）：对。

不能改变她，就改变自己

问：H君有发过脾气吗？

H母：发过，小时候发过，她脾气很犟的。有时候发脾气，她会把梳好的辫子拉掉，把书包摔掉，就像发泄一样。以前我带她到外面去，她发脾气把头发拉散，马路上围观的人很多，多难看，是吧。她"哇"地一声哭出来了，难看死了。现在没有了，小H这两年都没有。现在好了，基本不发脾气，小时候多。

问：她发脾气会抓头发，摔东西？

H父：脾气很差。

H母：她自己说的，控制不了。如果她提要求，我们没有满足她，她就不开心，会发脾气，如果满足了那当然不会。

H父：近几年这个现象已经没有了。

H母：人大了，肯定懂事多了。有时候我跟她说，不能发脾气的，发一次脾气就不聪明。

问：哪段时间发脾气比较多？

H父：十二三岁的时候发脾气很多。

问：那时候是青春叛逆期？

H母：这个说不准。十二三岁是青春期，有可能。其实这个时候我们还年轻，心情也不好。加上自己心里难受说不出呀，谁想要这样的孩子呀，是吧。你越是心情不好，埋怨她，她越会来硬的，发脾气。你打她，她不哭，吃软不吃硬。就是这样的脾气。

问：妈妈在什么情况下会对H君发脾气？

H母：小时候，她不听话呀，她有时候很犟，可能我心情也不好，她不听话就要骂她，有时候骂的有点过分，说她傻，她听了会不舒服的。不能叫她傻，好像伤了她自尊一样，她就会不开心，后来这个话我们不说了。

问：H君小时候会不听话？

H母：也没怎么不听话。她会无缘无故发脾气，控制不了，她说的。有时候发脾气，只有表情，不发出声音。我说，我知道你又要发脾气了是吧。她说我现在正在控制。她吃软的，我说些好话，她就好，就平息很多。

问：她现在能控制自己的脾气吗？

H母：应该是能，有时候她不开心，我就说不要发脾气。她说我知道，我发脾气会不聪明的，多发一次就笨一次（笑）。

问：妈妈发脾气，除了说H君，还会有其他的吗？

H母：没有，骂过后我会后悔。

H父：骂出来之后自己想想不该骂她，因为毕竟她不是正常的。

H母：我们有些话刺伤她，她才会发脾气，问题在我们。现在有时候她发脾气，我们安抚她，轻一点说说她，跟她说好话，她听了就好了。我们也在不断总结经验（笑）。

问：爸爸冲H君发过脾气吗？

H父：发过。

问：怎么发？

H父：骂她，会说，这个东西怎么搞的，不会弄不要搞了。

问：语气重了？

H父：你说话语气重，她就不高兴。

H母：如果这个时候我马上批评爸爸，小H就会心情变好。有时候她和爸爸闹不开心，她发脾气不吃饭，她爸爸再叫她，她也不吃，只能我叫，我好好较①轻轻叫，如果你不叫她，她不会吃的。

问：爸爸在什么情况下发脾气？

H父：她事情做过头就骂她，我一般不大说她，我说的很少。

H母：小H发脾气，都是我们说出来的话她不爱听，才发脾气，那我们改呀。我说你这么笨啊，她就不开心了，那以后我不说这个，我改。我说，小H你下次做得好一点，就很聪明了。

H父：不能改变他们，就改变自己。

问：最近一段时间，H君和爸妈有小摩擦吗？

---

① 好好较：沪语，好好地。

H母：我们基本上不太有，有也是很小很小的。譬如说她上午上班去，她要带咖啡，我说不要吃咖啡，咖啡很热的，脸上都发出痘痘了。我说喝点菊花茶，去火。她不要，不开心了。不开心了那就随便吧，拿一包，她拿了就好了，要顺她的意。后来想想，吃包咖啡有啥啦，最主要咖啡是热性的。这也没发生什么争执，没有争执的，跟我还好。

问：跟爸爸呢？

H母：跟爸爸也不发生争执的。

H父：顺着她的多。

锻炼身体，提升智商

问：H君参加过特奥会吗？

H母：有参加，特奥运动会专门到特殊学校里去招人，规定你们这个学校有多少项目的。她们老师看小H身体好，像个运动员，就给她几个项目，举重，跑步，她都参加的。06年参加的特奥邀请赛，在外面参加运动会有一个星期，志愿者陪她们住在闸北的宾馆。特奥邀请赛她得了金牌，拿到了五六百块钱，她用这些钱买点巧克力分给老师吃（笑）。07年参加特奥运动会。其实特奥活动每年都有，特奥日，特奥周，特奥月，每年有的。她一直参加的。

问：她在07年特奥运动会上参加什么项目？

H母：100米接力赛，还有跳远好像。他们参加这个的时候家长不在身边，多是辅读学校老师带着。

问：参加比赛是老师带着？

H母：对，他们不住在家里的呀。

H父：除了老师，还有志愿者，他们都是大学的在读生。

问：参加特奥会之前会有集训吗？

H母：就是集体性的训练是吧，那没有，他们在辅读学校里专门有体育老师给他们训练，没有住在一起集训不回家的。现在特奥运动会的训练都是阳光基地老师组织的。

问：周末会有特训吗？

H母：特奥会的时候她还在读书，一般周一到周五老师给她们安排训练。从学校出来后，如果特奥会通知下来，要训练了，我们也给他们训练。譬如乒乓，滚球啊，都是我们训练的。我们双休日训练，有时候还加加班。

问：加加班？

H母：譬如说星期一或者星期二下午到人家学校借个场地，训练他们。有时候到虹口公园里面训练，训练好再出去比赛。

问：具体怎么帮孩子训练？

H母：如果你要参加乒乓球比赛，就在乒乓室里一直打，让他们打。在乒乓桌上有很小的一个洞，乒乓球要打进去。十个球，出来几个，进去几个。如果十个球都进去了，那就好了呀，就这样训练。

H父：要熟练呀，一直打一直打就熟练。

H母：不要偏方向，要准的。

H父：他们不是比赛第一，他们是重在参与。

H母：滚球比赛也是，滚球比赛要动脑筋的，打出来，要打到什么位置，一直训练的。

问：爸爸帮他们训练吗？

H父：没有，他们志愿者都是阿姨妈妈，里面一般没有男的，都是妈妈带着孩子，所以我老婆很辛苦的。

问：爸爸一个都没有？

H母：都是妈妈带着，女同志，没有男的。我觉得现在带她训练也很好的，不单是带她出去比赛，也是锻炼自己的身体。比赛也重要，但是我觉得还是锻炼身体好，这样锻炼锻炼能开发她的智力，手脚协调，这有什么不好。在锻炼的过程中我们也在锻炼，有时候陪他们跳跳舞，觉得自己年轻了（笑）。以前学跳新疆舞，他们学我们也学，一起学，蛮好的。像现在我们教他们跳广场舞，我们也在学。

问：H君有说训练累吗？

H母：没有，不说的，她说我们今天训练了什么什么，有比赛，肯定要训练的。自从特奥开展后，活动蛮多的，今年有特奥阳光融合跑城际邀请赛，这个融合跑就是六个这样的孩子，六个志愿者，十二个人的脚绑在一起比赛，我们得了第二名。训练的过程也蛮辛苦的，有时候会摔倒，我们都绑着护膝。有时候在公园里草地上训练，别的地方没有这个场地，有场地没有草坪也不行的，会摔伤的。我就是这个活动志愿者，我和她一起训练，一起比赛。

H父：他们是没有报酬的。

H母：我们是没有报酬的，我们最主要是让他们走出家门，融入社会，有比赛就去比赛。融合跑的活动每年都有，今年是11月份刚刚比赛过，我们得了第二名。去年我们好像得了第一名。就在上海市松江残疾人康复中心，每年有一次，每年都有我们这支队伍参加。

问：有印象比较深刻的比赛吗？

H母：印象深刻的就是特奥运动会，她都得金牌了，这是世界性的呀。还有今年7月15日到7月18日，十二个省市的特奥日活动，他们代表上海市出去的。

H父：代表上海市的。

问：得这么多奖，爸妈骄傲吗？

H母：我觉得蛮开心的，她开心，我就蛮开心的。尽管没有什么成绩，至少付出了，她开心了。

问：H君参加比赛之后有变化吗？

H母：开心了，蛮神奇的。有时候亲戚来，她说嬢嬢，我得了第几名。她得名次有钱的，出场费两百块钱，只要比赛就有两百块钱。

问：您能讲讲她参加腰鼓队的经历吗？

H母：参加腰鼓队是05年的时候。

问：怎么知道有这个腰鼓队？

H母：当初也是有两个腰鼓队老师走访，让她打打腰鼓，开发智力。因为像他们这样的孩子是手脚不协调的，打打腰鼓能够帮助他们手脚协调一点，我觉得蛮好的，这样才参加腰鼓队，里面都是有这样孩子的家长。大家一起创立这个腰鼓队，刚开始没几个老师，他们到每个街道进行走访。走访到家里，跟家长沟通，邀请孩子参加腰鼓队。

那个时候我们两个都不在上海，同时到宁波，我姐姐我弟弟他们自己创业开了一个工厂，我们去帮忙。在上海她就和奶奶爷爷住，奶奶天天盯着。这个时候参加的腰鼓队，也是她奶奶送过去，打好腰鼓接回来。

05年我从宁波回来，不做了，我出去也是为了孩子，看到孩子没爸没妈可怜死了，我们就回来了，在上海自己找工作，让她待在自己身边。她一个人去打腰鼓我也不放心的，我就陪。打腰鼓是在双休日，又不影响工作。去就陪她去，来就一起回来。陪她打腰鼓的过程中，我要教她又要教别的孩子。我们现在也是边学边教他们，一起跳跳打打，然后再创立扁鼓队，打打扁鼓。扁鼓是有架子的，腰鼓是这样绑在身上的。

上个月 30 号我们还到外面演出，人家公司开年会，邀请我们去演出。他们公司每年有赞助我们的，是一位老人家通过个人的关系，让他们赞助我们。他们开年会邀请我们去，我们就去，打《中国功夫》，动作都是老师自己想出来的，看看公园里人家怎么打，把动作学来，再教他们。我们现在已经有 10 个老师，都是像我这样的，家里有这样的孩子，才走在一起。

问：所有的家长老师之前都不会打腰鼓？

H 母：不会，都是外面学的，学好后再教他们。

问：您觉得 H 君的表现怎么样？

H 母：应该还可以，就是我们小 H 不太肯努力，如果她努力一点，应该会更加好。我们打腰鼓是有鼓点的，有节奏的。你教，他们是不能马上学会的，接受能力差啊。人家学一天，他们学几个月才学会，今天教过了，明天不教，他们就忘了。刚开始小 H 什么都不会，是老师"一、二、三"一个个动作教的。这个星期教好了，下星期又忘了，再继续教。

H 父：教他们是很辛苦的，动作教几十次也不一定学会。

H 母：05 年开始教的，教到现在，十几年了，有些动作还是不标准，很多同学都是不标准的。我们刚开始打九点，《中国功夫》是慢慢等九点教会了，再教的花式动作。我陪她，每天跟来跟去，十几年了。

我们这里有个孩子，自闭症。我去走访，我说自闭症的孩子不要关在家里，要走出来，参加我们这里腰鼓队，蛮好的。小 H 从刚开始到现在变化很大的，现在能跟人沟通了，以前不太跟别人讲话的，现在能嘻嘻哈哈笑笑，多好。这个家长陪了儿子去了几次，就放弃了，她说太累。我们也是这样过来了，以前我还上班，她退休了，我说没什么事陪儿子呀。她说太累了，把儿子关在家里。自闭症发起病来很厉害的，把床单撕开，他要发泄的呀。自闭症和智力障碍两样的，智力障碍是智力稍微偏低一点，自闭症是目中无人，发的脾气会不会给人家看到，他不管的，好像这个世界没有人，只有自己。

问：这么多年来，您陪 H 君打腰鼓辛苦吗？

H 母：真辛苦，但现在你让我说怎么辛苦也说不上，好像已经习惯了，现在双休日不去参加这个活动，还觉得空落落的，当一件事来做了。如果天冷的话，我们都睡睡懒觉，她不睡。叫她下雨天不要去，她说要去的，她不会没事请假的。

H 父：她只有迟到，没有缺勤，晚一点就晚一点，她一定要去。

问：为什么？

H 父：去了开心呀。在家里一个人，就是跟大人说说话，玩玩电脑，没劲。在那边都是同学，都是熟悉的。

H 母：她好像已经习惯那边了。

问：她喜欢那边的环境？

H 母：她在那边说话很随便的，她都会和男孩子聚在一起说话。

H 父：那边的人跟她都是差不多的，又不需要避讳什么，她想说什么说什么。

问：爸爸接送 H 君打腰鼓吗？

H 父：这件事是她妈妈管的，我比较少管的。我以前开车，很忙，这几年我开刀之后身体不好，没做了，就在家里。打腰鼓都是她妈妈去的。

问：爸爸支持 H 君打腰鼓吗？

H 父：支持啊，以前我一天上班一天开车，开车的时候我没办法送的，休息一天的时候我也送的呀。

问：看过她打腰鼓吗？

H 父：看过，以前在辅读学校的时候看她打，我把她送过去，等她打好了，我们再回来。

问：您觉得打腰鼓给她带来什么变化吗？

H 父：感觉她蛮开心的，周围都是跟她差不多的人，不会有语言刺激她的，她感觉很开心的。

H 母：打不好她会很紧张，手出汗。手出汗就是紧张呀，学会了她就不紧张了，不出汗了。

H 父：老师都知道，说你们这个女儿胆子很小的，不能说话重的，说话重了，她就头低下来不说话。她还有一点就是对自己没信心，就是这个话我说出去会不会不对，她就不敢说了，她对自己没信心。

且工且学，放松自在

H母：06 年从密云学校毕业后就到阳光基地，基本上是做手工。做红包，做洗杯子的海绵刷。

H父：有时候做牙签。饭店里用牙签，外面有一个套子套着，两根牙签放在一个套子里面，他们就做这个，很简单很简单的。红包就是人家过年发的红包。做这些都是有钱的，就是很少，一个月大概几十块。

H母：这个活是阳光基地一个老师有渠道，拉业务过来，给他们做的。

问：他们每天都做吗？

H母：他们每天有做，一批做完了，换一批，每天都做。

H父：要是正好没事做的时候，老师教他们写字，上课。

H母：有时候没有活干就教他们跳舞。

问：H君周一到周五去阳光基地吗？

H母：如果区里有比赛，也会请假，参加活动。

问：还接送 H 君上下班吗？

H母：不送了，现在上班的地方在曲阳。我跟小 H 说我送你，她说不要送，难为情死了，这么大还要送。她都是自己来，自己去。有时候下大雨，有家长不放心去接，我们不去的。她包里带着把伞，她说太阳厉害的时候撑伞，下雨的时候撑伞。就这样一直放着，一般伞不离身的。

问：她一般几点出发去上班？

H父：八点多一点，他们没有固定时间要求的。你要是今天不去，就打个电话通知一声。一般八点十分、八点十五出门，到那边八点半。下午三点下班，到家里一般都是三点二十分、三点半。

H母：要求也有的，就是八点半之前到。迟到没关系，因为又不是正式上班，说明原因就可以。不去要跟老师说，不来老师不订饭，去了给你订饭。

H父：有的时候要搞值日，下班就晚十分钟，他们上班的地方要搞卫生的呀，扫地，拖地板啦。

H母：都是他们小朋友自己来的。

H父：小朋友几个人几个人轮流的。一星期就是有一天要晚一点，其余的时候很准时的，三点半就到家了。

H母：星期二要晚一点，下班后还要练口琴，她参加一个小乐队，吹口

琴，还有星期五稍微晚一点，三点下班后再练半个小时的舞蹈，其余的都是正常的。

　　H父：有的时候他们不搞活动，老师没来或有事情，他们就不搞了。

　　问：会通知家长吗？

　　H母：不会，有时候小H回来的早，说今天教口琴的老师很忙，没来，那就回来了。

　　H父：他们老师也是志愿者，不是阳光基地里面的。

　　H母：教口琴的老师是虹口区青少年活动中心的老师，懂乐器的，他把钢琴、萨克斯、口琴，几种乐器混在一起组成乐队。

　　问：您看过他们的表演吗？

　　H母：看过，他们青少年活动中心一直有演出的。

　　问：H君会吹哪些曲子？

　　H母：额，我倒不太清楚，小H她说不出来的。

　　问：爸妈支持H君练口琴吗？

　　H母：当然了，吹口琴我们又不懂，靠她自己学，如果我们懂，我们还可以教教她，那没办法，只能她自己学。在家里她有时候会关着门自己练，有时候我进去，她就难为情死了，就不练了，说你出去你出去。她胆子小，会害羞的。

　　H父：这个也是她生活的一部分，她有爱好啊，她喜欢跟人家学口琴啊，那总归得支持她。她要学就让她学，反正口琴也不用我们出钱买，他们老师发给她，福利还算好的，你要学口琴，给你口琴，不需要我们家长花费的，尽量让她学学啦。

　　问：H君在阳光基地工作的时候，你们担心吗？

　　H父：不担心，那个地方我们去过的，明天又要去了，开家长会。小H回来自己也说的，今天吃什么，做什么，做红包，牙签套，都有的。

　　H母：每年都要开一次家长会，汇报一下一年的工作。阳光基地是虹口区残疾人联合会主办的，属于区一类的，应该说起来还比较正规。老师也很有爱心，蛮好的，手工的活干完了，老师就安排他们搞点活动。

　　H父：曲阳阳光基地在上海相对来说算好的，因为上几届国家领导人，邓小平来过，别的地方都没去。后来江泽民来过，胡锦涛来过。

　　H母：胡锦涛来的时候正好是特奥年。

　　H父：领导人来的时候有记者拍照，很光荣的，他们做个框，贴在墙上。

　　H母：曲阳这里是邓小平题过词的，后来邓小平走了以后，新任的领导人肯定要到这里纪念下邓小平，曲阳就这样出名了。

问：担心 H 君在工作时和其他人的交往吗？

H 母：担心啊，有时候不是担心，是她学了不好的习惯，我会说她的，因为有时候他们这样的孩子怪怪的，出来的动作是不好的。

H 父：有时候难免的，因为他们都是这样的。

H 母：一个人的时候哈哈哈笑，有时候她会笑，笑得很开心，我说小 H 你干嘛，是不是学来那边的不好习惯。她平时没有这个习惯，和正常人一样的。有时候她发出怪怪的声音，我就说是不是那边学来的，小朋友各种各样怪异的东西都有。她好的东西不学，学这个东西很快，我们要说她，她马上就改正。我发现她好的东西学得很慢，坏的东西学得很快，（笑）也不是坏的东西，是不好的习惯，多跟她说说也还可以。

今天下午他们开联欢会，她报了两个节目，我说你报了什么节目，她说唱歌，一个是萤火虫，一个叫什么……反正唱了两个歌，手机里录好，跟着手机唱。还是很难的，我说太难了，就唱个萤火虫吧。今天要开联欢会，她开心死了。

问：她很喜欢这样的活动？

H 母：对，她最好天天唱啊跳啊这样子的（笑）。应该说在那边还是可以的，比较安全，小 H 胆子比较小，她不会出什么事的。她去上班，回来前会打电话，说妈我回来了。我说，过马路当心点，她说哦。她不会下班后到别的地方去，她不会的。

问：H 君在阳光基地有相处比较好的朋友吗？

H 母：朋友也基本上是这里面的同学。我们家长和家长聚在一起，唱唱卡拉 OK 啊，接触的机会比较多，他们小朋友就比较要好。

问：有考虑过让 H 君就业吗？

H 母：他们曲阳，人家给她推荐就业，也有的。

问：推荐就业？

H 母：残疾人再就业，一般残联会介绍轻度的残疾人出去就业，就业肯定要有三个月的试用期，一般三个月后就给你退回来了。其实还是歧视残疾人，如果去也是最辛苦最脏的工作让你干。

H 父：去了人家也是看不起你的。去了两个月三个月要签合同了，人家就给你退回来了。有的同学去过了，第二次让去就不去了，他感觉在那边受伤害了。在这里，老师不会看不起你，有的老师的孩子也是在这里，你跑到外面人家就是看不起你。

H母：在外面就是不合群了呀，人家在谈，她又和人家谈的不一样，谈不拢呀。她就觉得很孤独，反而过得不开心。不像在这里无忧无虑，说说嘻嘻笑笑都没关系。以前残联给我们小 H 介绍过工作。

H父：介绍过一次，去过一次。

H母：做面包，面包房。我陪她去的，就在江湾阳光基地，是某某面包房，她去面试过。后来我们残联一个劳动课的老师问她，小 H 说我还是适应在里面，外面我不适应。这个老师哈哈笑了，说那就算了。她觉得怕，我告诉你为什么不适应。一个是路远，到时候什么地方也不认识，还是要我陪，她就担心这个。如果有两个同学一起来回，那她还可以。以前她也去过江湾那边，就在外国语学校门口乘公交车，875 路，有三个小女孩一起去，她也要去，很开心的，说好几点在那边碰头，一起过去。

H父：曲阳有的人已经去了，去了又回来了。为什么回来？其他人要问了，她说没劲，很苦。面包房有一个烘箱，很热的，说最苦的活让我们干，他们看不起我们的，我们还是不要去了。小 H 就听见了。

H母：这个小女孩比我们小 H 能干一些，介绍到这个面包房去，正好是热天，她就说，最热的地方叫我们做，热死了。后来她就不要做，回来了。

H父：这个社会有爱心的人毕竟少的。香港的、台湾的，比大陆的人更有爱心。

H母：我们当时在市里上课培训过，在台湾，像他们这样的孩子就业，专门有一批义工陪他们上班下班，一直陪到他们自己会去会回来才放手，我们上海肯定没有。

问：H君还是需要比较有安全感的环境？

H母：对，她会放松。到曲阳那边上班她就无所谓了，说错了人家也不会更正，人家都听不懂的，对不啦，都差不多，说错了就说错了。

H父：在曲阳上班，她会觉得挺安全，很舒服的。虽然钱少，钱少没关系，她很开心的。这个地方你做错了、说错了都没事。

H母：其实我现在真想有一个有爱心的人带她适应社会，这样真的好。

H父：这个不现实。

H母：我希望这样。

问：怎么带她适应社会？

H母：比如说她在一个单位，不在阳光基地，到社会上单位里上班。有个单位的女同事，能够帮助她一起下班，一起上班，在工作的时候能够教教她，教过了她就会了。

问：您希望她进入社会，不是一直在安全的环境里头？

H母：我希望她到社会上去。我们周末打腰鼓，从大连西路那边走，很多旁边的陌生人，或者像你们这样的小女孩，都会问她，虹口足球场怎么走，或者外国语学校怎么走。我跟她不是并排走的，她在前面或者我在前面。我会马上走上去，说就是那边。其实小H知道的，我说人家问你什么地方，她说外国语学校。我说你怎么不说，你就说，就在前面，可以说的呀。她就是怕。这说明什么道理，人家看不出她是智障，人家不知道呀，看不出的呀。上次有个单位到我们这里来，当我女儿也是志愿者。看不出的。

问：她有点害怕外界环境，您还想让她进入社会，为什么？

H父：让她锻炼呀，跟人家慢慢锻炼呀。

H母：锻炼会进步呀，这里很安全你是不会进步的，你在外面碰到曲折才会长大。外面碰到什么事不开心了，为什么不开心？肯定有原因喽，那以后你就改呀。这也是一种进步。我们老了她肯定要生活的呀，万一以后碰到什么问题没法解决，或者碰到什么承受不了……慢慢碰到慢慢锻炼，以后压力再大也承受得了。就像我们小时候一样的呀。我初中毕业，高中没考上，我就到上海来学裁缝，裁衣服做衣服，学好后再回我们老家浙江。后来又到服装厂里做服装，再到上海，帮我亲戚做服装。后来服装不做了，专门叫人家服装厂做，我就到商场里做营业员。也是这样一步一步走出来的呀，我希望她也这样子。我们小H，如果有好的、正常的人带带她，她会上去。她别的都可以，自理能力都可以，就是在表达方面差一点，在用钱方面差一点。

H父：我们想最好让她融入社会，但是很难的，对不啦。没有这种非常有爱心的人，为什么这样讲？我家里兄弟姐妹五个，两个哥哥，一个姐姐，下面还有一个妹妹，他们的小孩都比我女儿大一两岁，大四五岁也有，但是他们都不太愿意接近她的。都是自己家里的兄弟姐妹，其实很亲的，他们也都不愿意接触小H。这个社会，想要人家充满爱心，可能吗？我们也想过，只要她开心就可以啦，走一步瞧一步，没办法。

不会用钱，以后怎么生活

H母：小H没什么要求，吃什么，她不挑。我说小H你想吃什么，她说你烧什么我吃什么，也是蛮乖的。穿衣服也是，和她一起买衣服。我说你喜欢

吗，穿上行吧。她说随便。人家要穿什么名牌啦，她不会。我们买东西也不会
买很差的，一般过得过去，她也觉得蛮好，反正她在这个年龄和外面正常人一
样。如果给他们穿得太差，人家看不起。她每个月有工资，又不乱用。给她穿
衣服好一点就好一点，上海现在都是一个小孩，穿这方面还讲究一点。

问：爸妈和亲人来往多吗？

H母：很少，因为大家都工作。

H父：我家里亲戚很多，两个侄子，一个外甥女，一个外甥。他们都很
忙，都有孩子了。微信聊天是每天有的，就是碰面很少，一年一次两次。

H母：就是清明节的时候，春节的时候，平时不碰的，都是在微信里
问好。

问：亲人知道家里的情况吗？

H母：知道，他们早就知道。小时候小H读书读不上，大家都知道了。

H父：那个时候父母跟我们住一起，他们来看父母，就知道了。我父母
在的时候，他们来的次数很多。父母没有了，和他们来往都少了。

H母：人家都有一个家了，孩子的孩子也有了，都是做爷爷奶奶了。如
果她正常，我们也做外公外婆了，一般到廿八岁可以成家了。那我们没办法。

问：H君的情况会影响你们的夫妻关系吗？

H母：那没影响，既然有这个孩子，大家一起担负起责任。后来父母说
再养一个，像我这种情况可以再生一个，我不生了。如果再生一个是好的话，
肯定冷落她。每个人心态都是这样的，都是倾向聪明一点。对她来说，你越
是这样，她越是不开心，对弟弟妹妹好，对她冷落，那不是很可怜的事嘛！还
不如不养，好也是一个，坏也是一个。

问：爸妈的交友范围是怎么样的？

H母：我的交友范围基本上还是离不开她的，正常的朋友不清楚家里有
这个孩子，除了亲戚兄弟姐妹，不知道我家里有智障孩子，我也不跟人家说
的。我要考虑到我说出去，人家怎么想。我尽量不参加正常人的活动，尽量参
加他们的。我们几个老师家里都是这样的小孩，我们走一起比较多。

问：爸爸呢？

H母：他正常的朋友圈也有的，但是基本上都不参加的。人家好几次都
说，老H，你女儿几岁了，给你介绍朋友，我们这里的小伙子挺好的，收入都
挺优越的。他说我女儿已经有朋友了，这样应付掉了。其实心里也蛮苦的，没
办法。

问：H君现在生活能自理吗？

H母：生活上她自己都可以的，会烧饭，烧开水，用微波炉热饭，如果天热，要拌凉菜，她都会做的。她有时候还帮我们洗衣服，全自动洗衣机她都会操作。她爸爸生病在华山医院，家里只有她一个人。我母亲从宁波赶过来，她在家等外婆，她把水烧好，饭都烧好，等着，等外婆上来。她这个都会的。

问：您是从什么时候开始培养她做家务的能力？

H母：从小，读一年级的时候，她校服、红领巾都自己洗。她洗好后晾在外面，她人矮，我帮她晾。她洗不干净，我拿回来帮她再洗一洗。我想好了，她脑子方面有欠缺，我就在生活上教一教她，她以后生活肯定要自理的。热水烧开了，教她放到热水瓶里。怕她烫着，我先用冷水让她灌，如果不灌到外面，热水也一样灌不到外面了。

问：做饭呢？

H母：做饭嘛，把米洗一洗，电饭煲里操作一下，她都会弄。

H父：最不放心的是她不会用钱，钱不会用以后怎么生活呢？什么东西都要用钱换的，用钱买米买油。不会用钱，这个就麻烦了。我们经常教她，比如到银行去，自动取款。卡插进去，它显示出小框框，密码输进去，今天教了她，明天叫她去用，就不会用。

H母：有时候办卡，带她一起去，密码叫她记牢，记不住钱就取不出来，她能记牢的。我会特意叫她自己写单子，自己去办，我在旁边看着。她胆子小，以前人家向她问路，她吓死了。

在去上班、读书的路上，我就教她不要和陌生人说话，不要搭七搭八，人家看你是这样的，人家会骗的。熟悉的人没问题，陌生人不要说话，不要搭讪。因为是小姑娘，万一有啥，不堪想象。以前有几个像这样的智障人士走失了，回来肚子也大了。

问：除了洗衣做饭，教她去银行，不要和陌生人说话，还教什么？

H父：一般能教的都要教的，买东西啦。

H母：还有碰到邻居要尊重人家，年纪大的叫什么，年纪轻点的叫什么。还有人家叫你，你要回答人家，不理人家也不好。平时生活上碰到的事，我都会带着她做，双休日我就跟她一起买菜，钱包交给她，人家说多少钱，我说你要记住。

H父：她就是没有数字概念，不会算的。

问：她会用支付宝吗？

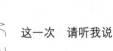

H父：不会。

H母：支付宝我们还没用过，如果我们用了，教她，她肯定会的。

H父：我们自己也不会用，我们读书的时候没有学电脑什么的，我们自己都不会。

H母：当时也申请过，我的侄子帮我搞的，后来叫我卡号绑定，需要我输入密码，但是我几个卡都是一个密码，万一密码给人家盗了，所有的东西都没啦，我就会担心。后来我知道了，应该另外申请一个卡号，另外申一个密码，不要所有的密码都一样。我也岁数大了，一个密码我好记一点，几个密码搞不清楚的。后来申请不成功，我想算啦算啦。其实应该是要学一点，否则要和社会脱节的。

H父：支付宝其实用起来方便，去外面买东西，有一块东西，扫一扫，就可以结账。

H母：滴滴打车也是这样的，还有现在外面自行车，扫一扫，支付宝一付，马上就可以骑出去的。我们已经落后了。

H父：我们操作不来。

H母：没办法，如果她是好的，这些东西她可以帮我们操作，我可以学到很多东西，现在就是我学了东西再教她。像我们网上购物，没有支付宝，我们就现金支付，货到付款。但是货到付款，很多东西比支付宝上要贵，那我们没办法。

问：H君现在虽然能照顾自己，但还是需要有人陪护的？

H父：是呀，关键就是说她不会花钱，不会花钱你没办法生活的呀。

H母：还有一点就是，他们现在是我们家长来照顾，一年四季季节的变化，比如说天热了，你还在盖被子啊，不要盖了，要盖稍微薄一点的，他们可能会分不清楚。还有衣服，天热了，厚衣服不要穿了，他们还把厚衣服穿在身上，也有的呀，就是在这些方面给他们说说讲讲，可能会稍微好一点。现在我已经在培养她了，有时候她说，妈妈，我穿什么衣服？我说你自己想，你想穿什么衣服就是什么衣服，但是你要知道现在天气冷了应该穿什么，你不要天气冷了，把天热的汗衫穿了，要给人家笑了，自己也冻死了，对吧。也是平时慢慢地慢慢地培养她，没办法，对吧。

问：H君谈过恋爱吗？

H母：没有，没有谈过。或许什么是恋爱她也不清楚，对这个概念很不清楚，她玩的都是跟她差不多的，基本上没有正常的。

问：有想过让 H 君结婚吗？

H 母：结婚这个问题有想过，最好是成家，但要是和她差不多的，还不如不找。如果找个脑子正常的，脚啊手啊其他的稍微有一点缺陷，也可以的，但是人一定要待她好。爸妈都在的时候对她好，万一爸妈过世后，把她往养老院一送，这里的财产都是他的，你看也看不到。

像她这样的结婚的也有，有的还生小孩。上次我到市里开会，杨浦区的，宝山区的，他们的小孩也有成家的，找个外地的，人老实一点，在上海打工的，经济条件很差的。生了小孩都是父母带，那现在是蛮好的，将来呢？所有家里的……不是多么有财产吧，一套房子也有几百万，那怎么办？到时候虐待她呢？心里不甘，很矛盾（哽咽）。

现在她不想，万一哪一天她想了呢？对吧。到时候生理成熟了，她需要呢，怎么办？我们江湾街道有一个小女孩，三十几岁就是要找对象，结婚。母亲没办法，给她找了一个，后来小孩生出来不好，智力不好。那也很矛盾的，是吧（哭）。

成家不成家，那是可遇不可求，如果机遇来了，我还是给她争取，如果没有这个机遇，要考虑来的人是好是坏。她生理发育还是健全的，但是她现在不想的，她哥哥姐姐都结婚了，我说你要结婚吗，她说不要。有时候看姐姐做新娘，蛮好的，她也会说我什么时候也去做新娘，她对这个概念不清楚。

问：未来对 H 君有什么计划吗？

H 母：未来啊，一直担心，我们老了她怎么办（哽咽）？尽管她平时生活自理都可以，但是她不会用钱，如果我们动不了了，离开了（哭）……现在就是这个问题，不说没关系，说了就难过。就是放不下，我们老了，她怎么办？我们在区里市里也提这个问题，后来我就参加他们的队伍，助残，领导叫我当亲友协会主席，把残疾人的需求提上去，提到市里去。现在残疾人碰到什么问题，需求、建议就提上去，但是我们很多家庭的问题就是，孩子养老不成问题，有收入，就是我们老了，他们怎么办？谁管？如果叫亲戚朋友下面的小孩管，他们都有自己的事业家庭，管得了吗？看看现在蛮好的，但是我们老了，真的，是一个问题。

H 父：我们也想了很远，老了我们不会动了，就三个人一起去养老院，志愿者老师都是这样想的。

H 母：现在我们想，大不了就是……（哭）大不了就是三个人一起进养老院，现在不是有家庭式的养老院嘛，到时候三个人一起进养老院。她不肯，她说，要去你们去，我才不去。但是我们老了你怎么办？她说，你老了我会服侍你的。就这样，不去养老院，进去就是等死，她说。因为她看到过她奶奶身体不好进养老院，老人进养老院就是等死，她不去（哽咽）。她说我会服侍你的呀，但是她会买菜吗？不会的。到时候我老了走不动，她菜也不会买，我们不是饿死了吗？她这都没有考虑过。没办法，如果老了，我们就是三个人一起进养老院。我们在养老院老去，她也会在养老院老去。我们有很多家庭都是这样想。最好我们身体健康一点，让他们死在我们家长前面，那就安心了（哭）。像秦怡老师，电影演员，她的儿子也是智障孩子。

H父：还有一个导演，谢晋，有个儿子也是这样的。

H母：还有黄继，电影演员，他的一个儿子也是这样的。秦怡老师很大岁数还帮她儿子洗澡，有时候她儿子发脾气要打秦怡老师的。现在已经死掉了，五十几岁就走了。

H父：嗯。

H母：如果我们身体好一点，长寿一点，她走在我们前面那还可以，那样我就是没有后顾之忧了。走一步看一步，这个说不来的，到底以后发生什么，谁也不知道。

H父：身体养好了，身体好一点，那照顾她的时间还可以多一点，是吧。我们命短了的话呢，照顾她的时间就短了。

H母：最好的方法，哪一年有条件了，就是专门为智障人士办一个养老院，里面专门就是智力残疾人，也不要别的残疾人，那他们就是没有人歧视的，这样我们也放心的。

问：为什么要单独为智障人士办一个专门的养老院？

H母：因为他们脑子单纯，别的残疾人是脑子好的。

H父：他们有的是肢体不好的，手不好的，脚不好的。

H母：脑子很好的，他们的心都是自私的，自私得多。脑子不好的这些人，是弱势中的弱势，对吧，在弱势群体中他们是最弱势的一个群体。别的脑子都好的没关系，你可以使唤人的啊，只要有钱就好了，可他们没办法了呀。

问：是考虑到别人会有不好的心思？

H母：对。

问：妈妈蛮担心歧视的问题？

H父：歧视肯定有的，没办法，现在已经要比以前好多了。

H母：好多了，特奥会一开，残疾人身价提高了。以前歧视多着呢，别说不让别人歧视了，自己家的亲戚都会歧视。

问：H君感受到这种歧视吗？

H母：我们下一辈外甥女外甥聚在一起，她说不上话的。我问她为什么不说，她说我说出来万一说错了怎么办。过年大家碰到，聚在一起，晚饭吃好后，小的一辈去卡拉OK唱歌，他们不叫她。那个时候我们心里……（哽咽）如果你们叫了，她不去是一回事，你们不叫又是另外一回事（哭）。后来还是她安慰我们，我说两个侄子不叫我们小H去，其实叫一下无所谓。她说，算了，我去你们还不放心呢（哭）。我觉得我们家亲戚，还不如现在志愿者，我们搞活动的时候有很多志愿者，或者你们这样的大学生到我们这里搞活动，他愿意接近你，愿意和你说话，家里的哥哥姐姐还不太愿意和她说话。现在残联搞活动，小H双休日都去，很开心的。不歧视他们，很好。我说我家里的亲戚还不如人家。

问：接受对H君很重要。

H母：我们专门有志愿者，和我们一起旅游。志愿者他自己出钱，能够帮助小朋友一直聊天，参加活动，在一起，挺好的……说她的事真的真的伤心死。不想没事，想想都是伤心事……一路走来，不知道伤心过多少次了。

H父：想想人家，看看自己，比较一下，觉得自己命苦。

H母：有时候我们不想别的，想想好的。如果你养了一个好的孩子，万一你生病了没人照顾你，我们生病了她会照顾我们。正常的人都工作、成家了，爸爸妈妈身体不好，他们会说我没空啊，你自己去看，这也会有的。我们生病了她帮我们倒杯茶，这点会的。正常的小孩还不会给大人做事，她这点比正常的小孩好得多。但是我们老了也担心她。我们在他们没事，吃穿都不愁，他们都有工资，有保障的呀，医疗有保障，养老有保障。医疗嘛，看病有医保卡，生活每个月两千多块钱，基本也差不多够了。最主要是我们老了后他们怎么办？这点放不下，她不会用钱，别的也没啥后顾之忧。

H父：钱放在银行里不会拿，拿出来她不会用，这个就麻烦了，不能生活了。

H母：一个月两千多块钱，怎么安排呀？万一他们小孩一下子用掉了，那以后怎么过？还有就是计算不清楚。如果你去买菜，十块钱，你给人家一百块，人家应该给你九十块，那人家给你五十块你也拿了，那不是给人家骗了，社会上这种人多了。

H父：像小H工作的地方附近有个小店，给店主十块钱，人家找三块，

小 H 就走了；给二十块，人家找她三块，也走了。不知道的呀，没有数字概念的。

H 母：不会用钱，这个就没办法生活了。

问：还担心其他问题吗？

H 母：看病，生病了怎么办？她现在是没毛病，我不带她到医院里去。如果生病了呢？没办法了。医生问怎么不舒服，她自己也表达不清楚，就是这个问题。

问：看病和用钱？

H 父：关键就是用钞票，吃喝拉撒都是要花钱的呀。

H女士老师口述

口述者：韩老师

访谈者、撰稿者：王姝文

访谈时间：2017年1月3日

访谈地点：上海市某街道阳光基地

问：阳光工场和阳光基地有区别吗？

师：阳光工场就是阳光基地。以前叫工场，现在叫基地。

问：阳光之家呢？

师：阳光之家主要是以学习娱乐为主，阳光基地主要以产品劳动、劳动技能培训为主。

问：它们在同一个地方？

师：对，我们这里就在同一个场地。

问：工作和学习娱乐交叉进行？

师：对，阳光之家的人到教室里上课。外面有产品劳动，就是阳光基地的人去做。

问：您是阳光基地还是阳光之家的老师？

师：我现在是阳光基地的，主要负责产品劳动，培训。

问：他们今天在包红包，我看红包上写有迪卡侬。

师：迪卡侬好像是一家服装公司，这是印刷厂的人叫我们做的，这家公司委托印刷厂做的。印刷厂印好了，最后一个工序，装起来，就委托我们这边做。

问：是平常和印刷厂就有联系吗？

师：有联系的。

问：除了包红包，还有其他工作让你们做吗？

师：有，给服装的吊牌穿线，还有信封上面贴双面胶，基本每一次来的活都有一点不同，总归是简单的。

问：您会筛选这些工作吗？

师：要看的，有些我们不能做，有些时间紧也不能做，有些价格太低我们

也不愿意做。

问：活太紧的不能做？

师：有时候来的活量很大。她们不是普通人啊，做得比较慢，来不及的话，耽误了人家，也就不能接下来。

问：除了做得慢一些，他们跟社会上工作的人相比还有什么差距吗？

师：这个差距很大了，因为一般的人做这种简单劳动，做得熟练后，脑子肯定想一想，我怎么做方便，怎么做效率高，排除一切不必要的不合理的动作。他们从这方面考虑比较少。这里面的尖子和外面的人比起来，差距也是蛮大的。

问：他们不会想怎么做好？

师：不会想更好、更快。他们没几个人会这么想。

问：来活之前有培训吗？

师：事先要上上课，教他们怎么做，当然没几个人能做得又快又好，一般教了以后，还有个别人要特别辅导，慢慢教。

问：这边专门有老师教？

师：教，我们这边四个老师都可以教。

问：以红包为例，教他们折叠和包装这一工序需要多长时间？

师：也没多长时间，大多数都能学会，就是快一点慢一点，个别人搞不清。比如说，我们原来要求把几个红包的封口叠一起，但是他们一个一个叠，这样就慢了。讲了几遍了，他们就是习惯了分开来做。

问：您对他们的工作有什么要求吗？

师：我们的要求就是尽量做起来不要把东西弄坏，不要浪费。按照人家产品的要求，有时候稍微偏离一点，不要偏离太多，也可以接受。如果实在教不好，偏离太多，那就不能做。像贴双面胶这个工作只有十三个人会做，其他人不会做。他们有些人手抖，没法弄。

问：所以一项工作来了，并不是所有人都能做的？

师：这个工作H君就不能做。这边每天来三十多个人，活多的话，阳光之家的人也做。我们以为最好的情况，是三分之二以上的人能贴双面胶，但是不行，只有十三个人能做。基地好多人讲起来是轻度的，但是有些人还是做不来的。阳光之家有些人倒是可以做，这个不好说。

问：他们的完成情况怎么样？

师：我们这里主要靠人海战，靠人多来完成人家的任务，人少的话也没法做。

问：印刷厂付的工资和市场价格一样吗？

师：我们这里也市场化的，有时候如果价格低我们不干的，有时候厂里面觉得我们价格高。

问：那按照什么标准发工资？

师：我们这里计件的，这是他们做的红包量记录（拿出记录本），按照产量分配工资。

问：他们的工资是打工资卡还是发现金？

师：发现金，这种是直接发给他们。

问：这里中午会提供午饭？

师：他们每个月交六十块的午餐费。

问：这个价格不高，是有午餐补助吗？

师：曲阳街道补贴一部分，不然不够的。街道里面有个市民驿站，社区服务的点儿，他们把饭送过来。

问：他们一般下午工作到几点？

师：一般两点五十就可以了。

问：他们工作的频率是怎么样？

师：不一定的，这阵子我们工作比较紧张，比较忙。过了这阵子是淡季，很空的，空闲的时候很多。

问：空闲的时候做什么？

师：空闲的时候就上上课，跳跳舞，唱唱歌，我们有课程表的。

问：他们还有其他收入吗？

师：是这样的，阳光之家的人是重残无业，在居委会每个月领一千多块钱。阳光基地的同学，国家给他们交三金，每个月给他们八百七十六块的补贴。

问：阳光之家和阳光基地是两部分人？

师：两部分的人，一部分轻度的算基地的，中度、重度的在阳光之家。基地的人有任务，通过简单劳动培训，掌握简单劳动技能，手脚麻利一点，以后有机会的话，由我们残联推荐到外面去工作。我们推荐了好多人的，照片都有挂着。

问：推荐就业有固定的合作公司吗？会推荐到哪里去？

师：也没有固定的公司，很多公司每年到残联招个把人，去宾馆什么的。

问：大概都有什么岗位？

师：大概嘛，比如客房收集，把被单、毛巾取出来，送到洗衣房里去。有些在厨房储藏室，大宾馆厨房间专门有储藏室，做整理啊什么的。我们这里阳光基地的学员，不能到外面去做计件工，没法跟别人竞争的，人家一天能做一百多盒，他们二三十盒。

问：他们是可以挂靠到公司的？

师：他们有几个人挂靠到公司的，拿的工资是两千一百九十块，上海最低工资。

问：您能具体讲讲挂靠公司这件事吗？

师：挂靠公司是这样，比如一个公司到虹口区投资，按照上海就业比例，大概规定是 3％ 的残疾人岗位①，如果一个公司有一百个人，要提供三个岗位安排残疾人。他公司一看这三个人不能干事情，干活的时候后面要跟着人的，人家公司也不干了，那就给他们最低工资，给他们交金，让他们待在家里，把他们养起来。

问：H君在这里表现怎么样？

师：H君还是蛮好的，劳动积极性都蛮好的，社会适应能力也比较好。

问：她跟周围人会聊天吗？

师：会。

问：她跟老师主动沟通吗？

师：她好像比较怕老师，跟同学们嘛，她性格大大咧咧，跟人家关系不错的。

①　根据《上海市残疾人分散安排就业办法》规定，"按本单位上一年度在职职工平均人数 1.6％ 的比例安排残疾人就业"。自 2017 年后，改为 1.5％，参见上海残联《上海市残疾人就业保障金征收工作办事指南》，http://www.shdisabled.gov.cn/clwz/clwz/ggl/2017/09/04/4028fc765e3cca14015e4c2e1a5a21ad.html?tm=1504864907104。

H 女士同事口述

口述者：陆先生
访谈者、撰稿者：王姝文
访谈时间：2017 年 1 月 3 日
访谈地点：上海市某街道阳光基地

问：你认识 H 君吗？

陆：认识，我们之前在一个学校，密云学校。

问：你对她上学的时候有什么印象？

陆：短头发，还没有长高，性格很开朗。她在学校喜欢跳绳，喜欢运动。

问：和老师、同学的关系好吗？

陆：和同学关系挺好，交流挺多。和老师关系也可以，会主动和老师说话。

问：她在上学的时候表现怎么样？

陆：她很努力，把学校的作业全部做完，还爱劳动，参加学校大扫除。

问：后来呢？

陆：后来，她毕业了，去了腰鼓队，我还没毕业。我 09 年毕业，在外面上课，培训做西点。在 2014 年，我在腰鼓队和阳光基地又见到她了。

问：你 2014 年见到她的时候，她有什么变化吗？

陆：有，之前她不会乐器，现在会了。她会吹口琴，也变得开朗了。

问：H 君的优点是什么？

陆：喜欢帮助别人，她会帮我工作，有时提醒我多穿衣服别感冒。

问：那她的缺点呢？

陆：她的缺点是人家在说话，她会插一句（笑），有时候会发脾气。

问：你见她发过脾气？

陆：嗯，有时人家说她口琴吹不好，她脾气上来就发脾气。

问：她怎么发脾气？会和别人吵架吗？

陆：她不跟别人吵架，她自己会伤心掉眼泪，不会冲别人发。

问：H君有什么爱好吗？

陆：跳舞，她会跳《感恩的心》，会跳《小苹果》。她也会打扁鼓和腰鼓，她喜欢《中国功夫》。

问：你们之间的交流多吗？

陆：挺多的，我们会交流乐器方面的，一起看新闻，她喜欢看"人气美食"，我们也会聊"人气美食"，她喜欢看吃的东西。

问：你们一起交流乐器？

陆：我会口琴、竖笛，我帮她乐器方面，做她的小老师，我教她吹口琴。

问：她学得怎么样？

陆：挺好的，我们每个周二都在阳光之家练习。

问：她的口琴吹得怎么样？

陆：还行，她会吹《让世界充满爱》《你激励了我》。

问：她和这边其他人交流多吗？

陆：不多，比之前在学校的时候少。

问：为什么？

陆：不知道。

问：除了你，H君在这里还有其他朋友吗？

陆：有，还有他、他、他、他，一共六个。

问：你们会一起出去玩吗？

陆：有时候会，会到家乐福买点儿东西，在路上兜一圈。

问：她有什么让你印象深刻的事情吗？

陆：有，她喜欢我做小组长，她支持我做旗手。

H女士本人口述

口述者：H女士

访谈者、撰稿者：王姝文

访谈时间：2017年1月3日

访谈地点：上海市某街道阳光基地

问：H君早上吃的什么？

H（笑）：蛋糕，吃蛋糕。

问：几点出的门呀？

H：八点半。

问：是自己过来的吗？

H：嗯，自己过来。

问：工作都做什么？

H：包红包。

问：是不是还有做海绵擦？

H：嗯。

问：你最喜欢哪项工作？

H：包红包。

问：为什么最喜欢包红包？

（H笑）

问：喜欢在家还是在这里？

H：这里。

问：为什么？

H：因为有一群人玩。

问：和你关系最好的同事是谁？

H：陆某某。

问：你们平时会聊什么？

H：随便聊聊。

问：家里的饭好吃还是这里的饭好吃？

H：这里的饭。

问：那 H 君有什么兴趣爱好吗？

H：唱歌，跳舞。

H女士腰鼓队观察记录

观察时间：2016 年 11 月 27 日 9：00—11：30
观察地点：上海市广中支路 22 号上海市虹口区残疾人联合会
观察者、撰稿者：王姝文

时间	活动内容	备　注
9：00—9：13	全员集中在二楼打腰鼓，H 母和其他志愿者在队伍前方观察指导。	H 动作熟练，眼睛会时不时看地面和其他人。中间变换队形，分成两队，H 似乎忘记如何走位，迅速看向两边，发现一个空位，补了上去。接近尾声，H 忘了一个半蹲动作，看了周围人，跟着做了出来。
9：13—9：18	第二遍腰鼓训练。	H 没有忘记动作，但常会扭头看其他人的动作。老师给个别人指导时，H 认真观看，有时会笑。有个队员流鼻涕，H 母给他送去面巾纸，H 捂嘴看着该队员笑。
9：18—9：24	中场休息。	H 坐在休息椅上，用手给自己扇风，和坐在一起的队友聊天。随后起身，找一个高个子男生聊天，说笑。在 H 母提醒下，H 给观察员送热水。
9：24—9：34	跳集体舞，在跳舞小队中，有将近一半人动作不协调，或者动作跟不上。老师教个别人动作，帮忙调整位置。	H 嫌热，把外套脱掉，穿着大红色毛衣。跳集体舞《荷塘月色》和《九九艳阳天》，H 动作熟练，简洁干脆。老师带领队员练习十字步，H 看着脚，用脚尖走步。
9：34—10：00	跳集体舞。	练习另外九首歌的集体舞，H 跳了其中八个，动作都比较熟练。有一首不会跳，她就站在队伍左侧，看其他队员跳舞。老师们站在前面，时不时帮助队员纠正动作。
10：00—10：15	准备烘焙活动。	H 领取所需工具箱，穿戴上围裙、帽子、手套和口罩，与其他五六人一组围在一张桌子周围。

（续表）

时间	活动内容	备　注
10:15—10:35	志愿者教授制作方法。	志愿者教其中一人把原料放在一起搅拌，把搅拌好的东西装进特制的塑料袋中，挤进模具。模具和原料离 H 比较远，她在一旁看着别人操作，很认真。
10:35—11:05	制作点心。	H 拿了一些碎核桃想要撒到模具中，她和对面的队友商量，把模具往自己的方向拿一点。志愿者纠正他们手拿袋子的动作，H 拿过装好的袋子，试着往模具里挤，妈妈站在 H 旁边指导。
11:05—11:30	洗刷工具。	志愿者把烤盘放进烤箱，H 和妈妈拿起用过的工具去卫生间的水池边洗刷。妈妈指出 H 没有洗干净的地方，并把 H 洗过的工具又用水冲了一遍。
11:30—11:35	分发点心。	分发烤好的点心，大家合影留念，H 脸上有笑，拿着发给她的点心送给观察员。

H女士阳光基地观察日记

观察时间：2017 年 1 月 3 日 8:30—15:00

观察地点：上海市某街道阳光基地

观察者、撰稿者：王姝文

时间	工作内容	备　注
9:00—9:10	包装红包，工作地点为教室。有人说话，有人笑，气氛热闹。	H看到观察者，上来拥抱观察者，然后回到座位上包红包。H拿起红包，数三个叠放在一起，底对齐，一起折叠三个红包的封口。然后将三个红包分开，一一放进透明塑料包装袋里，拉开包装袋封口上的粘条，粘贴封好。
9:10—9:12	老师点名。	老师点H名字时，H喊到。然后把包装好的红包放在一起，堆得有些高，红包略倾斜，H看了看，把红包分成两堆。
9:12—9:30	包装红包。	H把之前包装好的红包用皮筋扎起来，去教室前面拿了一捆没有包装的红包。H把红包放回座位后，走到门口往外看了看。回来后将自己的水杯从座位下拿到桌面，和前后桌的同事讲话，边包装红包边聊天。
9:30—9:40	包装红包。	H发现一个红包和其他红包不一样，询问老师，老师表示没关系。两袋红包从桌上掉下来，H拿起来仔细检查，放回，红包又掉，又放回。把一捆包装好的红包用皮筋扎起来，共三十三袋。在做红包的过程中，H常侧头看其他人，看门口。
9:40—9:55	包装红包。	一个同事走过来，H同她打招呼。
9:55—10:10	包装红包。	过道另一侧的同事在聊天，H边包红包边抬头看他们，听他们讲话。塑料包装袋用完，去教室前面拿取新包。

(续表)

时间	工作内容	备 注
10:10—10:20	老师验收红包。	老师计算 H 的完成量，说每捆红包袋数捆多了，一捆应当 25 袋，老师重新帮 H 数数，重新捆扎。
10:20—10:40	包装红包。	H 数了数新完成的红包，听到别人说话，大笑，并参与谈话。后排男生问 H 要塑料包装袋，H 去教室前面帮他拿取。
10:40—10:50	包装红包。	H 把新完成的红包扎成一捆，教室前面未包装的红包已经被拿完。H 站在座位边，站了一会儿，把剩余的皮筋给同事。去教室外面的大厅转了一圈，回来，和其他同事聊天。
10:50—11:30	吃午饭。	午饭送到，H 和同事们开始收拾桌面。午饭为一份米饭套餐和一碗番茄蛋汤。
11:30—12:00	午休。	H 在阳光基地旁边公园里溜达，遇到同事，一起说笑，看公园里其他人玩游戏机。
12:00—12:40	午休，其他人在教室里休息，窗帘被拉上，教室里光线比较暗。	H 回教室休息。
12:40—13:10	包装红包。	下午的工作和上午一样，仍旧是包红包。
13:10—13:20	休息。	没有未包装的红包了，H 把装好的红包放整齐，拿起水杯喝水，水杯里是冲泡的咖啡。
13:20—13:50	包装红包。	新一批未包装的红包被拿来，H 拿红包。老师强调包红包的注意事项，H 包了一会儿后，数了数新装好的红包，捆成一捆。
13:50—15:00	老师组织成员到大厅排队给红包称重，韩老师负责称重和记录。	一天的工作结束，H 抱着自己的红包到大厅里排队称重。
15:00—15:15	下班。	H 和其他几个人去摆满乐器的角落里玩。
15:15	下班。	H 和一个同事一起离开阳光基地。

做我自己的冠军

——邢乐口述①

邢乐，女，1991年出生。福利院孤儿，在寄养②家庭生活。轻度智力障碍。毕业于上海市浦东新区辅读学校。2007年、2015年世界夏季特殊奥林匹克运动会运动员。2010年参加工作，拥有三次工作经历。已婚生子。

口述者：邢乐、王英老师
访谈者、撰稿者：张静
访谈时间：2016年10月29日、2016年12月6日
访谈地点：上海市浦东新区某星巴克、上海市浦东新区图书馆

从福利院到寄养家庭

问：你是什么时候出生的？

邢：1991年8月10号。我出生时候就是孤儿，被送到福利院。后来养母领养了我，就在他们家一直〔生活〕，〔家里〕还有个哥哥，比我大五岁。领养的时候他们还不知道〔我的智力情况〕。

养母觉得家里〔一个孩子〕寂寞嘛，听说可以领养孩子，就想再领一个孩

---

① 邢乐为福利院孤儿，在寄养家庭长大，目前和寄养家庭暂无联系，故本案以老师口述代替家长口述；访谈进行中，邢乐遭遇裁员，故本案未做邢乐工作观察。

② 寄养：指经过规定的程序，将民政部门监护的儿童委托在符合条件的家庭中养育的照料模式。中国民政部门一直在探讨养育孤儿和弃儿的最佳方式，20世纪90年代，北京、上海、安徽等地都启动了实验性的家庭寄养。据《关于发布〈家庭寄养管理暂行办法〉的通知》（民发〔2003〕144号）规定寄养家庭应该满足：有寄养服务机构所在地的常住户口和固定住所；被寄养儿童入住后，人均居住面积不低于当地人均居住水平；有稳定的经济收入，家庭成员人均收入水平在当地人均收入中处于中等水平以上；主要照料人的年龄在三十至六十五岁之间，身体健康，具有照料儿童的能力、经验，初中（或相当于）以上文化程度等条件。

子回家，两个孩子就能一起玩了嘛，就领了我。其实那时候，是妈妈想领我，我爸爸不肯领。他说大家都没有时间，况且家里已经有个孩子了，再领一个就多余了。那时候他们俩都在上班，我可能不方便在家待着，也不安全。后来养母跟她老公商量一段时间之后，都同意领了。养母领养我的时候都快五十岁了，她是跟也要领养孩子的朋友一起去〔福利院〕看的，因为从没听说过嘛，就去领养看看。

到养母家里后，有时候是我哥哥放暑假在家照顾我。我那时候小，〔对家里还〕有点陌生，不听话，我哥就把我锁在门或者橱子里面，天哪！有的时候我不开心了，或者他实在带不住我了，就打电话给我妈，叫她回来。

问：养父母对你好吗？

邢：以前放假时候，我妈会带我去她姐家玩，还会弄点馄饨、拌面啊给我吃，我长大了之后就不会了，我妈慢慢发现教我什么都很吃力。后来我妈和我爸因为一些小事分开了，没有住在一起，她说他外面有小女人什么的。在我去〔她家〕之前就有这个矛盾了，之后也有点小矛盾，然后〔妈妈〕把家里的大门换了把锁，不让他进来。

〔我〕过去之后〔爸妈〕就不怎么待在一起了，他们分开之后，爸爸就离开家里了。后来我跟爸爸就不怎么联系了，我哥哥好像跟他联系的。因为他去他奶奶家嘛，离家很近的，就在一条路上面。我小的时候也去，还是老房子的时候，那时我还小，那条路还没改过。

离婚之后，我妈脾气越来越不好了，有点暴躁。〔状态〕好的时候很好的，跟她好好说话，她还是很好的；她〔状态〕不好的时候，要是跟她说话说多了，或者放开说，她就有点不对了，她不许你再往下说了。讲话方面我也不懂，该怎么讲怎么讲，我就喜欢直来直去，不喜欢藏藏掖掖的，过得真的好吃力哦。那时候我爸也不怎么回来，我哥我妈我们三个人住在一起的时间多一点。我爸他俩为了一些事情〔闹〕，又因为我，大人小孩的事情掺在一起，她就很烦。

我还没有去读书之前，〔爸妈〕觉得〔我〕挺乖的，那时候也跟别人说，嗯，我领的这个小姑娘挺好的，也会干活。因为他们会教我怎么做事情嘛，后来我慢慢长大之后，能力发展就不好了，我妈就有点……

问：长大之后妈妈对你怎么样？

邢：我小时候住在海阳新村，到上南路学校挺近的。〔上学〕需要坐车嘛，我妈不大肯给我车费，她就说：你自己看着办吧。那时我也没办法，我妈不给我零钱，也不给我交通卡，我只能早上逃票去上课，那时候还小嘛，蛮矮的，司机也看不到，钻进去就钻进去了。下午学校三点多放学，还挺早的，放学么〔逃票〕就不行了，我就从学校走回家里。如果周五下课早，会有同学骑车顺路带我，送我，那时候上学比上班还吃力。不过跟学生一起从学校走回家里还是挺好的，〔可以〕去公园聊聊天，走走，去同学家玩。但是我不跟妈妈说。她不相信我，我也不想说。

我妈是周一到周五上班，周末休息，她每天下班回去比我晚。她有时回去后会问我几点下课，打家里电话怎么不接。我有时会对她撒谎，我撒谎很厉害的，都不用人教怎么撒谎。而且那时候我有个坏毛病，偷钱！因为她不给我零用钱啊，从来不给我钱用，我有的时候出去玩，没钱怎么办？但是我知道我妈钱藏在哪里，我就拿啦。后来我妈就觉得怎么钱越来越少了，她就会问我拿过没有，很快就被她发现了，发现就发现呗，打也打了我很多次。她不给我钱呀，那我能怎么办呢？问她要了，她就问你要钱干吗，你现在是学生又不是上班族。不给我钱我心里就不爽嘛，人家手机什么的都有。

跟妈妈关系还好的时候，我问妈妈：妈妈我想买个手机。我妈说你要什么手机，你就在家里，玩手机干什么。我妈不给我手机，我心里也不爽呀，我那时候穷死了，上了班才有手机的，我的第一部手机还是一个关系挺好的同事给我的，诺基亚，还是按键的，后来才慢慢换。后来我哥给我办了一张手机卡，没给我手机，他手机材质不好，是老式的，我也不喜欢。

在家呢，我也不干嘛，每天做事情呢她也看着，不能看电视，挺无聊的。晚上我从来不能出去玩，我同学也不能来我家玩，来我家都是趁我妈不在的时候，贼头贼脑地来。

一直到九年级毕业去职校的时候，我妈才慢慢给了我点生活费，给了我一张交通卡，每个月充五十块。上班以后，我发了工资卡就归她管，我也不能用，偶尔给我点零用钱。

我妈不喜欢我跟别人说话，也不喜欢我跟别人说家里的事情，她觉得别扭，因为我说出来的东西跟她说的东西不一样，干脆就不让我说了，连家里电话号码也不让我说。但是我哥在家里什么都有，我就感觉心里有火，心里不舒服。

妈妈的性格一向就是这样子，她五十多岁了嘛，性格也有点那个……她又有点更年期，跟她老公关系也不好，杂七杂八的事情都在一起，她就脾气不好，心里不爽了。而且领养我之后她也后悔了，她老是说当初领养的时候怎么那么聪明，到后面怎么越来越笨了，教好几遍都不会，还会撒谎了。我当初第一次参加特奥会的时候还是在我养母家，我拿了金牌她也没什么变化，也没怎

么热情。比赛完之后我跟我妈说，学校要发奖金，叫家长一起去。那时候我妈开心了，觉得要拿钱了，爽啊。后来我跟她说钱放着也是放着，要么一半存卡里，一半你就买电视机。她说，好的呀。后来我上班的时候，工资卡也是放在她这里的。

其实我妈状态好的时候，我觉得她还蛮好的。她也跟我说，你长大了之后呀，结了婚什么的啊要怎么怎么样。我就说，啊我知道知道……就这样子。脾气不好的时候，她是不能跟你好好说话的。她就说，说过一次的〔事情〕不会再说第二次了。她不会像人家对小孩子多说几遍，教你怎么样怎么样做……她是不行的，她说过一次，就不会再说第二次。她没有耐心，会有点暴躁的那种感觉。

问：妈妈平时怎么教育你呢？

邢：她对我也没怎么教育，她也教不会我。她说，教你一遍，第二遍你肯定就又不会了，教教你简单的，擦擦桌子，自己生活还是可以的。所以我很早时候就可以生活自理了。她在家里教我大扫除什么的，去读书的时候我就会自己洗袜子了。她很怪的，我用的餐具都是分开放的，很嫌弃我，洗碗的时候分得很清楚，哪些碗是他们用的，都可以放在一起。其实洗碗、收餐具、擦桌子什么的都是我做，她每次会叫我把我的东西单独放，这些都是她从小就教我的。我小的时候还不懂，后来大了就懂了。

问：现在跟养母关系怎么样？

邢：现在不在养父母家住了，之前福利院分的房子，就是给我们这些成年的孩子提供租房嘛，给我租的比较远，在浦西。那时候就为了这件事情，有点小矛盾，就没有在一起了。

问：王英老师了解邢乐寄养家庭的事吗？

师：邢乐的户口是在福利院，她不属于领养，算是寄养，每个月福利院给寄养家庭抚养费，让孩子去体验家庭生活。这也是国家的一种政策。以前我们学校不是免费的，所有学费、保险费呀都是福利院报销的。当时有一批中年人下岗失业了嘛，这个政策贴补家用是蛮好的。寄养是要签合约的，每年要签字，你要承诺比如说不体罚孩子，不虐待他们，我们当时也有四五个孩子被寄养，现在少了，邢乐他们这批很多的。一般是寄养到十八岁独立。

好像乐乐到我们学校来的时候就是一年级了，一年级应该是七岁。七岁之前应该就已经被寄养了，一共养了十三年了。

邢乐小时候是一个很乖巧的孩子，也很听话。可能养母的管教方式有的时候比较偏激，所以，这一路走过来，这孩子挺不容易的。我们说，妈妈也很不容易，因为她本身就是一个单亲家庭，有两个孩子，一个自己的孩子，还要抚养福利院的邢乐。我们一直跟邢乐说，我们要感恩，要感谢妈妈，妈妈给了你一段非常美好的童年时代。如果没有她对你的帮助、抚养，你可能一直跟福利院的孩子生活在一起了，毕竟是妈妈带你去享受了家庭的温暖。这个孩子应该说一直是充满感恩的。

当然呢，我觉得这个事情，并不是一个孩子能够主宰的，本身她又是一个特殊孩子，可能是双方都应该努力。后面出现一些问题嘛，我们也不去深究是非，毕竟孩子独立了，她能够成家了，能够融入祖国社会了，这也是我们所希望看到的。

邢乐也很知道感恩，工作了，谈恋爱了，要结婚了，每件事都会去跟养母说，所以我觉得我们邢乐是一个很知道感恩的孩子。总体上说，她是成长比较顺利的同学，尽管跟妈妈之间可能有一些不愉快，但是我觉得，至少有个家，那比福利院强多了，对吧？所以不要记恨妈妈。到有一天妈妈老了，如果她不拒绝你去看她，那我觉得你还是要去看她的。

十二年辅校温暖多

问：你是什么时候开始上学的？

邢：挺小的时候上过幼儿园，是在我妈以前公司隔壁的一个小幼儿园，待的时间不久，妈妈上班嘛顺便就把我送过来了。那时她觉得领我出来还蛮好的，我还蛮听话的。

上完幼儿园，就要再〔去小学〕读书。入学有测试嘛，就是问你叫什么名字，谁带你来的。但是我老是不响，有的东西我懂也懂的，但是说得不对，测试就没过。这时候我妈没反应了，就说去辅读学校好了。我就在辅读学校开始读一年级，从那之后我妈就开始介意我了，回到家我也从来不问她学习上的事，我也不想她来教我，我怕她又说我不好。

三年级之后，上学来回都是我自己走，之前是妈妈上班顺便接送。每个星期五我放学都比较早，我不想这么早回家，就跟同学出去逛街。每次我妈都问我去了哪里，不能跟她说实话，说实话她就不会让我去玩了，我就说我一直走路走到家的。

问：放学回家之后妈妈会管你的学习吗？

邢：功课都不用她管，我一般都是学校里做完，偶尔来不及做了就回家自

己做，不懂就问老师。那时候班级人比较多，大家能一起互相帮忙。妈妈不怎么辅导我，她也没耐心教我，她觉得也教不会我什么。

问：表现好的时候妈妈会给你奖励吗？

邢：表现好的时候，学校里的老师〔会〕奖励，会表扬你，说你很棒。老师平时帮我比较多，知道我学习方面不是很好，就盯得比较多一点。

问：老师都是怎么帮助你的？

邢：学校里的老师换得比较勤，很多我都记不住了。不过到了六年级之后就没怎么换了，一直上到九年级，都是朱老师带我，她教我们数学，也是我们班主任，她也知道我的情况，在学校里很关心我，我也没什么让她操心的。哦对，还有施老师，一年级时候，大约七八岁左右，她怕我们体质不好什么的，想让我们每天早上锻炼锻炼身体。她就把我拉到体育教室，就是体操房里，她先拉了我去试验试验，想看看我的柔软度好不好。我那时候小，柔软度肯定还可以的。从那之后，每天早上上课之前啊都要训练，除了上课之外还要额外学体操。〔老师们〕没把我们当成是这样〔的特殊学生〕，〔都当〕是正常人，还带我们出去表演。

师：她一年级就到我们学校来了，那时候我还没来〔工作〕。小时候她不留长头发，头发嘛很短很短的，调皮当中有一点男孩味道。小时候跳舞，我们一直让她跳男孩的角色。她还有好多照片呢。（摊开照片集介绍照片）那时候她还参加很多课外活动，还有对外交流活动，这个是国际特奥会主席 Tim[1]（指照片）。

邢：我妈妈不喜欢我留辫子，她在家不会帮我扎辫子，我也不会扎嘛，就留男孩的头发，小时候超像男孩子的，我跟你说。照片不多，我就这么一点，照片上我脸比较大，自己现在看这些照片，简直不像自己。

问：邢乐在学校表现怎么样？

师：她数学不大好，生活课可以的，对哇？做的包子很好吃，比我能干多了。那时候施老师建了我们学校的体操队，就有邢乐一个。还参加了舞蹈队，对哇？杨老师带她们跳舞。

我们学校特奥运动比较好嘛，对外交流活动也比较多，这些孩子呢出去学习、交流的机会就比较多，社会交往能力就得到了提高。老师们也把他们当成自己的孩子。像邢乐呀，张同学呀，因为本身家庭比较特殊，老师都很

---

[1] 即国际特奥会主席 Timothy Shriver 先生。

喜欢他们。比如说把孩子穿不下了的衣服给他们，都是很新的，都非常好。在学校的大环境当中，比如说施老师、金老师还有杨老师，邢乐都喜欢叫她们妈妈的。

福利院的老师也挺好的，像对自己家人一样对这些孩子。他们十八岁之前，福利院每年都有聚会，福利院的老师会定期来关心他们，问问他们最近生活好吗，学习怎么样，身体怎么样。都是蛮好的，尤其董老师、邱老师一直很关心的。

邢：我都叫老师妈妈的。后来上完初中嘛，就到职校去了，还遇到了刘老师，也蛮好的，我叫刘老师刘妈，毕业之后还会跟她联系，离开这么久，经常会联系一下，问她最近怎么样之类的，什么都会问的。我也会问问王妈①（笑）。上学时候的双休日，蔡老师会把我带回家，跟他们家的小孩一起玩，还带着我参加过很多慈善活动。

前几天，施老师问我哪天来学校，把特奥衣服送来给学校表演用。我就专门送来了。施老师说麻烦你了，让你再跑来。我说没关系的，你们有需要的时候，我能帮就帮呗，就送一套衣服而已。我去学校坐车也近，我老公休息，开着电瓶车来很方便，半个小时就到了，正好带着小孩去看看老师。老师还说你家小孩跟你老公挺像什么的。

问：你在浦东辅读上了多久？

邢：在浦东辅读读完了一年级到九年级，然后再到职校学习职业教育，学了面点专业。

师：她从七岁开始，在我们学校读书生活了十二年。我们学校是九年义务教育，再加上三年职业教育，同一个学校。

邢：在职校自己选的专业，商务要学数学，我肯定是不行的，还有酒店里铺台布什么的也不是很好，我觉得面点还可以吧，揉揉面粉什么的。现在已经不行了，好久不做了，因为换了工作，在家里也不怎么做。

问：班里的同学关系怎么样？

邢：同班同学有二十几个人，男女生都挺多的。上到四年级，老师把班级里〔程度〕好的和〔程度〕差的人再拆开，重新分一下班。分好之后，一个班级一般 15 个人左右，一直到九年级毕业还是这几个人。我们从小一起上学一起玩，到五年级或者是六年级，我们有好几个同学放学了总是一起去公园里逛

---

① 王妈：指王英老师。

逛。有的时候他们也会叫其他同学一起玩，男孩子也有。

其中〔有个〕女孩子，是我闺蜜，跟我一样大，我们玩得很好，她跟我是一样的情况，好像也是福利院的。她挺聪明的，不是一年级就进来的，是从普校里转进来的。那时候我们还小，在一起经常吵架打架，打起来抓对方头发，还被老师说了，我们一般都私下里自己解决，她现在也做妈妈了。我和其他同学〔关系〕都是一般，都大了嘛就各自管各自的。现在有个小姑娘〔跟我关系〕也挺好的，和我一样大，脚不是很灵活，也没怎么上班。

还有个跟我一样大的女孩子，她是爸妈亲生的，我以前跟她关系很好。上学的时候，我妈知道我偷了钱，找到学校去，把她也拉过来，责怪她教我偷钱，因为是她叫我把一百块钱偷出来给她用的。我妈也被老师训了，回去我妈也骂了我一顿，打了一顿，打完之后还没几天我又偷了。那时大概四五年级，也不太懂事。那时候没有恨这个女孩，我们很好，相互关心嘛。平时她妈妈对她用钱挺宽松的，她妈也是离过婚的人，在细节上就不怎么管她。她妈妈很厉害，她也很厉害。那时候我骗我妈说我不回家了，我妈也不管我，我就住在她家，她很照顾我，该用的东西也会给我用，就像姐妹一样。她比我月份小，她是12月份生的，我是8月份的，我也很照顾她。

我们一起练竞技体操，07年读初三的时候，在上海参加了比赛，她没拿到金牌，拿了银牌、铜牌，她觉得这些没什么了不起的，认为自己与特奥会没什么关系，还在施老师房间里说〔以后〕不参加了。〔结婚以后，〕她还说特奥会有什么好参加的，叫她去参加她也不去，她说公公婆婆也不喜欢她参加。另外，她不想让家里人知道她是特奥会的人，是辅读学校里出来的，但是我觉得你已经是辅读学校里的人了，你怎么说？她觉得自己跟正常孩子是一样的，动手能力都很厉害，我没她聪明，她的反应力比我强，现在也是这样。

在浦东辅读学校里，我跟她是一个班的，后来在职校就不是一个班了，她学超市里的商务，算数学的。我感觉她有时看不起人，跟她发信息，她总是把事情彻彻底底问得很清楚，我不太想说，她还老是问。快到毕业时候就开始变了，距离开始远了，现在关系也远。后来我们班的一个男生跟她结婚了，男生比她小一岁，姐弟恋，家里也有钱，两套房子，她说她自己也有一套房子，就是三套房子了，她喜欢吹牛嘛！我才不相信。她说自己现在很好，在公交车上做售票员，和老公在一起上班，其实是她老公把她拉进去的，又不是靠她自己，她也很胖，我跟她现在也不怎么联系。

我有她微信，她宝宝比我家宝宝大一岁。她总会说自己老公怎样怎样。她还问我孩子尿布怎么用法，怎么省钱。她妈妈也这样会算账。

问：还记得你的班级生活吗？

邢：在上南校区读三年级或者四年级时候，特别烦的是我们语文老师要我背古诗，下课放学还不让我走。老师会让我们在课堂上背诗，当天要背给她听，我紧张死了，憋不出来，读是能够读出来的，但是你叫我背，我记不住，我一段时间记住了，到后面就又记不住了。老师就说我，说啊说啊说，都很晚了，不让我下课，其他同学都放学了嘛，老师再慢慢从头教我一遍，我头大死了，但是老师还是叫你先看一遍，再读一遍，不懂再问。大部分老师都知道，我一看到语文、数学这些东西就不行了，一叫我读书我就头大得不行。叫我做别的事情，速度肯定很快，"嚕嚕嚕"就搞定，我动手能力可以。

学校的作业我一般都在学校里做，回到家里不懂就打电话给老师，实在不懂就放着，到学校再问老师，或者先问同学，同学会的话就教我。〔学习〕该紧的时候还是会紧，该松的时候很松的。期末考试老师盯得很多，复习卷都会做很多遍，才叫你考试，其实复习卷和考试卷是一样的，错的地方会叫你再记一记或者拿本书自己再看看。有时候老师会特意拉我到办公室去做。老师说，邢乐，你这怎么怎么不行，不能这样做的，我上课说过的，你不懂可以问我。在我印象里，老师们都挺好。尤其金老师知道我的学习能力不是很好，她能帮的都会帮，我还是记不住的话，她也不会不耐烦，会很耐心地去教。教导处的杜老师教我们在升旗的时候敲鼓。有时候在体操房训练，施老师也会问我最近学得怎么样，不会的也会跟我讲。有的同学喜欢趴着写字，老师经常叫我们挺起来，有时候拍拍你。

最开心的就是每天中午的休息时间，我们会打牌斗地主，玩得很爽，没什么矛盾，不过有时候会嫉妒，嫉妒比我强的人。我们班级比我强的人好多。在职校的时候，动手能力强的都在我们一个班级，十二个到十五个人左右，女孩子多，男孩少。有的女孩子做的花样——尤其是做包子——肯定比我做得好，我有的时候就会灰心嘛，我们刘老师也是我们副班主任，教我们面点，她经常鼓励我。

七岁假小子练体操

问：什么时候开始接触体操的？

邢：七八岁时候就开始接触体操了。那时我看起来像个男孩，施老师看到

我很小，柔软度可能比较好，就拉着我去体操房试一试，我还不知道要去干吗。施老师也没有想着要我们参加比赛，就是让我们运动运动，强身健体。体操房比较老旧，老师就把你的脚直接踩着，再挂上去试试看。她慢慢地再琢磨琢磨，又拉了好多人一起来练，可是我回家不怎么练的。

师：施老师觉得特殊孩子学体操，可能有助于他们各方面功能的提升，所以呢就组建了学校的第一支体操队，邢乐就是体操队的一员。她肯吃苦，坚持训练，拉韧带。每天训练是很枯燥的，但她从来不叫苦，早上很早来就跟着施老师练，一直坚持下来。

邢：施老师觉得我们都还不错，就开始〔正式〕练了。每天早晨大约七点到体操房，练四十五分钟再回到教室，再去做广播操。施老师一直带我们做基本的〔训练〕啊，压腿、体型、柔软度什么的，难度慢慢提高，不行就自己看电脑学着做。练了体操之后，我就开始参加各种比赛，要是没有体操，我也就没有后来的〔成绩〕。

我 07 年练的是竞技体操，拉高低杠，比较难一点。我没练体操时腿很细的，练了之后腿和屁股就变大了，一练肌肉就出来了。我感觉我的腿怎么那么粗呢，穿什么裤子都显粗，现在没办法了，腿这么粗了，也不会瘦回去了。

我刚开始不会侧手翻嘛，老师教我怎么侧，就这样子翻过去（做比划），跟男孩子一样翻嘛。那时候翻不好，就按着边线翻，我老是翻过线，老师就把我两只脚托好，再把我翻过去，慢慢才会翻的。

下腰也是的，慢慢地先练着，老师把我托起来然后再压下去，挺辛苦的。有时做得不好，心里就有压力，跟老师说我做不动了，我不做了可以吧。施老师就说，要么你今天先别做了，你回去想想看再做。我就回去再想想。

中间有偷懒过，有点不想做了嘛。我以为体操很简单呢，听起来挺舒服的，就做做仰卧起坐呀听听音乐呀，看看最简单的韵律操视频呀，做了之后发现原来练个体操这么吃力，压起腿来跟杀猪似的。老师来问你还想练吗，还有一些坚持训练的同学说：乐乐走吧，一起去练练，就当好玩吧。我说好吧好吧，那就走吧。

施老师那时候年轻力气大，我说施老师，你轻一点啊。她说我已经很温柔了。我说你太狠了，把我"嘭"一下压下去。我能把头挨到脚上，现在已经拉不动了。

后来我就学施老师，再去拉柔软度不好的人，他们都叫"啊喔，轻一点乐乐"，因为我下手比较重。我动作比较〔有力〕，像男孩子一样蛮强的，我还打人，力气很大，一打就很疼。队里有个唐宝宝，我没有拉他，〔拉的〕都是跟我一样的人，不管谁，我都叫他们来来来，过来帮你拉拉，他们就会说"不要啦，痛死了"。我就说施老师说的，然后开始一个个拉过去，挺爽的。那时候练体操不是一个人，是很多人在一起，人多嘛，热闹，没太感觉辛苦。

体操队里有一个女孩子跟我是一样情况，她寄养的家里已经有哥哥姐姐了，后来爸爸妈妈不想继续领养她了，就把她送回福利院，之后她就没怎么来学校了。但是她现在发展得挺好的，福利院给了她一套房子。

体操队里还有另外一个女孩，也是中途被寄养家庭送回福利院的，不过现在也独立了。这个女孩学习挺好的，七八年级才来寄宿学校。她脑子没问题，就是不响，不喜欢说话。她比我大一届，我们都在浦东辅读读书，到九年级时，她爸妈不喜欢她了，就把她送回〔福利院〕去了，之后也没再来学校了，也没去职校读书。其实回福利院也蛮好的，可以带带比她小的孩子。

问：上学期间除了比赛，还参加其他什么活动了吗？

邢：还学了舞蹈，舞蹈是学校一直在上的课程，挺简单的。和体操是一起练的，学校有舞蹈兴趣班，我就开始学了嘛，也是练基本功。学了扇子舞、街舞啊，舞种挺多的。老师编舞，一步步教我们。参加的学校表演也有，外面表演也有，以前表演还有〔晚上〕十点多才回来的。

也参加过融合活动，就是当融合小记者，和其他小朋友一起去访问，或者去参加特奥会的知识宣讲。我们学校有个蔡老师，也是教我们的，〔经常〕带我们去其他地方看看，北京、哈尔滨都去做小记者采访过，去看他们的运动员是怎么刻苦训练的，采访起来我们都好紧张的。

融合活动，出去见了很多世面，还见过上海市市长，给他写过信，还跟黄豆豆一起去世纪公园演出。我还留有很多证书、奖状、照片。

慢慢地就知道了特奥会。我还和 Tim 一起参加过新闻发布会，我们经过筛选，由老师带队代表学校出去，就见到了 Tim，他是特奥会主席之类的老大，美国人，认识他的时候我是个假小子，刚看到他不是很熟，但是他很热情，见面抱一抱。

难忘天津集训日

邢：特奥会，是听老师说的，自己也想〔参加〕。我不知道特奥会是什么样子，就是想去尝试尝试。

我参加了两次特奥会，第一次是九年级参加的 2007 年上海世界夏季特奥会。在特奥会开幕前，我们国家队的成员在天津集训了三个月。之前是施老师在学校带我们，不可能真正像国家队一样〔训练〕，所以 07 年她跟王英老师申请到天津去训练，天津有体操房，有专业的器械、老师，做得比较认真。

　　有专门请的新教练给我们训练，不只是我们学校的老师了，艺术体操有教练，竞技体操也有教练。集训的三个月好苦哦，早上七点多起床，练两个小时，休息一会，再吃中饭，下午休息休息，再做整套练习，所有任务都会再重复一遍。几乎每天都训练，从基本功开始，先活动活动做做操，然后就做动作，哦哟，就是拉杠啊什么的，真吃苦了，有点怕疼啊。男孩子很厉害，有几个用手拉杠嘛，把皮拉掉了，练到最后肉都翻起来了，后来长长就长好了。我还好，就是吊单杠嘛，慢慢结了老茧，现在已经蜕掉了。

　　有个教练会控制我体重，胖了做动作会很吃力，不让我吃很多东西，简直就饿死我了。她怕我晚上在房间里偷吃东西，特意把我拉到她房间里睡觉，不让我吃。每次早上有自助餐嘛，吃什么就自己去拿，教练也是盯着我，看早上吃了些什么东西。

　　问：跟队友感情怎么样？

　　邢：感情都还可以，大家都是我们学校的，差不多都互相帮助过。而且也很巧，几个小朋友都正好赶在那时候过生日，我们就一起过，我也过了，大家一起吃蛋糕，挺开心的，蛮难忘的。

　　07 年，正好有两个不一样的体操项目嘛，一部分人是艺术体操，我们是竞技体操。我跟女孩子小杨待在一起练竞技体操，我们是分等级的嘛，她练的是一级，我练的是二级，二级肯定比一级难一点嘛，但基本功是一样的，训练柔软度啊还是在一起。我和她虽然住在一起，但是项目上面毕竟是不一样的，交流起来肯定不方便嘛。最后比赛的时候，她项目〔表现得〕不是很好，就拿了一块金牌，后面拿的都是银、铜牌，我拿了三块金牌，两块银牌。

　　问：在天津都是自己照顾自己吗？

　　邢：第一次出去那么远，还那么长时间嘛，还要自己洗衣服，幸好我们自理能力还行，而且住宿的地方还有洗衣机。

　　当时全程都有施老师陪，陪了我们很久，她家有两个孩子，施老师都没怎么照顾，都来照顾我们了，就像妈妈一样照顾我们，〔对我们〕就像对自己的孩子一样。偶尔黄老师也会来，偶尔金老师也会来，轮流照顾我们，因为施老师一个人带我们实在吃不消。不过我们本身就很听话，不是很调皮，因为大家都长大了，不可能去外面干嘛的。

该放松的时候，老师还是给我们放松的，训练太吃力了，天天训练你肯定也不行的呀。如果不去体操房，施老师会让我们在宾馆走廊里训练，老师偶尔会来监督监督我们。有一天，教练让我们休息一天，不去体操房训练了，施老师就不肯呀，她说你们还是要坚持下去，就根据你们做的项目，该翻的翻，该倒立的倒立，该怎么样的就怎么做啊。施老师盯得很紧的，她希望我们拿到金牌为学校争光呀。

周末一般会休息，但是训练起来大家都不知道啥时候是周末了，所以休息时间就不固定，教练会看情况给我们放假。休息时候，大家偶尔吹吹牛也挺好玩，还有的人去打打牌逛逛街，放松放松，要么跟教练一起玩。我们和教练家离得很近，但是我们不能去她家里。她是天津人，家庭关系挺好的。

07 年，教练也来上海，我们一起参加了比赛。以前我们有教练 QQ 的，但是她老公不同意她跟我们联系，我们当时想问她要个新的电话号码，她老公说不好意思，不能给你们，后来就没怎么联系了。

那三个月跟大家一起在天津挺开心的，感觉特别好。该训练的时候老师还是会严格给你训练的，酸也有酸过，累也有累过，回去洗洗冲一把澡就好一点。施老师经常鼓励大家说就坚持坚持，其实也还可以吧，大家也就坚持练下去了。其实施老师起来得更早，每天跟我们一起训练吃饭，从来不休息，不说累，比我们还辛苦。

两次特奥会夺八金

问：说说第一次参加特奥会的经历吧。

邢：07 年夏天是第一次参加国际特奥运动会，嗯，还是在上海参加的，比赛期间我们住在酒店。我有点像男孩子嘛，力道比较大一点，参加的是竞技体操，一般女孩是艺术体操，只有我是参加竞技体操的。对，还有一个小姑娘练的也是竞技体操。我们当时代表中国队参赛嘛，我拿了三金二银。

第一次参加的时候好紧张，从天津集训回来之后，又〔提前〕去看了看比赛现场，结果失误了，跳马和平衡木不是很好，平时训练的时候还可以，觉得还行嘛。去开幕式时候也还没什么，但是比赛时候好多人嘛，我从没看到过那么多人，场上也有点人，我就很慌了，紧张了，没有控制好，失误了，但还是做完了。自由操发挥得还好，双杠也还可以。本来有信心都拿金牌的，那两个

失误了就变成银牌了呀。但是整体成绩还好，嗯，就觉得还行，因为我们集训比较辛苦嘛，努力和辛苦没有白费，也值得了。我觉得施老师也付出了很多，我们也希望为了老师为了中国多拿一块金牌争光，不能丢脸你知道吗？当时其他队员都拿得特别多，拿了五块的也有，还有拿了七块的（激动大笑）。

问：07 年之后，你又接着参加了一届特奥会吗？

邢：07 年我已经九年级了，年纪蛮大了嘛，特奥会之后就毕业了，去职校读了三年。11 年的时候我已经工作了，也成家了嘛，参加比赛的话平时都是要训练的，商场里上班也不允许请假嘛，就偶尔休息那么一天，再过来训练也不方便，所以我就没有去参加 11 年在欧洲的特奥会了。在我之后还有几个同学，年纪比我们小嘛，又参加了一届。

后来第三次特奥会我去参加了，就是 15 年。我 13 年结了婚，14 年生的宝宝，没有上班，就在家里待了一会，宝宝五六个月大，母乳也过了，正好趁机每天早上去学校训练，五六月份进组训练，七八月份比赛，提前去了美国。我婆婆也蛮支持我的。我跟她说我老师邀请我出去比赛，我没去过外国嘛，也想去别的国家看看。婆婆说可以呀，你想去就去好了呀。她很支持我！

施老师带着我们八个人，一共九个人，去美国比赛。飞了十二个小时，我们住在美国洛杉矶的大学宿舍里，待了半个多月，比赛成绩也很好，拿到了五块金牌。

队伍里面就我一个人成家了，结了婚，其他都还没有，其实年纪都跟我差不多，比我小几个月。07 年的训练，因为很多同学都在嘛，就特别难忘。15 年的时候，因为大家都大了嘛，虽然也都一起住在学校里，宿舍就隔了一个教室，但是〔关系〕不是很那个……也还好吧，就一般般。那段时间过得快，07 年过得比较慢。

师：那时她刚刚生完孩子，我们问她想不想去参加特奥会呀，她说好的，很乐意地接受了。五六月开始训练，一直训练到出国。这次跟第一次参加就完全不同，因为她长大了，有自己的主见了，包括在训练过程中，她也会照顾弟弟妹妹了，照顾小队员了，真的很不错。

问：去美国感觉怎么样？

邢：办护照比较麻烦，有人带着我们坐着学校里的车去办。

第二次参加要比第一次好多了，毕竟没有出过国嘛，也想出去看看外国人是怎么辛苦锻炼出来的。

美国人比较严格，检查这个检查那个。感觉他们挺热情的，学校的宿舍发了很多礼物。两个人住一个房间，睡上下铺，我和施老师睡的。我们统一说好时间，大约七点多起来，有志愿者带着我们所有人，包括其他外国人，去学校里的食堂吃饭，自助餐。吃好了再去各自的场馆比赛。赛场挺远的，几天后我们就住在了比赛的地方，也是在一个校园里。所以我们一共住了两个地方的校园，第一个是比赛之前让我们放松的，第二个是比赛的地方，每天也会有人带我们过去比赛。后来熟悉了，我们就自己过去，走去吃饭的地方。

外国人挺热情的，看到谁就嗨，打招呼，不像中国人，不认识的人会比较害羞，外国人就不一定，他不管认识不认识他就会笑。我不会英文，没有认识到外国朋友，但是我们认识了志愿者，他们正好是去外国读书的中国人，就给我们做了志愿者，我们听不懂，他们就给我们翻译，或者教我们怎么样做，我们都感觉挺好的。比赛之前，志愿者还带我们坐轮船去参观。我们偶尔会跟志愿者说我们想出去逛逛，但是志愿者没时间嘛，就嘱咐我们自己出门注意安全。出去语言不通就只能看看。有个同学的妈妈也去了嘛，她可以翻译，我们就跟着她走，有时候吃饱了饭就去逛逛。回到学校宿舍有无线网，我就跟老公发发视频。

领奖台上的邢乐

15年夏季特奥会，我参加的是艺术体操，因为〔年龄〕大了嘛，再做竞技体操，施老师也带不动了，而且其他同学练的都是艺术体操，我就想让老师直接带一样的项目算了，不要分得那么远了。我做动作比较有男孩子气，突然叫我做柔软的优美的，〔不太习惯。〕而且我比较性急呀，有点急吼吼的，抢拍子抢得比较快，经常出错。施老师每次都给我辅导，还带我们到其他学校，请专门的教练老师教，带我们练。

比赛时候也是分级分年龄的，正好我分得比较好，同组都是跟我差不多年龄的，大家水平都一般。做完动作之后场上报分数嘛，就按着分数来排队，第

几名第几名。我还以为我分数不好，做的时候觉得还好，下来之后再看看别人做的动作，就觉得有哪里做错了的感觉，但是成绩是非常好，拿到了五块金牌，回来感觉挺沉的。

我们国家队这次拿的金牌挺多的，男孩子王某淮拿了七块金牌，他是技能竞技体操的。女孩子就我拿了五块金牌。还有么就是拿了四块加一块的，还有一块金牌后面银铜牌都有的。

我们回来也坐了飞机，一路上都挺顺利，大家相互也挺照顾的。飞机上时间比较久，有的时候不适应，需要起身走来走去，下机之后就好多了，轻松多了。

15年七八月份去洛杉矶参加完特奥会之后，在浦东一个酒店里，我还主持了一次慈善晚宴。规模蛮大的，东亚区的特奥搞募捐嘛，请了各界知名人士，有潘石屹、杨澜、姚明，特奥大使、大明星都来了。通过慈善活动募集一些钱做活动经费。我跟学校里的老师一起去的，老师想让我去闯一闯，参加一次主持，残联的人也说不如就让乐乐主持一次吧。

我觉得我平时跟人家正常孩子都一样，看不大出来什么问题。如果真说这方面的话（手指脑袋），可能还是会有点差距的。本来我语文和数学都不是很好，又是第一次〔当主持人〕嘛，现场那么多人，就有一点紧张，不过没关系，有人帮忙的，不是我一个人主持，还有两个人稍微帮忙拉了一把。主持之前给了一个稿子让我读，读不好的话再来辅导我。晚会那天我穿的是旗袍晚礼服，搭档主持是娱乐在线的男主持人，还有个英语频道做翻译的女生，他们俩是专业主持人，我就是混在里面的，还好没什么〔差错〕，表现还可以。那时候我都有小宝宝了（笑）。

问：邢乐现在还练体操吗？

王：她翻筋斗特别厉害，最爱下腰，对哇？

邢：15年的特奥会体操比赛结束后，到现在都没有再练了，因为一直在家里待着呢，没出去过。现在身体也不是很好了，很久不练，人也大了，已经翻不动了，参加不了了。

以前都是施老师带我们体操队练体操，一直带到现在。现在体操队里的那些小朋友都比我小很多了，施老师带起来也比较吃力，因为年纪大了嘛。带我们的时候她还比较年轻，还有力气拉我们，现在我们都大了，体重也重了，长得也高了，肯定拉不动我们了，小时候拉得动。前几天我去学校给施老师送衣服，施老师还问我现在在家还练吗，我说没怎么练，那你基本功压压腿什么的还行吗，我说，还行。刚开始压腿肯定不行，压了一个星期之后肯定会酸的，酸了之后你再练，肯定还是没以前好，现在年龄大了嘛，肌肉柔软度就不行了。施老师都说我们下腰退步了。

问：特奥对你有什么影响？

邢：从接触体操到参加比赛，我的身材都保持得很好，没有胖过。刚生完孩子也没胖，保持得好。吃也吃的，可是吃得不多，也吃不胖，还是跟以前小姑娘的时候一样。我们公司单位的人都说不相信你结过婚或是生过孩子，真的一点都不相信。体操使我的形象、体能都很好。

特奥让自己信心大增。虽然工作上嘛还是会有点缺陷的，但是体操肯定行的，如果你再叫我去，再重头来也很快的，你给我几分钟还是能回得来。动作还是记得住的。

毕业后顺利就了业

问：你什么时候开始工作的？

邢：在职校的最后一年，2010 年 6 月上的班，出去实习一段时间，再回学校读一段时间。实习没钱拿，就去看一看，表现好的话，单位就留你签合同。我当时在某某屋实习，后来留了我，面试也过了，他们知道我有残疾证。

有的人被推荐去星巴克，还有的在海神诺富特酒店里做铺床啊清洁类什么的。星巴克来我们学校招的比较多，每年都有两个、三个。那时候我想先去外面工作适应一下嘛，感觉还可以，就留下来了。

某某屋是第一次招收我们这种情况的人进去，正好挑中我，也就我一个。我们这种〔学生〕一般去星巴克〔工作的〕稍微多一点。

问：你当时做了什么工作呢？

邢：我的工作就在芳甸路大拇指广场的某某屋。

我在职校学面点，可是不一定学的面点就〔做面点〕。工作和专业不一样。我自己想去尝试一下，面试的时候我也只打算先看一看，结果顺利通过了面试，学校里的老师〔事先〕沟通过了的，我们什么情况他们是知道的。

去了之后，感觉某某屋环境蛮好的，也挺热闹的，每天都有很多人来买东西，但是工资比较低。第一次去不是很熟，老员工就先让我熟悉商品，看看怎么扫牌价。

有个阿姐，对我们很好，本应该叫师父的，但是她没让我叫师父，我们一

般熟了之后都叫阿姐阿姐，她就带着我，教我来货了怎么补怎么弄。

师：我们学校是先推荐工作，然后安排工作，也有推荐失败的孩子。邢乐属于比较成功的。她在某某屋也工作了两三年，这是她的第一份工作。乐乐本身就是个挺招人喜欢的孩子，大家也蛮喜欢她的。后来不涨工资，工作离家里又很远，晚上要很晚才下班，工作没劲就辞了。

问：具体是怎么工作的？

邢：某某屋开门是早上十点到晚上十点，早班到晚上五六点，有时上中班，十一点到晚上八点，还有下午班的。上班时候除了打牌价，我有时也会推销商品啊，顾客会问你某件东西好吗，或者是什么样的材质。有的时候早上会开会。

那里不是做一休一的，是做五休二。待遇还可以，跟其他同事都一样的，自己带饭，食宿都不包，然后叫你交四金的嘛。大家基本上还是把我当成正常员工一样，做的时间久了嘛，大家就"乐乐来乐乐来"都这么叫啦。我们的工资〔标准〕都一样，可能因为职位等次不一样，就会谁高一点谁低一点。有的是科长啊或者是资深员工，工资会跟我们不一样，看级别的。

公司同事也挺照顾我，因为都知道我是什么情况嘛，没怎么排斥我。可是有时我会对自己没信心，觉得〔上班〕这么久了还是有很多地方不懂。同事说，没关系，错就错，没错就没错，他们也没把它摆到心上。同事关系都还好。有时候我希望他们不要太照顾我，因为我都这么大了，都是成人了嘛，不可能一直这么被照顾，要靠自己的眼力〔工作〕。

后来结婚了，怀孕有了孩子，就不想做了，我做得蛮久的了。

为恋爱独立别养母

问：什么时候从养母家里搬出来了？

邢：2013年。在我们成年之后，福利院要给我们测智商，那时我每天去闵行区中青路儿福院补课，几点上班我就几点去，坐班车，挺远的嘛，希望能通过测试，分到房子。福利院也给我们复习测智商的东西，怕考试的时候考不出。我妈当时还说我肯定不行，后来我考出来了，我妈就不响了。

分房子的事情我没跟她说，分到哪里、干吗去，她从来不管不问。我分到虹口区之后，是老师带我去的，也不是她带我去的，她都不知道。她后来赶我出去，是因为我撒了谎。

我谈恋爱时，一直用手机发短消息，她喜欢看我短信。我诺基亚手机响了，她不管有没有信息都会先查一遍。我就把短消息全部删掉，但是我对象信息发过来了，实在没办法，我只能看。开始我妈不知道我谈恋爱了，后来就被我妈抓到了，我跟她说我谈恋爱了，对象是老师介绍给我的。我妈不想我这么早谈恋爱，她就心里不爽，但是我的年龄已经到了嘛。在家时我男朋友约我出去玩，我也老是出不去，我就想搬出去独立了，这样谈恋爱也可以自由点，想到哪里玩就到哪里玩，下了班可以逛逛街，妈妈就不用管了，我满脑子想搬出去。

我妈老是管我谈恋爱的事，我火大了，我跟我妈说福利院叫我们去测智商，测好之后给分配房子了，叫我去那里住。我妈说，你去干吗？你在那边也没什么东西，你去待着干吗？我想自由谈恋爱，我就非要搬出去。我妈告诉我哥说乐乐要搬出去。我哥就说让她搬出去好了，以后就不要回来了。

我搬去浦西住了一段时间，那边什么都没有，我公公婆婆还帮我搬了点东西过去。但是我在某某屋上班，新房子离我上班的地方很远，晚上九点多下班，挺晚的，回去不是很方便。所以我搬出去后，又在家里住了一段时间，把东西慢慢搬过去了一点。有一次我想回我妈家住，不想去浦西嘛。我跟我妈说我想回来洗澡，今天在这边睡一个晚上，我问她可以吗。她说可以的，你回来好了。我说我下班过去。我回来那天她〔给我〕挺陌生的那种〔感觉〕，把门开好，洗澡用的东西给我拿好，但是我以前在家用的鞋子不见了，我就光脚进去了。洗完澡，她叫我把家里钥匙拿出来，要收掉。她也不让我在家里睡了，让我走。我妈说：你可以走了，别睡这。我走就走嘛，我又不怕，反正拿着手机。我走那天，正好是周末我哥休息，我从大门口出去，看到我哥在打篮球，他平时喜欢跟同学出去玩，我都不行的。我看到他，也不想说话。我就打电话给我老公，当时的男朋友，我说：老公，我妈把我赶出来了，你过来接我。然后就住到他们家去了。

我妈把我钥匙收了之后，把我用过的碗、席子等等，只要是我用过的一切东西，全扔进垃圾桶里，她不喜欢别人用过的东西放在家里，看着碍眼。我就把所有属于我的东西全都拿走了，我就不能回去了，也不想理她了。不久，我妈把我的工资卡拿出来了，其实钱已经用得差不多了。

问：工资钱是谁用的呢？

邢：以前，我们之间都很客气的，我跟她说：妈，你拿着钱用，要不你买个电视机吧。她要是用的话，我也不能说什么，因为她养了你，不可能钱都不能用吧。

问：你的房子他们去过吗？

邢：他们不知道，也不问我住在哪里，因为我搬到浦西，挺远的。那时候我东西南北不分，下班坐地铁都被搞死了。

问：之后跟妈妈就没有联系了吗？

邢：我跟我老公谈恋爱谈了很久，到2013年，快结婚了，要办酒席了，我婆婆说你要去叫你妈结婚那天来〔参加婚礼〕，你先拿点礼物去看看她。我说可以的，我就跟我老公去了，带了喜帖、喜糖还有给我妈买的东西。

那天她很奇葩的，我敲门，她开了门，我没鞋子穿，她就随便拿了双鞋子。我说妈妈这是我老公，我要结婚了，我把喜帖给你，在什么什么时候结婚，那天〔希望〕你能来的。结果那天她把全部东西都退回来了，什么都不要。〔去之前，〕我婆婆说把喜帖、喜糖还有别的都放到她桌上，放着，随她便。她说话也很奇葩，突然很客气地说：你给他倒点水呀。叫我去倒点水给我男朋友喝，我在想我已经很久没回家了，快一年了。我就假装去做了。最后婚礼那天我妈还是没来。

我回家那天我哥不在家，跟他女朋友出去玩了。但是我妈肯定告诉他了，而且喜帖什么的都在。最后他也没来。后来我哥结婚也没叫我，我也不知道什么时候结的。我儿子生病在医院，我碰到我哥的朋友，我就问他我哥现在怎么样了。他说挺好的，已经结婚了，在2014年年底结的婚。我哥结婚也没叫我。

现在他们什么样子我也不知道。我有时候跟我老公说，开车子往海某新村溜一圈也好，已经很久没去了，变化挺大了嘛，门口都变了，虽然现在我还认识以前的家在哪条路上，就是不敢上去，有点陌生了。

问：跟养父母还通电话吗？

邢：暂时没有，现在家里电话我也不打了，没意思。结婚前我叫她来参加我婚礼，他们没有来，然后就没怎么联系了。那次碰到我哥的哥们，人就说，我哥结婚了，房子也装修过了。我问他妈妈怎么样，他说也挺好的。他们应该过得还不错吧。我手机号码还是这个号码呀，没变过，我哥哥其实知道我手机号，他手机号我没存，有点忘了，我也就没怎么联系。

问：福利院分房子是怎么回事呢？

师：福利院的孩子是国家抚养的嘛，到十八岁之后，政府会对她的能力做一个鉴定，如果能力好，政府就帮你安排住宿，安排工作，意味着你能独立了。如果你能力界定下来不行，那么就可能会去崇明第二医院，终身在那边，这是国家的政策。能力鉴定只有一次机会，所以很关键。能力可以的孩子，就由上海市民政局下拨到每一个区，各个区都有指标，这些孩子就像快乐大转盘一样转，我们也不知道会被转到哪个区县。像邢乐，就被转到虹口区，由虹口区人民政府负责她的房子、就业，就业因为学校已经帮她解决了，那虹口区就要负责房子，包括她的户口落户。乐乐分到虹口区了，集体户转到虹口。房子很简陋，生活条件很差，就是给你一个壳。你说，一个小姑娘，一个人，从来没有独立过，你放心让她一个人去生活吗？

邢：当时就我一个人摇到虹口区了，还有一个同学摇到另外一个街道，跟我分开来的。我有一个朋友分配得很好，分到了杨浦区街道，政府特别关心她，给的房子是两楼的房子，一室户，她住在一楼。政府先把她安排到宾馆住，再帮她把那套房子里面都装修好，装修也不要她付钱，都是政府给她付，付完还给她找了份工作，是在图书馆上班，就是每天替读者登记一下借书还书的信息，挺轻松的呀。

房子我现在不住了，房子特别破，街道也不是很好。我当时跟居委会关系特别好，分配好之后，我问了房东阿姨，才让我住进去的，最后我也没待下去，她就把房子收掉了，因为我不是经常在这里，太浪费了。

房子不是给我的，是政府租的，政府买单，让我待在里面，每天下班睡觉的时候用，是老式公房。生活费什么的还是自己负担，买菜还是要自己买的。那时我正好跟我男朋友在谈恋爱，婆婆他们也很关心我，一直把他们家东西搬过去，蛮远的，我们坐两辆车过去，舅舅有车子，就顺路带过去。其实我在那边住的不多，因为我在浦东上班，上下班太远了，下班要九点多，有时候十点才回去，很不方便。住了半年也不到，难得去住一次。

跟养母闹翻之后，我搬到婆婆这边住，把户口迁过来了，虹口就不去了。房子也收掉了，房东阿姨把里面装修了一下，就租给别人了。我在里面的东西现在都没喽。我婆婆后来去问我们能不能拿回房子，他们说我已经成家了，要看我现在家里的房子有多大，如果超了标准就不能拿房子，就是你已经嫁给老公了，你老公家里已经是有房子的了……

师：其实虹口区是在推卸责任，我上次还在跟邢乐说，你现在老公好，婆婆好，如果不好的话，你后路都没有。

邢：对，我婆婆也想过这一点，跟虹口区街道那边也说过，如果以后我家庭关系不好了怎么办？要么把房子分到浦东也可以，有一套小房子也可以，万一〔不好〕可以两边奔奔，但是政府没有回应……所以我什么都没有了呀，我

现在就是靠自己工作，把户口迁到我婆婆这边，我老公我婆婆我儿子加上我，四个人在一个户口本上，我公公在另外一个户口上。

师：他们家房子还可以（笑），还好有房子是吧，不然真的是……好好珍惜，心态要好。你现在的生活还是很好的。之前有一段时间心态不是很好哦，我不说别的，你跟小张比一比，你很幸福了，你跟小陈比一比你也很幸福了，你要跟不如你的孩子去比，对吧。你有疼爱你的婆婆，有爱你的老公，有可爱的孩子，还有，你房子比我还多嘞（笑），有一份可以的工作。我做校长也是压力多，对吧。所以要知足常乐，要充满感恩地去生活，每一天都要快快乐乐的。最近好像好多了啊，最近也不麻烦我了，找我的时候都说王妈，你身体好吗。我听了就很开心，现在她很会关心我。

老师牵线结良缘

问：你和对象是怎么认识的？

邢：我对象是王英老师介绍的，他也是我们学校的。

师：乐乐这个孩子本身就很特殊，她是从福利院出来的，当时面临着独立，房子分配到了虹口区凉城路那边，路很远，你让她一下子去独立，真的是……我们作为老师呢，真把她当做自己的孩子，有点不放心。从小我们也一直跟她说，女孩子长大了，谈恋爱要谨慎，找男朋友要眼睛看准了，是吧。我们不是世俗，事实是这样，我一直跟她说你一定要看清楚了哈。

她的婆婆是学校里开车的老师，我很早就认识她了，我一直觉得这户人家蛮靠谱的，蛮朴实的。婆婆姓孙，孙阿姨呢这个人本身很好，是上海本地人，待人也很真诚，她的孩子就是邢乐现在的先生，长得蛮帅的哦。他们家就一个孩子，爸爸妈妈很正常，爸爸的语言表达能力不是很好，婆婆很能干，也很厉害，把邢乐当成自己孩子一样。

我觉得孙阿姨家的儿子和邢乐有相同的地方，这个男孩子也是我们学校毕业的，比她大两届，他们两人之间还是有共同语言的，而且对方家庭的软环境、硬环境都还可以。我觉得邢乐到这样的人家呢，也不吃亏，以后的生活呢也比较有点依靠。我还是从蛮实在的角度去考虑的。

我跟邢乐说，老师给你介绍个男朋友好不好呀。她腼腆说，好呀。我就给他们两人约在肯德基见面。没想到这俩孩子一见面就很投缘，他们本身就是校友，朱晨也很喜欢邢乐，对哇？两个人互补型的，一个比较外向，一个比较内向，牵了线之后他们两个人也很顺利成家了，走下去了，蛮好的。主要是他们两个人比较有共同语言嘛，兴趣也比较像，朱晨也在工作，也是我们学校推荐的，恋爱当中他们就看看电影……（笑）

我跟她婆婆说，邢乐本身就是这样一个孩子，交给你我也放心，相信你会像带自己的孩子一样照顾好她。她说王英老师放心吧。我说你呢也要说说邢乐，有时候孩子毕竟不懂，年轻人嘛，她不懂不乖的时候你告诉我，我来说她，她还是蛮听我的话的。对，所以她碰到应付不过来的复杂情况，就会发个微信跟我说，王妈，我怎么样怎么样了。我就会跟她聊聊。当然，在成长的过程中总会遇到磕磕绊绊，肯定不是一帆风顺的，关键是看我们怎么走过去。对人要好一点，要善良一点，老天爷就会庇护我们。

邢乐（左一）和王英老师在一起

这也是我的人生信条，我一直跟她分享，比如说结婚的时候生孩子的时候，都是这样的，对哇？学校里别的老师呀，像刘妈啊都很关心乐乐，听到乐乐要结婚了，大家都很开心，大家都要去。我们还约好一起去喝喜酒，去看她穿上婚纱。学校老师都吃到了乐乐的喜糖，她穿上婚纱的这一刻，我们真的像自己的孩子出嫁了一样，很感动的。从此，这个孩子就有家了，有依靠了，对哇？我们真的是看着乐乐一路长大，一直在祝福她。

邢：我老公家就他一个孩子，他比我大三岁，他是 88 年的，我是 91 年的。他爸爸就是嘴巴有点结巴，其他还是行的，但是没有我婆婆好，婆婆很能说，情商智商都比我高，我们情商和智商都不行，交流方面肯定是不行的，实话直说，我就有什么话都跟她直说。我妈平时也说，情商智商你们还是没有超过我。我老公不响的，很内向，第一次见面我就叽叽喳喳地说，我比较直接（笑）。

谈恋爱的时候超开心，我们都在上班。他在浦东某假日酒店，在后厨打打下手。我在某某屋上班，下班比较晚嘛，有的时候也有休息，按排班表看哪天

休息，我一般不是周末休息，都是周内休息，周末还是上班的，我们俩下了班就一起看看电影或者（偷笑）……

我们谈了一年就结婚了，先去办结婚证，后来才办酒席。本地人要先算好日子，我们也不怎么算，我觉得哪个日子都一样，巧是巧，日子定在3月份，3月份正好我婆婆也退休不做了。打算结了婚，再过差不多一年要孩子，婆婆正好在家带孩子嘛。结婚时本来不打算叫这么多老师，他们过来给钱也不好意思嘛，就没有叫很多，可是糖都是要给的。

谈恋爱很爽，结了婚之后感觉就不一样了，要忙着上班，没有谈恋爱时候自由嘛。怀孕之前，我们想快点趁机出去玩玩，跟我老公他姐姐一起去厦门玩了一个星期，她定的票，都弄好了之后，我们一起去玩的，钱也是她定好付给她的。

成家了还要给孩子省钱，有了孩子就觉得一切全都是孩子的，下了班就要回家，不像以前可以自由看电影，现在只偶尔看看电影了，二人世界少了很多。要么就是一家人都带着孩子出去玩，玩好了一起吃饭。一起出去玩，不用我出钱的。

师：结婚是不容易，不过也是很开心的呀，一会香港玩玩，一会北京玩玩（笑）。

迎宝宝家庭乐融融

问：结婚多久后有宝宝的？

邢：结婚前要检查身体，我检查下来没什么问题，我老公也没有，但是刚开始没打算马上要孩子。结婚有一年了，14年才有的，还在某某屋上班嘛。平时我"大姨妈"比较准时，我每次都会在日历上写好时间，突然发现这次没有来，我想可能会推迟嘛，我就再等等。后来我问我同事，怎么还没来那个，她们就说你别急，你再等等。呵呵，她们结了婚，肯定有经验嘛，年纪大的也知道，他们叫我去买个验孕棒测测，也没有测出来。我跟我妈说，月经没来啊。她也没讲，带我先去公立医院，就在儿童医院隔壁，叫仁济医院，先去做了一个检查，验出来就发现怀孕了。

啊，得知怀孕之后感觉好紧张。她们说你上班时要小心注意哦，不要做粗暴的动作。我想怎么这么快就有啦，没想到要怀孕。但是我家里公公婆婆年龄也大了，再不要孩子他们怕带不动，虽然没怎么催，也是会问怎么还没有。后来有了孩子，我就没怎么上班了，就一直在家里。

我婆婆那个年代跟我们不一样嘛，怀孕还要上班，不怎么休息的。她当时没注意到小孩〔脐带〕已经绕到脖子上了，所以小孩生下来就有点……那个时候不像我们一样有剖腹产，超难生，我对象头比较大，生出来之后放在保暖箱里待了一个多月。我婆婆就有阴影了，想想就不再让我上班了。我上班也是站着的，属于干体力活，还要搬货嘛。婆婆很疼我，很照顾我，也是照顾肚子里的小宝宝嘛，怕生出孩子这里不好那里不好，怎么办？你知道的，我们两个都是这样嘛，万一生出孩子再不好那怎么办……

问：怀宝宝的时候紧张吗？

邢：后期还是有一点……紧张，超紧张，快生之前也紧张。医生会恐吓你，什么签单子，说万一小孩生出来会不好啊怎么怎么样。别的都不说，先吓唬你一下。最后我也是剖〔腹产〕的。进去〔手术室〕的时候好冷啊，也怕的。当时打了麻药没什么感觉，麻药之后六个小时内不能吃东西，我真是超级难受，第二天早上又叫你自己走路，我伤口还没好嘛，下来上厕所超疼。生孩子时候我婆婆、公公都是一起来的，轮流待着。我婆婆二十四小时会在医院待着，公公不方便嘛，我老公嘛他要上班没时间，只有我婆婆带，我公公嘛偶尔会看看小孩。擦洗身体什么的，他不方便。

孩子吃母乳的时候都是我婆婆带的，她带着孩子睡在另外一间房间。孩子还小，他们说没关系的，只要我小孩吵，我过来喂奶就可以了。那时候是冬天嘛，哦不，7月份生的，9月份有点开始偏冷了嘛，冬天孩子半夜里起来撒尿，带着他挺辛苦的。

问：宝宝做过检查吗？

邢：每次检查身体都去做的，出生之后就没有给孩子做筛查测试……他在肚子里时，唐氏筛选什么的都做过了。医生老是建议〔检查〕，老说我们〔孩子〕头大，比平常孕妇〔的孩子〕的头大一圈，医生可能比较怕脑子里有水什么的。我们就有一点担心，我婆婆也比较担心，先去仁济医院看B超，但是看得不是特别清楚。后来，专门去浦西一家医院再做一次B超，看看头到底怎么样，那个B超比较先进，可以看得特别清楚，做完把单子给医生看了，他也没怎么说，还好没说什么，我们就不想了。感觉还正常，然后说如果有问题，你等小孩出生之后再看。

医生没说有什么不好的，我感觉宝宝应该……还可以，挺正常的，挺聪明的。现在两岁半了，反应力都蛮棒的。

　　但是都说头比较大，后面骨骼都蛮大的；而且他不喜欢开口说话。我们下午会去给他做早教，想让他去独立，已经学了蛮久了。他现在只会喊妈妈，爸爸也会喊。聪明蛮聪明的，东西在哪他都知道。睡觉也规定好跟谁睡，不要跟爷爷奶奶睡。

　　问：宝宝跟你像吗？

　　邢：宝宝长得像爸爸，特别像，一点都不像我。

　　问：有了孩子之后的生活怎么样呢？

　　邢：平时白天孩子都公婆带，晚上跟着我。我还没下班，他就会在门口等着我呢！他会拉着爷爷奶奶到门口，他知道妈妈就要回来了。还会翻我书包，看看里面有什么东西。周六下午我带宝宝上课，第二天休息嘛也还是围着小孩转，感觉生活很充实。有时候也是会埋怨，有了他，就觉得每天一下班就得回到家；吃饭还粘着我，总是要粘着我们两个。他跟我比较亲。我也要训他的，训好之后让他哭，哭完了他又皮了，就不睬他，他就好了。

　　师：现在她张口都是儿子，跟我们说她要努力工作，要给儿子攒奶粉钱，将来儿子还要用好多好多钱。

　　问：夫妻俩一直很相爱，家庭关系怎么样？

　　邢：还好还好。谈恋爱的时候感觉很相爱，结婚之后为了孩子嘛，有时还是会有点小矛盾，会嫌他做事情〔不够好〕。他脾气有时候不好，性格比较内向，会发脾气的，脸一红就会火起来。你真正叫他做了嘛，好啦，不响啦，就举例子，你叫他给小孩洗澡，他说不行，你一定要过来帮忙，他怕弄不来。

　　家务事，烧菜什么的都是公公婆婆在家做。公公婆婆去买菜，我们不用买菜。我动手能力不行，我也想烧菜，老师们都知道，我比较粗，不像一般小姑娘比较温柔，我挺像男孩子，做事"轰轰隆隆"的。我以前在我妈家做事，也是经常没头脑。她总是说，你做事情之前要想清楚，先做什么再做什么。我老是脑子拧不过来，经常是看到什么做什么。现在带孩子也需要〔有条理〕，早上起来，我肯定先把宝宝的衣服穿好，再坐会儿。然后他爸爸喂孩子喝完水，再去上班。接下来就是我帮孩子做了，洗脸刷牙吃饭，一步步按顺序做好，每天都这样。孩子也会挑人，穿衣服一定要指定谁穿，早上一醒来睁开眼睛就要妈妈，不要爸爸，哭的时候也不要爸爸抱，实在没人了就没办法。晚上也是有步骤，回到家〔先〕给他脱鞋换衣。

　　小孩的教育，也是婆婆和我做得多。我婆婆会教他认数字，我会每天跟他说"2"，问宝宝你几岁啦？"2岁"。做"2"这个手势，他小手指头没问题，第二个手指头伸不出来，我教他，他就会伸出来，也会说。我也会让他叫，问他"你叫我什么啊?"我会跟他说你要叫清楚。有的时候让他叫爸爸，他不叫，他还是会叫妈妈。〔有些东西〕他知道是知道的，比如他都知道东西放在哪里。

我买了个小房子，让他放玩具，教他怎么把东西放进去。问他是什么颜色，比如我说"妈妈要个红色的车子"，他会先挑，我先问他对不对，他想好了然后给我。这些他都知道。

他性格就是冲不出来，他爸爸就是这样。认识的人还好，如果不认识的，他也不响。他说话不像我说话"叽叽叽叽"的。比如我带我老公到同事家去，认识了，他就很熟。不熟的话，他也不说话。他爷爷也是比较内向的，老实是老实。而且他现在年纪大了，带孩子不像她奶奶那样方便。奶奶带的话好是好，比如在吃的方面就比较注意，烧得好一点。伺候小孩儿吃的方面，奶奶做得多一点。

我儿子比较挑人，如果我和他爸爸都不在，他就要爷爷，爷爷会带他到门口或者是小区卖菜的地方玩。虽然奶奶很能干，但是我儿子要爷爷要的比较多。如果家里人都在，那就谁也不要，只要妈妈。叫他叫奶奶，他就叫妈妈，叫谁都叫妈妈。我问他，你妈妈几个? 他就会说五个，我问哪五个，他就伸出一只手，五个，把五个手指头全都算在里面了（笑）。

有时宝宝不肯睡午觉，就把他放在他的小车上，在小区里溜个圈子。有时坐公交车出去，昨天带他到浦西买了两件衣服，爷爷出的钱，我没出。我们带他玩，他都知道怎么玩，他懂着呢，其实和正常孩子差不多，就是话说得少一点。我们说他后脑勺比较大，其他没什么。小的时候去检查过头部，躺下来用一个东西罩着你嘛，医生也没有说什么，如果有问题早就……

还有一点就是他比较能吃，嘴巴就没有停过。比如中午我婆婆会烧粥，一天能烧两次，中午和晚上的，他能吃一碗，我们都吃不完，满满的一碗。面他也很能吃，他喜欢吃主食类的面啊，还有小馄饨的皮子。蔬菜像土豆青菜也能吃。荤的他不喜欢吃，也吃不来，因为他一吃就吞下去了，不像我们还嚼啊嚼，得等他牙齿长好了再吃，小孩子也不喜欢嚼的咯，喜欢直接吞下去。他现在还喝奶，白天不给他喝奶。

他独立性还好，让他上厕所，尿布不穿都可以，白天跟他说好，你要尿尿哇? 他说嗯。有时候他不太会说尿这个字，他就用手捂着前面。有时候来不及了，会稍微弄在自己身上一点。大便现在也是每天晚上给他弄好。

问：有没有想过让宝宝以后也练体操？

　　邢：现在没想过，要看他能力，喜欢什么就让他学什么。我婆婆想让他去学游泳，让他抵抗力好一点。婆婆对整个家庭的指导多，她希望宝宝像正常孩子一样，不要像我和他爸爸，希望他长大时候能独立。能学习嘛，他如果哪里学得好嘛，就〔让他〕学好了。

　　问：现在你和先生上班，公公婆婆退休在家带孩子吗？

　　邢：对，之前〔是这样，〕我们都不带，他们都退休了，不上班，就带着他嘛。像我们邻居家小孩都是爸爸妈妈带，妈妈带的话，〔妈妈〕都不上班，想带到上学。所以我目前不打算找工作，我也找不出什么工作，再看吧。

　　我〔以前〕一个月工资高一点，基本工资是三千五，拿到手是三千二左右。老公会比较少一点。他在 DQ 工作，两千九左右的基本工资。他不是周末周日休息，一个星期上五天，休息两天，两天是分开来的，也相当于做一休一。他在 DQ 嘛就做冰淇淋，做蛋糕，他们现在还做外卖，挺忙的。

　　我公婆说你们已经大了嘛，小孩都有了，你要么存点钱。平时大钱都是我出的多一点，小钱是我老公出的，买奶粉什么都是他付的，我就是付早教费什么的，付一半。我公婆他们付得多，因为我们钱也不多嘛，公婆有退休工资拿的。

　　问：家里财务都是谁管呢？

　　邢：我们俩的财务都是我管。我老公的钱都是他自己看着办，他拿完工资我会问他，你工资发了没，发多少，他会说的。现在不是申请了一个短消息嘛，我们公司发工资会在邮箱里发信息，有时候也发短消息通知。

　　理财上我们有一点困难，也还好，反正我们也不会瞎花钱，该需要的还是会买。公公婆婆有时会说，你们省点钱，孩子读书啦也要钱。我们俩学历不好，宝宝大了要读书，万一接着去早教，一节课要一百多块钱，也要省嘛。现在要给孩子规划，他学得进嘛就学，让他试试看。我想让他明年去托班试试，一天下来怎么样，现在早教里面有个老师和我们关系还可以，我也跟她说过上托班的事，顺便让她给宝宝看看。

　　我们家还有一套房子，在长宁区，还在装修，装修好之后可以租出去，给家里补贴一点生活费。以后宝宝读幼儿园读书啊，像我们这种家长学习能力不好嘛，孩子肯定要在外面教。我老公姐姐的儿子，现在每个双休日都出去补课，补一节课都一百多块钱，补一个下午就是从一点钟到四点钟的课，三个小时一百多块钱，三年级的小学生，〔花钱〕厉害吧！我们现在早教已经三万多块钱用完了。明年3月份给他上托班，就得一天都在里面待着，饭钱算在一起都一万八。

问：想过生二胎吗？

邢：没有，我和我老公能力不是很好，再生二胎，本来〔这个孩子〕就头大，要是再生二胎还是头大……我公公婆婆说生二胎也挺累的，带也带不动了。特别是经济能力不行，房子是有的，但是学习方面、教育方面我们肯定是不行的，将来怎么教他们？像我们楼上邻居，都是博士也还是生了一胎，还是个女孩。

他们两个博士都是专门做设计的，很忙，跟我们关系也挺好的，跟我说：乐乐，等过完年，明年看看有好的工作呢会给你介绍介绍。我说好的。他们过年回老家的，是西安人。他们说现在找工作都要本科生啊研究生啊，就是说要文凭。他们说需要证书，不是我们的毕业证，就是考的别的证书，我们也没有。所以找好的工作也不可能呀，挺难的。我之前做的工作也挺好的，没生意嘛就坐坐，帮他们开开发票挺舒服的，但是现在被裁员了。

问：现在除了家里人和老师，其他还有亲戚朋友走动吗？

邢：没有，就一个闺蜜。家里人，跟我老公姐姐挺好的，是我婆婆大姐的女儿，我们表姐；再有是姨妈的儿子也还可以。姐姐她们还照顾我们，有时候过年过节去外婆家，就是我婆婆的妈妈家，他哥哥姐姐弟弟都会去聚聚，我们这一代的小孩子也都大了嘛，大家也知道我们两个什么情况。

我有时候也会打电话给刘妈，我知道她不怎么上网嘛，问问她最近怎么样，跟她说说话。前一段时间碰到一件很纠结的事情，家里的事情，我老公跟他妈妈不开心，我就愁死了……

师：她老公跟他妈妈不开心，她觉得很难受，不知道该怎么办。她很担心，我觉得很正常，就是突然没有安全感了，对吧？他们吵架了怎么办？

我就教了点策略，我说还是一如既往地跟婆婆相处好，不要看她是婆婆，就当她是妈妈，妈妈生孩子的气很正常。凡是碰到事情，我们要反思自己，你跟你老公一起要反思，你要劝老公，这个时候不是你一个人，是你们两个人的事情，不要让婆婆有什么不开心，因为婆婆也希望你们能好，对吧，所以你们可能语气呀，说话的方式啊都要改……同在屋檐下，家务事，哪分得清楚你好我好，你对我错的，家务事本来就没有对错的。作为小辈，我希望你们要姿态低一点，婆婆要帮你们带孩子，还要帮你们料理家务，这个过程是很辛苦的，你们的态度要好，要告诉你老公不可以这样。还有一个，你不要去介入其中，

有时候过一段时间就好了。我空的时候也会问乐乐，你这两天好不好呀。她会告诉我蛮好的了。我觉得在处理复杂事情上面，她也越来越成熟。

带儿子启蒙上早教

问：什么时候开始给小孩上早教的？

邢乐：是我婆婆提出来去上早教的，她看到别的小区里有个小朋友去上早教，我们就去了世博园的某某中心，早教条件蛮好的，服务也蛮好的，我们挺重视小孩的教育，想去试试看嘛，不想他再跟我们一样了。

第一次去，孩子有点陌生，看到人就不响。明年要给他上托班了，本来是打算他开口会说话就不去了，但他性格有点像爸爸，不太肯说话，实在没办法才让他去的。孩子在家里也不怎么说，要干吗都不说，你专门问他要干吗他才说，在家里还是我比较能说。

平时我休息，就是我带他去上早教，上班的时候我就不去了。宝宝每次有两节课，一周上两次，周三和周六，上社会课和音乐课。他蛮喜欢音乐课的。其实上的内容全部都差不多，老师会先复习第一次教的东西，复习两三遍，才会教新的东西。平时〔孩子〕爸爸也会带宝宝去上课，我们俩都在的时候他会要爸爸。

宝宝现在还是跟得上的，有时候他会偷懒。第一次上课，老师先让他自我介绍，刚开始他不肯，拖他叫他上去，死活都不肯上去。后面慢慢大了，他自己上去。我说"浩浩，你上去吧"。上去之后他不会说嘛，老师教他，说完之后大家拍手，拍完了，好了，他赶紧起来，超快跑到我这来。他兴奋还是蛮兴奋的，就是胆子小。现在倒肯了，进去之后知道东西在哪里，洗手间在哪里，里面的环境已经熟了。我们进去之前还会玩滑滑梯，先玩一会热热身嘛。

现在课程班里面，就他话比较少一点，其他小孩子有时很好的，会说说。还有个小孩子比我们大几个月，还在唔奶嘴，我们从小就不给他用，因为人家说养成了习惯，他就一直要带着，不放手。还有个和我家宝宝关系特别好的小妹妹（指照片）。

我们小家伙有一点不好，就是很黏人，我一到家里就不行了，太黏着我了，我得跟他玩，我想玩手机吧都不可以，一定要看着他玩，他要拉着我玩车子。有时候老师上的课程我也不大想教他，他知道也知道的，偶尔会高兴地说，特别想上音乐课，他喜欢上，跟他说"咚！咚锵"他听到会笑一笑。

他现在就会说爸爸妈妈，有时会打招呼。他在家里跟我们说的比较多，让他在外面说他就很胆小。今天带他去公园玩滑滑梯，一定要我拉着他上去，那样才肯玩。如果让他一个人去上，我在下面等他，那他不肯。老师上次给我们上了一次课，叫心理安全服务。他就是没有安全感，很胆小。老师跟我说，以后不能在小朋友面前说小朋友你不行，小孩会不自信。所以就要多跟他说说话，多带带他。

孩子上了早教比以前好多了，老师也说他比之前好多了，尽管还是不太响，不肯打招呼。社会〔课〕会比较好一点，老师会叫大家自我介绍。他现在还不大会说，有的小孩子已经会说我几岁啦，叫什么名字。我们家宝宝会是会的，看到人多了，他就不敢了，胆子小。做的时候么，老师问他你几岁啦，两岁，老师要帮他说出来，他也肯的。有的时候你要看情况，要看心情。一节课四十五分钟很快的，我跟他说下课了，结束了，我说：浩浩，你去跟老师拜拜，抱抱。〔他〕肯的。你只要跟他说清楚了，你叫他去抱抱他就肯的。我们现在不是加了老师微信嘛，我跟孩子说：你不听话我就跟老师说了啊，说你不睡觉啊。他就好好好，听话了，他比较听〔老师的话〕。

他还喜欢漂亮的女孩子，现在跟楼上邻居小妹妹关系挺好的，她比我们小七八个月，他喜欢小妹妹。有的时候会给小妹妹小东西，跟她分享分享。宝宝跟认识的人还好一点，不认识的人他有点陌生，一点也不想聊，就会黏着我，抱着我。去上早教也是这样子的。

养孩子的事在正常人家说起来不复杂，我们就不一样。我带孩子去早教，其他家长都很正常，我就感觉我们跟正常家庭稍微不一样，虽然我也希望不要被他们看出来，能做的还是一样做，不能做嘛就没办法。我有时会去跟早教老师说清楚我跟老公的情况，叫她稍微照顾照顾小孩，不懂的多教教他，帮忙看看孩子。我不说也不行，到时候万一孩子回家要学，你也解释不好，就很麻烦。

师：他家在培养孩子上面用心了。来看看宝宝的照片，还有视频，是吧？

邢：有的，这是在早教里面上游泳课。这是爸爸带他上课，这课上的是日本，假装我们去了日本，拿了把伞。这张是他穿着日本衣服。这是带他在世博园里面玩，他喜欢玩小东西，喜欢小车子。这是在购物中心玩。他去的地方蛮多的，还没出过国。这个他在笑，他懒，这个是有点不舒服的时候，这是在家喝奶，这些是在他太奶奶家……

这是我同学闺蜜的儿子，他比我们小一点（指照片），他还要爬着走，我会把宝宝穿不下的衣服都给他们。那天她是陪我来玩的，我想让她看看怎么上早教。她想上但是出不起钱，太贵啦。她买的一套房子还有房贷，都得钱。她嫁了一个外地的老公，条件嘛一般般，不是很好，没有自己的房子，刚买的一套老式房子，七十四万左右，好像在沪南，我去过她家，好像坐的沪南线，走得蛮远的。她蛮厉害的，现在在乐购上班，上下班来回挺远的。她觉得工资有点低，也想换工作，可是现在换工作也挺难的。

靠自己找到两份工

问：生完孩子后，又出去工作过吗？

邢：参加完第二次特奥会，我在家待了一段时间，孩子 8 个月后，过了母乳期嘛，我把奶断掉了。我想先在外面试试看做餐饮的工作，想去学一学，那时有个在某某屋认识的同事，当初是我们的科长，我跟她关系挺好的，她知道我的情况，像姐姐照顾妹妹一样，把我当正常人一样。

我知道某茶店，但是不知道她在里面上班。我就去看看她在哪，去店里一看，觉得挺好的嘛，穿的很好，很帅。她就给我介绍了某茶店的工作，问我你行吗，挺辛苦的，你能吃得起苦吗？

我婆婆当时带着孩子一起去的，我婆婆说：她行的。我也觉得还挺好，做六休一，包中饭。工资嘛还好，也不算高。我就去做了餐饮服务员，〔负责〕带客人进去〔安排〕坐哪里，端端盘子。这是我第二份工作。

做六休一也是蛮辛苦的，从早上到晚上，做了一个月我感觉不行，而且有一次端汤，地上挺滑的，我穿了一双黑色的鞋子，不小心没端好，那地方也小，还有台阶，就摔了一跤，汤也翻了，把腿烫伤了，特别红。

我老公那时也在里面上班，是我拉进去的，我们那天同时在上班，小孩是公公婆婆带。我老公带着我去医院。一般上班把东西弄翻了、弄坏了不要紧，人不能受伤，可是自己就受伤了……〔公司〕赔也没赔，把〔看病〕发票单子给我报销了。我就在家休息了一个月，想想工作也挺累挺苦的，做不动就不做了。这份工作做了不久，也就一个月多。

在某茶店的时候挺好的，刚开始大家不认识不怎么响，我们店里还有几个领班挺关心、照顾我的，都是九零后嘛，我也会觉得有点不好意思。店长跟姐姐一样，说你有什么不开心的就跟我说，有没有人欺负你？我会跟他们说。我说我觉得自己能力不是很强。周姐就说，你不要这么想，有时候都是自己〔感觉的〕，人家也没有对你怎么样。我有时候就有强迫症，想多了。周姐叫我不要这么想，如果实在不开心你就跟我说，不做了的话也跟我说。我烫伤那一天她休息，后来领班告诉她，乐乐今天不小心把汤打翻了。我不想他们老是照顾我，觉得心里有压力。我是以正常人身份进去工作的，就周姐知道我有残疾证。

从某茶店出来，在家缓了缓，又带了会小孩，到孩子一岁多之后，我又找了一份曼某家的工作。这个工作嘛，也是我以前同事介绍的，她在微信朋友圈里面发信息，我点进去看看，德国人的品牌，德国人开的，卖阳台、户外家居的，就是设计阳台，卖卖小东西，吊兰什么的都有。我觉得还好，就问了我同事，你们需要招人吗？我还点了他们的网址进去看了，看看他们招人嘛，我也去店里看了看，〔感觉〕挺好的，觉得这工作还可以，做五休二，不是很难。进去之后分到山某超市店，这家超市老板和我们公司老板认识，就在超市门口摆了展示摊点。每天的具体工作就是销售、补货，感觉还好，上班时间也是分早班跟晚班。店长挺照顾我的，知道我情况，她说你销售能力不是很高，就是不会把顾客"骗"进来，拉顾客买下来，所以你还是到我们公司的体验店去。

体验店在优享家居严家桥这边，在我们公司办公大厦旁边大厦的一楼，都是我老公接送我上下班，我不会开电瓶车，我很笨的。那里面没有什么顾客来，大楼里面都是白领啊或者其他公司上班的人，包括我们自己公司的人。环境还好，比较偏，就是一间老式的房子。

体验店就是给人观看产品的，让你看看怎么摆放，阳台怎么设计；也卖东西，偶尔要介绍一下商品。其实我做过一单生意，有个老客户来了，就卖过那一次。之前在某某屋竞争没有这么强。除了店长和领导偶尔过来，平时基本上就是我一个人在体验店，每天的工作就是帮山某店的摊位报报业绩，下班前做工作计划，今天一天做了什么事情，明天要做些什么事情；再搞好自己这里的清洁卫生，就可以啦，还好，不累。

曼某家的同事都是有办公室的，有网上设计部、人事部很多部门，我在隔壁大厦一楼上班，中午到我们公司和其他人一起吃饭，跟大家离得远了，关系也不是很好，没有在某某屋时候好。某某屋的同事关系特别好，吃饭也在一起，偶尔也会一起出去玩，大家都很照顾人，跟朋友一样。在这里呢，第一，他们不知道我的情况；第二，我话说多了就不行啦，同事关系就处得不是很好，吃饭也就我自己。

后来，公司在山某超市边上开了门面店，展示摊的同事都搬进门店上班，店里的人有时会叫我，乐乐帮我什么东西备好呀，开开发票，偶尔有人没来，

我就去顶个班什么的，也挺好的。他们聊的都是工作，也没有说自己的时候。大家私下里交情浅一点。曼某家里有一个我以前在某某屋的同事，她给我介绍的工作，跟我年龄一样大，也做妈妈了，我们现在关系一般般，可是她跟其他同事关系特别好。我也就想算了吧。

工作时候我也蛮外向的。刚开始不熟，后来熟了嘛，这里面东西也都知道了，同事会问你要什么东西，要交待什么，我说我这里就是宝箱呀，你要什么就有什么，跟同事之间也还好，没有说很亲密，就一般般。我觉得自己工作上应付好就行了，没事情的时候自己会打发时间，休息休息。

在曼某家，开始没人知道我有残疾证，但那位我在某某屋的前同事，她跟人事部说了，因为公司可以拿我的残疾证享受福利。①

之前我在山某超市门口展示摊位做，每天做得挺好的，就是周末挺忙。后来我同事不知道怎么就想起来，说乐乐你残疾证怎么样了。接着公司也找我了。我说我的都要过期了，没有去弄，我也不知道怎么弄。后来她又去跟店长说，店长慢慢来给我洗脑：乐乐，你是不是残疾人啊？是不是有残疾证啊？我说有的，但是已经过期了。她说你有这个证件，你去街道问问怎么补办吧。我说那我回去问问我婆婆吧。我妈就说怎么又想起来要办残疾证了，我之前有一张，就不想办了。我婆婆说，你就说不能办了。我回去说不好意思我办不了，我户口在虹口区，我是集体户口，资料什么的都在那里。他们合计一个星期又问我了，我说不行。后来店长找我，说哪天休息去问问看，哪里能办这个证件。我一直往虹口区跑，我的集体户口一张纸〔证明〕还会过期，一个月左右就失效了，工作人员就让你去派出所重新办，我婆婆也跟着我天天跑，烦死了。后来我们打了残联的电话，说浦东有一个登记的地方，有档案，最后去那边还挺方便的，就办好了。公司就拿去复印了。

问：后来对你的工作有影响吗？

邢：有影响啊，我的销售能力就不行了啊。曼某家里面是看业绩的，看你推销产品〔能力〕怎么样。以前销售不是很好，但还会跟着同事一起在公司开会，慢慢地都知道我是残疾人，我就有了压力，怎么都知道了这个！我们店长说，知道就知道了，又不是见不得光的事情。我就没去说什么。后来领导觉得我销售能力不是很好，把我调到体验店。

---

① 此处福利，应指为鼓励用人单位招聘残疾人员工，政府给予的企业所得税优惠、就业岗位补贴以及免交该员工所占比例的残疾人就业保障金等政策。

我在曼某家里面认识了一个聋哑人，不会说话，比我大一点，三十几岁，跟我是一样的情况。她在公司大楼人事部前台，两幢大楼挨着，上班时候我们面对面看得见嘛。她在那边办公，每天来开发票，弄黑板，她动手能力很强，很厉害，就是听不到别人说话，每次只能打字跟她聊，或者看嘴型说她才能知道。有时候我们俩说话，她不知道你在说什么，她一定会再问你，我跟她关系还可以。因为跟她有点相似，又是同事嘛，不过好也好不到哪里去，就同事。公司大部分的人是不知道我们的情况的，有一部分行政人员还有人事部知道，他们肯定也会跟老板说的。

问：工作上有什么目标吗？

邢：如果说在工作方面再上进的话，我们可能做不好。可是我只要简单一点，加加金就可以了。我们的工资一直固定的，要看之后会不会加年终奖。之前听说过，公司吃年夜饭有年终奖，明年会不会有加金还不知道，我是16年的2月份才去上班的，就是春节的时候才去上班，还没做满一年，要到明年正好一年。

平时在公司里，我们都不说工资，因为说好都是私密的，工资单拿了不能给大家说，就自己看，有什么问题问人事。我在曼某家一月到手三千二左右。

问：经历过几份工作，有什么感受吗？

在某某屋上班挺舒服的，阿姐啊年龄都比较大，就会照顾我，蛮好的，而且上海人比较多一点，没有不开心的。

第二份工作在某茶店，外地人多一点，上海人比较少，比较累。点菜，一下忙起来挺紧张的，特别是午餐很紧张，来不及，跟不上，我反应比较慢一点。领导倒不会骂你，就自己会觉得做不下去，觉得不舒服。累也挺累的，做六休一，只休息一天，上班时间多，在家休息时间少。

曼某家是做五休二，早上九点半上班，六点半下班，有的时候会晚一点，那么晚下班，又没什么人，像我隔壁有个公司九点上班，五点下班，就没人了。我也就想先混混再说吧。

师：某某屋是学校推荐的企业，都是经过筛选的，尤其是企业人文环境对我们这样一群孩子的包容性，我们考量的比较多。像星巴克、洲际，还有海神诺富特，我们学校都考量过的，是适合这些孩子进去。他们吸收残疾人的政策是有利于我们这些孩子的，那我们就向学生推荐，我们也要对孩子负责。她现在的企业，和我们学校没有关系，我们也不知道这个企业怎么样。

工作了两年三年以后，好多孩子也跳槽了，这也超过学校负责的范围了，

学校也没有这么多人手去帮他们考虑，后面的生活就靠他们自己了。好在邢乐跟我联系比较多，就会提醒她，进入职场第一步要考虑自己的待遇，比如说，有没有加金？这个是很重要的；然后再考虑福利待遇，工资是多少；还需要考虑人文环境是不是对你们包容，是不是存在歧视。这些我们要提醒他们，如果有了这些打底，就让他们去闯一闯。

我觉得她经历了某某屋、某茶店，包括现在自己找的工作，都对她的能力有提升。她每一次辞职也会问我：王妈，我想跳槽了。我说你考虑好后面一步是什么，如果你有底了你就跳。也应该让我们的孩子自己去适应这个社会，不要老是要老师在旁边，大人在旁边，这个社会光明的一面要他们去体验，不如意的一面也让他们去体验，这才是真实社会。第二次她说我不做了，烫伤了。那我说你就不要做了，安全还是第一的。生好孩子以后她想再次进入职场，我说你想好了没有，想好了就去做。虽然工作是跟能力有关，但是我觉得她的能力做到这里已经相当不容易了。看看现在的生活状态、工作状态，我觉得她是属于一个比较成功的孩子。

邢：一般情况，我都没怎么要求学校老师帮我，我都自己在找工作。

有时也想换换工作。可是我只能做推销商品，因为让我做行政啊，我没有能力嘛。还有就是要学历嘛，我没有。我也没有靠老师，就是不开心的时候，觉得无聊，我会跟老师说。老师会问你工作怎么样，和婆婆关系怎么样，我说还行。比下来还是在某某屋比较好一点。现在虽然同事关系还可以，年龄都差不多，可是心里还是会觉得有差异，觉得他们比我们厉害。

师：乐乐有事没事就会找人聊聊、叨叨，没事情就要聊天，其实我们都很忙，有时候就会说，我最近太忙，没空陪你聊天。但她就喜欢聊天，我也告诉她：我们成为社会人了，是要真诚待人，但是人和人之间还是有距离的。尤其是像他们这样的孩子，我也会教她一些技巧。其实有一份正经的工作已经不错了，像我们学校扫地的阿姨，她们工资只有多少？你的工作环境还是不错的。

邢：我之前上班的地方，也有个保洁阿姨，天天上班，跟我们一样周末休息，做的事情也比较多。所以老师都说我工作挺好的，待遇也还不错，叫我先做做，再去找工作也挺难的。我们能力有限，去找办公室做，打字也不是很好，我也做不来，真做呀你也记不住，其实上下班时间也都是这样子嘛，自己想想就想开了。生活上我有时候还是会有点斤斤计较，现在已经好多了。

（两次访谈之间，邢乐遭遇公司裁员）

问：公司裁员提前跟你说吗？

邢：没有提前通知，当天当场说的，之前什么都不知道呢。第一天裁的是我跟聋哑人女孩子，她做前台的，她跟我说：告诉你一个事情哦，我被裁员了。她是下午说的，我是同一天六点钟被通知的。人事部微信说：我有事找你。到会议室，他说：乐乐，你知道吧，可惜哦，要裁员了，把你裁了。

后面也是说好话嘛，理由没有说，就说公司老板说要裁员嘛，人太多，已经没有这个部门了，不要了。也是有补偿金的，我签了合同，公司把合同解约了，就要补偿我。补偿金要到 12 月 20 号跟工资一起发。我们拿的工资很奇怪，不是这个月拿上个月的，是两个月工资一起发。有时候公司财务还会弄错，我第一次 1 月 18 号去上的班，应该就拿两天的工资，发了我三千二，因为钱没弄清楚就发了。我婆婆还说我这工资真高，等我不做了，就是我离职之前的时候才看到，所以 12 月份发工资的时候还要扣还给他们。10 月份有加班费嘛，我是 2 号和 3 号加班，加班费还没加进去，说是 12 月份再给我加进去。反正就是挺乱的。

问：能拿多少补偿金？

邢：补两个月的工资，我的基本工资是三千五，拿到手是三千二或三千三左右。工资还可以，还有饭钱嘛。12 月我还要把 1 月份错发的三千块钱还回去，公司工资都是用邮件发的，我怎么知道怎么算工资？我只管收钱。我的工资信息来了，我就上了两天的班，我拿了多少钱就是多少钱，也没跟我说清楚。隔了这么久才说这件事，我妈肯定火大了，不过也说还是算了吧。财务已经有很多次这样子，有一次大家钱发错了，还让大家再退回去。我妈说下次钱方面一定要搞搞清楚。

问：平时除了工作收入之外，政府有额外的补贴吗？

师：没有。除非是重残，不能工作，国家会给基本的生活保障金。邢乐现在属于轻度残疾，有单位，就没有这照顾。这也是政府的政策。我觉得可以考虑一些的，〔给轻度也发补贴〕，但是现在没有。轻度残疾不工作的话，就不交金啦，没有金，退休就没有钱拿了，保障就没有了。再说，你不工作，我觉得对他们不好。现在一千多块钱能够干什么啊，能够工作还是去工作，跟社会有交流。我发现他们俩现在真的很不错了，自己会照顾孩子，还能出去工作，在社会活动的过程中也在成长，待在家里干吗啊？年纪这么轻！

简单生活即幸福

问：现在生活上还有什么烦恼？对未来有什么期盼？

邢：担心小孩可能不是很会读书，到时候也只能去外面先教。我婆婆说我们俩都不会〔读书〕，小孩子一年和一年不一样，不知道明年会是什么样子。担心小孩学校开家长会，老师说的方法我们听不懂，现在我们公司里好多人去开家长会。希望小孩子，第一嘛，肯定健康为主，第二就是学习，如果他会就让他去读，希望他聪明点，不要像我们一样智力不好呀。跟多一点的小朋友认识认识，多去接触接触，希望他可以好一点。其他的没什么了。家里嘛希望大家天天开开心心，有不开心的，大家一起说一说。

工作上没什么希望，有时候看到很多同事一起出去吃饭，关系特别好，我就一个人，我想想算了吧，一个人好好做，做好自己的本分就可以啦。跟朋友们呢，上次还说好和舞蹈队的杨老师申请聚餐，哎，没空聚，大家都忙嘛，都上班了。我周一到周五上班，周末休息嘛。有的人是周末上班，平时休息。我现在也不怎么回学校了，偶尔去过一次。公公婆婆说了，大了嘛你也就不要经常去学校了，不好。也会影响〔别人〕，你毕竟毕业了成家了。

师：人长大了都这样，我们都这样，不用太担心，顺其自然，像你们现在这样不是也蛮好的嘛，对吧。顺顺利利的，简单就是幸福。我有时候挺羡慕她，她本身就是一个很坚强乐观的孩子，很开心的，每天乐哈哈的，要珍惜当下。

邢乐老师口述

口述者：施卓英老师
访谈者、撰稿者：张静
访谈时间：2016 年 12 月 17 日上午
访谈地点：上海市浦东新区辅读学校

孺子可教，老师增信心

问：请问您是什么时候开始注意到邢乐的？

师：从她进学校开始，我给她上体育课。

问：她哪一点引起了您的注意呢？

师：她小的时候就像个小男孩，剪着很短的头发，一开始我还以为是个男孩子，后来发现是个女孩子，所以特别关注她。小姑娘还是蛮灵活的。

问：邢乐什么时候开始接触体操的呢？

师：蛮早的，02 年或者 03 年，她差不多三年级，我们学校开始有体操项目的时候，我就叫她一起练了。

问：上次听王老师说，体操队是您一手带出来的。

师：之前我们学校没有体操，只有乒乓、田径这种项目。

问：您是怎么想到让大家练体操的呢？

师：我们了解到特奥有这样一个新项目；还有一个〔原因〕是体操对孩子身体各方面素质的发展很有帮助。这些孩子有的力量差，有的柔韧度差，协调性差，体操能针对每个个体进行锻炼。以前的项目都是针对团体的，孩子差异比较大嘛，团体项目不能让每个孩子都去参加，比方说邢乐篮球不行，但是体操可以发挥她个人的特长。

问：您当时带学生练体操，是全体都练呢，还是挑一些人练？

师：练的人比较多，我们有早训嘛，他们班基本都一起来的。开始练的也很简单，不是正规体操，就是压压腿、弯弯腰、劈叉这些很简单的动作，学校设备也比较少，单纯给大家练练身体。

我以前在普校带过一次艺术体操，训练过一个〔团队〕，所以我就带着邢乐他们从最简单的压腿开始，教他们我以前教过的 6 个女孩子跳的团体〔操〕。

邢乐她们是我带的最早的体操队，还不叫体操队、还没参加外面比赛的时候，我们就开始练了，在栏杆上压腿、踢腿，弯弯腰，做做俯卧撑。有比赛的话，就给他们额外加几套训练计划，看你要做什么动作，比如你要做球操啦带操啦，就要额外加，最初也不知道练什么，就知道体操肯定要基本功，要身体各方面的力量、柔韧、协调，这些是我们自己练的，然后再去找专门的动作。

最开始还是邢乐给了我坚持下去的〔勇气〕。天天练压腿，老师叫他们靠在墙上，一只脚扳起来，他们叫疼，很枯燥。练到后面开始练球操了，〔孩子们〕都退缩了，你说我要不要坚持下去？现在我们参加比赛了，有这么多成绩了，我可以跟学生说大家争取再拿奖牌，不能躺在功劳簿上。但是刚开始，什么都没有，你也不知道什么时候会有比赛，练又练不出来，其他小孩都不行了，因为普校的动作对于他们来说还有一点难度，后来只有邢乐练了半段。

问：大家没有学会吗？

师：对，可能是动作比较难一点，大家没有坚持下去。乐乐学了半段之后，有一次学校搞活动，我叫大家一起表演，他们也不敢，我说邢乐你去表演，她勇敢地上去了。

问：她一个人去的吗？

师：对，就是她一个，其他小伙伴没有她做得好。她表演的球操需要在身体上滚动，还要做各种各样的动作，表演结束老师表扬她了，其他小伙伴看到后感觉挺不错的嘛，最主要的是〔得到〕大家的肯定，乐乐有信心了，其他孩子也有信心了，我也有信心了。乐乐表演之后，其他女孩子被吸引了，这 6 个孩子就一直练，就有了我们的体操队。有一次还去电视台表演了球操。

那时候我们不知道特奥的项目是什么，后来听说特奥会有了体操项目，我们就想参加，也去培训了，很简单，做做双杠啊什么的。当时我们女孩子还没有练过这些，我就是拿球操让他们练。

问：乐乐一直是您在带？

师：对，从体操队组建开始，我们体育组一起〔带〕，现在我们分工更加细了，别的校区有别的老师在训练。

问：邢乐跟小朋友相互督促吗？

师：会，她看到人家比她练得好，她有压力，会着急。她自己也有一个目标嘛，她想练得好，想去参加比赛，想拿奖牌。

问：您一直带着同学们训练，您比别的老师做得多一点，是吗？

师：早晨训练我会比其他老师提早来，要是比赛嘛，就要加量训练，自己能做就多做一点，也没什么。

问：体操动作是您给他们做示范吗？

师：要做的呀，有时候我自己学，从头开始，或者跟他们一起学，一起研究。他们〔水平〕好一点的就能动一点，练到后面，他们自己就厉害了，刚开始他们看不懂。

问：体操队发展的历程难吗？

师：肯定很难的咯，刚开始什么都没有，设备也没有，带子也没有，都要自己做的，反正慢慢来，后面学校很支持，也添置了很多，再送我们到外面去学一学，这一路走过来甜酸苦辣都有，有的时候也觉得练得没意思，大家都到瓶颈的时候，练不出更好的效果来……不过这也很正常。

问：您这一路给学生上课训练，还要给自己做思想工作？

师：对呀，以前也不知道什么时候有比赛，听说2007年有比赛，也不知道谁去参加比赛，比赛是什么样的。有一点，我不管怎么样，都跟他们讲不管参不参加比赛，练了对自己都好。有的孩子没有去比赛，我说你也练得蛮好的，可以和其他小朋友在学校里表演。

开头最难，如果放弃，到2007年集训时我们小朋友再去练体操，没有基础，也不可能跳出来，那2011年也不会有我们了。2007年特奥会上海队的表现是最好的，我们队里面的九个孩子成绩都是最好的，有个男孩拿了七块金牌，我们的水平基本上都比其他队要好，就是因为我们有这么长期的基础。其实也没做什么，就是每天压压，做一做，但就是比人家早一点，努力一点，起步稍微高一点了，所以2011年的比赛我们队就能跟去了。这些都是邢乐他们第一代打拼下来的。

问：您现在对孩子们的要求还是以锻炼身体为主吗？

师：对，我跟孩子说锻炼身体，不能光为了比赛练。练得好的我们去参加比赛，能拿到金牌当然好，还能在活动中和很多人交流；但是我也讲，十个孩子参加训练，能参加比赛的只有几个，也有的孩子没能参加比赛不开心，有时候家长也有意见，有的孩子很多次比赛都没有去参加。你出去比赛肯定要有一点成绩，比赛是竞技的嘛，所以选择的时候，有的孩子拿不到比赛〔资格〕的，或者有的孩子在训练时候偷懒、怕吃苦，各种各样的情况都有，包括邢乐练的累了，偶尔也会偷懒。

我们现在体操队大了，早晨训练的地方也没那么大，大家不可能每天都来训练，就让他们平时接触一下。有特别喜欢体操的孩子可以去练，我在体育课堂中也会渗透一点我的训练观念。特奥项目很多嘛，不一定要参加这个，但体操肯定是基础，你就算不参加比赛，平时练练对身体也蛮好的，女孩子可以练得很漂亮嘛。其他老师也说，练体操的孩子站得很挺，人很漂亮。

筚路蓝缕，挺进特奥会

问：2007年夏季特奥运动会之前，咱们参加过其他什么比赛吗？

师：有啊，2005年在天津参加了全国比赛，2006年在长春参加了全国特殊儿童体操比赛，这个时候我就问了台湾的张先生关于特奥会体操的规定动作，拿了个光碟回来学。

问：这一路，都是您一个人在做教练吗？

师：也有体育组的老师帮忙，我个人也不是专门的体操老师，只是在普校里练过，所以我经常要找专业的老师教练请教。

问：您是从什么时候开始引入教学资源的呢？

师：球操练完之后，我们还是想参加比赛，所以首先拿了光盘来学。特奥创始人也比较关心我们学校的体操教学，还专门来学校指导过一次。还有我以前的同事，他们是体院的嘛，比较专业，也来指导过几次。刚开始就是找这种〔资源〕，因为我自己不了解嘛，不了解我就会去找他们。

参加比赛之后，就认识了很多体校的〔人〕，做专业体操的裁判、教练啊之类的，有时候学校出面申请到专业的地方练几次，开始〔资源〕还比较少。

上海2006年举办过一次邀请赛，邀请到的队伍不多，有俄罗斯的，香港的，我们学校代表中国国家队。当时还有上海队，像邢乐属于国家队。学校的参加面还是很广的，我们体育组老师都接受了训练。比赛以后呢，专业〔人员〕肯定了我们做得好的地方，也指出了不专业的〔地方〕，他们都懂体操，一看就知道了，比方说细节方面，练的时候我就只看大动作，做会了就觉得不错了，但是体操要求有一种美呀，姿态呀，膝盖伸直呀，这个时候专业老师参与的就比较多了，有一次比赛遇到的副裁判长是个国际裁判，他也经常来我们学校指导。

问：国内的吗？

师：国内的，国外的偶尔来一次就不容易了。

问：从接触特奥后，体操队就开始走向正轨了？

师：对，参加特奥后对我们有一定影响，人家都知道了我们的队员，也肯定了我们做得不错，就是可以再提高一点。2007年夏季特奥会比赛之前，国家也比较重视，安排我们到天津参加集训，还给队员分级，一级、两级、三级，邢乐就是两级，是参赛的这批孩子里面难度最高的，中国队里有一级的、两级的，两级的就选的是比较好的几个。这个时候训练内容就分得很细了，邢乐参加的是竞技，竞技比较难一点，有高低杠，她比较吃得起苦。

问：竞技体操是邢乐自己选的，还是您负责分配呢？

师：都是我分的。有的孩子比较害怕，我们有一个女孩子也是练的高低杠，摔了一跤就不敢练了。相对而言，艺术体操危险性和难度都低一点，就要求做得漂亮一点。

问：当时几个人练竞技体操？

师：我们学校女孩子就两个练竞技体操。开始我对大家要求都一样的，动作都一起学，竞技体操、艺术体操都一起学。上海队还有几个练竞技的，大约五六个吧。表演的是六个，其实一起跳的还不止呢，当初人多，因为以前的〔学生残障〕程度比较轻嘛，相对而言现在的程度比较重。[1]

问：是您带队去天津集训的吗？

师：我们学校的是我带去的，到了天津之后就分得比较细一点，我带的是艺术体操，但是生活都在一起，国家也请了几个专业的教练一起来训练。

问：集训主要是做什么呢？

师：训练基本功啊，主要〔练〕动作。要比赛了，动作首先要学会，在学校的时候初步〔要求〕都已经做到了，这里就是要求质量。天津提供了专门的场所，专门的人指导，我们就在一起指导。集训了三个月。

问：三个月都没有回来，一直在那边？

师：对。

问：训练强度很大是吗？

师：很大，在宾馆里就由我来盯着他们练，不能停下来的，停下来就会退化，比如柔韧啊力量啊，身体素质不练自动会退化。我每天盯着他们，看电视

---

① 2006年9月1日施行的《中华人民共和国义务教育法》第十九条规定，普通学校应当接收具有接受普通教育能力的残疾适龄儿童、少年随班就读，并为其学习、康复提供帮助。此外，随着融合教育理念的推行，越来越多的轻度障碍的孩子进入普通学校就读。目前，在特殊教育学校就读的学生障碍程度相对较重。

的时候要做一个压腿的动作。

问：邢乐班级里的同学水平都差不多吗？

师：相对来说，邢乐的智力障碍还是比较重的。她刚开始参加特奥运动时，很多活动都给她参加，比如特奥领袖，去做主持，她还是会害怕，胆子比较小，还是不行。她们班级还有个乔某丽，后来主持节目都是乔某丽去的。

问：2007 年特奥会之前，邢乐已经有过出席活动的经历了吗？

师：她有出席过，但是，还是不行吧，胆子比较小，说话会结巴，有怯场。

问：当时选特奥领袖或者参加活动，都是根据什么去选择的呢？

师：一般来说都鼓励他们尽量参加，同学们都上体育课，项目很多，学生都很喜欢参加。我们会根据学生情况，看他比较适合哪一个，比方说乔某丽吧，说、讲的能力比较行，有的孩子在足球上比别的项目好，主要是结合他们自己的特点〔进行选择〕。

体操都是分层次的，简单一点的动作每个人都能去练习，比如做做操啊，大家都可以，我们学校开了特奥体操之后，尽量让每个孩子都有机会去参加活动和各种比赛。比赛也是分组的，分一二三级，有能力差一点的组，在组里择优，不可能全部选最强的孩子去比赛。

勤学苦练，比赛拿奖牌

问：训练过程中，乐乐的表现是最突出的？

师：对，她是第一个，也是她的第一次，勇敢地去表演。当时她也害怕，我说不要紧嘛，就在学校里，你做得也不错了嘛。其实当初的表演只有一小段。

问：她表现得好，是因为她的程度好一点，还是有别的原因？

师：她能吃苦，而且很认真。帮别的队员压腿〔下手〕也很厉害，〔乐乐〕压腿都是她自己压的，有时候我会辅助她，比较酸嘛。有些动作做不好，比如滚球嘛，从这边滚到那边，需要反复做，有的小孩子练练就觉得练不出来，又麻烦，邢乐不会。

问：乐乐是自己对体操感兴趣，还是您在盯着她练呢？

师：每个孩子都盯着嘛，但是她最认真，最刻苦了。

问：她中途有没有叫苦叫累，想退出呢？

师：偶尔叫叫吧，一般还是能够坚持，小孩子就是那种〔撒撒娇〕（笑）。整体来说还是蛮认真的，蛮优秀的。这批孩子都还算是刻苦的，练的还是很认真的。

问：乐乐跟其他队员相处怎么样？

师：她能帮助其他人，我们还有小队员嘛，还有唐氏综合征的，乐乐就像个大姐姐一样。有时候她还会主动帮我，比如我在体操房扫地，她看到了就过来跟我抢着扫地。以前的孩子都比较懂事，有时候也会因为家庭关系很苦闷嘛，后来活动参加的多了，人就更加开朗了。

问：邢乐有犯过让您很生气的错误吗？

师：她偶尔犯错误，肯定也有。

问：您觉得乐乐有什么让您印象深刻的事情？

师：她坚持下来了，在训练过程中，有个女孩子从高低杠摔下来，乐乐当时也有点害怕的，那个女孩子以后就不练了。对乐乐也可能有点影响，但是她没有说过放弃，如果不让她练她不肯的。

问：邢乐在体操上哪些方面表现得比较好？

师：她能吃苦嘛，动作的难度做得比较好；整体上的节奏把握得有点差了。比如自由操单个动作她做得比较好，但是整体动作连在一起她就会抢拍啊，配上音乐的时候就不是很好，所以她要反复练，也蛮枯燥的，她很着急。

问：参加 07 年特奥会之前，您对大家尤其是邢乐有什么要求吗？有预定目标吗？

师：训练时候，我就跟他们说我们要拿金牌，既然参加了〔比赛〕，又分组了，相同类的项目里肯定要做最好的，如果没有目标的话，大家就无所谓地去做了。我们也不知道别人的水平怎么样，只能往更好的成绩努力。比如艺术体操有分值的嘛，你要拿 10 分，就朝 10 分去做。我们练的时候，有些动作在细节上可能会被扣分，所以只能要求大家往最好的水平上做，反复做，做到最好，你也不用管别人了，我跟他们都是这样讲，所以训练蛮枯燥的。

问：大家在 2007 年特奥会上的表现您满意吗？

师：那当然了，他们表现得都非常好，拿了这么多〔奖〕，我也没想到。我心态比较好，经常提醒自己如果要求太多可能失望也多；再说对这种孩子应以鼓励为主，重在参与。他们当时都很不错，基本都拿到金牌了。有个女孩子拿的都是银牌，她很沮丧，还有点失落。因为我们上海队在全国都是比较好的，我们队员几乎都有金牌。

问：邢乐的成绩是不是最优秀的呢？

师：其他的女孩子五金的也有，邢乐拿了三金两银，因为她的动作比较难，她也不错了，我对她们要求是只要拿到〔奖牌〕就很好。得奖也不是很简单的，几个孩子一起比赛，真的拿到〔金牌〕不容易。

问：2007年特奥会之后，乐乐的活动机会应该就多了吧？

师：活动挺多的，但是邢乐可能不如乔某丽能说会道。

问：得了奖牌之后，邢乐有没有什么变化？

师：心理上很开心，同时为她的工作带来了好处，她以前跟我们交流说，自己上班站在那里不累，都是比赛、训练的结果。

问：邢乐在07年和15年中间还参加了哪些比赛？

师：07年特奥会之后，上海还有个韵律操比赛，乐乐也参加了。我们学校表现是最好的，所以后来接到一个帮上海市特殊学校编一套操的任务，她也参与了，其他的赛事就没有了。07年她离开我们这里，去了职校。

问：职校没有体操课了吗？

师：体操课没有，但是有舞蹈等其他课程。

问：您带她体操之外，还练舞蹈吗？

师：练的，体操和舞蹈都是相辅相成的，我们练的很多基本动作在舞蹈中也体现出来了嘛。舞蹈是音乐老师带的，也经常出去表演。

问：乐乐是什么时候开始工作的？

师：07年她到职校去，11年已经工作了，大约09、10年工作。谈朋友，结婚……那段时间她个人的活动比较多，比赛有其他六个孩子参加，所以没叫她。2011年有一届到希腊的比赛，当时乐乐刚结婚生孩子，也在工作，可能会比较忙，我们也没有叫她。后来她也说了，怎么没有〔自己〕啊（笑）。她经常讲要来参加，因为她喜欢嘛。

问：怎么想起来请她参加2015年洛杉矶夏季特奥会呢？

师：我们经常联系嘛，她结婚、生孩子啊都要叫我们去。她是孤儿嘛，我们就当成自己的孩子，她也会很亲地叫〔我们〕妈妈。她生孩子之后，有时候还到学校里来玩，有比赛消息我们就通知了她，她很愿意参加，自己主动要参加，接着就在学校里训练。

2007年夏季特奥会的比赛规模比较大，分了各个队，一个队有十个人，我们艺术体操队就有十个，竞技体操也有十多个，参赛的人多。2015年到洛杉矶去的选手就少了，都是选拔出来的，男孩女孩都是我们这里的，不是来自全国的，我们独立组队，由我负责带他们训练。那时候我也没这么多精力，四个女孩子全部都做了艺术体操。

问：去美国之前也有集训吗？

师：就是我们自己训，在自己学校体育馆练练。比赛之前，放暑假时候借了一个学校的体操馆，找了一个教练指导男孩子，我就带女孩子，重点抓动作，质量再提高一下。

问：训练时难度也提升了吗？

师：那肯定的，因为要比赛嘛，特奥理念是重在参与，但是体育比赛还是要看动作的，每个动作都要想办法提高质量。乐乐也选了艺术体操，她以前竞技练得蛮好的，艺术体操就要从头开始，从一级开始做了，她的动作比较僵硬，节奏跟不上，我就老跟她说这个动作不对，那个动作不对……她就有点烦躁了，反反复复地做，她也很焦虑。

我叫她先不要急，还〔有〕这么长的时间训练，把动作细化，按照节奏一个个去做。经常跟她聊聊，太累了就不做了，做做其他掌握得特别好的动作，表演个倒立、下腰给别的小朋友看看，就让她调整一下。邢乐还会看其他同学，有的同学练得好一点，她也在跟着学。我把音乐发给她，她就拿着手机一直在听。

问：第二次参加的时候，她转了项目，又是产后复出，你们对她的期待是什么呢？

师：她是主动参加嘛，我对她的要求总会有的，她自己对自己要求也蛮高的，她经历过 07 特奥，也拿到过金牌，肯定还是朝着金牌去的，所以她焦虑，觉得自己哪个动作做得不好怎么办呢，我拿得到吗，就害怕了、担心了。前面拿过〔金牌〕了嘛，这次参加要是拿不到就有压力。从开始训练，她自己给自己压力，我也不可能给她很多压力，就叫她慢慢来嘛。

问：您对 15 年美国洛杉矶的比赛成绩如何评价？

师：对乐乐感觉很意外，因为她拿了五金，成绩最好。

赛场上的邢乐

问：她在这么短的时间内练习，成绩还这么好。

师：她很长时间不练了，而且从竞技转化成艺体嘛，艺术体操的要求也有点不同，她等于是重新开始；也可能是因为她参加的级别低，练的是一级的，而且她练体操的时间也不短了，练了很长时间，整体来说她还是很厉害的。

问：邢乐在哪些项目上拿了金牌？

师：四个项目，一个球，一个圈，一个带子，还有个绳子，还有一个全能，四个总和在一起就是全能五金。她全拿了，所以她特别高兴，她也没想到她能全拿，前面练的时候我经常要讲她，动作做得一会快一会慢，她还很焦虑的。

嘘寒问暖，老师伴成长

问：在邢乐成长过程中，有没有遇到让您很头疼的问题呢？

师：他们班的孩子还是蛮灵活的，我以前带他们出去活动，训练好了，有的孩子回去的路上就跑了，不回家；以前音乐老师带他们出去演出，也经常出现〔结束后〕部分孩子不回家〔的情况〕，那段时间他们总是出现这种问题。

问：不回家都干吗呢？

师：主要是不想回家。有的就在小区里游荡，也有的谈朋友吧，青春萌动。还有跟家里不开心，其中有一个女孩子因为家里的事情，比如妈妈打她了，她就经常不开心。邢乐也有这些问题。

问：邢乐会跟你们说吗？

师：会说的，她妈妈还拿着鞋子来学校，〔要打她〕，说我现在是更年期了，你们别惹我。她养母和养父离婚了，还带着一个孩子，可能心情不太好。我们联系过邢乐的养母，最主要的还是跟邢乐说你乖一点，养母也不容易，带着你长大。乐乐自己也不想回家去，还有个女孩子也是领养的，他们经常逃夜在外面，我们经常跟她说你要乖一点，不要惹妈妈生气，还告诉她长大了要靠自己，经常跟她们沟通交流。

问：孩子听吗？

师：当然了，虽然有时候妈妈打她了，很生气，不开心，但总体还是比较听话的。有的事情没办法，我们学校老师只能多关心她一点，有时候带她出去玩玩。

问：生活上也关心的，是吗？

师：有啊，以前有个女孩子，〔家长〕洗澡也不给她洗，学校老师都帮着洗；有的甚至晚上回去看书就把灯给关了；有的还叫去捡垃圾，就是比较刻薄的。她们都相互交流，同病相怜，可能涉及她母亲，乐乐也想不回家，但是我们都劝她女孩子不能这样。

问：在生活上，您一般都是怎么帮助她的呢？

师：会问问她吃得怎么样，训练的时候也会问问早饭〔吃没吃〕啊，一般她母亲这些方面还可以。其他的就是她妈妈生气了，教她去帮妈妈按摩，教她怎么去和妈妈沟通，不要去顶撞妈妈。邢乐有时候会顶的，会发脾气，人总归有脾气的，〔她妈妈〕老是拿着鞋子后跟来打她嘛，她肯定会不开心的。她其实还是蛮乖的，从小一直做家务，这对她也是锻炼。

问：您觉得她的能力是家里给锻炼出来的，还是学校培养出来的？

师：学校也教育也培养了。妈妈要她做的嘛，毕竟是领回来的孩子，做得多，她妈妈的想法不能说不好，孩子还是应该做一点活，但是邢乐做得多一点吧。

问：乐乐的学习怎么样？

师：她的智商在班级中也不是很好，她的记忆力、逻辑、数学能力一般，甚至属于比较差一点的，训练的时候老师还帮她补课，或者有什么不懂来问我，我会跟她讲一讲。我会问问她这段时间学得怎么样，要认真，学得不好老师会停止你训练的。

问：看来她很喜欢训练。

师：对，她要参加训练，我们到外面参加各种特奥活动，她特别喜欢去，很开心，可能与她家里的环境也有关系，她特别向往这种活动。

她们儿福院还有个孩子转学了，因为她妈妈不领养了；还有个女孩子也练得很刻苦，不比邢乐差，但是她妈妈觉得她〔不灵〕就不要她了，不领养了。所以我们平时和乐乐讲妈妈好的地方，一直坚持领养你到现在，如果她不要你了呢？你就必须要离开学校。我们开导一下邢乐，有些事情也没办法的，只能〔让她〕自己回去乖一点。

问：你们会跟她家长沟通吗？

师：少，班主任沟通得多一点，有时候看到家长就会讲讲，邢乐妈妈脾气比较那个……

问：乐乐说妈妈也会找到学校来，是吗？

师：会的，一般她妈妈来了主要是找班主任。

问：班主任是蔡老师吗？

师：蔡老师主要带她参加各种活动，比如特奥领袖论坛，王老师是她班主任，我们学校里的老师都很关心〔他们〕，特别是儿福院的孩子，比较特殊，也不能说养母不好，就是〔家里〕关爱少一点，所以老师都像妈妈一样，都很关心他们。

问：听乐乐说到施老师您，还有一位蔡老师也是带着她长大的，是吗？

师：2007 年之前都是蔡老师带她们参加各种活动，比如小记者，我负责带体操比赛。后来〔乐乐〕也没参加什么〔活动〕。2015 年乐乐参加了慈善晚宴，她主持得蛮好的，以前她是不行的，一路锻炼之后，好多了。

问：是个什么规模的晚宴呢？

师：东亚区的，规模蛮大的，搞募捐嘛，请了各方知名人士，有潘石屹、杨澜、姚明，特奥大使、大明星都来了。

问：怎么选上乐乐的呢？

师：推荐的嘛，觉得她还可以，毕竟锻炼了这么长的时间，参加了这么多活动，工作之后比以前好多了，况且还有东亚区给帮助排练。

问：您觉得这些活动对她的成长有没有影响呢？

师：她更自信了。

问：有没有出现什么负面的表现？

师：一般没有什么负面表现。

问：乐乐毕业工作之后，您对她还有什么指导关心呢？

师：毕业之后我和乐乐就聊聊天，问她工作怎么样了呀，她说她评了"最佳员工"，结婚生子都跟我们说，结婚也叫我了，但是那时我骨折了没去，现在她有什么事情还是会来讲的。

问：您后来还关注乐乐的家庭生活吗？

师：她对象也是我们学校的嘛，我都接触过，我会经常问问她的生活呀。

问：您非常支持他们在一起吗？

师：那当然，她喜欢、开心就好。她婆婆对她也很关心，就像自己的妈妈一样，所以她现在的生活很稳定，也蛮幸福的，还有一个小孩子。

问：如果让您对邢乐说几句话，您的评价和期望是什么呢？

师：希望她要开心。之前她回学校的时候，帮我做过小老师，训练的人多，我就交给她说：邢乐，这个你负责啊。她很负责的，因为她对自己要求高嘛，对队员要求也高。希望她以后经常到学校里来，作为大姐姐帮助低年级小朋友一起练体操。

紧闭的房门

——施祎母亲口述

施祎，女，1992年出生。有一弟。智力障碍三级，唐氏综合征。2010年毕业于上海市浦东新区特殊职业教育学校——上海市忠华初级职业技术学校。2013年进入上海市某街道阳光之家。

口述者：施祎母亲、弟弟
访谈者：杨梦莹
访谈时间：2016年10月27日、2017年1月4日
访谈地点：施家

心不舍，送走又接回

问：您和叔叔是哪一年结的婚？

施母：我们是经人介绍认识的，结婚时间大概是1990年吧，结了婚没几个月就有了她，刚生出来就查出来是唐宝宝，先天性的。

问：看到她出生，心情怎么样？

施母：当然高兴了，我也算晚婚晚孕，尽管是剖腹产生的孩子，也不觉得疼。刚生出来呢，就和其他孩子不一样，头特别小，脸黄黄的，感觉有点怪。那时候听人说，刚出生的小孩有哭声没眼泪，我女儿出生时不但有哭声而且还有眼泪，这个印象我是很深的。过了没几天，出院之前吧，医生肯定也察觉到小孩有点问题，但不知道是什么病，就找我老公谈话，让出院以后再找个医院去做做检查。

回家休息一段时间后，我们抱着女儿去了第二军医大学〔附属〕医院，医院专家通过目测基本断定是唐宝宝，但必须做染色体检查才能确认。我们对染色体这个问题一无所知，做了检查后，才知道女儿是21-染色体三体综合征，

属先天性痴呆症，当时听到这个消息就像晴天霹雳一样，我和她爸爸都不知道怎么办了，在想生活为什么要这样对我们。

问：孩子有没有做智力诊断或者智力测试？

施母：她是智力残疾三级。要领残疾证嘛，就必须到医院去检测。智力残疾有一级到四级，四级是最轻的，她是三级。

当时是我带她到医院去检测的，因为爸爸要上班嘛。家里的事基本上都是我在安排，一个家总要安排好的，对吧。生了残疾孩子怎么办呢？当妈的不照顾还有谁会照顾呢！谁帮你带？外婆还是奶奶？带这种孩子谁愿意呀，不愿意的呀！没办法，她爸爸就对我说了这么句话：我们不对这个孩子好，谁会对这个孩子好呢！想想就是这个道理啊！我们做父母的不对她好，谁会看得起她啊！那别人真的就……没办法，挺苦恼的啊！

问：知道孩子有问题时，第一反应是想隐瞒还是寻求亲友的帮助？

施母：我们既没有隐瞒也没有寻求亲人的帮助，就靠两个人自己解决。告诉亲友有什么用呢，既成事实，我们就想办法，什么事都是我们两个人自己解决。这小孩刚出生，说实在，一下子肯定是很难接受，真的，同样十月怀胎，生这么一个小孩，肯定是不甘心的。

女儿只有三四个月的时候，乡下的亲戚介绍说，乡下有人愿意带这种孩子，在海门那边，崇明还要再过去一点，就给他们带了，每个月给他们一百多块钱。他们当时不知道是唐宝宝，那里没有这种意识，只知道是智力方面有问题。

送走了一个月之后，她爸爸想想还是不放心，说咱们去看看吧。到他家一看，我女儿的衣服都在晾着，她爸爸还是蛮有心的，上去一摸都是湿的，就猜可能是看我们要去，刚给小孩洗了澡，换了衣服。我去看我女儿的时候，她什么表情都没有，就睡在用竹子编的匾子上。送我女儿过去时，带了吃剩下的半包米粉，她那时候只会吃米粉，我们去的时候已经送去一个月了，到吃饭时，那家人还是给她吃我们带过去的半包米粉，她吃很快，食量已经很大了。

我们想，女儿这样太苦了，还是不舍得，就跟他们说，家里外婆外公想她了，把她带回去看看。带回来之后我们想着还是要自己带。后来那家人又来了，还想要带，我们没同意。不管怎么说，虽然她残疾了，但也是条生命呀，那里的小孩十二岁了还哈着鼻涕，想想看我们这种小孩以后怎么办，所以还是自己带吧，自己带放心，毕竟是自己的孩子。

回来之后，她爸爸就各方联系，大概一岁半的时候，经人介绍，我带她到北京去看病，在北京有一个老中医，当时已经八十九岁高龄了，据说很神，找他看病的人挺多，我们也是抱着试试看的心态去给她治疗。

问：治疗效果怎么样？

施母：我也说不清楚，这个老中医的治疗方法很特别，既不吃药也不打针，用一种笔一样的东西来刺激她的穴位，帮她走经络。治疗的时候，可能她对经络笔有感觉，她要动，不配合，大概是难受吧。我每次就带一个橘子，把橘子切一个口给她嗦，有味道她就配合一点不动了，否则她就会动。我感觉这种治疗蛮神奇的。

我们住的地方还蛮远的，借住在别人家的房子。在北京我买的是公交月票，她还不会走路，每天穿那么多，我抱着她，去到老中医家里之后，已经八九点了。医生还没起来，敲开门后，我把小孩放在凳子上，开始给他做早饭，像做保姆一样。这老头每天吃什么呢，一杯茶，一个水果，两个荷包蛋，他每天早上的早饭都是这样的。我每天早上给他做好饭后，要测一种表，刚开始我不会测，后来慢慢也学会了。在他那看病是算时间的，去了就是时间，自己测表也是要算时间的，三十五块一个小时，那时候三十五块还是很贵的，每天两个小时，测完表之后根据表的数值给她看病。看好之后，老中医会规定什么时间吃什么东西，然后自己去做，我要赶上时间点给她吃老中医规定的食物，每天都弄的好苦啊。就这样一直坚持了半年，做外来妹做了半年，小孩还不会走路，你看照片上有的，我给她买的学步车。最后一个月，我妈妈看我太辛苦了，就过来帮我一下。我也没感觉到治疗效果，治了半年，我就回来了。回来之后，有一天半夜我在家里洗澡，不小心摔了一跤，把腰摔坏了，疼了好长时间。

问：回来之后有没有过其他治疗？

施母：回来之后没有治疗了，因为像她这种病一般是很难治的，她是先天性的，是染色体出现了问题，所以说不太好治的，不像后期〔得的病〕，还可以治治。

问：孩子是什么时候学会说话、走路的呢？

施母：女儿好像到一岁半还不会走路，大概要到两岁吧，小孩从出生我就自己带，到三岁的时候我们生了第二个小孩。她爸爸要工作，两个孩子都是我自己一个人带的。

小的时候，两个人可以在一起玩，怕他们从床上翻下来，我经常在家里铺一张席子，让他们在地上玩。两个小孩这点好，小的时候会互动，表姐也经常带他们出去玩，现在大了都两样了，各自都有事情，都比较忙，相处的时间就少了。

我们小孩不封闭的，该上托儿所就上托儿所，该上学就上学。那时候早，没有像现在这样的学校，幼儿园还进不了。她爸爸专门到残联去，联系了一个很小的两房一厅的家庭式幼儿园，她大概是两岁半进去的，全托，里面小孩不多，只有三五个，都是他们这种小孩。上到大概五岁，公立医院那里办了一个爱心幼儿园，国家首次办专门收这种小孩的幼儿园，不知道现在还有没有，我们就把她送进去，一年之后到上学年龄，就把她送到辅读学校。

她还算幸运的，早些时候这种小孩根本没地方去，特殊幼儿园也没有的。我和她爸爸意识还比较超前，有的家长不愿意把这种孩子送出去，整天让他们待在家里。我们想小孩子能有地方去尽量让她出去，一直待在家里对她也不好。

问：幼儿园教什么？有康复训练的内容吗？

施母：就是唱唱歌跳跳舞，没教什么知识。康复训练应该有的，时间长了，我也忘了。爱心幼儿园还是蛮不错的，老师就像阿姨一样照顾他们的生活起居，他们那个时候小，什么都不懂，吃喝拉撒都要照顾。

问：孩子回来有没有跟您讲幼儿园的事情？

施母：她那时候还小，只有几岁，路倒是会走，但不是很会讲。到上学的时候，才慢慢会说。

问：小时候带施祎出去会不会有心理压力？

施母：我过去有一点，抱她出去，我就感到有点不太自在。有时候有人会用异样的眼光看我们，因为她这个脸型一看就看得出。现在我坦然多了，也觉得无所谓，不管了，看就看吧，就这么回事。总要面对现实，不能老是把她藏在家里，既然已经这样，还干嘛要遮遮掩掩，比起逃避，敢于面对现实未尝不是一件好事。

问：您还记不记得施祎小时候比较可爱的事情？

施母：可爱的事情很多，我们都记录在照片里，给你们看，小时候特别好玩。这张照片是刚出生的时候，喏，就这个样子，一看就和正常小孩不一样。小时候家里也没什么东西玩，都是一些玩具，汽车、娃娃这些东西，这是我外甥（指照片），跟她一起玩，照片都挺可爱的。具体的事情我记不太清楚了，毕竟过了这么长时间。

进学校，一路没落下

问：孩子小学是在哪里上的？

施母：就在我们楼下的上海市辅读学校。她和正常孩子一样，从托儿所、幼儿园到辅读学校，一点都没落下，六岁上学，九年义务教育都在这里读完的，职校面试合格，又去上了三年职校。

问：她喜欢上学吗？

施母：喜欢，她每天都自己去，还是班干部，班里没有大队长，只有她是中队长，整天管理人。学校每天会安排每个班的队长轮流站岗，轮到他们班就是她去。她那时候性格还蛮活泼的，很会拍马屁，看到老师会跟老师抱抱亲亲，老师和同学对她的态度都挺好，也蛮喜欢她。女孩子的天性就喜欢发嗲，像她爸爸，只要她一亲，骨头都亲没了，男孩子就不会这样。

问：孩子回来会不会跟您讲学校发生的事情？

施母：她说得不多。不过学校就在我们楼下，很近，打开窗子就能看到，她每天上完课都是自己去自己回来，我也经常会跟老师沟通。课外活动挺多的，我最喜欢的就是看他们模特表演，我女儿走模特还拿了奖状。老师都很聪明，手特别巧，废物利用，用纸箱、废纸这些东西给他们做各种各样的时装，老师真的很用心，做这个衣服要费多大的劲呀，要是我们费尽脑子都想不出来。

做好后让他们穿上走模特步、表演节目，每次表演老师都会让我们去当观众。学校有跳舞唱歌的话，只要老师通知我们就会去，和孩子一起高兴一下，给孩子一些鼓励。每次表演我都会拍照片，但没有打印出来，那时候还没有把照片打印出来保存着的意识，现在倒是有了。学校的其他事情我也不是很清楚，你问她她也说不清的。

她上学和平常小孩一样，没有什么特别的事情，平平常常的，我记得老师跟我说，她比较倔，有些舞蹈动作不愿意做，其他好像还可以。学校老师都蛮有耐心的，不会对他们发脾气，也很宽容。（拿着施祎的照片）喏，这些都是过去班级里的同学，一个班人不多，最多十几个，不像正规学校一个班几十个人，太多老师管不过来。这种小孩不比正常小孩，对他们功课、考试的要求不能高，正常孩子就是看分数，他们不看分数，能学一点是一点。

问：有没有同学来家里玩？

施母：有的，她同学有时会过来玩，我们家离学校近，有的同学住很远，川沙的都有。有次她一个同学来玩，把我的钱包都拿走了，吓人吧，后来我就不大让他们来玩。她好朋友不多，小学时有一个男孩，她回来整天念叨，这个男孩小学毕业就回老家了，和我们也没了联系，后来听说孩子掉河里没了，挺可惜的，其他没什么要好的朋友。

问：您平时辅导孩子多吗？

施母：平时我很少辅导，她有语文、数学、音乐、体育等课程，有时候她不知道了，稍微给她讲讲。他们学校没有正规学校要求严格，像她这种智力不太好的，我们对她的要求不能太高，让她开开心心就好了，对我儿子要求可以高。她的学习我都是交给老师，有不会的让老师给她讲。

问：孩子上学时什么事情给您留下的印象最深？

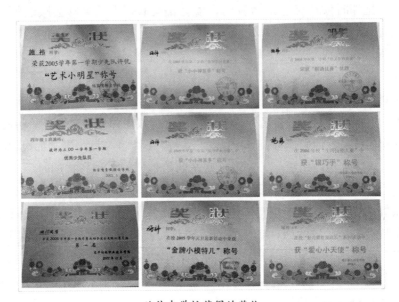

施祎在学校获得的奖状

施母：我女儿比较热心，她上学的时候，只要同学需要帮助，她很乐意去帮助他们，和同学们相处得很好。学校的一些慈善活动她也会积极参与，还经常到敬老院去为老人们表演节目，给老人们送快乐。教师节的时候，她也会送给老师自己制作的卡片和鲜花，感谢老师，我女儿还是蛮细心的。

问：孩子在辅读学校毕业之后去了……

施母：从辅读学校毕业后，进了忠华职业学校。

问：进职业学校需要考试吗？

施母：需要面试。不是这里辅读学校毕业的孩子都能过去，只有面试合格的孩子才可以。面试的时候，和你们一样，面试老师在教室坐好，问她的情况，跟她简单交流，她那时交流没问题，嘴巴挺能说，蛮活泼的。如果现在面试，她肯定不行，现在我女儿差多了。

问：孩子专业是自己选的吗？

施母：老师安排的，老师看学生适合什么就给他们选那个。忠华职业学校和这里的辅读学校是一个校长，对他们都了解，想着小姑娘喜欢这些，适合她，就让她去学习烹饪。

问：三年一直学烹饪吗？

施母：对。像超市收银、餐厅服务员这种专业她不会，只好让她学烹饪，这方面我管得少，也没指望她干吗，只要过得开心就可以。

在职校的三年里，成长了蛮多。她每天回来会带不同的菜，烧了什么就带回来什么，还做些小点心带回来让我们尝。烧菜的材料我们每年会付点钱，不可能让学校出，学校经费也不够。除了烹饪之外，买肉、买菜也会教给他们。

问：孩子在学校学烹饪，回来会主动做吗？

施母：刚开始会，黄瓜炒鸡蛋、番茄炒蛋都可以做，她最喜欢的是番茄炒蛋。回家还会帮助我打扫房间。那时候看到她的进步，我和她爸爸心里都特别高兴。但家长都喜欢对孩子一手包揽，后来我也懒得叫她做。她习惯了什么都不做，回到家里就把房门关上，不管你。不过我女儿有一点蛮好，你叫她做，她肯做，我现在有时烧菜，她偶尔会来看一下，我跟她开玩笑说你帮我烧菜，她会帮我炒一下，并没有真正做。有时我会叫她打扫家里的卫生，她也愿意做，不管怎样，她态度还是挺好的。若你不叫她，她不会主动做，但有些正常小孩你叫他做，他也不做，所以，她这一点挺好。

问：当初让孩子上职业学校的目的是什么，想让她学点技能以后工作？

施母：那肯定的，她有学上是最好的。对她，我们能怎么办呢？她以后可以干什么呢？没办法，能学东西肯定是好的，现在还有很多这种小孩没上过学，字都不认识，有的家长生这种小孩，就让他们待在家里，不让他们出去，其实这样不好，挺耽误他们的。我们孩子是到什么年龄，该干吗就让她干吗，该给她上学就给她上学，该让她学东西就让她学。不管怎么说，她现在认字认得很多，看什么东西字全部认得，不像不识字的孩子看不懂很难受，而且她很喜欢写字，字写得蛮漂亮，如果不上学的话，那么多东西她也不会认识。

问：孩子自己对上职业学校有没有什么看法？

施母：她没有什么看法，她愿意去。学校很远，在浦三路南码头那边，过去要很长时间，刚开始她不熟悉怎么走，我带了她一个礼拜，带了几次她熟悉后，就让她自己来回。他们老师对上学有要求，老师说，来这边上课，最起码要能自己去自己回来，要是这点能力都没有，你来干吗？如果孩子真的很差，老师

是不要的。后来我女儿还上了一年班，上班的地方在龙阳路，也很远，去的时候公交车方便，回来时要走一站路，她都是自己来回，她独立能力还是很强的。

问：您觉得施祎从小到大上学顺利吗？

施母：蛮顺利的，她从六岁开始上学，正常孩子也是六岁，她还是 8 月份，属于小月份，当时正好挤进去，九年义务教育，之后三年职校，这都蛮顺利的。

在学校里，老师很好，挺喜欢她的，对她真的蛮好。不过我女儿现在好像有点封闭，不大愿意跟人交流。有的人说，可能是姑娘大了，不善于言辞，我也说不清楚到底是怎么回事。

问：她什么时候开始可以自理生活？

施母：很小的时候，我就让两个小孩自己洗澡，洗不干净再洗，一定要教会她自己洗。像阳光之家有的小孩比她大很多，还是妈妈给他们洗澡，有的孩子现在很大了，还要家长接送，有的小孩完全可以自己来回，但父母不放心，一定要接送。我觉得有什么不放心的，我就不帮，我一定要放手，否则我们老了，帮不动她了，孩子怎么办？我年纪大了，慢慢也老了，我能帮她做到什么时候？

那时我还教她洗内裤，手把手教她洗，一边洗一边告诉她步骤，看得多她就会了。我规定她，其他衣服可以放洗衣机，这个衣服不可以，一定要手洗，她也习惯了，到现在也是这样，洗完我给她检查。我女儿生活自理没问题，只要烧饭给她吃就行，以后要教她烧饭，让她自己学着做。有时吃完饭，家里碗不是很油，我就让她洗，她洗得挺好。

还让她一个人买东西，楼下附近买东西的地方基本她都去过，也可以自己买，比如楼下书报亭，我们都熟悉，经常给她钱，让她去买本子和笔。但她自己去超市买东西还不行。我一般都是蛮放手的，她能做的我都让她自己做，例如她上学我是放手的，包括我儿子也是，带到小学二年级我就不管了，过马路都是自己，不像有些有能力自己来上学的，家长还要接送，该放手就要放手。

唐宝宝，导演钦点登特奥

（妈妈拿出施祎小时候照片）

施母（拿起主持节目的照片）：小时候还和老师两个人主持节目，这是我女儿，不过现在她真的是大变样。（拿起另外照片）这是 07 年特奥运动会的时候，和"好男儿"一起拍特奥宣传片，有蒲巴甲，还有前段时间去世的乔任梁。那时她性格热情开朗，主动和"好男儿"打招呼。跟他们合影留念，都是她自己主动说，"哥哥，和我照个相好吗？"人家就和她照了。（拿起照片）这是乔某丽，特奥形象大使，那时她还蛮红的。

这个拍摄我是跟班人，需要了给我打电话，我就带她去，今天在这里明天在那里，每天都在不同的地方，到地方有老师告诉他们怎么做。宣传片拍了挺长时间，有时晚上要到电视台弄到很晚，大热天的，我跟着他们跑东跑西，好累哦，这张照片是在电视台九楼。

这些照片你们可以随便拍，无所谓，我们不会遮遮掩掩的，事实就是事实，没什么好遮掩的，我们有好多照片，这些都是07年的，要将近十年了。小姑娘现在特别内向，我真是拿她一点办法都没有。

问：和"好男儿"一起参加录制，是所有小朋友都去还是参加特奥会的小朋友去？

施母：只有三四个小朋友。当时是老师选出来的，具体怎么选的我不知道，大概这几个小朋友会跳舞，就让他们去了。

问：施祎当时有没有参加特奥会项目？

施母：没有，她那么胖怎么参加，她只参加了闭幕式。2007年被选上参加闭幕式，但她脾气犟，不听话，叫她这样她非那样，老师本来不想要她，但特奥会的导演坚持要她，她才参加的闭幕式。

问：导演为什么坚持要施祎？

施母：我也不太清楚，之前不知道有这么一件事，是她到职校我才知道的。我是学校家委会成员，有时会到学校开会，有一次和老师聊天，校长告诉我施祎比较倔，老不听话，当时老师急了不想要她，但导演点名要她，只好把她叫回来。直播时有很多这种小孩，但只有她有特写，纪念册里特地放了一张她的特写，其他小孩都没有。

问：她脾气比较倔，当时她自己想去吗？

施母：她虽然比较倔，其他人跟她说话她不听，但不会跟我们倔，我们家长说话她是听的。上礼拜我们去她奶奶家，她奶奶跟她说话，她理都不理，奶奶也没办法，我们跟她说话还可以。

问：参加闭幕式，排练了多长时间？

施母：多长时间我忘记了，老师需要了就让她去，有专车接送，整天排练，训练时我们不能去，闭幕式也不让去，我们只能在电视上看看。训练内容主要是跳舞，跳舞她没问题，我女儿很喜欢这方面，她在学校的时候就是领操员，现在还是喜欢。你看她那个手语舞，有的动作我们记不住，她都记得住，小孩在这方面有特殊能力。像跟她有一样病的舟舟，他在音乐方面有天赋，指挥特别棒，比正常人指挥的还好，这种小孩对音乐特别敏感，喜欢音乐。

问：孩子参加完特奥会，有没有什么变化？

施母：她没有什么变化，对她来说算是一段经历，在过程中收获快乐是最重要的。在活动中她很开心，老师也很用心地教他们，对于我们家长也是一次难得的交流机会，大家在这个过程中都蛮愉快的，特奥带给她一段永远美好的记忆。去年夏天的时候，我们又参加了特奥组织的活动，2015 年国际特殊奥林匹克东亚区施莱佛夏令营，在杨浦区体育场那边。

问：您还记得是什么活动吗？

施母：特奥运动会，我这儿还有照片。这是个夏令营，都是他们这种小孩参加，不需要训练，大家在一起做游戏，她参加了投球、跑步。喏，就是这些（指照片）。这个项目是把报纸绑起来，用报纸做带子，把一个孩子的左脚和另一个孩子的右脚绑起来，看哪一组走得快。他们旁边站着的是志愿者，帮助他们参与活动，当时全市的孩子都来了，还有台湾的孩子。这次活动举办了一个礼拜，我们每天都过去，给孩子们发了两套衣服，中间也没有比赛，就是去玩玩，给小朋友们接触外界的机会，让他们在活动中获得快乐。

（妈妈放了一段视频，施祎参加往返跑，妈妈一直在旁边喊加油，施祎表现很积极，比赛很卖力。）

问：施祎参加这么多项目，她最擅长哪一项？

施母：运动这方面她不行，她好像没有什么运动细胞，没发现她擅长什么。

试就业，回家渐自闭

施母：毕业后，经别人介绍去浦东新区阳光基地上班，这个基地不是我们街道办的，大概是市里公益性质的机构。在阳光基地待的都是残疾人，有智力残疾；肢体残疾；侏儒症，他们个子很矮，但智力挺好；还有盲人。各种类型的残疾人都有。刚开始带她去那里上班，她不适应，还哭了三天，后来时间长慢慢好了。

问：在阳光基地的工作主要是什么？

施母：我也说不清楚，基地的人不让我们进，而且进去需要换拖鞋，比较麻烦，我就不大进。我听她说，做的大概是吃饭的围兜，还有一次性筷子和包装的袋子，有时候也会包肥皂，都是简单劳动，他们不可能做很难的工作，做不来，能做这个还是不错的。有的小孩子更不行，你们接触的少，我们有这种小孩，接触得比较多，真的是没办法，做家长也苦，生这种小孩也算是中奖，你生了她，总要对她负责，不能把她扔掉，她也是条生命呀。我们现在就希望她每天能开开心心，没有什么压力地活在这个世界上。

问：阳光基地是一个什么机构？

施母：算是公益性的，它是一个过渡机构，一般最多让孩子做两年，不会让你一直待在那，两年之后有地方要就把孩子推荐出去，我女儿好像能力方面差一点，没有推荐出去，有的小孩还不错。现在阳光之家里，有的小孩比我女儿还好，他们都去不了，我女儿更不行。

问：孩子在上班时和同事的关系怎么样？

施母：蛮好的，应该算是不错的，和人家还是蛮融洽的。

问：她自己有没有想干的工作？

施母：她的能力干不了什么，能开开心心生活就好。她自己没这方面想法，也没有跟我们提过，她最喜欢的就是什么都不做，每天待在房间里，现在胖的要死，跟小肥猪一样，你看到之后会吓一跳，哈哈哈哈。

工作一年后，老师叫她别去了，可能老师看她年纪还小，动手能力差一点，就让她待家里了。我那时候不好，比较忙，家里既有老人和两个小孩需要照顾，还有自己的事情要做，所以她在家我根本顾不上她。她自己慢慢就封闭了，那两年真的给她待坏了，她没有伙伴，自己和自己玩，后来多少可能有些抑郁，精神出了点问题。我带她去医院看，医生说没什么花头①，可能跟智商有关系，具体为什么医生也说不清楚。

我女儿从小到大，变化最大的就是现在，什么事都不管，也不跟你说话，性格脾气全部换了，她以前不这样。以前我儿子不行，家里一来客人，他就跑进房间里，我女儿不怕生，家里来人，她都会跟人家说话倒水，跟人家交流，对人家很亲热。现在她不行，不喜欢跟陌生人说话，我儿子反而好了。

她原来是蛮开朗的一个小姑娘，喜欢跟人家闹闹吵吵，以前做中队长，她虽然不懂，也会管管人家，尽管是瞎管，但就算瞎闹也行呀。跟她爸爸一起坐车出去，从上车到下车"嘟嘟嘟"说个不停，我那时候还嫌她烦，不想让她说，现在要她说，她都不说。所以一个人真的不能封闭，正常人封闭起来没人

---

① 花头：方言，此处指没什么问题。

交流都不行，更何况是他们。人都需要交流，需要朋友，她现在就一个人，也没有朋友，怎么办呢？爸爸妈妈就是她的朋友，我们经常陪她聊聊天。

她爸爸回来说，施袆，过来坐我边上，跟我聊聊天。但她就是不肯。每天回来都是直接回自己房间，把房门一关，不管你。有时候我进去拿东西，出来之后没把门带上的话，她自己马上就把门关好，真没办法，她不跟你交流。在家的时候，她就把自己关在房间里，听音乐，写字，她很喜欢写字，没事拿个东西在那抄写。

盼融入，进阳光之家

施母：为了改变她，我就和老师商量一下，让她去阳光之家，融入集体，跟别人多交流，有同学朋友在一起要好很多，在家里关着真的不行。

问：孩子哪一年去的阳光之家？

施母：去了好像要三年了，路还挺远，她每天大概要走半小时，我带了她几天，后来就自己去自己回来。他们一般是下午三点钟放学，有时候老师会放学早一点。

问：您是怎么教她自己过马路的？

施母：教的时候没什么困难，我一边走一边跟她说，看我是怎么走的，让她跟着我走，到这个地方转弯，到那个地方直走，红绿灯的地方要看好，绿灯走，红灯不要走。有耐心一点，多带她几次就好了，大概带了一个礼拜，这个她是可以学会的。她一个人走我不担心，阳光基地比这要远多了，还需要乘车子，最起码有五六站路，回来还要走一段，她都能自己去自己回来，阳光之家更没问题。去报到时，老师问，你们是接送还是自己回，我说自己去，我带她认识一下。他们下午放学早，早上送过去，回来做一会儿家务，〔如果要我接，〕吃完中午饭，马上又要去接，每天这样时间太紧，我也太累了。

问：从家到阳光之家需要多长时间？

施母：她走得慢，走路的话，我估计要二十分钟。我们这里两边都可以到阳光之家，刚开始我带她从这边走，这边距离短但需要过天桥，另外一边走的多一点。她有时候走这边，有时候走那边，走哪边我不管她，反正吃得胖，让她随便走，多走走。

问：她自己上下学过程中有没有发生让您担心的事情？

施母：没有，我们以前给她手机，后来手机掉了，她爸爸又买了一个，她不要，她只喜欢翻盖的，智能机根本不用，现在就没用手机。她原来在阳光基地的时候很好玩，每天下班快到家，就给我打电话，说妈妈我要回来了，现在电话她用都不用，每天也不带。

问：她每天早上去阳光之家，是您叫她还是她自己起床？

施母：有时候自己起，有时候我叫她，这两天都是自己起来的。有段时间她懒，会睡懒觉，这段时间还蛮好，每天到点自己就起来了，起来洗洗刷刷差不多八点钟。她起床之前，我把早饭做好，等她吃好后，其他事情我就不管了。当然，我看时间差不多了，就催她快点走，她磨磨蹭蹭的，没有时间观念，又不认钟。晚上一般九点半、十点钟就睡了，到九点半时我催她，施祎啊，可以睡觉了，她就一个人去洗澡睡觉。

问：孩子在阳光之家主要做什么？

施母：老师教了很多东西，有串珠珠，像串盒子、猫咪、手机套，有的小朋友串得很好。还有画画，打乒乓球，做饼干，有时候烘焙老师教他们做完饼干，她会拿回来，"妈妈，给你吃。"我说："这是你做的？"她说："嗯，老师教的。"我那时没想到让她早一点去阳光之家，早一点去就好了，里面老师很好，也会举办很多活动，孩子可以和人接触交流。她在阳光之家年龄算小的，有的年龄很大也在里面，怎么办？他们没地方去。

问：家里有没有施祎在阳光之家做的东西？

施母：原来挺多的，现在都让我丢得没什么了。她刚开始画画的时候，我会把画放着，放到后面多了，我就懒得收拾；本来还有很多气球，但都让我扔掉了；现在只剩下花，她说是老师教的，不过我估计是老师帮她弄的，她自己不会弄成这样，她动手能力不是很强。虽然不是她做的，她把花拿回来献给我，我还是很开心。我女儿很有心，上小学时，她知道家里谁要过生日了，会自己动手制作生日卡片。母亲节的时候，也会送给我一张自画的卡片和一首歌。她能有这份感恩的心，做父母的特别高兴。

问：施祎在阳光之家有工资吗？

施母：阳光之家没有工资，我女儿第一份工作有工资。

问：施祎拿到第一份工资的时候开心吗？

施母：她没有开不开心，她对钱这种东西没有概念，工资都是直接打到卡里。她的钱老爸都帮她存着，我们不动，毕竟以后她还需要用钱。现在她没需要用钱的地方，阳光之家每天去每天回来，家里什么吃的都有。

我女儿数字概念很差，现在还好点，过去她只要一块钱的硬币，给她纸币

都不要，现在她会要十块、二十块，但给她五十块、一百块，她还是不要，大钱她不会用，也不会花。如果给她一百块，让她去买东西，买完需要找多少钱，她都不清楚。

每个小孩有每个小孩的特征，有的孩子喜欢数学，我女儿的特征是对音乐敏感，喜欢音乐。现在我让她买东西，给她钱后，会跟她说好到哪个店去买，我们附近都熟悉，人家也不会骗她，但如果不认识，说不好听点，给她二十块，让她买瓶水，人家找她一块钱，她可能都不知道。有段时间我想教她，把各种各样的零钱存着，找个空余时间，我们两个面对面坐好，教她怎么找钱。她钱认识，但不会算，比如我给她一百块，她肯定不要。教了很长时间，但她对这方面不敏感，教到后来我也没耐心了，以后还是需要教教她。

问：孩子在阳光之家说话多吗？

施母：不多，也不说，我猜她在家可能比在阳光之家话多，但又不能让她一直在家。她去阳光之家就坐着，也不跟人说话，我每天跟她说，你去了要跟人说话，多交流，多交朋友。她说，哦。她虽然答应得挺好，但我知道没用，不过我说还是要说的。其他小孩也是这样，你不跟我说话，我也不跟你说，小朋友不会像我们家长，特意跟你说话，你不跟人家交流，人家也不会来找你。

我去阳光之家看过，里面有的孩子挺活泼，根本看不出来智力有问题，看上去都很好，很能说，也很能干，可能在读书方面差一点，但我女儿一看上去就是智力有问题。有一个小孩早上很早就爬起来干活，天热的时候，家里的衣服都是他洗的，还要拖地板。有一次，他妈妈说，不干好活，不许你去阳光之家。

我会帮忙搞活动，知道的多一点。还有一个男孩子的妈妈风瘫，瘫痪在床，他每天早上六点钟起来，帮妈妈吃好饭，家里全部打理好，才去阳光之家，晚上回家还要继续照顾妈妈，多艰难呀。他还懂得养生呢，跟我说什么时候泡什么茶，完全看不出是智障，真的很不容易，还是穷人的孩子早当家。

上个月十七号，阳光之家搞活动，老师要求全班人都到，那天安排几个学生家长过去，我也去了。最后有一个孩子没到，老师说他们家里情况特殊，妈妈也是瘫在床上不能动，没人照顾，他需要在家照顾家里人。他爸爸不知道什么原因也需要人照顾，家里挺苦的。那孩子给老师请假，说不能过来，要在家服侍爸爸妈妈。这小孩真不错，正常的孩子叫他干也不一定干。

问：孩子喜欢去阳光之家吗？

施母：她不会表示喜欢不喜欢，你叫她去她就去，我说不去老师要批评的，她就去了。她呢，一般不会主动表达我想干吗，除非她有强烈的愿望，像

施祎（前排左二）参加社区表演活动

她喜欢写字，有时候笔没了，纸没了，她会要，跟她爸爸说，我要买纸，我要买笔，我要买本子。她喜欢的东西，她会要，我们就给她钱，让她自己去买，其他的不会说什么。

问：上次到阳光之家去的时候，问她喜欢在家还是在阳光之家，她说喜欢待在家里。

施母：不行，不能让她待在家里。过去她在家时，把门关着，自己一个人待在房间里面，干什么都不出来，后来她习惯了，吃饭都要到里面去吃，一天到晚"咣"把门关掉，一个人待在里面，跟谁也不说话。后来我和她爸爸都不允许她这样，写字让她出来写，不能总待在屋里。

问：施祎不去阳光之家时，在家做什么？

施母：她在家喜欢听听音乐，高兴了自己跳跳舞，不高兴了就坐着，挺懒的。她不喜欢动，胖了之后更不想动了，现在真的又矮又胖。（拿着施祎以前的照片）照片上看着可以，这个时候已经有点胖了，现在更胖，把我们急得呀，他们又不需要做功课，也不需要别的什么，就是吃了睡睡了吃。

献爱心，妈妈志愿者

问：平常社区有没有给你们提供过帮助？

施母：社区很少，街道比较多。我们街道一共有五大协会，智力障碍的、精神残疾的、肢体残疾的、盲人的，还有聋哑的。我现在在我们街道义务管理这些智障的孩子，当时街道领导找到我，说让我去当志愿者，我想着献爱心就去了。后来又让我管智力障碍的事情，想着自己的孩子也是智力缺陷，担任这个职务可以帮大家一起面对，我就答应下来了。

每年街道会给我们拨钱，我拿着这些钱每个季度给小孩们组织一次活动，一般就是唱歌或者是做个游戏，有的是联欢会，有的是猜谜。每年年底，会让他们出去旅游一次。上次我带他们到共青森林公园玩了一次，毕竟经费有限嘛，能选的范围不是很大。

12月份的时候，我们智力障碍和精神残疾的一起包了旅游车，去迪斯尼小镇，迪士尼费用太高，街道没有给我们那么多钱，经费不够，只好带他们到迪斯尼小镇玩，这里还有我们一起拍的照片，我给他们拍好后，把这些照片发给他们。

我们一共二十几个人，程度好点的孩子自己去，差点的家长陪同，家长陪同的费用我们出，不会叫家长拿一分钱，在外面聚一聚，一起吃顿饭。街道每年只给我们这么多钱，出去就把这点钱用足，让这些家庭都感受到关爱。马上要过年了，这个月我正在愁给他们买点什么东西，再加上我自己的事情，真的很忙，没多少时间。下个月可能还要组织活动，让他们多出去走走，看看外面的世界。这些孩子也挺可怜的，我组织这些活动等于献爱心，帮帮大家。

问：出去活动的时候，有志愿者和你们一起吗？

施母：没有志愿者，我们的活动叫亲子游，叫上家长一起去，可以让家长把孩子看好，这样我们会比较省心。如果出远门，家长不带着，弄丢一个，我就不好交待了呀。

这个礼拜，我们区里组织活动带大家一起出去玩，有一个孩子弄丢了，大家都急得不得了。中午吃完饭，我们在外面玩了一会儿，回到房间，他妈妈看时间还比较早，就闭着眼睛睡了一会，这个男孩子看没人看着，就自己跑出去，等他妈妈醒过来，发现孩子不见了。我们赶紧出去找，到处找都找不到，把我急死了，外面带队的都快急哭了。打电话给110，出了很多警察，他们去每个巷子找，找遍了还是找不到，还发了微信朋友圈。

到了大概晚上八点钟，终于找到这个小孩了，这个小孩很好玩，他自己走回家去了，在路上走了大概四个多小时，脚上肿出了很多水泡，他自己走也不跟家长打声招呼，你说多吓人呀。不管什么样的小孩，都是生命，都是家里的宝，弄丢了怎么办？我们回去怎么交代？这种小孩真的要看好，他们安全意识不够，不看好说不定会出什么事，我们要好好对他们负责。

心善良，光阴苒苒流

问：您是在施祎多大的时候辞职的？

施母：没辞职，我是在 2005 年把工作买断了。我生她之前一直在办公室坐到大肚子，月份很大了，既要上班又要照顾肚子里的小孩，很辛苦。小孩生出来，我和她爸爸都上班，没人帮我带，没办法呀，我就跟单位领导请假，告诉领导家里有这么一个小孩，没有人带。领导说我是特殊情况，特殊对待，特殊照顾，批准我请假。

之后我没去上班，停职留薪，但人家也不可能一直不让我去呀。没过多长时间，单位叫我回去上班，我只好把工作停下来。本来没准备买断，单位有一个要好的小姐妹，她说买断合算，让我跟她一起买断，我就买断了。工作停下来后我专心带她，一个人一直带到现在，等于我好多年都不上班了。

小孩大了，我断断续续到外面做做工作，但还是不行，他们上学时间特别短，像我女儿在辅读学校，下午三点多就下课了，她还小，不敢给她钥匙，所以家里必须要有人。现在大了还可以，我把钥匙给她，让她自己开门进来。我为她牺牲了很多，能怎么办呢？真的是没办法呀，我自己生出来的，总要为孩子负责。后来又有了一个小孩，两个小孩，都是我一个人带大的，真的辛苦。

问：叔叔是做什么工作的？

施母：他原来在上海炼油厂上班，年纪大了，后来跳槽，现在在杭州，每个礼拜回来一次。

问：施祎和爸爸的关系好吗？

施母：她跟爸爸亲，跟爸爸关系那是真好，她爸回来要先亲一下。你问她跟爸爸好还是跟妈妈好，她不承认，她说都好。但人家一看就知道，她和老爸好，她爸每星期回来一次，星期天一回来两个人就一块儿出去瞎逛。出去应酬，比如说外面朋友聚会，喝下午茶，他都会带女儿出去，从来不带儿子去，女儿也愿意跟他出去，出去她就坐在那儿，只吃不说话，也不会打扰到他们。

上次我和我女儿一起从超市回来，经过漫猫咖啡馆，她说我去过，我说你乱讲，我还没去过你怎么可能去过。回来我跟她爸爸讲，她爸爸说上次我带她过去的。她爸爸去咖啡馆谈事情，带她一起去，给她点个蛋糕，她一个人在旁边吃，所以她还是挺幸福的。

其实我对她好，但她不理我，我喉咙响，有时烦了会对她发脾气，可能她

看我有点可怕，她爸爸一回来就喊爸爸爸爸，好亲热的，但她从来不会亲我。我跟她爸爸开玩笑说，还是你好，我带她一个礼拜也没见她叫我一声。周末爸爸走时还要抱着亲一下，现在也是这样，不和我亲，我儿子跟我亲。

问：您和施祎爸爸在教育问题上有没有分歧？

施母：没有，这上面我们两个从来没有什么分歧，还是蛮默契的，从来不会为小孩吵架，我们这个家庭和和睦睦的，从来没有吵架声。她爸爸主要在外面忙，小孩都交给我，孩子有什么事呢，回来我会跟他说，我们两个意见比较一致，他全面放心让我去管孩子。两个小孩不管在家里还是在学校，都是我一个人管，开家长会也都是我，他从来不参与，孩子从小到大都是这样。

问：爸爸有没有帮您带孩子？

施母：他要上班，没办法帮的呀，他不上班我们家里吃什么？这都是可以理解的。家里的事我多做一点，外面主要靠他，一个家都要这么安排好的，总要有一个人牺牲，要不然孩子怎么办？孩子是自己生出来的，人家可以不管，但我们做父母的不可以，对孩子也是一种责任，尽管是不好的小孩，也要好好把她抚养长大。她爸爸说，只要她活得开开心心就可以，对她没什么要求。

问：她和弟弟相差几岁？

施母：三岁。

问：三岁的时候弟弟出生，两个小孩一起带，有没有什么让您感受特别深的地方？

施母：最大的感受就是忙，每天忙忙碌碌的，很辛苦。我女儿跟正常孩子不一样，虽然三岁了，但什么都不懂。生完儿子出院的时候，婆婆帮我带了一个月，儿子满月后就是我自己一个人带，累的哦。

那时我们住的还不是现在这个房子，住的是一室一厅，怕小孩子往外面爬，我经常注意要把门窗关好。屋里面有大床，有一个橱，还有一个通道，两个小孩都很会爬，我去烧饭或者干其他家务，都要在床上堆好多东西，这样他们爬不出来，我就可以放心干活，每天都是这样。最让我苦中有乐的事情当然是带她了，把她带好就是我的成就。说实在，再有一个小孩还是蛮好的，我们家长好多都是生一胎的，就这么一个小孩。我自己一个人把两个小孩拉扯大，现在两个小孩大了，我总算松口气了。

问：您当时是怎么考虑生二胎的？

施母：我和她爸爸既不是近亲结婚，又没有别的原因，我们住得很远，她爸爸在新客站，我在高桥，而且我们是通过介绍认识。有这个小孩总归不是很开心呀，后来想想，还是不甘心，就有了第二个孩子。

生两个累是累点，但如果只生一个，以后我们老了怎么办？我女儿能自理还好，有好多孩子都不能自理，他们以后怎么办？这真的是问题呀。现在很多家长都在纠结老了做不动了，自己怎么办，这些孩子怎么办，孩子要找个去向呀，这也是个社会问题。我们那里有好多都生一个，不敢再生第二个，怕再生一个还是不好。我女儿学校有两对双胞胎，都是不好的小孩，一对男孩一对女孩，他们家里要是再生一个，还是不好的怎么办？遇到这种情况，家长真的很无奈很绝望。

问：您平时是怎么跟孩子们沟通的？

施母：我平时没有特别留意要和他们沟通什么，到什么时候该干吗就让他们干吗。儿子读书的事情关注多一点，她不需要管这些。

问：施祎小时候和弟弟一起玩到几岁？

施母：小时候在一起玩的时间挺多，大概弟弟上幼儿园起，他们就不经常在一起玩了，毕竟一个男孩一个女孩，不一样。我儿子上幼儿园时，我们搬到现在住的地方，那时他们两个人一间房，等稍微大点后，就让他们分开睡。他们很少说话，毕竟男孩子有男孩子的心事，不像女孩会跟在后面喊姐姐。男孩和女孩玩的东西也不一样，她们喜欢娃娃，男孩子不喜欢这些东西，他们玩不到一起。

问：施祎和弟弟交流多吗？

施母：很少交流，我儿子不大跟她交流，她爸爸说，如果生个女儿会好很多，女儿能跟她多说话。男孩子不大跟她交流，他们之间没什么话题，他在自己房间里看看书。不过我儿子还算好，他知道这个东西是姐姐喜欢吃的，就会让着她，从来不跟她争。小时候我儿子本子多，我女儿想要本子，不敢问他要，我跟儿子说，给她一点，他都会分。有时候我们不在家，我对儿子说，她的饭你帮她搞定啊，我儿子这些都没有问题。

但他们不怎么交流，我女儿现在不像过去，她现在有点自闭，很封闭，不跟你交流。不要说跟我儿子了，就算跟我们她也不怎么说话，我跟她说十句话，她能回答我一句算不错了。

前两天我们区里组织活动，带她去玩，一路上我啰啰嗦嗦跟她说很多话，我跟她说，施祎啊，你跟我聊聊天跟我说说话呀，她就是不理睬你。我们想尽办法跟她沟通，不知道为什么她就很封闭，好像不知道用什么语言跟你说，没话跟你说，现在就到这个地步。

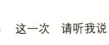

问：弟弟有女朋友吗？

施母：没有，我儿子没这根筋的，我们倒还鼓励他去谈，但他这方面就差一点，还太嫩了。

问：平时周末你们会带施祎出去玩吗？

施母：会出去玩，不过我们出去玩的次数不多。每年我们会计划家庭旅行，全家一起出去，去年我们是到张家界。平时我没空，比较忙，她爸爸也忙，我儿子现在大四，时间还多一点，原来他上学也没多少时间，所以很少出去玩。

现在是我女儿不想出去，否则我是蛮愿意带她出去的，人家有时候跟我说，你带她到外面玩玩，去日本看看。我挺想带她去的，可我们两个人出去，她一直不跟我交流，这很难受，同行的一个人，吃个饭都不跟你说话，干什么她也不跟你说话，没劲力①啊。

问：会去哪些地方玩？

施母：到公园或者带她出去唱歌。我有四五个女同学，我们出去玩，她们总说把女儿也带上，我就把她带着，一起吃个饭，唱个歌。有时候我在家，只要她休息，我就带她到上海歌城去唱卡拉 OK，我们两个开一个房间，前两天还跟她说下个礼拜有空，带她去唱卡拉 OK。

她喜欢唱歌，家里有很多 MP3、MP4，现在她爸爸又给她买了平板，里面有很多歌，她一回来就立马打开，可以把歌从早开到晚，很多歌我们不知道，她都知道，厉害吧。虽然唱歌五音不全，但挺喜欢唱，也算一个兴趣，挺有意思的。

问：她和爷爷奶奶关系怎么样？

施母：爷爷已经没有了，奶奶还在，上个礼拜我们去看她奶奶，奶奶已经八十多岁了，关系一般吧，亲也不会太亲，毕竟从小没有在身边待过，感情都不会太深。弟弟和爷爷奶奶的关系也一般，知道这是我爷爷，这是我奶奶，其他的没太大感受。

问：她和外公外婆的关系呢？

施母：还行，外公外婆跟我们住得比较近，就在楼下，我们一样的房子，他们九楼我们十六楼。我每天都要去我妈妈那里报个到，去家里看看。他们现在年纪大了呀，八九十岁了，总不放心，家里还雇了一个人照顾他们，我正在愁呢，过年阿姨要回去，他们可怎么办。

---

①　没劲力：沪语，没动力。

问：您兄弟姐妹几个？

施母：我两个，上面有一个姐姐。她爸爸有三个，去了一个，还有两个。虽然兄弟姐妹挺多，但平时大家都有自己的事情，住得也比较远，不在一起，联系就比较少。小时候她跟堂哥堂姐的关系还不错，相处得挺好，会在一起玩。现在封闭了，也不怎么跟人家玩。

有兄弟姐妹也帮不上忙。小孩小的时候，我忙，希望有人帮我，但我姐一边上班，一边要照顾自己的小孩，怎么可能顾到我呢？没办法，只有我自己。爷爷奶奶也没管，外公外婆也没管，都靠自己。

问：孩子对陌生人的态度怎么样？

施母：她不管其他人，心态很好，你带她出去吃饭，她就一个人在旁边吃，她不会管这个人或那个人怎么样，她吃自己的。

问：她平常和你们交流不多，但她有没有在行动上表现出对你们的关心？

施母：会的，比如有时候吃好饭，她会给你拿餐巾纸。这些我们没有教她，都是她自己会的，虽不是每次都会，但还是挺暖心的，现在小孩一般都以自我为中心，她这方面还是挺好的。

问：施祎身上您最喜欢的优点或者是让您觉得很好的地方有哪些？

施母：我女儿蛮善良的，这种小孩都挺善良的，没什么心机，包括阳光之家的小孩都是这样，不会为难你，不会耍心眼，也不会弄忪①你，都蛮乐于帮助人，有的正常小孩还不如他们。

问：具体来说做过哪些事情？

施母：我女儿现在不喜欢跟别人交流，很少说话，过去她会。他们学校的一些小朋友还是很不错的，她有时候脑子不大清楚，记不住东西，老师在学校说的任务，她回来不跟我说，每天去学校要带什么东西，或者有什么活动，她不告诉我，学校的小朋友就会在微信里跟我说，施祎妈妈，明天施祎要带什么东西，几点钟到，或者是施祎今天拿通知单回来了，你看看啊。这些小伙伴都会帮她。

我女儿也很贴心。2008 年我不小心摔了一跤，腿摔断了，造成膝关节骨折，绑着石膏躺在家里，一点也不能动弹。当时刚好女儿要开学，但我一个人不行，她就在家里照顾我，给我倒水，帮我端屎端尿，不嫌脏不嫌累，还常常陪我聊天，关心我，问我疼不疼，减轻了我不少痛苦和压力。过了大概一个礼拜，老师看施祎一直没去上课，给我打电话，我跟老师说完原因后，老师说施

---

① 弄忪：沪语，指作弄人。

祎不错嘛，还会照顾妈妈呢，我们过来看一下。我有点不好意思，跟孩子说赶紧去上学吧，就叫她上学去了。

真的很感动，正常小孩有可能还嫌脏，不愿意弄，但她照顾你没有怨言。所以，等我老了，弄不好真的还需要她照顾，她不太认识钱，烧饭烧菜不行，其他的让她做，还是很不错的。在家里也不拖我手脚，自己玩，烧好饭给她吃就可以，洗澡自己洗，洗头自己洗，也不需要我帮忙，很省事的。

多包容，愿政策到位

问：您有没有想过她的婚姻问题？

施母：从来没有考虑过，以后我们把她带着，到哪也带着她。她走在我们前面是她的福气；到我们眼睛闭上的时候，把她安排好。儿子我们不管，房子给他，随便他去。

问：等你们老了之后，怎么安排孩子呢？

施母：现在真的不清楚，我们也不知道怎么办，很多家长已经着急了，特别是生一个小孩的家长。我们还可以，下面还有一个小孩，阳光之家大多数都是一个孩子，家长年纪大了，像我们父母现在还在靠我们，要是都生这么一个，将来父母靠谁？孩子怎么办？

现在川沙有个专门收留特殊小孩的地方，好像是个助残机构，挺远的，已经建好几年了，刚开始没人去，现在已经招满，想去也没地方去，外面排队的人还挺多。等我们老了再看吧，养老院也可以呀。

我有时脾气不好会忍不住说她，她爸爸对她还是蛮宽容的，她爸爸说我们要让她开开心心过一辈子，我们在的时候多包容她，多爱护她，以后什么情况谁也不知道。

国家最好多建立一些残疾人养老机构，把他们都收进去。我是不想让她去的，把孩子放进去，真的就废掉了，关在那里不会有人教他们东西，不会有人专门管她，也不会有人跟他们交流，只会给他们吃好三餐饭。我们家长还可以跟他们聊聊天，每天沟通，像她要这本《古诗三百首》，她爸给她买，她没事就照着读读写写，在里面的话谁管他们呀。所以，国家不仅要建立收养残疾人的地方，还要把相关的服务措施做到位，多为他们的发展考虑。

还有很多智力落后加身体残疾的孩子，生活不能自理，什么事情都要父母帮忙。我们这里有一个男孩子就是这样，他很胖，早上起来，他爸爸先把他抱到椅子上，然后再去上班，孩子在椅子上一坐就是一天。过去他们家每个礼拜有阿姨过来，阿姨会帮他打扫房间，给他收拾大小便，有时候没饭吃了，阿姨会买个馒头喂他吃。他妈妈下班回来，他告诉妈妈，让妈妈给阿姨馒头钱，他虽然没有自理能力，也不会自己吃饭，但他说话还好。没办法，生这种小孩也很无奈，谁不愿意生一个聪明又健康的孩子，所以他们以后真的不好弄。

问：政府现在有没有给他们什么福利待遇？

施母：有单位的没有，没单位的孩子有。上海今年还出了新政策，从前两个月开始，每个残疾人每个月国家发一百五十块钱。其他的话，她有残疾证，不管去公园还是景点都免费，外面公园还是很贵的，她都不要钱，这也算是福利。

问：您对家庭的未来有什么打算？

施母：孩子好好的，儿子有出息，女儿快快乐乐，我们不期望很高的东西，一家人开开心心和和睦睦在一起最重要，平平安安。

问：您对唐宝宝家庭有没有什么话要说？

施母：善待他们，不要歧视他们，他们也是生命，对他们好一点，说实在的，这种小孩你不能对他要求多高。我跟我儿子也这样说，你要善待她，没有她就没有你。如果她好好的，我不可能有儿子，政策也是不允许的。

现在出去搞活动遇到很多志愿者，都很好。我们参加活动认识一个朋友，当时是志愿者，后来关系一直不错，他是沈阳音乐学院毕业的，蒲巴甲还是他的学生，他说施祎有什么事情，你跟我说一句话，能帮我都会帮。现在社会上的爱心人士挺多的，不像过去人们会用另类的眼光看他们，现在人的包容度大很多，看到这些孩子也挺可怜的。说实在这些孩子也不愿意这样，哪个人不希望自己健健康康的，他们也不愿意生这个病，没办法呀，多宽容多包容他们吧。

问：访谈快要结束了，写访谈稿的时候需要进行匿名化处理吗？还是直接用施祎这个名字？

施母：没关系，可以用她的名字，我们都能接受，现在已经这么长时间，没什么要躲避的，我觉得无所谓，坦然地面对吧。我女儿手语表演得很好，我让她表演给你看看，让她唱一个《感恩的心》。施祎，我们来表演一个《感恩的心》，好不好？

（施祎对歌词记得很熟，跟着一起哼唱，表演的时候面带微笑，手势很熟练，手语姿势优美。）

问：我们的访谈就到这里，谢谢。

施祎弟弟口述

口述者：施祎弟弟、施母
访谈者、撰稿人：杨梦莹
访谈时间：2016 年 10 月 27 日
访谈地点：施家

问：跟姐姐相处过程中有什么感受？

弟：我跟她交流不多，现在统计一下，一个月跟她讲的话大概不会超过十句，五句都不一定有，不管是她跟我讲还是我跟她讲，都是这样。我不会主动跟她交流，她也不会来跟我说话，基本上一个月讲一两句话就蛮稀奇的。我希望跟她交流，但可能没什么共同话题。之前第一次听到姐姐是这种情况，也没有什么感觉，我们从小一起长大，没有这种意识。

问：你身边的朋友同学知道你姐姐的情况吗？

弟：现在身边的同学没人知道，以前初中的时候有，高中有没有我不知道，我也不知道他们怎么知道的，那时还有人跟我讲过。

施母：他们来家里玩的时候看到的，我们家离学校近，小学也在这里，中学也在边上，同学放学没事就喜欢到我们家来玩。

问：你会在意他们的看法吗？

弟：当时有点，但这是好长时间以前的事，现在不会，以前或许会有一点点吧，现在已经无所谓了。

施母：他们从小一起长大，都无所谓，坦然接受。他以后也不用管〔姐姐〕，他的人生是他自己的，女儿就交给我们，我们不会把她的负担加给他，他该干吗干吗。把女儿交给他的话，怎么说呢，他是个女孩子还好，妹妹带个姐姐还可以，但他毕竟是男孩子，以后要娶老婆，人家会接受她吗？不知道啊，找一个善良有爱心的，还有可能。

她跟着我们，我们以后到哪里，她就跟到哪里。国庆节的时候，我跟她老爸到海门看房子，一看蛮好的，就买了对开门的两套，都挺大的。以后老了我们过去，把女儿也一起带着。儿子不管，他没问题，把这里交给他。或者我们到养老院去，把她一起带过去。

问：你和姐姐一块儿出去玩过吗？

施母：那不可能，他们话都不说的，而且儿子也比较忙，没时间，我女儿跟我出去还差不多。

施祎老师口述

口述者：阳光之家老师
访谈者、撰稿者：杨梦莹
访谈时间：2016 年 12 月 16 日
访谈地点：上海市某街道阳光之家

（陆老师在教孩子们串珠珠，另一位老师接受了采访。）

师：陆老师每次教两个学生，一点一点教，可以放手了，再找两个过来。像现在教的这两个就不需要陆老师帮忙了，他们都可以自己做。实际上，施祎的能力还是蛮好的，但她就是不太想做。

问：老师，施祎是什么时候到这边来的？

师：大概 2013 年底 2014 年初。她第一次来时没有声音，不说话，和现在差不多，问她话基本没有回应。她和我们交流都是摇摇头，点点头，不怎么愿意和老师交流。

问：施祎会串珠子吗？

师：会，基础有一点，但她眼睛不是很好，一做错就不想做。她不怎么合群，不喜欢和同学老师交流。我们问过她妈妈，她妈妈说她在家里也不跟他们交谈，回家就把门一关，闷在屋子里。我们跟她说的话，她也根本不能理解，比如状态好不好，她不能理解状态是怎么一回事，回答也只不过是顺着你的话说。

这个孩子可难沟通，我也不知道为什么。她不像其他学员愿意和老师交流，或者说老师跟他们说话，其他学员都很高兴，但她好像有一个自己的世界，会无缘无故坐在那自己笑。这个情况她来以后我们就发觉了，我们认为她可能有幻听，或者她认为旁边有人跟她说话，如果是这样，就不只是智障的状态。

不过有一点，她还是很喜欢唱歌跳舞。但是你叫她唱歌跳舞，她有时候也不搭理你，老师让大家表演她就不愿意参加，有时候她又会表现得特别兴奋，很愿意参与到这个活动里。反正这个孩子就是凭高兴，我们也不清楚她什么时候愿意，什么时候不愿意，没有办法去掌握她的状态。

问：刚才听吴老师说，她最近状态不是特别好？

师：对，她妈妈已经带她去看过了，好像有幻听方面的问题，有可能会往那个方向发展。（这时进来一个孩子）他也是陆老师最近教会的，他和施祎以前是同班，这个孩子还是不错的，但施祎状态就不太好。

问：妈妈说是在家待了两年之后，不太爱说话了。

师：这个我也不知道，也不太懂。按照道理来说，阳光之家成立刚刚十年，我们这有很多比她年纪大的，像三十五六岁的学员，十年以前二十五六岁，按九年义务教育来算，六岁读书，十五岁毕业，再上三年职校十八九岁，他们十八九岁到二十五六岁之间都待在家里，也没有什么问题呀。我刚才说的那个学生，施祎的同班同学，比施祎来的还晚，都没有问题。所以这有可能是她本身的问题，具体不是我们好说的。

施祎之前的情况我们不太了解，她读书时候的事情也是听她妈妈介绍的，说那时候女儿很活泼。但我们很难想象她以前怎么样，我们没有亲眼见过，看到她现在的状态，也觉得很可惜。像有些学员，在家的时候不愿意说话，但到我们这以后，就很愿意和老师交流，但她不是。

问：咱们这里一共有几个孩子？

师：我们一共二十五个，都是智力障碍的孩子，各种类型的智障，有的是唐宝宝，她就是唐宝宝，有些是早产儿、智商低下或其他情况，他们智力有问题，但都不是最严重的，有一级、两级和三级的。

问：阳光之家为他们提供了一个学校毕业之后能待的地方，挺好的。

师：对，来这里活动对他们的康复有作用，还有一个是能接触社会，不跟社会脱节。我们会定期举办很多活动，请志愿者老师来上课，像这样串珠珠的课程也是一个技能培训。但我们只有技能，缺少一个向外推广的平台，需要这种东西的人很少，不过推广不是我们阳光之家能做的，阳光之家实际上只是一个慈善机构，不能做这些事情，而且我们也不想让这些孩子为金钱去做，我们只是让他们锻炼一下，像串珠课既可以锻炼他们的眼睛，也可以训练他们的手脑配合。

其他课程有音乐课、美术课、文化课，还有特奥运动课。我们还有学员自主课，自己寻找材料，自己备课，把感兴趣的东西跟其他学员分享。大家都可以上这个课，只要好好备课，把材料交到我手上，老师会按照内容给同学们指导一下怎么上。上完后老师会进行分析，今天讲的这堂课哪些交待清楚了，哪些没有交待清楚；以后应该从哪些方面提高，为什么这样做。这样可以训练他们和人交往的能力，也可以培养他们的自信心。

还有社会上的志愿者来和他们一起活动，让孩子们知道社会是关爱他们的。志愿者走的时候，我们会把我们做的东西反赠给他们，让志愿者知道这些小孩是感恩的，也要让小孩学会感恩。我们不能让他们觉得自己是残疾人，接受礼物、关爱是天经地义，没有任何东西是天经地义的，社会给你关爱，你也同样要付出，不管得到多少，你也要给社会一点帮助。

问：老师，咱们还有其他上课内容吗？

师：我们根据五大板块来上课，星期一学员自主课，星期二音乐课，星期三艺术表达课，星期四串珠课，星期五综合课程，包括手工课、插花或者烹饪、美术，现在基本上把美术课都放在综合课程里，因为其他内容我们已经上完了，只有综合课程这一块还没完。周一下午是写字课，周二下午是特奥，让他们运动，周三下午也是写字，周四下午是桌游，桌游是让他们自由活动，一整天都组织起来也不行，要让他们有休息的时间。

每个星期五下午有一节大扫除，就是简单劳动，让他们自己动手，也是学习自理能力。周五下午两点到三点还有一个小时安全教育，我们认为这堂课是很重要的，因为要休息两天，让他们知道在家这两天基本的安全常识，如果出去应该怎么做，接到陌生人电话应该怎么样，遇到下雨天、打雷天或者下雪应该怎么做，让他们这两天有一个安稳的过渡。

问：施祎哪门课的表现会好一些？

师：写字她是写的，桌游她不参加，大扫除是叫她做什么就做什么，做还是愿意做的，音乐课好像没跳舞那么喜欢，学员自主课她是不愿意的，串珠她也不怎么愿意，美术课上她也不是很积极，艺术表达心理课有打击乐，有舞蹈，她还是很喜欢。

问：她和其他同学互动多吗？

师：没有，我们也挺为她可惜的。她妈妈说，她回家就把自己关在房间里，跟妈妈、爸爸也不交流。我不是怪家长，实际上，越是这样的孩子，一开始有这种状态，作为家长就应该去跟她沟通，而不是等两年以后再想怎么办。毕竟我们是老师，有些事不了解，孩子一开始来的时候，我们不了解你的脾气性格，想跟孩子沟通都无法沟通，时间长了以后，她还是没法改变。

我们也找过自身原因，是不是沟通方式不对，沟通渠道不对，说的话题不对，或者其他原因，但我们从自身找了一遍以后，认为没有做错什么。我们已经为她改了很多方法，她喜欢跳舞，我们就从她的兴趣爱好入手，在助残日特地把她推到前面让她领舞，但她还是这样。去年区里有个活动，我们老师甚至让她在台上即兴表演，老师放音乐，打节奏，不规定动作，让她在台上即兴跳《娃哈哈》，但过后她还是像现在一样。

为这个问题我们也跟家长沟通，说你要多关心女儿，毕竟白天只有一段时间在我们这里，要我们深入了解她，也不太可能，我们这里不是只有一个学员，我们学员很多，每一个都要关注。她妈妈说，我们是关注的，但因为孩子回家就把自己关在房间里，不愿意出来，她妈妈也没办法。我们私下也讨论过，她回家待两年，家长一发现她有一点不好，首先就要送到我们这来，我们开办不是一两天了；第二，一旦发现孩子这样，要及时关注。有这样一个孩子，费在这个孩子身上的心要比另外一个正常孩子多，正常孩子以后生活有自理能力，这个孩子没有，要靠外界的，不能让她这样下去。我个人认为家长在这方面可能稍微有一点缺陷。

问：谢谢老师。

施祎本人口述

口述者：施祎
访谈者、撰稿者：杨梦莹
访谈时间：2016 年 12 月 16 日
访谈地点：上海市某街道阳光之家

施祎不喜欢跟人说话，在阳光之家也没什么朋友，总是一个人坐着，对于访谈者的提问只能以点头、摇头、"是""不是"或者很简洁的"不知道"三个字来回答，除了回答问题时与访谈者对视外，施祎总是处于自己的世界中。

问：你好，你还记得我吗？我上次去过你们家。

施：嗯。

问：还记得以前在浦东新区辅读学校上学的事情吗？

（摇头）

问：在上学的时候有没有关系比较好的同学？

施：没有。

问：有没有同学去你们家里玩过？

施：没有。

问：我听妈妈说你们家离学校比较近，有时会有同学去你们家玩，有一次一个同学把妈妈的钱包拿走了，有没有这回事呀？

施：有。

问：后面的事情还记得吗？

施：不记得了。

问：那是几年级的事还记得吗？

施：不记得。

问：以前在学校上课的时候，最喜欢什么课呢？音乐课吗？

施：嗯。

问：我上次在你们家看你的照片，你上学的时候还主持过节目，对吧？

施：嗯。

问：那个时候你主持的什么活动还记得吗？

施：不记得了。

问：听你妈妈说你上学的时候可开朗了，很喜欢跟人说话，每次去学校的时候都会跟老师亲亲呀，抱抱呀，是不是？

施：嗯。

问：那你是从什么时候开始不喜欢跟人说话了呢？是从在家待的那两年开始的吗？

施：嗯。

问：为什么呢？是那个时候跟人接触的少了，出来之后就不喜欢跟人接触了吗？

施：嗯。

问：你平时只和老师、同学、朋友、父母接触，外人都没有接触过吗？

施：嗯。

问：妈妈有没有教过你不要和陌生人随便说话？

施：嗯。

问：参加特奥会，你还记得吗？

施：嗯。

问：我去你家的时候，你妈妈给我看你的照片，你去电视台和"好男儿"一块儿参加活动，还跟他们照了好多照片，还记得吗？

施：嗯。

问：记得你和谁合过影吗？

施：不记得了。

问：参加特奥会开心吗？

施：开心。

问：你还记得第一次来这里是什么时候吗？

施：不记得。

问：第一天来这里紧张吗？

施：……

问：第一次来是妈妈带你来的吗？

施：嗯。

问：我听妈妈说她教你怎么走，后来你就一个人过来了？

施：嗯。

625

问：妈妈第一次是怎么教你的？

施：不记得了。

问：从你们家过来需要过马路吗？

施：嗯。

问：你第一次一个人走的时候害怕吗？

施：不害怕。

问：这么勇敢，那你第一次来阳光之家的时候紧张吗？

施：有点。

问：第一天来这里，做什么了还记得吗？

施：不记得了。

问：每天早上是妈妈叫你还是你自己起床的？

施：我自己起床的。

问：你有定闹钟吗？

施：没有。

问：我听妈妈说你自理能力很强的，洗澡、洗衣服都是自己洗的，是吗？

施：嗯。

问：你是什么时候学会的？

施：不记得了。

问：洗衣服的过程你还记得吗？在家里你是怎么洗的？

施：忘记了。

问：每天早上是妈妈催你"施祎呀，要去阳光之家了"还是你自己一个人看着时间走的？

施：妈妈。

问：出门的话妈妈会给你包里放什么东西？

施：钥匙、餐巾纸。

问：你是喜欢来阳光之家还是喜欢去你之前的学校上学？

施：都喜欢。

问：你到这边喜欢做什么？

施：……

问：听歌喜欢吗？

施：喜欢。

问：除了听歌还喜欢什么呢？

施：喜欢跳舞。

问：有没有喜欢的老师？

施：……

问：你最喜欢的课是什么？

施：音乐。

问：每天来这里，除了音乐和舞蹈课你会跟着做，还喜欢其他什么课？美术课喜欢吗？

施：喜欢。

问：你最喜欢画什么呢？

施：动物。

问：哪个动物？

施：小鸟。

问：陶艺你喜欢吗？我看你们做的杯子好漂亮。

施：不喜欢。

问：手工之类你都不喜欢吗？美术、音乐就会比较喜欢？

施：嗯。

问：平时在这里会主动和同学们聊天吗？

施：不会。

问：你都是一个人坐在这里吗？

施：……

问：你不喜欢聊天吗？

施：嗯。

问：喜欢待家里还是喜欢来这边？

施：家里。

问：你喜欢一个人待吗？

施：嗯。

问：你不喜欢有人和你说话吗？

施：喜欢。

问：也想让别人给你交流吗？

施：嗯。

问：那为什么不和别人说呢，是因为不知道说什么吗？

施：嗯。

问：你和妈妈说过这个情况吗？

（摇头）

问：听老师说，你最近一段时间状态不是特别好，是怎么回事呢？我记得上次去你们家的时候，还给我们表演节目呢，还挺好的。

施：……

问：你怎么不串珠珠呢，不喜欢吗？

施：不会。

问：陆老师教过你没有？

施：嗯。

问：刚教过的时候你会吗？

施：会一点。

问：你不喜欢串珠珠吗？

施：嗯。

问：前一段时间手工课串珠珠，你会串吗？

（摇头）

问（问旁边同学）：施祎平时都不怎么和你们说话吗？

同学：就一个人，没有同学，没有朋友。

问（问旁边同学）：她从刚开始来这里就是这样吗？

同学：是，她就喜欢一个人。

问：你妈妈说你之前上过一段时间班，对吧？

施：嗯。

问：那个时候上班做什么，还记得吗？

（摇头）

问：上完班之后在家待了两年，在家待的时候平时都干什么？

施：……

问：听妈妈说，你平时在家都是听音乐？

施：写字。

问：还有呢？上次你给我们写过字，我还记得，写得可漂亮了，除了听歌、写字，还有什么？

施：……

问：我记得妈妈说你在职校的时候上的是烹饪课，你回家的时候会给他们做饭吗？

施：会的。

问：你会做什么呢？番茄炒蛋吗？

施：青菜。

问：哦，炒青菜，你给爸爸妈妈炒过吗？

施：没有。

问：你还记得炒青菜的过程吗？

施：不记得。

问：平时有和爸爸妈妈一起出去玩吗？

施：没有。

问：那你喜欢出去玩吗，和妈妈、同学一块去公园？

施：喜欢。

问：上次和他们一块儿去哪玩了？

施：不记得了。

问：你最喜欢去哪玩？

施：公园。

问：你们去公园都会玩什么？

施：……

问：平时和妈妈一块儿去得多还是在阳光之家和同学们一块儿去得多？

施：妈妈。

问：上周五妈妈带你去开会，你们在那边做什么了，玩得开心吗？

施：开心。

问：去那有参加活动吗？

施：有。

问：是什么活动还记得吗？

施：……

问：你和弟弟的关系好吗？

施：好。

问：弟弟对你好吗？

施：嗯。

问：平时和弟弟说话多吗？

施：不太多。

问：你们两个在家都是自己做自己的事情吗？

施：嗯。

问：你在家和妈妈说话多吗？

施：不太多。

问：我上次听妈妈说爸爸回来得比较少，爸爸回来的话你会特别开心，会去抱着他，喜欢爸爸吗？

施：嗯。

问：爸爸和妈妈你喜欢谁多一点？

施：爸爸。

问：嗯，为什么呢？

施：……

施祎阳光之家观察日记

观察时间：2016 年 12 月 16 日 9:00—13:30
观察地点：上海市某街道阳光之家
观察者、撰稿者：杨梦莹

因阳光之家当天有事，比较忙，故只观察了施祎半天的学习。

时间	活动内容	备 注
9:13	施祎到阳光之家。	
9:14	同学叫施祎去签到。	
9:15	做广播体操。跳阳光之家自编舞蹈《最炫民族风》。	施祎可记住动作，做得很熟练，动作也很标准，和同学相比属于不错。
9:30	课名：串珠 时长：一个半小时 类型：简单劳动 内容：用珠子制作手机壳、小动物，锻炼学生的手眼协调和动手能力。 学生围坐桌旁，和老师一块串珠。两位不会的同学坐在老师旁边，老师边教边串，其他学生自己串。	陆老师之前教过施祎，她和其他同学坐在另一张桌边。
9:35	串珠子。	其他人在串珠子，施祎一个人坐着发呆，一直持续到下课。
11:00	串珠课结束，吃午饭。	老师送来午饭，施祎坐着不动，其他同学帮她把饭带过来。施祎和同学们一起在教室吃午饭。
11:00—13:30	午休。	

三代残障人 终见希望光

——F女士外公口述

F，女，1997年出生。独生子女。轻度智力障碍。2015年毕业于上海市黄浦区特殊教育学校——阳光学校，同年入学上海市长宁区特殊职业技术学校——长宁区初级职业技术学校。2017年考入上海市某普通业余大学，酒店管理专业。

口述者：F女士外公
访谈者、撰稿者：程硕
访谈时间：2016年11月17日、2017年5月7日
访谈地点：F家

外公外婆结婚了

问：外公您好，您和妻子是怎么认识的？

外公：我们是通过介绍认识的。我们在同一个玩具厂工作，我在正规厂里，她在我们下属的一个街道生产组，叫"快乐玩具生产组"，街道生产组是为正规厂服务的，我们厂的任务会下分给他们做。我们的一个负责人介绍我们认识的。

问：你们家是在同一个地方吗？

外公：对的，我们都是上海人，当时都在南市区，现在南市区划分了，她家就划在黄浦区，我家就在浦东新区了。

问：结婚后什么时候生下了F君妈妈？

外公：我女儿是在1979年出生的，刚出生的时候很漂亮。后来长大读书的时候，发现她脑子不对。

问：那您和妻子检查过原因吗？

外公：查过的，跑过很多医院了。其实这个事情跟我老婆有点关系。我和

她结婚之前，并不知道她有轻度癫痫，是她瞒了我。我也不知道她怀孕的时候偷偷吃癫痫的药，等到孩子生下来之后，偶然有一次我看到她发作，才知道她有这个病。在上海这个病就叫羊癫疯，现在叫癫痫。

问：您知道后是怎么想的呢？

外公：当时科技还不发达，我也不清楚遗传之类的事情，就没想那么多。一心想着养我女儿成才就好了，也没想着离婚什么的。

问：后来您妻子的病情怎么样了？

外公：我老婆还一直犯癫疾，而且有了女儿之后越来越严重了。

问：她还能继续工作吗？

外公：可以的，她发病也就一会儿，清醒之后还能继续工作。

问：你们一直在玩具厂工作吗？

外公：是的，退休前都在玩具厂工作。

问：你们什么时候退休的？

外公：我俩都是五十岁退休的。

问：您妻子什么时候去世的？

外公：我老婆因为有癫痫，身体一直不好，大概 2011 年 1 月份去世的。那时候很悲剧的，事情一件接一件，像灾难一样。

妈妈爱跑常出走

问：您女儿出生后的情况怎么样呢？

外公：我女儿刚出生的时候，没看出什么问题。小时候很活泼、很聪明，也很调皮，基本跟正常孩子没差别。

问：她小时候上过幼儿园吗？

外公：上过的，就在家附近。

问：上幼儿园时有发现问题吗？

外公：上幼儿园的时候还没有发现问题，上小学的时候才发现的。

问：上小学是几岁了？

外公：七岁上的小学。小学一两年级都没怎么发觉问题，但是到了二年级下学期之后，老师说她读不进去书，文化课始终跟不上，很简单的东西都记不住，加上她很调皮，我们就以为是多动症，到处给她看多动症的病，一直看不好，差不多拖了一年时间。

到了三年级，老师说像你女儿这种情况是不能读下去的，就想让她弃学。我想不管怎么说，弃学是绝对不行的，就继续帮她看病。那时候还是南市区，就去华东医院。后来还有一个华东师大的教授帮她测试，测出来说她是低能，但是具体情况我还是不清楚。反正那时候学校已经不给她读书了，我只能去区教育局反映情况，因为我觉得她有读书的义务和权利，不管怎么说，你不能剥夺她这个权利，你可以根据情况帮她转学，或者转到低能学校。

在我的反映下，教育局就说让她跟跟班，也没留级。她就每天早上去读书，晚上放学回家。但是我还是没放弃给她看病，后来在南市区妇幼保健院，找到一个专门看多动症的专家，他就把我的家史问了一遍，最后说是遗传造成的，是遗传了她外婆家那边的家史，再加上吃癫痫的药就更危险了。那时候我才知道这个药是坚决不能吃的，对小孩来说伤害非常大。

小学读到五年级就读不下去了。之后大了，就经常跑出去，不回家，我经常去派出所报警，派出所也找不到的，每次都是她自己回来。哎……

问：是什么时候开始跑出去的？

外公：不读书之后就开始往外面跑了，大概十几岁的样子。

问：经常这样吗？每次跑出去多久呢？

外公：经常这样的，后来派出所都不管了，我们都知道她自己跑出去，又会自己回来的，也就不管了。每次跑出去蛮久的，有时候好几个月都不回来。

问：家里人不是很着急吗？

外公：可不是嘛，可是着急没用的，她自己愿意跑出去的，管都管不住。有时候，让她去倒个痰盂，她把痰盂放在门口，人就不见了。还有次过年，亲戚朋友都聚在一起，告诉她不要再跑出去了，她答应的好好的，转身就不见了。哎，她就是控制不住自己，自己没有意识的。

问：她跑出去，回来之后会不会把外面的事情跟您说一说？

外公：不会的。她出去就乱来，有时候派出所把她抓到了，她就告诉他们地址，派出所就联系到我，我把她领回来。

问：经常因为什么事情被抓呢？

外公：主要就是男女关系问题。那时候社会比较乱，有些人心思不正，也不知道她有智障，就给她买点吃的玩的把她骗掉了，欺负了，也有好心的人会把她送回来。

问：她在外面受欺负，一般都是公安局发现的吗？

外公：有的是人家报案，有的是公安局发现的，也有的是她自己去报的案。

问：她自己也知道报案？

外公：人大了之后，自己也知道报案的。

问：关于跑出去男女关系的问题，你们想过什么措施吗？

外公：那个年代呢，在这个问题上还想不了那么多，而且当时的避孕措施也没那么多。

问：据我所知，有些家庭通过手术的方式，比如绝育手术让孩子避孕，您怎么看？

外公：那时候她小啊，不能做这个事情的（声音提高，眼神警觉）。年龄小还没发育好，她之前就算跟人家发生关系，也不会怀孕，所以也想不到避孕这种事情。但是到了十八岁，有次隔了好几个月回来，才发现已经怀孕六七个月了，肚子很大了，孩子也不好打掉，只能生下来，生下来的这个孩子就是我外孙女。

问：您女儿知道自己怀孕了吗？关于孩子的父亲她提供过什么信息吗？

外公：她知道啊，所以就回家来了。孩子父亲是谁，她哪里搞得清楚，问她她自己都不知道。

问：孩子出生之后，是您女儿在照顾吗？

外公：基本上是我和我老婆在照顾，我女儿没有能力照顾啊。不过外孙女跟妈妈也蛮亲的，但是她妈妈控制不住自己，跟之前差不多，一跑就是很久，有时几个月才回来，没法好好照顾孩子。

我有时候想让派出所把她关起来，判个三年刑，这样她还能安定下来。但是派出所说她没有违法，关起来肯定不行的。还有一次，她去一个大学翻人家书包，偷了人家的钱，被派出所抓到，知道她智商有问题，不好判刑，只能叫我领回来。

问：之后您女儿还出去偷窃吗？

外公：之后跑出去再也不偷了，她知道会判刑，就不敢了。可是她不懂贞洁，在外生活很随意，我也费了很多心思去管她，不让她跑出去闹事情。可管不住啊，你要是硬是把她关起来或者绑起来，也是犯法的啊，只能任她随意自由惯了。哎……真的没办法，有时候在家里，吃着饭，聊着天，她就跑掉了，全家都着急死了，亲戚朋友也出动报案找她，后来派出所都没办法，我们也就慢慢死心了。

问：您女儿在家时会做些什么呢？

外公：她就是吃啊，玩啊，没什么事情让她做，她也不做什么正事。

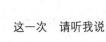

问：女儿平时跟你们交流吗？

外公：交流的，不过那时候的交流不像现在这种，我们主要劝她"不要乱走，好好在家里"之类的，她也就"好啊，好啊"地答应着。我们没有多余的时间跟她说那么多，都比较忙嘛。你跟她讲，她听是听的，就是脑子控制不住自己。

问：她什么都能听得懂？

外公：她什么都能听得懂的，就是不懂文化，不识字，不晓得自己的名字怎么写。听、说基本可以的，但是跟她交流时间长了，她就乱了。三十多岁的时候，跑出去后生病了，治不好去世了。

问：生的什么病？

外公：肺结核。

问：去世是什么时候？

外公：去世是 2009 年 9 月。

八岁方才有户口

问：能具体说说 F 君出生时的情况吗？

外公：那时候我们住的是棚户区，很简陋。小 F 妈妈怀孕回来了，我又不能责怪她，肚子已经很大了，不能引产。好在她妈妈体质蛮好，1997 年 11 月份把小 F 顺产出来，整个过程很快。当时生产费好像要三千多块，因为经济紧张，我支付了一千多块就让她离院了。

问：当时医院检查出 F 君有问题吗？

外公：当时完全没有发现问题。小 F 小时候很可爱，跟她妈妈一样很漂亮，一点都看不出问题。

问：她身体怎么样？

外公：身体素质还是不错的，没什么大病。如果学校要打什么预防针啊，家里都给她打的。不过小时候经常发热，到了两岁的时候，发高烧，医院说是肺炎，要拍片子，我觉得医生在糊弄我，就跑到另外一家医院看，那里医生说不是肺炎，是病毒性感冒，拿了一些药就好了。

问：她小时候主要由谁带呢？

外公：主要是我带。她妈妈经常跑出去带不了，外婆身体又不好，也没什么文化，不会带孩子，所以基本都是我带的。

问：上过幼儿园吗？

外公：没有，因为没有户口。不知道爸爸是谁，不好办户口。

问：没户口会影响生活吗？

外公：不会的，那个时候基本就在我身边，还没入学。我带着她吃啊，玩啊，出去走走啊。平时也顺便教教她一些基本知识，比如说简单的歌曲、数字啊，让她学一学。

九虚岁的时候，有一个新政策，就是不管什么样的情况都可以报户口，报了就可以入学。这段时间我就到处跑，教育局、市里啊，把所有材料准备好才办下来户口。

问：全部都是按照政策走的吗？

外公：全部都是按照政策走的，我也没本事去托关系。

问：这个政策是自己了解到的还是别人告诉您的呢？

外公：是别人告诉我的，不过我自己也知道，大家慢慢传播开来就都知道了。

问：具体是哪个政策您还记得吗？

外公：我记得大概就是子女可以把户口落在一个直系亲属那里，比方说你出生之后，可以把户口落在你妈妈那一方，也可以落在爸爸那一方①，小 F 就是落在外婆家那边了。现在好像还是这个政策。

老师同学喜欢她

问：F 君什么时候上的小学？

外公：户口办好以后，九岁才上的小学。我当时报的是光明小学，去面试，教导主任觉得小 F 不行，建议去做智商测试。如果检查出来有问题，就转到特教学校。

我带她去第六人民医院测智商，测完后我脚都站不住了，感觉整个身体都在往下瘫。她的情况和她妈妈一样，都是智商有问题，好在她的智商比她妈妈高一点，但我心里总归不舒服，心想肯定不能进正常学校了。后来就去北京西路的阳光学校，学校还蛮远的，我每天都要接送，我当时就开着残疾车一边做

---

① 据 2005 年 7 月 1 日起实施的《上海市常住户口管理规定》，第二章第八条规定"新生婴儿可以随父或随母在本市办理出生登记，并登记为非农业户口"。

生意，一边接送她上下学，外婆不行，有时候她妈妈也接的。

问：妈妈也可以接？接得顺利吗？

外公：顺利的，他们这些人智商很怪的，认路认得很清楚，虽然不知道是什么路，但是知道怎样走，乘什么车，换什么车，这些记得都很清楚。

问：您接 F 君上下学，每天来回要多久？

外公：来回差不多两个小时。

问：什么时候开始不用您接送了呢？

外公：读小学一年级的时候一直接送，二年级之后，她就自己单独走了。她当时的班主任谢老师，也住在浦东，跟我们住得比较近，上学时顺便把她带过去，放学又把她带回来。这个老师很好，我一直记住这个老师。

问：入小学之后情况怎样？

外公：表现还不错，老师们都很喜欢她。

问：在学校都上了哪些课？

外公：有语文、数学、电脑之类的，每个年级课不太一样。学校办得蛮好，基本的课程都有。我记得之前小 F 说她会电脑，我还不信，她说学过，我后来就帮她买了个电脑，她还真会，玩起来蛮灵活的。

在学校学了很多东西，除了唱歌不太擅长，跳舞、运动都很好，强项很多的，记得当年他们学校在南京路的一个广场组织了一场跳舞，她跳得非常好，感动了很多人，很多记者来采访，我真没想到她表现这么好。

但在文化学习上不好跟正常人比了，特别在数学上，别人能做乘法、减法，她只能简单的学一些，要是双位数或者多位数的计算就不行了，乘法也只能学很简单的，还很吃力。小的时候，她因为不会算账，买不来菜。

语文还可以，能自己写演讲稿。语言方面，一般的交谈还行，深入交流还是有点困难，但是比她妈妈强太多。不过，有时候我觉得她比我还聪明，比如说她很会玩手机、玩电脑，自己摆弄一会儿就知道怎么用了，都不用别人教的，但是我就不会玩。

问：她跟老师、同学的关系怎样？

外公：都很好的。小的同学都叫她姐姐，一到九年级，每个班级的同学都认识她，都很喜欢她。她也帮老师做很多事情。

问：她在特殊学校读了几年？

外公：读了九年，九年义务制的。

问：在学校当过班干部吗？

外公：当过很多的，比如大队长、升旗手，还有班长。

问：小学毕业之后怎么升入初职学校的？

外公：她直接报的名，然后面试。其实面试前，那边学校已经听说过小 F 了。因为平时领导们开会，都能看到她的成绩和各种荣誉，所以都知道她。

不怕吃苦练特奥

外公：小 F 在学校表现很好，最突出的就是在 2007 年世界特奥会的表现。

说起来还蛮幸运的，她要是到正常学校还没这么好的运气，在这个学校，老师教什么东西她一学就会，能力也比较强，做什么事情都有抢先的机会。比方说有一次她代替别人参加比赛，学校发现她在运动方面很厉害，有很多强项，都是第一第二名，而且毅力很好，到第二年就选拔她去黑龙江参加 2007 年世界特奥会的轮滑培训，特奥会正式比赛的时候，轮滑世界第二；2007 年特奥会还参加了游泳比赛。从这之后呢，我慢慢开始有了信心，总算看着点希望了，还蛮欣慰的。

问：去黑龙江是几岁？

外公：大概是十一岁。

问：离家这么远她害怕吗？

外公：她不害怕，这点还蛮好的。那时候我有手机，会经常跟她联系。

问：您说 F 君运动强项多，小时候有专门培养过吗？

外公：我没有培养过，都是她现学的。

问：取得这些成就一定很不容易吧？

外公：是的，她学校有专门的游泳课，还包下专门的游泳馆供他们训练，后来游泳也成为强项，经常参加游泳比赛，获得很多奖项。

问：学游泳的那段时间，每天都练习吗？

外公：基本都是，我记得集训基本都在河南南路一兆韦德游泳馆，都是很好的游泳馆。很辛苦的，她不怕吃苦，有时候集训，全国各地跑，还要做跑楼梯、俯卧撑等等体能训练，练到满头大汗，别人都叫苦叫累，小Ｆ却说我愿意，我喜欢，从来不喊累，这个可能也是老师喜欢她、欣赏她的原因吧。

问：除了校外训练，在校期间每天也接受训练吗？

外公：不是的，在学校还是以读书为主。

问：参加这些运动，Ｆ君有什么变化吗？

外公：自信多了，而且运动以后体质好了，之前身体还有一些小毛病，比如感冒发烧，现在基本上不生病，运动总归是好的。不过现在就一个毛病，就是鼻炎。

问：您觉得特奥运动给Ｆ君带来了怎样的影响？

外公：特奥给小Ｆ的影响非常大，如果没有特奥，小Ｆ可能不会有那么多快乐和成就，更重要的是特奥是她喜欢做的事情，她很勤奋，不怕苦、不怕累，特奥给了她信心和勇气，我觉得这个很关键。

问：Ｆ君不怕吃苦的坚强品格是您从小培养的吗？

外公：说实话，我们没有做特别的教导，我的文化水平也不高，说不出什么大道理。小Ｆ之所以坚强，我觉得是出于她对这件事的喜爱，她有兴趣去做。还有可能是家庭的压力让她更坚强，更有责任感，她希望这个家庭更好一些，让外公过得更好一些。当时的特奥口号"你行我也行"也激发了她，学校和社会多方面也给了她信心。小Ｆ自己也很懂事，以自己的努力为学校争光，老师们都很喜欢她。家庭给她的只是鼓励、支持。

祖孙相依早当家

问：像穿衣吃饭这种事情很小就会了吧？

外公：这个她很小就会了，不用教的，还有像起床、上学这种事情也都自己做，从来不用我叫，很独立。也很喜欢读书，这点很好的。就拿上学这件事来说，路很远，每天要坐451路公交，到人民广场还要转车，总共下来要两个多小时，她每天就很早起床，不怕辛苦，也不用人督促和叫起，自己很独立。

问：什么时候开始会做一些家务？

外公：这个说起来呢，我觉得我教育上还是有点问题的。因为就一个孙女，再加上她智商不好，我就蛮宠她的，小时候不让她干什么活。到了五六年级，她基本上可以帮忙家里做做事情，打打下手了，比如洗洗菜啊，扫扫地啊，拿拿东西啊，出去买点东西啊，那时候她思路就很清楚了。到了十几岁上了中学，本身在学校也学了很多东西，就经常在家里做做饭、炒炒菜啊，学以致用嘛。

问：看来她真的很独立，是您教导的吗？

外公：我没有刻意教育过，但是平时会跟她讲清楚做人的道理，她听进去了，这点我很高兴。现在她长大了，知道外公生活不容易，也帮忙做一些力所能及的事情，比如学着炒一些简单的家常菜，照顾一下家里人，蛮体贴的。

她是很听话的，放学、上学啊这种日常小事都会及时通知外公，在哪里，在干什么，不让我操心和担心。今天早上，她在崇明，发短信问外公你吃饭了吗，要不要视频聊天等等。平时很多事情也会跟我汇报，比如说几点放学啦，四点半要去游泳训练啦。

问：F君经常不在家，您会想她吗？

外公：当然会想的，但是现在有手机啦，可以视频、通话啊，这样就会好一些，很开心的。

母亲节里思母亲

问：F君平时除了帮您做事，会主动跟您谈谈心事吗？

外公：心事我可能说不清楚，但是我能感觉到她有时候很低落的，她知道自己没有爸爸妈妈，尤其到过母亲节的时候会介意的，明显感觉到她不愿意说话，很低落的。

问：关于爸爸妈妈的事情跟她谈过吗？

外公：谈过的。她自己也知道一些，她上学的时候妈妈还在世，关于妈妈的生活、性格、生病、去世的事情她都知道的。

问：爸爸的事情知道吗？

外公：爸爸的事情不知道的，因为没在一起生活过。

问：她问过吗？

外公：问过啊，我就跟她说是妈妈智商不好，才这样的。

问：她能理解吗？

外公：她能理解的，我跟她说这个问题是没有办法追究的，她能明白。但是还是能感觉到她有一些情绪的，现在还好一些，小学的时候不行。比如一到母亲节，或者是听到或者教书教到母亲两个字她就流泪，含酸，在妈妈这个问题上还是比较敏感的。爸爸两个字感触还不深，因为知道自己没有爸爸嘛，爷爷就像是爸爸一样。

问：您有跟她谈谈，做些思想工作吗？

外公：有时候会的，但是我知道有些事情也说不清楚，说不通，她有时候很倔的。

问：倔在哪里呢？

外公：比如说她知道外公小气，外公会把钱看得很重，她实在没钱的时候才主动开口跟我说。我有时候会考虑到她的需求，多给她一些，但会告诉她怎么控制花钱，花多少钱。在情绪上，主要在谈到爸爸妈妈的时候，情绪比较低落，不过也可以理解的，她那个时候正好是叛逆期，脾气就比较暴躁，有时候脑子想不通，才会对老师、家人发火。老师也知道她处在叛逆期，会担心她出现心理问题或其他事情，就主动跟我沟通。

问：您和学校老师沟通过？

外公：是的，班主任邵老师找我谈过的。邵老师人很好，一方面是关心她、注重她，另一方面就是经常跟家长联系，跟我们汇报小F在学校的情况。小F青春期叛逆，有情绪闹矛盾，我当时就和邵老师沟通，他很体谅的，逐步就给她调整过来了。

我觉得特殊学校的老师比正常学校里的老师难做，普通学校的老师就是教学，学生不听话，教育一下差不多了，特殊学校的老师要考虑学生智商、情绪等等各方面问题，要全权负责。小F有一次在小学的时候，班上有学生拿小刀接近老师，小F上前拉他，不小心划到自己，马上就送到医院治疗。

问：当时外公怎么想？

外公：我也没有把这件事情看得太重，没有去找学校和老师的麻烦。我觉得有些事情，老师和家长要相辅相成，这样老师才会有信心去教育学生。假如家长一直跟老师纠缠安全、毁容这些问题，老师压力就大了，我觉得没有意义，也没有必要。如果家长配合老师的工作，反而对孩子更好。说心里话，这些智障孩子的家庭都有压力，谁也不愿意生一个智障的小孩，所以都将心比心，学会理解别人。对于老师来说，你家孩子有智商问题，本身待在这个学校已经不容易了，老师教起来已经很累了，不要继续增加他们的心理负担就好了。

问：F君的叛逆期，有什么导火线吗？

外公：小F虽然不表达出来，我心里隐隐感觉到还是她爸妈的问题，她不敢直接表达，不会明白地跟我说她不开心，如果你敞开跟她提这个问题，她就会觉得你冤枉她，就会不开心，脾气也比较犟，个性有点强。

问：这个叛逆期大概持续多久呢？

外公：那个时候大概十七岁左右，就是无缘无故不睬你，有时候会哭，发脾气，老师讲她，会骂老师，不过之后也会知道自己不对，见到老师还是会主动打招呼什么的。大概持续了半个月左右，不长。我觉得她就是正常孩子的生长发育。

爱玩手机有朋友

问：除了运动、学习，F君平时生活中还有其他爱好吗？比如说看课外书、看电影之类的？

外公：看电影不太看，就是喜欢玩手机，在上面听听歌、看看动画片、上上网之类的。在家里喜欢做做家务，比如洗碗、自己炒菜啊。

她现在大了，不像以前喜欢让爷爷带着出去玩，那时候喜欢出去兜一圈，去超市啊，现在比较宅，不愿意出去，我有时候会让她出去跟同学玩一玩，沟通沟通之类的，她不愿意。但是如果有什么运动比赛，她就有精神有动力了，就不要待在家里了，再累再苦都不怕的，跑来跑去也不喊累的。

问：她有自己的小伙伴吗？

外公：有的，跟她经常一起玩的是一个孤儿，也要参加高考，还听说已经有了一个对口的单位，好像肯德基肯定是收的，但是她不愿意去。小F平时会跟她一起训练，有时候在一起聚会，比如同学生日啊，毕业啦，都会在一起庆祝庆祝。她们自己发展自己的朋友圈子。

外公脚残家境窘

问：您刚才说的残疾车是什么车？

外公：就是残疾人专用的车，自己出钱买的，政府给你配牌照。后来政府回收过去了，你买的时候多少钱，就还你多少钱。我记不清楚是哪一年了，政府说残疾车太多了，影响交通，就一律不允许残疾车在马路上做生意。上海市残联统一规划，统一设计了一种残疾车，你自己买的残疾车要么报废不要，政府就给你六千块把它回收了；如果你想继续开车，你就向残联买，比方说买的价格是五千块，那就再退你一千块，反正总共是六千块的标准。

问：您也有残疾？

外公：是的，我的脚不好，走路比较费劲。

问：开残疾车做生意，您能具体说一说吗？

外公：那时候社会上到处做生意，外滩十六铺很有名，可以通到宁波、浙江、江苏各大城市和港口去，没有现在这种高铁，大部分都是用船运输。运输都有固定时间，船就停在客运站码头。我们在那里等生意，就像旧社会时候的样子，等到人之后跟他们讲价格，比方说到城隍庙十块钱，谈好之后就拉着他们开过去。那时候很乱，没有残疾证的人也上路，后来政府就统一规划了，规定所有残疾车一律不能做生意，只给残疾人"以车代步"，也就是说只有残疾人而且是下肢残疾的人才能开残疾车，给他们一个照顾，开个车方便他们出行。政府就像整顿交通一样，把没有残疾证的车子没收。

我当时自己买的车是五千块的，是那种好的车子，后来政府不是说残疾车不能上街做生意了嘛，我就直接把车子回收给政府了，拿了政府给的六千块钱。

问：残疾车是什么样的车子呢？

外公：三轮的，烧汽油，一拉就能发动，像摩托车一样。我现在有点后悔了，我当时应该买一辆的。

问：为什么后悔呢？

外公：出行方便啊，这个车可以到处跑的，国家又补贴油费，你可以过黄浦江，只要不违法，这个车子可以到处开，就是到北京都可以的，因为有残疾人保护政策，维护残疾人的权利嘛。

问：平时您会出去玩玩，散散心吗？

外公：会的，平时会跟朋友谈一谈，吃吃喝喝，谈一些生活上的事情，但是一谈到房子，我就走了。我最大的失望和遗憾就是房子。我以前是有房子的，动迁的时候我拿的是货币，不是房子，当时拿了十万不到，也准备买房子，但是以为房价不会涨上去就拖下来了。谁知道才几个月，房价就开始飙升，后来越飙越高，再也不好买。现在谈到房子，就觉得很懊悔、遗憾。现在没有房子，很可怜的。

问：当时为什么选择拿现金呢？

外公：当时正好遇到我老婆、孩子生病，需要钱啊，当时给她们看病就花了好多钱。

问：现在的房子是自己找的吗？

外公：是自己找的，便宜一点的，交通等各方面条件就差一些。现在的房子一千一个月，七十多平方米吧，比较小。和房东签的三年的合同，马上合同就到期了，现在这里的房子已经涨到两千了，还要和房东商量涨到什么程度自己可以接受。这边的房子都是从虹口区、杨浦区动迁过来的，原来是经济适用房。

问：两个人住还行吗？

外公：简单装修一下，两个人随便住住，基本可以的。

问：看着家里收拾得挺不错的，之前您妻子也住在这里吗？

外公：我老婆也住在这里，但是她已经过世很多年了。现在就我和小 F 住在一起。

问：关于房子的问题，跟地方政府反映过吗？

外公：这个没法反映的，他们也没有办法的，只有自己申请国家的经济保障房，不过要小 F 的户口在这边才行。但是又说回来，经济保障房费用也很高，支付、贷款也不好弄，很多事情不好解决，最后还是要靠自己。不过如果小 F 那边动迁，可能会分到房子，情况就要好一些，但是还说不定。

问：除了房源，现在生活方面还有其他压力吗？

外公：当然还会有的，除了借房子要一千多块，小 F 的交通费、吃饭、她的一些生活用品等，很多都需要开支。

问：您家的经济来源主要来自哪里呢？

外公：生活来源主要靠退休金和低保，小 F 还有一些低保和残疾人的补助。

问：F 君参加比赛会有费用吗？

外公：以前有的，以前参加比赛还能发一些奖金，吃住费用国家都包外，还有一千多块，现在没有额外的补贴和奖金了。如果出去比赛，会给基本的东西，比如说服装、吃住，但是没有训练费和奖金了，会有参与费，只要参与就会有，算是鼓励奖，有一些慈善的味道，就是鼓励他们，鼓励社会关注他们。学校那边，每年还有两百块的奖学金，小学的时候也有。

问：您平时会给F君一些零用钱吗？她都怎么用呢？

外公：会给一些。但是小F也知道自己家庭条件，也知道省钱，但一些费用是必须的，省不了，比如说交通费。我有些时候会考虑到她要花的钱，不让她受委屈，比如上次去澳门，临走前给了她一些钱，她看别人带了特产，也想着带点回来给我，虽然我心里想着没必要花这钱，但也没责怪他，知道她是好心。

期盼未来皆顺畅

问：孩子的成长对您的改变大吗？

外公：关于小F的成长，我真的经历了很大的心理转变，这个转变真的让我印象深刻。从出生开始没发现问题，到快上小学的时候检查出智障，当时真的很低落，觉得人生很渺茫。后来上学了，参加了很多比赛，获得很多荣誉，也就觉得自己有了希望和快乐。跟她妈妈比起来，我很欣慰，有时候我就想，如果小F是正常人，可能就没有了这么多机会和成就，也就没有了现在的快乐。上次有个教育局的人说，小F以后可以做一些自己擅长的事情，如小记者、小教练之类，因为她现在是特奥领袖，发展前景应该还不错。

问：外公预测孩子能考上大学吗？

外公：我觉得她语文能力还可以啊，还是蛮有希望考上的。比如，她平时可以自己写一写演讲稿，我会指导她怎么读，怎么表达。比如读文章，看起来很简单，但是读得好是有方法的，不能连着读，要知道怎么停顿。还有就是做自我介绍，要口齿清楚，把自己讲清楚，节奏要掌握好，有些字她如果不认识，我就教她，告诉她怎么读，指导她练习。

问：F君确实很努力。这是我第二次来访，听说她考上大学了①，外公支持她继续学业吗？

外公：我肯定支持的。她愿意上大学，我从不打击她，都是鼓励。后面走什么道路我不能肯定，我就尽最大的能力帮助和支持她，而且国家也在帮助和鼓励她。

问：您对F君日后的成长有什么希望吗？

外公：我也没有多大希望，就要看她自己怎么选择和发挥了。希望社会和

---

① 这是第二次访谈时的提问，已经得知F君考上了大学。

学校多给她一些机会，让她顺利一些。我希望在我有生之年看到她有稳定的生活，有保障的工作，身体健康，过得幸福快乐就行了。现在担心的一个是工作；还有就是她日后成家立业的问题，这个以后总归要考虑的，我希望看到她成家，幸福。

问：社会越来越好，F君又这么优秀，这么努力，相信外公能够如愿以偿。

F 女士班主任口述

口述者：邵老师

访谈者、撰稿者：程硕

访谈时间：2017 年 3 月 9 日

访谈地点：上海市长宁区初级职业技术学校

开朗懂事，见证成长

问：邵老师，您好，非常高兴能够采访您，跟您聊一聊 F 君的事情。

师：不客气的，作为班主任，这是我应该做的。

问：从 F 君入学起，您一直是她的班主任吗？

师：是的，她刚进这个学校我就接手这个班了，中途没有换过，我对 F 君还是很熟悉的。

问：您能谈谈对 F 君的印象吗？

师：总体来说，F 君是一个比较懂事的孩子，做事情也比较认真，相比于其他学生，算是能力强的了，老师们也喜欢这种乖巧懂事的学生。

问：她在这所学校待了快三年，有什么样的变化呢？

师：F 君成长了不少，刚来的时候可能还不是很适应，做事情也不是很放得开，后来慢慢跟老师、同学、领导打交道多了，性格上也更加开朗了，比较健谈，也比较会做事情；因为能力强，当班干部得到了不少锻炼，现在整个人看起来还是很不错的。

问：既然适应得不错，如果当年她进普通学校学习会不会也蛮好的？

师：像 F 君这种孩子，程度不算重。但是你也是知道的，普通学校比较注重学业成绩，F 君虽然说在我们学校显不出学习成绩有多差，但是跟普通孩子比，差得太多了，而且她从小就在特殊学校上学，入正常学校对她来说可能更加困难。

换一个角度来说，如果她入了正常学校，也不一定是最好的选择，反而把缺陷放大，丧失了很多更适合她发展的机会。如果是那样，她现在可能根本接触不到特奥，也不会成为特奥领袖，不会有那么多人支持她。现在她得到的机会和成就，对她日后的发展是很重要的，所以说，现在学习的地方是适合她的。

问：您说的有道理。您说 F 君学业上有困难，能具体说一说吗？

师：她学习上总体还过得去，语文可能相对好一点，数学还不行，简单的加减应用做的还可以，但是涉及复杂的计算，特别是乘除法就不行了，所以数学能力还是比较弱的。

问：应用对她来说更重要，是吗？

师：是的，其实能够把学会的数学知识用到生活中就足够了，关于乘除法也不一定强求会，现在有手机、计算机，真正自己去算的时候也少，不过基本的数学是要掌握的，对于认知来说还是很重要的。

发挥特长，过好人生

问：F 君的运动优势可以弥补学科劣势吗？

师：可以这么说。相比于学科学习，运动是她的强项，正是这种强项给了她更多成功的机会。她从小就参加特奥培训和国际特奥运动会，能到全国各地和其他国家参加各种比赛，有机会接触更多人和事，这都是给她发挥特长的机会，也不断增长了她的见识，丰富了成长经历。这对他们家庭、F 君成长来说都是一件值得光荣的事情，我也为她和她的家庭感到骄傲。

问：您支持她今后继续发展运动吗？

师：我一直鼓励 F 君做自己擅长、自己感兴趣的事情，如果她有参加某项运动的打算，我们学校就会找机会和资源支持她的训练，让她能够接受专业的培训，更好地成功。她现在作为特奥领袖，会经常参加演讲，我有时候就会告诉她一些演讲的方法，指导她写演讲稿，所以现在 F 君的语言表达还是可以的。

问：具体怎么指导的呢？

师：语言这种东西，多练肯定是有用的，语言表达得体是很重要的，平时就要有意识训练她说话和表达能力。

问：F 君在学校适应得怎样？

师：她适应不错的，现在跟老师、同学关系都很好，因为参加比赛多了，见识也多了，能够上得了台面，现在经常代表学校和班级参加活动和比赛，很

得体的。

问：F君平时会主动找您沟通吗？

师：有事情的话会主动说，但是青春期嘛，有时候心里会有一些小秘密不好说出来，能理解的。

问：听说F君青春期有叛逆的行为？

师：有一段时间是有的，就是不太爱说话，有时候挺倔的，但是时间没多久。谁都会有一点小情绪的，正常人也是这样。

问：那段时间您是怎样帮助她的呢？有采取什么特殊的行动吗？

师：其实也没有多大举动，只是当时察觉到不太对劲，就找她谈谈话，问问她的情况，后来经过一段时间的调整，情绪就不错了。是她自己做到的。

问：F君高考那段时间状态怎么样？

师：高考那段时间她整体状态还是不错的，比较努力，复习的时候很认真，每天会上课，还是比较紧张的。

问：F君在复习时有困难吗？

师：数学相对困难一些，虽然这个考试在数学难度上降低了不少，但是一些基本的东西，对她来说还是有些难度的。

问：您对F君今后的发展有什么看法或者期望吗？

师：我觉得F君很不错，能够在自己的努力下考上大学，虽然说比不上重点大学，但是对她来说已经是一个很大的成功了。在后面的学习、工作、生活上，我还是希望她能够珍惜每一次机会，发挥自己的特长和优势，把自己的人生过好。这也是我们每一个人所希望的。

问：谢谢您的祝福，我也希望她能成长成才。

F女士本人口述

口述者：F女士

访谈者、撰稿者：程硕

访谈时间：2017年3月9日

访谈地点：上海市长宁区初级职业技术学校

我的老师和同学

问：F君你好，很高兴今天能够见到你。

F：我也很高兴见到你，我可以叫你姐姐吗？

问：当然可以，你可以叫我程姐姐。

F：程姐姐，你看起来很年轻，你现在在哪里工作呀？

问：我还是一名学生呢，现在在上大学。

F：那您在哪个大学上学啊？

问：我在华东师范大学，普陀区的校区，你去过吗？

F：我没去过，但是我好像听过那个大学，我的园艺李老师也在那里上过学。

问：真的吗？你能向我介绍一下这位老师吗？

F：嗯……（想了一会）我的园艺老师是一个男老师，他姓李，对我非常好，很关心我，除了教我园艺课以外，还教过我数学，我高考复习的时候他辅导我数学课呢。我们李老师很厉害的，他懂很多知识，会教我很多关于园艺的知识，比如这一盆植物（边说边领采访者走到一盆盆栽面前），他教过我怎么除草、翻盆。

问：那具体怎么做呢？

F：我们要用专门的小铁锹来除草和翻土的，李老师告诉我们除草和翻土是有讲究的，不能随便就做，你看是这样的。（一边演示，一边解说）这盆植物里面有很多杂草，我需要把它从里面一根一根铲出来，要铲到草的根，不然它还会长出来。这些草可不好清理了，它很细很小的，有的根埋得很深，你需

要用力铲下去，才能找到它的根，铲出来以后不能让它留在土上面，要全部把它从土里清理干净。

问：你懂得真多！

F：嘿嘿，我也是跟李老师学的，我的李老师可厉害啦，他懂很多知识的，我也只是懂一点点而已（有点不好意思）。对了，除完草之后，还要记得翻盆哦。

问：是吗？为什么要翻盆啊？

F：你看，这盆植物里的土有点泛白了，说明它没有营养了，我们需要翻一下，有的植物里面的土如果都泛白了，就需要换土了，我们有专门的营养土。

问：什么样的土是好的呢？

F：土如果是黑黑的，有点潮湿的，就说明有营养，有水分，就可以帮助植物生长。

问：要怎么翻呢？

F：翻的时候要小心一点，不能铲到植物的根，可以从旁边慢慢翻过去，一层一层的翻，不能用太大力气，你看就是这样的（演示翻土）。等表面一层土全部翻出来之后，你再用铲子把土稍微压一下，让它平一点，就差不多了。

问：你做得很专业！

F：谢谢！其实我没有李老师做得好。我们李老师做得特别好，这边的植物和花都是他打理的（领采访者到园艺区参观）。他每天都过来帮植物浇水、除草、翻土，很细心的，我还要向他学习呢！

问：你什么时候开始跟李老师学园艺的？

F：我从进这个学校开始，李老师就教我园艺课了，都学了很久了，不过以前学的东西都有点忘了，但是我可以问李老师的，他会很耐心地教我的。

问：你和其他老师相处得怎样？

F：我们这里的老师对我都很好，不光园艺课的李老师，还有我的班主任邵老师，他一直带我到现在，是一位非常善良、耐心、细心的老师，而且很关心我，对我也很好。

问：能具体说件事情吗？

F：事情嘛……我一下子想不起来了，有很多很多呢，反正邵老师对我就是很好，他在生活上很关心我，有时候会问问我家里的事，如果有困难，他会帮我解决；还有在学习上，我的数学不好，他也鼓励我，帮助我。我也会帮他做一些事情，比如说管理班级的一些事情，帮其他老师做做事，我很乐意也很开心。

问：这么说你是班干部？

F：是的，我一直是这个班的班长。

问：当班长都要做些什么事呢？

F：主要就是管班级的纪律啊，作业啊，还有其他老师的一些事情，比如说，帮忙老师发一些通知，代表班级参加活动。

问：平时应该比较忙吧？

F：嗯嗯，有时候是有点忙的，不过帮老师做事很开心的，也能锻炼我的能力，这对我来说也是有帮助的。

问：你能这么想真的很难得！

F：我觉得老师平时对我很好，我就应该对他们也好，帮他们做些力所能及的事情，对我来说是应该的。

问：你会主动找邵老师聊天吗？

F：有时候会的，我会跟他讲一些事情，他也会问我最近怎么样啊，外公身体好不好啊，家里有什么事情啊。我会跟他说，也会告诉他一些发生在我身边的事情，比如同学啊，在外面见到的事情啊，我觉得挺有趣的。

问：你很喜欢跟老师聊天？

F：我挺喜欢的，因为邵老师很善良，也很贴心，所以我一点都不怕他，有什么事情都可以跟他讲的。

问：除了邵老师，你跟其他老师接触多吗？

F：差不多吧，我跟每个老师关系都挺好的，他们也都挺喜欢我的。

问：你喜欢上他们的课吗？有最喜欢或者最感兴趣的课吗？

F：我很喜欢上他们的课，他们教得都很好，我能学到很多有用的知识。最喜欢的课……（有点犹豫）我也不知道，因为我都挺喜欢的，如果非要选的话，我觉得我最喜欢上面点课了，因为可以做很多好吃又好看的点心。

问：真的吗？我记得你想成为一名面点师，是吗？

F：我是有想过的，但是现在也才刚刚学，也不知道能不能学好，但是我会好好学的，争取把它学好。

问：我相信你！你在面点课上都学了什么呢？

F：我们已经学了很多东西了，主要是一些饼干、小点心之类的，后面还有很多要学的，我看书上还有很多我不会的。

烹饪课

问：你都学会这些内容了吗？平时在家会做些练习吗？

F：差不多学会了，有些可能学得还不是特别好。我在家有时候会做的，不过不是经常做，因为外公家很远，我一周回家一次，所以没有那么多时间做。

问：除了周末，你是住校吗？

F：我不住校的，我住在我小外婆①家里，她家离学校很近的，就在城隍庙那里，我放学走一点时间就到了，比回家方便多了。

问：你在小外婆家住得习惯吗？会不会想外公呢？

F：住得习惯的，我都住了很久了，而且小外婆他们对我都挺好的，我住在他们那里挺好的。我有时候挺想外公的，但是我每周都回家，如果想他的话，我可以跟他视频或者给他发短信，这样就会好一点啦。

问：你平时会和朋友一起玩吗？

F：有时候会的，不过不是经常在一起玩，他们也有自己的事情的，聚不到一起。

问：能介绍一下你的朋友吗？

F：我的朋友不是很多的，就几个比较熟悉的，他们人都挺好的，我们在一起还挺开心的。

问：你们是同学吗？平时在一起都做些什么事情呢？

F：同学不多，主要是训练时候认识的，我们会在一起看看电视，聊聊天，有时候还会逛逛街，玩玩游戏什么的，挺开心的。

问：你平时会经常出去玩吗？

F：不经常出去的。放学或者到周末的时候，我一般会待在家里，我觉得在家里挺舒服的，有时候闷得慌会出去玩一玩。

---

① 外婆的妹妹。

问：我也是挺喜欢待在家里的，一个人比较安静。除了面点课，你在学校里还学了什么课啊？

F：我都学了专业课和语数英，专业课有面点、服务和园艺课。

问：你每天在学校开心吗？

F：基本上都挺开心的，因为我能学到很多有用的知识，还有老师们对我都很好，我可以帮他们做很多事情，挺充实的。

问：你的同学呢？你跟他们相处怎么样？

F：我的同学也挺好的，不过他们有时候不太听话，比如上课纪律不好，老师管起来挺辛苦的。

问：平时你跟他们一起交流或者玩耍吗？

F：跟他们玩的时间不是很多，我课间有时候会帮老师做点事情，有时候会自己坐在座位上，跟几个同学说说话而已。

问：你觉得跟同学交流起来怎么样？

F：还行吧。简单说说话没问题，但是没有很多事情可以说。而且课间时间也不长，一会就上课了。

要上大学了

问：你现在是快毕业了，是吗？

F：是的，六月份就毕业了。我考上了大专，现在也在学大专的课程。

问：你考的是什么大学？

F：是水城路上的业余大学。

问：是通过高考考上的是吗？

F：是的，是全国成人高考。

问：成人高考都考些什么呢？

F：主要考语数英。

问：你觉得高考难吗？

F：高考的时候压力很大，英语和数学对我来说挺难的。

问：你之前是怎么准备高考复习的？

F：我上的我们学校的高复班。

问：高复班有哪些老师给你们上？

F：数学是李老师，语文是刘老师，英语是阎老师，都是我们学校里的老

师，高复班的学生挺多的。

问：数学遇到困难时怎么解决的呢？

F：就是一步一步教我怎么做的，不会的就叫我抄下来就可以了。

问：有没有额外的辅导？

F：没有。

问：班主任有给你鼓励什么的吗？

F：就是叫我好好高考啊，其实在我高考的时候有两个选择，高考前正好遇到美国的一个论坛，最终我放弃了这次机会，留在中国参加高考。

问：你大学的专业是什么呢？在大学里都上些什么课程？

F：我的专业是酒店管理，开了很多课，比如说管理学、政治课，还有其他课，我记不住名字了。我周一上午在大学里上马克思主义和邓小平理论，下午还要回初职学校上课。周五上午去大学上酒店管理学，下午我就回家了。周二、三、四都在初职学校上专业课。

问：就是说现在你要上两个学校的课？

F：是的，我现在还没有毕业，两个学校都要去上课。

问：大学不是9月份才开学吗？为什么现在要上课？

F：其实大学3月份就开学了，所以我要跟他们一样提前学习。

问：那你挺忙呢，现在学习有困难吗？

F：我觉得不是很容易，有的书里面内容好多啊，我有点看不懂，不过老师上课会讲，我会做笔记，回来之后看。我觉得比我现在学的东西难。

问：哈哈，大学的知识确实比较难一些，不过认真学还是可以学好的，我相信你！

F：嗯嗯，谢谢姐姐鼓励我，我会加油的！

F女士学校观察日记

观察时间：2017年3月9日8:20—16:00

观察地点：上海市长宁区初级职业技术学校

观察者、撰稿者：程硕

时间	活动内容	F表现	备注
8:20—9:00	园艺课，学习《植物学基础》，如植物的光合作用、呼吸作用。	F课前准备充分，安静等待老师上课。上课时非常认真，眼睛始终注视老师和演示课件，在讲到重点内容时，埋头认真做笔记。课堂上能根据老师的问题进行简单的问答互动。	此为大专预备课程。
9:10—11:35	面点课，有外单位人员观摩。F在老师指示下，协助配料，包括糖、面粉等。此后，F、同学和面点老师三人分成一组，老师率先讲解和示范今天的饼干制作过程，因基本操作手法已学过，老师重点示范操作难点和细节。F和同学分别操作，老师解答和纠正有问题或有错误之处。	调料需要精确过秤，F配料时眼神专注，精细地取舍配料，过程中老师会稍加指点，F能很快明白并自己调整，老师非常满意。 在面点老师的示范过程中，F注意力集中，认真聆听，并简单询问疑惑之处。 在操作中，F手法熟练沉稳，很有条理，每一环节后及时清理台面，台面看起来很整齐，操作时还与老师互动，讨论手法是否正确，老师指点后及时改正。 从眼神和动作里可以看出她很用心、很专注，其间老师不断给予表扬和鼓励。	因有外单位人员前来参观，故上午课程调整为面点课。另，今年5月，某食品加工公司将举办烘焙大赛，中有邀请智障人士做面点环节，现正在培训。
11:35—12:45	午餐和午休。午餐在教室用餐。午休时间，F带领同学检查学校的各学生岗位人员的工作情况，主要包括幸福楼和和谐楼的楼梯口、走廊、教室以及老师办公室的卫生情况，检查后总结同学们的表现并推荐岗位明星。	F吃饭细嚼慢咽，不会东张西望，不撒饭在课桌上，吃完后把餐盒好放到指定位置，还帮老师整理饭盒等。老师进来，主动去餐盒箱里把饭拿给老师，礼貌道"老师请吃饭"。 岗位检查时，F耐心地向同学讲解怎么检查卫生，怎么点评，并且举例帮助同学理解，语言组织和语言表达条理清晰。对于岗位同学表现不好的地方及时指出并且告知怎么处理。全程很负责，效率高，沟通顺畅，同学们对她很信服。	F是学校的检察员，负责检查学生岗位的工作情况，现在临近毕业，需要带领下一级同学熟悉检察员的工作，便于后期接任。

（续表）

时间	活动内容	F表现	备注
12:45—13:25	心理课，老师检查书本作业，并讲授新课。	老师检查作业时，F翻到相应页码，发现没有全部填完，于是开始填写。当老师走到这边时，刚好填满空缺，主动把书本给老师看，老师看后，比较满意，让她继续检查。 F坐在座位上有些无聊，有时摆弄一下文具、整理一下书本，时间稍长后，会靠在椅背上发呆。 当老师回到讲台，准备讲授新课时，F打起精神，认真听讲，眼睛注视老师和黑板，并在书本上寻找对应内容。	
13:25—13:35	课间休息。	F大部分时间坐在座位上，要么趴着休息，要么理理书本。其间老师让她去某老师处取物，她按照要求去做。回来后跟同学聊天数句，继续坐下，观察班级情况，管理课间纪律，比如有同学在教室里乱跑乱跳，就会言语提醒并制止。	
13:35—14:20	语文课，默写词语，诵读课文《交通安全》。	听写时，F认真聆听老师口头指令，反应很快，正确写出听到内容，听写完毕后帮助老师收交听写本。 朗读课文时，F态度认真，口齿清晰，声音洪亮，流畅准确。读完之后，老师提出一些小问题，F举手回答，有时候也会把手放下，给其他同学回答机会，当其他同学回答错误时再举手回答。 整节课F精神饱满，状态很好。	
14:30—15:10	花卉园艺课，实操课，练习翻盆、除草。	今天的园艺课只来了F一人，李老师单独指导F如何翻盆、除草。全程互动和交流比较顺畅，李老师有时会跟F开些小玩笑，说话比较幽默，F也常有笑声，能够感觉到氛围比较轻松。据观察，F操作不错，能够根据老师的指点调整手法，至下课已经练习好两盆植物。	花卉园艺课是该初级职业技术学校的个性化课程，可自选，F这学期选择了该课。

时间	活动内容	F表现	备　注
15:20—16:00	体育内锻，教室内活动，玩飞行棋。	F和同学一起玩飞行棋，和同学配合很好，会耐心等待同学完成走棋；同学不会时，也会进行提示和帮助。玩了一会，停下休息，在教室里转一转，观察别人在玩什么，并上前简单询问。全程比较有秩序，不胡乱打断别人。	
放学	整理书包，跟老师简单道别。	F把文具和书本分类放好，桌面和抽屉也整理好，很有条理。观察班里同学的情况，等大家基本离开之后，停留了一会，询问老师是否有事情需要留下来帮忙，老师示意没事后，跟老师简单道别，向校门口走去。	

附录　上海市智力障碍人士
相关援助政策汇编

廖　梅编

一、智力障碍定义与分类

不同机构和专业对智力障碍执行不同的分类标准。

根据《中国精神障碍分类与诊断标准（第3版）》，智力障碍包括精神发育迟滞和痴呆两种。

精神发育迟滞指一组精神发育不全或受阻的综合征，特征为智力低下和社会适应困难，起病于发育成熟以前（18岁以前）。本症可单独出现，也可同时伴有其他精神障碍或躯体疾病。其智力水平（按标化的智力测评方法得出）低于正常。精神发育迟滞或称智力发育迟滞、心智欠缺、智能不足等。

根据标化智商值，精神发育迟滞可分如下等级：

边缘智力	智商在70—86之间；
轻度精神发育迟滞	智商在50—69之间；
中度精神发育迟滞	智商在34—49之间；
重度精神发育迟滞	智商在20—40之间；
极重度精神发育迟滞	智商在20以下。[①]

痴呆指原先智力正常，后因大脑受到物理、化学或病毒等因素损伤，造成的智力欠缺。

根据《残疾人残疾分类和分级》国家标准（GB/T26341-2010），0—6岁儿童按发育商和适应行为划分智力残疾等级。发育商小于72的直接按发育商分级，

---

① 中华医学会精神科分会编：《中国精神障碍分类与诊断标准（第3版）》，"7精神发育迟滞与童年和少年时期心理发育障碍"，济南：山东科学技术出版社，2001年。

发育商在 72—75 之间的按适应行为分级。七岁及以上按智商、适应行为分级；当两者分值不在同一级时，按适应行为分级。智力残疾分级如下图①：

智力残疾分级

级别	智力发育水平		社会适应能力	
	发育商（DQ） 0—6 岁	智商（IQ） 7 岁及以上	适应行为 （AB）	WHO-DASII 分值 18 岁及以上
一级	≤25	<20	极重度	≥116 分
二级	26—39	20—34	重　度	106 分—115 分
三级	40—54	35—49	中　度	96 分—105 分
四级	55—75	50—69	轻　度	52 分—95 分

本书访谈的智障人士，主要是指从胎儿或婴幼儿期开始的精神发育迟滞人士。

二、教育政策

极重度、重度智力障碍儿童

无法迈出家门的重度智障儿童可以送教上门等形式完成义务教育。

重度、中度和轻度智力障碍儿童

智障儿童入读为残疾儿童开办的公办特教幼儿园、特教学校学前班，轻度智障儿童可在本市公办或政府购买学位的普通幼儿园特教班学习或在普通班级随班就读。完成学前教育后，进入为智障儿童开办的九年制特殊教育学校，轻度智障儿童可进入普通学校开设的特教班，或进入普通学校的全日制普通班级随班就读。

智障学生在辅读学校完成九年制特殊教育后，可按个人意愿和能力，经过考核，进入初等职业技术学校学习。

学有余力者，可继续报考普通中专、大专院校。

自 2004 年起，全国各地陆续对义务教育阶段的残疾学生实行免费教育。上海已对包括学前教育、义务教育和高中教育在内的基础教育阶段残疾学生实

---

①　中华人民共和国国家质量监督检验检疫总局、中国国家标准化管理委员会发布《残疾人残疾分类和分级》国家标准（GB/T26341-2010），2011 年实施。

施免费教育。对普通高中残疾学生，免学费、课本和作业本费，同时发放国家助学金每生每年 4 000 元；对普通中等职业学校残疾学生，免学费、课本和作业本费，同时发放国家助学金每生每年 2 000 元。[①]

具有本市户籍，就读全日制高等院校的残疾人家庭子女及家庭经济困难的残疾人学生亦享受学费补贴。其中，就读高职、大学专科、大学本科的补贴对象，每人每学年学费补贴不超过 6 500 元；就读硕士研究生的补贴对象，每人每学年学费补贴不超过 8 000 元；就读博士研究生的补贴对象，每人每学年学费补贴不超过 10 000 元。每人每学年学费在限额内按实结算。

具有本市户籍，就读成人教育机构的残疾人家庭子女及家庭经济困难的残疾人学生，参加成人学历教育所需学费由个人承担 10%，由残疾人就业保障金补贴 90%，补贴额度为：参加中等学历教育所获学费补贴累计不超过 3 600 元，参加高等专科学历教育所获学费补贴累计不超过 9 000 元，参加高等本科学历教育所获学费补贴累计不超过 13 500 元。[②]

各地政策不同，在上海某些区（县），残疾人接受中高等教育、成人教育和职业教育已由当地政府进行全额学费补贴。

三、社会救助政策

未成年残疾人

康复训练补贴 在上海市残疾人康复工作办公室约定的专业康复机构进行康复训练的残疾人儿童，政府给予补助：脑瘫儿童 15 000 元/人/年、智力残疾儿童 3 000 元/人/年。[③]

机构养护补贴 具有上海市户籍、持有中华人民共和国残疾人证的 8—16 周岁、因重度残疾无法进入辅读学校接受义务教育的贫困残疾少年儿童，经审

---

① 上海市教育委员会、上海市财政局、上海市残联《关于对本市基础教育阶段残疾学生实施免费教育的通知》，沪教委财〔2015〕103 号。

② 上海市残联、上海市财政局、上海市教育委员会、上海市民政局《关于调整上海市残疾人学生和生活困难残疾人家庭子女助学补贴标准的通知》，沪残联〔2016〕117 号。

③ 上海市卫生局、上海市教育委员会、上海市财政局、上海市残联《关于印发〈上海市 2007 年对 2 000 名 7 岁以下残疾儿童进行康复救助的工作方案〉的通知》，沪残联〔2007〕57 号；上海市残联、上海市卫生局、上海市教育委员会、上海市财政局《关于对本市 8～16 周岁残疾少年儿童康复训练实施补贴的通知》，沪残联〔2010〕81 号；上海市卫生局、上海市教育委员会、上海市财政局、上海市残联《关于调整本市脑瘫、孤独症残疾少年儿童康复救助补贴标准的通知》，沪残联〔2012〕114 号。

核符合机构养护服务条件，入住上海市残联约定的残疾人养护服务机构，每人每月由政府给予 1 000 元补贴。对为重度残疾少年儿童提供养护服务的机构，由市残联按每年每床 500 元的标准给予补贴。同时，享受此项政策的对象不能同时享受本市 8—16 周岁残疾少年儿童康复训练补贴。①

成年残疾人

生活和护理补贴　年满 16 周岁，未就业的一级、二级、三级智力残疾人，属于重残无业人员，可领取重残无业生活补助、困难残疾人生活补贴和重度残疾人护理补贴。

2017 年，上海重残无业生活补助为 1 270 元。

困难残疾人生活补贴分为三类，纳入最低生活保障范围的重残无业人员，补贴标准为每人每月 330 元；低保家庭中的残疾人，每人每月 300 元；低收入家庭中的残疾人，每人每月 200 元。同时符合上述各项补贴条件的残疾人，可择高申领其中一类补贴。

重度残疾人护理补贴分为两类，一级残疾人每人每月 300 元；二级、三级智力残疾人每人每月 150 元。享受护理补贴的残疾人亦可同时申请机构养护、居家养护等服务。

符合条件的残疾人可同时申请"困难残疾人生活补贴"和"重度残疾人护理补贴"。②

医疗保险　政府全额筹集重残人员参加城乡居民医保资金。参保资金，由上海市区县残疾人就业保障金承担三分之二，社会福利彩票公益金承担三分之一。③

医疗补贴　参保人员门诊急诊（含家庭病床）所发生的医疗费用设起付标准，重残人员为 300 元，超过起付标准的部分，由医保基金支付：在一级医疗机构门诊急诊的，支付 70%；在二级医疗机构门诊急诊的，支付 60%；在三级医疗机构门诊急诊的，支付 50%。

参保人员住院（含急诊观察室留院观察）的起付标准为：一级医疗机构 50 元，二级医疗机构 100 元，三级医疗机构 300 元。超过起付标准的部分，由医保基金支付：在一级医疗机构住院的支付 90%，在二级医疗机构支付

---

①　上海市残联、上海市民政局、上海市财政局《关于对本市 8～16 周岁贫困重度残疾少年儿童机构养护实施补贴的通知》，沪残联〔2010〕80 号。

②　上海市民政局、上海市财政局、上海市残联《市民政局等关于印发〈本市困难残疾人生活补贴和重度残疾人护理补贴发放管理办法〉的通知》，沪民福发〔2016〕1 号。

③　《关于本市重残人员参加城乡居民基本医疗保险帮扶补助的通知》，沪残联〔2015〕158 号。

80％，在三级医疗机构支付70％。

重残人员自负医疗（含门急诊）费用部分，100％比例由政府给予救助补贴。① 即实质上，重残人员医疗费用全部由政府承担。

机构养护补贴　符合养护服务条件的重残无业人员，可向政府申请机构养护服务补贴。自2011年7月起，每人每月补贴标准为700元，养护补贴直接转账至养护服务机构，养护费用不足部分由申请人自行承担。

各区县根据具体情况，自主增加养护补贴，如上海市嘉定区已将机构养护服务面扩展到全区所有有需求的残疾人员：低保家庭中非重残无业残疾人入住养护机构的，给予每人每月400元补贴；申请并经审核符合养护服务条件的持证残疾人，给予每人每月200元补贴。②

居家养护　就业年龄段内（16—59周岁），未享受机构养护或日间照料服务补贴的重残无业人员，可申请由政府购买的居家养护服务，每天由服务人员上门提供一小时的居家养护服务，内容为料理家务和生活护理等。③

交通补贴　本市户籍65周岁以下（不含65周岁）持证残疾人，每人每月享受45元交通补贴。④

粮油帮困补贴　本市城乡居民最低生活保障家庭中的重残无业人员、与残疾人在本市共同生活的，没有领取城乡居民最低生活保障金的非本市城乡户籍的配偶、子女（学龄前儿童及中小学生），每人每月可获发帮困粮油卡、券。帮困粮油卡实物供应量为10公斤大米、900毫升食用油、0.5公斤食糖，折算价格为每月72元。帮困粮油券实物供应量为4公斤大米，折算价格为22元。⑤

四、培训与就业

阳光之家　上海市政府2005年实事项目之一，针对16—35岁智障人士开

---

① 《上海市人民政府关于印发〈上海市城乡居民基本医疗保险办法〉的通知》，沪府发〔2015〕57号；《关于调整和完善本市医疗救助制度加强住院医疗救助工作的通知》，沪民救发〔2015〕43号。

② 2012年上海市嘉定区《关于规范残疾人机构养护补贴的实施意见》，见http：//www.jiading.gov.cn/zwpd/zwdt/content_12633。

③ 《上海市残疾人居家养护实施方案》，沪残联〔2009〕39号；《关于调整本市重残无业人员居家养护补贴标准的通知》，沪残联〔2014〕175号

④ 《关于印发〈上海市残疾人交通补贴发放管理办法〉的通知》，沪残联〔2017〕12号。

⑤ 上海市民政局、上海市财政局、上海市粮食局《关于进一步完善本市帮困粮油工作的通知》，沪民救发〔2016〕20号。

设的社区助残培训机构。阳光之家开展教育培训、康复训练、特奥运动和简单劳动等活动，帮助智障人士提高生活自理能力、社会交往能力，促进智障人士融入社会。进入阳光之家的学员多为中、重度智障人士。

全日制培训活动补贴每人每月 250 元，餐费补贴每人每月 150 元，该两项补贴用于购置阳光之家活动用品和耗材，为学员提供午餐、饮料等。[①]

目前，上海共有阳光之家 241 所，已覆盖全市所有街道、乡镇。全国各地均开设阳光之家，称呼略有不同。

阳光职业康复援助基地　或称阳光基地、阳光工场，上海市政府 2010 年实事项目之一，以社区为单位，组织就业困难残疾人相对集中地开展生产劳动、职业培训等职业康复活动的非正规就业劳动组织。援助对象为处于劳动年龄段，轻度、中度的残疾人，通过劳动培训让残疾学员获得基本生活保障，促进学员与社会的融合。

为学员缴纳养老保险、医疗保险和失业保险；向学员发放全市同期城镇职工月最低工资标准的 40％的劳动补贴；对援助对象参加团体人身意外伤害保险和附加团体意外伤害医疗保险等商业保险，给予补贴，补贴标准每人每年不高于 80 元；培训费补贴每人每月 250 元，餐费补贴每人每月 150 元，该两项补贴用于阳光基地购置辅导材料、资料耗材，为援助对象提供午餐、饮料等。[②]

目前，上海全市共有 170 家阳光基地，有些阳光基地与阳光之家合并开设，但学员只能择一加入。

挂靠　用人单位雇用残疾员工，签订用工合同，并按国家规定为员工足额缴纳养老保险、医疗保险、失业保险、工伤保险和生育保险，支付不低于本市最低工资标准的工资，而残疾员工实际并不到岗上班，民间将这种现象称为"挂靠"。

上海市政府规定，机关和企、事业单位均须按本单位上一年度在职职工平均人数 1.5％的比例安排本市户口残疾人就业。[③] 福利型企、事业单位除外。安排残疾人就业未达到规定比例的单位，需缴纳残疾人就业保障金。残疾员工

---

① 上海市残联、上海市财政局《关于完善"阳光之家"相关经费补贴的通知》，沪残联〔2014〕84 号。

② 上海市残联、上海市财政局《关于完善阳光职业康复援助基地相关经费补贴的通知》，沪残联〔2014〕85 号。

③ 2017 年以前按照单位上年平均职工人数的 1.6％安排残疾人就业，自 2017 年 9 月征收 2016 年度残保金时改为 1.5％。见上海残联《上海市残疾人就业保障金征收工作办事指南》，http://www.shdisabled.gov.cn/clwz/clwz/ggl/2017/09/04/4028fc765e3cca14015e4c2e1a5a21ad.html?tm=1504864907104。

挂靠之后，用人单位可免交该人所占比例的残疾人就业保障金。民间亦有企业向残疾人士租用残疾证现象，以免缴残保金。

以 2017 年 12 月的上海为例，[①] 假设用人单位给挂靠残疾员工（或真实雇用的残疾员工）发放最低标准工资，并按社会保险缴费基数下限缴费，则每人每月用人单位实际支付（最低工资＋五险）3 927 元；[②] 如用人单位为员工缴纳住房公积金，则每人每月至少增加 306 元，实际支出达 4 233 元。[③] 若用人单位不安排残疾员工，改为缴纳残疾人就业保障金，则不足 1.5％额度部分每缺一人需缴纳 3 902 元残保金。[④] 即挂靠（或真实雇用残疾员工）所需开支，高于缴纳残疾人就业保障金的费用。

早期，地方残联等机构曾经帮助残疾人员牵线挂靠单位。近年来，为了促进残疾人的真实就业，融入社会，残联已不主张挂靠行为。

---

① 从 2017 年 4 月 1 日起，上海月最低工资标准调整为 2 300 元，见沪人社规〔2017〕12 号《关于调整本市最低工资标准的通知》，http：//www.12333sh.gov.cn/201412333/xxgk/flfg/gfxwj/ldbc/gzzl/201704/t20170406_1253536.shtml。从 2017 年 4 月 1 日起，上海社保最低缴费基数调整为 3 902 元，见 http：//www.12333sh.gov.cn/wsbs/wsbg/2007sbxx/201704/t20170407_1253571.shtml。

② 2 300＋3 902 * 41.7％＝3 927.13。五险缴费比例单位和个人之和为 41.7％，其中工伤险按最低标准计算，参见《2017 年各类参保人员缴费一览表》，上海人社局官网。另据前揭沪人社规〔2017〕12 号《关于调整本市最低工资标准的通知》，领取最低工资的员工，由用人单位承担所有社会保险费和住房公积金的缴纳，故上述 41.7％均由用人单位承担。

③ 《关于 2017 年度上海市调整住房公积金缴存基数、比例以及月缴存额上下限的通知》，沪公积金管委会〔2017〕4 号，http：//www.shgjj.com/html/2017stzzcwj/96358.html。

④ 残疾人就业保障金计算公式：保障金年缴纳额＝（1.5％－残疾职工比例）×用人单位上年度社会保险费缴费基数之和，见《上海市残疾人就业保障金征收工作办事指南》，http：//www.shdisabled.gov.cn/clwz/clwz/ggl/2017/09/04/4028fc765e3cca14015e4c2e1a5a21ad.html?tm＝1504864907104。假设用人单位职工总数为 X 人，其中残疾员工 Y 人，则每少招一位残疾员工每月所需缴纳保障金计算如下：每人每月残保金＝单位保障金月缴纳额/未达比例人数＝｛(1.5％－Y/X) * 3 902 * X｝/｛(1.5％－Y/X) * X｝＝3 902，等同当年社会保险费缴纳基数。

图书在版编目(CIP)数据

这一次 请听我说.特奥运动卷/廖梅主编.—上海:上海人民出版社,2018
(特奥口述史)
ISBN 978 - 7 - 208 - 15162 - 8

Ⅰ.①这… Ⅱ.①廖… Ⅲ.①人物-访问记-中国-现代 Ⅳ.①K820.7

中国版本图书馆 CIP 数据核字(2018)第 110072 号

责任编辑 邵 冲 张钰翰
封面设计 陈 酌

特奥口述史

这一次 请听我说·特奥运动卷

廖 梅 主编

出 版	上海人 民 出 版 社	
	(200001 上海福建中路 193 号)	
发 行	上海人民出版社发行中心	
印 刷	上海商务联西印刷有限公司	
开 本	720×1000 1/16	
印 张	43	
插 页	2	
字 数	748,000	
版 次	2018 年 9 月第 1 版	
印 次	2018 年 9 月第 1 次印刷	

ISBN 978 - 7 - 208 - 15162 - 8/K·2745
定 价 128.00 元